地粗法 耕地整理法 釈義
【昭和6年初版】

唯野喜八
伊東久太郎　共著
河沼高輝

地方自治法研究
復刊大系〔第二六四巻〕

地租法
耕地整理法
釈義

〔昭和六年初版〕

日本立法資料全集　別巻1074

信山社

大藏省主税局長 青木得三閣下序文

大藏屬 唯野喜八
大藏屬 伊東久太郎 共著
大藏屬 河沼高輝

地租法
耕地整理法
釋義

自治館
日本法律研究會 發行

大藏省主稅局長　青木得三閣下序文

大藏屬　唯野喜八
大藏屬　伊東久太郎　共　著
大藏屬　河沼高輝

地租法
耕地整理法　釋義

自治館
日本法律研究會　發行

序

僚友唯野、伊東、河沼の三君が協力して地租法耕地整理法釋義を著述せられた。地租法の制定及之に伴ふ耕地整理法の改正は、私が大藏省主税局長として殆んど筆紙に盡し難い辛勞を嘗めた仕事である。加之地租法制定の前提であつた土地賃貸價格調査には、事業の途中から東京税務監督局長として關東一府七縣の事務を分擔した。昭和二年の秋土地賃貸價格調査委員會が開催せられた時に、東京市內及市附近の委員會は、紛糾に紛糾を重ねて殆んど政府決定の已むなきに至るの狀態であつた。當時私は大藏省に職を奉じて以來滿二十年に垂んとして居つたが、未だ嘗て斯樣な苦しい立場に置かれたことはなかつた。次いで耕地整理法の改正に關しては、農林當局の同意を得ることが出來ないで、地租改正委員會の幹事會を開催すること數十囘の多きに達し、纔に昭和五年一月議會開會の直前に當つて成案を得るに至つたのであつた。此の點に關しては農務局長石黑忠篤氏及局員諸君の理解ある態度に對し、私は深甚なる感謝の念を有して居る。然るに昭和五年一月の通常議會は、開會後直に解散せられて、昭和六年一月第五十九囘帝國議會に至つて漸く法案提出の運に至つたのであつた。

第五十九囘帝國議會に於ける法案の審議は、決して平穩無事ではなかつた。今回の地租法案には、地租の改正と倫敦海軍條約成立の結果に因る減稅とが織り込まれて居つたのであるが、それに依るときは田畑の地租は約千五百萬圓減少するに反し、宅地の地租は約五百萬圓增加するが故に、本案は增稅案であつて、減稅案でないといふ反對論が盛んに唱へられた。併し此の宅地の地租の增加するのは、數十年來不權衡なりし地租の負擔が公正になつたことを立證するもので、苟くも地租の改正を斷行する以上免かれ難き歸結である。若し軍縮に因る減稅なかりせば、その增加額は更に增大して九百萬圓に達するのであつたのである。それが五百萬圓の增加に止まつたことは、何れより觀るも立派な減稅であるが、一面宅地地租の増加することは理論上正當なことであるとしても、經濟界が今日の如く不況なる時に當つて、急激なる增稅を行ふことは穩當を缺くといふ論議も生じ、容易に議會特に貴族院の同意を得るに至らず、一時は法案の運命さへもどうかと危ぶまれる狀況であつた。其の間私共は法案の理論上極めて正當であつて、地租改正の眼目も亦そこに在ることを反覆說明したのであるが、愼重審議の爲二日間の會期の延長を見たけれども、幸ひ政府の主張が議會の認むる所となり、法案は何等の修正を見ることなく兩院を通過するに至り、玆に多年の懸案は全く解決せられたのである。是に依つて我國土地の負擔が公正なるを得るに至つたことは、國家の爲詢に慶賀に堪へないと同時に、私共直接地租改正の事務に執掌したる者の欣快措く能はざる所であり、多年の辛酸勞苦が漸く茲に酬ひられたるが如き思がするのである。

尙此の際一言するの必要を感ずることは、本事業に對する多數官民の理解と援助とである。私はあの同情ある理解とあの絕大なる援助とが、今囘の地租改正の完成に與つて大なるものありしことを信じ、多年本事業完成の爲にあらゆる援助を吝まれなかつた官民各位に對し、此の機會に於て滿腔の感謝の意を表したいと思ふのである。

地租の改正は斷行せられた。今次の地租改正は、官民の多年努力の結晶である。此の結晶を擁護する爲に、吾々は其の圓滿なる運用を期さねばならぬ。之が運用は今後の官民に託された問題であつて、其の運用宜ろしきを得ざれば、折角の改革も遂に畫餅に歸することは炳である。而して運用の適實を期することに付ては、固より幾多の方策が考慮されるであらうが、斯法の普及を圖り、汎く官民をして立法の精神を了解せしむるを以て先決問題なりと信ずる。斯法の實施初年に於て特に私は其の感を深くするのである。此の時に當り三君が斯法の釋義を著述されたることは、詢に時宜を得たるものと謂はねばならぬ。三君は地租改正の事務に直接、間接に關係せられたのであるから、私は其の解説の必ず中正妥當のものたるを信ずる。今本書を通覽するに分ちて二編と爲し、其の前編に於て地租法を說き、後編に於て改正耕地整理法を述べ、之に費したる紙面の七百餘頁に及びたる一事を以てするも、其の解說の相當詳密なるを思はしむるに十分である。由來地租法は、平凡なもの、地味なものとして、一般より關心を有たれない傾向がある。是には種々の理由ありと思ふのであるが、地租に關する適當の參考書のなかりしことも、一の大なる理由ではないかと思はれる。私は本書が實務家にとりては勿論、一般納稅者にとりても絕好の指針たるを疑はざると同時に、斯法の普及に貢献すること亦大なるものありと信ずるのである。

私は地租改正の好機に本書を得たることを欣快とし、敢えて之を世に推奨し、併せて著者の労を多とする次第である。

昭和六年十一月三日

大蔵省主税局長

青木得三

自序

朝野多年の懸案でありました地租制度の改革も、地租法の公布により愈々實現するに至り、茲に從來不公平なりし地租の負擔は、全國的に均衡を得ることゝなりました。這回の改革は、明治維新の改租に亞ぐ大事業でありまして、我國税制史上特筆大書せらるべき事件でありますことは今更敍說するまでもありません。吾人はこの光輝ある事業を特に「昭和の改租」と唱へ永くこれを記念いたしたいと存じます。

今日地租の財政上に於ける地位は、固より往時の如き重要性は認められぬにいたしましても、現行租税體系上なくてはならぬ存在であり、營業收益税、資本利子税等と共に補完税として、國民負擔の公正を調節する極めて重大なる役割を有するのであります。而して地租の課税物體たる土地は、國民經濟の土臺でありまするが故に、地租は各種の產業と直接、間接に幾何かの交涉を有することは申すまでもありません。特に農業とは不可離の關係にあるのでありまして、今日農村問題を論ずる者は、例外なしに地租の負擔に言及せざるはなしといふ狀態であります。その他住宅問題の如き社會問題に關係することも甚だ大であります。更にこれを納税者の數について見まするならば、消費税は暫く措きまして、所得税の九十萬人、營業收益税の七十萬人、資本利子税の十五萬人、相續税の十萬人なるに對し、地租の納税者は、實に無量壹千萬人を超え本土人口の約六分の一を占めて居るのでありまして、地租が如何に國民經濟と密接な關係にありまするかはこの一事によつても瞭かであると存じます。この點からすれば地租は財政學上最も能く普遍の原則に適合する租税であるといはれませう。かやうに觀察して參りまするときは、地租法の研究は、獨り税務行政上必要なるばかりでなく、社會的にも極めて必要のことゝ信ずるのでありますが、從來斯法の研究に興味を有たるゝ士の寥々たるは、著者の窃に遺憾とするところであります。著者茲に稽ふるところあり、今回の地租改正を機とし、これを永く記念すると倶に、地租法研究の風潮を作らんがため、聊か役立たしめんとして筆を執つたのが本書であります。

本書は、新地租法及び改正耕地整理法の逐條につき、その精神を出來得る限り、簡易平明且つ通俗的に解説せんと試みたのでありますが、著者性來不敏、學殖なく、加ふるに文才乏しく、ために十分その意を盡すことを得なかつたことは止むを得ないところでありまして、敍説や考察の不徹底なるは固より當然とするところであります。世俗に棒程願つて針程も叶はないものとなりましたことを深く遺憾とする次第であります。

本書は三人の共著（第一編は伊東、河沼これを擔當し、第二編は唯野これを擔當いたしました）ではありますが、實は各自の研究を蒐めて上梓したに過ぎません。從つて敍述の形式その他に於て、自ら不統一、不調和のあるを免かれないと存じます。又解説に當りましては、新法或は改正法の取扱として、既に一定されたる事項につきましては、勿論それに從ひました。その未だ一定されない事項につきましては、從前の取扱等を參酌して、解説の適實ならんことを期しましたが、獨斷的見解に墮して居る點も決して尠なくないと信じます。その他全編を通じまして、著者自身不滿を感ずる點の、餘りに多きを愧づる次第でありますが、これ等につきましては、讀者諸賢の同情ある御批判と御示敎と相俟つて、著者今後の研究により、他日訂正增補の機會の到らんことを希ふものであります。

著者の税界に棹すこと茲に幾星霜、その間碌々として何等なすなく今日に及びましたことは、衷心慚愧に堪へない次第であります。幸ひ本書が、幾分にても斯法研究者の參考となり、斯法の普及に資することを得まするならば、而してそれにより一部分でも無爲徒過の責任が、解消され得るならば、望外の幸福とするところであるのみならず、著者の面目これに過ぎるものはありません。斯法の解說には、自ら他に適任の人あるにも拘らず、敢て筆を執りました所以のものも、上述の念願から出でたのであります。

本書の刊行に際しまして、著者の身に餘る光榮として衷心感激に堪へませんことは、著者の常に敬慕して措かざる青木大藏省主稅局長閣下より御懇篤なる激勵の辭と序文とを賜はりましたことであります。閣下には最近政務格別御多端の折柄にも拘らず、この小著のため特に貴き時間を割かれたることにつきましては、全く感謝の言葉に窮するのでありまして、著者はその責任の重且つ大なることを深く感銘する次第であります。玆に部下を子の如く愛撫せらるゝ閣下の洪恩に對し、謹んで心から感謝の意を表する次第であります。

昭和六年十一月三日　明治節の佳辰

著　者　識

例　言

一　本書は最初地租法と耕地整理法とを各別に刊行する計畫の下に執筆したるものを、讀者の便宜を考慮しこれを一冊に收めたのであります。元々別冊となすべきものを無理に一冊といたしました結果は、序文に於ても一言いたしました通り、首尾聯絡その他につき大に缺くるのみならず、説明の重複も可なり多くありますが、これは上述の理由に基くものでありますことを御諒解願ひたいと存じます。

二　耕地整理法は、頁數の關係から全條文につき解説することを得ませんでした。卽ち直接地租に關係を有する條文の解説に止めました。この點からすれば地租法、耕地整理法の釋義といふよりは、寧ろ地租法、耕地整理地租法の釋義と申した方が正確かも知れません。

三　本書中に引用したる法令にして特に法令名を冠しないものは左記略字を用ゐましたことに御留意願ひます。

1、單に「第何條」又は「(第何條)」とあるは第一編にありては地租法、第二編にありては耕地整理法の意であります。

2、單に「施行規則」とあるは第一編にありては地租法施行規則、第二編にありては耕地整理法施行規則の意であります。

3、單に「施行細則」とあるは地租法施行細則の意であります。

地租法 耕地整理法 釋義

目次

附則　施行期日と經過規定……四二九

第二編　耕地整理法……四五一

序論……四五一

總論……四六二

附　則

附錄

地租法 耕地整理法 釋義 目次（終）

地租法
耕地整理法　釋義

第一編　地租法

序論

一　地租法の意義

（一）地租法の意義に廣狹の二義がある。廣義に地租法と稱するは、地租に關する法規の總體を指す。この意味に於ける地租法の觀念には、地租法として公布された法律は勿論これに包含する。その他各種の法令中には、地租の賦課、減免に關し規定するものが少くない。これ等各種の法令中苟くも地租に關係ある規定は總てこれに包含する。耕地整理法中賃貸價格配賦に關する規定、私立學校用地免租に關する法律、その他水道條例、砂防法、森林法等の中にある地租の賦課、減免に關する規定が卽ちそれである。

これに對し狹義に地租法と稱するは、廣義の地租法中で、今回地租法として公布された法律（昭和六年法律第二十八號）のみを指稱する。通常單に地租法と稱するときは、この狹義に於ける地租法の意に用ゐられる。本編に於て、以下單に地租法と稱する場合も亦同樣である。

（二）　地租法は地租に關する一般原則を規定した法律である。地租の課稅物件、課稅標準、稅率、納稅義務者、納期、徵收及び免除の方法等地租の賦課、減免に關しその一般的法則を規定して居る。卽ち地租法は地租に關する普通法とも稱すべきものである。これに對し廣義の地租法の內、地租法（狹義）以外の地租法を特別法といふことが出來る。特別地租法は地租に關し、特殊の關係に適用せられる法律であるから、地租法に先んじて適用され、特別法に規定なき事項についてのみ地租法が適用されるのである。

本書は第一編に於ては主として普通法たる地租法の解說をなし、これに關聯して、特別法の解說をも附け加へた。併し耕地整理法についてはその浩瀚にして難解なるに顧み、獨立の編となすを相當と認め第二編に於てこれを解說することにした。

（三）　地租法は地租の賦課、減免に關する一般的規定であると同時に、地籍に關する一般的規定である。人に戶籍を必要とするが如く、土地にも地籍を必要とする。地籍とは土地の位置（所在、地番）、性狀（地目、地積、地形）及びその所有關係を明かにする法律制度そのものを指すのである。

蓋し土地は領土を構成する單位であり、私有財產制度の根源をなし、且つ國民經濟はこの上に建設せられるものであるから、一國政治の中心基調は、土地制度にありといふも過言でない。而して土地制度の基礎となるものはとりもなほさず地籍である。故に地籍は地租制度の上から必要なばかりでなく、一般國政の上からも極めて緊要なる關係を有するものであることは自明の理である。

現今我國に於ける地籍の制度としては、御料地については皇室財産令があり、國有地については國有財産法があり、民有地については地租法がある。卽ち地租法は民有地の地籍法たる性質をも兼ねて居るのである。

以上陳ぶるが如く地籍は、地租制度を離れ、獨立して存在するの意義を有するものである。然らばこれに關する規定を獨立の法律に定めず、地租法の內にこれを規定したるは、抑も如何なる理由に基くものなるやといふに、元來我國の地租制度は、土地制度と共に、互に因となり果となつて發達して來た沿革上の理由もあり、又廣い意味に於て地籍制度は、地租制度の一部とも觀念される程に、極めて密接な關係を有するが故に、兩者を同一法律に統合規定するを便宜とするのみならず、强いてこれを分離する必要もなく、强いてこれを分離するときは却つて、兩者の法律關係を錯綜ならしむる虞があるからである。

二　地租法の效力

地租法の效力とは、地租法の適用せらるゝ範圍をいふのである。これを分ちて時に關する效力、人に關する效力及び場所に關する效力の三とすることが出來る。

（一）　時に關する地租法の效力

凡そ法律は、その公布以前に遡つて適用されないのが原則である。これを法律の不遡及の原則といふ。地租法は昭和六年四月一日から施行せられたのであるから、同日以前に生じた事項には適用ないのを原則とする。

併しながらこの不遡及の原則は、法律解釋上の標準としての原則であつて、勿論立法を制限するものではない。從つて立法者が必要ありと認むるときは、特に既往に遡及して適用すべきことを定むるに妨げない。つまり原則に對する例外規定を設けることが出來る。地租法についても、第九十六條及び第九十七條の規定は、例外として遡及效を認めたものと解してよい。

（二）　人に關する地租法の效力

人に關する地租法の效力とは、主として地租の納税義務者の方面より見たる地租法の適用範圍である。而して地租は地租法の施行地域内に在る土地に課する建前（第一條）であるから、施行地域内に土地を所有する者は、その日本人たると否と、又その施行地に居住すると否とを問はず、總て地租法の支配を受けるのが原則である。

併しながらこの原則に對し一つの例外がある。即ち地租法は　天皇、皇族に對し適用されない。これは憲法の明文に照し、更に説明を要しないであらう（憲法第三條、第二一條、皇室典範增補第八條）。王公族に就ても　皇族に準ずべきものと解する。但し現在は特別規定を以て、　皇族及び　王公族の御所有地の一部に就ては、地租に關する法規の適用を許されて居る（大正二年皇室令第八號、大正一五年皇室令第一八號）。併しこれを以て直に地租法が　皇族、王公族に對し當然適用あるものと解すべきでない。不適用が原則で適用あることが特別規定に基く例外と解すべきである。

地租法は第八十八條に於て、國有地に對し地租法を適用せざることを規定して居る。これは地租法の適用範圍を物的方面より見たのであつて、裏面には國といふ法人格に地租法の適用なきことを含蓄して居る。地租法は國には適用しないが、國の一部とも見らるべき府縣、市町村その他の公共團體には適用される。尚以上については第八十八條の説明を參照せられたい。

（三）　場所に關する地租法の效力

地租法の場所に關する效力とは、地租法の效力の及ぶ地域的範圍、即ち地租法の施行地のことである。これについては第一條に詳述したるを以て同條の說明を參照されたい。

三　地租の意義

地租は、土地の所有者又はこれに準ずべき者に對し、その所有地又は用益地を課稅物件とし、その土地より生ずる收益を稅源として賦課する租稅である。土地の意義、所有者及びこれに準ずべき者の何であるかは、各論に於てこれを詳說することとなし、茲には唯地租の概念を明かにするため必要と認むる範圍內に於て、極めて概論的な二、三の事項につき說明するに止める。

（一）　地租は土地より生ずる收益を稅源とする點から觀察して、租稅學上收益稅の一種に屬し、後に述ぶるが如く營業收益稅、資本利子稅と共に、一般所得稅の及ばないところを補完する作用を有する租稅である。茲に收益とは收入と同義であつて、收入より收入を得るに必要なる經費を控除した殘りの純益と異る。稅源とは事實上租稅の支拂はるゝ財源といふ意味である。

收益稅といふのは、收入の源泉たる收益の種類に應じて課稅する租稅である。即ち收益物體を客觀的に睨むで課稅するところから、一に物稅とも稱せられる。これに對し、收益を主觀的に綜合して課稅する所得稅を人稅と稱する。人稅は人を見て物を見ず、物稅は物を見て人を見ずといふ風に、兩者は著しくその性能を異にする。この著しく異にする性能の合理的組合はせを租稅體系といふのである。

地租は收益稅であるが、これを以て直ちに農業收益稅と速斷してはならない。土地より生ずる收益は、これを分ちて企業的收益と、不動產的收益とすることが出來る。企業的收益といふのは、土地と資本と勞働とが合體して活動する結果として生ずる收益であつて、農業收益がそれである。これに對し不動產的收益といふのは、土地そのものが生み出す收益である。彼の地主の收得する地代收益がそれに當る。普通農業收益から資本及び勞働に對する分配額を差引いた殘額が、卽ち不動產的收益に相當する。我國地租の納稅者は原則として土地の所有者である。所有者は必ずしも農業企業者でない。又地租は農業用地にのみ課稅するものでなく、商工業用地、住宅用地に對しても課稅する。これ等の點から觀ても地租の農業收益稅でないことが明かである。寧ろ地租は不動產收益稅とも稱すべきである。

（二）　前にも陳ぶるが如く地租は、企業的收益を目標とするものではなく、不動產的收益を課稅の對象とするものである。つまり土地そのものを客觀的に見て課稅するのが地租の建前である。この觀點からすれば、地租はまた一面に於て部分財產稅たる性質をも有するものといふことが出來る。

（三）　地租は又收益課稅の立場からのみこれを觀察するときは、部分所得稅の性質をも具備するものと觀られる。特に新地租法の下に於ては、從來の價格標準主義を捨てて、收益標準主義に更めた結果として、部分所得稅の色彩が特に濃厚となつて來たことは爭はれない事實である。又地租の課稅物件たる土地は、必ずしも現に收益を生ずる土地たることを要しない。無收益の土地をも課稅物件とするが故に、この見地から地租を觀察するときは、地租は又閑地稅たる使命をも有するものといふことが出來る。

四　直接國稅體系と地租

以上の如く地租は種々の見地から、それぞれ異つた租稅部門に分類することが出來る。併しその最も重要性を有するのは、勿論收益税として見るときの地租の地位である。

元來租税制度は、簡潔にして公平、且つ少額の費用を以て課徴の目的を達することの出來得る範圍内に於て、その組織系統を簡易化するのが理想である。彼の單税論の論據も畢竟こゝに存するのである。併しながら現今のやうに經濟組織の極めて複雜な社會に於ては、如何に最良の租税を以てしても、單一税制によつて、公平にして妥當な課税をなすことは、先づ不可能としなければならない。汐見博士の言を藉りていふならば「堀立小屋は杉丸太ばかりで出來るが、相當の住宅を造るには、棟や、梁や、柱や、石や各種の建築材料を必要とし、しかもこれ等の建築材料は、全體として纒めなければならぬ。これと同樣な理由を以て、租税制度といふ建物を造るためには、多數の租税を組み合はさねばならない」。蓋し複税制度の本質を理解するに極めて好適の比喩である。複税制度と稱しても、固より多數の租税を唯雜然と排列する意ではない。博士の曰はるゝが如く、全體として纒まりのあるものでなければならない。この纒まりある組み合せが卽ち租税體系である。

租税體系の全體につき論ずるは、本書の範圍外であるから暫くこれを措き、玆には、地租の地位を明かにするため直接國税體系につき一言するに止める。

直接國税體系は、如何なる編成形式を採るのが最も適當であるか。これについては議論の岐るゝところであるが、一般所得税を、組織の中心主體となすべしといふ點に於ては、大體學說立法例の一致するところであつて、多く異論を聽かない。蓋し納税の源泉となるものは、究極するところ自由所得であり、租税の給付能力は、所得によつてのみ最もよく捕捉することを得るからである。故に所得を目標とする所得税は、租税として最も適當のものといふことが出來るのであるが、前にも述べたる如く、所得税はたとへ租税として最良のものであつても、所得税のみでは、課税技術の上に於て十分でないものゝある結果課税を逸し易いのみならず、納税者の道義觀念の如何によつて、負擔に厚薄を生ずる缺陷を免れない。又一面所得の生ずる根源の如何によつて、その給付能力に雲泥の差のあることはこれを認めねばならない。卽ち同額の所得でも、それが資産又は營業から生ずるものなる場合と、勤勞により生ずるものなる場合とでは、大に收入の性質が異る。從つてその間負擔力に强弱の差のあることは明瞭である。これは恰も有力なる後方部隊のあると否とによつて、前線部隊の戰鬪能力に大なる影響を及ぼすのと同一の理である。卽ちこれによつて見ても所謂單一課税を以てしては、眞に負擔の公平を期し難いことは頗る明瞭であつて、茲に何等か適當の方法を以てこの缺陷を補はねばならぬ。この缺陷を補足する方法として發案されたのが、資産所得重課の原則である。卽ち資産營業より生ずる所得に重課して、資産の背景なき勤勞所得に輕課すべしといふのである。而して資産所得重課の目的を以て設定される租税を、所得税に對し補完税と稱するのである。補完税とは、所得税の捕捉し得ない給付能力を捕捉して、その缺陷を補充する使命と作用とを有する租税といふ義である。

如何なる租税を以て補完税となすべきかは、これ亦議論の存するところで、直接國税體系論も、要するに補完税を如何に選擇すべきかの問題に歸着する。

往年臨時財政經濟調査會（同調査會は大正九年六月より大正十一年七月に亙り税制整理に關する根本的方策を調査審議した）は、直接國税の體系を如何に整理すべきかに關し、（一）一般財産税を以て補完税とする案、（二）資産營業に關する特別所得税を以て補完税とする案、（三）地租、營業税、家屋税及び資本利子税を以て補完税とする案の三案を作成して政府に答申するところがあつた。而して第一案と第二案とは地租及び營業税はこれを地方財政に委讓することを前提とし、第三案は地租及び營業税に、適當なる改善を加へて存續することを前提としたのである。三案とも一長一短あり、遽に何れの案を是となし、何れの案を非とすることを得ないのであつて、爾來税制問題は、この答申案を廻つて朝野の間に論爭されて來たかの感がある。

現行の直接國税の體系は、大正十五年の税制整理の際、第三案を採用する方針の下に編成されたのである。然らば何故第三案を採用したのであるか。蓋し第三案によるときは、官民の多年慣熟して來た從來の制度を、その儘維持することを得る利あると倶に、立法が比較的容易、簡便であつて、且つ財政、經濟上にも激變を與へずして濟むといふ點に於て實行上諸種の利便があつたからである。今回の地租改正も當時の方針に基くものであつて、要するに大正十五年税制整理の後始末に過ぎないのであつて、玆に我國直接國税の體系は、名實ともに、收益税による補完税制度を完備するに至つたのである。

以上陳ぶるが如く、地租は土地の所得に對する補完税として、資產勤勞差等課税の重要なる機能を有するものである。今日の地租の財政上に於ける地位は、固より往時の如くではないが、尙昭和六年度歲入豫算によるときは尙六千五百萬圓を算し、補完税中の首位を占め、我國直接國税體系の構成上重要なる地位にあるものである。

直接國税の體系を論ずるに當りては、他の直接國税についても、論ずべき事項決して尠くないのであるが、今はこれに論及することをしない。

尙大正十五年の税制整理の要綱は、我國現行の直接國税體系を理解する基本觀念となるものと信ずるから、左にその要領を揭げて參考に供することにする。

（一）一般所得稅を直接國稅の樞軸となし、地租及び營業稅を地方に委讓せず、根本的に改善してこれを存續し、更に家屋稅及び資本利子稅を新に創定して、これ等四收益稅を以て一般所得稅の補完稅に充て、以て直接國稅の體系を整へる。

（二）地租の課稅標準は、舊來の公定地價主義を賃貸價格主義に改正することゝし、大正十五年以降二箇年間に亙り、全國土地の賃貸價格を調査する計畫を樹てた。

（三）營業稅も從來の外形課稅標準主義を純益課稅標準主義に改め、形式的には營業稅を廢して、營業收益稅を新設することにした。

（四）新設する資本利子稅は、配當金以外の資本の利子に對し、第二種所得稅の外に課するもので、課稅の範圍を國債の利子にまで及ぼした。配當金については、これを支拂ふ法人に對し、營業收益稅を課して源泉取立主義の形式を採つた。

（五）家屋稅はこれを賃貸價格標準主義となし、既に地方の一部に地方稅として存在するものを全國的に擴張した。これを國稅とせず地方稅としたるため、國稅體系としての形式は整はない嫌あるが、これを國稅とすれば、現に存在する地方の財源を奪ふことにもなるから止むを得ないとしたのである。併し將來これが國稅移管につき相當考慮される時が來るものと信ずる。

尙左に直接國稅體系の圖解を揭げて以上の說明を補足する。

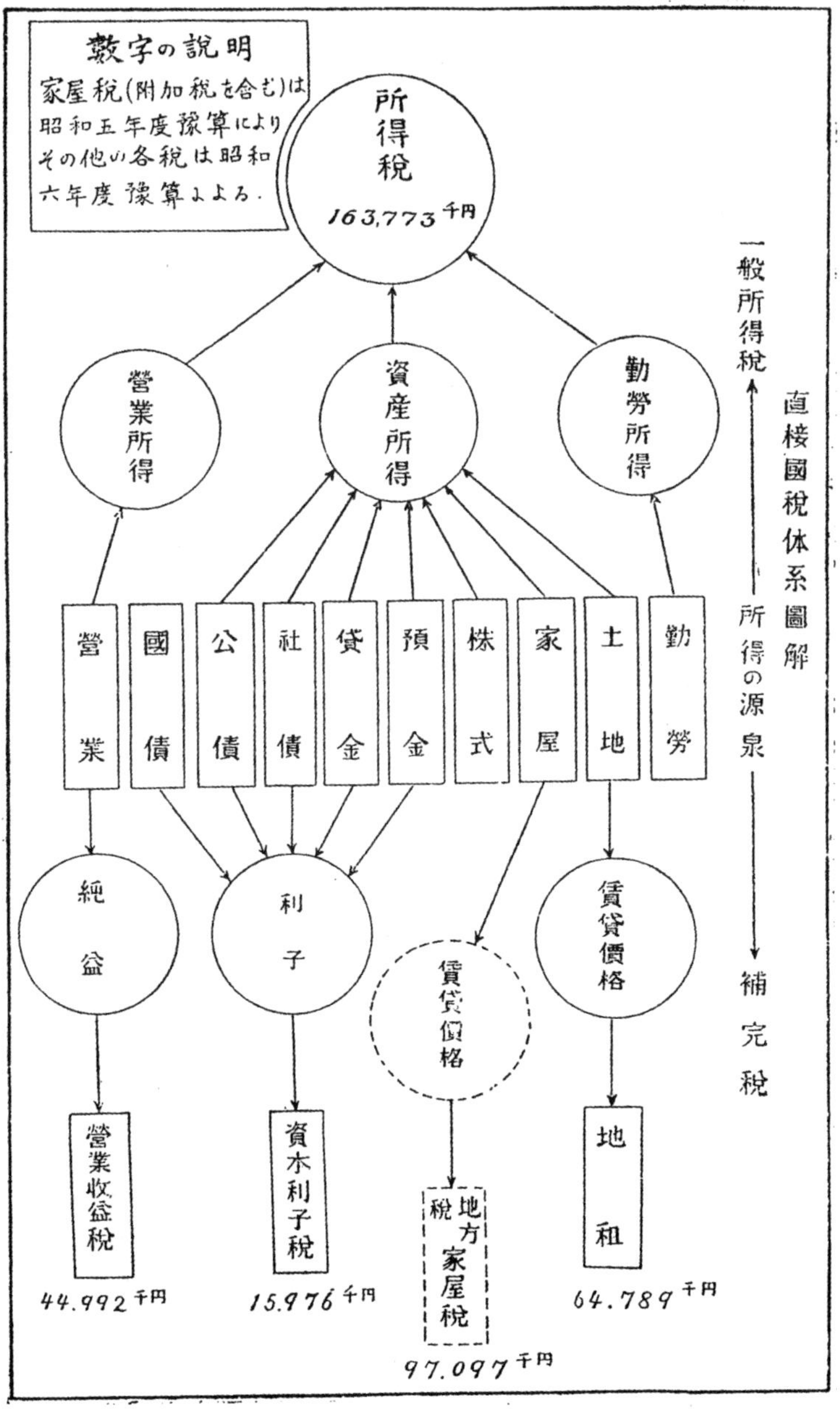

直接國税体系圖解
數字の說明
家屋税（附加税を含む）は昭和五年度豫算によりその他の各税は昭和六年度豫算よよる.
所得税
163,773千円
營業所得
資產所得
勤勞所得
一般所得税
所得の源泉
營業
國債
公債
社債
貸金
預金
株式
家屋
土地
勤勞
純益
利子
賃貸價格
賃貸價格
補完税
營業收益税
資本利子税
地方家屋税
地租
44.992千円
15.976千円
97.097千円
64.789千円

五　地租の特徴

地租は收益稅であるから、一般收益稅の有する特徴は、地租も亦これを有することは言を俟たない。それ以外地租の特徵として特に擧ぐべきものは甚だ尠ない。寧ろ制度そのものより來る特徵と見らるべきものが、地租の特徵として說明されることが多い。而して地租の收益稅としての特徵は、大體「直接國稅體系と地租」の項に於て述べたところに盡きて居る。故に玆には地租として特殊な事柄二、三につきその概略を述べて見る。

（一）第一には地租の財政上に於ける特徵である。地租の課稅標準は、土地臺帳によつて確定され、定著性を有するを以て、經濟界に變動あるも、常に一定額の收入を擧げることを得て、國庫に安固な財源を提供する。營業收益稅、資本利子稅等の收入の可動的なるに對して、その不動的なるところに地租の生命がある。可動的の收入に配するに、不動的の收入を以てすることは、財政計畫を容易ならしむる利益あると共に、多數稅制の妙味の存するところでもある。又地租の納稅者は、今日尙一千萬人を算する狀況であつて、租稅の普遍の原則に最もよく合致して居る。これ等の意味に於て、地租は補完稅の中堅といふことが出來るであらう。

（二）第二には租稅政策の見地から見た地租の特徵である。地租はその課稅標準の基礎が、他の租稅に比較して明確であるために、賦課徵收につき官民の紛爭を招く虞尠なく、圓滿に徵收の目的を達することが出來る。又課稅物件が固定的、且つ表顯的なるを以て、脫稅の弊害を生ずること極めて稀である。

（三）第三に擧げたいのは、地租の課稅技術上竝に經濟上に於ける特徵である。地租の課稅標準は、土地臺帳によつて半ば永久性に確定して居るが故に、每年課稅標準の申告、調査、決定をなす煩累なく、その賦課、徵收も比較的に容易であつて、徴收費を要することも他の租稅に比し少い利益がある。又地租は土地そのものを客觀的に見て、課稅する一部財產稅の要素を包含するを以て、國民經濟を壓迫すること少く最も擔ひ易い租稅とされて居る。又課稅物件たる土地は、必ずしも收益の有無を問はないが故に、地租は無收益地を收益地に轉化せしむる作用を有すると同時に、土地の改良を促す作用をも有する。

（四）最後に述べたいのは、地租と國民思想との關係である。地租は最古、最要の租稅であつて、往時にあつては地租卽ち租稅、租稅卽ち地租といふ思想が、國民の納稅觀念を支配した時代もある位に、國民の腦裡深く徹底して居る租稅である。輓近時勢の進展によつて多少の變化は勿論あるが、今日尙地租に對する國民思想は、牢乎として拔くべからざる特殊なもののあることはこれを認めねばならぬであらう。換言すれば地租は一般納稅思想の根柢となり、延いてはこれを培養する役目を有するものとして重要視すべきものと信ずる。かくの如く我國民は地租に對し特殊の觀念を抱く結果として、國民は地租の納稅上につき、煩累を感ずる程度が極めて薄いといふことも注目すべきである。

六　地租の短所とその補正策

地租には前述の如き特徵あるも、又一面には幾多の缺點を藏する。

（一）地租は收入の確實なる利益ある反面に於て、その收入が固定化するを免かれない。故に假令土地の收益が增加し、或は土地の價格が昂上するも、これがため直ちに地租の增加を來さない。その結果は土地の負擔が不公平となるばかりでなく、國庫の收入に彈力性を缺き、世の進運によつて增進するの傾向ある財政の需要を充すことが出來ない缺點がある。財政需要を充たさんとすれば、勢ひ稅率を引上ぐる方法によらねばならぬのであるが、土地の收益事情に變化があるにも拘はらず、單に税率のみを昂上して、財政需要を充さんとすれば、固定性より生ずる負擔の不公平は一層著大する弊がある。

（三）　一定期間土地臺帳に登錄したる固定的の課税標準により徵收するが故に、その期間は土地の收益事情の變遷に順應しない課税となり、負擔の公正を失することを免かれない。時勢の變遷に順應せしむるため、一定時期に課税標準を修訂するとするも、多大の日數と巨額の費用を要する短所がある。

以上が地租の缺點の主なるものであるが、新地租法の下に於ては、課税標準は、これを十年目毎に改訂する主義を採用したるが故に、從來永久的、固定的であつた課税標準は半可動的のものとなつて、周期的ではあるが、改訂期毎に土地の實際收益狀態に應じた課税に復歸するを得るに至つた。從つてその度毎に、土地負擔の不公平も匡正せらるると同時に、財政收入の自然增收も幾分期待されることになつて、從來に比しその缺點は大に改善さるるに至つたことは勿論である。若しそれ全然これ等の缺點を絕滅せしめんとせば、勢ひ每年一億數千萬筆の土地につき、課税標準を改訂するを要するも、かくの如きは全く實行不可能のことに屬するものと信ずる。

七　地租の沿革

地租は世界到るところ、最も古き歷史を有し、最も重要の租税とされて來た。經濟社會の幼稚な時代にありては、土地は唯一の生産手段であり、一國の富を代表するものは土地であつた。又國民所得の最主要部分を占むるのも、土地の收益であつたから、土地が早くより課税の目標となつたことは、蓋し自然の數であらう。

我國地租の起源は必ずしも詳かでない。併しながら上古より進献供給（みつぎ）が行はれ、土地の廣狹を量るに代

（凡そ稲一束を得べき地積）を用ゐ、又年々新穀を初穂として神に献ずる風習のありたることは、何れも史實に炳かなところである。これ等の點より稽ふるときは、田制、田租の制夙に存したことは想像に難くないところであつて、その後幾變遷を經て今日に至つたものと信ずる。而してこれが變遷の跡を探ねることは、極めて興味のあることであるも、これは經濟史乃至財政史に譲り、本項に於ては、僅かに明治改租前後の事情から、今回の地租改正に至るまでの地租制度の沿革につき、その梗概を記述するに止める。

（一）明治改租以前の租法

維新の結果、政權明治政府の手に歸するや、庶政の釐革すべきもの甚だ少くなかつた。殊に藩政時代の不統一且つ紊亂極る税制を改革するの必要は、夙に政府の認むるところであつたが、當時維新尚日淺く、外にしては天下の人心未だ全く鎭靜するに至らなかつたのみならず、内にしては政府の陣容未だ十分整はざる際に、税制の急激なる變革を企つることは、徒らに民心の動揺を招く虞があつた。それと同時に一面税制のことは國民の利害休戚に關すること頗る大なるを以て、愼重考究する必要があるので、その調査期間姑く舊慣の租法を踏襲するの方針を樹て、その旨を諸國に令するところあつた。舊慣による租法は藩により多少の異同は固よりあるが、その大綱は大體左の如きものであつた。

イ　地租の種類は、耕地に課する田租と、宅地に課する地子とあつた。田租の税率は一般的には五公五民であつたが、種々の寛法もあつて實際は概ね三公七民程度のものに過ぎなかつた。五公五民といふのは收穫の二分の一を地租として納めしめ、二分の一を耕作人の所得（作徳）とすることである。

ロ　課税標準は石高である。先づ土地の肥瘠、灌漑の便否その他土地の地位品格等を斟酌して石盛を定め、これを土地の段別に乘じたものが石高である。一村に於ける石高の合計を村高と稱した。地租は、その村高を標準として村に賦課し、直接村民に課せられることはなかつた。而して村に於ては、村中の地主、小作人等立會の上、これを個人々々に割付けたのである。

石盛とは土地の品位等級（普通上・中・下等の三階級とす）に應じて一段當の標準收穫高を定めることである。一段當の收穫高一石五斗を得ることを十五の盛、一石二斗を得ることを十二の盛といふやうにこれを呼ぶ。畑の石盛は、大體中田の石盛を以て上畑の石盛となし、それより二斗を減じて（二斗低減することを二つ下りと稱した）中畑の石盛となし、更に二斗を減じて下畑の石盛とするといふやうな方法を採つてこれを定めた。十五の盛の土地につき地租として七斗五升を納めしめ、殘七斗五升を作徳とすることを七五の法と稱した。所謂五公五民の租である。

ハ　田租の納税義務者は土地を所有すると否とに拘はらず、實際田畑を耕作する者であつた。從つてこの頃の地租は農業税たる性質を具へて居つた。

ニ　郡村の宅地は畑に準じて地租を賦課したが、市街宅地には地子を納めしめた。田租は米納であつたが地子は貨幣を以て納めしめたのである。尙東京、京都、大阪、堺等の主要都市の宅地には地子を免除して來たのであるが、東京は明治四年、その他の地方は同五年より課税することに改められた。所謂沽券税と稱せられたものがこれである。沽券とは地所の所有を證する券といふ意であつて、沽券税は土地所有權確認の端緒を開いたのである。

ホ　その他今日の雜地租に相當するものに小物成があつた。山年貢、野年貢、茶年貢、鹽濱年貢はその主なるものである。

ヘ　地租の外に口米、口永（納租の雜費に供するもの）、欠米、込米（痛米、その他の舛減減量を補充するもの）等を附加して徵收した。

ト　地租の課稅標準、稅率等は以上述べた通りであるが、實際地租の徵收には、定免法（ぢやうめん）と檢見法（けみ法）とが竝行された。前者は既往數年又は十數年間の租額を平均して率を定め、一定年間これを變更しない方法で、後者は收穫期に於て、その作柄を實地檢査の上收穫高を定める方法である。

チ　凶歲、天災等により收穫に大損耗あるときは、調査の上地租を減免した。これを破免と呼んだ。

以上は舊慣租法の大要であつて、明治改租の完了するまでは、概ねこれを基準として取扱はれた。尙舊慣租法の詳細については、本庄博士の日本社會經濟史（改造社版四七一頁——四八七頁）、能勢主稅局事務官の明治大正地租史（雜誌「稅」昭和六年三月號乃至八月號）等を參照されたい。

（二）　明治の改租事業

明治維新中央集權となりたる後も、國情急激なる稅制の改革を許さずといふ理由の下に、依然舊來の儘の租法を踏襲して一時を凌いで來たことは、前節に一言した通りである。勿論その間と雖も、著しく民情に副はない苛法弊習は必要に應じ、部分的に改善を加へられて來たのであるが、それは飽くまで暫定的のものに過ぎなかつた。從つてこれを以て弊端百出の稅制を根本的に革正し得なかつたことは勿論のこと、かくの如き彌縫策によつて、荏苒その日を送ることは最早やこれを許さざるに至つたのみならず、これが改革は明治政府に託された最大要務の一でもあつた。

これ等の事情は必然的に輿論を喚起し、地租改正の論漸く朝野に喧くなつた。一面に於ては、府、藩、縣三治の制より、廢藩置縣と大改革相踵いで行はれ、朝權の伸長、庶政の革新その緒に著きたるを以て、政府は税制改革の機愈々熟せりとなし、玆に地租改正を斷行することに決した。即ち明治六年七月にはこれに關する　上諭喚發せられ、同時に太政官布告第二七二號を以て地租改正條例は發布せられたのである。

明治改租の事業は、前後十箇年の年月を要した曠古の大事業であつた。即ち明治七年より著手し、田畑は大體明治九・十年の兩年の間に、山林原野等は明治十四・五年の兩年の間に略〻完成し、調査の終了したる地方より順次にこれを施行した。玆に於て全國の地租は始めて公平劃一なるを得たのである。左に改租の要綱を掲ぐる。

イ　從來地租は、土地の收穫を標準として、これを賦課したのであるが、改正法に於ては、土地の價格即ち地價に應じて課税することゝなつた。地價の定め方は後述する。當時は賣買價格を以て地價とする趣旨であつたのであるが、後公定價格の意に變つたのである。

ロ　地價の百分の三の定率となし、從來の米納制度を金納制度に更めた。

ハ　從來は年の豐凶に由つて納租の高を増減したが、改正法では年の豐凶如何に拘らず増減せざることゝした。

ニ　從來は耕作人（土地の所有者なると否とを問はず）を納税者としたのであるが、改正の結果は土地の所有者が納税者となつた。

ホ　地價は略〻左の順序方法によつてこれを決定したのである。

(a)　先づ土地の境界を正し、一筆毎に地番を附して土地の單位を明瞭ならしむると同時に、土地の所有を確定し丈量してその地積を定め、更に地押をなして重複又は脱落なきを期した。

(b) 次に數多の町村中地位の中等にある一村を選定し、これを模範村となし、模範村に於ける土地を大體九等内外の等級に分ち、その各等級に於ける總ての土地の收穫を調査し、これを基準としてその他の村の土地の各等級に應じた收穫を定めた。

(c) 等級及收穫が決定すれば、これを明治三年より五箇年間に於ける平均石代に乘じて總收入金額を算出し、これより種子肥料代（總收入の一割五分）、地租（地價百分の三）、村入費即ち地方税（地租の三分の一）を控除したる殘額を純收益となし、これを一定金利（地方によつて異にしたるも普通六分）を以て還元したものを地價と定めたのである。今これを算式を以て示せば左の通りである。

收益 a （總收入金ヨリ種子肥料代一割五分チ控除シタルモノ）

求ムル地價 x

改租當時ノ地租 $\frac{3x}{100}$ （地價ノ百分ノ三）

地方税 $\frac{x}{100}$ （地租ノ三分ノ一）

利子 $\frac{6}{100}$

$$x=\left(a-\frac{3x}{100}-\frac{x}{100}\right)\div\frac{6}{100}$$

$$x=\left(a-\frac{4x}{100}\right)\div\frac{6}{100}$$

$$x=\frac{100a}{6}-\frac{4x}{6}$$

$$6x=100a-4x$$

$$10x=100a$$

$$x=\frac{100a}{10}=10a$$

即ち本例では收益の十倍を以て地價とする。右は自作の例であるが、小作の場合もこれに準ずる。

(d)　郡村宅地の地價はその村の田畑平均地價を基準としてこれを定め、市街宅地の地價は地代、賣買價格等を斟酌して適當にこれを定めた。その他の土地の地價も大體宅地に準じて定めたのである。

(e)　かくして定めた地價は、これを各町村に指示して、地主總代より請書及び地價帳を差出さしめて確定した。地價帳には字、番號、地目、反別、等級、收穫、地價、地租及び地主の住所氏名を記載せしめ、地方廳に於てはこれを精査して地券臺帳を作り、これに基いて地券を發行して地主に交付したのである。地券臺帳は地券の原簿であると同時に、地租の原簿であつたのであるが、明治二十二年土地臺帳の制定に伴つて廢された。

以上は明治改租事業の大要である。最後に一言を要するは、由來我國の地租制度は、土地制度と共に相互に因となり果となつて、發達して來たことは他言を要しないところであるが、明治改租に至つて、土地制度にも大變革を來したことである。即ち地租の改正はそれ自身土地制度の改革を意味する。耕作の自由を認めたこと（明治四年四月）、土地永代賣買を解禁したこと（明治五年二月）、地券を發行（前後三回に亘つて交付せらる）して土地の所有權を確認したこと等は、何れも地租改正の前提として行はれたのではあるが、古來漠然たりし土地私有の觀念は、玆に明瞭になり我國土地制度上一新紀元を劃したのである。

(三)　明治改租以後に於ける地租の沿革

地租改正の方針として、地價は、五年毎にこれを改訂する豫定であつたが、明治十三年に至り、尙地租改正事業の終了しない地方もあつたので、一應これを明治十八年まで延期することに決し、纔に著しき不權衡のある地方の地價修正を部分的に行つたに過ぎなかつた。然るに明治十八年の改訂期に於ても、財政その他の關係から、果してこれが實行可能なるや否や疑問視されたので、明治十七年には地租條例を發布して、粗笨にして錯雜した地租改正條例その他改租に關する諸法令を整理統一すると同時に、遂に五年毎に地價の改訂をなす方針を一擲して、一般に地價の修正を必要とする場合には、前以て布告する旨を規定し、地價の修正はこれを無期延期とするの止むなきに至つた。玆に於て地價は愈々永久的性質を帶びるに至り、土地負擔の不公正の端を開いたのであるが、その後一般社會狀態の進步發展に伴れ、地租の負擔は益々不公平の度を高むるやうになり、早くも地價修正を要望するの聲は四方に起るに至つたので、明治二十二年及び三十二年の兩度に亙り、田畑地價についてのみ、特別地價修正を行つた。併しながらこの特別地價修正も明治改租の際に調査した地價を僅かに補正する程度に止まり、一般的根本的の修正は、當時の事情尙これを許さなかつた。唯日清日露の兩役後社會竝に經濟、交通は急激な發展を遂げたのであるが、その影響を最も多く受けた宅地の地價を、改租當時の儘となし置くときは、自然宅地租負擔の農村に重く、都市に輕き結果となる虞ありしを以て明治四十三年に至り、宅地につき全國的一般的に地價を修正して、負擔の農村偏傾となることなきを期した。

以上の外、稅率の增減が數次行はれたのみならず、その他に關しても、說明を要する事項が尠くないのであるが、大要は左に揭ぐる沿革年表に明瞭であるから、玆にはその說明を省略する。

地租の沿革（自明治改租前後 至昭和地租改正）年表

年次	法令	沿革
慶應四年八月	太政官布告	租税の賦課徴收は姑く舊慣を襲用することを令す。
明治二年六月		列藩版籍を奉還し茲に府、藩、縣三治の制成る。
同　三年七月	大藏省達	田租は米納、畑租は金納の原則を定む。
同　四年正月	太政官達	各藩に於て租税制度の改革竝に增税又は減税をなさんとするときは稟議の上取扱ふべきことを令す。
同　四年四月		耕作物に對する制限を撤去し耕作の自由を確立す。
同　四年五月	太政官布告	田租についても金納許可の途を啓く。
同　四年七月		廢藩置縣の令發せらる。
同　四年十二月	太政官布告	東京府下市街地（無税地）に對し一般に地券を發行し地租を課することを定む。
同　五年正月	大藏省達	東京府下市街地の地租徴收のため地券發行地租收納規則を發し、地券金高百分の二の地租（沽券税又は分一税と稱す）を賦課することを定む。
同　五年正月		地券發行地租收納規則を各府縣下無税の市街地にも適用することを定む。
同　五年二月	太政官布告第五〇號	地所永代賣買の禁制を解く。
同　五年二月	大藏省達第二五號	地所賣買讓渡に付地券渡方規則を定め賣買讓渡の都度地券を交付することゝなす（地租は仍舊慣に依る）。
同　五年四月	開拓使達	北海道開墾地に對し一町歩上五圓、中四圓、下三圓の地租を課すること

を定む（但し殆んど實行を見ずして止む）。

同　五年七月	大藏省達第八三號	一般的に地券を交付する事を定む、壬申地券と稱せられるものこれなり。
同　五年八月	太政官布告第二二二號	一般に任意金納を許す。
同　六年三月	太政官布告第一一四號	地所名稱區別を發布して、土地の官、民有の區別を明かにす。
同　六年六月	太政官布告第一九四號	田畑石高の稱を廢し反別を基として賦課することを令す。
同　六年六月	大藏省達第九八號	地租は從前の稅金を反別に割當て徵收することを定む。
同　六年七月		地租改正に關する上諭渙發せらる。
同　六年七月	太政官布告第二七二號	地租改正條例公布せらる。即ち從來の收穫標準を地價標準に改め、稅率を地價百分の三の定率となし、年の豐凶に由り增減せず、貢納は總て金納とす。　地租改正の事業は田畑は明治九・十年に、山林原野は明治十四・五年の間に大體完了せり。
同　七年五月	太政官布告第五三號	地租は改正の年より五年間は初定の地價に據り收稅することを地租改正條例中に追加せり。
同　七年十一月	太政官布告第一二〇號	地所名稱區別改定せらる。
同　八年八月	太政官達第一五四號	全國一般地租改正完成期を明治九年と定む。
同　八年八月	太政官布告第一三三號	市街地の宅地租の稅率も亦地價百分の三に統一す。
同　九年十二月	太政官布告第一六一號	北海道の地租の稅率は當分地價百分の一と定む。
同　十年一月	太政官布告第一號	地租の稅率を地價百分の二・五に輕減す。
同　十年十一月	太政官布告第八〇號	請願に依り田租の半額は之を米納となすことを得しむ。
同　十三年五月	太政官布告第二五號	一般的地價修正を明治十八年まで延期することを定め、一方地價著しく不當なる地方の特別地價修正を許す。

明治十七年三月	太政官布告第七號	地租條例公布せらる、地價百分の二・五の税率とし、北海道（函館縣、札幌縣、根室縣）、沖繩縣、伊豆七島、小笠原島は從前の通りとす。
同　十八年二月	大藏省訓令	地押調査に著手し爾來四箇年の歲月を經て完了す。
同　十九年一月	太政官布告第一號	函館縣、札幌縣、根室縣を廢して北海道廳を置く。
同　二十二年三月	法律第一三號	地券制度を廢止す。
同　二十二年三月	勅令第三九號	土地臺帳規則を制定し、地租は自今土地臺帳に登錄せられたる地價により記名者より徵收することを定む。
同　二十二年八月	法律第二二號	東京府外四十二縣（曩に修正を行はざりし地方）の田畑の特別地價修正をなす。
同　二十二年九月	勅令第一〇七號	田租半額に對する代米納の制を廢止す。
同　二十二年十一月	法律第三〇號	從來地價の意義不明瞭にして疑義ありしを以て「土地臺帳に揭げたる價額を謂ふ」旨規定してこれを明瞭にす。
同　二十二年十二月	勅令第一四一號	沖繩縣及び小笠原島、伊豆七島の國稅徵收方法を定む。
同　三十一年十二月	法律第三一號	東京府外四十一府縣の田畑の特別地價修正をなす。
同　三十一年十二月	法律第三二號	戰後經營のため市街宅地地價百分の二・五、その他の土地地價千分の八の增徵をなす。その結果租率は左の通りとなる。 市街宅地　地價百分の五 その他の土地　同　百分の三・三 但し北海道、沖繩縣、伊豆七島及び小笠原島は從前の通りとす。
同　三十二年三月	法律第五九號	沖繩縣土地整理法を制定し、同縣の土地制度を改革して、地租條例施行の基礎を作る。

同　三十二年三月	法律第六二號	宅地組換法を制定して土地の状況に依り市街宅地と郡村宅地との組換を行ふ。
同　三十五年十二月	勅令第二七五號	明治三十六年一月一日より沖縄縣の一部（宮古郡、八重山郡）に地租條例を施行す。
同　三十六年十二月	勅令第二七八號	明治三十七年一月一日より沖縄縣のその他の地方に地租條例を施行す。
同　三十七年四月	法律第三號	戰時財政計畫の一として非常特別税法を制定して地租の増徴（明治三十一年の増徴は明治三十六年分限りこれを廢止す）をなす。

	（租率）	（増徴率）	（更正租率）
市街宅地	地價百分の二・五	地價百分の五・五	地價百分の八・〇
郡村宅地	同　二・五	同　三・五	同　六・〇
その他の土地	同　二・五	同　一・八	同　四・三
北海道の地租			
市街宅地	同　一・〇	同　五・五	同　六・五
郡村宅地	同　一・〇	同　三・五	同　四・五
その他の土地	同　一・〇	同　一・八	同　二・八

同　三十七年四月	法律第一六號	渡良瀬川沿岸地方鑛毒被害地に對し特別地價修正をなす。
同　三十八年一月	法律第一號	非常特別税法を改正し地租の増徴率を左の通り改む。

	（舊）	（新）
市街宅地	地價百分の五・五	地價百分の一七・五
郡村宅地	同　三・五	同　五・五
その他の土地	同　一・八	同　三・〇

明治三十九年四月	法律第三三號	北海道に地租條例を施行し租率は當分從前の通り(地價百分の一)とす。
同　四十三年三月	法律第二號	地租條例を改正す。同時に非常特別税を撤廢し税率は左の如く定む。 （内地）（北海道） 宅地　地價百分の　二・五　地價百分の　二・五 田畑　同　四・七　同　三・四 その他の土地　同　五・五　同　四・〇
同　四十三年三月	法律第三號	宅地地價修正法を制定して宅地の地價を修正す。修正地價は賃貸價格の十倍となし、賃貸價格の十倍が市街宅地にありては現在地價の十八倍、郡村宅地にありては七倍二割を超ゆるときは各十八倍、七倍二割に制限す。
同　四十四年二月	法律第一號	八丈島の地租は、從來黃紬の物納なりしを金納となし、その換算率を黃紬一反につき一圓七十二錢五厘と定む。
大正二年七月	皇室令第八號	皇族御所有地(皇族賜邸及皇室財產令第二十一條の土地「御料地に準ぜられるもの」を除く)に地租に關する法規を適用することを定めらる。
同　三年二月	法律第一號	災害地地租免除法を制定し災害又は天候不順に因り收穫皆無に歸したる田畑の地租を免除することを定む(從來は災害の都度これを定む)。
同　三年三月	法律第一八號	地租條例を改正し田畑地租を左の如く輕減す。 内地　地價百分の　四・五 北海道　同　三・二
同　七年五月	法律第四三號	北海道の特別免租年期地に對し二十年以內の地種變更免租年期を許可し得ることを定む。

同　八年四月	法律第三八號	私立學校用地にして一定の要件を具備するものに對し地租免除の途を開く。
同　八年四月	法律第四六號	地租條例を改正し、開墾鍬下年期、地價据置年期、新開免租年期等の年期を延長す。
同　十年四月	法律第五四號	航空法を制定して公共用の飛行場用地の地租免除の途を開く。
同　十五年三月	法律第六號	地租條例を改正し、自作の田畑地價二百圓未滿のものに對し地租を免除する途を開く。
同　十五年三月	法律第四五號	土地賃貸價格調査法を制定して地租の課税標準を賃貸價格に改むる目的を以て大正十五年四月一日現在の有租地につきその賃貸價格を調査す。昭和二年に調査完成す。この經費約壹千萬圓。
同　十五年三月	法律第四七號	民法施行前の永小作權地にして舊慣により永小作人に於て地租を負擔する田畑に對し自作農地免租の規定を適用することを定む。
同　十五年十二月	皇室令第一八號	王公族の御所有地（王又は公の殿邸地を除く）に地租に關する法規を適用することを定めらる。
昭和二年三月	法律第一六號	土地賃貸價格調査委員會法を制定して同委員會の議を經て標準賃貸價格及び適用區域を決定す。
同　二年三月	法律第一八號	北海道に於ける御料地の拂下を受けたる土地に對し十年間地租を課せざることを定む。
同　六年三月	法律第二八號	新地租法を公布す。
同　六年三月	法律第二九號	地租法の制定に伴ひ耕地整理法中重要なる改正を加ふ。

八　昭和の地租改正

昭和六年の地租改正には、二つの目的が含まれて居る。一は地租制度の根本的改正であり、他の一は「ロンドン」海軍條約成立により生じたる餘裕財源を以てする地租負擔の輕減である。前者は質的の改正であり、後者は量的の改正である。

（一）　地租制度の根本的改正

大正十五年の一般的税制整理に於て、政府は、地租はこれを地方に委讓することをせず、これに根本的改正を加へて、國税として存置する方針を決定したことは、既に説明した通りである。而して今回の地租改正の大正十五年税制整理の實行として行はれたることも、敢て叙述するまでもなからう。

地租の課税標準たる地價は、既述の如く明治初年の調査に屬し、年を閲すること、實に五十有餘年、その間に於ける社會並に經濟事情の變遷、交通の發達、農事の改良進歩等は必然的に土地の收益、地價その他土地の一般利用狀態に著しき變動を來したにも拘らず、地租は依然として明治初年に定めた地價を標準として、課税して來たため、その負擔が著しく公平を失し、時勢の變化に順應せざる課税となつて居ることは議論の餘地がない。尤も田畑地價の修正は數次行はれたのではあるが、而かも尙彌縫的修正に過ぎなかつた。又宅地の地價は、明治四十三年に根本的に修正されたのであるが、これ亦修正後既に二十有餘年を經過して居るのみならず、歐洲大戰後に於ける都市の急激なる發達の結果として、宅地間のみならず、その他の土地との負擔の權衡が再び紊れるに至つたことも疑ひなき事實である。

以上の如く、地租が土地の實狀に卽さない課税となつて居るのは、地租の缺點とするところであり、非難される所以も此處に存するのであるから、地租を國稅に存置し、補完稅としての機能を十分に發揮せしむるためには、從來の地租制度に根本的改善をかへることを必要とした。これ今回の地租改正の行はれた所以である。

地租制度の根本的改正の要義は、固定化した課稅標準を可動的のものに改むるにある。而して地租の課稅標準の改正の方法としては(一)收穫主義、(二)時價主義、(三)純益主義、(四)賃貸價格主義等幾多の方法が想像されるのであるが、何れも一長一短あるを免かれない。卽ち第一の收穫主義を採るときは、農業の企業的利益にまで課稅する結果となり、不動產收益稅の本質に反して適當でない。殊に收穫は作物の種類、耕作方法の如何により、各筆每に異るのを常とするのみならず、年により豐凶あるを免かれないから、これが調査には多大の困難を伴ひ、殆んど煩累に堪へないであらう。第二の時價主義は土地の眞實の有らゆる力を捕捉することを得る點から見て、地租の課稅標準としては理想的のものと考へられる。併しこれも眞の時價を調査することは、課稅技術上大なる困難を伴ふのみならず、調査の困難より來る不公平を考慮に入るゝときは、實際問題としては必ずしも適當といふを得ないであらう。次に第三の純益主義であるが、この主義を採るときは、每年土地の純益を調査しなければならない。一億四千萬筆の土地につき、又壹千萬人の納稅者每にその純益を調査することはこれ亦殆ど實行不可能のことに屬する。且つ農業者の純益には、企業利益をも包含するを以て純益主義も不適當である。

以上の三主義に比較して、第四の賃貸價格主義は短所が少く、不動產收益稅の課稅標準としての要件によく當嵌る。蓋し賃貸價格は、土地そのものゝ收益價値を如實に現はすのみならず、賃貸價格の基礎となる小作料或は地代の實例は隨所に得られ、眞實の賃貸價格を捕捉することは極めて容易であるからである。卽ち賃貸價格は地租の課稅標準としては最も適當のものとされる。

ここを以て政府は、大正十五年の税制整理に於て賃貸價格主義を採用する根本方針を定め、第五十一回帝國議會の協贊を經て、土地賃貸價格調査法を公布し、大正十五年四月から二箇年の日子と、壹千萬圓の國帑とを費し、昭和二年末までに全國の土地の賃貸價格の決定を見るに至つた。當初の豫定では、昭和三年にこの賃貸價格を課税標準として、地租改正をなす計畫なりしも、內閣の更迭、議會の解散等に累せられ、實現するに至らなかつたのであるが、今議會(第五十九回)に於て漸く多年の懸案を解決して、我國地租制度の上に一大改革が斷行さるゝに至つたのである。

以上を要するに、今回の地租改正は、大正十五年の税制整理の延長でもあれば、清算でもある。玆に於て我國直接國税制度の組織は一應體系附けられるに至つたのである。

(二)　地租負擔の輕減

昭和五年四月二十二日英京倫敦に於て調印された、所謂「ロンドン」海軍條約の目的は、締盟國相互に海軍々備を制限縮少して、世界の平和を確保すると同時に、國民負擔の輕減を圖るにあつたことは論を俟たない。よつて政府は、同條約の成立により生じた餘裕財源は、條約の精神に遵ひ、これを國民負擔の輕減に充當するを適當と認め、地租、營業收益税、織物消費税及び砂糖消費税を輕減することに決し、これが法律案を第五十九回帝國議會に提出してその協贊を經たのである。但し地租の輕減案は、これを別箇の案とせず、地租法案に包含して居たことは勿論である。

而して同條約の成立により浮び出た建艦費留保財源は、昭和十一年度までの總額五億八百萬圓であるが、その內三億七千四百萬圓は、これを海軍補充費に充て、殘額の一億三千四百萬圓が卽ち減税割當額として振り向けられたのである。これを如何なる税種に如何に按配すべきかは問題である。社會の一部には直接税の輕減を主とすべしといふ說、間接税の輕減を主とすべしといふ說などがあり、また減税細目についても地租、營業收益税の免税點を引上ぐべしとするもの、煙草の値下を主張する說もあつた。純理論として間接税の輕減を主とすることは社會政策的に見て正しい。併し世界的不景氣に因つて物價の低落著しい際であるから、間接税を輕減してもこの上物價下落の傾向を助長すること難く國民負擔の輕減にも大してならない。從つて間接税の輕減は理論は兎も角も實際上は餘り效果的でないところから、この際は寧ろ直接税を主として輕減するを妥當なりとして、左の如く分配されたのである。就中急迫せる農村の現狀に鑑み、地租の輕減に重心を置き、間接税の內比較的國民生活に緊密の關係ある織物消費税、砂糖消費税を輕減し、一面地租に對する權衡から小營業者の負擔を輕減するため營業收益税が附帶的に減税されたのである。

「ロンドン」海軍條約成立に基く減税の內容

區分		六年度	平年度	總額	百分比
直接税	地租	六、七七〇千円	一〇、八一〇千円	六〇、四五五千円	四五
	營業收益税	一、二一四	四、六一五	二三、七二二	一七
	計	七、九八四	一五、四二六	八四、一七八	六二
間接税	砂糖消費税	二一七	六、〇五九	二九、二一五	二二
	織物消費税	九一一	四、一三六	二一、五九六	一六
	計	一、一二八	一〇、一九六	五〇、八一一	三八
合計		九、一一三	二五、六二二	一三四、九九〇	一〇〇

即ち地租の輕減額は昭和六年度は六百七十七萬圓、同七年度より十一年度までは、毎年一千八十一萬圓、總額六千四十五萬圓の減税であつて、總減税額の四割五分を占めて居る。

(三)　地租改正要綱

昭和地租改正の眼目は以上の通りである。その他細部に亘つて幾多の改正が加へられたことは勿論である。既述したるところと重復する嫌あるも、左に改正の要綱を箇條書として參照に供する。

イ　舊來の地租條例は、明治十七年の制定に係り、形式、內容竝に用語等今日の時勢に適合せざるものあるを以てこれを廢止して、新に地租法を制定して、出來得る限り從前の亂雜な法令をこれに統一した。

ロ　地租の課税標準たる從來の地價を賃貸價格に改むると共に、これを十年每に改訂することにした。而して第一回の改訂は、昭和十一年四月一日（大正十五年より十年目）の現在により調査し、同十三年に於て課税標準の改訂を行ふことゝした。

ハ　税率は各地目共、これを百分の三・八と定めた。即ち從前の税率は、數次改正の沿革により、宅地百分の二・五、田畑百分の四・五、その他の土地百分の五・五と區別せられ、尙北海道に於ける宅地以外の土地については特別の税率を設けて居るが、一般的に課税標準を改正し、全國に亙り各地目とも同一の方法により調査したる新課税標準を採用することゝなれば、地目を異にするがために、又地域を異にするがために、その税率を異にすべき理由はないといふので、總て同一の税率としたのである。尙今回調査したる賃貸價格を基礎として、從來の地租額の限度に於て、その税率を按配すれば、百分の四・五となるのであるが、「ロンドン」海軍條約成立の結果生じたる餘剩財源の一部を以て、その負擔を輕減することにしたため、稅率を百分の三・八と定め、約一割五分の輕減をなしたのである。但し昭和六年分に限り財源の關係から百分の四とした。

ニ　地租の納期は大體從來通り定めた。但し田租第一期分を翌年一月一日より三十一日限と改正して、從來の官民の不便を除くことにした。

ホ　自作農地の免稅點は、これを賃貸價格二百圓に定めた。この賃貸價格を從來の地價に換算すると全國的に見て約二百四十圓に當るから、いはゞ免稅點は從來の地價にして、約四十圓だけ（即ち二割程度）引上げられたのと同樣であつて、免稅を受くべき納稅者の數及び土地の地積は相當增加することゝなる。

ヘ　課稅標準及び稅率の改正による負擔の激增を緩和するため、新地租額が舊地租額の三倍八割を超ゆる土地については、三倍八割を超過しないやうに賃貸價格を制限して課稅標準を定めることにした。

ト　賃貸價格を一般的に改訂するまでの期間に於ける土地の異動により課稅標準の設定又は修正をなす場合には、稅務署に於て類地に比準してこれを定めることにした。この點は從來と變りない。

チ　土地の異動により課稅標準の設定又は修正をなすに當つては、必要と認むる場合の外地盤の丈量を省略することを得るやう定めた。

リ　各種の年期は大體は從前の通りとなし、その名稱を更めた。唯開墾及び地目變換の年期の中で宅地又は鑛泉地となすものについては、その年期を短縮し得る規定を設け、尙荒地の低價年期の制度はこれを廢止した。

ヌ　年期明地（免租年期、減租年期の滿了する土地）に對する賃貸價格の設定又は修正は、年期の滿了する年に於てこれをなすことにした。

ル　賃貸價格の設定又は修正をなしたる土地の地租は、その翌年分より設定又は修正したる賃貸價格によつて地租を徴收することに一定した。

ヲ　各納期に於て同一地目の賃貸價格の合計が一圓未滿なるものについては地租を徴收しないことに定めた。

(四)　地租改正の影響

地租改正の結果は、土地各筆間は勿論各地方間の地租の負擔關係に相當の變化を與へて居る。併しこれは寧ろ當然のことであつて、かく變化すべき事情あればこそ地租改正の必要もあつた譯である。地租改正の究極する目標も要するにこの變化にある。この變化によつて今まで固定した地租の負擔が、土地の實際の力に應じた負擔となり、始めて均衡が得られることになつたのである。

而して地租改正の結果生じた地租負擔の増減傾向を見るに、土地により、地目により又地方により固より増減一樣でない。先づ各地目間に於ける地租の負擔にどんな變化を及ぼしたかを觀るに左表の如くである。

地租改正に因る地租負擔の變化（一）（地目別）

地目別	從前の地租額	改正地租額	比較増減（△）
田	四〇、五四九千円	二七、七三四千円	△　一三、八一五千円
畑	七、三二四	五、五九二	△　一、七三一
宅地	一九、〇三八	二四、四九〇	五、四五二

鹽田	一〇二	一〇〇	一
鑛泉地	九	一二	二
池沼	一二	一二	｜
山林	一、四八四	一、五〇〇	一六
原野	一六六	一七六	九
牧場	一九	九	△九
雜種地	七五	六九	△五
計	六八、七八二	五八、七〇〇	△一〇、〇八一

○注意 千圓未滿の端數を切捨てた關係上內譯と計と符合しないものがある。

右表により概觀するならば、田畑の負擔は約壹千五百萬圓の輕減であるに對し、宅地の負擔は却つて約五百萬圓の增加となつて居る。これはとりもなほさず農村の負擔が都市に移動したことを物語るものであつて、最近に於ける都市の異常なる發達が、如何に農村と都市との負擔關係を紊して居つたかがこれによつて窺はれる。この負擔の不公平が今回の地租改正によつて始めて矯正されたのである。右表は勿論軍縮による減稅の加味された結果である。而して今回の地租改正は、本來地租總額に增減を生ぜしめざる方針の下に、負擔の均衡を圖ることを目的としたのであるから、軍縮による減稅なかりせば、都市の負擔は一層增加すべきであつたのが、軍縮減稅のためこの程度に緩和されたのである。それと同時に軍縮減稅が加はつた結果、農村の負擔が一層輕減されたことは言を俟たない。

次に各地方間に於ける負擔變化の模樣を見るに、これまた增減の程度一樣でないが、大體の傾向としては、大都市を抱擁する二、三の府縣に於て增税の形となつて居るの外、多數の府縣は何れも減税となつて居る。各府縣の一々につき、その增減事情を述ぶることは、煩を避くる爲めこれを省略する。詳細は左表を參照せられたい。

地租改正に因る地租負擔の變化　(二)　(地方別總額)

道府縣別	從前の地租額	改正地租額	比較增減(△)
東京	三、四一三千円	六、三二三千円	二、九一〇千円
神奈川	一、三二六	一、四〇五	七九
埼玉	二、一一五	一、四三二	△六八三
千葉	二、〇五一	一、六〇三	△四四八
山梨	六二八	四二四	△二〇四
栃木	一、四一〇	一、一九八	△二一二
茨城	二、〇二八	一、五六四	△四六四
群馬	一、一七七	九四七	△二三〇
大阪	三、二七八	四、二八八	一、〇一〇
京都	一、三五四	一、四六九	一一五
兵庫	三、一九五	二、八六四	△三三一
奈良	八五〇	五四一	△三〇九
和歌山	八二〇	五八一	△二三九
滋賀	一、五七五	八八〇	△六九五
福井	九五七	六二九	△三二八

石川	一、一一三	七四八	△三六五
富山	一、四四九	九三〇	△五一九
香川	一、〇二二	六八七	△三三五
徳島	八〇九	五六三	△二四六
高知	七四〇	五三二	△二〇八
北海道	一、一四七	一、〇三七	△一一〇
宮城	一、一五五	一、〇二二	△一三三
岩手	八三五	六〇七	△二二八
福島	一、八一四	一、二五八	△五五六
秋田	一、二三九	一、一〇九	△一三〇
青森	八三四	六五七	△一七七
山形	一、五二三	一、二〇七	△三一六
愛知	二、九六八	二、五三四	△四三四
静岡	一、六七九	一、二五二	△四二七
三重	一、八一一	一、〇六二	△七四九
岐阜	一、三八六	一、〇五三	△三三三
長野	一、六四七	一、三一二	△三三五
新潟	二、九三〇	二、一七九	△七五一
廣島	一、七三七	一、二八四	△四五三
山口	一、〇四九	一、〇五四	五
岡山	一、九七三	一、三四三	△六三〇

道府県別	従前	改正	比較
鳥取	六三八	四五一	△一八七
島根	九八〇	七〇七	△二七三
愛媛	一、〇七三	八二八	△二四五
熊本	一、七三八	一、三一三	△四二五
福岡	二、四九六	二、〇五八	△四三八
大分	一、〇一七	八〇九	△二〇八
長崎	八〇四	六五四	△一五〇
佐賀	一、一八九	七六三	△四二六
鹿児島	九一〇	八七九	△三一
宮崎	六六八	五三八	△一三〇
沖縄	二〇五	九六	△一〇九
計	六八、七八二	五八、七〇〇	△一〇、〇八二

〇注意　千圓未滿の端數を切捨てた關係上内譯と計と符合しない。

地租改正に因る地租負擔の變化　(三)　(地方別地目別)

道府県別	宅地 従前の地租額	宅地 改正地租額	宅地 比較増減(△)	田 従前の地租額	田 改正地租額	田 比較増減(△)	畑 従前の地租額	畑 改正地租額	畑 比較増減(△)	その他 従前の地租額	その他 改正地租額	その他 比較増減(△)
東京	二、九九〇千円	五、九九六千円	三、〇〇六千円	一四一千円	一八千円	△一二三千円	一六四千円	一七四千円	一〇千円	一六千円	二三千円	七千円
神奈川	七〇八	九九六	二八八	三八五	二一九	△一六六	二〇四	一五六	△四八	二七	三三	六

埼玉	四二九	三七〇	△五九	一、二一五	六六三	△五五二	四二四	三五二	△七二	四五	四五	〇
千葉	三九〇	三八五	△五	一、三四六	九四〇	△四〇六	二六八	三三二	△四六	四七	五五	八
山梨	一四八	一二一	△二七	三一九	一九六	△一三三	一四二	八七	△五五	一九	一八	△一
栃木	三〇五	三一〇	五	八四六	六六五	△一八一	三二二	一六七	△四五	四五	五四	九
茨城	四〇四	三六五	△三九	一、二〇八	八四二	△三六六	三七五	三〇五	△七〇	三九	五〇	一二
群馬	三〇一	二八九	△一三	五二八	三四八	△一八〇	二八九	二五三	△三六	五七	五五	△二
大阪	一、九九二	三、五七四	一、五八二	一、一五二	六一九	△五三二	一〇五	六七	△三八	二八	二五	△三
京都	六〇六	九五三	三四七	六二九	四一七	△二二三	八二	六四	△一八	三六	三四	△二
兵庫	一、一三二	一、四五三	三三一	一、八七七	一、二四〇	△六三七	一〇七	七七	△三〇	八八	九三	五
奈良	一一七	一一四	△三	六四八	三六七	△二八一	六三	三八	△二五	二一	二一	〇
和歌山	一六七	一七九	一三	五五二	三一九	△二三三	七七	五〇	△二七	三三	三〇	七
滋賀	三二八	一六五	△六三	一、二三五	六四一	△五八四	八五	四三	△四二	三五	二九	△六
福井	一七五	一四二	△三三	七一四	四三二	△二八二	四七	三三	△一四	一九	二〇	一
石川	三三一	二〇三	△二八	八〇五	四八二	△三三三	五六	三九	△一七	一九	三三	三
富山	二二五	一七五	△四〇	一、一九五	七一七	△四七八	二七	二四	△三	一一	一三	一
香川	一九三	一六〇	△三三	七二五	四四五	△二八〇	四一	三〇	△二一	六一	四九	△一三
徳島	一七六	一四五	△三一	四六一	二七七	△一八四	一三八	一〇五	△三三	四二	三四	△八
高知	一三〇	一〇八	△三三	五三四	三三七	△一九七	五七	六四	△七	一八	二二	三
北海道	四二五	五五二	一二七	八三	八五	△二	四八二	三一三	△一六九	一五五	八五	△七〇
宮城	二三一	二三七	六	七四〇	六五六	△八四	一三二	八二	△四〇	六〇	四六	△一四
岩手	一六五	一三五	△三〇	四九九	三五九	△一四〇	一三二	六五	△六七	三七	四六	△一〇

福島	二九二	二四四	△四八	一、一五三	七七九	△三七四	三二八	一七四	△一五四	三九	五九	二〇
秋田	一八二	一五八	△二四	九六五	八八二	△八三	六九	三八	△三一	二一	三一	一〇
青森	一五〇	一四三	△七	五七四	四四二	△一三三	七八	四六	△三二	三〇	二四	△六
山形	二五〇	二一五	△三五	一、〇八四	八六二	△二二三	一三七	九四	△四三	五一	三五	△一六
愛知	一、〇三五	一、四一九	三九四	一、五七二	七七六	△七九六	三三四	二九八	△三六	三五	三九	四
靜岡	四二一	四二八	七	九九二	五七三	△四一九	二二一	一九二	△二九	四三	五七	一四
三重	三四六	二八〇	△六六	一、二七二	六二四	△六四八	一六一	一一三	△四九	三〇	四五	一五
岐阜	三〇〇	二五九	△四一	八九二	六〇八	△二八四	一四五	一三五	△一〇	四八	四九	一
長野	三九四	三四八	△四六	九三二	六三〇	△三〇二	二八六	二八四	△二	三三	四八	一五
新潟	四七二	三九三	△七九	二、一九四	一、五四七	△六四七	一九六	一六六	△三〇	六六	七一	五
廣島	四八二	四七二	△一〇	一、〇六一	六七三	△三八八	一四六	七六	△七〇	四六	六一	一五
山口	二〇一	二九〇	八九	七五八	六六八	△九〇	三一	三七	六	五八	五八	〇
岡山	三六二	三三五	△二七	一、四二一	八八三	△五三八	一五三	九〇	△六三	三六	四四	八
鳥取	九七	八〇	△一七	四七五	三一九	△一五六	五五	三七	△一八	九	一四	五
島根	一三三	一〇四	△二九	七三三	五〇五	△二二八	九二	六四	△二八	二一	三三	一二
愛媛	二一六	一八七	△二九	六八九	四九六	△一九三	一二九	一〇〇	△二九	三七	四三	六
熊本	三一六	三〇〇	△一六	一、〇九二	七五三	△三三九	二七九	二二四	△五五	四九	三四	△一五
福岡	五二四	七〇〇	一七六	一、七七七	一、一八五	△五九二	一三三	一一九	△一四	六〇	五一	△九
大分	一六一	一六一	〇	七〇一	五二三	△一七八	一〇四	八一	△二三	四九	四三	△六
長崎	二八六	二七三	△一三	三七七	二六五	△一一二	一〇九	八八	△二一	三一	二六	△五
佐賀	一五七	一二八	△二九	九二八	五六七	△三六一	七九	四六	△三三	二四	二〇	△四

鹿兒島	二四〇	二八四	四四	四七二	四〇九	△六三	一五五	一四七	△八	四一	三七	△四
宮崎	二一	一一五	四	四三三	三一一	△一三	九〇	八一	△九	三三	二九	△四
沖繩	四七	三五	△一三	一三	七	△一六	一三	四八	△七四	一一	五	△六
計	一九、〇三八	二四、四九〇	五、四五二	四〇、五四九	二六、七三四	△一三、八一五	七、三三四	五、五九二	△一、七三	一、八六九	一、八八一	三

九　土地賃貸價格調査の概要

土地の賃貸價格は、土地賃貸價格調査法及び土地賃貸價格調査委員會法によつて調査決定したのであるが、調査委員會法は、既に調査結了した賃貸價格を確定する手續を規定したのであつて、事實上賃貸價格調査の基本となつたのは、土地賃貸價格調査法である。然るに同法は僅かに四箇條より成る極めて簡單なものであつて、調査の根本方針をこれに定めたに過ぎない。蓋し土地の賃貸價格は、經濟、交通の事情竝に地方の慣行に支配されること多く、自然その調査亦複雜多岐ならざるを得ない。從つて法律を以てその調査方法を精細畫一的に規定することは、非常に困難なるのみならず却て實際に適しない結果を生ずる虞なしとしない。故に法律には單に調査の大綱を規定するに止め、その細目は寧ろ運用に讓るに若かずとしたのである。左に賃貸價格調査の要領を掲げ參考に供する。

(一)　賃貸價格調査の範圍

賃貸價格は大正十五年四月一日現在の地租を課すべき土地について調査したのである。地租を課すべき土地といふ中には、自作農免租地、災害免租地は包含するも荒地その他の免租年期地はこれを包含しない。これ等の免租年期地の賃貸價格は年期滿了の時に、類地に比準して調査せんとする趣旨である。

（二）　調査の方針

賃貸價格の調査は、土地賃貸價格調査法に規定せられたるが如く、一般的に土地の各筆についてこれをなさない。地目毎に、情況の相類似する土地はこれを包括して一區域となし、その區域內に於ける標準賃貸價格を調査し、各筆の賃貸價格はこの標準賃貸價格にその地積を乘じて算出するといふ方針を採つたのである（調査法第三條）。

情況の相類似するものと認むる區域に包括せしむる土地の範圍は、地目により又地方の狀況により豫めこれを一定することを得ない。各地各筆僅少の差違を論じてこれを細分することは、固より區域主義による調査の方針に反し相當でない。又これを餘りに粗放にすることも、負擔の公平を得る所以にあらざるを以て、稅務署に於ては、親しく實地を踏査すると共に、廣く事情精通者の意見をも徵する等出來得る限りの方法を講じて、中庸を得たる區域を決定したのである。

賃貸價格とは法律にも規定してあるが如く、貸主が公課、修繕費、その他土地の維持に必要なる經費を負擔する條件を以て、これを賃貸する場合に於て、貸主の收得すべき金額をいふのである（調査法第三條）。要するに普通の觀念に於ける小作料或は地代の意に外ならない。併しながら賃貸實例あるものは、總てその實例賃貸料によるといふ精神ではない。個々の賃貸實例に重を置いたことは勿論であるが、それのみによらず收穫高、時價その他の諸事情をも考慮し、他の區域との權衡に稽へ、適當にその標準賃貸價格及び適用區域を調査したのである。

（三）　田畑、鹽田の賃貸價格

イ　區域　田畑の區域は大體一小字又はこれに準ずべき區域を以て一區域とした。小字內に於ても著しく情況を異にするものは細分し、情況類似するものは數小字を合して一區域とした。

鹽田の區域は大體一戸前（又は一軒）を以て一區域とし、製鹽場と採鹹場とはその賃貸價格の區分困難なるを以てこれを一區域に調査した。

ロ　小作料　標準賃貸價格評定の資料として、小作料の實例を調査した。實例小作料は大正十年より十四年に至る五箇年間に於ける實收小作料の平均額によつた。五箇年としたのは別に意味がない。調査年限短きに過ぐれば平衡を得難く、又長きに過ぐれば却て土地の現況に遠ざかる虞あるを以て、大體五箇年の平均によるを相當と認めたに過ぎない。實例小作料の調査に當りては、延米、口米その他の名義を以て、小作料の外に一定の數量を地主に於て收得するものはこれを加算し、既往五箇年間中に旱害、水害、その他循環的、連續的の災害により小作料を減免した事實のあるもの又は小作爭議等による減免はこれを控除した。又爭議の結果契約高が、將來に涉り變更せられたものは、既往の事實によらず更改せられた小作料を基として賃貸價格を調査した。而して爭議の未解決に屬するものは、その狀況に應じ解決地の例を參酌して適當に調査した。地方の慣習に依り小作人に奬勵米を支給するものはこれ亦小作料より扣除した。尙山間僻地に於て小作の實例少なく、而かも需給その他の關係によりその小作料が著しく高きに失するが如きものを以て、多數の自作地をも律する標準賃貸價格を評定する資料とするは穩當ならざるを以て、その實況に照し適當の斟酌を加へることゝした。

ハ　米價　小作料が米その他の物納なる場合は、大正十年より十四年に至る五箇年間の平均物價を以てこれを換算した。

（四）宅地の賃貸價格

イ　市街地の區域　市街地及びこれに準ずべき集團宅地は、その位置によつて利用の價値、地位品格著しく相違するを常とするが故に、各筆毎に克くその實況を調査し尚左記の事情等を十分に考慮に入れて適當にその區域を定めたのである。

(1)　角地にして特に利用價値多しと認むる宅地の賃貸價格は相當高目に評定したること。

(2)　袋地、裏地等にして利用上不便ある宅地は他の土地よりも引下げて評定したること。

(3)　その他奥地の長短、地積の廣狭、形狀の正否、地盤の高低等宅地利用に及ぼす影響をも相當斟酌して評定したること。

ロ　村落宅地の區域　村落部の宅地は、市街地とその趣を異にするを以て、大體田畑に準じ一小字を一區域として調査したるも、交通の便否その他の事情を考慮して別區域とするを適當とするものはこれを區分した。

ハ　賃貸料　宅地の標準賃貸價格は、市街地たると村落地たるとを問はず、大正十五年四月一日現在に於ける契約賃貸料（地代）を基礎として調査したのである。蓋し宅地に在りては、田畑の如く賃貸料を減免すること稀なるべきを以て、既往の賃貸料を多く顧みるの必要なしと認めたるによる。而して賃貸料の物納なるものについては大正十年より十四年に至る五箇年の平均物價により金額に換算したることは田畑に於けると同様である。

ニ　權衡上の評定　宅地に於ても實例を基礎としてその標準賃貸價格を定むる主義に變りなしと雖も、田畑の如く普遍的に賃貸實例を得難き地方又は特殊の事情によつてその地位品格に相當する實例の少き地方あるがため、實例のみに重きを置くときは、全國的に權衡を失するの處あるを以て、その所在、運輸、交通の便否、商工業の盛衰等を、大局より比較勘案して各地間に權衡を得るやう適當に賃貸價格を評定したるものが尠くない。

（五）鑛泉地の賃貸價格

イ　區域　鑛泉地は性質上各筆點在し且つその鑛泉の湧出量、所在、性能、名聲、利用價値等各筆毎に相違するもの多く區域的に賃貸價格を調査すること困難なるを以て、總て一筆を一區域としてこれを調査したのである。

ロ　賃貸料　鑛泉地には賃貸の實例少なきを以て、これのみを基礎として賃貸價格を決定すること能はざるものが多い。故に全國鑛泉地中實例あるもの及び所在、賣買價格、浴客の多寡等を參照して、著名なる温泉の賃貸價格を評定しこれを基準として各地の權衡を比較攻究した上、各筆の賃貸價格を評定したのである。而して鑛泉地以外の土地については、その區域内の標準賃貸價格に各筆の地積を乘じて各筆の賃貸價格を算出するのであるが、鑛泉地については標準賃貸價格その儘々を以て、直ちに各筆の總賃貸價格とするの方針を以て調査した。蓋し鑛泉地の價値は主としてその鑛泉の性能、所在、湧出量の多寡、名聲の如何等によつて定まるものにして、面積の大小の如きは殆んど關係なきを常とするからである。但し鑛泉地に附屬する宅地等にしてその地積廣きものゝ如きは、勿論宅地に相當する賃貸價格を見積りこれに加算することゝした。

（六）山林、原野、池沼等の賃貸價格

イ　山林の區域　山林はその樹種の區分により、杉檜山、松山、雜木林、竹林、芝草山、岩石山等の種類毎にその區域を分ち、同一種類のものと雖も地味利用狀況等に差異あるものはこれを別區域とした。然れども一小字内の小部分に樹種を異にするものある場合と雖も、著しく情況を異にせざるものはこれを一區域として調査した。一面に於て山林にありては各小字毎の情況概して同一なる場合多きを以て、數字を合併して一區域と爲したるものも尠くない。

ロ　山林以外の區域　原野、池沼、雜種地等の區域も、山林に準じその利用の狀況を調査して、相當に區域を定めた。

ハ　賃貸料　山林、原野等所謂第二類地に屬する土地については、賃貸の實例尠なきを以て、賃貸實例を基準として標準賃貸價格を定めること困難である。そこで大部分はその時價を調査し、第一類地の時價に對する賃貸料の割合等を參酌して、適當にその賃貸價格を評定するの方法を採つたのである。

（七）　賃貸價格等級表

大藏省に於ては全國の聯絡統一に便ならしむるため左に揭ぐるが如き賃貸價格等級表を作成せられた。全國各地目を通し總て同表の等級、金額によつて各區域の標準賃貸價格を定めたのである。

土地賃貸價格等級表　（宅地は一坪當年額　鑛泉地は一筆當年額　その他は一段步當年額）

等級	賃貸價格	等級	賃貸價格	等級	賃貸價格	等級	賃貸價格
一	五厘	三	七厘	五	九厘	七	一二厘
二	六	四	八	六	一〇	八	一四

九	一六
一〇	一八
一一	二〇
一二	二三
一三	二六
一四	三〇
一五	三五
一六	四〇
一七	四五
一八	五〇
一九	五五
二〇	六〇
二一	六五
二二	七〇
二三	八〇
二四	九〇
二五	一〇〇
二六	一二〇
二七	一四〇
二八	一六〇
二九	一八〇
三〇	二〇〇
三一	二三〇
三二	二六〇
三三	三〇〇
三四	三五〇
三五	四〇〇
三六	四五〇
三七	五〇〇
三八	五五〇
三九	六〇〇
四〇	六五〇
四一	七〇〇
四二	八〇〇
四三	九〇〇
四四	一、〇〇〇
四五	一、二〇〇
四六	一、四〇〇
四七	一、六〇〇
四八	一、八〇〇
四九	二、〇〇〇
五〇	二、二〇〇
五一	二、四〇〇
五二	二、六〇〇
五三	二、八〇〇
五四	三、〇〇〇
五五	三、三〇〇
五六	三、六〇〇
五七	三、九〇〇
五八	四、二〇〇
五九	四、五〇〇
六〇	四、八〇〇
六一	五、一〇〇
六二	五、四〇〇
六三	五、七〇〇
六四	六、〇〇〇
六五	六、五〇〇
六六	七、〇〇〇
六七	七、五〇〇
六八	八、〇〇〇
六九	八、五〇〇
七〇	九、〇〇〇
七一	九、五〇〇
七二	一〇、〇〇〇
七三	一一、〇〇〇
七四	一二、〇〇〇
七五	一三、〇〇〇
七六	一四、〇〇〇
七七	一五、〇〇〇
七八	一六、〇〇〇
七九	一八、〇〇〇
八〇	二〇、〇〇〇
八一	二二、〇〇〇
八二	二四、〇〇〇
八三	二六、〇〇〇
八四	二八、〇〇〇
八五	三〇、〇〇〇
八六	三三、〇〇〇
八七	三六、〇〇〇
八八	三九、〇〇〇
八九	四二、〇〇〇
九〇	四五、〇〇〇
九一	四八、〇〇〇
九二	五一、〇〇〇

九三	五四、〇〇〇
九四	五七、〇〇〇
九五	六〇、〇〇〇
九六	六五、〇〇〇
九七	七〇、〇〇〇
九八	七五、〇〇〇
九九	八〇、〇〇〇
一〇〇	八五、〇〇〇
一〇一	九〇、〇〇〇
一〇二	九五、〇〇〇
一〇三	一〇〇、〇〇〇

備考
年額百圓以上は十圓を、二百圓以上は二十圓を、四百圓以上は五十圓を、七百圓以上は百圓を、千圓以上は二百圓を増す毎に各一級を進むるものとす。

(八)　區域及び標準賃貸價格の決定

以上陳べたる方法を以て調査した區域及び標準賃貸價格は、左の順序手續を經てこれを確定した。

イ　區域及び標準賃貸價格は、賃貸價格調査委員會の議を經てこれを決定した(調査法第四條)。賃貸價格調査委員會の組織については、後掲の土地賃貸價格調査委員會法を參照せられたい(調査委員會法第一條乃至第一七條)。

ロ　賃貸價格調査委員會は、稅務署長の通知によつてこれを開き、その提出した調査書によつて、區域及び標準賃貸價格の當否を調査した。調査は決議の形式によつてこれをなし、法定の期間内にこれを議了しなければならなかつた(調査委員會法第一條、第一八條乃至第二三條)。

ハ　稅務署長土地賃貸價格調査委員會の決議を相當と認むるときは、勿論それによつて決定するのであるが、不當の決議と認めるときは十日以内の期間を定めて再議に附し、仍その決議を不當と認むるとき又は再議期間内に議了しないときは、稅務署長これを決定した(調査委員會法第二三條)。

ニ　稅務署長區域及び標準賃貸價格を決定したるときは、これを市町村長に通知し市町村長は二十日間これを關係者の縦覽に供した。關係者自己の納稅義務を有する土地に適用せらるべき標準賃貸價格に異議あるときは、前記の縦覧期間滿了の日より二十日內に稅務監督局長に異議の申立をなすことが出來る。稅務監督局長の審査決定に對し尙不服あるものに對しては訴願をなし又は行政裁判所に出訴することを許した（調査委員會法第二六條乃至第二九條）而して關係者前記の異議申立期間內に異議の申立をなさずして經過したるとき、大藏大臣の訴願裁決ありたるとき又は行政裁判所の判決ありたるときは、玆に賃貸價格は法律上全く確定するのである。

⦿土地賃貸價格調査法　（大正十五年三月三十一日法律第四十五號）

第一條　政府ハ本法ニ依リ土地ノ賃貸價格ヲ調査ス

第二條　賃貸價格ノ調査ハ大正十五年四月一日現在ノ地租ヲ課スヘキ土地ニ付之ヲ行フ但シ地租條例其ノ他ノ法律ニ依ル各種ノ免租年期地ハ此ノ限ニ在ラス

第三條　土地ノ賃貸價格ハ各地目每ニ土地ノ情況類似スル區域內ニ於ケル標準賃貸價格ニ依ル

標準賃貸價格トハ前項ノ區域內ニ於ケル標準トナルヘキ土地ニ付貸主カ公課修繕費其ノ他土地ノ維持ニ必要ナル經費ヲ負擔スル條件ヲ以テ之ヲ賃貸スル場合ニ於テ貸主ノ收得スヘキ金額ヲ謂フ

第四條　前條ノ區域及標準賃貸價格ハ別ニ定ムル所ニ依リ賃貸價格調査委員會ノ議ニ付シ政府ニ於テ之ヲ定ム

附則

本法ハ大正十五年四月一日ヨリ之ヲ施行ス

本法ハ地租條例ヲ施行セサル地ニハ之ヲ施行セス

⦿土地賃貸價格調査委員會法　（昭和二年三月二十九日法律第十六號）

第一條　土地賃貸價格調査法第四條ノ規定ニ依リ同法第三條ノ區域及標準賃貸價格ヲ定ムル爲稅務署長ハ其ノ調査書ヲ作成シ之ヲ賃

賃貸價格調査委員會ニ提出スヘシ

第二條　各税務署所轄内ニ賃貸價格調査委員會ヲ置ク但シ税務署所轄内ニ在ル市ニ付テハ命令ヲ以テ特ニ賃貸價格調査委員會ヲ置クコトヲ得

第三條　賃貸價格調査委員會ハ之ヲ置クヘキ區域内ノ各市町村ニ於テ地租納税義務者ノ選擧シタル調査委員ヲ以テ之ヲ組織ス

各市町村ニ於テ選擧スヘキ調査委員ノ數ハ市ニ在リテハ十人、町村ニ在リテハ一人トス但シ市町村ノ情況ニ依リ命令ヲ以テ之ヲ増減スルコトヲ得

第四條　選擧期日前十五日ノ現在ニ於テ地租名寄帳ニ納税義務者トシテ記載セラレタル個人（地租條例第十三條ノ二ノ規定ニ依リ地租ヲ徴收セラレサル者ヲ含ム）ハ當該市町村ニ於テ調査委員ヲ選擧シ又ハ調査委員ニ選擧セラルルコトヲ得但シ左ノ各號ノ一ニ該當スル者ハ此ノ限ニ在ラス

一　無能力者

二　破産者ニシテ復權ヲ得サルモノ

三　國税滯納處分ヲ受ケタル後一年ヲ經サル者

四　六年以上ノ懲役若ハ禁錮ノ刑ニ處セラレ又ハ舊刑法ノ重罪ノ刑ニ處セラレタル者

五　六年未滿ノ懲役又ハ禁錮ノ刑ニ處セラレタル者ニシテ其ノ刑ノ執行ヲ終リ又ハ執行ヲ受クルコトナキニ至ル迄ノモノ

法人ニシテ地租ノ納税義務ヲ有スル者ハ前項ノ規定ニ準シ調査委員ヲ選擧スルコトヲ得此ノ場合ニ於テハ選擧ニ關スル代表者ヲ定メ當該市町村長ニ申告スヘシ

第一項但書各號ノ一ニ該當スル者ハ前項ノ規定ニ依ル法人ノ代表者タルコトヲ得ス

第五條　投票及開票ニ關スル事務ハ市町村長之ヲ擔任シ其ノ他ノ選擧ニ關スル事務ハ税務署長之ヲ擔任ス

第六條 稅務署長ハ調査委員ノ選擧期日ヲ定メ之ヲ市町村長ニ通知スヘシ

市町村長前項ノ通知ヲ受ケタルトキハ少クトモ選擧期日七日前ニ之ヲ公示スヘシ

前項ノ公示ニハ投票及開票ノ日時及場所ヲ記載スヘシ

第七條 調査委員ノ選擧ハ無記名投票ヲ以テ之ヲ行フ

投票ハ一人一票ニ限ル

選擧人ハ選擧ノ當日投票時間内ニ自ラ投票所ニ至リ被選擧人一人ノ氏名ヲ投票用紙ニ記載シテ投票スヘシ

投票用紙ハ選擧ノ當日投票所ニ於テ之ヲ選擧人ニ交付スヘシ

第八條 市町村長ハ當該市町村内ニ於テ選擧資格ヲ有スル者ノ内ヨリ二人ノ立會人ヲ選任シ投票及開票ニ立會ハシムヘシ

立會人ニハ命令ノ定ムル所ニ依リ手當ヲ支給ス

第九條 投票ノ效力ハ立會人ノ意見ヲ聽キ市町村長之ヲ決定スヘシ

第十條 市町村長ハ投票ヲ調査シ直ニ左ノ事項ヲ稅務署長ニ通知スヘシ

一 投票人及投票ノ數竝有效投票及無效投票ノ數

二 投票ヲ無效ト決定シタル事由

三 被選擧人ノ住所、氏名、生年月日及其ノ得票數

第十一條 稅務署長前條ノ通知ヲ受ケタルトキハ之ヲ調査シ當選人ヲ決定スヘシ

第十二條 投票ノ多數ヲ得タル者ヲ以テ當選人トス得票數同シキトキハ年齢多キ者ヲ取リ年齢モ亦同シキトキハ稅務署長抽籤シテ之ヲ定ム

第十三條 稅務署長當選人ヲ決定シタルトキハ其ノ氏名ヲ公示シ且之ヲ當選人及市町村長ニ通知スヘシ

市町村長前項ノ通知ヲ受ケタルトキハ當選人ノ氏名ヲ公示スヘシ

第十四條　調査委員ニ當選シタル者ハ正當ノ事由ナクシテ之ヲ辭スルコトヲ得ス

第十五條　調査委員第四條第一項但書各號ノ一ニ該當スルニ至リタルトキハ其ノ職ヲ失フ

第十六條　調査委員ニ缺員ヲ生シタルトキハ當選人トナラサリシ者ノ內得票數多キ者ヨリ順次之ヲ補充ス其ノ得票數同シキトキハ第十二條ノ規定ヲ準用ス

第十三條ノ規定ハ前項ノ場合ニ之ヲ準用ス

第十七條　調査委員ノ選擧ニ於テ當選人ノ數カ定數ニ達セサルトキ又ハ調査委員ニ缺員ヲ生シ前條ノ規定ニ依リ補充スヘキ者ナキトキハ補缺選擧ヲ行フ但シ賃貸價格調査委員會開會後缺員ヲ生シタル場合ニ於テハ之ヲ行ハサルコトヲ得

第十八條　賃貸價格調査委員會ハ稅務署長ノ通知ニ依リ之ヲ開ク其開會日數ハ五十日以內トシ地方ノ情況ニ依リ命令ヲ以テ之ヲ定ム

第十九條　賃貸價格調査委員會ハ開會ノ始ニ於テ調査委員中ヨリ會長ヲ選擧スヘシ

會長事故アルトキハ出席シタル調査委員中ノ年齡多キ者會長ノ職務ヲ代理ス

第二十條　賃貸價格調査委員會ハ定員ノ過半數ニ當ル委員出席スルニ非サレハ決議スルコトヲ得ス

議事ハ出席員ノ多數ヲ以テ之ヲ決ス可否同數ナルトキハ會長ノ決スル所ニ依ル

第二十一條　賃貸價格調査委員會ノ決議ハ會長之ヲ稅務署長ニ通知スヘシ

第二十二條　昭和二年十一月二十日迄ニ賃貸價格調査委員會成立セサルトキハ稅務署長ニ於テ土地賃貸價格調査法第三條ノ區域及標準賃貸價格ヲ定ム

賃貸價格調査委員會開會ノ日ヨリ第十八條ノ期間內又ハ昭和二年十一月二十日迄ニ決議終了セサルトキハ稅務署長ニ於テ土地賃貸價格調査法第三條ノ區域及標準賃貸價格ヲ定ム

第二十三條　稅務署長ハ賃貸價格調査委員會ノ決議ヲ不當ト認ムルトキハ十日以內ノ期間ヲ定メ再議ニ付ス仍其ノ決議ヲ不當ト認ムルトキ又ハ再議期間內ニ決議終了セサルトキハ稅務署長ニ於テ土地賃貸價格調査法第三條ノ區域及標準賃貸價格ヲ定ム

第二十四條　稅務署長又ハ其ノ代理官ハ賃貸價格調査委員會ニ出席シ意見ヲ陳述スルコトヲ得

第二十五條　調査委員ニハ命令ノ定ムル所ニ依リ手當及旅費ヲ支給ス

第二十六條　土地賃貸價格調査法第三條ノ區域及標準賃貸價格ヲ定メタルトキハ稅務署長ハ之ヲ市町村長ニ通知スヘシ

市町村長前項ノ通知ヲ受ケタルトキハ二十日間關係者ノ縱覽ニ供スヘシ縱覽期間ハ豫メ之ヲ公示スヘシ

第二十七條　自己ノ納稅義務ヲ有スル土地ニ適用セラルヘキ標準賃貸價格ニ關シテ異議アル者ハ前條ノ縱覽期間滿了ノ日ヨリ二十日以內ニ不服ノ事由ヲ具シ稅務署長ヲ經由シテ稅務監督局長ニ異議ノ申立ヲ爲スコトヲ得

第二十八條　前條ノ申立アリタルトキハ稅務監督局長ハ之ヲ審査決定シ異議申立人ニ通知スヘシ

第二十九條　前條ノ決定ニ對シ不服アルトキハ訴願ヲ爲シ又ハ行政裁判所ニ出訴スルコトヲ得

第三十條　賃貸價格ノ調査又ハ決議ニ從事シタル者ハ其ノ調査又ハ決議ニ關シ知リタル祕密ヲ正當ノ事由ナクシテ他ニ漏洩スルコトヲ得ス

第三十一條　町村組合ニシテ町村ノ事務ノ全部又ハ役場事務ヲ共同處理スルモノハ本法ノ適用ニ付テハ之ヲ一町村、其ノ組合管理者ハ之ヲ町村長ト看做ス

市制第六條ノ市ニ於テハ本法中市ニ關スル規定ハ區ニ、市長ニ關スル規定ハ區長ニ之ヲ適用ス

町村制ヲ施行セサル地ニ於テハ本法中町村ニ關スル規定ハ町村ニ準スヘキモノニ、町村長ニ關スル規定ハ町村長ニ準スヘキモノニ之ヲ適用ス

附則

本法ハ公布ノ日ヨリ之ヲ施行ス

本論

第一章　總則

本章は地租法全體の通則を規定したのである。地番、地目、地積に關する事項を始めとして、課税物件の範圍、課税標準、税率、納期、納税義務者等地籍並に地租に關する一般的事項を包含して居る。卽ち第一條及び第二條には課税物件の範圍、第三條乃至第七條には主として地籍に關する事項、第八條及び第九條には課税標準、第十條には税率、第十一條には納期、第十二條には納税義務者、最後の第十三條には地籍及び賃貸價格の決定手續を規定して居る。

第一條　地租の課税要件

本法施行地ニ在ル土地ニハ本法ニ依リ地租ヲ課ス

本條は、地租の積極的範圍として、地租の課税要件を規定したのである。地租は土地の收益に課する租税であるから、課税物件が土地であることは疑ひなからう。唯玆に問題となるのは地租の賦課せらるべき土地の範圍如何、換言すれば地租は如何なる土地にでも總て課税せられるのであるかどうかである。本條はその課税要件を明確ならしむることを目的とする規定である。

一　地租の課税要件

條文には「本法施行地ニ在ル土地ニハ本法ニ依リ地租ヲ課ス」と規定して地租を課すべき土地の地租法施行地にある

土地であることを明かにした。地租法施行地にある土地ならば、原則として總て地租の物體となる。併しこの原則に對し、例外のあること勿論である。「本法ニ依リ地租ヲ課ス」るのであつて、他の法文でその例外を規定して居る。卽ち地租法の適用されない御料地、國有地が地租の物體となることなきは固より當然とする。又或る種類の土地に對しては、特別の理由により地租を課せざることを、地租法竝に特別法に規定して居る。これ等の例外の土地を除き地租法施行地內にある土地には總て地租を課するのである。土地及び地租法施行地の意義につき以下項を更めて說明する。

二　土地の意義

普通土地といへば、吾人の經驗率に照し、その概念自ら明瞭なるも、これを理論的に說明することは必ずしも容易でない。

土地の觀念は、その觀察する立場の異るに從つて色々に定義される。先づ經濟學上よりこれを見れば、土地は勞働、資本と共に生產要因の一であつて、自然が、人間の經濟生活補助のため、自由に與へたる物質及び諸力を意味する。換言すれば生產手段として、天然自然を代表せしめた觀念である。次に地理學上土地といふときは、地殼の一部を指稱するに外ならない。又民法上土地といふのは一定範圍の地面のことである。土地の上下（卽ち空中と地中）が土地であるか否かは議論がある。民法第二百七條によるときは「土地ノ所有權ハ法令ノ制限內ニ於テ其土地ノ上下ニ及フ」とあるを見れば、土地の上下は所謂上・下であつて土地そのものではない。併しこの解釋は稍々極端に失し、民法が物を有體物に限定したる根本思想に反する嫌あるを以て、社會通念上正當なる範圍に於て土地の上下をも包含するものと解すべきである。從つて地中の岩石、土砂等も土地の一部である。併しながら地球の中心部分までも土地なりと觀念するは、所謂正當なる範圍を脫するものであつて妥當でない。

然らば地租法に所謂土地の觀念如何、地租法にはこれに關し何等規定するところないが、以上に述べたる民法に於ける土地の觀念に從つて大過ないものと信ずる。

三　土地の分類

土地は種々の標準によつて、色々にこれを分類することが出來る。今地租法を理解するに便宜とする二、三の分類を左に示すことにする。

（一）　土地は先づその所有權の主體の如何によつて（イ）　皇室の御所有たる御料地、（ロ）國家の所有たる國有地、（ハ）府縣市町村等の公共團體の所有たる公有地、（ニ）個人の所有たる私有地とに分類することが出來る。この分類の實益は後に述ぶるが如く地租法の適用範圍を定むる標準となる點にある。

今回廢止されたる地所名稱區別（第九一條）によるときは、從來御料地と國有地とを併せて官有地と稱し、公有地と私有地とを併せて民有地と稱した。新地租法に於ては官有地、民有地の區別はこれを認めざるも、民有地は新地租法の有租地の觀念に一致するもの丶如くである。而して從來官有地と稱せられた御料地、國有地には地租法の適用なきこと屢々述べたところであるから、地租法上地租の物體となるものは、公有地と私有地だけである。

（二）　土地は地租の課稅上からこれを有租地と無租地とに分類することが出來る。有租地とは地租の物體たる土地のことであり、無租地とは地租の物體たらざる土地のことである。尙これ等の意義については後章に詳說する。

（三）　土地は又その利用の目的によつて（イ）公用地（ロ）公共用地（ハ）私用地に分類することが出來る。公用地及び公共用地に對しては、一定要件の下に地租を課さないのが原則である。この分類は前號の分類とも關係がある。詳はしくは第二條の説明を參照されたい。

四　地租法施行地

地租の課税物件は、既述の如く地租法施行地にある土地である。然らば地租法施行地とは如何。地租法施行地とは地租法の效力の及ぶ地域的範圍である。凡そ一國の法令は、特に除外規定の無い限り、その國の領土全般に亙りて、その效力を及ぼすのを原則とする。然れども、朝鮮、臺灣、樺太等に對してはこれ等の地域に法律の全部又は一部を施行する場合には、勅令を以てその旨を定むることを、特別の法令に規定されて居るがために、當然にはその效力が及ばない。蓋しこれ等の殖民地は、社會、經濟、民情その他文化の程度を異にするを以て、本土と同一の法域とすることは適當でないからである。

◉明治四十年法律第二十五號樺太ニ施行スヘキ法令ニ關スル件　法律ノ全部又ハ一部ヲ樺太ニ施行スルヲ要スルモノハ勅令ヲ以テ之ヲ定ム（以下省略）

◉明治四十四年法律第三十號朝鮮ニ施行スヘキ法令ニ關スル件第四條　法律ノ全部又ハ一部ヲ朝鮮ニ施行スルヲ要スルモノハ勅令ヲ以テ之ヲ定ム

◉大正十年法律第三號臺灣ニ施行スヘキ法令ニ關スル件第一條第一項　法律ノ全部又ハ一部ヲ臺灣ニ施行スルヲ要スルモノハ勅令ヲ以テ之ヲ定ム

而して地租法については、これ等の地域にこれを施行することを定めた勅令が公布されてないから、これ等の地域にはその效力が及ばないのである。又關東州及び南洋群島は、帝國の統治權の下に置かれてあるも、これ特別の條約に基くもので、固より嚴格な意味に於て我領土ではない。從つて特別の規定がない限りは、一般法令の效力はこれ等の地域に及ばない。地租法についても全く同樣である。尤も朝鮮・臺灣、樺太等には地租法は施行されないが特別の法令による地租制度がある。關東州にも地方稅たる地租がある。

而して又小笠原島及び伊豆七島の地租については、地租法第百二條に、當分の內仍ほ從前の例によることを規定してあるを以て、地租法の施行地外であることはいふ迄もない。

以上を要するに、地租法の施行地は、帝國の領土の內朝鮮、臺灣、樺太、小笠原島及び伊豆七島を除いた以外の地域を指稱することになるのである。

第二條　無租地

左ニ揭グル土地ニハ地租ヲ課セズ但シ有料借地ナルトキハ此ノ限ニ在ラズ

一　國、府縣、市町村其ノ他勅令ヲ以テ指定スル公共團體ニ於テ公用又ハ公共ノ用ニ供スル土地

二　府縣、市町村其ノ他勅令ヲ以テ指定スル公共團體ニ於テ公用又ハ公共ノ用ニ供スルモノト決定シタル其ノ所有地但シ其ノ決定ヲ爲シタル日ヨリ一年內ニ公用又ハ公共ノ用ニ供セザルモノヲ除ク

三　府縣社地、鄉村社地、招魂社地
四　墳墓地
五　公衆用道路、鐵道用地、軌道用地、運河用地
六　用惡水路、溜池、堤塘、井溝
七　保安林

第一條は地租の積極的範圍を規定したのであるが、本條はその例外として地租の消極的範圍を規定したのである。地租法施行地にある土地には、總て地租を課するのが原則であるが、特別の理由によつて地租を課しない土地のあることは、前條に於て一言した。卽ち本條は一定要件の下に公共、公益の用に供する土地に對し、地租を課せざることを規定したのである。

茲に公共、公益の用に供する土地とは、國家又は公共團體が公の行政の目的を達するため使用する土地竝に一般公衆の使用に供する土地を總稱する。これ等の土地に對し地租を課しないのは、公共、公益の用に供する土地は、究極するに國家社會生活の目的のために使用するものと稱することを得るが故に、これに對し同一の目的を達成するための財料として徵收する租稅を課するのは矛盾たるを免かれざるべくを以て、國家生活の大局に鑑み地租を課せざるを適當とするからである。

地租法では、地租を課せざる土地のことを無租地と稱する(第一四條)。而して無租地はこれを地租法の適用ある無

租地と然らざる無租地とに區別せられる。地租法の適用ある無租地は、又更に、これを地租法による無租地と特別地租法による無租地とに分けることが出來る。今これを圖解して示せば左の如くである。

- 無租地
  - 地租法の適用ある無租地
    - 地租法によるもの（即ち本條に規定するもの）
    - 特別地租法によるもの
      - 私立學校用地、水道用地、砂防用地、公共用飛行場、沖縄縣社寺拜所地、國立公園、河岸地
  - 地租法の適用なき無租地（御料地、準御料地、皇族賜邸、王公殿邸地、國有地）

以下先づ地租法による無租地につき、その要件及び範圍を敍述し、亞で特別地租法による無租地につき概説する。地租法の適用なき無租地については、第八十八條に於て詳説するであらう。

一　無租地の要件

公共、公益の用に供する土地と雖も、その總ての土地が地租を課せられないのではない。一定の要件を具備するものに限り地租を課しない。その一定の要件とは、(一)有料借地にあらざること　(二)本條各號竝に特別地租法に特定された土地に限ること　(三)土地所有者の申告あることこれである。以上三要件を具備する土地にして、初めて地租を課せられないのである。

(一)　有料借地にあらざることを要する

茲に所謂有料借地とは、賃借料を支拂つて他人より借入れたる土地といふ意であつて、公共、公益の用に供する者

の側から見た觀念である。土地所有者の側から見れば有料貸地である。而して有料とは有償と同意義であつて、土地使用の報酬として、金錢その他の物品を土地所有者に支拂ふ契約のあることを意味する。土地所有者に報酬を支拂ふ契約あることを要するが故に、彼の無償にて借入れたる土地を公共、公益の用に供し、その利用者より使用料その他の名義を以て料金を徴收することあるも茲に所謂有料ではない。

有料借地を無租地より除外する理由は自ら明瞭であらう。卽ち貸主たる土地所有者について見れば、その土地につき賃貸料の收入あるが故に、直接土地を使用收益すると何等異るところなく、收益ある土地の地租を免除すべき理由がないからである。

舊法に於ては、有料借地を免租せざるは寧ろ例外に屬し、僅かに公用地、公共用地及び神社地に限られて居つたのであるが、新法に於ては一般的に有料借地は總て免租の範圍外とすることに改められた。蓋し有料借地なる以上彼是差別を設くる理由がないからである。從つて從前の規定によつて免租されて來た有料借地は、新法の施行と同時に有租地として取扱はれるのである。

(二)　本條各號竝に特別地租法に特定された土地なることを要する。

無租地の範圍は、本條各號竝に特別地租法に特定されて居る。舊法と異るところない。これについては、第二項無租地の範圍に於て詳述する。

(三)　無租地の申告あることを要する。

以上二つの要件を具備する土地と雖も、原則として無租地となりたることの申告がなければ、免除されない。無租地の申告については、第十五條の說明を參照されたい。

二　無租地の範圍

地租法による無租地の範圍は本條第一號より第七號に列擧されてある。本條に列擧されてない土地は、假令實質上は公共、公益の用に供するものと雖も地租を課する。以下列擧の土地につき順次解說を試みる。

（一）　公用地、公共用地

イ　本條第一號に規定するところである。公用地とは國家又は公共團體に於て、公の行政の用に供する土地である。官公衙、學校、病院、圖書館等の敷地、縣有模範林、各種試驗場用地等その適例である。

郵便電信專用地も亦本條の公用地と解すべきである。併しこれには反對論がある。その主張するところを聽くに、郵便法第七條第二項には「郵便專用ノ物件ハ何等ノ賦課ヲ受クルコトナシ」とあり、又電信法第十一條第二項には「前項專用ノ物件（卽ち電信、電話專用の物件）ハ何等ノ賦課ヲ受クルコトナシ」（この規定は無線電信法第二十八條によつて無線電信又は無線電話專用地にも適用される）とある。而してこれ等の規定は地租法に對し特別法の地位にあるを以て地租法に優先して適用さるべきである。從つて郵便電信電話專用地については、假令有料借地の場合と雖も地租を課すべきでないといふのである。併しながらこれ皮相の見解たるを免かれない。郵便法及び電信法の公布されたのは明治三十三年であり、當時地租條例には公用地に對して地租を課しない規定なかりしを以て、かゝる規定もこれを必要としたのであるが、明治三十八年地租條例の改正により、新に公用地についても地租を課しないことゝなりたる結果は、所謂後法は前法に優るの法則により、この特別規定は全く適用なきに至つたものと解すべきであらう。地租條例の精神を承けた新地租法に於ても亦同樣に解すべきである。

ロ　公共用地とは國家又は公共團體に於て、直接公用に供することなく、一般公衆の使用に供することによつて、間接に公の行政の目的を達する土地である。公園はその適例である。

通常學校、病院、圖書館等も、一般公衆の利用に供することを目的とするを以て、その敷地は公共用地の如くにも考へられる。併しこれ等の施設は物的要素と人的要素（行政機關としての人）と相結合して所謂營造物を組成し、第一次的にはその營造物の構成要素として公用を果たし、一般公衆の使用に供せらるゝは第二次的であるから公用地と見るを適當とする。然らば公園も營造物なるに拘はらずこれを公共用地とする理由如何。これ前者は物的要素と人的要素の結合なるも、後者は主として物的要素のみによつて形成される差異に基くに外ならない。併しながらこれ全く便宜上の區分であつて、實際上兩者を截然と區別することは困難である。これを要するに公用地なりや公共用地なりやは、國家又は公共團體の意思の決定と當該土地の利用狀況によつて判定すべき事實問題と信ずる。

ハ　玆に注意すべきは、公用地又は公共用地と、國有財產法に所謂公用財產たる土地又は公共用財產たる土地とを混同してはならないことである。後者は國有地なるを以て、當然本條の範圍外である。而して公用地又は公共用地たるならば、その土地の所有權が、公共團體に屬するや、その他の私人に屬するやは問ふところでない。

ニ　土地を公用又は公共用に供する者は國又は公共團體たることを要する。從つて私設の病院又は公園（嚴密には公園でない。一種の遊園地と見るべきである）の如きは本條の無租地に該當しない。換言すれば公の行政主體の使用經營するものでなければ無租地と見ない。而して公の行政主體の內、國については問題ないが、公共團體の種類については著しく制限があつて、府縣、市町村その他勅令を以つて指定する公共團體に限定されて居る。勅令を以つて指定する公共團體は、地租法施行規則第一條に規定するところである。

◉施行規則第一條　地租法第二條第一號及第二號ノ規定ニ依リ左ノ公共團體ヲ指定ス

一　府縣組合、市町村組合、町村組合、市町村內ノ區、北海道地方費

二　市町村學校組合、町村學校組合、學區

三　水利組合、水利組合聯合、北海道土功組合

ホ　行政主體たる公共團體を以上の範圍に止め、農會、耕地整理組合、重要物產同業組合、商工會議所等の各種公共團體に及ぼさざる理由は奈邊にありや。これ主として府縣、市町村等の統治團體竝にこれ等の統治團體と緊密の關係にある團體に限定せんとする立法の精神と解せられる。勿論立法問題としては如上の產業助長團體の用地は勿論、進んでは公益法人の用地等をも無租地とすべしといふことについては自ら議論の餘地ありと信ずるも、從來よりの沿革もあり、又公益と私益とを嚴格に區別する標準を設けること難く、その範圍曖昧にして色々複雜な問題あるを以て當分從前の例によらんとする精神なりと解する。

(二)　公用豫定地、公共用豫定地

本條第二號に規定するところである。

公用豫定地又は公共用豫定地とは、公共團體が將來公用又は公共の用に供するものと決定したるその所有地をいふ

のである。公用地又は公共用地の意義、公共團體の範圍は、前號に說明したところと全く同一である。豫定地は公共團體の所有地たることを要するが故に、私人の所有地を公共團體に於て公用又は公共の用に供するものと決定しても本號に該當しない。又公共團體の所有地と雖、國に於て公用又は公共の用に供するものと決定しても本號に該當しない。而して本號の豫定地は、公用又は公共の用に供するものと決定したる日より一年內に公用又は公共の用に供することを要する。若し一年內に公用又は公共の用に供しなかつたならば、一旦無租地となつても再び有租地となる。決定したる日とは、當該公共團體の意思機關の決議を經たる日、又その決議につき監督官廳の許可又は認可を要するものにありては、その許可又は認可のありたる日と解する。又豫定地が一年內に事實公用又は公共の用に供せられるに至れば、第一號の公用地又は公共用地に當然變更せられるものと解する。從つて本號の豫定地は暫定的の無租地と稱することが出來るであらう。而して又本號の無租地は公共團體の所有地たることを要するが故に性質上有料借地はあり得ない。

㈢　神　社　地

イ　本條第三號に規定するは神社の境內地である。神社とは國家の宗祀又は神明に奉仕し、祭典を掌り、一般公衆の崇敬の用に供する公の設備をいふ。

その法律上の性質については、一般公衆の崇敬の用に供する設備に着眼して營造物法人なりとする說、神明に奉仕し祭典を掌ることそれ自體が、神社の事務にして公衆の崇敬はその附隨的の現象であるが故に、營造物にあらずして、國家事務の一部を行ふ公の財團法人なりとする說等ありて學說一致しない。併し公の財團法人なりとする點に於ては學說大體一致して居る。

ロ　神社は社格によつて官幣社、國幣社、府縣社、鄕社、村社、招魂社等に分たる。官幣社及び國幣社の社地は國有地に屬するを以て、本條の範圍外である。本條の適用あるは府縣社、鄕村社及び招魂社地に限られ無格社に及ばない。これ等神社の境內地に課稅せざる理由は、神社の法律上の性質から見て自然理解することが出來る。

ハ　無格社の境內地を無租地に包含せしめざるは、主として社格ある神社は公の行政の目的のための設備なりといふことが出來るに反し、無格社は私的設備に過ぎないのみならず、土地の所有關係からするも、前者は公有地又は神社有地なるも、後者は私有地の場合多いからである。又神社との權衡上寺院、祠宇、佛堂の境內地も地租を課すべきにあらずとの論を聽くも、神社と寺院とは全然その性質を異にし、前者は國家の宗祇なるに反し、後者は單に宗教の用に供せらるゝに過ぎざるを以て、同日に論ずべからざるものと信ずる。

ニ　新に神社を創設するには內務大臣の許可を要し、神社の移轉、合併、廢止、境內地の擴張等についても地方長官の許可を要する。而して神社の境內地は原則として府縣社及び招魂社は千五百坪、鄕社は千坪、村社は七百坪を超過することを得ないことになつて居る(大正二年四月內務省令第六號)。

(四)　墳墓地

本條第四號に規定するところである。墳墓地とは人の遺骸又は遺骨を埋葬し、永く故人の靈を記念する場所である。從つて獸屍を埋むる場所は墳墓地でない。墳墓地に對し地租を課しないのは、墳墓地は一家祭祀の對象たると、衞生保安上一定の場所を指定して保護の上取締る必要あるからである。火葬場は衞生保安の點からすれば、公共的設備に屬すと雖も墳墓地でない。併し公共團體に於て經營する火葬場は第一號の公用地に該當すること勿論である。

而して墓地の新設、變更については地方長官の許可を得ることを要する（明治一七年内務省達乙第四〇號）。

（五）公衆用道路、鐵道用地、軌道用地、運河用地

イ　公衆用道路とは一般交通の用に供する路線をいふ。一般交通の用に供する限り、道路法により認定せられたると否とを問はない。卽ち道路法により認定されたる國道、府縣道、市道、町村道は勿論、道路法によらざる私設の公道（私道ではない）と雖も公衆用道路たるを失はない。これに反し特定人の用に供する私道はこれに包含しない。

ロ　鐵道用地とは、一般交通運輸の用に供するため敷設したる鐵道の用地をいふ。
鐵道はその經營の主體により國有鐵道、公有鐵道、私設鐵道に區別することを得べく、又一般交通運輸の用に供せらるゝや否やにより公共用鐵道、專用鐵道に區別することが出來る。

國有鐵道の用地は、國有地たること多かるべきを以て、大體本條の範圍外と見てよい。故に本號に該當するものは、公有鐵道及び私設鐵道にして、而かも公共用の鐵道に限らるゝものと解する。從つて特定會社の鑛業用その他の專用鐵道の用地の如きは本號の範圍外と解すべきである。

鐵道の經營者が一般公衆の用に供せざる支線又は特定會社のためにする引込線の用地の如きは嚴格なる意義に於ては本號の用地に該當しない。併しながら右の支線又は引込線は、現に一般公衆の用に供する鐵道の經營者がその運輸事業のため必要として敷設するものなるを以て、この場合「一般公衆用」の意義を廣く解し、積極に決

すべきものと信ずる（地方鐵道法第一條第二項）。

私設鐵道の如き營利を目的とする鐵道の用地に對しても地租を免除するは、元來鐵道は一般交通の用に供するのみならず、産業の開發、文化の發展に寄與すること至大なると共に、他面軍事上極めて重大なる關係を有する等その國家的重大使命に鑑み、特にこれを保護助長する必要あるに基くものと解す。鐵道用地の範圍は、大體地方鐵道法第十五條に從つて妨げない。

◉地方鐵道法第一條　本法ハ軌道條例ニ規定スルモノヲ除クノ外道府縣其ノ他ノ公共團體又ハ私人カ公衆ノ用ニ供スル爲敷設スル地方鐵道ニ適用ス

地方鐵道業者カ運送營業ノ爲支線ヲ敷設スルトキハ公衆ノ用ニ供セサル場合ト雖本法ヲ適用ス（第三項省略）

◉同法第十五條　左ニ揭クル土地ヲ以テ鐵道用地トス

一　線路用地

二　停車場、信號所、車庫及貨物庫等ノ建設ニ要スル土地

三　鐵道專用ニ供スル發電所、變電所及配電所ノ建設ニ要スル土地

四　鐵道構內ニ職務上常住ヲ要スル鐵道係員ノ舍宅及運輸保線ノ職務ニ從事スル鐵道係員ノ駐在所等ノ建設ニ要スル土地

五　鐵道ニ要スル車輛、器具、機械ヲ修理製作スル工場及其ノ資材、器具、機械ヲ貯藏スル倉庫等ノ建設ニ要スル土地

八　軌道用地とは一般運輸交通の用に供する軌道の用地をいふ。一般運輸交通の用に供せざる專用軌道の用地は本號の無租地に包含しない。一般運輸交通の用に供する限り經營者が公共團體たると一私人たるとを問はない。軌道用地の範圍については、地方鐵道用地の範圍に準ずる。軌道は原則として道路に敷設されるのであるが、この

場合道路と軌道と重複する部分は道路として取扱ふべきである。

⦿軌道法第一條　本法ハ一般交通ノ用ニ供スル爲敷設スル軌道ニ之ヲ適用ス
一般交通ノ用ニ供セサル軌道ニ關スル規定ハ命令ヲ以テ之ヲ定ム

⦿同法第二條　軌道ハ特別ノ事由アル場合ヲ除クノ外之ヲ道路ニ敷設スヘシ

⦿同法第二十六條(抄)　地方鐵道法第十五條ノ規定ハ軌道ニ之ヲ準用ス

二　運河用地とは、一般交通運輸の用に供するため、人工的に開鑿したる水路及びその附屬用地である。その開設者の公共團體たると私人たるとを問はない。又通航料を徴收すると否とを問はない。自己の用にのみ供する堀割の如きは勿論運河でない。運河用地の範圍は運河法第十二條に從つてよい。

⦿運河法第一條　一般交通ノ用ニ供スル目的ヲ以テ運河ヲ開設セムトスル者ハ内務大臣ノ免許ヲ受クヘシ

⦿同法第十二條　左ニ揭クルモノヲ以テ運河用地トス

一　水路用地及運河ニ屬スル道路、橋梁、堤防、護岸、物揚場、繫船場ノ築設ニ要スル土地
二　運河用通信、信號ニ要スル土地
三　上屋、倉庫等ノ建設ニ要スル土地
四　運河ニ要スル船舶、器具、機械ヲ修理製作スル工場ノ建設ニ要スル土地
五　職務上常住ヲ要スル運河從事員ノ舍宅及從事員ノ駐在所等ノ建設ニ要スル土地

前項第三號乃至第五號ニ揭クル土地ハ運河ニ沿ヒタルモノニ限ル

(六)　用惡水路、溜池、堤塘、井溝

本條第六號に規定するところの無租地である。これ等の土地に地租を課せざるは、一般公共の利益に關係あるからである。

イ 用惡水路とは、用水路と惡水路との併稱である。用水路といふのは、灌漑用の水路であつて、惡水路といふのは灌漑排泄のための水路である。共に農耕用の水路である。農耕用の水路たることを要するが故に、水力電氣事業に於ける發電用の水路、水車用水路、舟運用の堀割の如きはこれに含まない。

ロ 溜池といふのは灌漑用水を貯溜する設備である。灌漑の用に供する井戸の如きも一種の溜池と見てよい。外觀上池沼と識別すること困難なるも、耕地の灌漑の用に供するや否やによつて兩者は區別せられる。灌漑の用に供する限りその大小、供用者の多寡等はこれを問はない。從つて個人專用の溜池もあり得る。つまり灌漑そのものに公共性を認めるのである。又灌漑の用に供すると共に、他の用途例へば養魚の用に供するも溜池たるを失はない。併し一私人の專用の溜池にして、主たる用途が養魚にありと認めらるゝ場合は池沼と見るべきであらう。

ハ 堤塘といふのは俗に「つゝみ」と稱せられ、潮水の侵入、又は湖沼、河川等の氾濫による災厄を豫防するため海濱、湖畔又は河岸等に築かれたる堤防のことである。堤塘は一般生命財產の擁護を目的とする重要なる設備なるを以て、これを無租地とするは寧ろ當然のことゝ信ずる。

ニ 井溝といふのは、田畝又は邑里などの中にある通水路であつて、耕地の灌漑の用に供する點に於て、用惡水路とその性質を同うし、大小の差ある外兩者の間に劃然たる區別がない。

(七) 保安林

本條第七號に規定するは保安林である。

森林法によつて保安林に編入せられたる山林を保安林といふのである。保安林の編入は、國土の保安その他の公益を保護するために、森林の所有者又は管理者の行爲を制限する行政處分である。保安林に編入せられたる山林については、地方長官の許可を受くるにあらざれば、木材の伐採、傷害、開墾又は土石、切芝、樹根、草根、埋木等の採取採掘をなし或は家畜を放牧することが出來ない（森林法第二六條）。保安林に編入し得る場合は、森林法第十四條に列擧するところであるが、何れも林業自體の開發、保護を目的とせず、國土の保安、風致の維持その他一般公益の保護を目的として居る。而して一旦保安林に編入せられたならば、假令同條各號に定むる要件に該當せざるに至りたる場合と雖、保安林解除の處分のあるまでは、依然無租地たるものと解する。尙保安林の編入、解除の處分は官報に告示せられる（森林法第二三條）。

◉森林法第十四條　主務大臣ハ左ニ揭クル場合ニ於テ森林ヲ保安林ニ編入スルコトヲ得

一　土砂ノ壞崩、流出ノ防備ノ爲メ必要ナルトキ
二　飛砂ノ防備ノ爲メ必要ナルトキ
三　水害、風害、潮害ノ防備ノ爲メ必要ナルトキ
四　頽雪又ハ墜石ニ因ル危險ノ防止ノ爲メ必要ナルトキ
五　水源涵養ノ爲メ必要ナルトキ
六　魚附ノ爲メ必要ナルトキ
七　航行ノ目標ノ爲メ必要ナルトキ

八　公衆ノ衛生ノ爲メ必要ナルトキ
九　社寺、名所又ハ舊跡ノ風致ノ爲メ必要ナルトキ
◉同法第十五條　主務大臣ハ公益上必要アリト認ムルトキ又ハ保安林トシテ存置スルノ必要ナシト認ムルトキハ保安林ヲ解除スルコトヲ得
◉同法第二十三條　主務大臣ニ於テ保安林ノ編入解除ニ關スル處分ヲ爲シタルトキハ官報ヲ以テ之ヲ告示シ地方長官ヲシテ其ノ森林所有者ニ其ノ旨ヲ通知シ且所在ノ市町村役場ニ掲示セシムヘシ
地方長官ニ於テ第三十七條ノ二ノ規定ニ依リ保安林ノ編入解除ニ關スル處分ヲ爲シタルトキハ前項ノ手續ヲ爲スヘシ
◉同法第二十六條　保安林ニ於テハ地方長官ノ許可ヲ得ルニ非サレハ木竹ノ伐採、傷害、開墾又ハ土石、切芝、樹根、草根、埋木ノ採取者ハ採掘ヲ爲シ又ハ家畜ヲ放牧スルコトヲ得ス

三　特別地租法による無租地

以上説明したのは地租法に規定する無租地であるが、この外に特別法に規定する無租地がある。私立學校用地、水道用地、砂防用地、公共用飛行場、沖繩縣に於ける社寺地、拜所地竝に國立公園等これである。以下順次これを説明する。

(一)　私立學校用地

一定の要件を具備する私立學校の用地については、納税義務者の申請によつて、その地租を免除する。免租の年限に制限がないから、地租法の無租地である。

私立學校とは、官立又は公立學校に相對する觀念であつて、つまり私人によりて經營されて居る學校を指稱する。

その經營者の公益法人たると個人たるとを問はない。

私立學校の用地を無租地となすは、私立學校保護政策の一である。蓋し教育は國家の存立、繁榮に關する根本的最重の事業なることは敢て言を俟ないところであつて、その重要性に至りては官立たると公立たると將た私立たるとにより差異を見ない。特に動もすれば教育機關の發達が人口の增加に伴はざる現況に於ては、私立學校の存在は極めて意義あるものといはねばならぬ。これ設備、維持及び管理の充實して居る私立學校は、益々これを保護助長して、國家の訓育行政を稗補せしめる必要のある所以であつて、その用地の地租を免除するのも同一精神に基くものである。蓋し官、公立學校用地を無租地とする權衡より見るも妥當とする。左に私立學校用地免租の要件を分說する。

イ　左記に揭ぐる私立學校でなければ、地租の免除を受けることが出來ない。

(1)　幼稚園令、小學校令、中學校令、高等女學校令、實業學校令、專門學校令、高等學校令及び大學令により設立したる學校はその名稱の如何に拘らず免租される。

(2)　學校令によらざる私立學校にありては、特に大藏大臣に於て指定したるものでなければならない。

ロ　地租の免除を受くべき土地は、有料借地であつてはならないこと勿論である。又免除すべき土地中收益を生ずる土地があつたならば、大藏大臣は免租すべき土地の區域を制限することが出來る。

ハ　地租の免除を受くべき資格ある學校と雖も、納稅義務者の申請がなければ免除しない。申請書には左記事項を記載して、これを所轄稅務署長に提出することを要する。

(1)　所在地、地番、地目、地積、賃貸價格及びその用途（校舍、寄宿舍、圖書館の敷地、運動場、實習用地等の區分）

(2) 學校の管理者と納税義務者と異るときは無料借地たることを證する書面を添附しなければならない。

(3) 學校の設立又は變更の年月日。

(4) 地租の免除を受くべき資格（何學校令により設立又は何年何月何日大藏省告示第何號により指定等）

(5) 申請書には別段の様式がない。第十五條の說明の無租地申告書の様式に準じて妨げない。

(6) 地租の免除を受けたる土地が、その供用を廢止したるとき又は無料借地を有料借地となしたるときは、直ちにその旨を所轄税務署長に申告しなければならない。

◎大正八年法律第三十八號第一條　左ニ揭クルモノノ用ニ供スル土地ニ付テハ納税義務者ノ申請ニ因リ其ノ地租ヲ免除ス但シ有料借地ハ此ノ限ニ在ラス

一　私立ノ幼稚園、小學校、中學校、高等女學校、實業學校、專門學校、高等學校及大學

二　前號ニ揭ケサル私立學校ニシテ大藏大臣ニ於テ指定シタルモノ

◎同法律第二條　前條ノ規定ニ依リ地租ヲ免除スヘキ土地ハ校舍及寄宿舍、圖書館其ノ他保育又ハ教育上必要ナル附屬物ノ敷地竝運動場、實習用地其ノ他直接ニ保育又ハ教育ノ用ニ供スルモノニ限ル但シ收益ヲ生スル土地ニ付テハ大藏大臣ハ免租スヘキ區域ヲ制限スルコトヲ得

◎同法律第三條　北海道府縣市區町村其ノ他ノ公共團體ハ本法ニ依リ免租セラレタル土地ニ對シ租税其ノ他ノ公課ヲ[illegible]スルコトヲ得ス

◎大正八年大藏省令第三十三號　私立學校用地ニ對シ地租ノ免除ヲ請ハムトスル者ハ左ノ事項ヲ具シ所轄税務署長ニ申請スヘシ

一　所在郡、市區町村竝土地ノ字、番號、地目、反別又ハ坪數、地價及其ノ用途
二　學校管理者ト納税義務者ト異ナルトキハ無料借地タルコトヲ證スル書面
三　學校ノ設立又ハ變更ノ年月日
前項ノ申請ヲ受ケタル場合ニ於テ收益ヲ生スル土地アルトキハ税務署長ハ大藏大臣ニ稟議スヘシ
地租ノ免除ヲ受ケタル土地ニシテ之カ供用ヲ廢止シ又ハ無料借地ヲ有料借地ト爲シタルトキハ土地所有者又ハ納税義務者ハ直ニ所轄税務署長ニ屆出ツヘシ

（二）水道用地

水道とは市町村の住民の需要に應じ給水の目的を以て布設する水道をいふのである（水道條例第一條）。水道は原則として市町村でなければ布設することが出來ない（水道條例第二條）。公衆衛生を目的とする一種の營造物である。水道用地の範圍は水源地、貯水池、濾水場、喞水場及び水道線路に要する土地に限られる（水道條例第一條）。

◎水道條例第一條　水道トハ市町村ノ住民ノ需要ニ應シ給水ノ目的ヲ以テ布設スル水道ヲ云ヒ水道用地トハ水源地、貯水池濾水場、喞水場及水道線路ニ要スル土地ヲ云フ
◎同條例第二條　水道ハ市町村其公費ヲ以テスルニ非サレハ之ヲ布設スルコトヲ得ス但當該市町村ニ於テ其資力ニ堪ヘサルトキハ市町村以外ノ企業者ニ水道ノ布設ヲ許可スルコトアルヘシ
◎同條例第五條　水道用地ハ國税其ノ他ノ公課ヲ免除ス

（三）砂防用地

イ　砂防用地とは、治水の目的を達するため、砂防設備を要する土地又は砂防上一定の行爲を禁止、制限すべき土

地として內務大臣の指定したる土地をいふ(砂防法第二條)。一種の强制公用である。同上により指定を受けたる土地の中一定行爲の禁止制限をなしたる土地に對しては、土地所有者又は納稅義務者の申請によつて一定行爲の禁止制限の程度に應じ地租を免除又は輕減する(砂防法第一一條、明治三二年勅令第三七四號第一條)。砂防設備を要する土地として指定された土地でも、一定行爲の制限禁止がなければ地租は減免しない。禁止制限あるまでは土地を利用するに妨げないからである。地租の輕減を受くる土地は勿論有租地であるが、免除を受くる土地は無租地である。

ロ　地租の免除を受けんとする者は、土地の所在、地番、地目、地積、賃貸價格を記載したる申請書を稅務署長に提出しなければならない。地租の輕減を受けんとする場合も同樣であるが、輕減地については輕減さるべき程度を附記しなければならない(同勅令第三條)。

ハ　現行法上地租の一部を免除(卽ち輕減)するものは、砂防用地だけである。地租輕減の方法は、その土地の賃貸價格から、輕減地租額に相當する賃貸價格を控除したるものを以て、課稅標準たる賃貸價格とする。實際上は左記算式によつて、直ちに課稅標準たる賃貸價格を算出して妨げないだらう。

輕減前の賃貸價格×(1－輕減割合)＝課稅賃貸價格

賃貸價格の一般改訂期に於ける輕減地の賃貸價格の定め方は、調査賃貸價格につき前揭の算式を適用して算出すべきである(同勅令第四條)。但し賃貸價格壹錢の土地につき、右の算法によるときは、課稅賃貸價格依然壹錢となり、輕減されざることゝなるを以て、この場合は法文の規定通り先づ輕減賃貸價格を壹錢と定め、課稅賃貸價格を零とすべきである。輕減地につき一定の行爲の禁止制限が解除されたるときは、類地の賃貸價格に比準して賃貸價格を修正する。實際問題としては左記算式により算出したるものを以て修正賃貸價格と見做すべき場合が多いだらう（同勅令第五條）。

解除當時の賃貸價格÷（1－輕減割合）＝修正賃貸價格

免除地につき一定の行爲の禁止制限が解除された場合の賃貸價格の設定は、當然地租法の無租地が有租地になつた場合の規定が適用されるから、これに關し同勅令第三百七十四號には何等規定するところがない。

◉砂防法第一條　此ノ法律ニ於テ砂防設備ト稱スルハ主務大臣ノ指定シタル土地ニ於テ治水上砂防ノ爲施設スルモノヲ謂ヒ砂防工事ト稱スルハ砂防設備ノ爲ニ施行スル作業ヲ謂フ

◉同法第二條　砂防設備ヲ要スル土地又ハ此ノ法律ニ依リ治水上砂防ノ爲一定ノ行爲ヲ禁止若ハ制限スヘキ土地ハ主務大臣之ヲ指定ス

◉同法第十一條　第二條ニ依リ主務大臣ノ指定シタル土地ニ對シテハ勅令ノ定ムル所ニ從ヒ地租其ノ他ノ公課ヲ減免スルコトヲ得

◉明治三十二年勅令第三百七十四號第一條　砂防法ニ依リ一定ノ行爲ヲ禁止又ハ制限シタル土地ニ對シテハ其ノ所有者又ハ納税義務者ノ申請ニ依リ地租ヲ免除又ハ輕減スルコトヲ得

◉同勅令第二條　前條ニ依リ地租ヲ免除シタル土地ニ對シテハ地租以外ノ公課ヲ免除シ其ノ地租ヲ輕減シタル土地ニ對シテハ同一ノ割合ヲ以テ地租以外ノ公課ヲ輕減ス

◉同勅令第三條　第一條ノ規定ニ依リ地租ノ免除又ハ輕減ヲ受ケントスル者ハ土地ノ所在、地番、地目、地積、賃貸價格及

地租ノ免除又ハ輕減ノ區分（輕減ニ付テハ其ノ程度共）ヲ記載シタル申請書ヲ稅務署長ニ提出スベシ
◉同勅令第四條　第一條ノ規定ニ依リ地租ヲ輕減スベキ土地ニ付テハ其ノ賃貸價格ヨリ輕減地租額ニ相當スル賃貸價格ヲ控除シタルモノヲ賃貸價格トシ前條ノ申請アリタル後ニ開始スル納期ヨリ其ノ賃貸價格ニ依リ地租ヲ徵收ス
◉同勅令第五條　第一條ノ規定ニ依リ地租ヲ輕減シタル土地ニ付一定ノ行爲ノ禁止又ハ制限ノ解除アリタルトキハ直ニ地租法第九條第三項ノ例ニ準ジ其ノ賃貸價格ヲ修正シ其ノ修正ヲ爲シタル年ノ翌年分ヨリ修正賃貸價格ニ依リ地租ヲ徵收ス

附　則（昭和六年勅令第十一號）

本令ハ公布ノ日ヨリ之ヲ施行ス
第四條ノ改正規定ハ本令施行ノ際現ニ第一條ノ規定ニ依リ地租ヲ輕減セラルル土地ノ賃貸價格ニ付之ヲ準用ス

（四）　公共用飛行場

公共用飛行場とは、行政官廳の許可を受け、一般航空の用に供するため設置したる飛行場をいふ。公共用飛行場の用地に對しては、一時的の使用を目的とするもの又は有料借地を除き納稅義務者の申請によつて地租を免除する。これに對し地租を免除するは、一般交通を目的とする公共的事業なると航空事業奬勵にありと解する。

地租の免除を受けんとする者は、土地の所在、地番、地目、地積、賃貸價格及び飛行場設置の目的、期間等を記載したる申請書を所轄稅務署長に提出しなければならない。飛行場の經營者と納稅義務者と異るときは、無料借地たることを證する書面を添附することを要する。又飛行場を廢止したるとき又はその公共の用に供することを廢止したるとき、或は無料借地を有料借地に變更したるときは、直ちにその旨を申告しなければならない。申請書の樣式は、第十五條の無租地申告書の樣式に準じて妨げない。

◉航空法第三十八條　公共ノ用ニ供スル飛行場ノ用地ニ付テハ納税義務者ノ申請ニ因リ其ノ地租ヲ免除ス但シ一時ノ使用ニ供スルモノ又ハ有料借地ノモノニ付テハ此ノ限ニ在ラス

◉昭和二年大藏省令第十七號第一條　航空法第三十八條ノ規定ニ依リ公共ノ用ニ供スル飛行場ノ用地ニ付地租ノ免除ヲ請ハントスル者ハ左ノ事項ヲ具シ所轄税務署長ニ申請スヘシ

一　所在市町村竝土地ノ番號、地目、各筆ノ面積及地價

二　飛行場經營者ト納税義務者ト異ナルトキハ無料借地タルコトヲ證スル書面

三　飛行場設置ノ目的及設置ノ期間

四　飛行場ノ設置又ハ目的若ハ區域ノ變更年月日

◉同省令第二條　地租ノ免除ヲ受ケタル飛行場ノ用地ニシテ飛行場タルコト若ハ其ノ公共ノ用ニ供スルコトヲ廢止シ又ハ無料借地ヲ有料借地ト爲シタルトキハ土地所有者又ハ納税義務者ハ直ニ所轄税務署長ニ屆出ヅベシ

（五）　沖繩縣に於ける社寺地、拜所地

沖繩縣に於ける社寺地、拜所地を無租地とするは、神社地を無租地とすると同一精神である。寺地に對し免租するは同地方特別の沿革に基くものと解する。

◉沖繩縣土地整理法第二十三條　地租條例及國税徵收法ハ勅令ヲ以テ漸次沖繩縣ニ施行ス但シ社寺地、拜所ハ地租ヲ免除ス

（六）　國立公園の特別地域内の山林

國立公園を設くる目的は、優秀なる自然の大風景地を保護開發して、一般世人をして容易にこれに親しましむるの方途を講じて、國民の保健、休養乃至敎化に資せんとするにある。廣い意味での公園の一である。その普通の公園と

異るは、風景の優秀なる大自然そのものを公園とする點にある。

內務大臣は、國立公園の風致を維持するため、國立公園計畫に基き、その區域內に特別區域を指定することが出來る。特別地域內の山林に對しては、勅令の定むるところによつて地租を免除することが出來る。蓋し特別地域內に於ては、木竹の伐採その他の行爲をなすには、一々內務大臣の許可を要する等土地の利用が著しく制限されるからである。併し國立公園法は昭和六年十月一日より施行されたるも、これが地租免除に關する勅令未だ公布されないため、免租要件が如何に定められるか今のところ全く不明である。

◉**國立公園法第八條**　主務大臣ハ國立公園ノ風致維持ノ爲國立公園計畫ニ基キ其ノ區域內ニ特別地域ヲ指定スルコトヲ得

特別地域內ニ於テ左ノ各號ノ一ニ該當スル行爲ヲ爲サントスル者ハ主務大臣ノ許可ヲ受クベシ但シ命令ヲ以テ許可ヲ要セズト規定シタルトキハ此ノ限ニ在ラズ

一　工作物ノ新築、改築又ハ增築
二　水面ノ埋立又ハ干拓
三　鑛物ノ試掘若ハ採掘、砂鑛ノ採取又ハ土石ノ採掘
四　木竹ノ伐採
五　廣告物、看板其ノ他之ニ關スル物件ノ設置

特別地域內ノ山林ニ對シテハ勅令ノ定ムル所ニ依リ地租其ノ他ノ公課ヲ免除スルコトヲ得

（七）河岸地

河岸地とは、六大都市（東京、京都、大阪、橫濱、神戶、名古屋）に於ける都市計畫區域內の公共の用に供しない

國有河岸地にして、當該各市に下附された土地を指稱する。これ等の河岸地に對しては、下附を受けたる市の所有に屬する間その市の都市計畫事業の終了する迄地租を課さない。蓋し河岸地を無償にて各市に下附するは要するに、各市の都市計畫事業の財政補助にあるを以て、これに對し地租を課するは下附の精神に反するからである。

◉都市計畫法第三十三條　東京市區改正條例又ハ大正七年法律第三十六號大正七年勅令第百八十四號ニ依リ下付ヲ受ケタル官有ノ河岸地ハ其ノ下付ヲ受ケタル市ノ所有ニ屬スル間地租ヲ免除ス但シ其ノ市ノ都市計畫事業ノ終リタルトキハ此ノ限ニ在ラス

前項ノ河岸地ヨリ收入スル金額ハ其ノ市ノ都市計畫事業ノ終ル迄之ヲ他ニ支出スルコトヲ得ス

第一項ノ河岸地ノ下付ヲ受ケタル市ハ之ヲ賣却讓與スルコトヲ得ス但シ已ムヲ得サル場合ニ於テ都市計畫委員會ノ議決ヲ經テ主務大臣ノ認可ヲ受ケタルトキハ此ノ限ニ在ラス

四　地租法の適用なき無租地

以上陳べたる無租地は何れも地租法の適用のある無租地であるが、この他に地租法の適用なき無租地があることは前に述べたところである。卽ち御料地、準御料地、皇族賜邸、王公殿邸地及び國有地これである。これ等地租法の適用なき無租地については第八十八條に詳說しあるを以て參照されたい。

第三條　土地の整理

土地ニハ一筆每ニ地番ヲ附シ其ノ地目、地積及賃貸價格（無租地及免租年期地ニ付テハ

賃貸價格ヲ除ク）ヲ定ム

本條の規定は、地租の課税客體たる土地の單位を明確ならしむると共に、地籍の整理を目的とする。蓋し土地制度の根柢をなす規定である。

卽ち土地は一筆を以てその單位となし、單位每に地番、地目を附し地積を測つて、賃貸價格を定める。その有租地たると無租地たると將た又免租年期地たるとはこれを問はない。唯無租地及び免租年期地は直接地租の物體とならないのであるから、課税標準たる賃貸價格を定むる必要なきのみ。又無租地と雖も、地租法の適用せられざる御料地、國有地等のこれに含まないことは固より論を俟たないところである。

法律的には土地は所有權の客體である。從つてその主體たる所有者も亦地籍の內容を構成する要素といはなければならぬ。然るに本條には獨り地目、地積等の物的要素を定めることを規定し、人的要素たる所有者に及ばないのは如何なる理由に基くのであるか。惟ふに土地が何人の所有に屬するかを定むることは、私法の領域に屬し、地租法の關するところでないのみならず、現代法制に於ては、土地あれば必ず所有者が定つてゐるのを原則とするが故に、地租法に特にこれに關し規定を設けなかつたものと信ずる。而して土地所有者が地籍の構成要素であることは、地籍臺帳たる性質をも兼有する土地臺帳（次條の說明參照）に、所有者をも登錄することによつて頗る明白である。

地番、地目、地積及び賃貸價格の意義については、第五條乃至第八條の說明に讓り、玆には土地の單位である一筆の意義について簡單に說述する。

一筆なる語は、古くより慣用されて來た言葉である。地租便覽（明治十九年大藏省主税局編輯）によれば、「一筆とは帳簿に一筆立卽ち一行に記するところにして地券一枚を渡すべき土地なり」とあつて、土地の單位を現はすに用ゐられて來たことは明瞭である。卽ち地券又は土地臺帳の一葉に記載した土地を一筆の土地と稱したものらしい。畢竟に而かも端的に說明して妙を得て居るが如くであるが、併しこれだけでは未だ以て、一筆の觀念を明かにしたとはいひ得ない。

土地は元來無限の連續であるが故に、これを人爲的に箇々の獨立體に區劃して、各人の權利の限界を明確にすると共に、地籍整理の單位とする必要がある。この人爲的區劃に對し便宜上與へられたる名稱が、所謂一筆である。

而して地番、地目、地積、賃貸價格はこの人爲的區劃の上に定められ、土地臺帳に登錄して整理されるのであるから、一筆とは土地臺帳に於て地番、地目を附し地積及び賃貸價格を定められた人爲的區劃の記載なりと定義することが出來るであらう。

便宜上の名稱であるから、必ずしも一筆といふ語でなければならぬといふ理窟はない。他に適當な語があればそれに從つてもよいのであるが、地租法に於て一筆の語を採用したのは、舊來の慣行に從ふを便宜としたからである。

一筆とは土地の人爲的區劃であるが故に、土地の事實上の形狀又は道路、水路、畦畔等による自然的區劃とは必ずしも一致するものでない。

一筆の土地は、普通一箇の所有權の目的となる。一箇の土地が事實上所有者によつて數箇の土地に區分されても、分筆手續がなければ、法律上は尙一箇の土地として取扱はれるのである。そこに一筆の意義がある。分筆についでは後說する。

第四條　土地臺帳

税務署ニ土地臺帳ヲ備ヘ左ノ事項ヲ登錄ス

一　土地ノ所在
二　地番
三　地目
四　地積
五　賃貸價格
六　所有者ノ住所及氏名又ハ名稱
七　質權又ハ百年ヨリ長キ存續期間ノ定アル地上權ノ目的タル土地ニ付テハ其ノ質權者又ハ地上權者ノ住所及氏名又ハ名稱

本法ニ定ムルモノノ外土地臺帳ニ關シ必要ナル事項ハ命令ヲ以テ之ヲ定ム

前條によつて定まつた地番、地目、地積及び賃貸價格は、これを記錄して地籍並に課税の基礎を明確ならしむる途なければならない。これ地租法に土地臺帳制度を認むる所以である。卽ち本條は税務署をして、所轄內の土地につき土地臺帳を設備して地籍竝に地租に關する事項を登錄すべきことを規定したのである。

一　土地臺帳の性質

（一）　土地臺帳は地租に關する諸事項を登錄する公簿である。即ち課稅物件たる土地につき地目、地積、課稅標準、所有者その他地租に關する一切の事柄を精密に登錄して、地租課稅上の基礎を明確ならしむることを目的とする。稅額が臺帳によつて確定される現制度の下に於ては、土地臺帳は地租の生命であるといふて妨げない。

（二）　土地臺帳は、地租に關する諸事項を登錄するのであるが、地租に關する諸事項は、同時に、地籍に關する事項である。この意味に於て、土地臺帳はまた地籍簿たる使命をも兼有するものといふことが出來る。即ち土地臺帳によつて土地の所在、性質、面積、收益力（嚴格には收益能力）、沿革を明かにすると同時に、個人の權利を確定して、土地の所有者を明示する。特に未登記の土地にありては、土地臺帳は、土地の所有權を公證する唯一の官簿である。併しそれは土地臺帳の所有名義人を以て一應眞實の所有者なりとの推測の根據となるまでのことで、反證を以てこれを覆し得ること勿論である。而して土地臺帳は登記の物件たる土地の存否、所在を確定する唯一の根據となり、登記制度と相俟つて土地制度の根幹を形成する極めて重要なる使命を有するものである。

◉不動産登記法第百五條　未登記ノ土地所有權ノ登記ハ左ニ掲ケタル者ヨリ之ヲ申請スルコトヲ得

一　土地臺帳謄本ニ依リ自己又ハ被相續人カ土地臺帳ニ所有者トシテ登錄セラレタルコトヲ證スル者

二　判決ニ依リ自己ノ所有權ヲ證スル者

◉同法第百六條　未登記ノ建物所有權ノ登記ハ左ニ掲ケタル者ヨリ之ヲ申請スルコトヲ得

一　建物ノ敷地ノ所有者又ハ地上權者トシテ登記簿ニ登記セラレタル者
二　土地臺帳謄本ニ依リ自己又ハ被相續人カ土地臺帳ニ敷地ノ所有者トシテ登錄セラレタルコトヲ證スル者
三　既登記ノ敷地ノ所有者又ハ地上權者ノ證明書ニ依リ自己ノ所有權ヲ證スル者
四　判決其他官廳又ハ公署ノ書面ニ依リ自己ノ所有權ヲ證スル者

（三）　次に土地臺帳制度の沿革につき少しく述べて見る。明治五年太政官布告第五十號を以て、地所永代賣買の禁制が解かれて、土地の賣買讓渡が自由となると共に、地劵制度が創設された。地劵は正副二通を作成し、正本を地主に交付して、土地所有權確認の證となし、土地の賣買讓渡には地劵の書換を願出づることを要した。この地劵書換の方式は明治十三年太政官布告第五十二號土地賣買讓渡規則を以て廢せられ、證文に對する戸長役場の奧書割印に代つたのであるが、それまでは移轉の效力發生要件でもあり、對抗要件でもあつたのである。一方地劵の副本はこれを編纂して地租徵收の基本臺帳となした。地劵臺帳と稱せられるものこれである。而して明治二十二年に至つて地劵制度廢止せられ、土地臺帳制度がこれに代はり今日に到つて居る。當時土地臺帳が地劵臺帳によつて作成されたことは勿論であつて、實に今日の土地臺帳制度は、地劵制度に發足して居ることが明瞭である。

二　登錄事項

土地臺帳に登錄すべき事項は、土地の所在、地番、地目、地積、賃貸價格、所有者の住所氏名又は名稱、質權者又は百年より長き存續期間の定めある地上權者の住所、氏名又は名稱である。

而してこれ等の登錄事項に變更あつた場合には、その沿革をも登錄すべきは、土地臺帳の性質上寧ろ當然である。

登錄事項中地番、地目、地積及び賃貸價格については、次條乃至第八條の說明に讓り、玆には土地の所在、所有者、質權者、地上權者について少しく說明を試みる。

(一)　土地の所在

土地の所在とは、土地の地理的位置である。通常その屬する行政區劃卽ち府縣、郡市、町村、竝に大字、字によつて表示せられる。土地の所在は、土地の存否を確定する唯一の目標となる。

(二)　所　有　者

土地の所有權者の意であることは勿論である。土地の所有者は、法令の制限内に於て、自由に土地を使用、收益及び處分する權利を有する(民法第二〇六條)。卽ち土地の所有者は土地に對し、一般的全面的の支配權を有するものである。而してこれを土地臺帳に登錄するのは、その歸屬を明確にし、地租の納稅義務者を確定する必要があるからである。

(三)　質　權　者

玆に質權者とは勿論土地の質權者の意味である。土地の質權といふのは、債權の擔保として、債務者又は第三者から受取つた土地を占有して、その土地につき他の債權者に優先して辨濟を受けることを得る權利である(民法第三四二條)。この場合債權者を質權者と稱する。土地の質權者は設定行爲に別段の定めなきときは、質權の目的たる土地をその用方に從つて使用、收益することが出來る(民法第三五六條、第三五九條)。使用、收益せざる別段の契約ある場合の質權者と雖も土地臺帳には登錄を要する。土地の質權の存續期間は十年を超ゆることを得ない(民法第三六〇條）。土地の質權者を土地臺帳に登錄するのは、土地の質權者は、土地に對し所有者に亞ぎ實權を有し、地租法は質權者を地租の納稅義務者と定めたからである。

(四) 地上權者

地上權とは、他人の土地に於て、工作物又は竹木を所有するために、その土地を使用することを得る權利である（民法第二六五條）。地上權の存續期間については民法は何等規定して居ない。從つて如何に長期間のものでもこれを設定することが出來る。而して土地臺帳に登錄を要する地上權者は百年以上の存續期間の定めあるものに限る。これを登錄するは百年以上にも亙る地上權者は、恰も土地所有者と異るところなく、地租法は第十二條に於てこれを納稅義務者と定めたるがためである。從つて設定行爲に存續期間の定めなきものは、事實百年以上を經過し居るも、登錄を要せざるものと解する。而して質權者と地上權者とは、登記あるものに限り登錄すべく、登記なきものについては登錄すべからざるものと解する。

三 登錄手續

土地臺帳の登錄には、新に土地臺帳に登錄を要する土地の生じたる場合になす登錄と、旣に土地臺帳に登錄されある土地につき、その登錄事項に異動を生じた場合になす登錄の二つの場合がある。前者を新規登錄といひ、後者を變更登錄といふのである。

(一) 新規登錄

新に土地臺帳に登錄を要する場合は、從來地租法の適用なかりし土地が、地租法の適用を受くる土地となりたる場合であつて、この場合は本條第一項各號に掲ぐる事項を新規に登錄するのである。即ち從來地租法の適用なき無租地が有租地となりたる場合は勿論、直ちに無租地（即ち地租法の適用ある）となりたる場合又は直ちに免租年期を許可されたる場合でも新に登錄を要する。從つて從來より地租法の適用ある無租地が、有租地となりたる場合になす登錄は、次に述ぶる變更登錄であつて新規登錄ではない。これを要するに舊來の用語を以てすれば、官有地の民有地となりたる場合になす登錄が新規登錄である。新規登錄を要する場合を左に列擧する。

イ　御料地又は國有地の拂下、讓與を受けたるとき。

ロ　公有水面埋立法により埋立地の所有權を取得したるとき。この場合埋立の認可を受けたる者は、埋立工事竣功の認可ありたる日に於て、當然埋立地の所有權を取得する。一種の原始的取得である（公有水面埋立法第二四條、第五〇條）。玆に注意を要するは、公有水面埋立法による埋立地の取得と、國有財産法第二十一條による埋立地の取得と相異る點である。即ち前者は原始的取得なるも、後者は埋立地の所有權は一旦國に歸屬し、然る後豫約事業者に移轉するのであるから當然前記の國有地の拂下又は讓與を受けたる場合に該當する。

◉公有水面埋立法第二十四條　第二十二條ノ竣功認可アリタルトキハ埋立ノ認可ヲ受ケタル者ハ其ノ竣功認可ノ日ニ於テ埋立地ノ所有權ヲ取得ス但シ公用又ハ公共ノ用ニ供スル爲必要ナル埋立地ニシテ埋立ノ免許條件ヲ以テ特別ノ定ヲ爲シタルモノハ此ノ限ニ在ラス

前項但書ノ埋立地ノ歸屬ニ付テハ勅令ヲ以テ之ヲ定ム

◉同法第五十條　本法ハ勅令ノ定ムル所ニ依リ公有水面ノ一部ヲ區劃シ永久的設備ヲ築造スル場合ニ之ヲ準用ス

◉公有水面埋立法施行令第三十三條第一項　公有水面埋立法第五十條ノ規定ニ依リ同法ヲ準用スヘキ場合左ノ如シ

一　水產物養殖場ノ築造

二　乾船渠ノ築造

ハ　日本臣民又は日本法人が、永代借地の所有權を取得したるとき。永代借地權は政府が外國人又は外國法人のために設定した居留地の借地權であつて、物權として民法中所有權に關する規定が準用される。外國人又は外國法人の特權に屬するが故に、日本臣民又は日本法人が永代借地權を取得して、永代借地券の抹消を受けたるときは當然にその土地の所有權を取得する。この場合稅務署は、地方廳の通知によつてこれを土地臺帳に登錄するのである。

◉永代借地權ニ關スル法律第一條　政府ノ永代借地券ヲ以テ外國人又ハ外國法人ノ爲ニ設定シタル永代借地權ハ之ヲ物權トシ民法中所有權ニ關スル規定ヲ準用ス

永代借地權ハ民法ノ規定ニ從ヒ他ノ權利ノ目的タルコトヲ得

地券、條約又ハ法令ニ別段ノ定メアル場合ニハ前二項ノ規定ハ適用セス

◉明治三十四年勅令第百七十九號第一條　帝國ノ臣民又ハ法人カ政府ノ永代借地券ヲ以テ外國人又ハ外國法人ノ爲ニ設定シタル永代借地權ヲ取得シタルトキハ遲滯ナク其ノ土地所在地ヲ管轄スル地方廳ニ永代借地券ヲ提出シテ抹消ヲ受クヘシ前項ニ依リ永代借地券ノ抹消ヲ受ケタルトキハ帝國ノ臣民又ハ法人ハ其ノ土地ノ所有權ヲ取得ス

◉明治三十四年內務省令第二十四號　政府ノ永代借地券ヲ以テ外國人又ハ外國法人ノ爲ニ設定シタル永代借地權ヲ取得シタル帝國ノ臣民又ハ法人明治三十四年勅令第百七十九號第一條ニ依リ地券ノ抹消ヲ受ケ其ノ土地ノ所有權ヲ取得シタルトキ

ハ地方廳ハ遲滯ナク其ノ土地所在地ヲ管轄スル税務署ニ其ノ旨ヲ通知スヘシ

◉明治三十四年大藏省令第三十四號　明治三十四年內務省令第二十四號ニ依ル通知ヲ受ケタルトキハ税務署ハ其ノ土地ニ付土地臺帳登錄ノ手續ヲ爲スヘシ

二　河川法第四十四條但書により廢川敷地の所有權を取得したるとき。河川敷地の公用を廢したるものを廢川敷地と稱し、河川法適用以前に私人の所有權を認めたる證跡あるときは、その私人に下附される。而してその所有權の取得は、公用廢止の日に遡つて效力を有し、公用廢止の日以後に於て、その土地より生じたる果實は總て所有權取得者に歸する。この所有權の取得は行政處分によつて效力を生ずるが故に、その法律上の性質は原始的取得なりと信ずる。

◉河川法第四十四條　河川敷地ノ公用ヲ廢シタルトキハ地方行政廳ハ命令ノ定ムル所ニ從ヒ之ヲ處分スヘシ但シ此ノ法律施行前私人ノ所有權ヲ認メタル證跡アルトキハ其ノ私人ニ下付スヘシ

◉廢川敷地處分令第九條　廢川敷地ヲ取得シタル者ハ公用ヲ廢シタル日ヨリ其ノ土地ノ所有權ヲ取得ス

（二）　變更登錄

土地臺帳の登錄の變更を要する場合は甚だ多く、一々擧ぐる煩に堪へないのであるが、大體これを（イ）行政區劃又はその名稱の變更　（ロ）土地の異動による變更　（ハ）所有權、質權又は地上權の得喪變更に大別することが出來る。

イ　行政區劃又はその名稱の變更ありたるときは、地租法には不動産登記法第五十九條の如き規定なきも、土地臺帳に記載したる行政區劃又はその名稱は、當然變更ありたるものと看做して可なりと信ずる。字又はその名稱に變更ありたる場合も同樣に解して妨けないであらう。而して行政區劃又はその名稱の變更の告示又は所管廳からの通知があつたならば、遲滯なく土地臺帳に登錄を要すること勿論である。又行政區劃又は字の變更に伴ひ土地の地番に變更があつたならば、稅務署は遲滯なくその旨を登記所に通知しなければならない。

◉不動產登記法第百條ノ二　行政區劃又ハ字ノ變更ニ伴ヒ土地ノ番號ノ變更アリタルトキハ土地臺帳所管廳ハ遲滯ナク其ノ旨ヲ登記所ニ通知スルコトヲ要ス

前項ノ通知ヲ受ケタル登記所ハ遲滯ナク登記用紙中表示欄ニ變更ノ登記ヲ爲スコトヲ要ス

ロ　土地の異動（新規登錄の場合も廣く土地の異動と稱されるが玆ではこれを除いた異動）は、必然的に地番、地目、地積、賃貸價格の全部又は一部に變更を來たすを以て、これが變更登錄を要するは敢て說明を要さない。如何なる場合に如何なる登錄を要するかは、第二章の各本條の規定するところである。而して土地の異動による變更登錄は、土地の所有者の申告により、申告なきとき又は申告を不相當と認むるとき又は申告を要せざるときは稅務署長の認むるところによつてこれをなすのである（第一三條）。地租法には、不動產登記法に於けるが如く、土地臺帳用紙の閉鎖に關する規定がないが、土地の異動その他の事由により土地臺帳に登錄を要せざる土地となりたるとき（土地が御料地又は國有地となりたるとき若は第五十五條第三項により海、湖又は河川となりたるものと看做されるに至りたるとき）は、土地臺帳の用紙は閉鎖されたものと解すべきである。從てその用紙は假令土地臺帳に編綴しあつても、最早土地臺帳としての效力を失つたる一片の公文書に過ぎざるを以て、これに對する土地臺帳謄本の如きは交付し得ざるものと信ずる。

八　所有權、質權又は地上權の得喪變更に關する登錄（新規登錄には所有權取得の登錄を包含し、土地の異動中有租地が地租法の適用なき無租地となりたる場合の登錄には所有權喪失の登錄をも包含し、說明重複する點あるも便宜上總括して說明する）はこれを左の如く分析することが出來る。

(1)　所有權移轉の登錄。

(2)　質權の設定、移轉又は消滅竝に存續期間又はその變更の登錄。

(3)　百年より長き存續期間の定めある地上權の設定、移轉、消滅又は存續期間の變更（百年より長き存續期間を百年以下となしたるとき、百年以下の存續期間を百年より長きものとなしたるとき、存續期間の定めなき地上權に百年より長き期間を定めたるとき、百年より長き存續期間の定めある地上權を存續期間の定めなきものとなしたる等）の登錄。

(4)　所有者、質權者又は地上權者の住所、氏名又は名稱の變更の登錄。

以上(1)乃至(3)の場合は原則として、登記所より通知がなければ登錄しない。登記との連絡を圖ると共に登錄の正確を期せんとする趣旨である（不動產登記法第一一條）。この原則に對し、左の場合には登記所より通知がなくもこれを登錄する。

(a)　新に土地臺帳に登錄すべき土地を生じたるとき。卽ち「（一）新規登錄」に於て說明したる場合は登記所より通知なくも登錄する。蓋しこの場合は所管廳よりの通知あるを以て登錄の正確を期し得ると共に、一面地租の徵收に支障なからしめんがためである。

(b) 未登記の土地が、土地臺帳に登錄を要せざる土地となりたるとき。例へば未登記の土地が御料地、國有地又は河川法の河川の敷地となりたる場合は、登記所よりの通知なくもこれを登錄する。未登記の土地なるが故に、これが登錄をなすも登記と齟齬を來たす虞ない。私人所有の未登記の土地につき同一取扱に出でざるは、主として所有權移轉に對する登錄税の脫漏を防止するにある。然らば既登記の土地については如何、既登記の土地が御料地、又は河川の敷地となりたる場合は、そのために設備された登記用紙はこれを閉鎖することを要し、國有地となりたる場合についても、直ちに所有權移轉の登記の囑託あるを以て登記所よりの通知により登錄するも、取扱上支障なきを以てである。

(c) 未登記の土地が收用せられたるとき。未登記の土地が土地收用法その他の法律により收用せられたるときは、登記所よりの通知なくも關係官廳の通知又は土地收用權利者の申告によつて、所有權移轉の登錄をなすのである。この場合も未登記の土地なるが故に、登記と齟齬を來す虞なく、收用が公益のためにする國家の行爲なるを以てである。

◉不動產登記法第十一條　登記所ハ土地ニ付キ左ニ揭ケタル事項ノ登記ヲ爲シタルトキハ遲滯ナク其ノ旨ヲ土地臺帳所管廳ニ通知スルコトヲ要ス

一　所有權ノ保存若クハ移轉

二　賃權ノ設定及存續期間、存續期間ノ變更、移轉若クハ消滅

三　百年ヨリ長キ存續期間ノ定アル地上權ノ設定、移轉若クハ消滅又ハ百年ヨリ長キ存續期間ヲ百年以下ニ變更シ若クハ

百年以下ノ存續期間ヲ百年ヨリ長キ期間ニ變更シ又ハ存續期間ノ定ナキ地上權ニ百年ヨリ長キ期間ヲ定メ若クハ百年ヨリ長キ存續期間ノ定メアル地上權ヲ存續期間ノ定ナキモノト爲シタルコト

四　所有權、質權又ハ百年ヨリ長キ存續期間ノ定アル地上權ノ登記名義人ノ表示ノ變更

◉施行規則第二條　土地ノ所有權、質權又ハ地上權ノ得喪變更ニ關スル事項ハ登記所ヨリ通知アルニ非ザレハ土地臺帳ニ之ヲ登錄セズ但シ左ノ場合ニ於テハ此ノ限ニ在ラズ

一　新ニ土地臺帳ニ登錄スベキ土地ヲ生ジタルトキ

二　未登記ノ土地ガ土地臺帳ニ登錄ヲ要セザル土地ト爲リタルトキ

三　未登記ノ土地ガ收用セラレタルトキ

最後の(4)の場合は、權利そのものゝ得喪變更でなく、單に權利者の表示の變更であるから、權利者の申告によつて直ちに變更の登錄をする。權利者の申告前に、登記所より表示變更の通知があれば、勿論その通知によつて登錄をなすべきこと勿論である。

◉施行規則第三條　土地臺帳ニ登錄セラレタル土地所有者、質權者又ハ地上權者其ノ住所ニ異動ヲ生ジタルトキ又ハ其ノ氏名若ハ名稱ヲ改メタルトキハ遲滯ナク之ヲ稅務署長ニ申告スベシ

四　土地臺帳の樣式

土地臺帳の樣式は、地租法施行細則第一條に定められてある。而して土地臺帳には、土地の形狀を明かにするため地圖を附屬として設備しなければならぬ。地圖の設備については、地租法にも、地租法施行規則にも又同施行細則等にも何等の規定がない。併し明治十七年十二月大藏省達第八十九號は、今回の地租改正に當り廢止されてないから、

従前の通り地圖の設備を要するものと解さねばならぬ。

◉施行細則第一條　土地臺帳ハ第一號書式ニ依リ之ヲ調製スヘシ

第一號書式（土地臺帳）

字	地番	等級

地目	地積	賃貸價格	内歩	名稱	外歩	名稱	沿革

登記年月日	事由	所有質權地上權者住所	所有質權地上權者氏名又ハ名稱

備考

一、土地臺帳ハ地番順ニ之ヲ編纂シ紙數凡二百葉ヲ以テ一冊ト爲シ左記書式ノ表紙ヲ附スルモノトス

土地臺帳 郡町 市村　大字 何税務署 （副本ハ何市町村役場）

二、共有者ノ人員多數ニシテ一行ニ記載シ得ザル場合ハ左記書式ノ共有者氏名表ヲ添附スルモノトス

共有者氏名表

字	登記年月日	事由	共有持分	住所	氏名又ハ名稱	地番	登記年月日	事由	共有持分	住所	氏名又ハ名稱

◉明治十七年大藏省達第八十九號　地租ニ關スル諸帳簿樣式別册ノ通相定ム

但シ別册ハ主稅局ヨリ送付スヘシ

右相達候事

府縣廳ノ分　（明治二十七年二月大藏省訓令第九號ニテ消滅）

郡區役所ノ分　（稅務署トナル）

一何郡市地圖　（從前樣式ノ通）

是ハ土地ノ現況ヲ畫キ地形ノ變更シタル時ハ處分ノ時々訂正シ以テ地盤ヲ明ニス

一地目變換ニ付地價ノ查定ヲ要スル時
一開墾地鍬下年期明ニ付地價ノ查定ヲ要スル時
一荒地免租年期明ニ付地價ノ查定ヲ要スル時
一開拓地鍬下年期明ニ付地價ノ查定ヲ要スル時
一新開地免租年期明ニ付地價ノ查定ヲ要スル時
一耕地變更地價据置年期明ニ付地價ノ查定ヲ要スル時
一地目變換地價据置年期明ニ付地價ノ查定ヲ要スル時
一地類變更ニ付地價ノ查定ヲ要スル時
一鍬下年期ヲ要セサル開墾地地價查定ヲ要スル時
一拂下下渡地種組替若クハ免租地有租地成ニ付地價ノ查定ヲ要スル時
一土地分裂又ハ合併ヲ要スル時
一潰地成ニ付地租ノ免除ヲ要スル時

野取圖

右各項中數筆連續變動セルモノハ野取圖ノ外地形ヲ畫キシ繪圖ヲモ差出サシメ之ヲ實地ニ照査シ處分濟ノ時々市町村圖ヲ訂正シ其事由ヲ記載シテ願届書ト共ニ保存シ該地ノ沿革ヲ明ニス

一野取繪圖

是ハ（稱呼ノ如何ニ拘ハラス地租改正ノ際調製シタルモノヲ指ス）目錄ヲ作リ其儘保存シ土地ノ沿革其他參照ノ用ニ供ス

一舊地圖

是ハ（地租改正以降調製ノ繪圖ニシテ新圖調製ノ爲メ現時所用セサルモノヲ指ス）目錄ヲ作リ其儘保存シ土地ノ沿革其他參照ノ用ニ供ス

五　土地臺帳謄本

稅務署の土地臺帳は一般にこれを公開しない。閲覽を許す場合は法令に特別の規定がある（耕地整理法第九條）。特別の規定がなければこれを許さない。併し登記申請その他により、土地臺帳の謄本を必要とするときは、土地の所有者その他の者は所轄稅務署長に對しその交付を請求することが出來る。

土地臺帳謄本は御料地又は國有地の拂下又は讓與に係る土地にして、未登記のものについては、その交付を請求することが出來ない。これ等の拂下、讓與を受けたる土地と雖も既に土地臺帳に登錄しある限り理論上これが謄本を下附するを正當とする。而かもこれを下附せざる所以のものは、元來未登記の土地所有權の登記は、不動產登記法第百五條により、土地臺帳謄本を以て、自己又は被相續人が土地臺帳に所有者として登錄せられあることを證明する者よりこれを申請することが出來るものなるが故に、この場合土地臺帳謄本を交付するに於ては、直ちに所有權保存の登記により所有權が確保さるゝことになる。かくては所有權移轉に對する登錄稅の逋脫となるばかりでなく、拂下代金等の支拂義務未履行のものある場合に於て不都合を生ずる虞あるを以て、これ等の場合には、一旦御料地又は國有地として保存登記をなし、然る後所有權移轉の登記をなさしむるに若かずとしたのである。

土地臺帳謄本の請求は、書面に依るも亦口頭を以てするも妨げない。請求せんとする土地の所在及び地番を明示すれば足る。而して謄本の交付を受けんとする者は土地一筆につき十錢の手數料を納めなければならない。又郵便料を提供するに於ては、これが郵送を求めることも出來る。

◉施行規則第四條　土地臺帳謄本ノ交付ヲ受ケントスル者ハ土地一筆ニ付十錢ノ手數料ヲ納メ稅務署長ニ之ヲ請求スベシ

前項ノ手數料ハ收入印紙ヲ以テ之ヲ納ムベシ

謄本ハ送付ニ要スル郵便切手ヲ提供シテ之ガ郵送ヲ求ムルコトヲ得

國有地又ハ御料地ノ拂下又ハ讓與ニ係ル土地ニシテ未登記ノモノニ付テハ謄本ノ交付ヲ請求スルコトヲ得ズ

土地臺帳謄本ノ書式ハ大藏大臣之ヲ定ム

土地臺帳謄本の樣式は地租法施行細則第二條に定められてある。

◉施行細則第二條　土地臺帳ノ謄本ハ第二號書式ニ依リ之ヲ調製スベシ

第二號書式（土地臺帳謄本）

土地臺帳謄本

郡市町村大字	字	地番	地目	地積	賃貸價格	事由	所有者ノ住所及氏名又ハ名稱

年　月　日

何稅務署（印）

備考

一、數筆ヲ連記スルモ妨ゲナシ

第五條　地番

地番ハ市町村、大字、字又ハ之ニ準ズベキ地域ヲ以テ地番區域トシ其ノ區域毎ニ起番シテ之ヲ定ム

土地には、一筆毎に地番を附して地籍を整理する。土地に地番を附することを通常附番と稱する。本條はその附番の方法を規定したのである。卽ち地番は一定の地番區域を定めて、その區域毎に起番してこれを定めるのである。

從前の取扱と何等變るところがない。

一　地番の意義

地番の意義については、特に説明を要さないであらう。これを要するに、地籍整理の方便として、土地各筆に附したる土地の番號に過ぎない。地籍は、土地を人爲的區劃の筆に分けてこれを整理することは、第三條に於て説明したところであるが、筆に分けただけではその整理の目的を達することが出來ない。これ各筆には他の筆と識別し得る適當な符號を必要とする所以である。而して地籍整理に最も適當な符號は番號である。卽ち土地の各筆に附したこの番號を地番と稱するのである。

二　地番區域

地番區域とは、地番決定の基準となる地域である。地番區域を如何に定むるかは、地籍の整理のみならず、諸般の行政に重大の關係がある。故に地番區域は大に過ぐることなく、小に過ぐることなく中庸を得ることを要する。こゝを以て地租法は從來の沿革を參照し市町村、大字、字又はこれに準ずべき地域を以て地番區域とすることを定めた。蓋し從前の地番區域を維持せんとする精神と解する。

通常市町村を以て地番區域とするものを市町村通番、大字を以て地番區域とするものを大字通番、字を以て地番區域とするものを字限り番と稱する。

三　起番の方法

地番は地番區域毎に起番して定める。卽ち市町村を以て地番區域とする市町村通番にありては、市町村毎に一番から始める。大字通番にありては大字毎に一番から始める。字限り番にありては字毎に一番から始める。地番區域の何れの地點より始むるも妨げない。而して本條は單に附番の原則を示したものであつて、固より從來の地番を變改せんとする趣旨でない。新地租法施行當時の地番その儘を襲用せしむる精神である。

第六條　地目の類別

有租地ノ地目ハ土地ノ種類ニ從ヒ左ノ如ク區別シテ之ヲ定ム

第一類地　田、畑、宅地、鹽田、鑛泉地

第二類地　池沼、山林、牧場、原野、雜種地

無租地ノ地目ハ第二條第三號乃至第七號ノ土地ニ在リテハ各其ノ區別ニ依リ、其ノ他ノ土地ニ在リテハ其ノ現況ニ依リ適當ニ區別シテ之ヲ定ム

本條は、土地の類別を規定したのである。地番が決定すれば、その土地の形質を表はすため、これに適當の名目を附さねばならぬ。この名目を地目と稱する。卽ち地目とは、土地の形狀、性質を表はすため、土地の各筆に附したる名目のことである。

一　有租地の地目

有租地は、土地の種類、性質に從つて、左の二類、十種の地目に分類する。

第一類地　田、畑、宅地、鹽田、鑛泉地

第二類地　池沼、山林、牧場、原野、雜種地

總ての有租地は、必ず以上何れかの地類、地目に分屬せしめなければならない。如何なる場合に於てもこゝに掲ぐる以外の名稱を附することを得ない。

地類は土地の大分類であり、地目は土地の小分類である。共に地籍の整理、課稅標準の算定に必要なるばかりでなく、産業統計上に於ても極めて重要なる關係を有する。

各地目の意義は、社會通念によつて自ら明瞭であつて、殆んど說明する程のこともないが、以下簡單にその意義を

述べて見る。

（一）田、畑

田及び畑は所謂農耕地である。田は水田にして、灌水を利用して耕作する土地である。主として稲を作るも、地方によりては蓮、慈姑の類を作るのもある。又稲作の前後に麥、豆、蔬菜の類を栽培する所謂二毛作、三作地も田たることを失はない。畑は田に對し陸田と稱せられ。用水の利によらず耕作する土地である。畑の作物は地方によりその種類を異にし一々擧示するを得ない。從つて作物のみによつて畑なりや否やを決するを得ざる場合もある。實際土地の形狀によつて、專ら耕耘によるや否やによつてこれを定むべきである。例へば孟宗畑の如き、耕耘をなし主として筍を收穫する場合は畑であるが、耕耘をなさず自然に放置して主として生竹の收穫を目的とするならば山林なるが如くである。尙田には未定田、沼田、流作田等の小地目がある。未定田といふのは、河川、湖沼の沿岸の土地にして年々の作付未定なる土地である。流作田も同性質の土地である。沼田といふのは、深泥、瘠薄の土地にして年々の收穫僅少なるべき土地である。畑にも亦未定畑、流作畑がある。畑特有の小地目としては山畑、燒畑、切換畑がある。山畑といふのは山嶺、山腹の畑地のことである。燒畑と切換畑とは稍々同質にして、山林の樹木類を燒拂ひ畑作をなすものである。これ等の小地目を附したる土地は、地味粗惡、收益僅少の土地であつて、明治改租の際各府縣、町村間の權衡を調査する便宜のため設けた地目である。舊法時代にありては小地目の如何は適用すべき地價等級を異にせしが故に小地目も亦重要であつたが、全國的に賃貸價格に統一せられた今日に於ては、さまでこれを必要としない。

（二）宅　地

宅地といふのは建造物の敷地である。庭園、業務を行ふ土地、建造物又は敷地の維持に必要なる土地、風致又は風水防に要する樹木の成育地、宅地に附隨する道路等何れも宅地の範圍に屬する。

（三）鹽　田

鹽田と稱するは、潮水を引き入れこれを撒布して鹽を採取する土地である。鹽溜、製鹽場も鹽田の範圍に入る。

（四）鑛　泉　地

鑛泉地といふのは、溫泉又は冷泉の湧出する土地のことである。鑛泉地と認むべき範圍は、湯口及びその維持に必要なる土地である。

（五）池　沼

池沼とは、灌漑用水にあらざる水の貯溜池である。その自然のものたると、人工に成るものたるとを問はない。又收益の有無を問はない。堀、養魚池、蓮池、井戸敷の如きも池沼と見て妨げない。

（六）山　林

山林とは、耕作の方法に依らずして、竹木の成育する土地をいふ。竹木のあるのが普通ではあるが、併しそれは絕體要件ではない。故に石山の如きは竹木の有無に拘らず之を山林とする。山林の小地目には竹木雜生地、櫨山、竹籔、柴草山、萱山、石山等ある。

（七）牧　場

牧場とは、獸畜を放牧する土地をいふ。牧場の性質として建物あるもその敷地はこれを宅地としない。

（八）原　野

原野とは、耕作によらずして灌木、雜草の生育する土地をいふのであつて、秣場、蒲生地、草生地、芝地、萱野、柴生地、野地等の如きである。

（九）雜　種　地

雜種地とは、以上各地目の何れにも包含せざる一切の土地をいふ。故に有租地であつて、他の地目に該當しないものは總て雜種地である。網干場、魚干場、濱地、船揚場、荷揚場、造船場、流木置場、布晒場、物置場、土揚場、稻干場、海岸砂地、土取場等これに屬する。

二　無租地の地目

地目は、地籍の整理にも必要である。故に無租地についても地目を定むることを要する。

（一）第二條第三號乃至第七號に掲ぐる府縣社地、鄉村社地、招魂社地、墳墓地、公衆用道路、鐵道用地、軌道用地、運河用地、用惡水路、溜池、堤塘、井溝、保安林等の名稱は、無租地の種類でもあれば、又地目でもある。一種の法定地目である。

（二）第二條第一號及び第二號の公用地又は公共用地の地目及び特別地租法による無租地の地目は、公用の目的又は公共用の目的に從つて適當に認定するのである。今その主なる分類を示せば左の通りである。

イ　地租法によるもの

府縣廳敷地、市區役所敷地、町村役場敷地、議事堂敷地、各種試驗場敷地、病院敷地、隔離病舍敷地、隔離所敷

地、消毒所敷地、檢疫所敷地、郵便電信電話用地、公園地、模範林

ロ　特別地租法によるもの

私立學校用地、水道用地、砂防地、公共用飛行場、沖繩縣社寺拜所地、區劃整理地區內の國有河岸地、國立公園

三　地目の認定

地目は、土地の現況、利用の目的によりて適當にこれを定ねばならぬ。社會の進步發達は、土地の利用狀況をして益々複雜化ならしむる傾向あるが故に、箇々の土地につき適當なる地目を認定することは必ずしも容易でない。特に近代文化の副產物として生れた都市竝にその近郊に於ける遊園地、ゴルフ場等の如きに如何なる地目を附すべきかは蓋し問題である。

要は具體的箇々の場合に於ける事實認定問題であるが、地目の認定については、土地全體としての情況如何に着眼し、一般通念に訴へ、客觀的に妥當とする地目を附することを要する。局部的僅少の差異を論じて、徒らに細分して認定するが如きは妥當でないと信ずる。今二、三の特種の事例につき認定の基準を左に示して見る。

(一)　瓦斯タンク又は石油タンクの敷地の如きは、假令山林、原野中にある場合でも宅地とすべきである。

(二)「テニスコート」、「プール」の類にして、宅地に接續し、宅地と一體をなすものは勿論宅地とすべく、然らざる場合は雜種地とすべきである。

(三)　高壓線下（他の目的に使用し得るものは現況によつて地目を附する）鐵塔敷、杭口櫓敷、變電所、製練所の煙道敷地の如きはその所在する場所の如何を問はず雜種地とすべきである。

（四）ラヂオの放送場は、永久的設備と認めらるゝ建造物の敷地の部分は宅地とすべく、その他の部分は雜種地とすべきである。

（五）所謂遊園地にして建物の利用を主とし、その他の部分が庭園その他これに附隨する設備に過ぎざるものは、全體を一團として宅地とすべく、然らざる場合にして一部分に建物あるも、建物が却て附隨的存在に過ぎざるときは全體を一團として雜種地とすべきである。運動場、競馬場、ゴルフリンク、飛行場等についても大體これに準じて妨げない。唯競馬場に於ける馬場の圈内の土地の如きは、現況によつて適當の地目を附すべきこと勿論であらう。

第七條　地　積

地積ハ左ノ各號ノ規定ニ依リ之ヲ定ム

一　宅地及鑛泉地ノ地積ハ平方メートルヲ單位トシテ之ヲ定メ一平方メートルノ百分ノ一未滿ノ端數ハ之ヲ切捨ツ

二　宅地及鑛泉地以外ノ土地ノ地積ハアールヲ單位トシテ之ヲ定メ一アールノ百分ノ一未滿ノ端數ハ之ヲ切捨ツ但シ一筆ノ地積一アールノ百分ノ一未滿ナルモノニ付テハ一アールノ一萬分ノ一未滿ノ端數ヲ捨切ツ

土地の地目が定まれば、亟でその地積を定めねばならぬ。本條はその地積の定め方を規定したのである。

地積とは土地の面積といふことである。地目が土地の質の表示であるに對し、地積は土地の量の表示である。地積は地番、地目と共に地籍整理の主要項目であると共に、地租の課稅標準算定の基礎となる。

從來地積は、所謂尺貫法度量衡によつて表示されて來たのであるが、今囘の改正を機會に「メートル」法度量衡に改められたのである。「メートル」法に改められてもそれが直ちに實行される譯ではなく、當分は從來慣用の表示方法によるものであつて（附則第一〇〇條）、本條には唯原則的基準だけを規定して置くに過ぎない。

一　地積測量の基本

土地測量の基本となる單位は平方メートルである。卽ち一メートル四方の面積を土地測量の單位とする。而して一平方メートルの面積は稍々疊半丈程度の面積に當る。一平方メートルの百倍を「アール」と呼ぶ。從來の一坪（又は一步）は約三・三平方メートルに、一畝步は約一アールに相當する。

二　地積の單位

土地測量の基本單位は平方メートルだが、單位の呼び方は、土地の種類によつて異る。平方メートルを單位として呼ぶものと、アールを單位として呼ぶものとある。

（一）　宅地、鑛泉地

宅地及び鑛泉地の地積の單位は平方メートルである。一平方メートル未滿の端數あるときは、一平方メートルの百分の一未滿の端數はこれを切捨てる。卽ち單位以下二位までを存置して三位以下を捨てるのである。而して地積の呼方は七五三平方メートル、七・五三平方メートル、〇・七五平方メートルなどと呼ぶのである。

（二）　宅地、鑛泉地以外の土地

宅地及び鑛泉地を除いたその他の土地の地積はアールを以て單位とする。一アールに滿たない端數あるときは、一アールの百分の一未滿（卽ち一平方メートル未滿）の端數を切捨てる。併し一筆の土地の地積が、一アールの百分の一に滿たざる場合は一アールの一萬分の一未滿（卽ち一平方メートルの百分の一未滿にて、宅地・鑛泉地の地積に於ける端數取扱方と一致する）の端數を切捨てるのである。

同じ三百平方メートルの地積を宅地及び鑛泉地ではこれを三百平方メートルと呼び、その他に於てはこれを三アールと呼ぶは、專ら實用上の便を考慮したる結果である。卽ち宅地及び鑛泉地は槪して面積狹少なるを以て、これを平方メートルにて表はすも、直ちに實際の面積を頭腦に浮べ得るも、その他の土地にありては面積大なるを普通とし特に面積廣大なる山林原野の如きを平方メートルにて表はすときは、徒らに數字を大ならしむるのみにて實際面積の槪念を得ること困難なる不便あるを以てである。

三　土地測量の方法

土地の測量方法については、別段法令に制限がないから、正確に地積を測定し得るならば如何なる方法によるも妨げない。又測量に用ゐる機械器具も如何なる式によるも妨げない。併し取扱簡便にして比較的正確に測量し得る測板式測量法の如きを便宜とするであらう。

第八條　地租の課税標準

地租ノ課税標準ハ土地臺帳ニ登錄シタル賃貸價格トス

賃貸價格ハ貸主ガ公課、修繕費其ノ他土地ノ維持ニ必要ナル經費ヲ負擔スル條件ヲ以テ之ヲ賃貸スル場合ニ於テ貸主ノ收得スベキ一年分ノ金額ニ依リ之ヲ定ム

本條は、地租の課税標準と、課税標準たる賃貸價格の意義を規定したのである。

一　課税標準の意義

地租の課税標準は、賃貸價格である。從來の法定地價を賃貸價格に改めることが、昭和の地租改正の主眼とするところであつたことは序論に於て詳述した通りである。

課税標準とは、租税賦課の標準である。別な言葉でいふならば、税額の多少を定める尺度である。課税標準の一定量を課税單位と稱し、税率を適用して税額を算出する基礎となる數額である。即ち課税標準は抽象的觀念であつて、課税單位は、箇々の課税物件につき具體的に定められた課税標準の一定數額を指すのである。地租についていふならば、單に賃貸價格と稱するのが課税標準で、何番の土地の賃貸價格何圓といふのが課税單位である。常に混同して用ゐられるが、觀念上は異る。地租の課税標準は、土地臺帳に登錄したる賃貸價格とすといふときの課税標準は、課税單位の意味に於ける課税標準のことである。

所得税の課税標準は、課税物件及び税源と一致するが、地租に於ける課税標準（賃貸價格）、課税物件（土地）、税源（收益）は三者何れも異る。

何故に課税標準を改正する必要があつたか、又如何なる理由によつて賃貸價格を課税標準に選擇するに至つたかについても、既に序論に於て述べたところであるから再說しない。

二　賃貸價格の意義

賃貸價格とは、貸主が公課、修繕費その他土地の維持に必要なる經費を負擔する條件を以て、土地を賃貸する場合に於て一年間に貸主の收得すべき金額である。一般に稱せらるゝ地代又は小作料と同一觀念である。

公課とは國家、道府縣、市町村その他の公共團體が、その團體員又はこれと同一地位に立つ者に對して、賦課する公法上の負擔である。その直接土地を目的として課徵するものたるを要するは言を俟たない。卽ち地租、地租附加税、特別地税、道路法又は都市計畫法に依る受益者負擔金（但し土地に對する分に限る）、耕地整理組合費、北海道土功組合費、水利組合費等である。直接土地を目的とすることを要するが故に、田畑等より生ずる所得に對する所得税の如きは本條に所謂公課の範圍外である。

修繕費とは、土地の原形を變更することなく、寧ろ原形を維持するために、その使用收益に必要なる支出である。故に土地の形質を變更する開墾、變換等に要する支出その他の改良費は修繕費ではない。その他土地の維持に必要なる經費とは、修繕費以外に土地の維持上必要とする支出卽ち上・下水、溝渠の浚渫費の如きこれである。貸主がこれ等の經費を負擔するものでなければ、地租の課税標準たる賃貸價格としない。賃貸價格の意義をかくの如く限定したのは一般賃貸借に於て、これ等の經費は、貸主に於てこれを負擔とするを普通の狀態とするからである。

貸主の收得すべき金額とは、通常一般の賃貸借に於て、貸主が收入し得る金額といふ意味であつて、必ずしも箇々の土地につき現に收得する金額と合致することを要さない。從つて借主が前記の諸經費を負擔するか、その他特殊の事情により通常一般の賃貸料より低廉なる場合には、通常一般の「貸主の收得すべき金額」に更正されねばならぬ。從つて賃貸の目的となつて居ない土地卽ち自用地にもこの意味の賃貸價格はあり得ることになる。これを要するに地租の課税標準たる賃貸價格は一般的、標準的の賃貸價格である。換言すれば事實上の收益を表はす賃貸價格でなく、收益能力を表はす賃貸價格である。故に地租は收益課税といふも、實質は收益能力課税である。營業收益税と趣を異にするところである。

三　賃貸價格の調査

本條には賃貸價格の定義を定めて、調査の方法を規定して居ない。蓋し附則第九十二條乃至第九十四條によれば、新地租法施行の時の土地の賃貸價格は土地賃貸價格調査法によつて調査した賃貸價格或はそれに比準して定めた賃貸價格によることになつて居るから、新地租法施行の際、新に賃貸價格を調査する必要なく、又新地租法施行後に於ける異動地の賃貸價格は、總て類地の賃貸價格に比準してこれを定むるが故に（第九條第三項）これまた本條によつて賃貸價格を計算する必要なきを以てである。畢竟本條第二項の規定は、單に賃貸價格の意義を闡明したに過ぎなく實際に働く場合なきものと解する。

第九條　賃貸價格の改訂

賃貸價格ハ十年毎ニ一般ニ之ヲ改訂ス第一回ノ改訂ハ昭和十三年ニ於テ之ヲ行フ
前項ノ改訂ニ關スル事項ハ其ノ都度別ニ之ヲ定ム
土地ノ異動ニ因リ賃貸價格ヲ設定シ又ハ修正スル必要アルトキハ類地ノ賃貸價格ニ比準シ其ノ土地ノ品位及情況ニ應ジ之ヲ定ム

本條第一項及第二項は、賃貸價格の一般改訂に關し、第三項は異動地に對する賃貸價格の設定又は修正の手續を規定したのである。

一　賃貸價格の一般改訂

從來地租の非難された一つの理由は、課税標準が固定的、不可動的であつた點にある。卽ち時勢の推移に伴つて、土地の收益事情に著しき變化あるにも拘らず、永年土地臺帳に釘付された課税標準によつて課税した結果、地租の負擔が實際の土地の收益能力に順應しない不公平なものであつたからである。この不公平は今回の改正によつて一應是正されたのであるが、將來永く賃貸價格を修正せざるに於ては、再び負擔の公正が紊れることは火を堵るよりも炳であるから、時々これを改訂して收益事情の變遷に順應せしむる必要がある。これ本條第一項に於て、十年毎に賃貸價格を改訂することを宣言したる所以である。蓋し今回の地租改正の二大眼目の一つである。

（一）賃貸價格は十年毎に一般的にこれを改訂する。一般的に改訂するとは、原則として地租法施行地內の土地全部に亙り改訂する意である。改訂期を十年と定めたについては、格別理論的の根據がない。一に程度の問題にして、その期間長きに失するときは、改訂の趣旨を沒却するに至るべく、又短きに失するときは、官民その煩に堪へざるのみならず、徒らに財政上の負擔を增加するのみにて實效なかるべきを以て、大體十年程度を適當と認めたに過ぎない。

（二）第一回の改訂は昭和十三年に於てこれを行ふのである。昭和十三年に調査を著手する意味ではなく、昭和十三年分地租から改訂賃貸價格によつて地租を徵收する意味である。特に昭和十三年となしたのは、這回の地租改正は當初の計畫に從へば、調査に二年を費し、昭和三年から實行さるべきであつたのが、內閣の更迭その他の事情によつて昭和六年より實行せられたのであるから、最初實行すべかりし昭和三年より十年間賃貸價格を据置き、昭和十三年より改訂賃貸價格によらんとする趣旨である。從つて賃貸價格の調査は大正十五年（今回調査著手の年）より十年目たる昭和十一年に著手されることになるであらう。

（三）改訂に關する事項はその都度これを定める。賃貸價格の調査竝に改訂の手續等は、今よりこれを定めて置くよりも、改訂の時に於ける各種事情に適合するやうにその時々これを定むるを相當とするからである。

二　賃貸價格の設定、修正

新に地租を課すべき土地を生じたならば、新にその課稅標準たる賃貸價格を定めねばならぬ。免租年期の滿了したる土地についても同樣である。新に賃貸價格を定めることを、賃貸價格の設定といふのである。

開墾、地目變換等の異動により土地の收益狀態に變化を來したるときは、收益狀態に適應する様に賃貸價格を更正しなければならぬ。收益狀態に適應する様に賃貸價格を更正することを、賃貸價格の修正といふのである。賃貸價格を變更するも、土地の收益狀態の變化に基因しないものは修正とはいはない。例へば分筆地の賃貸價格を定むるが如きは修正ではない。

而して賃貸價格を設定し又は修正する必要あるときは、類地の賃貸價格に比準し、その土地の品位及び情況に應じてこれを定めるのである。

（一）賃貸價格は、類地の賃貸價格に比準してこれを定める。類地とは、地目が同一で、收益その他の事情の近似して居る土地といふことである。通常比準される類地のことを比準地と稱する。類地の賃貸價格に比準するとは、類地並の賃貸價格を附するといふ意である。卽ち比準地の賃貸價格が一反歩三十圓ならば、異動地も亦一反歩三十圓の割合で賃貸價格を定めるのである。

（二）賃貸價格は類地の賃貸價格に比準する外尙その土地（卽ち異動地）の品位及び情況に應じてこれを定める。舊法時代の取扱は異動地の地價は、絕對に比準地の地價に比例して設定することを要した。收益狀態、品位及び情況その他の條件が全く同一ならば、固よりそれでよい。併し斯くの如き同一條件の比準地を求めることは、事實上困難である。かゝる機械的の方法を採るよりも、寧ろ品位、情況に於て多少異るものあるときは、比準地の賃貸價格に對し、その品位、情況の異る程度に應じ、增減斟酌して賃貸價格を定むるを合理的とする。法文に品位情況に應し云々とあるはその意に外ならない。品位及び情況に格段の差異ある土地が、比準地として適當ならざるは固より言を俟たない。その差異を認むる程度は、箇々の事實につき、客觀的に決するより外にない。

（三）賃貸價格は、一坪當又は一反歩當の賃貸價格（序論九項に掲げたる土地賃貸價格等級表の賃貸價格）に、その土地の地積（畦畔その他の收益を生じない部分を除く）を乘じて算出する。又品位、情況に差異あるため、增減斟酌する場合でも、尙前掲の土地賃貸價格等級表の賃貸價格によるべく、同表に掲記なき半端の金額によることを得ないと信ずる。

第十條　税率

地租ノ税率ハ百分ノ三・八トス

一　税率の意義

税率といふは、課税單位に對して租税として賦課せらるゝ額である。例へば淸酒一石につき四十圓といふ樣な例もあれば、所得金額千二百圓を超ゆる金額は百分の二といふやうに百分比例を以て表はすものもある。

税率は通常比例税率と、累進税率とに區別される。比例税率といふのは、課税標準と税率との間に常に正比例の保たれるものであつて、現行の資本利子税、第二種所得税等の税率がそれである。これに反し累進税率といふのは、課税標準たる金額なり數量なりが增加すると共に、税率そのものも上進するものであつて、現行第三種所得税及び相續税等の税率はこの累進税率である。累進税率は最も租税公正の原則に適合するものとされて居る。

二 地租の税率

地租の税率は賃貸價格の百分の三・八の比例税率である。比例税制を採用したる所以のものは、地租は我國直接國税體系上補完税の地位にあるものであるが、既に中樞税たる一般所得税に於て、累進税制を採用して居るのであるから、補完税たる地租の税率は、これを比例税率となすを以て、その調和の妙を得たるものと認め得るのみならず、市町村毎に課徵する今日の制度の下に於て、累進税制を採用するも意味をなさゞるを以て、勢い全國的に綜合するを要するも。千萬人に上る納税者につき、一億四千萬筆の土地を綜合するが如きは、課税技術上到底實行し得られないからである。

而して舊法の税率は、數次の改正を經て、宅地百分の二・五、田畑百分の四・五、その他の土地百分の五・五といふ複合的比例税率であつたのであるが、地租法に於てはこれを單一の税率に改めたのである。蓋し全國に亙り各地目共同一の方法によつて、調査した賃貸價格を課税標準とする限り、地目を異にするがために、税率を異にすべき理由がないからである。尙税率變遷の跡は序論に揭ぐる沿革年表を參照せられたい。

又北海道の地租は、拓地殖民奬勵の趣旨により明治初年以來內地とその税率を異にして來たのであるが、これ亦右と同一理由によつて內地同樣の税率に改められた。

地租の課税標準を賃貸價格に改めたのは、土地負擔の公正を期せんがためであるから、これがために地租の總額に增減を生ぜしめないやうに税率を定むれば、百分の四・五の税率となるのであるが、時恰も「ロンドン」海軍條約成立するに至り、よつて生じた餘剰財源の一部を以て、減税に振向けられた結果、百分の三・八の税率に定められたことは既に序論に於て述べた通りである。

營業收益税の税率の、個人純益の百分の二・六、法人純益の百分の三・四に對し、地租の税率が賃貸價格の百分の三・八は、一見營業收益税に對し、地租の負擔が苛重に失するかに見られる。

地租と營業收益税とは、等しく收益課税なりと雖も、その收益の內容に至りては、兩者全然その性質を異にする。卽ち賃貸價格は所謂不動產收益に屬し、純然たる資產所得なるも、營業純益は所謂企業收益に屬し、資產・勤勞の兩所得より成り、その間自ら負擔力に强弱の差がある。又個人營業の純益を法人のそれに比較するならば、個人は法人に比し勤勞所得を含むこと一層大なるが故に、地租は法人に比し重課さるべく、個人は法人に比し輕課さるべき理であつて、如上の税率は大體權衡を得て居るものと認められる。然らば純然たる資本利子税の百分の二との關係であるが、これは甚だしく不權衡である。蓋し資本利子税は最近創設の新税なるがため、特に税率を低く定むる必要ありしによるものにして、同税の税率引上の理由にこそなれ、これを以て地租の負擔苛重なりとするを得ないであらう。

第十一條　納　期

地租ハ毎年左ノ納期ニ於テ之ヲ徵收ス

一　宅地租

第一期　其ノ年七月一日ヨリ三十一日限　年額ノ二分ノ一

第二期　翌年一月一日ヨリ三十一日限　年額ノ二分ノ一

二　田租

第一期　翌年一月一日ヨリ三十一日限　年額ノ四分ノ一

第二期　翌年二月一日ヨリ末日限　年額ノ四分ノ一

第三期　翌年三月一日ヨリ三十一日限　年額ノ四分ノ一

第四期　翌年五月一日ヨリ三十一日限　年額ノ四分ノ一

三　其ノ他

第一期　其ノ年九月一日ヨリ三十日限　年額ノ二分ノ一

第二期　其ノ年十一月一日ヨリ三十日限　年額ノ二分ノ一

特別ノ事情アル地方ニシテ前項ノ納期ニ依リ難キモノニ付テハ勅令ヲ以テ特別ノ納期ヲ定ムルコトヲ得

本條は、地租の納期を規定したのである。納期は國庫の需要關係、納稅者の便宜竝に一般經濟事情を考慮に入れて適當に按配して設くるを要する。地租についても全く同じである。

地租の納期は、田租第一期を除き從前と異るところない。田租第一期を翌年一月一日より三十一日限りに改めたるは、從前の納期が十二月の中途に始まり一月の中途に終るため、官民相互の不便尠なくなかつたからである。

地租の納期は、宅地第一期を除いては、何れも九月以降翌年五月に亙り按配されて居る。これ主として農村經濟に重心を置き、一般農產物の收穫時期を參酌して定められた結果である。而して納期稍々細分に過ぎる嫌あるも、農產物の一時に換價し得ざる性質に鑑みるときは、從前の納期を以て適當とするであらう。

元來納期は、全國畫一に定むるを可とするのであるが、農作物の收穫期を異にするがため、又は交通不便なるがため、本條の納期により難き地方については、勅令を以て特別の納期が定められて居る。即ち北海道、鹿兒島縣の一部、沖繩縣の全部がそれである。

◉施行規則第五條　北海道、鹿兒島縣大島郡及沖繩縣ニ於ケル地租ハ左ノ納期ニ於テ之ヲ徵收ス

北海道

一　宅地租

第一期　其ノ年八月一日ヨリ三十一日限　年額ノ二分ノ一

第二期　翌年二月一日ヨリ末日限　年額ノ二分ノ一

二　其ノ他

第一期　其ノ年十一月一日ヨリ三十日限　年額ノ二分ノ一

第二期　翌年五月一日ヨリ三十一日限　年額ノ二分ノ一

鹿兒島縣大島郡十島村

翌年五月一日ヨリ八月三十一日限　年額全部

鹿兒島縣大島郡（十島村ヲ除ク）
翌年五月一日ヨリ三十一日限　年額全部
沖繩縣那覇市、首里市、島尻郡、中頭郡、國頭郡
一　宅地租及田租
其ノ年八月一日ヨリ三十一日限　年額全部
二　其ノ他
翌年五月一日ヨリ三十一日限　年額全部
沖繩縣宮古郡平良村字鹽川、仲筋、水納、八重山郡八重山村字波照間、與那國
翌年五月一日ヨリ七月三十一日限　年額全部
沖繩縣宮古郡（平良村字鹽川、仲筋、水納ヲ除ク）、八重山郡（八重山村字波照間、與那國ヲ除ク）
一　宅地租
翌年三月一日ヨリ三十一日限　年額全部
二　田租
其ノ年七月一日ヨリ三十一日限　年額全部
三　其ノ他
翌年五月一日ヨリ三十一日限　年額全部

第十二條　納稅義務者

地租ハ納期開始ノ時ニ於テ土地臺帳ニ所有者トシテ登録セラレタル者ヨリ之ヲ徴收ス
但シ質權ノ目的タル土地又ハ百年ヨリ長キ存續期間ノ定アル地上權ノ目的タル土地ニ付テハ土地臺帳ニ質權者又ハ地上權者トシテ登録セラレタル者ヨリ之ヲ徴收ス

本條は、地租の納稅義務者に關する規定である。卽ち何人が如何なる要件の下に地租の納稅義務を負擔するかを規定したのである。

一　納稅義務者

地租の納稅義務者は、原則として土地の所有者である。只例外として質權又は百年より長き存續期間の定めある地上權の目的たる土地にありては、質權者又は地上權者を以て納稅義務者とする。所有者は一般的、全面的に土地を支配する權能を有するものであるから、所有者を納稅義務者とするは何の不思議もない。併し質權又は地上權の目的たる土地については、土地所有者の支配權は著しく制限を受け、これに對し質權者又は地上權者はその目的たる土地を占有して、使用又は收益することを得るのであつて、その權利は全面化し實質的支配權は寧ろ質權者又は地上權者にありと見られ、所有者は僅かに所有權の形骸を有するに過ぎないからである。玆に注意を要するは質權者又は地上權者は所有者に代つて納稅義務者となるものでなく、單獨、固有の納稅義務者たることである。誤解なきを要する。

二　納稅義務の要件

地租の納稅義務者は、土地の所有者、質權者又は地上權者である。併しこれ等の者は、無條件に納稅義務者となるのではない。地租法はそれに種々の制限を附して居る。この制限を納稅義務の要件といふのである。法文には「地租ハ納期開始ノ時ニ於テ土地臺帳ニ所有者（又は質權者、地上權者以下これに倣ふ）トシテ登錄セラレタル者ヨリ之ヲ徵收ス」と規定して居る。この法文は納稅義務者の何人であるかを規定すると同時に、納稅義務の要件をも規定することを目的として居る。この法文から納稅義務の要件を抽出すれば、（一）地租は納期開始の時の所有者から徵收する。（二）地租は所有者として土地臺帳に登錄せられたる者から徵收する。（三）地租の納稅義務者は納期每に確定するの三要件となる。

（一）　地租は納期開始の時の所有者から徵收する。

一般に納期開始の時とは、納期開始の日の午前零時と解せられて居る。地租の納稅義務は同時刻に於て所有者たるものにつき、具體的に發生する。

地租の納稅義務は、「土地を所有する」といふ事實によつて發生する。併しこの義務は唯潛勢力を有するに過ぎない。納期の開始は、この性質を變じて實動的のものとする。具體的納稅義務これである。これに對し納期開始前の納稅義務を抽象的納稅義務と稱することが出來る。

（二）　地租は所有者として土地臺帳に登錄せられたる者から徵收する。

所有者として登錄せられたる者とは、眞實の所有者として登錄せられたる者といふ法意と解する。土地臺帳に登錄したる所有者の意ではない。かく解すればとて固より登錄せられたる者が眞實の所有者なりや否やを確めたる上納稅義務者を確定せんとする精神ではない。要は土地臺帳の名義者を以て、眞實の所有者なりとの推定を前提としての規定と解する。從つて眞の所有者なりや否やを一應度外して納稅義務者を確定するのが登錄を要件としたる實益である。地租の徵收上かゝる形式的取扱をなすは、土地臺帳制度を採用する限り、課稅手續を簡易ならしむるため必要已むを得ざることに屬する。

茲に問題がある。土地が全く性質を變じ、地租法の適用なき土地となりたるも、未だ土地臺帳の名義が變更されぬ場合に於て、舊所有者に果して納稅義務ありや否やの問題である。余は土地の性質並に「所有者として登錄せられたる者」の意義を嚴格に解し消極的に取扱ふべきものと信ずる。又所有者として土地臺帳に登錄せられたる者が、死亡したる場合の如きは、その相續人より徵收すべきこと勿論であらう。この場合形式に拘泥して「所有者として登錄せらるゝ者」より徵收すべしとなすが如きは全く意義がない。

(三)　地租の納稅義務者は納期每に確定する。

地租は納期開始の時に於て所有者として土地臺帳に登錄せられたる者より徵收する。從つて納期と納期との中間に於て所有權の移轉があれば、納稅義務者は納期每に變り得る。卽ち地租の納稅義務者は納期每に確定する。蓋し土地臺帳制度に基く地租の特長である。

三　納稅義務なき者

茲に納稅義務なき者とは、本條の納稅義務の要件を具ふる者で總括的に納稅義務なきものを指す。從つて免租地又は免租年期地を有する者の如きはこれに包含しない。

納税義務なきものとして擧げられ得るものは、結局地租法の適用なき土地の所有者に歸着する。併しながらこれ等の土地は土地臺帳に登錄を要せざるものなるを以て、初めより本條の納税義務の要件を具へざる者といはねばならぬ。從つて納税義務なき者として、玆に論ずべきものはないことになる。地租法の適用なき無租地については第八十八條を參照せられたい。

第十三條　地籍及び賃貸價格の決定手續

土地ノ異動アリタル場合ニ於テハ地番、地目、地積及賃貸價格ハ土地所有者ノ申告ニ依リ、申告ナキトキ若ハ申告ヲ不相當ト認ムルトキ又ハ申告ヲ要セザルトキハ稅務署長ノ調査ニ依リ稅務署長之ヲ定ム

本條は、土地の異動ありたる場合に、地番、地目、地積及び賃貸價格を決定する手續を規定したのである。

土地に異動あつた場合に於て、地番、地目、地積及び賃貸價格は、原則として土地所有者の申告によつて稅務署長これを決定する。

地租法は、土地の異動に關し申告義務を土地所有者に負はして居る。これ稅務行政の上に、出來得る限り民意を反映せしめ、公正なる決定をなさんがためである。已に申告制度を設くる以上努めて申告を尊重して、それにより決定

すべきは寧ろ當然である。即ち本條は申告採用主義を明かにすると同時に、間接に所有者の申告義務の重大なることを咬示するものと解する。故に土地所有者は、努めて私情に囚はれず、誠實にして公明なる申告をなすべきであらう。

全然所有者の申告がないとき、申告があつても不相當と認むるとき又は法律上申告を必要としないときは、税務署長の調査によつてこれを決定するのである。申告が相當であるか、不相當であるかは、税務署長これを認定する。以上何れの場合でも、最後の決定權の税務署長にあることは勿論である。

土地の異動につき申告を要する場合又これを要せざる場合及び地番、地目、地積、賃貸價格を決定する時期等については、第二章各本條に定むるところである。

第二章　土地の異動

本章は、土地の異動に關する諸手續を規定したのである。土地の異動の意義は、各本條を通讀せざれば闡明し得ざるも、これを要するに土地の區劃、形質の變更を稱して土地の異動といふのである。その變更の人爲的なると自然的なるとはこれを問はない。而して本章に規定する事項は土地異動の種類、地番、地目、地積及び賃貸價格の定め方、諸申告、申請の方法及び賦課免除の手續等である。これに包含する條文實に五十一箇條に達し、地租法の主要部分を占むる重要なる規定である。

第一節　有租地及び無租地の轉換

本節は、有租地及び無租地の轉換に關する規定である。卽ち有租地が無租地になつた場合の手續竝に無租地が有租地になつた場合の手續を定めたのである。轉換とは有租地及び無租地が交互に變更することである。

第十四條　有租地、無租地の定義

本法ニ於テ無租地ト稱スルハ地租ヲ課セザル土地(免租年期地、災害免租地及自作農免租地ヲ含マズ)ヲ謂ヒ有租地ト稱スルハ其ノ他ノ土地ヲ謂フ

一　無租地の定義

無租地とは地租を課せざる土地を總稱する。無租地の意義には廣狹の二義がある。廣義の無租地には地租を課せざる總ての土地を包含する。この意味に於ける無租地には國有地、御料地の如き本來地租法の適用なき土地をも含む。狹義の無租地には地租法及び特別地租法に於て地租を課せずと定めたる土地のみを指す。

本條に於て無租地と稱するは、廣義の意味に於ける無租地である。免租地卽ち免租年期地、災害免租地及び自作農免租地は、地租の課税客體たらざる點に於て、無租地と同一なるも、免租地は無租地ではない。免租地と雖も地租の課税物體とならないのであるから、或る意味に於て地租を課せざる土地と稱することが出來る。然るにこれを無租地と稱さないのは、免租地は本來地租を課すべき土地なるも、土地改良の助成、災害に對する救濟、自作農增殖等主として產業助長政策上の理由から一定期間に限り地租の賦課を免除するに過ぎないからである。これに反し無租地は土地本來の性質が地租を課せざることを適當とするものにして兩者の性質は大に異るものがある。兩者を區別する形式上の標準は、地租を賦課せざる期間が、一定なりや不定なりやにある。免租地は一定して居るも無租地は不定である。

二　有租地の定義

有租地とは地租を課せらるべき土地をいふ。地租を課せらるべき土地なりと雖も必ずしも現に地租を賦課し居ることを要しない。例へば免租年期地、災害免租地、自作農免租地の如きは現に地租は賦課されてないが、本來地租を課せらるべき土地であるから有租地である。併しこの定義の概念は必ずしも明瞭でない。寧ろ無租地にあらざる總ての土地を有租地といふと、消極的に定義するの却て直截簡明なるに若かないであらう。本條に「有租地ト稱スルハ其ノ他ノ土地ヲ謂フ」と規定したのも要するに消極的に定義せんとする趣旨である。

第十五條　有租地、無租地の申告

無租地ガ有租地ト爲リタルトキ又ハ有租地ガ無租地ト爲リタルトキハ土地所有者ハ三十日內ニ之ヲ稅務署長ニ申告スベシ但シ有租地ガ無租地ト爲リタル場合ニ於テ之ニ關シ豫メ政府ノ許可ヲ受ケ若ハ申告ヲ爲シタルモノ又ハ官公署ニ於テ公示シタルモノニ付テハ此ノ限ニ在ラズ

無租地が有租地となりたるとき又は有租地が無租地になりたるときは、土地所有者は三十日內にその旨を所轄稅務署長に申告しなければならない。唯有租地が無租地となりたる場合に於て、無租地になることに關し豫め政府の許可を受けたるとき、若くは申告をなしたるとき、又は官公署に於て公示したるときは强いて申告することを要さない。從來は無租地が有租地となつた場合でも、豫め政府の許可を受け又は屆出をなしたるときは申告を要さなかつたのであるが、新地租法に於ては有租地となるものは例外なしに申告を要することに定められたのである。蓋し地目、地積、課稅標準等は土地所有者の利害に關すること大であるから成るべく土地所有者の意思を尊重せんとする趣旨である。而して轉換に土地所有者の變更をも伴ふ場合に於て、本條に土地所有者とは、有租地となつた土地、又は無租地となつた土地の所有者即ち新所有者の意であること勿論である。

一　申告義務者

申告義務者は原則として土地の所有者である。所有者が變更したる場合に於ては、舊所有者に於て申告をなすべかりしものなるときは、新所有者が申告義務者となるのである。

嚴格な意味に於て、有租地が無租地となる限りに於ては、申告義務者といふ語は妥當でないと信ずるも、地籍の異動申告といふ輕い意味に於て申告義務者と稱して置く。

二　申告時期

無租地が有租地となり、又は有租地が無租地となりたる時は、土地の所有者は三十日内にその旨を所轄稅務署長に申告しなければならない。この三十日內の起算點は新に土地臺帳に登錄を要するものについては、御料地、國有地の拂下、讓與その他の事由により所有權を取得したる日の翌日、その他の場合は有租地又は無租地となつた日の翌日より起算して三十日內に所轄稅務署に到達することを要する。

三　申告を要せざる場合

有租地が無租地となりたるときに於て、そのことに關し豫め政府の許可を受けたるとき或は豫め政府に申告をなしたるとき又は官公署に於て公示する場合は申告することを要さない。左にその具體的場合を列擧して見る。

（一）　豫め官廳の許可を受くるもの

墳墓地の新設又は變更

府縣社地、鄕村社地、招魂社地の新設又は變更

公立學校用地の選定又は變更

（二）豫め官廳へ申告をなすもの

位置の變更にあらざる學校用地の變更

（三）官公署に於て公示するもの

保安林の編入又は解除（森林法）

河川となるべき區域の認定及び河川の區域の變更（河川法）

道路の認定又はその變更、廢止（道路法）

而して特別地租法による無租地の內砂防地、公共用飛行場、私立學校用地については、各當該法令に地租免除の申請を必要とすることを規定して居るが故に本條の申告としては別にこれを要さない。

四 申告事項

有租地、無租地の申告は、書面を以てこれをなさねばならない。而して申告書に記載すべき事項は施行規則第六條の規定するところである。

（一）有租地が無租地となつた申告書には、原地の所在、地番、地目、地積、賃貸價格及び無租地の地目を記載することを要する。この場合は、性質上地積に變更を生ずることないから、測量圖の添附を要さない。

（二）土地臺帳に登錄してある無租地が有租地となつた場合の有租地申告書には、原地（無租地）の所在、地番、地目、地積及び有租地の地目、地積、賃貸價格を記載する。この場合は原則として地積を改測するのであるから、測量圖を添附しなければならない。併し原地の地積が有租地の地積と差異なければ、測量圖は添附するに及ばない。以上の外賃貸價格算定の基礎となる比準地及び賃貸價格の等級をも附記すべきである。

（三）新に土地臺帳に登錄すべき土地を生じたる場合の申告書には、その土地の所在、地番、地目、地積、賃貸價格を記載する。新規登錄なるを以て土地の測量圖の添附を要することはいふまでもない。而してその土地が直ちに無租地として登錄せらるゝときは、賃貸價格の記載を要しない。何れの場合でも新に登錄すべき土地となつた事由を附記する必要がある。

◉施行規則第六條　土地ノ異動ニ關スル申告書（年期滿了申告書ヲ含ム）ニハ異動ノ種類ヲ表示シ原地ノ所在、地番、地目、地積及賃貸價格（無租地及免租年期地ニ付テハ賃貸價格ヲ除ク）竝ニ異動シタル地番、地目、地積及賃貸價格ヲ記載スベシ

前項ノ申告書中新ニ土地臺帳ニ登錄スベキ土地ニ關スル申告書又ハ分筆ノ申告書ニハ地積ノ測量圖ヲ添附スベシ其ノ他ノ申告書ニシテ之ニ記載シタル異動地ノ地積ガ其ノ原地ノ地積ト同一ナラザルモノニ付亦同ジ

五　申告書樣式

申告書の樣式については一定の書式がない。從つて第四項に述べた事項さへ具備すれば、如何なる書式によるも妨げない。

（一）無租地が有租地となつた場合の申告　（二）拂下地が直ちに無租地となつた場合の申告　（三）有租地が土地臺帳に登錄を要する無租地となつた場合の申告書の雛形を左に掲げる。

（有租地申告書樣式）

（用紙半紙）

有租地申告書

昭和　年　月　日

何郡「市」何町「村」大字何、何番地

何　某印

（又ハ外何名）

何稅務署長殿

何郡「市」何町「村」大字何

△赤書スルコト

字	地番	地目	地積	賃貸價格	等級（反當又ハ坪當賃貸價格）	比準地	摘要	土地所有者氏名又ハ名稱
何	△六〇〇△	國有地△	△一反〇〇〇	｜円	円		測量圖別紙ノ通リ	
		田	一〇〇〇 内畦畔一〇〇	二九〇〇	八五 三〇〇〇	同字六〇五番八五級ニ比準	何年何月何日拂下豫約、別途埋立免租年期申請	何　某印
何	八〇〇△	公立學校用地△	△五〇〇	｜			測量圖別紙ノ通リ	
		畑	五一〇	一四九三	八四 二八〇〇	同字八〇一番八四級ニ比準	何年何月何日使用廢止	何　某印

右申告候也

（無租地申告書様式ノ一）　　（用紙半紙）

無租地申告書

昭和　年　月　日

何郡「市」何町「村」大字何、何番地

何　　某印

（又ハ外何名）

何税務署長殿

何郡「市」何町「村」大字何

△赤書スルコト

字	地番	地目	地積	摘要	土地所有者氏名又ハ名稱
何	三三	△國有地	△二〇〇〇	測量圖別紙ノ通リ	
		村役場用地	二〇〇〇	何年何月何日譲與	何村　管理者　何村長　何　某印
何	一五〇	△國有地	△七一五	測量圖別紙ノ通リ	
		公立學校用地	七一五	何年何月何日拂下	何　某印

右申告候也

（無租地申告書樣式ノ二）

（用紙半紙）

無租地申告書

昭和　年　月　日

何郡「市」何町「村」大字何、何番地

何　某印

（又ハ外何名）

何税務署長殿

何郡「市」何町「村」大字何

△赤書スルコト

字	地番	地目	地積	賃貸價格	無租地ノ地目	摘要	土地所有者氏名又ハ名稱
何	一四五	△田	△反九〇〇	△二七円〇〇	公衆用道路	何年何月何日工事著手	何　某印
何	九〇	△畑	△五〇〇	△二五五	用惡水路	何年何月何日工事著手	何　某印
何	二	△畑	△一八〇〇	△二五二〇	公立學校用地	何年何月何日公立學校用地ニ供スヘキモノト決定	何町管理者何町長　何　某印

右申告候也

備考

一、總て明瞭に記載すること。特に数字の記載は最も正確を期すること。

二、成るべく正副二通を作成し、土地所在の市區町村を經由するを便宜とすること。

三、二筆以上連記するを妨げない。但し大字を異にするものは成るべく別紙とするを可とすること。

四、二人以上連署するを妨げない。この場合は各筆の下部に署名捺印すること。

五、申告者が法人なるときは法人名を肩書して、代表者署名捺印すること。

六、代理人を以てする申告書には必ず委任狀を添附すること

七、申告者が質權者、地上權者なるときは、その旨を肩書すること。

八、地番、地目、地積、賃貸價格、原地の分を赤書し、異動地の分を墨書すること。

九、地租法第二條第一號及び第三號乃至第七號該當のものにして、無料借地なるときは無料借地なることを証する書面の添附を要すること。

一〇、左記事項は摘要欄に記載すること。

イ、國有財産法により賣拂又は讓與を受けたるものなるときはその旨及び時

ロ、公有水面埋立法により所有權を取得したるものなるときはその旨及び工事竣功認可の時

ハ、開拓減租年期又は埋立免租年期の申請をなしたるものなるときはその旨

ニ、地租法第二條の無租地の使用廢止なるときはその廢止の時

ホ、地租法第二條第二號但書該當のものなるときはその事由

ヘ、新に土地臺帳に登錄すべきもの及び地積に異動を生じたるものについては測量圖を添附したる旨

ト、地租法第二條第一號、第三號乃至第六號該當地なるときは工事着手の時

第十六條　地番の設定

新ニ土地臺帳ニ登錄スベキ土地ヲ生ジタルトキハ當該地番區域內ニ於ケル最終ノ地番ヲ追ヒ順次其ノ地番ヲ定ム但シ特別ノ事情アルトキハ適宜ノ地番ヲ定ムルコトヲ得

本條は從來土地臺帳に登錄なき御料地、國有地等の拂下、讓與又は公有水面埋立地の所有權取得により、新に土地臺帳に登錄すべき土地を生じたる場合に於ける地番設定の原則を規定したのである。

新に土地臺帳に登錄する土地を地番は、地番區域卽ち市町村、大字、字又はこれに準ずべき地域內（實際は現在の地番區域內）の最終地番を追ひ順次その地番を定めるのである。例へば現在の地番區域が字であつてその區域內の最終地番が「二〇一番」とすれば、新に附番すべき土地の地番は「二〇二番」とするが如くである。

併しながらこの原則に對し例外がある。卽ち特別の事情あるときは以上の方法によらず適宜の地番を定めることが出來るのである。例へば新に土地臺帳に登錄すべき土地が、當該地番區域の「六一番」と「六二番」との中間に介在し、以上の方法によるときは、接續地の地番と甚だしく隔絕して取扱上却て不便となる場合は接續地の地番に符號を附して「六一番ノ一」と定むることが出來るが如きである。

第十七條　地目の設定、修正

新ニ土地臺帳ニ登錄スベキ土地ヲ生ジタルトキハ直ニ其ノ地目ヲ設定ス

土地臺帳ニ登録セラレタル無租地ガ有租地ト爲リ又ハ有租地ガ無租地ト爲リタルトキハ直ニ其ノ地目ヲ修正ス

本條は新に土地臺帳に登録すべき土地が生じたる場合、土地臺帳に登録せられたる無租地が有租地となり或は有租地が無租地となりたる場合の地目の設定又は修正の方法、竝にその時期を規定したのである。

一　地目の設定

御料地、國有地の拂下、讓與により又は公有水面埋立地の所有權取得によつて、新に土地臺帳に登録すべき土地を生じたる場合は、その土地の現況と利用の目的とにより適當にその地目を定めねばならぬ。新に地目を定め土地臺帳に登録する處分を地目の設定といふのである。

地目の設定には、有租地として登録する場合と、無租地（卽ち御料地、國有地以外の所謂狹義の無租地）として登録する場合との二つの場合がある。

（一）　有租地として登録する場合とは、新に土地臺帳に登録すべき土地が有租地である場合である。この場合は第六條第一項の種類に從つて地目を定めるのである。

（二）　無租地として登録する場合とは、新に土地臺帳に登録すべき土地が直ちに公立學校用地であるとか、道路等の如き無租地である場合である。この場合は第六條第二項によつて地目を定める。

二　地目の修正

地目は土地の現況と利用の目的とによつて附せられた土地の名稱である。從つて土地の現況竝に利用狀況に變化を來すに於ては、地目も亦變更せざるを得ない。地目の變更を土地臺帳に登錄することを地目の修正といふのである。本條第二項は土地臺帳に登錄されてある無租地と有租地とが相互に轉換する場合に地目を修正すべきことを規定したのである。これに二つの場合がある。

（一）第一は無租地が有租地となり又は有租地が無租地となりたる場合である。例へば溜池がその使用を廢止して田となつた場合又は宅地が市役所敷地となつた場合の如きである。

（二）第二は土地臺帳に登錄されてある無租地が、他の無租地に地目を變更したる場合である。この場合に關しては地租法は何等規定するところはないが、後に詳述するが如く當然地目の修正を要するものと解する。

而して地目の修正をなす場合に於ても、その土地の現況と利用の目的とにより、有租地については第六條の第一類地又は第二類地の地目の類別に從ひ無租地についても第二條第三號乃至第七號の土地に在りては各その區別により、その他の無租地に在りてはその現況により適當に定むべきことは第六條に於て述べた通りである。

三　地目の設定、修正の時

以上述ぶるが如く新に土地臺帳に登錄すべき土地を生じたるとき又は土地臺帳に登錄せられたる無租地、有租地が相互に轉換したるときは、地目を設定又は修正するのであるが、その時期如何。法文には「直ニ設定（修正）ス」とある。直ちにとは、有租地と無租地との轉換の行はれたときの意であるが、必ずしも時間的にこれを考へるに及ばない。卽ち直ちに設定するとは、新に有租地となつた時の現況によつて設定する意味に又直ちに地目を修正するとは、有租地、無租地の轉換のあつた時の現況によつて修正する意味に解して可なりである。地目の決定方法は第十三條の規定するところである。同條を參照せられたい。

第十八條　地積の測量と改測

新ニ土地臺帳ニ登錄スベキ土地ヲ生ジタルトキハ直ニ之ヲ測量シテ其ノ地積ヲ定ム
土地臺帳ニ登錄セラレタル無租地ガ有租地ト爲リタルトキハ直ニ其ノ地積ヲ改測ス但シ其ノ地積ニ異動ナシト認ムルトキハ之ヲ省略スルコトヲ得

一　地積の測量

前二條により新に土地臺帳に登錄すべき土地の地番、地目が定まれば、順序として測量して地積を定めなければならない。新に土地臺帳に登錄するのであるから地積の測量を省略することが出來ない。地積は稅務署長が定めるのであるが、必ずしも自ら測量するに及ばない。拂下官廳又は土地所有者のなした測量が正確と認め得るならばそれによつて地積を定めるに妨げない。何れにしても、御料地、國有地の拂下、讓與又は公有水面埋立地の所有權取得等により新に土地臺帳に登錄すべき土地を生じたる場合は、測量を省略することが出來ない。

二　地積の改測

土地臺帳に登錄せられたる無租地が、有租地となつたときは、賃貸價格を設定する順序として賃貸價格計算の基礎たる地積を決定しなければならぬ。故に土地臺帳に登錄せられたる無租地が有租地例へば、墓地の使用を廢止して畑となしたるが如き場合には、原則としてその土地の地積を改測する。但しこの場合その地積を改測するも土地臺帳面の地積に異動なしと認めらるゝときは、これを省略することが出來る。而して改測を省略し得るや否やは、申告に際しては土地所有者の判斷により、地積の決定に際しては稅務署長の判斷により決すべきものと解する。併し何れの場合でも最後の決定權の稅務署長にあることは勿論である。

三　測量を要せざる場合

（一）　御料地、國有地となりたる場合

御料地又は國有地には地租法の適用がないのであるから、その當然の結果として有租地が御料地又は國有地となりたる場合は、地租法による地積の測量はこれを要しないこと勿論である。

（二）　御料地、國有地以外の無租地となりたる場合

地積の測量は原則として賃貸價格を定むる場合にこれをなすのである。從つて有租地が御料地又は國有地以外の無租地となりたる場合は、地積の測量を要さない。蓋し無租地は卽ち地租を課せないのであるから。無租地となつたがために、殊更地積の改測をなさなくとも、不都合を來すことがないからである。

第十九條　開拓減租年期

國有財產法第二十一條ノ規定ニ依リ賣拂又ハ讓與ノ豫約ヲ爲シタル土地ニシテ開拓ノ

事業成功ニ因リ賣拂又ハ讓與ヲ受ケ有租地ト爲リタルモノニ付テハ土地所有者ノ申請ニ依リ有租地ト爲リタル年及其ノ翌年ヨリ二十年ノ開拓減租年期ヲ許可シ年期中ハ其ノ原地(開拓前ノ土地)相當ノ賃貸價格ニ依リ地租ヲ徵收ス

前項ノ年期滿了スルモ尙地味成熟セザル土地ニ付テハ更ニ十年內ノ年期延長ヲ許可スルコトヲ得

本條は、開拓減租年期の意義、年期地の地租、年期許可の要件等に關する規定である。

一　開拓減租年期の意義

開拓減租年期とは國有財產法によつて開拓の事業が成功したるときは、その土地の賣拂又は讓與を受くる豫約をなして、雜種財產を開拓しその賣拂又は讓與を受け有租地となつた場合一定の期間原地（開拓前の土地）相當の賃貸價格により地租を徵收する地租法上の特典である。舊法の開拓鍬下年期の名稱を改めたるものであつて、その實質內容には變りがない。然らば年期を許可する理由如何、開拓減租年期を許可する所以は、國有地の開拓には相當多額の資本を要すべく從つて事業成功後これが資本の銷却に時日を要し、又假令事業は成功するもその地力は直ちに開拓地としての利用收益を擧げ得ざる場合が多いから、これを保護して開拓事業を奬勵するにある。

二　開拓減租年期地の地租

開拓減租年期地の地租は、開拓事業は成功するも年期中は原地卽ち開拓前の原野とか山林とかの低い賃貸價格によつて地租を徴收するのである。從つてその年期中は成功地と、原地との差額に相當するだけの地租が輕減せらるゝこととゝなる。これ減租年期の稱ある所以である。

三　年期の種類

開拓減租年期は普通年期と、延長年期との二種類に區別することが出來る。

（一）　普通年期は、開拓の事業成功によつて賣拂又は讓與を受け、有租地となつた年及びその翌年から二十年の年期である。舊法の開拓鍬下年期は民有に歸したる年から起算して二十年であつたのであるから、結局一年の延長を見た譯である。蓋し有租地となつた時の如何に拘らず、公平に二十年の年期を附與せんとする趣旨である。

（二）　延長年期は、普通年期が滿了しても、尙地味成熟せざる場合に、更に許可せらるゝところの年期である。延長年期は十年以內に於て適當に許可される。延長年期は地味成熟せざる土地でなければならないから宅地に開拓したもの等については性質上延長年期がないものと解すべきである。

四　年期許可の要件

開拓減租年期は必ず左の要件を具備するものでなければ附與せられない。

（一）　國有財產法によつて、開拓の事業成功の上は、賣拂又は讓與を受くることを豫約して、その事業の成功に因つて賣拂又は讓與を受けた所謂豫約開墾地でなければならない。故に等しく國有地であつても豫約開墾の方法によらず、拂下又は讓與を受けたる後開墾をなしたる土地、或は貸付を受けて開墾をなし更に拂下を受けたる土地又は御料地の拂下を受けたるものゝ如きはこれを包含しない。又國有財產法により開墾事業の成功を條件として貸付の豫約をなしたる後拂下又は讓與を受け有租地となつた場合の如きも、開拓減租年期を附與されないことは勿論である。

（二）土地所有者の申請あることを要する。土地所有者の申請がなければ開拓減租年期は許可することが出來ない。開拓減租年期の許可は地租の一部を免除する處分であるから、土地所有者の申請を要することはいふまでもない。而してその申請は第二十一條の規定に從つた適法のものでなければならないことは勿論である。

◎國有財產法第二十一條　雜種財產ニ付土地ノ開拓又ハ水面ノ埋立若ハ干拓ヲ爲サムトスル者アル場合ニ於テハ勅令ノ定ムル所ニ依リ事業者ニ對シ事業ノ成功ヲ條件トシテ其ノ財產ノ賣拂、讓與又ハ貸付ノ豫約ヲ爲シ其ノ事業ヲ爲サシムルコトヲ得

前項ノ規定ニ依リ事業ヲ爲サシムル契約ヲ爲シタル場合ニ於テハ事業ノ成功ニ要スル豫定期間事業者ヲシテ其ノ成功シタル部分ニ付無償ニテ使用又ハ收益ヲ爲サシムルコトヲ得

第二十條　埋立免租年期

國有財產法第二十一條ノ規定ニ依リ賣拂又ハ讓與ノ豫約ヲ爲シタル土地ニシテ埋立（干拓ヲ含ム）ノ事業成功ニ因リ賣拂又ハ讓與ヲ受ケ有租地ト爲リタルモノ又ハ公有水面埋立法第二十四條若ハ第五十條ノ規定ニ依リ埋立地ノ所有權ヲ取得シ有租地ト爲リタル土地ニ付テハ土地所有者ノ申請ニ依リ有租地ト爲リタル年及其ノ翌年ヨリ六十年

ノ埋立免租年期ヲ許可ス

前項ノ年期滿了スルモ尙地味成熟セザル土地ニ付テハ更ニ十年內ノ年期延長ヲ許可スルコトヲ得

本條は埋立免租年期の意義、年期地の地租、年期許可の要件等に關する規定である。

一　埋立免租年期の意義

埋立免租年期とは、國有財產法により賣拂又は讓與の豫約をなしたる水面の埋立又は干拓の事業が成功して有租地となつた土地、又は公有水面埋立法によつて埋立又は干拓の事業竣功により埋立地の所有權を取得し有租地となつた土地につき、直ちに賃貸價格の設定をなさず一定の期間地租を免除する特典である。舊法に新開免租と稱せしものを本法に於てはこれを埋立免租と改め、年期の名稱によつて直ちにその內容を知り得るやうにしたのであるが、その實質內容には殆んど變りがない。

二　年期を許可する理由

埋立地に對し免租年期を許可する所以を一言すれば公有水面の有用化にある。卽ち公有水面埋立の事業はその性質上巨額の勞費と工事に長年月を要するにあらざれば成功し能はざるものであり、從つて事業成功後資本の銷却に相當時日を要し容易に收益を擧げ得ざるのみならず、事業成功するも直ちに充分なる利用價値を發揮するに至らざるを常とするから、直ちに課稅するが如きは產業政策上これが事業を保護奬勵せんとする所以でないからである。

三　埋立免租年期地の地租

埋立免租年期は、所謂免租の特典であるから、その年期中は假令事業成功して相當の收益あるも年期中は地租を課せられない。從つて假令又その年期中に於て地目變換、地類變換、又は開墾に該當する土地の異動があつても、更に地租には關係がない。

四　年期の種類

埋立免租年期は、これを普通年期と、延長年期との二種類に區別することが出來る。

（一）普通年期は、水面埋立の事業が成功し賣拂又は讓與を受け又は埋立地の所有權を取得して、有租地となつた年及びその翌年から六十年の年期である。この年期も舊法の年期に對し一年間延長された。その理由は開拓減租年期のところで述べたのと全く同一である。

（二）延長年期は、普通年期が滿了しても尙地味成熟せざる場合に、更に許可せらるゝ年期である。延長年期は、十年以內に於て地味成熟の程度に應じ定められる。この延長年期も亦地味の成熟せざることが要件であるから、宅地等については性質上延長年期がないものと解すべきである。

五　年期許可の要件

埋立免租年期は必ず左の要件を具備するものでなければ附與されない。

（一）埋立の事業が成功すれば、賣拂又は讓與を受ける豫約をなしたる埋立地又は公有水面埋立法によつて水面埋立の免許を受け、その竣功認可により所有權を取得したる埋立地でなければならない。

（二）　土地所有者の申請あることを要する。

埋立地と雖も土地所有者の申請がなければ免租年期は附與せられない。申請を要件としたのは、免除處分は利益を享くる者の申請を必要とする一般行政處分の通則に據るのと、地租の免除を希望せざる者に對し、進んで利益を與へるの理由がないからである。免租申請の時期及び事項等については次條を參照されたい。

◉國有財産法第二十一條　雜種財産ニ付土地ノ開拓又ハ水面ノ埋立若ハ干拓ヲ爲サムトスル者アル場合ニ於テハ勅令ノ定ムル所ニ依リ事業者ニ對シ事業ノ成功ヲ條件トシテ其ノ財産ヲ賣拂、讓與又ハ貸付ノ豫約ヲ爲シ其ノ事業ヲ爲サシムルコトヲ得

前項ノ規定ニ依リ事業ヲ爲サシムル契約ヲ爲シタル場合ニ於テハ事業ノ成功ニ要スル豫定期間事業者ヲシテ其ノ成功シタル部分ニ付無償ニテ使用又ハ收益ヲ爲サシムルコトヲ得

◉公有水面埋立法第一條　本法ニ於テ公有水面ト稱スルハ河、海、湖、沼其ノ他ノ公共ノ用ニ供スル水流又ハ水面ニシテ國ノ所有ニ屬スルモノヲ謂ヒ埋立ト稱スルハ公有水面埋立ヲ謂フ

公有水面ノ干拓ハ本法ノ適用ニ付テハ之ヲ埋立ト看做ス

◉同法第二十四條　第二十二條ノ竣功認可アリタルトキハ埋立ノ認可ヲ受ケタルモノハ其ノ竣功認可ノ日ニ於テ埋立地ノ所有權ヲ取得ス但シ公用又ハ公共ノ用ニ供スル爲必要ナル埋立地ニシテ埋立ノ免許條件ヲ以テ特別ノ定ヲ爲シタルモノハ此ノ限ニ在ラス

前項但書ノ埋立地ノ歸屬ニ付テハ勅令ヲ以テ之ヲ定ム

◉同法第五十條　本法ハ勅令ノ定ムル所ニ依リ公有水面ノ一部ヲ區劃シ永久的設備ヲ築造スル場合ニ之ヲ準用ス

六　開拓減租年期と異なる點

左に埋立免租年期の開拓減租年期と異なる點を説明する。

（一）　開拓減租年期は、國有地の開拓による年期であるが、埋立免租年期は公有水面の埋立による年期である。而して開拓地の地目は必ず第一類地でなければならぬが、埋立地の地目は第一類地たると第二類地たるとを問はない。

（二）　開拓減租年期は、有租地となつた年及びその翌年から二十年であるが、埋立免租年期は有租地となつた年及びその翌年から六十年である。

（三）　開拓減租年期中は、開拓前の土地相當の賃貸價格によつて地租を徵收するのであるが、埋立免租年期中は全然地租を課せられない。年期の滿了する年に於て賃貸價格を設定するのである。

第二十一條　開拓減租年期、埋立免租年期の申請

前二條ノ規定ニ依リ開拓減租年期又ハ埋立免租年期ノ許可ヲ受ケントスル者ハ有租地ト爲リタル日ヨリ六十日内ニ、開拓減租年期又ハ埋立免租年期延長ノ許可ヲ受ケントスル者ハ年期ノ滿了スル年ノ六月三十日迄ニ稅務署長ニ申請スベシ

一　減租年期及び免租年期の申請

本條は、開拓減租年期及び埋立免租年期申請の時期を規定したのである。土地所有者開拓減租年期又は埋立免租年期（卽ち普通年期）の許可を受けんとする場合は、その土地が有租地となつた日から六十日內に、その土地の所轄稅務署長へ申請しなければならない。有租地となつた日から六十日內とは、有租地となつた日の翌日から六十日內と解するのが我國法制上の慣例である。

開拓減租年期地にして、普通の減租年期滿了し、又は埋立免租年期地にして、普通の免租年期滿了するも尙、地味成熟に至らないがために、更に年期延長の許可を受けんとする場合は、減租年期又は免租年期の滿了する年、卽ち年期の最終の年の六月三十日迄に、その土地の所轄稅務署長へ申請しなければならない。以上年期の許可は、申請を要件とする處分であるから、右の期限內に申請しなければ年期の附與を受けることが出來ない。

二　申請者

減租年期、免租年期の申請者は、その土地の所有者である。併しその土地が、質權の目的たる土地又は百年より長き存續期間の定めある地上權の目的たる土地なるときは、土地臺帳に登錄せられたる質權者又は地上權者よりも申請することが出來る。

三　申請事項

開拓減租年期、埋立免租年期の申請は書面を以てこれをなさねばならぬ。而してその申請書には左の事項を記載しなければならない。

（一）　開拓減租年期又は埋立免租年期の申請書には、土地の所在、地番、地目、地積及び有租地となりたる事由

（二）　開拓減租年期又は埋立免租年期延長の申請書には、土地の所在、地番、地目、地積、貸賃價格（埋立免租年期延長申請書については賃貸價格を除く）、土地の狀況及び許可を受けんとする年期

◉施行規則第七條　減租年期又ハ免租年期ノ申請書ニハ年期ノ種類ヲ表示シ土地ノ所在、地番、地目、地積及賃貸價格（無租地及免租年期地ニ付テハ賃貸價格ヲ除ク）ヲ記載シ尙左ノ事項ヲ附記スベシ

一　開拓減租年期又ハ埋立免租年期ニ付テハ有租地ト爲リタル事由

（第二號乃至第四號省略）

五　前各號ノ年期ノ延長ニ付テハ土地ノ狀況及許可ヲ受ケントスル年期

四　申請書樣式

開拓減租年期又は埋立免租年期の申請書の樣式については、一定の書式がない。從つて第三項に述べたる要件さへ具備すれば、如何なる書式に從つても妨げない。左に申請書の雛形を揭ぐ。

（用紙半紙）

開拓減租「埋立免租」年期申請書

昭和　年　月　日

何郡「市」何町「村」大字何、何番地

何　某印

（又ハ外何名）

何税務署長殿

何郡「市」何町「村」大字何

字	地番	地目	地積	賃貸價格	摘要	土地所有者氏名又ハ名稱
何	七〇〇	畑	一反六〇〇	一円二〇	何年何月何日國有地拂下	何　某印
何	七〇一	雜種地	一〇〇〇〇	—	何年何月何日埋立竣功認可	何　某印

右申請候也

（開拓減租「埋立免租」年期延長申請書樣式）

（用紙半紙）

開拓減租「埋立免租」年期延長申請書

昭和　年　月　日

何郡「市」何町「村」大字何、何番地

何　　某　印

（又ハ外何名）

何税務署長殿

何郡「市」何町「村」大字何

字	地番	地目	地積	賃貸價格	許可ヲ受ケントスル年期	開拓地「埋立地」ノ狀況	摘要	土地所有者氏名又ハ名稱
何	七〇〇	畑	反 六〇〇	円 一二〇	自何年至何年	別紙ノ通	何年許可開拓減租年期	何　某　印
何	七〇一	雜種地	一〇〇〇〇	—	同	同	何年許可埋立免租年期	何　某　印

右申請候也

開拓地「埋立地」ノ現況

(一)事業進行状況	(二)地味成熟ノ程度	(三)収穫量又ハ賃貸料	(四)其ノ他參考トナルベキ事項

備考

一、總て明瞭に記載すること。特に数字の記載は最も正確を期すること。
二、成るべく正副二通を作成し、土地所在の市區町村を經由するを便宜とすること。
三、二筆以上連記するを妨げない。但し大字を異にするものは成るべく別紙とするを可とすること。
四、二人以上連署するを妨げない。この場合は各筆の下部に署名捺印すること。
五、申請者が法人なるときは法人名を肩書して代表者署名捺印すること。
六、代理人を以てする申請書には必ず委任狀を添附すること。
七、申請者が質權者、地上權者なるときはその旨を肩書すること。
八、地番、地目、地積、賃貸價格は、原地の分を赤書し異動地の分を墨書すること。
九、左記事項は摘要欄に記載すること。
　イ、有租地となりたる時及び事由
　ロ、年期延長の申請の場合は減租又は免租年期許可の年

第二十二條　開拓減租年期及び埋立免租年期中の土地の異動

開拓減租年期中ニ於テ地類變換ヲ爲シタルトキハ開拓減租年期ハ消滅ス
開拓減租年期中ニ於テ地目變換ヲ爲シタルトキハ其ノ地目ヲ修正スルモ其ノ賃貸價格

ハ之ヲ修正セズ

埋立免租年期中ニ於テ地目變換、地類變換又ハ開墾ニ該當スル土地ノ異動アルモ地目變換、地類變換又ハ開墾ナキモノト看做ス此ノ場合ニ於テハ免租年期ノ滿了スル年ニ於テ其ノ地目ヲ修正ス

本條は、開拓免租年期中又は埋立免租年期中に於て開拓地又は埋立地に異動を生じたる場合に於ける年期の效力につき規定したのである。卽ち第一項及び第二項に於ては、開拓減租年期中に於て開拓地につき地類變換、地目變換があつた場合の取扱方を、第三項に於ては、埋立免租年期中に於て埋立地につき地目變換、地類變換又は開墾に相當する異動があつた場合の取扱方を規定したのである。

一　開拓地の異動

開拓減租年期中の開拓地の異動にして年期の效力に關するものは、地類變換と地目變換とである。その他の異動例へば開拓地の分筆又は合筆は年期の效力に關係ないから玆に論じない。

(一)　地類變換

開拓減租年期中に於て開拓地につき地類變換をなしたるとき、例へば田が原野に變換したるが如き場合は、開拓減租年期は消滅する。蓋し開拓減租年期は、國有の荒蕪地卽ち山林、原野等を開拓して、第一類地となしたがために、附與される特典であるから、その年期中に於て、開拓地が、再び山林、原野等の第二類地に地類變換したるときは、

開拓の目的は事實上消滅することゝなる。從つて減租年期の特典を附與して置く必要がないからである。

（二）　地目變換

開拓減租年期中に於て、地目を變換したる場合例へば畑に開拓した土地を田に變換するも、開拓の目的を達したる後、同じ第一類地の地目に變換するのであるから開拓の目的の消滅とならない。從つて地類變換の如く、減租年期の特典を消滅せしめる必要がない。開拓減租年期地は原地、卽ち開拓前の土地に相當する賃貸價格によつて地租を徵收するのであるから、この場合はその地目のみを修正して、賃貸價格は年期滿了のとき修正するのである。

以上の關係を左に圖解する。

摘要	異動の種類	土地の異動 開拓地（第一類地）	 變換地（第一類地）	 變換地（第二類地）
年期の消滅	地類變換	田 →	→	原野
地目の修正	地目變換	畑 →	田 →	山林

二　埋立地の異動

埋立免租年期は開拓減租年期の如く地目の制限がなく、水面埋立地であれば、その地目の如何を問はず附與する年期なるが故に、開拓減租年期に於けるが如く地類變換するも年期を消滅せしむる必要もなく、又免租年期であるから、年期中は全然地租に關係がなく、地目變換、開墾によりその地目に異動あるも强てその地目を修正する實益がない。

そこで地租法は年期中に於て、地目變換、地類變換又は開墾に該當する土地の異動あるも、地目變換、地類變換又は開墾と見ないことゝし、年期滿了の年に於て、その地目を修正することを定めたのである。左にこの關係を圖解する。

異動の種類	土地の異動		
	埋立地	第一類地	第二類地
地目變換	田 →	宅地	
地類變換	畑 →	→	原野
開墾	雜種地 →	畑	

第二十三條　開拓減租年期及び埋立免租年期滿了申告

開拓減租年期地又ハ埋立免租年期地ニ付テハ土地所有者ハ年期ノ滿了スル年ノ六月三十日迄ニ年期滿了申告書ヲ稅務署長ニ提出スベシ

本條は、開拓減租年期地又は埋立免租年期地が、年期滿了したる場合に、土地の所有者は年期滿了申告書を提出すべきことを規定したのである。

開拓減租年期又は埋立免租年期滿了申告を要する所以は、開拓減租年期又は埋立免租年期は、開拓又は埋立の事業の完成した土地に對し附與されるのであるが、これ等の土地は事業完成するも未だ十分にその利用價値を發揮し得ないを普通とするが故に、地租法は、保護奬勵の趣旨を以て開拓又は埋立前の舊體を存するものとして、一定の期間減租又は免租の特典を許可した。この一定期間の經過によつて年期の效力の消滅するを年期滿了といふのであるが、年期滿了すれば今迄宥恕して來た課税關係を普通の狀態に戻さねばならぬ。これ土地所有者をして年期滿了申告をなさしめ、その申告によつて、初めて本格的に地租を負擔せしめんがためである。この申告が賃貸價格の修正又は設定の前提となること勿論である。

一　申告義務者

開拓減租年期又は埋立免租年期滿了の申告義務者は、原則として土地の所有者である。併し舊所有者が申告をなさない内に、所有者に異動がありたる場合に於ては、新所有者より申告しなければならない。又その土地が質權又は百年より長き存續期間の定めある地上權の目的たる土地であるときは、土地臺帳に登錄せられたる質權者又は地上權者よりも申告することが出來る。

二　申告の時期

開拓減租年期、埋立免租年期の年期滿了の申告は、開拓減租年期又は埋立免租年期の最終の年の六月三十日迄にこれをなさねばならぬ。併し舊所有者が申告をなさない内に、所有者に異動があつた場合には、新所有者はその土地の所有權を取得したる時から三十日內に申告しなければならない。

舊法に於ては、年期滿了後に申告すればよかつたのであるが、新法に於てこれを年期滿了前の申告に改めたのは、地租法は賃貸價格の設定又は修正をなしたる場合は、總てその翌年分より、設定又は修正賃貸價格により、地租を徵収する建前となしたるため、年期滿了前に於て、賃貸價格の設定又は修正をなし置くの必要があるからである。

三 年期の抛棄

開拓減租年期又は埋立免租年期は、土地所有者の申請によつて許可せらるゝものであるから、性質上土地所有者の意思によつて、自由に年期の利益を抛棄することが出來るものと解する。年期の抛棄あれば、年期の滿了となること勿論である。土地所有者年期を抛棄するときは年期滿了申告書にその旨を附記してこれをなさねばならぬ。

四 申告事項

開拓減租年期又は埋立免租年期滿了申告書には、原地の所在、地番、地目、地積及び賃貸價格（埋立地については賃貸價格を除く）竝に現況による地目、地積及び賃貸價格を記載しなければならない。

開拓減租年期地又は埋立免租年期地の地積は、土地臺帳に登錄するとき測量して定めたものであるから、年期滿了申告書には、原則として測量圖を添附しなくてもよい。原地の地積に異動ある場合に於てのみ添附する。

◎施行規則第六條　土地ノ異動ニ關スル申告書（年期滿了申告書ヲ含ム）ニハ異動ノ種類ヲ表示シ原地ノ所在、地番、地目、地積及賃貸價格（無租地及免租年期地ニ付テハ賃貸價格ヲ除ク）竝ニ異動シタル地番、地目、地積及賃貸價格ヲ記載スベシ

前項ノ申告書中新ニ土地臺帳ニ登錄スベキ土地ニ關スル申告書又ハ分筆ノ申告書ニハ地積ノ測量圖ヲ添附スベシ其ノ他ノ申告書ニシテ之ニ記載シタル異動地ノ地積ガ其ノ原地ノ地積ト同一ナラザルモノニ付亦同ジ

五 申告書樣式

本條の申告書の樣式についても亦一定の書式がない。從つて前項に述べた事項さへ具備すれば、如何なる書式によるも妨げない。左に申告書の雛形を掲げる。

（開拓減租年期滿了申告書樣式）　（用紙半紙）

開拓減租年期滿了申告書

何郡「市」何町「村」大字何、何番地

何　某印

（又ハ外何名）

昭和　年　月　日

何税務署長殿

何郡「市」町「村」大字何

△赤書スルコト

字	地番	地目	地積	賃貸價格	等級（一反歩又ハ一坪當賃貸價格）	比準地	摘要	土地所有者氏名又ハ名稱
何	△七〇〇	△畑	△（反）六〇〇	△（円）一二〇	（円）			
		畑	六〇〇	一八〇〇	八五級　三〇〇〇	同字六九〇番八四級ニ比準一級引上ク	測量圖別紙ノ通リ何年何月何日田ヨリ變換申告ノモノ	何　某印
何	七〇一	△田	△七〇〇	△一四〇				
		田	七〇〇	二三二〇	八七級　三六〇〇	何字七一〇番八七級ニ比準	測量圖別紙ノ通リ	何　某印

右申告候也

（埋立免租年期満了申告書樣式）　（用紙半紙）

埋立免租年期滿了申告書

何郡「市」何町「村」大字何、何番地

何　某　印

昭和　年　月　日

（又ハ外何名）

何稅務署長殿

何郡「市」何町「村」大字何

△赤書スルコト

字	地番	地目	地積	賃貸價格	等級 / 一反步又ハ一坪當賃貸價格	比準地	摘要	土地所有者氏名又ハ名稱
何	三二〇	△原野	反又ハ坪 △一一〇〇	円 —				
		田	一一〇〇	四二九〇	八八級 三九〇〇	同字二六〇番八八級ニ比準	測量圖別紙ノ通	何　某印
何	五〇〇	△雜種地	△六〇〇	—				
		宅地	一八〇〇〇	九〇〇〇	三七級 五〇	同字四七五番三七級ニ比準	測量圖別紙ノ通	何　某印

右申告候也

備考

一、總て明瞭に記載すること。特に數字の記載は最も正確を期すること。
二、成るべく正副二通を作成し、土地所在の市區町村を經由するを便宜とすること。
三、二筆以上連記するを妨げない。但し大字を異にするものは成るべく別紙とするを可とすること。
四、二人以上連署するを妨げない。この場合は各筆の下部に署名捺印すること。
五、申告者が法人なるときは法人名を肩書して代表者署名捺印すること。
六、代理人を以てする申告書には必ず委任狀を添附すること。
七、申告者が質權者、地上權者なるときは、その旨を肩書すること。
八、地番、地目、地積、賃貸價格は、原地の分を赤書し、異動地の分を墨書すること。
九、左記事項は摘要欄に記載すること。
　イ、開拓減租年期滿了申告書については、年期中に於て地目變換したるものなるときはその旨を申告したる年月日
　ロ、年期の拋棄による滿了申告書なるときはその旨

第二十四條　有租地の賃貸價格の設定

無租地ガ有租地ト爲リタルトキハ直ニ其ノ賃貸價格ヲ設定ス
開拓減租年期地ニ付テハ有租地ト爲リタルトキ直ニ原地相當ノ賃貸價格ヲ設定シ開拓減租年期ノ滿了スル年ニ於テ其ノ賃貸價格ヲ修正ス

埋立免租年期地ニ付テハ其ノ年期ノ滿了スル年ニ於テ其ノ賃貸價格ヲ設定ス

本條は無租地が有租地となつた場合の賃貸價格の定め方を規定したのである。卽ち第一項は原則を規定し、第二項及び第三項はその例外として開拓減租年期地竝に埋立免租年期地の賃貸價格の定め方を規定したのである。

無租地が有租地となつた場合は、有租地となつたときの現況により、類地の賃貸價格に比準して、その賃貸價格を設定する。併しながら、開拓減租年期又は埋立免租年期の許可を受けた土地については、この原則によらず特別の取扱を認めて居る。左にこれを分說する。

一 開拓減租年期地

開拓減租年期地については、第十九條に於て述べた通り、開拓の事業成功に因つて有租地となりたるときは、一定の期間中は、成功地と原地との差額に相當するだけの、地租の負擔を宥恕するがために、殊更成功地の現況によらずして、原地（開拓前卽ち國有地當時の）に相當する賃貸價格を設定して、開拓減租年期の滿了する年に於て、初めて成功地の現況に應じたる賃貸價格に修正するのである。

二 埋立免租年期地

埋立免租年期地は水面の埋立又は干拓の事業の成功に因つて有租地となつたものであるから、そのときの現況によつて一旦賃貸價格を設定して更に免租の取扱をなすべきが如くであるが、一定の期間中は全然地租を徵收しないのであるから賃貸價格を設定するも實益がない。故に埋立免租年期地についてはその年期の滿了する年に於て成功地の現況に應じ、賃貸價格を設定するのである。

第二十五條　開拓地、埋立地の地積の改測

開拓減租年期又ハ埋立免租年期ノ滿了ニ因リ賃貸價格ヲ設定シ又ハ修正スル場合ニ於テ必要アリト認ムルトキハ其ノ地積ヲ改測ス

開拓減租年期地及び埋立免租年期地は、年期の滿了の時その成功地の現況に適應したる賃貸價格を定めることは前條に述べた通りである。賃貸價格を定むるには先づその前提として、賃貸價格計算の基礎となる地積を確定しなければならない。けれども開拓減租年期地、埋立免租年期地は、有租地となり土地臺帳に登錄するとき地積を測量したるものなるが故に、年期の滿了するときに於ては、多くの場合更に測量する必要がないであらう。卽ち本條は土地臺帳の地積と變りがないと認むるときは改測するに及ばないことを明にした。否寧ろ原則として改測しないといふのが精神である。

而して改測するの必要ありや否やは、申告に際しては土地所有者、地積の決定に際しては稅務署長各その主觀により決すべきものと解する。

第二十六條　有租地の地租徵收

無租地ガ有租地ト爲リタルトキハ賃貸價格ヲ設定(第二十四條第三項ノ設定ヲ含ム)シタル年ノ翌年分ヨリ地租ヲ徵收ス

開拓減租年期ノ滿了ニ因リ賃貸價格ヲ修正シタル土地ニ付テハ其ノ修正ヲ爲シタル年ノ翌年分ヨリ修正賃貸價格ニ依リ地租ヲ徵收ス

本條は無租地が有租地となりたる場合の地租の徵收方法を規定したのである。無租地が有租地となつて、賃貸價格を設定したるときは、總てその設定した年の翌年分地租から徵收する。埋立免租年期地についても亦同樣である。卽ち年期の滿了の年に於て賃貸價格を設定し、賃貸價格を設定したる翌年分地租より徵收するのである。開拓減租年期地は有租地となつたとき旣に原地相當の賃貸價格を設定してあるのであるから年期の滿了する年に於ては賃貸價格を修正して、その翌年分地租より修正賃貸價格によりて徵收するのである。

賃貸價格を設定したる土地の地租は、その設定したる翌年分より徵收する。又賃貸價格を修正したる土地の地租は、その修正したる年の翌年分地租から、修正賃貸價格によつて徵收する。舊法に於ては原則として地價を設定したる土地の地租は、設定をなしたる年分より徵收し、地價を修正したる土地の地租は、修正したる年分より修正地價により徵收したのであるが、例外の場合も多く、官民共に不便を感ずることの尠なくなかつたのを今回畫一的に總て翌年分地租より徵收することに改正したのである。

第二十七條　無租地の除租

有租地ガ無租地ト爲リタルトキハ其ノ申告ヲ要スルモノニ付テハ申告アリタル後ニ開

始スル納期ヨリ、其ノ申告ヲ要セザルモノニ付テハ稅務署長ガ其ノ事實ヲ認メタル後ニ開始スル納期ヨリ地租ヲ徵收セズ

有租地が無租地となつた場合に於ては、原則として無租地となりたる申告があつた後に、開始する納期分から、地租を徵收しない。

有租地を無租地となす場合に於て、豫め所管官廳の許可を受け若は、申告をなしたるもの又は無租地となることにつき豫め官公署に於て公示をなしたるため、土地所有者の申告を必要としない場合には、稅務署長がその無租地となりし事實を認めたる後に開始する納期分から、地租を徵收しない。法文に『稅務署長ガ其ノ事實ヲ認メタル後』とは、無租地に關する官公署の公示又は通知によつて、その事實を知つた後の意であるが、事務的には公示又は通知のあつた後と解して妨げない。從つて公示するものはその公示の日を、通知あるものについては、その通知を受けたる日を分界とし、その以後に開始する納期分から、地租を徵收しない。

第二節　分筆及び合筆

本節は分筆又は合筆の意義、分筆、合筆をなしたる場合に於ける地番、地積、賃貸價格の定め方及び申告手續竝に職權分筆の手續等を規定したのである。

土地の分筆又は合筆をなしたる場合に於て、その地目を如何に定むべきか、又地租の徵收方法はこれを如何にすべ

きか、本節中にこれ等に關する規定を缺くのは、分筆又は合筆は土地の箇數を分けたり、併合したりするまでゞあつて、これによつて地目そのものに變化を來すこともなければ、賃貸價格に於ても、單に分けたり、合せたりするだけであるから、何時から、分筆地又は合筆地の地目、賃貸價格によつて、地租を徵收するといふやうな問題を惹起することがなく、從つてこれ等に關し規定を必要としないからである。

第二十八條　分筆・合筆の意義

本法ニ於テ分筆ト稱スルハ一筆ノ土地ヲ數筆ノ土地ト爲スヲ謂ヒ合筆ト稱スルハ數筆ノ土地ヲ一筆ノ土地ト爲スヲ謂フ

一　分筆の意義

分筆とは、一筆の土地を數筆の土地となす處分である。地籍に關する行政處分の一種である。

(一)　分筆とは一筆の土地を數筆の土地となすことである。土地はこれを人爲的に區劃して一筆となし、土地の箇數を計算する單位とした(第三條)。その一箇の土地に更に人爲的區劃を施して、數箇の計算單位とすることを分筆といふのである。人爲的區劃を施すといふても、必ずしも具體的の標識を必要としない。一枚の田と雖も何等形狀を變ずることなく分筆することが出來る。

(二)　分筆は行政處分である。一箇の土地に人爲的區劃を施したことを土地臺帳に登錄する處分である。この點に於て分筆は、土地の事實上の分割とその觀念を異にする。

土地の所有者は、自由に自己の土地を區劃することが出來る。これ所謂分割であつて分筆ではない。分割の事實を土地臺帳に登錄することが卽ち分筆である。分割あるも土地臺帳に登錄せざる間は、法律上は依然一箇の土地である。第二十九條には「分筆ヲ爲サントスルトキハ土地所有者ハ之ヲ稅務署長ニ申告スベシ」とありて、恰も土地所有者が分筆をなすが如くであるが、この法文の意味は、土地臺帳に分割の登錄を求めんとする者は申告すべしといふ意と解すべきである。

(三)　所有者のなしたる土地の區劃を以て、獨立の箇數をなすものと解し、分筆前になしたる土地の讓渡と雖も、土地の一部と見ず獨立の一體を取引せるものとして、當事者間に於ては有效であると說く者がある。土地の分割讓渡の當事者間に有效であることはこれを認めるが、所有者のなしたる土地の區劃を、分筆前に獨立の一體をなすものとする議論には贊し難い。余は分筆前に於ける所有者のなしたる土地の區劃は飽くまで土地の一部(卽ち非獨立體)と解し、土地の一部を讓渡した結果、所有者を異にするに至り、始めてその一部は獨立の一體をなすものと解する。而かもこの場合分筆なければ、分筆登記をなすことを得ず、從つて所有權移轉の登記をなすことが出來ないところに分筆の意義及び效力の大なるものがある。

二　合筆の意義

合筆とは數筆の土地を一筆の土地となす行政處分である。分筆の意義が判明すれば、合筆の意義も自ら明かとなるであらう。卽ち合筆とは今迄あつた數箇の土地の人爲的區劃を廢し一箇の人爲的區劃とすることである。併し必ずしも具體的の標識そのものを撤廢することを意味しない。合筆の土地臺帳に登錄する行政處分であることは分筆と同樣である。又土地の合併と合筆との關係も、分筆に於ける分割と分筆との差異と同樣の關係がある。卽ち土地臺帳に登錄がある迄は、假令事實上の合併あるも法律上は尙數箇の土地たるを失はない。

合筆については、地租法は何等の制限を設けてない。併しながら分筆を要するが如き土地の合筆は、性質上なすを得ないこと勿論である。卽ち左に列記する場合の如きは合筆をなすことを得ない。

イ、地目を異にする土地但し小地目を異にするもの丶如きは合筆するに妨げない。
ロ、無租地と有租地
ハ、各種の年期を有する土地と否らざる土地又は年期の種類若くは年期を異にする土地
ニ、所有者、質權者、地上權者を異にする土地
ホ、質權又は地上權の目的たる土地と否らざる土地
ヘ、地番區域を異にする土地
ト、道路、溝渠等の介在するため事實上合併することを得ざる土地

第二十九條　分筆・合筆の申告

分筆又ハ合筆ヲ爲サントスルトキハ土地所有者ハ之ヲ稅務署長ニ申告スベシ

一　分筆又は合筆の申告者

分筆又は合筆をなさんとするときは、土地所有者はこれを稅務署長に申告しなければならない。分筆又は合筆は一種の行政處分であつて、稅務署長の職權に屬し土地所有者これをなすことを得ない。從つて本條に於て「爲サントスルトキハ申告スベシ」とあるは、分筆又は合筆の登錄を要求せんとするときは、稅務署長に申告しなければ效力がないといふ程の意味に解すべきである。換言すれば本條の規定は、土地所有者に申告の義務あることを規定したものでなく、土地所有者に分筆又は合筆の處分を要求することが出來ることを認めた規定と解する。

分筆又は合筆をなすは稅務署長の職權なりと雖も土地所有者より分筆又は合筆の申告ある場合は、稅務署長はこれを拒絕し得ざるものと解する。但し合筆にして性質上合併が許されないときは別問題である。

分筆又は合筆の處分を要求し得る權限を有する者は、一般的、全面的の權利を有する土地所有者に限る。然らざる者より要求し得ることにするときは、土地所有者の利益を害する虞あるからである。土地の一部が抵當權の目的たるときは、債權者は民法第四百二十三條により、所有者に代位して分筆の申告をなし得るや否は議論の存するところである。余はこの場合土地の分筆は抵當權實行の絕對的要件に非ずと信ずるが故に消極に解する。競賣の結果所有者を異にするに至り初めて稅務署長は次條により分筆し得ること勿論である。併し實際の取扱は代位申告を認めて居る。

二　申告の時期

土地所有者は分筆又は合筆の申告をなす義務を有しない。從つて分筆又は合筆の申告には期間がない。土地所有者は分筆又は合筆をなさんとするときは、何時でも申告することが出來る。

三　申告事項

分筆申告書又は合筆申告書には、原地の所在、地番、地目、地積及び賃貸價格（無租地及び免租年期地なるときは、賃貸價格を除く）、竝に分筆又は合筆したる土地の地番、地目、地積及び賃貸價格を、記載しなければならない。尙分筆申告書には、分筆地に對する、地積の測量圖を添附することを要する。分筆の結果、分筆前の地積に異動ある場合の外は、一應境界を確認し得べき地形圖を添附し、稅務署長が測量圖の必要を認めたるとき、更に測量圖を提出することゝなすも妨げない。

⦿施行規則第六條　土地ノ異動ニ關スル申告書ニハ異動ノ種類ヲ表示シ原地ノ所在、地番、地目、地積及賃貸價格（無租地及免租年期地ニ付テハ賃貸價格ヲ除ク）竝ニ異動シタル地番、地目、地積及賃貸價格ヲ記載スベシ

前項ノ申告書中新ニ土地臺帳ニ登錄スベキ土地ニ關スル申告書又ハ分筆ノ申告書ニハ地積ノ測量圖ヲ添附スベシ其ノ他ノ申告書ニシテ之ニ記載シタル異動地ノ地積ガ其ノ原地ノ地積ト同一ナラザルモノニ付亦同ジ

四　申告書樣式

分筆又は合筆の申告書樣式については、別に一定した書式がない。從つて第三項に述べた要件さへ具備すれば、如何なる書式に從つても妨げない。左にその雛形を示す。

（土地分筆申告書樣式）

（用紙半紙）

土地分筆申告書

昭和　年　月　日

何郡「市」何町「村」大字何、何番地

何　某印

（又ハ外何名）

何稅務署長殿

何郡「市」何町「村」大字何

△赤書スルコト

字	地番	地目	地積	賃貸價格	等級	摘要	土地所有者氏名又ハ名稱
何	△五五	田	△反八一六 内畦畔一〇六	△円九五三	七五級	別紙地形圖添附	何　某印
	五五ノ一	田	三〇五 内畦畔七	三八一	七五級		
	五五ノ二	田	五一一 内畦畔二九	五七二	七五級		

右申告候也

（土地合筆申告書様式）　（用紙半紙）

土地合筆申告書

昭和　年　月　日

何郡「市」何町「村」大字何、何番地

何　某印

（又ハ外何名）

何税務署長殿

何郡「市」何町「村」大字何

△赤書スルコト

字	地番	地目	地積	賃貸價格	等級	摘要	土地所有者氏名又ハ名稱
何	△三八二ノ一	宅地	△三五坪五〇	△二四円八五	四一級		何某印 何某印
	△三八五	宅地	△六五三五	△五二二八	四二級		
	△三八六	宅地	△四二九五	△二六三七	三九級		
	三八二	宅地	一四四八〇	一〇三五〇	三九級 四一級 四二級		
右申告候也							

備考

一、總て明瞭に記載すること。特に數字の記載は最も正確を期すること。
二、成るべく正副二通を作成し、土地所在の市區町村を經由するを便宜とすること。
三、二筆以上連記するを妨げない。但し大字を異にするものは成るべく別紙とするを可とすること。
四、二人以上連署するを妨げない。この場合は各筆の下部に署名捺印すること。
五、申告者が法人なるときは法人名を肩書して代表者署名捺印すること。
六、代理人を以てする申告書には必ず委任狀を添附すること。
七、申告者が質權者、地上權者なるときは、その旨を肩書すること。
八、地番、地目、地積、賃貸價格は、原地の分を赤書し、異動地の分を墨書すること。
九、左記事項は摘要欄に記載すること。
　イ、分筆地の品位、情況に優劣ある場合は各筆毎に比準地、假定賃貸價格。
　ロ、戸籍その他の事由により適宜の地番を定むるときはその事由（第三一條、第三二條參照）
　ハ、測量圖（又は地形圖）を添附するときはその旨

第三十條　職權分筆

一筆ノ土地ノ一部ガ左ノ各號ノ一ニ該當スルニ至リタルトキハ前條ノ申告ナキ場合ニ於テモ稅務署長ハ其ノ土地ヲ分筆ス

一　別地目ト爲ルトキ
二　無租地ガ有租地ト爲リ又ハ有租地ガ無租地ト爲ルトキ
三　所有者ヲ異ニスルトキ
四　質權又ハ百年ヨリ長キ存續期間ノ定アル地上權ノ目的ト爲ルトキ
五　地番區域ヲ異ニスルトキ

本條は、税務署長がその職權により分筆をなし得る場合所謂職權分筆につき規定したのである。職權分筆とは、土地所有者の申告によらず、税務署長がその職權によつて分筆することである。分筆は一種の行政處分であることは既述の通りである。從つてこれを職權分筆と呼ぶは用語妥當を缺く嫌あるも、元來分筆は、土地所有者の申告によつてなすことを原則とするが故に便宜申告によらざる分筆をかく呼んだまでである。而して税務署長の職權による分筆を認むる所以のものは、土地の一部が形質を異にし、又は權利者を異にするに至りたる場合に土地所有者の申告なければ、分筆をなすことを得ずとするときは、地籍の紊亂を來すのみならず、課税上にも支障を生ずるが故である。税務署長が職權を以て分筆をなし得る場合は、本條に列擧するところである。左にその各項毎につき説明する。

(一)　別地目となるとき

地目は、一筆毎にこれを定むべきものなるを以て(第三條)、一筆の土地の一部が他の地目に變更したるときは、分筆を要すること論を俟たない。

㈡　無租地が有租地となり、又は有租地が無租地となるとき

地租の課否は、一筆毎にこれを定むべきものなるが故に無租地の一部が有租地となり、又は有租地の一部が無租地となりたるが如き場合は、これを別筆とする必要がある。地租を課する土地と課せざる土地とは全然その性質を異にするからである。

㈢　所有者を異にするとき

土地の一部が收用又は競賣等により所有者を異にするに至りたるときは分筆をしなければならない。河川法により河川の敷地となりたるときは所有權の消滅を來し、所有者を異にするときと觀念一致しないが、便宜所有者を異にするものとして取扱つてよい。これに反し當事者の契約に基き所有者を異にするに至りたる如き場合は申告なければ分筆することを得ざるものと解する。而して所有者を異にするときとは、現に異にするに至りたることを要し、將來異にせんとする場合を包含しないこと勿論である。

㈣　質權又は百年より長き存續期間の定ある地上權の目的となるとき

土地の一部が質權又は地上權の目的となり納稅義務者を異にするに至りたるときは、分筆する必要がある。

㈤　地番區域を異にするとき

地番は市町村、大字、字又はこれに準ずべき地域により、これを定むるものなるを以て、土地の一部が他の地番區域となるときは分筆を必要とする。蓋し地番區域は地籍の整理に必要ありとして定められたるものなるが故に、一筆の土地が數箇の地番區域に跨つて存在するが如きは、地番區域を定めた趣旨に反するからである。

以上列記の場合は、土地所有者の申告あれば勿論それで分筆するが、申告ないときでも税務署長その事實を知つたならばその職權によつて分筆するのである。又左の場合に於ては、税務署長は、官廳の通知又は起業者の申告により分筆の手續をなすも差支ない。

イ　一筆の土地の一部が、河川法により河川の敷地となりたる場合に於て、所管官廳が圖面を添附して通知したるとき。

ロ　土地收用法その他の法令により、一筆の土地の一部が收用されたる場合に於て、起業者より左の書類を添附して分筆の申告をなしたるとき。

(1)　補償金受取證又は供託金受領證

(2)　當該府縣の認證を受けたる土地の測量圖

第三十一條　分・合筆地の地番

分筆シタル土地ニ付テハ分筆前ノ地番ニ符號ヲ附シテ各筆ノ地番ヲ定ム

合筆シタル土地ニ付テハ合筆前ノ地番中ノ首位ノモノヲ以テ其ノ地番トス」

特別ノ事情アルトキハ前二項ノ規定ニ拘ラズ適宜ノ地番ヲ定ムルコトヲ得

一　分筆地の地番の定め方

一筆の土地を分筆して、二筆以上となしたるときは、その分筆地の地番は、當初一筆であつたときの地番に、一、二、三、四等の符號を附して、各筆の地番を定める。符號ある土地を分筆するときは、その一筆には、當初の地番を存し、他の各筆には、當初一筆たりし地番の符號を追ひ、順次分筆地の地番を定むるのである。これを圖解によつて示せば左の通りである。

	分筆前の地番	分筆地の地番
符號なき場合	一〇番	一〇番ノ一 一〇番ノ二
符號ある場合	一〇番ノ二	一〇番ノ二 一〇番ノ三

二　合筆地の地番の定め方

二筆以上の土地を合筆して、一筆の土地となしたるときの地番は、合筆前の地番中、首位のものを以てその地番とする。例へば、二〇番、二一番、二三番の三筆を合筆したるときは、その合筆地の地番は、二〇番とする。又二〇番の一と、二二一番とを合筆した場合の地番は、二〇番の一とするが如きである。従前は原地の地番を併記して合筆地の地番となした例もあるが、變則であるのみならず、土地に地番を附する眞の目的に副はない。かゝる附番方法を採つたものあるときは異動の時々原則の附番方法により更正せらるべきである。

三　特別の事情ある場合の地番の定め方

以上の一般原則に對し例外がある。卽ち分筆たると合筆たるとを問はず、特別の事情があれば、適宜の地番を定むることが認められて居る。例へば、分筆地又は合筆地が、宅地であるがために戸籍の關係上、符號を附するを不便とするとき又は合筆の場合に於て合筆前の首位の地番を附するを不便とする場合は、便宜戸籍に關係ある適宜の地番を附しても差支がない。左にこの關係を例示する。

	分筆又は合筆前の地番	戸籍地番	一般原則	例外
分筆	一〇番	一〇番	一〇番ノ一 一〇番ノ二	一〇番 一〇番ノ一
合筆（一）	二〇番 二一番 二三番	二三番	二〇番	二三番

合筆（二）	二〇番ノ一 二三番	二三番	二〇番ノ一	二三番

第三十二條　地積の分合

分筆ヲ爲シタルトキハ測量シテ各筆ノ地積ヲ定ム

合筆ヲ爲シタルトキハ合筆前ノ各筆ノ地積ヲ合算シタルモノヲ以テ其ノ地積トス

一　分筆地の地積

分筆は卽ち、從來の一筆の土地が分割されることであるから、分筆地の地積は、これを測量して定めなければならない。併し、便宜分筆地の一方を測量して、これを土地臺帳に登錄しある地積から控除した殘地積を以て、他の一方の地積となすも妨げない。

三筆以上に分筆するときは、これに倣い分筆地の二筆以上を測量して、土地臺帳に登錄しある地積から差引いた殘地積を他の一方の地積とする。けれども分筆地の各筆を測量した結果が、分筆前の土地臺帳に登錄する地積と些少の差異を生ずることある場合は、分筆による增減としてこれを認むるも妨げない。この場合に於ける些少の差異と認むる範圍は、大體左の標準によるを適當と信ずる。

宅地　　　　　　　　　土地臺帳に登錄の地積に對し　百分の五
宅地以外の第一類地　　同　　　　　　　　　　　　百分の十
同　　第二類地　　　　同　　　　　　　　　　　　百分の二十

従つて右標準以上の差異ある分筆については、先づ分筆前の土地につき、土地臺帳に登錄したる地積の誤謬訂正の手續をなし然る上、分筆すべきである。

二　合筆地の地積

合筆したる土地の地積は、合筆前の各筆の地積を合算して、その地積とする。従つて合筆をなすも、地積を測量する必要がない。

第三十三條　賃貸價格の分配と合併

分筆ヲ爲シタルトキハ各筆ノ品位及情況ニ應ジ分筆前ノ賃貸價格ヲ配分シテ其ノ賃貸價格ヲ定ム
合筆ヲ爲シタルトキハ合筆前ノ各筆ノ賃貸價格ヲ合算シタルモノヲ以テ其ノ賃貸價格トス

一　賃貸價格の分配

分筆地の賃貸價格は、各筆の品位情況に應じ分筆前の賃貸價格を配分してこれを定める。分筆によつて賃貸價格には增減を生ぜしめないのである。假令分筆の結果土地臺帳に登錄しある地積に、增減を生じたる場合に於ても、賃貸價格はこれを增減することないやうに、各筆の品位情況に應じて相當に分配しなければならない。蓋し分筆は土地の性質を變ずるものでないから、賃貸價格は動かさない精神である。

（一）　分筆地の品位情況に優劣ある場合

分筆地の品位情況に優劣ある場合は、地積により賃貸價格を配分するは適當でない。卽ちこの場合は先づ以て各筆の品位情況に應じた假賃貸價格を一應算出し、その假賃貸價格に比例して、分筆地の賃貸價格を定むべきである。例へば宅地を二筆以上に分筆したる結果、他の一は表地となり、一は裏地となつたやうな場合は、類地の賃貸價格に比準し尚分筆地の品位情況に應じたる假賃貸價格を算出し、分筆前の賃貸價格をその假賃貸價格に按分して、分筆地の賃貸價格を定めるのである。左に圖解によつて、この算定方法を示す。

分筆前			分筆地			摘要
地番	地積	賃貸價格	地番	地積	賃貸價格	
一	一〇〇坪	二〇〇、〇〇円	一ノ一	六〇坪	一七二、六〇円	一番ノ一ハ何番五八級ニ比準ス コノ假賃貸價格 二五二、〇〇
			一ノ二	四〇	二七、四〇	一番ノ二ハ何番四四級ニ比準ス コノ假賃貸價格 四〇、〇〇

一番ノ一ノ配分賃貸價格　$292.00 \div 252.00 = 200.00 \div x$

$x = 172,60$

一番ノ二ノ配分賃貸價格　$292.00 \div 40.00 = 200.00 \div x$

$x = 27.40$

（二）分筆地の品位情況に優劣なき場合

分筆地の品位情況同一なるものは、分筆前の賃貸價格を、各筆の地積に比例して、分筆地の賃貸價格を定めるのである。即ち分筆前の賃貸價格に各筆の地積を乘じたるものを、分筆地の總地積を以て除し、分筆地の賃貸價格とするのである。

この場合原地の賃貸價格の等級により、その賃貸價格の一反歩當又は一坪當を分筆地の地積に乘じ、分筆地の賃貸價格とするも一つの便法である。

この場合の計算例を左に示す。

原地			分筆地			摘要
地番	地積	賃貸價格	地番	地積	賃貸價格	
一	一〇〇〇歩	三〇、〇〇円	一ノ一	七一三歩	二二、三〇円	
			一ノ二	二一七	七、七〇	

一番ノ一の配分賃貸價格

$$\frac{\text{原地の賃貸價格　}30.00\times\text{分筆地の地積　}223\text{坪}}{\text{原地の地積　}300\text{坪}}=22.30$$

一番ノ二の配分賃貸價格

$$\frac{\text{原地の賃貸價格　}30.00\times\text{分筆地の地積　}77\text{坪}}{\text{原地の地積　}300\text{坪}}=7.70$$

分筆地の賃貸價格算出の結果に、一錢未滿の端數を生じたるときは、國庫出納金端數計算法を適用して各筆毎にこれを切捨つるのであるが、その結果、各筆の賃貸價格の合計金額が、原地の賃貸價格に符合せざるときは、その差額を適宜の土地の賃貸價格に加算して、分筆前の賃貸價格に増減なからしめねばならない。若し分筆地の賃貸價格が、一筆一錢未滿のものを生じた場合は、國庫出納金端數計算法を適用して一錢となすのである。從つてこの場合に於ては分筆前の賃貸價格より増加するも差支がない。

◉國庫出納金端數計算法第一條　國庫ノ收入金又ハ仕拂金ニシテ一錢未滿ノ端數アルトキハ其ノ端數ハ之ヲ切捨ツ其ノ全額一錢未滿ナルトキハ之ヲ一錢トス

◉同法第二條　國稅ノ課稅標準額ノ算定ニ付テハ前條ノ規定ヲ準用ス（以下省略）

二　賃貸價格の合併

合筆地の賃貸價格は、合筆の地積と同じく、合筆前の各筆の賃貸價格を合算して、その賃貸價格となすのである。

第三節　開墾

本節は、土地異動の一である開墾に關し、その意義、減租年期、申告申請の手續、開墾地の地目、地積、賃貸價格の修正、地租の徵收方法等を規定したのである。

地租法中開墾に關する規定は、農政上極めて密接な關係を有し、我國開墾奬勵の制度として最も古い沿革を有するもので、或る時代に於ては唯一の奬勵手段であつた。その後耕地整理法、開墾助成法等の公布あり、その他種々積極的施設を講ぜられつゝありと雖も、個々の土地所有者の開墾奬勵上今尙その重要性を失はない。卽ち本節中開墾減租年期に關する規定は、主として開墾の奬勵を目的とするもので、蓋し本節の骨子をなすものである。

本節に規定する內容は、從前の精神を承けて大體舊法と異るところがない。僅かに從來の普通の開墾に對する取扱を更めて、年期制度を認めたる外、年期の名稱、起算點を更め宅地又は鑛泉地に對する年期の制限を設け、賃貸價格修正の時期等について部分的の改正が加へられたに過ぎない。

第三十四條　開墾の定義

本法ニ於テ開墾ト稱スルハ第二類地ヲ第一類地ト爲スヲ謂フ

本條は開墾の定義を明かにした規定である。

地租法で開墾といふのは、第二類地を第一類地となすことである。卽ち第二類地中の山林、原野等を切り開いて田畑となす場合は勿論、池沼を埋立てゝ宅地となすのも等しく開墾である。第二類地を第一類地に變換するのであるがこれを地類變換と呼ばない。地類變換と反對の異動である。

（一）通常開墾といふ語は、山林原野その他の荒蕪地を切り開いて、田畑の如き農耕地を造成する意に用ゐられて居る。開墾助成法の開墾も大體この意味と解せられる。併し地租法で開墾とは、農耕地の造成のみを指すものではない。これを要するに第二類地に屬する土地を第一類地にするのが開墾である。

（二）開墾といふ語は、各種の法令中に散見するところであるが、その意義は必ずしも同一でない。

イ　開墾助成法に於ける開墾の意義は、前に述べた通りである。

ロ　耕地整理法第十四條に「開墾」とは大體地租法と同一觀念であるが、同法第一條の「開墾」の意義は多少趣を異にする。卽ち農耕地に制限される點に於て狹く、有租地に限られない點に於て地租法の開墾より廣い。同條の開墾には國有地に屬する山林、原野を田畑等になすものをも含むのである。

ハ　森林法第三條によるときは「本法ニ於テ開墾ト稱スルハ地租條例ニ規定スルモノヽ外燒畑、切替畑其ノ他土地ノ形質ヲ變更スル行爲ヲ謂フ」とあり、地目の如何を問はず、森林の現況にある土地の形質に變更を加へるのを開墾と稱するのであつて地租法の開墾に對しその範圍頗る廣い。これに對し地租法で開墾とは現況の地目の如何を問はず土地臺帳に登錄されて居る第二類地を第一類地となすことをいふのである。

（三）舊法に於ては、「第二類地ニ勞費ヲ加ヘ第一類地ニ爲スモノヲ開墾ト謂フ」と規定してあつたのであるが、新地租法に於ては、「勞費ヲ加ヘ」なる五字を削つた。蓋し開墾は第二類地が第一類地となつた事實を指すのみならず、第一類地となすには、勞費を加へるものもあるべく、加へざるもある。從つて勞費を加へたりや否やによつて開墾なりや否やを決定するは全く意義ないことである。又舊法に於て、「勞費ヲ加ヘ」云々と規定したのは、唯普通の狀態を表はしたに過ぎないものと解せられるのであるが、疑を生じ易いから新法ではこれを削除したのである。

第三十五條　開墾成功の申告

開墾成功シタルトキハ土地所有者ハ三十日內ニ之ヲ稅務署長ニ申告スベシ

一　開墾著手

開墾成功したるときは、土地の所有者は三十日內にこれを稅務署長に申告しなければならない。而して開墾成功には、必然的に開墾の著手がある。舊法に於ては開墾をなさんとするときは申告することを要したのであるが、新地租法に於ては開墾成功のとき申告を要する外開墾著手の申告を要しない。これ從來は、開墾地は開墾著手の年より二十一年目に非ざれば、その地價を修正しなかつたのであるから、その起算點を知る必要があつたから、開墾著手の申告を要したのであるが、新地租法は開墾地には、開墾減租年期を許可する制度となしたるため、開墾の著手申告はこれを要しないことになつた。從つて新法に於ては、從來の開墾著手申告が、開墾減租年期申請となつたまで丶、實質的には從來と大體變りがない。

二　開墾成功申告

開墾成功とは、開墾の目的たる事業が完了することである。開墾成功すれば、土地の所有者は開墾減租年期地なると否と、又開墾減租年期の滿了すると否とを問はず、その旨を稅務署長に申告しなければならない。

三　申告義務者

開墾成功の申告義務者は、原則として土地の所有者である。併し舊所有者が申告をなさない內に、開墾地の所有權の移轉があつた場合に於ては、新所有者は第八十條によつて申告義務者となる。開墾地が質權の目的たる土地又は百年より長き存續期間の定めある地上權の目的たる土地なるときは、土地臺帳に登錄せられたる質權者又は地上權者よりも、申告をなすことが出來る。

四　申告期限

開墾成功の申告期限は、開墾成功したときから三十日內である。併し開墾成功したる後に所有者に異動ありたる場合に於ては、所有者の變更あつた日から三十日內に申告しなければならない。

五　申告事項

開墾成功申告書には、原地の所在、地番、地目、地積及び賃貸價格並に成功地の地目、地積及び賃貸價格を記載しなければならない。而して申告書には原則として測量圖の添附を要する。開墾減租年期中の成功申告書には、成功地については、地目のみを記載するを以て足り地積、賃貸價格の記載を要しない。從つて測量圖も亦添附するに及ばないものと解する。

◉施行規則第六條　土地ノ異動ニ關スル申告書（年期滿了申告書ヲ含ム）ニハ異動ノ種類ヲ表示シ原地ノ所在、地番、地目、地積及賃貸價格（無租地及免租年期地ニ付テハ賃貸價格ヲ除ク）竝ニ異動シタル地番、地目、地積及賃貸價格ヲ記載スベシ」
前項ノ申告書中新ニ土地臺帳ニ登錄スベキ土地ニ關スル申告書又ハ分筆ノ申告書ニハ地積ノ測量圖ヲ添附スベシ其ノ他ノ申告書ニシテ之ニ記載シタル異動地ノ地積ガ其ノ原地ノ地積ト同一ナラザルモノニ付亦同シ

六　申告書樣式

開墾成功の申告書の樣式については、法令上別に一定の書式がない。從つて前項に述べた事項さへ具備すれば、如何なる書式によつて申告するも妨げない。左にその雛形を示す。

（開墾成功申告書樣式）　（用紙半紙）

開墾成功申告書

昭和　年　月　日

何郡「市」何町「村」大字何、何番地

何　某　印

（又ハ外何名）

何税務署長殿

何郡「市」何町「村」大字何

△赤書スルコト

字	地番	地目	地積	賃貸價格	等級 一反歩又ハ一坪當賃貸價格	比準地	摘要	土地所有者氏名又ハ名稱

			反	円	円			
何	五	△原野	△一三二三	△二七五				
		田	内畦畔 一五〇三 二五	二八五三	八〇級 二〇〇〇	同字一〇番八〇級ニ比準	別紙測量圖添附	何　某　印
何	一〇	△山林	△六〇〇	△一八〇				
		畑	六〇〇	一八〇			何年開墾減租年期滿了	何　某　印

右申告候也

備考

一、總て明瞭に記載すること。特に數字の記載は最も正確を期すること。

二、成るべく正副二通を作成し、土地所在の市區町村を經由するを便宜とすること。

三、二筆以上連記するを妨げない。但し大字を異にするものは成るべく別記とするを可とすること。

四、二人以上連署するを妨げない。この場合は各筆の下部に署名捺印すること。

五、申告者が法人なるときは法人名を肩書して代表者署名捺印すること。

六、代理人を以てする申告書には必ず委任狀を添附すること。

七、申告者が質權者、地上權者なるときは、その旨を肩書すること。

八、地番、地目、地積、賃貸價格は、原地の分を赤書し、異動地の分を黑書すること。

九、左記事項は摘要欄に記載すること。

イ、開墾減租年期中の成功なるときはその旨及び年期滿了の年。
ロ、地積を改測したる場合は測量圖を添附したる旨

第三十六條　開墾減租年期

開墾ニ著手シタル土地ニ付テハ土地所有者ノ申請ニ依リ開墾著手ノ年及其ノ翌年ヨリ二十年ノ開墾減租年期ヲ許可シ年期中ハ原地（開墾前ノ土地）相當ノ賃貸價格ニ依リ地租ヲ徴收ス但シ地類變換ヲ爲シタル後五年內ニ開墾ニ著手シタル土地ニ付テハ之ヲ許可セズ

二十年內ニ成功シ能ハザル開墾地ニ付テハ前項ノ年期ハ開墾著手ノ年及其ノ翌年ヨリ四十年トス

前項ノ年期滿了スルモ尙地味成熟セザル土地ニ付テハ更ニ十年內ノ年期延長ヲ許可スルコトヲ得

宅地又ハ鑛泉地ト爲ス開墾地ニ付テハ其ノ情況ニ依リ稅務署長ハ開墾減租年期ヲ短縮スルコトヲ得

一　開墾減租年期の意義

開墾減租年期とは、開墾地に對する地租法の特典である。卽ちその特典の內容は開墾成功するも直ちに賃貸價格を修正せず、一定の期間原地卽ち開墾前の低い賃貸價格によつて、地租を徵收するにある。この特典を年期と稱したのである。而してこの特典は土地所有者の申請によつて附與される。

舊法に於ては、十年內に成功し能はざるものを除く普通の開墾については年期の觀念がなかつた。卽ち開墾の屆出があれば、總て開墾著手の年から二十一年目に、初めてその成功の部分に對し地價を修正する、所謂法定期間であつた。從つて舊法に於ては、假令土地所有者の申出があつても、二十一年目以前に於ては、地價の修正をしない。のみならず、法定期間なるが故に、土地所有者の意志如何に拘らず、必ず二十年間は原地の地價その儘に据置かねばならなかつたのであるが、新地租法に於ては、賃貸價格はこれを十年目毎に改訂するのであるから、從來の如き方法による必要がない。故に、開墾地は總て年期制度となしたのである。年期制度となした結果として年期を必要としないときは申請しなくとも差支なく、又年期の利益を拋棄するときは年期滿了として、直ちに賃貸價格を修正する。年期制度となしたるため、從來に比し土地所有者の利益を保護すること薄きことになつたかの如くであるが、年期の利益を享受せんとすれば申請をなせば足るのであつて、從來開墾著手申告を要した時代と何等實質的に變るところがない。

二　開墾減租年期地の地租

開墾減租年期地の地租は、年期の滿了するに至るまでは、假令開墾成功しても原地の賃貸價格例へば山林を田に開墾したる場合は、山林の低い賃貸價格によつて地租を徵收する。年期の滿了するとき初めて賃貸價格を修正してその翌年より修正賃貸價格によつて地租を徴收する。

三　開墾減租年期の種類

開墾減租年期には、普通年期と、特別年期と、特別年期の延長との三種類がある。普通年期を申請するか、特別年期を申請するかは、開墾著手の當時に於て決定しなければならぬ。一旦普通年期の許可を受けた以上は、その年期の滿了のとき又はその年期の中途に於て、特別年期に變更の申請をなすことを得ない。

（一）普通年期

普通年期とは、二十年内に成功し得る開墾地に對し許可する年期である。普通年期は開墾著手の年及びその翌年から二十年である。普通年期については性質上年期の延長がない。

（二）特別年期

特別年期とは、二十年内に成功し能はざる開墾地に對し許可する年期である。舊法の開墾鍬下年期に相當する。特別年期は開墾著手の年及びその翌年から四十年である。併しながら宅地又は鑛泉地となす開墾地については、その情況によつて年期を短縮することが出來る。實際問題としてはこれ等の開墾に二十年以上を要するが如きは稀なるべく、從つて大體特別年期の許可される場合はないことゝなるであらう。

（三）特別年期の延長

特別年期の延長とは、卽ち二十年内に成功し能はざる開墾地であつて、開墾著手後四十年を經過するも尙地味成熟しない場合に許可されるのである。延長年期は十年內に於て許可される。特別年期の延長は、地味の不成熟を要件とするから、宅地、鑛泉地等については性質上年期延長の規定は適用されない。

四　開墾減租年期附與の要件

開墾減租年期の許可を受くるには、左の要件を具備しなければならない。

(一)　土地所有者の申請あること

開墾減租年期は許可處分によつて附與されるのであるが故に、土地所有者の申請を要すること勿論である。

(二)　地類變換後五年を經過せざる土地に非ざること

開墾減租年期の許可を受くべき土地は、地類變換後五年を經過しないものであつてはならない。何となれば、地類變換後卽ち第一類地（田、畑、宅地、鹽田、鑛泉地）を第二類地（池沼、山林、牧場、原野、雜種地）に變換してから、未だ五年を經過せざる土地の開墾の如きは、事業容易にして第一類地としての利用回復亦速かなるべきを以て、地目變換などゝの權衡上、普通の開墾と同樣の年期を附與してこれを保護する必要を認めないからである。

(三)　特別年期については、二十年内に成功し能はざるものなること

二十年内に成功し能はざる開墾でなければ、特別年期は許可することが出來ない。二十年内に成功し得るや否やは土地の情況、工事の難易、工事費の概算等を斟酌して客觀的にこれを認定すべきである。併しながらこれが認定は必ずしも容易でない。故に一つの目安を置いて二十年内に成功し得るや否やを推測するより外ないであらう。その方法として實際に採用せられて居るものは、大體開墾地より生ずべき收益の豫定額から、原地の收益を控除した殘額を以て、開墾のために投じた資本を銷却するとするならば何年を要するかを求め、その銷却に二十年以上を要する程度の

ものならば先づ二十年内に成功し能はざる開墾と認めてよからう。

五　開墾減租年期の短縮

宅地又は鑛泉地となす開墾地については、その情況により税務署長は、開墾減租年期を短縮し得ることは前に一言した。これ等の開墾につき年期を短縮するのは、宅地又は鑛泉地となす開墾は、その事業比較的容易であつて、而も成功すれば田畑等の開墾の如く、地味の成熟不成熟の問題もなく、直ちに使用、收益することが出來るが故に、田畑となす開墾地と同樣に年期を附與する必要を認めないからである。

一旦田畑等に開墾する目的を以て、普通年期又は特別年期の許可を受けたる土地が、その目的を宅地に變更したる場合は勿論、一旦田畑に成功したる後、宅地に地目變換したるが如き場合に於ても、減租年期はこれを短縮することが出來る。この場合に於ては減租年期は、その地目變換又は豫定地目變更の事實を知りたる年の翌年限りに短縮することが適當とするであらう。

舊法により開墾の屆出をなしたる土地又は開墾鍬下年期の許可を受けたる土地は、本條による開墾減租年期を許可せられたるものと看做される（第九八條、第九九條）のであるから、これ等の開墾地が、地租法施行後に於て、開墾の目的を宅地又は鑛泉地に變更するときは、理論上はその年期はこれを短縮し得るものと一應解せられざるにあらざるも、開墾減租年期の短縮の規定は、地租法施行後卽ち昭和六年四月一日後の開墾地についてのみ適用があるものと解すべきであらう。

第三十七條　開墾減租年期の申請

前條ノ規定ニ依リ開墾減租年期ノ許可ヲ受ケントスル者ハ開墾著手ノ日ヨリ三十日内ニ、開墾減租年期延長ノ許可ヲ受ケントスル者ハ年期ノ滿了スル年ノ六月三十日迄ニ稅務署長ニ申請スベシ

一　減租年期の申請

本條は、開墾減租年期の申請に關する規定である。土地所有者開墾減租年期の許可を受けんとする場合は、普通年期及び特別年期については、開墾着手の日から三十日內に、その土地の所轄稅務署長へ申請しなければならない。特別年期地にして、開墾著手の年より四十年を經過するも、尙地味の成熟に至らないがために、更に年期延長の許可を受けんとする場合は、特別年期の滿了する年卽ち年期の最終の年の六月三十日迄に、その土地の所轄稅務署長へ申請しなければならない。

年期の許可は、申請を要件とする處分であるから、以上の期限內に申請しなければ年期の附與を受けることが出來ない。

二　豫定地目の變更又は開墾廢止の申告

開墾減租年期中に於て、開墾着手の際申告したる開墾の豫定地目を變更したるとき、又は開墾の事業を廢止したる

ときは、遅滞なくその旨を税務署長に申告しなければならない。

⦿施行規則第八條　開墾減租年期又ハ地目變換減租年期ノ許可ヲ受ケタル土地ニ付開墾若ハ變換ノ豫定地目ヲ變更シ又ハ開墾若ハ變換ヲ廢止シタルトキハ遅滞ナク税務署長ニ之ヲ申告スベシ

三　申請者

開墾減租年期又は開墾減租年期延長の申請者は、原則として土地の所有者である。併しその土地が、質權の目的たるとき又は百年より長き存續期間の定めある地上權の目的たるときは、土地臺帳に登錄せられたる質權者又は地上權者よりも申請することが出來る。

四　申請事項

開墾減租年期又は開墾減租年期延長申請書には、左の事項を記載しなければならない。

（一）普通年期には、土地の所在、地番、地目、地積、賃貸價格、豫定地目及び著手の日。

（二）特別年期には、土地の所在、地番、地目、地積、賃貸價格、豫定地目、著手の日及び事業計畫。

（三）特別年期の延長には、土地の所在、地番、地目、地積、賃貸價格、土地の狀況及び許可を受けんとする年期。

開墾減租年期中に於ける、豫定地目の變更又は開墾廢止の申告書については別に規定がない。けれどもその申告書には左の事項を記載すべきである。

（一）「開墾豫定地目變更申告書」には、土地の所在、地番、地目、地積、賃貸價格、年期滿了の年、豫定地目及び變更地目。

（三）「開墾廢止申告書」には、土地の所在、地番、地目、地積、賃貸價格及び年期滿了の年。

⦿施行規則第七條　減租年期又ハ免租年期ノ申請書ニハ年期ノ種類ヲ表示シ土地ノ所在、地番、地目、地積及賃貸價格（無租地及免租年期地ニ付テハ賃貸價格ヲ除ク）ヲ記載シ尙左ノ事項ヲ附記スベシ

一　開拓減租年期又ハ埋立免租年期ニ付テハ有租地ト爲リタル事由
二　二十年ノ開墾減租年期ニ付テハ開墾ノ豫定地目及著手ノ日
三　四十年ノ開墾減租年期又ハ地目變換減租年期ニ付テハ開墾又ハ變換ノ豫定地目、著手ノ日及事業計畫
四　荒地免租年期ニ付テハ荒地ト爲リタル事由、被害ノ狀況及許可ヲ受ケントスル年期
五　前各號ノ年期ノ延長ニ付テハ土地ノ狀況及許可ヲ受ケントスル年期

五　申請書樣式

開墾減租年期の申請書樣式については、一定の書式がない。從つて前項に述べたる事項さへ具備すれば、如何なる書式によるも妨げない。左にその雛形を示す。

（開墾減租年期申請書樣式）　（用紙半紙）

開墾減租年期申請書

何郡「市」何町「村」大字何、何番地

何　某　印

（又ハ外何名）

昭和　年　月　日

何稅務署長殿

何郡「市」何町「村」大字何

字	地番	地目	地積	賃貸價格	豫定地目	着手ノ日	摘要	土地所有者氏名又ハ名稱
何	三	山林	一反二〇〇	三円六〇	畑	何年何月何日		何 某 印
何	一二〇	原野	一六〇〇	三二〇	田	同	事業計畫別紙ノ通	何 某 印

右申請候也

事業計畫ノ概要

一、工事ノ著手、完了豫定年月

摘要	工事著手	工事完了
堰堤工事		
溜池工事		
水路工事		
開田工事		
何々		
竣功	／	

二、工事費概算

摘要	金額	計算ノ基礎
開田「畑」費	円	
堰堤費		
水路費		
借入金利子		
何々		
計		

三、開墾地ノ收益豫定計算

摘要	原地 基本單價	原地 金額	開墾地 基本單價	開墾地 金額	備考
收入金		円		円	原地
公課					山林　何反歩

支出金							純益金	差引増加純益金
種子肥料代	雇人料	農具費	家畜費	雑費	何々	計		
開墾地	田 何反歩							

（開墾減租年期延長申請書様式）　　（用紙半紙）

開墾減租年期延長申請書

昭和　年　月　日

何郡「市」何町「村」大字何、何番地

何　某　印

（又ハ外何名）

何税務署長殿

何郡「市」何町「村」大字何

字	地番	地目	地積	賃貸價格	許可ヲ受ケントスル年期	土地ノ状況	摘要	土地所有者氏名又ハ名稱
何	一二〇	原野	一反六〇〇	三円二〇	何年ヨリ何年迄何ヶ年	別紙ノ通	何年許可開墾減租年期	何　某　印
何	一五	山林	二一〇〇	六三〇	何年ヨリ何年迄何ヶ年	別紙ノ通	同	何　某　印

右申請候也

開墾地ノ現況
(一) 事業進行ノ状況

(二) 地味成熟ノ程度	
(三) 收穫量又ハ賃貸料	
(四) 其ノ他參考トナルベキ事項	

備考

一、總て明瞭に記載すること。特に數字の記載は最も正確を期すること。
二、成るべく正副二通を作成し、土地所在の市區町村を經由するを便宜とすること。
三、二筆以上連記するを妨げない。但し大字を異にするものは成るべく別紙とするを可とすること。
四、二人以上連署するを妨げない。この場合は各筆の下部に署名捺印すること。
五、申請者が法人なるときは法人名を肩書して代表者署名捺印すること。
六、代理人を以てする申請書には必ず委任狀を添附すること。
七、申請者が質權者、地上權者なるときは、その旨を肩書すること。

ロ、年期延長の申請には減租年期許可の年

イ、二十年内に成功し能はざる開墾地なるときはその旨

八、左記事項は摘要欄に記載すること。

第三十八條　開墾減租年期中の異動

開墾減租年期中ニ於テ開墾成功シタルトキ又ハ其ノ成功地ニ付地目變換ヲ爲シタルトキハ其ノ地目ヲ修正スルモ其ノ賃貸價格ハ之ヲ修正セズ

開墾減租年期中ニ於テ其ノ原地ニ付地目變換ヲ爲シタルトキ又ハ其ノ成功地ニ付地類變換ヲ爲シタルトキハ開墾減租年期ハ消滅ス

本條は、開墾減租年期中の土地が、その年期中に於て開墾成功したる場合及びその原地又は成功地につき地目に異動ありたる場合の開墾減租年期の效力を規定したのである。開墾減租年期中の土地が、開墾成功或は地目の異動によりその效力に及ぼす結果に地目の修正と、年期の消滅とがある。

一　地目の修正

（一）開墾成功

開墾減租年期中に於て開墾の事業が成功したる場合、例へば山林を田にする豫定を以て開墾に著手したる土地が、開墾減租年期の滿了に至らざる以前に、田に開墾成功するときは、已に開墾の目的を達したのであるが、年期の效力に影響せしめない。この場合は地目だけを修正して、賃貸價格は年期滿了のときまで修正しない。

（二）開墾成功地の地目變換

開墾減租年期中に於て、已に成功地目に修正せられたる土地が、更に他の地目に變換したる場合、例へば山林が畑に開墾成功したる後、更にその畑が、田に地目を變換したるが如き場合は、地目變換をなすも開墾の目的は依然存續するを以て、この場合も年期の效力に影響せしめず、地目だけを修正して賃貸價格は修正しない。

地目の修正

異動の種類	土地の異動		
	原地（第二類地）	成功地（第一類地）	變換地（第一類地）
開墾成功	山林	→田	
開墾成功地の地目變換	山林	→畑	→田

以上二の場合とも地目のみを修正して賃貸價格はこれを修正しない。本條第一項はその精神を明かにしたのである。

二　年期の消滅

（一）原地の地目變換

開墾減租年期中に於て、その原地につき地目變換をなしたる場合、例へば山林を畑にする目的を以て開墾に著手した後に於て、山林を原野に地目變換したるが如きである。

（二）開墾成功地の地類變換

開墾成功して地目を修正したる土地が、開墾減租年期中に於て地類變換をなしたる場合、例へば山林が一旦畑に成功し已に地目が畑に修正せられたる後に於て，更にその土地が山林に地類變換をなしたるが如きである。

年期の消滅	土地の異動		
異動の種類	原地（第二類地）	成功地（第一類地）	變換地（第二類地）
原地の地目變換	山林		→原野
開墾成功地の地類變換	山林	→畑	→山林

以上二の場合に於て、その原地につき地目變換をなしたるとき、又はその成功地が更に地類變換をなしたるときは開墾の目的は解消され、玆に開墾減租年期は消滅する。この場合は次節の規定によつて直ちに地目及び賃貸價格を修正するのである。

蓋し開墾減租年期は、第二類地を第一類地となす、開墾事業を保護奬勵せんがために許可せられたるものであるから、開墾減租年期中に於て、その原地が地目變換をなし、或は一旦開墾成功したる土地が、更に第二類地に地類變換をなしたるときは、開墾は事實上廢止せられたると同一結果となるを以て、減租年期の效力を認めてこれを保護する必要ないからである。

第三十九條　開墾減租年期滿了申告

開墾減租年期地ニ付テハ土地所有者ハ年期ノ滿了スル年ノ六月三十日迄ニ年期滿了申告書ヲ稅務署長ニ提出スベシ

一　年期滿了の意義

開墾減租年期が滿了すれば、土地所有者は、年期滿了申告書を提出しなければならない。

開墾減租年期は、一定期間開墾前の土地相當の賃貸價格によつて地租を徵收する特典であることは前に述べたところである。而して年期の滿了とはこの一定期間の經過によつて、地租輕減の特典の消滅することである。故に年期の滿了は、單に一定期間の經過する事實そのものを指すのではなく、年期の效力の消滅を意味するのである。

開墾減租年期は又年期の拋棄によつても滿了する。併し玆に注意を要するは、年期の消滅必ずしも年期の滿了とならないことである。例へば開墾原地の地目變換又は成功地の地類變換は年期の消滅を來すも、この場合は地目變換又は地類變換そのものであつて玆に所謂年期の滿了に該當しない。

年期が滿了すれば今迄宥恕して來た賃貸價格を修正しなければならない。地租法はその前提として土地所有者に對して年期滿了申告書の提出を命じて居る。

二　申告義務者

開墾減租年期滿了の申告義務者は、原則として土地の所有者である。併し開墾地が、質權の目的たる土地、又は百年より長き存續期間の定めある地上權の目的たる土地なるときは、土地臺帳に登録せられたる質權者又は地上權者よりも申告することが出來る。この場合には土地所有者より更めて申告するに及ばないこと勿論である。又舊所有者が申告をなさない內に、所有者に異動あつたときは、新所有者より申告しなければならない。

三　申告期限

開墾減租年期滿了申告書の提出期限は、年期の最終の年の六月三十日迄である。併し舊所有者が申告をなさざるため、新所有者より申告する場合は、その所有權を取得した日から三十日內である。

四　申告事項

開墾減租年期滿了申告書には、原地の所在、地番、地目、地積及び賃貸價格並に成功地の地目、地積及び賃貸價格を記載しなければならない。

而して申告書には、原則として測量圖の添附を要するものと解する（第四一條）。蓋し明治改租の際に於ける第二類地卽ち山林、原野等の地積の測量は、概して正確といふことを得ない實情であるからである。

○施行規則第六條　土地ノ異動ニ關スル申告書（年期滿了申告書ヲ含ム）ニハ異動ノ種類ヲ表示シ原地ノ所在、地番、地目、地積及賃貸價格（無租地及免租年期地ニ付テハ賃貸價格ヲ除ク）竝ニ異動シタル地番、地目、地積及賃貸價格ヲ記載スベシ」

前項ノ申告書中新ニ土地臺帳ニ登錄スベキ土地ニ關スル申告書ニハ地積ノ測量圖ヲ添附スベシ其ノ他ノ申告書ニシテ之ニ記載シタル異動地ノ地積ガ其ノ原地ノ地積ト同一ナラザルモノニ付亦同ジ

五　申告書様式

開墾減租年期滿了の申告書の様式についても亦別に一定した書式がない。從つて前項に述べたる事項さへ具備すれば、如何なる書式によるも妨げない。左にその雛形を示す。

(開墾減租年期滿了申告書様式)　(用紙半紙)

開墾減租年期滿了申告書

何郡「市」何町「村」大字何、何番地

何　某　印

(又ハ外何名)

昭和　年　月　日

何稅務署長殿

何郡「市」何町「村」大字何

字	地番	地目	地積	賃貸價格	等級 一反歩又ハ一坪當賃貸價格	比準地	摘要	土地所有者氏名又ハ名稱
何	三△	原野△	一反二〇〇△	三円六〇△	円		別紙測量圖添附	

△赤書スルコト

		畑	一二二五	一五四〇	七四級 二二〇〇	同字五番 七四級ニ比準		何 某印
何	一二〇	△原野	△一六〇〇	△三二〇			別紙測量圖添附	
		田	一七一二 内畦畔一〇	四四三七	八三級 二六〇〇	同字一二九番 八三級ニ比準		何 某印

右申告候也

備考

一、總て明瞭に記載すること。特に數字の記載は最も正確を期すること。
二、成るべく正副二通を作成し、土地所在の市區町村を經由するを便宜とすること。
三、二筆以上連記するを妨げない。但し大字を異にするものは成るべく別紙とするを可とすること。
四、二人以上連署するを妨げない。この場合は各筆の下部に署名捺印すること。
五、申告者が法人なるときは法人名を肩書して代表者署名捺印すること。
六、代理人を以てする申請書には必ず委任狀を添附すること。
七、申告者が質權者、地上權者なるときは、その旨を肩書すること。
八、地番、地目、地積、賃貸價格は、原地の分を赤書し、異動地の分を墨書すること。
九、左記事項は摘要欄に記載すること。
イ、地積を改測したる場合に於ては測量圖を添附する旨。

第四十條　開墾地の地目修正

開墾成功シタルトキハ（開墾減租年期中ナルト否トヲ問ハズ）直ニ其ノ地目ヲ修正ス

本條は、開墾成功したる土地の地目の修正と、その時期とを規定したのである。

一　地目の修正

地目は、土地の現況、利用の目的によつて附された土地の名稱であるから、開墾の成功によつて、その現況、利用の目的が變はれば、地目の修正を要すること敢て論を俟たない。地目の變更を法律上確認して土地臺帳に登録する處分を地目の修正といふのである。而して地目の修正は、減租年期を有する開墾地たると否と、又減租年期滿了したると否とを問はず、苟くも開墾が成功すればこれをなさねばならぬ。

二　地目修正の時

開墾成功したるときは、直ちに地目を修正するのである。直ちに修正するとは、要するに開墾成功の時の開墾地の現況によつてこれを修正するといふ意に解すべく、開墾が成功すれば速時にこれをなすべしといふ意ではない。それと同時に開墾成功の時の現況によつて修正するならば何時これを修正してもよいといふ意味でないことは法文に照らし明瞭である。

三　地目修正の方法

地目の修正は、土地所有者の申告があり且つ正當であれば固よりそれによりこれをなすが、申告を不相當とするとき又は申告なきときは稅務署長の認むるところにより修正することを要する。

第四十一條　開墾地の賃貸價格修正

開墾成功シタルトキハ開墾減租年期地ヲ除クノ外直ニ其ノ賃貸價格ヲ修正ス
開墾減租年期地ニ付テハ其ノ年期ノ滿了スル年ニ於テ其ノ賃貸價格ヲ修正ス但シ年期滿了スルモ尚開墾成功セザル土地ニ付テハ開墾成功シタルトキ直ニ其ノ賃貸價格ヲ修正ス

本條は、開墾地の賃貸價格修正に關し規定したのである。開墾の事業成功によつて土地の形狀、性質に變化を生じたのであるから、課稅標準たる賃貸價格もそれに應じてこれを修正する必要がある。賃貸價格は、開墾地の現況に應じ、類地の賃貸價格に比準し尚その土地の品位情況を斟案してこれを修正する。その何れの時の現況によるかは實に本條の規定するところである。

開墾地に對する賃貸價格の修正の時期は、普通開墾地と開墾減租年期地とによつて自ら異なる。

（一）　普通開墾地

開墾減租年期を有せざる普通の開墾地の賃貸價格は、開墾の成功したるとき直ちにこれを修正するのである。直ちにとは修正處分の時を制限したものでなく、開墾成功の時の現況によつて修正すべしとする趣旨である。

（二）　開墾減租年期地

開墾減租年期地については、その年期の滿了する年に於て賃貸價格を修正する。その普通年期地たると、特別年期地たるとは勿論問ふところでない。この場合開墾地の一部分しか成功せざるときは、その成功したる部分についてのみ、賃貸價格を修正する。

而して、減租年期の滿了する年に於て、尙開墾成功せざるも一定年限が經過すれば開墾減租年期は滿了する。年期が滿了すればその未成功地は、最早や減租年期地でない。從つて第三十八條第一項の規定の適用がないことはいふまでもない。これ等未成功地に對しては、將來成功の部分の生ずる毎に、その賃貸價格を修正するのである。

開墾成功せざる土地といふ中には、事業そのもの〻未著手は勿論、一筆の一部分のみ成功して他の部分の土地は未だ開墾されないやうな土地をも包含する。從つて開墾減租年期滿了のときに於て、未だ開墾に著手しない土地に對し、その後に於て開墾に著手するも、開墾減租年期は之を許可することが出來ない。

開墾減租年期地については、「其ノ年期ノ滿了スル年ニ於テ其ノ賃貸價格ヲ修正ス」とありて、その年期の滿了する年に於て、賃貸價格の修正をなさざるに於ては、一見爾後賃貸價格を修正し得られざるやうに解せられないでもないが、「其ノ年期滿了スル年ニ於テ」とは、單に賃貸價格修正の時點を示したのであつて、修正處分を制限したのではない。從つてその年を經過するも、賃貸價格を修正し得られずといふ意ではない。年期滿了の年以後は何時でも修正し得らるゝこと勿論である。尤もこの場合に於ても、修正地租は、賃貸價格修正の年の翌年からでなくては、徴收することが出來ない。

第四十二條　開墾地の地積改測

開墾ニ因リ賃貸價格ヲ修正スル場合ニ於テハ其ノ地積ヲ改測ス但シ其ノ地積ニ異動ナシト認ムルトキハ之ヲ省略スルコトヲ得

開墾地の地積は、賃貸價格修正のとき原則としてこれを改測することを要する。蓋し原地たる山林、原野等の土地臺帳に登錄されたる地積は、明治改租の際の測量正確でないもの相當あるを以て之を正確ならしめんがためである。併し左の如き場合であつて、その地積に異動なしと認めらるゝ場合はこれを省略して、土地臺帳に登錄の地積を修正地の地積となすも妨げない。

（一）原地が、御料地又は國有地の拂下地にして、拂下の際當該官衙に於て測量せられたるものなるとき。

（二）開墾減租年期中荒地となり、荒地免租年期滿了の際又は開墾著手前に於て、荒地免租年期滿了により地積を改測したるものなるとき。

（三）耕地整理又は區劃整理に當り地積を測量したるものなるとき。

（四）その他從來土地の異動により地積を改測せられたるものなるとき。

第四十三條　開墾地の徴租

開墾ニ因リ地目又ハ賃貸價格ヲ修正シタル土地ニ付テハ其ノ修正ヲ爲シタル年ノ翌年分ヨリ修正地目又ハ修正賃貸價格ニ依リ地租ヲ徴收ス

開墾により、地目又は賃貸價格を修正したる開墾地の地租は、その修正をなしたる年の翌年分より、修正地目又は修正賃貸價格により徴收するのである。開墾地には普通開墾地と、開墾減租年期地とがあつて、各々地目、賃貸價格の修正の時期を異にする結果、地租徴收の分界もそれに準じて異る。

一　普通開墾地

開墾減租年期を有せざる開墾地は、開墾成功したるとき、直ちに地目、賃貸價格を修正するものなるを以て、結局開墾成功したる翌年分より、その修正地目及び賃貸價格によつて地租を徴收することになる。

二　開墾減租年期地

(一)　年期中開墾成功したるとき

開墾減租年期中に於て、開墾成功したるときは、直ちに地目を修正するものなるを以て、開墾成功したる翌年分よりその修正地目によつて地租を徴收することになる。併しこの場合には地租の負擔には影響がない。

(二)　年期滿了したるとき

開墾減租年期地については、その年期の滿了する年に於て、その賃貸價格を修正するものなるを以て、その年期滿了の翌年分より、修正賃貸價格によつて地租を徵收することになる。

從來は原則として地價を修正した年から修正地價によつて地租を徵收したのを、今回の改正に於て翌年より修正賃貸價格により地租を徵收することに更められたのである。

第四節　地目變換及び地類變換

本節は、土地の異動の一種である地目變換及び地類變換につき、その意義、變換に關する諸申告、減租年期及びその申請、地目、賃貸價格の修正、その他變換したる土地の地租の徵收方法等に關し規定したのである。

本節の規定は、開拓減租年期又は開墾減租年期の消滅の原因となる地目變換、又は地類變換（第二二條第一項、第三八條第二項）には全部適用されるが、年期の消滅を來たさない地目變換（第二二條第二項、第三八條第一項）には、第四十五條の申告の規定のみが適用され、その他については、開拓又は開墾減租年期に關する規定が適用される。又免租年期中の土地につき、地目變換又は地類變換に相當する地目の異動あるも、地目變換又は地類變換と見ないのであるから（第二二條第三項、第六〇條）免租年期地の變換については、本節の規定の適用がないこと勿論である。

第四十四條　地目變換及び地類變換の意義

本法ニ於テ地目變換ト稱スルハ第一類地中又ハ第二類地中ノ各地目ヲ變更スルヲ謂ヒ

地類變換ト稱スルハ第一類地ヲ第二類地ト爲スヲ謂フ

本條は地目變換と地類變換の意義を明かにした規定である。以下これを分析して說述する。

一 地目變換

(一) 地目變換の意義

地目變換とは、同一地類間の土地の地目を交互に變更するをいふのである。從つて地類を異にして、土地の地目を變更するものは玆に所謂地目變換でない。その第一類地に屬する土地を、第二類地となすものは次に述ぶる地類變換である。又第二類地に屬する土地を、第一類地となすものはこれを開墾と稱することは既に說明したところである。

地目の變更とは、土地の現況及び利用の目的を變更することである。例へば耕作用の田畑を、住宅用の宅地となすが如きである。而して土地の現況又は利用の目的に變更ありや否やは、土地全體の狀況から觀察して判定すべきである。故に畦畔、小逕、小池の類を敷設したるが如き場合に於て、現況に多少の變化あるも、土地全體としての現況及び利用の狀況に變化なしと認め得るならば、地目に變更なしと解してよい。又一時的に土地利用の目的を變更したといふ場合、例へば收穫皆無となつた水田に、一時畑作をなしたる場合の如きは、固より地目變換として取扱ふに及ばない。

而して法文には「地目變換ト稱スルハ各地目ヲ變更スルヲ謂ヒ」とあつて、恰も、人爲的に地目の變更が行はれたものでなければ、地目變換と稱さないやうに解せらるるも、變換は必ずしも人爲的なるを要さない。原野が自然に山林となつた場合の如き、固より地目變換と解してよい。一面からすれば、原野を自然に放任して置いた(不作爲)といふことそれ自身、已に消極的には人爲的だと觀られるからである。

（二）　地目變換の種類

有租地には第一類地と第二類地とある。從つて地目變換にも、第一類地の地目變換と、第二類地の地目變換とがある。前者は第一類地に屬する土地の地目が、他の第一類地の地目に變更する場合（例へば畑が田となり、田が宅地となる如き）であり、後者は第二類地に屬する土地の地目が、他の第二類地の地目に變更する場合（例へば原野が山林となり、雜種地が原野となる如き）である。併しこの分類は概念を明瞭にする外、地租法上格別重要性あるものではない。法律上この分類の實益を認めて居るのは、僅かに耕地整理法第十四條第一項の規定あるのみである。

二　地類變換

地類變換とは第一類地に屬する土地の地目が、第二類地の地目に變更するをいふのである。例へば、畑が山林又は原野に變更するが如きは地類變換である。地目の變更の意義については、地目變換につき說明したところと同樣である。地類變換は、開墾の反對の異動であり、開墾は地類變換の反對の異動であるから、兩者は相互に「逆の異動」であるといふことが出來る。

三　縱の異動と橫の異動

地類は地目といふ積木を二本の柱（第一類地の柱と第二類地の柱）に組み上げた狀態と觀ることが出來る。今地目の變更をこの二本の積木の柱に當嵌めて考へて見るならば、地目變換は恰も一本の柱の積木を上、下交互に積み替へるに等しい。故に地目變換はこれを「縱の異動」といふことが出來る。これに反し開墾と地類變換とは、一本の柱の

有租地の地目變更の圖解

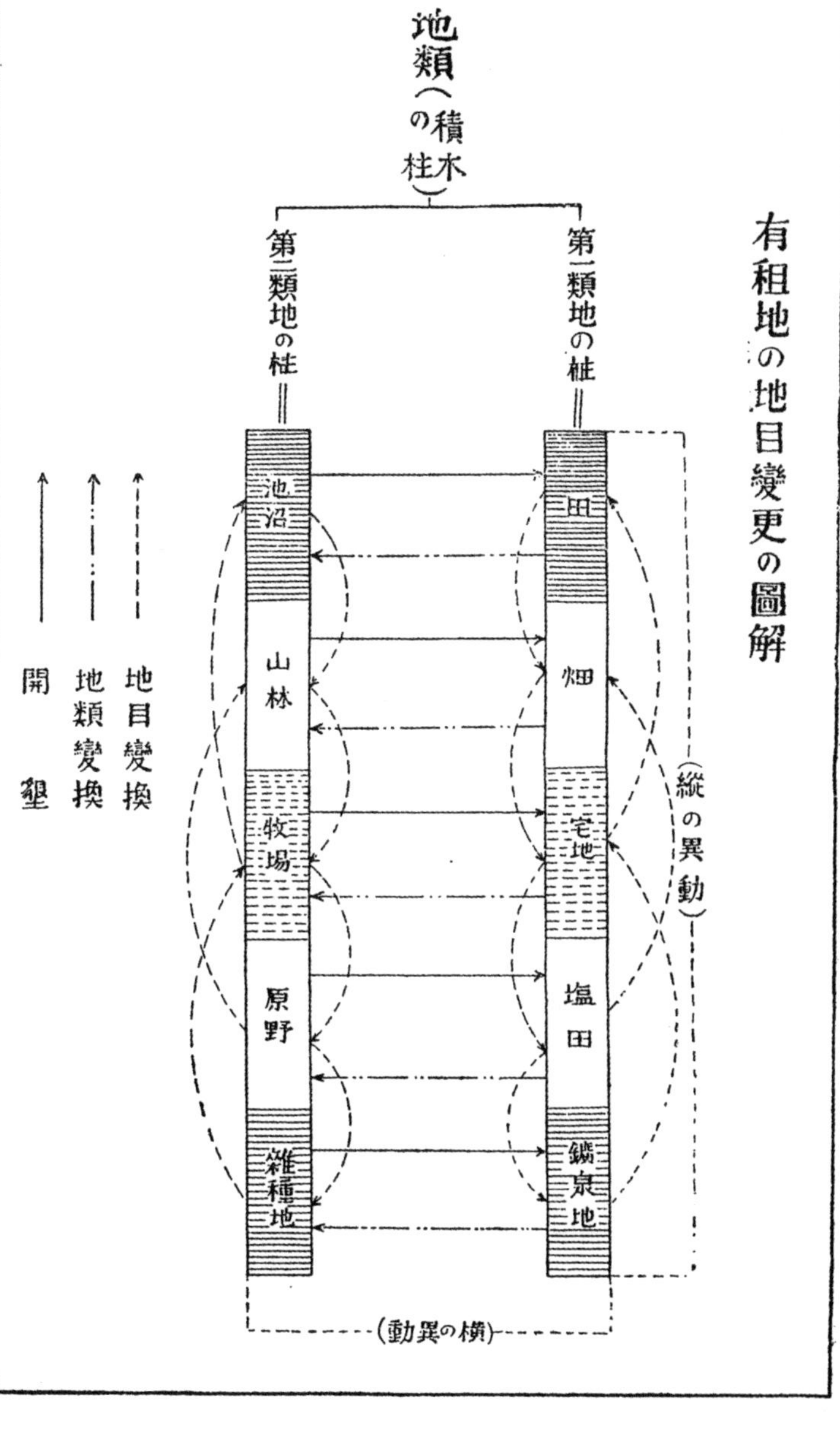

積木を他の柱に移し替へると同樣である。即ち第二類地の柱の積木を第一類地の柱に積み替へるのが開墾で、この反對に第一類地の柱の積木を第二類地の柱に積み替へるのが地類變換である。地目變換を縱の異動と稱する筆法を以てすれば、開墾及び地類變換はこれを「横の異動」といふことが出來るであらう。右に掲ぐる圖解は地目を積木に譬へて、異動の樣相を示し、開墾、地目變換及び地類變換相互の關係を明かにすることを目的として作成したのである。

四　無租地の地目の變換

御料地、國有地には、地租法の適用がないから、地目に變更あるも、勿論地租法の關するところでない。然らば地租法の適用ある無租地相互の間に地目の變更があつた場合如何。

無租地につき假令開墾、地目變換又は地類變換に相當する地目の變更があつても、それは開墾でも、地目變換でも又地類變換でもない。蓋し有租地相互間の異動でなければ開墾、地目變換又は地類變換と稱さないからである。從つて無租地の地目の變更に對し開墾、地目變換又は地類變換の規定を適用し得ざるは法文上明瞭である。

而かも地租法には、無租地相互間の地目の變更に關し何等規定するところなきは、如何なる理由に基くであらうか蓋し無租地の地目に變更を生ずるは、多くの場合無租地たる資格の喪失する時なるべく、然らずして地目に變更を生ずる場合の如きは、極めて稀有のことに屬し、且つ無租地の地目の異動は直接課税に關係なきを以て、特に地目更正に關する規定を設くるの要なしと認めたからであらう。

併しながら一面に於ては、地租法は第六條第二項に、無租地の地目の設定に關する規定を新に挿入した。この規定は、無租地の地籍を正確にする趣旨であつて、その地目に變更を生じたるときは、直ちにこれを修正するの精神と解すべきである。土地の所有者亦地目の變更につき申告の義務を有するものと解する。單にその手續に關する規定を缺くのみであつて、法の不備といへば法の不備であるが、立法の精神解釋としては當に以上の如くである。而して土地所有者は、無租地の地目變更につき申告義務を有すと雖も、地租法は申告に關し規定しあらざるを以て、第八十二條によつて申告を强制し得ざるは勿論である。

第四十五條　地目變換、地類變換の申告

地目變換又ハ地類變換ヲ爲シタルトキハ土地所有者ハ三十日內ニ之ヲ稅務署長ニ申告スベシ

地目變換又は地類變換をなしたるときは、土地所有者は三十日内に、その旨を所轄稅務署長に申告しなければならない。

一　申告義務者

地目變換又は地類變換の申告の義務を負ふものは、原則として土地所有者である。質權者又は地上權者が、第八十一條の規定によつて申告をなしたるときは、更に土地所有者より申告するに及ばないこと勿論である。法令により、一定地域內の土地の地目の變更につき、官廳の許可を要する場合（要塞地帶第一五條、河川法第四七條、砂防法第二條）に於て、當該官廳の許可ありたるときと雖も、土地所有者は地目變換又は地類變換の申告をなすことを要するや否や、新地租法及び同法施行規則には、地租條例施行規則第十條の如き「許可ノ出願ヲ以テ屆出ト看

做ス」といふ規定なきを以て、一應は本條の規定により、申告を要するものと解さねばならぬ。併しながら實際問題としては、當該官廳よりの許可通知を以て、便宜本條の申告と看做して取扱つて妨げないだらう。

◉要塞地帶法第十五條　各區內ニ於テ要塞司令官ノ許可ヲ得ルニ非サレハ新設若ハ變更スルコトヲ得サルモノ左ノ如シ

一　地表ノ高低ヲ永久ニ變更スル土工卽堆土、開鑿等

二　溝渠、鹽田、排水及灌水

三　公園、育樹場、竹木林、菜園及桑茶畑

四　耕作地

◉河川法第四十七條　此法律ヲ以テ定メタルモノノ外尙河川附近ノ土地、家屋若ハ其ノ他ノ工作物ニ關シ河川ノ公利ヲ增進シ又ハ公害ヲ除却若ハ輕減スル爲ニ必要ナル制限ハ命令ヲ以テ之ヲ定ム

◉明治三十三年勅令第三百號第四條　左ニ揭ケタル行爲ヲ爲サムトスルモノハ府縣知事ノ許可ヲ受クヘシ

一　河川附近ノ土地ニ於ケル家屋以外ノ工作物ノ新築、改築又ハ除却

二　河川附近ノ土地ノ掘鑿其ノ他土地ノ形狀ノ變更

三　堤外地ニ於ケル家屋ノ新築、改築若ハ除却又ハ竹木ノ栽植若ハ伐採

◉砂防法第二條　砂防設備ヲ要スル土地又ハ此ノ法律ニ依リ治水上砂防ノ爲一定ノ行爲ヲ禁止若ハ制限スヘキ土地ハ主務大臣之ヲ指定ス

二　申告の時期

地目變換又は地類變換をなしたるときは、三十日內にその旨を所轄稅務署長に申告しなければならない。法文に

變換ヲ爲シタルトキ」とは、地目變換又は地類變換の成功したるときと同義である。

變換申告は、變換の成功したる日の翌日より起算して三十日內にこれをなせばよい。而して變換申告は、通常市區町村を經由する場合でも、上述の期限內に所轄稅務署に到達することを要する。

三　申告事項

地目、地類變換の申告は、書面を以てこれをなさねばならぬ。而して申告書に記載すべき事項は、施行規則第六條の規定するところである。

(一)　通常の變換の場合の申告書には、原地の所在、地番、地目、地積、賃貸價格並に變換地の地番、地目、地積、賃貸價格を記載することを要する。開拓減租年期中の地類變換(第二三條一項)、開墾減租年期中に於ける原地の地目變換及び成功地の地類變換(第三八條二項)、地目變換減租年期中の地類變換(第四八條二項)についても同樣である。以上の外賃貸價格算定の基礎となる比準地及び賃貸價格の等級をも附記すべきこと勿論である。

(二)　開拓減租年期中の地目變換(第二三條二項)、開墾減租年期中に於ける成功地の地目變換(第三八條一項)、地目變換減租年期中に於ける原地又は變換地の地目變換の申告書には、原地の所在、地番、地目、地積、賃貸價格並に變換地の地番、地目、地積を記載することを要する。これ等の年期中の地目變換の場合は、賃貸價格はこれを修正しないから、變換地の賃貸價格はこれを記載するに及ばない。

(三)　申告書には、變換地の地積が、原地の地積に對し異動あるときに限り、その測量圖を添附しなければならない。異動なきときは添附するに及ばない。

◎施行規則第六條　土地ノ異動ニ關スル申告書（年期滿了申告書ヲ含ム）ニハ異動ノ種類ヲ表示シ原地ノ所在、地番、地目、地積及賃貸價格（無租地及免租年期地ニ付テハ賃貸價格ヲ除ク）竝ニ異動シタル地番、地目、地積及賃貸價格ヲ記載スベシ

前項ノ申告書中新ニ土地臺帳ニ登錄スベキ土地ニ關スル申告書又ハ分筆ノ申告書ニハ地積ノ測量圖ヲ添附スベシ其ノ他ノ申告書ニシテ之ニ記載シタル異動地ノ地積ガ其ノ原地ノ地積ト同一ナラザルモノニ付亦同ジ

尙申告書は成るべく正副二通を作成して、土地所在の市區町村を經由して提出するを便宜とする。

四　申告書樣式

申告書の樣式については、別段の規定がない。從つて前項の記載事項を網羅すれば、如何なる樣式によるも妨げない。左に申告書の雛形を掲げる。

（地目、地類變換申告書樣式）　　（用紙半紙）

地目「地類」變換申告書

何郡「市」何町「村」大字何、何番地

何　　某印

（又ハ外何名）

昭和　年　月　日

何税務署長殿

何郡「市」何町「村」大字何

△赤書スルコト

字	地番	地目	地積（反又ハ坪）	賃貸價格（円）	等級	一反歩又ハ一坪當賃貸價格（円）	比準地	摘要	土地所有者氏名又ハ名稱
何	二△	畑	△六〇〇△	一八〇〇				何年何月何日變換	
		田	内畦畔 六二〇 五	二三四〇	八七	三六〇〇	同字五番八七級ニ比準	測量圖別紙ノ通	何　某印
同	二一△	田	四〇〇△	一四〇〇				何年何月何日變換	
		宅地	一二五一〇	五六二九	三六	四五	同字二〇番三五級ニ比準	測量圖別紙ノ通	何　某印
何	二〇〇△	畑	△二五〇〇△	三七五〇				何年何月何日變換何年年期滿了ノ地目變換減租年期	
		宅地	七五〇〇〇	｜					何　某印

右申告候也

備考

一、總て明瞭に記載すること。特に数字の記載は最も正確を期すること。

二、成るべく正副二通を作成し、土地所在の市區町村を經由するを便宜とすること。

三、二筆以上連記するを妨げない。但し大字を異にするものは成るべく別紙とするを可とすること。

四、二人以上連署するを妨げない。この場合は各筆の下部に署名捺印すること。

五、申告者が法人なるときは法人名を肩書して代表者署名捺印すること。
六、代理人を以てする申告書には必ず委任狀を添附すること。
七、申告者が質權者、地上權者なるときは、その旨を肩書すること。
八、地番、地目、地積、賃貸價格は、原地の分を赤書し、異動地の分を墨書すること。
九、左記事項は摘要欄に記載すること。
イ、原地が減租年期を有するときは、その滿了すべき年及び年期の種類
ロ、地積に異動を生じたるものは測量圖を添附したる旨
ハ、地目「地類」變換の時

第四十六條　地目變換減租年期

二十年內ニ成功シ能ハザル地目變換地ニ付テハ土地所有者ノ申請ニ依リ地目變換著手ノ年及其ノ翌年ヨリ四十年ノ地目變換減租年期ヲ許可シ年期中ハ原地(變換前ノ土地)相當ノ賃貸價格ニ依リ地租ヲ徵收ス

前項ノ年期滿了スルモ尚地味成熟セザル土地ニ付テハ更ニ十年內ノ年期延長ヲ許可スルコトヲ得

宅地又ハ鑛泉地ニ變換スル土地ニ付テハ其ノ情況ニ依リ稅務署長ハ地目變換減租年期

ヲ短縮スルコトヲ得

本條は、地目變換減租年期の意義、年期許可の要件、年期の內容（效力）等に關する規定である。

一　地目變換減租年期の意義

地目變換減租年期とは、一定要件を具備する地目變換地に對し、直ちに賃貸價格の修正をなさず、一定期間變換前の賃貸價格によつて、地租を徵收する地租法上の特典である。舊法に地價据置年期と唱へしものを、今回の地租改正に當り、これを減租年期と更めたるものであつて、その實質內容には殆んど變りはない。

然らば地目變換に減租年期を認むる理由如何。通常の場合地目を變換すれば、直ちに賃貸價格を修正し、その翌年より修正賃貸價格によつて、地租を徵收するのであるが、工事に長年月を要するもの又は多額の資本を投ずるにあらざれば、成功することの困難なるものゝ如きは、多くの場合事業成功後、資本の銷却に時日を要し、直ちに實質的收益を擧げ得ざるを常とする。而してかくの如き變換地についても、直ちに賃貸價格を修正して、地租を徵收するときは、時に收益に伴はざる苛酷の課税となり、他の減租年期地に對し權衡を失するのみでなく、産業政策からするも、工事の困難なる地目變換は特に保護助長の必要がある。そこでかくの如き變換地には、一定要件の下に減租年期を許可し年期間は地目變換が成功しても、賃貸價格の修正を猶豫して、變換前の低き賃貸價格により地租を徵收することにしたのである。これを要するに、地目變換を奨勵して、土地の改良を促進せんとするに外ならない。

已に減租年期は、減租の特典である以上、變換の結果地租の增加するものゝみにこれを許可すべく、地租の減少するが如き變換地に對し、これを許可すべからざるは敢て論を俟たない。併しながら第二類地の地目變換に、減租年期を許可し得るや否やは問題である。耕地整理法第十四條によれば、明かに第一類地の地目變換にのみ、耕地整理地目變換減租年期を許可することを規定して居る。然るに地租法にはかくの如き制限規定がないところから見れば、第二類地の地目變換に對しても、これを許可することが出來るものと解されないでもない。併しながら第四十八條第二項に地目變換減租年期中に地類を變換すれば、減租年期が消滅することが規定されて居る。この規定から類推して解釋するときは、第二類地の地目變換には、減租年期はこれを認めない精神と解すべきである。唯耕地整理法はこの當然のことを書いたに過ぎない。而して實際問題として、第二類地につき巨費を投じて、地目を變換するが如きことは事實あり得ないだらうし、假りに事實あり得るとしても、極めて稀有のことであらうから、深く論議するも、實益のない問題と信ずる。

二　減租年期許可の要件

地目變換減租年期許可の要件は二つある。その一は二十年内に成功し能はざる地目變換たること、他の一は土地所有者の申請あること即ちこれである。

(一)　二十年內に成功し能はざる地目變換地でなければ、減租年期は許可することが出來ない。二十年内に成功し得るや否やは、土地の情況、工事の難易、工事費の豫算等を斟酌して、客觀的にこれを認定すべく、土地所有者の主觀にのみ據るべきでない。併しながらこれを認定することは極めて困難であるから、何等かの目安を定めて置くを便宜とする。それには種々の標準を想像することが出來るが、大體變換地より生ずべき收益を推算して、それより原地の收益を控除した殘額(即ち變換により增加した收益)を以て、變換のため投じた資本を銷却するとしたならば、幾年を要するかを求める。その銷却に二十年以上を要する程度のものは、先づ二十年内に成功し能はざるものと認めてよい。この方法は最もよく減租年期許可の精神に合致する標準である。而して資本の銷却に二十年以上を要する計算ならば、事業の成功が事實上二十年内にあると否とはこれを問ふに及ばない。極端に論ずれば事業は一年に成功しても、資本の銷却に二十年以上を要するならば、二十年内に成功し能はざるものとして取扱ふに妨げない。

而して投下資本は、工事費（開田、開畑費、堰堤費、溜池費、揚水機費、水路費、道路費、伏越費等）借入金の利子、その他直接變換に要する費用を以て計算する。從つて土地の價格、土地買入のための借入金利子等土地資本を構成するものは含まない。又收益は原地に在りては最近に於ける實蹟を基礎として、變換地に在りては成功したる曉の豫算により、各收入（收穫物の價格又は小作料等）支出（種子代、肥料代、雇人費、畜力費、農具費、公課、諸雜費等）を計算し、その差額を以て純益とする。

舊法に於ては、本項の要件を「開墾に等しき勞費を要するもの」と定めてあつたのであるが、その意義極めて不明瞭であつたゝめ、今回これを「二十年内ニ成功シ能ハザルモノ」と改めたのであるが、法律の精神に至りては新舊變るところがないものと解してよい。

（二） 地目變換減租年期は土地所有者の申請がなければ、これを附與することが出來ない。地目變換減租年期の許可は減租、卽ち地租の一部を免除する處分である以上、土地所有者の申請を要することは言を俟たない。蓋し一般に免除處分は、申請を前提とすることが行政法上の通則である。而してその申請は、第四十七條の規定に從つた適法のものでなければならぬことも、敢て說明を要さないであらう。

三　地目變換減租年期の內容(效力)

地目變換減租年期地については、旣に地目變換が成功し、土地の利用增進するも、年期中は變換前の低い賃貸價格によつて地租を徵收する。これ地目變換減租年期の內容をなす效力である。

(一)　減租年期

減租年期は工事に著手した年及びその翌年より起算して四十年である。この四十年の年期は不變期間である。資本の銷却に二十年を要する土地の年期も、又三十年、四十年を要する土地の年期も、一樣に四十年の年期である。工事の難易により差別を附ける方が公平のやうにも考へられるが、公平に差別を附けることは頗る困難であり、困難より來るべき官民間の紛爭を未然に防止するためと、調査の煩累を避けんがためには、不變期間を採用するに若かずとしたのである。

舊法は工事著手の年より起算したのを、新法は工事著手の年及びその翌年より四十年とした結果、事實上年期は從來に比し一年間延長されることになつた。これは一般に修正地租の徵收期を、賃貸價格を修正した翌年となした關係と、工事著手の時の如何に拘らず、正味四十年の年期を附與する趣旨を以てかくは更められたのである。

(二)　年期延長

四十年の年期滿了するも、尙地味が成熟しないといふやうな變換地については、更に十年內の年期延長を許可することが出來る。延長年期は可變期間である。地味成熟の程度その他の事情を斟酌して、十年內に於て適當とする年期を定める。結局地目變換減租年期は、四十年以上五十年內に於て許可される譯である。

（三） 宅地、鑛泉地に對する特例

地目變換減租年期は、以上の如く四十年以上五十年以內に於て許可されるのであるが、宅地又は鑛泉地とする地目變換であるときは、稅務署長はその情況により、年期を短縮することが出來る。蓋し多くの場合宅地又は鑛泉地に變換するは、田畑に變換する場合に比して工事容易なると、成功後直ちにこれを利用して十分なる收益を擧げることを得、資本の銷却も比較的短期間に行はれ得るを普通とするが故に田畑同樣の年期を附與する必要はないであらうし、これを附與するときは却て權衡を失することゝもなるので、新法はかくの如き制限を附したのである。又實際問題としても、宅地又は鑛泉地の變換で、資本の銷却が二十年以上に亙るが如きものは極めて稀なるべく、從つて減租年期の許可される場合は先づないものと見てよい。又宅地及び鑛泉地については、性質上「地味成熟」といふことあり得ざるを以て、年期延長の許可も亦あり得ない。

而して減租年期の短縮は、減租年期を許可する際これをなし得ると同時に、減租年期を許可したる後に於てもこれをなすことが出來る。假へば最初田又は畑に變換する目的を以て、減租年期の許可を受けたるものが、中途目的を變更して宅地又は鑛泉地となしたるが如き場合は、稅務署長は變換地の情況如何によりこれを短縮することが出來る。而してその程度は、大體目的變更の事實を知得したる年の翌年限りの年期に短縮すべきであらう。

本條第三項の制限規定は、減租年期を許可するときに、年期を短縮して許可することを得る意であつて、一旦年期を許可したる後はこれを短縮することを得ないと論ずるものあるも、かくては徒らに脫法行爲を助長する結果となり短縮せんとする法律の精神に反し、正當の解釋といふことが出來ない。而して茲に注意を要するは、一旦年期を短縮したる後は、如何なる事由あるも、これを伸長することを得ないことである。從つて年期を短縮して許可されたものが、中途に於て目的を變更して右と反對に今度は田畑に變換する場合と雖も四十年の年期に伸長することを得ない。

第四十七條　地目變換減租年期の申請

前條ノ規定ニ依リ地目變換減租年期ノ許可ヲ受ケントスル者ハ地目變換著手ノ日ヨリ三十日內ニ、地目變換減租年期延長ノ許可ヲ受ケントスル者ハ年期ノ滿了スル年ノ六月三十日迄ニ稅務署長ニ申請スベシ

本條は、地目變換減租年期申請に關する手續を規定したのである。

一　減租年期の申請者

地目變換減租年期を申請し得べき者は、原則として土地の所有者である（前條）。質權者又は地上權者も亦第八十一條の規定によつて、土地所有者に代位して申請することが出來る。

二　減租年期の申請

地目變換減租年期の許可を受けんとする者は、地目變換に著手した日から三十日內に、所轄稅務署長に申請しなければならない。三十日の計算は、我國法制の慣例に從つて、工事に著手した日を入れない。その翌日から起算して三十日內に申請すればよい。而して申請書は便宜市區町村を經由する場合でも、單に市區町村に提出しただけでは不可

である。右の申請期間内に所轄税務署長の手元に到著しなければならない。申請期間を經過した申請は、本條の申請として效力がない。併しながら申請書を郵便に附した場合は、申請期間内に郵便官署に差出したことの證明があれば便宜申請期間内の申請として取扱ふべきであらう。又期間經過の事由が、天災地變その他の不可抗力に基因するものなるときは、税務署長は特に宥恕してこれを受理するも妨げないであらう。而して地目變換減租年期地についても地目變換成功したるときは、更に第四十五條の申告をなさねばならない。

三　年期延長の申請

四十年の年期滿了するも地味が尙成熟しない變換地につき、年期延長の許可を受けんとする者は、年期の滿了する年、卽ち年期の最後の年の六月三十日までに、所轄税務署長に申請しなければならない。六月三十日を經過した申請の無效なること、竝に申請期間の經過に對する宥恕等については、前項說明したところを參照されたい。

舊法(明治三十四年法律第三十號)は、事業の成功せざる場合にも、年期の延長を許可したが、新地租法では單に地味の成熟せざる場合にのみ年期の延長を認めた。蓋し年期滿了するも、事業の成功せざる土地については、爾後成功の部分に對し、その都度賃貸價格を修正すればよいのであつて、殊更に年期の延長を許可するの必要を認めないからである。

四　申請書の記載事項

(一)　地目變換減租年期申請は書面を以てなさねばならない。申請書には、土地の所在、地番、地目、地積及び賃貸價格を記載するの外、變換の豫定地目、著手の日及び事業計畫を附記しなければならない。事業計畫には、一般計畫の外、開田、開畑、用水、排水等の部分計畫竝に費用の概算、收益の豫想等を巨細に記載すべきである。詳細は後に掲ぐる申請書樣式を參照されたい。

（二）年期延長申請書には、土地の所在、地番、地目、地積及び賃貸價格を記載すると共に、申請の時に於ける變換地の情況及び許可を受けんとする希望の年期を附記しなければならない。

◎施行規則第七條　減租年期又ハ免租年期ノ申請書ニハ年期ノ種類ヲ表示シ土地ノ所在、地番、地目、地積及賃貸價格（無租地及免租年期地ニ付テハ賃貸價格ヲ除ク）ヲ記載シ尚左ノ事項ヲ附記スベシ（第一號、第二號、第四號省略）

三　四十年ノ開墾減租年期又ハ地目變換減租年期ニ付テハ開墾又ハ變換ノ豫定地目、着手ノ日及事業計畫

五　前各號ノ年期ノ延長ニ付テハ土地ノ状況及許可ヲ受ケントスル年期

この減租年期申請書も、成るべく正副二通を作成して、土地所在の市區町村を經由するを便宜とする。

五　申請書樣式

申請書の樣式については、別に規定がない。左にその雛形を掲げる。

（地目變換減租年期申請書樣式）　　（用紙半紙）

地目變換減租年期申請書

昭和　年　月　日

何郡「市」何町「村」大字何、何番地

何　某　印

（又ハ外何名）

何税務署長殿

何郡「市」何町「村」大字何

字	地番	地目	地積	賃貸價格	變換豫定地目	變換着手ノ時	摘要	土地所有者氏名又ハ名稱
何	一二〇	畑	反 八〇〇	円 一九 二〇	田	昭和六年四月一日	事業計畫別紙ノ通	何 某 印
何	七五三	畑	二 五〇〇	四五 〇〇	田	同	同	何 某 印
何	五〇〇	畑	一 〇〇〇	一八 〇〇	田	同	同	何々會社代表者 何 某 印
何	三〇〇	畑	二 〇〇〇	二八 〇〇	田	同	同	何 某 印
何	七〇〇	田	一 〇〇〇	三〇 〇〇	宅地	同	同	質權者 何 某 印
何	四〇〇	田	一 〇〇〇	二二 〇〇	畑	同	同	何 某 印

右申請候他

事業計畫ノ概要

一、工事ノ著手、完了豫定年月

摘要	工事著手	工事完了
堰堤工事		
溜池工事		
水路工事		
開田工事		
何々		
竣功	／	

二、工事費概算

摘要	金額	計算ノ基礎
開田「畑」費	円	
堰堤費		
水路費		
借入金利子		
何々		

計

三、變換地ノ收益豫定計算

摘要		收入金	支出金 公課	支出金 種子肥料代	支出金 雇人料	支出金 農具費	支出金 家畜費	支出金 雜費	支出金 何々
原地	基本單價								
原地	金額	円							
變換地	基本單價								
變換地	金額								
備考		原地	畑　何反歩	變換地	田　何反歩				

計							
純益金							
差引増加純益金							

備考 原地の耕作地にあらざるときはこれに準じて作成する。

(地目變換減租年期延長申請書樣式)

(用紙半紙)

地目變換減租年期延長申請書

昭和 年 月 日

何郡「市」何町「村」大字何、何番地

何 某 印

(又ハ外何名)

何税務署長殿

何郡「市」何町「村」大字何

字	地番	地目	地積	賃貸價格	豫定地目	許可ヲ受ケントスル年期	摘要	土地所有者氏名又ハ名稱
何	一二〇	畑	反 八〇〇	一九円二〇	田	自何年 至何年 何箇年	變換地ノ現況別紙ノ通、何年減租年期許可	何 某 印

何	七五三	畑	二五〇〇	四五〇〇	田	同	同	何 某印
何	五〇〇	畑	一〇〇〇	一八〇〇	田	同	同	何々會社代表者 何 某印
何	三〇〇	畑	二〇〇〇	二八〇〇	田	同	同	何 某印
何	四〇〇	田	一〇〇〇	二二〇〇	畑	同	同	何 某印

右申請候也

變換地ノ現況	(一)事業進行ノ狀況	(二)地味成熟ノ程度

（三）收穫量又ハ賃貸料	
（四）其ノ他參考トナルベキ事項	

備考

一、總て明瞭に記載すること。特に數字の記載は最も正確を期すること。
二、成るべく正副二通を作成し、土地所在の市區町村を經由するを便宜とすること。
三、二筆以上連記するを妨げない。但し大字を異にするものは成るべく別紙とするを可とすること。
四、二人以上連署するを妨げない。この場合は各筆の下部に署名捺印すること。
五、申請者が法人なるときは法人名を肩書して代表者署名捺印すること。
六、代理人を以てする申請書には必ず委任狀を添附すること。
七、申請者が質權者、地上權者なるときは、その旨を肩書すること。
八、左記事項は摘要欄に記載すること。
イ、年期延長申請の場合は減租年期許可の年。

第四十八條　地目變換減租年期中の異動

地目變換減租年期中ニ於テ其ノ原地又ハ變換地ニ付地目變換ヲ爲シタルトキハ其ノ地目ヲ修正スルモ其ノ賃貸價格ハ之ヲ修正セズ
地目變換減租年期中ニ於テ地類變換ヲ爲シタルトキハ地目變換減租年期ハ消滅ス

本條は、地目變換減租年期中の土地が、年期の半に於て、異動したる場合に於ける效力に關し規定したのである。地目變換減租年期中の土地が、豫定地目に變換したる場合の如きは、年期地當然の異動であつて、年期中の異動として特に規定を設くるの要を見ない。故に本條は地目變換減租年期中の土地が、豫定地目に變換せずして、他の地目に變換したる場合に關する規定であること明かである。

地目變換減租年期中の土地が、年期中に異動した場合に於て、地目變換なると地類變換なるとによりてその效力を異にする。

一　地目變換

地目變換をなしたる場合の效力は、卽ち本條第一項の規定するところである。それには凡そ二通りの態様がある。

(一)　その一は原地につき地目變換をなしたる場合である。例へば宅地を田にする目的で變換に著手して、田に變換しないで畑に變換したる場合の如きである。

（二）　その二は變換地につき地目變換をなしたる場合である。この場合は更にこれを二の場合に區分して考へることが出來る。その一は（イ）宅地を田にする目的で變換に著手し、一旦田に變換成功したる後、再び畑に變換したる場合であつて、他の一は（ロ）同樣田に變換成功したる後再び原地（卽ち宅地）に變換したる場合である。

以上何れの場合でも、第五十條によつて地目を修正するが、賃貸價格はこれを修正しない。恰も當然のことを累ねて本條に規定したかにも見られる。併し本條第一項は地目を修正することを主眼として規定したものでなく、賃貸價格の修正をしないといふのが規定の眼目である。その精神とするところは、年期滿了するまでは、地目は修正しても賃貸價格は原地の儘で、地租を徵收する。つまり減租年期はこれを消滅せしめないといふことを明白にするにある。

舊法には變換成功したる後、再び原地に變換したる場合は、直ちに地價を修正する規定があつた（地租條例施行規則第四條）。新法はこの場合と雖も、賃貸價格を修正しないことに更めたのである。蓋しこの場合は、變換廢止の一態樣とも見られ、且つ現に原地卽ち前例により宅地の賃貸價格により地租を徵收して居るのであるから、異動の結果、土地の品位情況に多少の變化ありとするも、急いでその賃貸價格を修正するの必要なきを以てである。

二　地類變換

これ本條第二項の規定するところである。地目變換減租年期中に於ける地類變換も亦二の場合を想像することが出來る。卽ちその一は、（イ）原地につき地類を變換したる場合であつて、その二は、（ロ）變換成功地につき地類を變換したる場合である。何れの場合たるとを問はず地目變換減租年期は消滅する。從つて地目、賃貸價格は、普通の地類變換の規定を適用して直ちに修正する（第五〇條、第五一條）。蓋し地類を變換するに拘らず、減租年期の效力を存續せしむるが如きは、地目變換を奬勵して、土地の改良を促進する減租年期の制度の精神に反することになるからである。尙以上の關係を圖表にして、新舊對照に便ならしむ。

地目變換減租年期中の土地の異動と效力との關係

摘要	異動の態樣			效力			
				新法		舊法	
	原地目	豫定地目	異動地目	地目	賃貸價格	地目	地價
(一) 原地につき地目變換をなしたる場合	宅地	田	畑	修正	不修正	修正	不修正
(二) 變換成功地につき地目變換をなしたる場合の一	宅地	→田	→畑	修正	不修正	修正	不修正
(三) 同上の場合の二	宅地	→田	→宅地	修正	不修正	修正	修正
(四) 原地につき地類變換をなしたる場合	畑	田	→山林	修正	修正	修正	修正
(五) 變換地につき地類變換をなしたる場合	畑	→田	→原野	修正	修正	修正	修正

備考

一、矢の方向は異動の態樣を示す。卽ち(一)は宅地より畑に變換したることを、(二)は宅地が田に變換したる後再び畑に變換したことを示すが如し。

二、舊法の適用條項は左の通りである。

(一)の場合　地租條例第十七第一項。
(二)の場合　同條例施行規則第五條第一項。
(三)の場合　同條例施行規則第四條
(四)の場合　地租條例第七條
(五)の場合　同條例施行規則第四條

三　豫定地目變更申告、變換廢止申告

(一)　地目變換減租年期中變換の豫定地目を變更したるときは、遲滯なくこれを所轄稅務署長に申告しなければならない。豫定地目の變更とは、變換著手前又は變換の未だ成功せざる以前に目的を變更することである。前項にて說明したる原地につき地目變換をなす場合(一)は、變換前に豫定地目變更の申告をなさねばならぬ。原地につき地類變換をなす場合は、減租年期消滅を來すのであるから、豫定地目變更の申告を要しない。直ちに地類變換の申告をなすべきである。

變換地につき地目變換又は地類變換をなしたる場合も、廣い意味に於ては豫定地目の變更といふてよい。併しこの場合は、一旦豫定地目に變換したのであるから、豫定地目變更の申告を必要としない。二度目の變換につき、直ちに地目變換又は地類變換の申告をなせばよい。

(二)　地目變換減租年期中變換を廢止したるときは、これ亦遲滯なく所轄稅務署長にその旨を申告しなければならぬ。變換の廢止といふのは、變換の著手前又は變換の未だ成功せざる以前に變換の目的を拋棄することである。從つ

て變換成功後、再び原地に變換したといふやうな場合（前掲圖解の(三)の場合）には、實質的には變換の廢止であるが、法律的には二つの地目變換と見るべきで、所謂變換の廢止とは見ないのである。

◉施行規則第八條　開墾減租年期又ハ地目變換減租年期ノ許可ヲ受ケタル土地ニ付開墾若ハ變換ノ豫定地目ヲ變更シ又ハ開墾若ハ變換ヲ廢止シタルトキハ遲滯ナク稅務署長ニ之ヲ申告スベシ

(三)　豫定地目變更申告書、變換廢止申告書の樣式については、別に定むるところがない。左にその雛形を示す。

（地目變換豫定地目變更申告書樣式）　（用紙半紙）

地目變換豫定地目變更申告書

何郡「市」何町「村」大字何、何番地

何　某印

（又ハ外何名）

昭和　年　月　日

何稅務署長殿

何郡「市」何町「村」大字何

字	地番	地目	地積	賃貸價格	舊豫定地目	新豫定地目	摘要	土地所有者氏名又ハ名稱
何	一〇	宅地	反又ハ坪 三〇〇	円 二〇〇〇	田	畑	何年著手地目變換減租年期	何　某印
何	七五三	畑	二五〇〇	四五〇〇	田	宅地	同	何　某印

何	五〇〇	畑	一〇〇〇	一八〇〇	田	宅地	同		何々會社代表者 何　某印
何	三〇〇	畑	二〇〇〇	二〇〇〇	田	宅地	同		何　某印
何	七〇〇	田	一〇〇〇	三〇〇〇	宅地	畑	同		買繼者 何　某印

右申告候也

（地目變換廢止申告書樣式）

（用紙半紙）

地目變換廢止申告書

昭和　年　月　日

何郡「市」何町「村」大字何、何番地

何　某印

（又ハ外何名）

何税務署長殿

何郡「市」何町「村」大字何

字	地番	地目	地積	賃貸價格	豫定地目	地目變換著手ノ年	摘要	土地所有者氏名又ハ名稱
何	一二〇	畑	一反〇〇〇	二〇円〇〇	田	昭和何年		何　某印

何	七〇〇	畑	二五〇〇	四五〇〇	田	同		何 某印
何	五〇〇	畑	一〇〇〇	一八〇〇	田	同		何々會社代表者何 某印
何	三〇〇	畑	二〇〇〇	二八〇〇	田	同		何 某印
何	四九四	田	一〇〇〇	二二〇〇	畑	同		何 某印

右申告候也

備考

一、總て明瞭に記載すること。特に數字の記載は最も正確を期すること。
二、成るべく正副二通を作成し、土地所在の市區町村を經由するを便宜とすること。
三、二筆以上連記するを妨げない。但し大字を異にするものは成るべく別紙とするを可とすること。
四、二人以上連署するを妨げない。この場合は各筆の下部に署名捺印すること。
五、申告者が法人なるときは法人名を肩書して代表者署名捺印すること。
六、代理人を以てする申告書には必ず委任狀を添附すること。
七、申告者が質權者、地上權者なるときは、その旨を肩書すること。
八、地番、地目、地積、賃貸價格は、原地の分を赤書し、異動地の分を墨書すること。

第四十九條　地目變換減租年期滿了申告

地目變換減租年期地ニ付テハ土地所有者ハ年期ノ滿了スル年ノ六月三十日迄ニ年期滿了申告書ヲ税務署長ニ提出スベシ

本條は、地目變換減租年期滿了申告に關する規定である。減租年期滿了の意義、減租年期滿了申告、申告書の樣式の三項に分ちて說明する。

一　減租年期滿了の意義

減租年期は、一定期間地租を輕減する特典であることは既に述べた通りである。この一定期間の經過によつて、地租輕減の特典の消滅することを年期の滿了と稱するのである。卽ち年期の滿了は、單に一定期間を經過する事實そのものを指すのでなく、一定期間の經過によつて、年期の效力の消滅することを意味するのである。年期は又土地所有者の年期の拋棄によつて滿了する。併し年期の消滅は必ずしも年期滿了の原因とならないことに注意を要する。例へば減租年期中の地類變換は年期の消滅を結果するが、それは所謂地類變換であつて、玆に所謂年期滿了ではない。年期が滿了すれば、今まで猶豫して來た賃貸價格の修正をなさねばならぬ。その前提として地租法は、土地所有者に對し、年期滿了申告書の提出を命じて居る。

二　減租年期滿了申告

地目變換減租年期地の所有者は、減租年期の滿了する年の六月三十日までに、年期滿了申告書を所轄稅務署長に提出しなければならぬ。

(一) 減租年期滿了の申告義務者は原則として土地所有者である。質權者又は地上權者が、第八十一條の規定によつて申告をなしたるときは、土地所有者より重ねて申告するに及ばないこと勿論である。

(二) 減租年期滿了申告書は年期の滿了する年、卽ち年期の最終の年の六月三十日までに、所轄稅務署長に提出することを要する。假令市區町村を經由する場合でも同日までに、所轄稅務署長に現に到達しなければ適法の申告といふことが出來ない。年期滿了申告であるから、年期の滿了後にこれをなすを順序とする。それを年期の中途に申告期限を定めたる理由は、賃貸價格は年期滿了の年に於て修正し、その翌年から修正地租を徵收する主義を採用した結果であつて、年期の最終の年の六月にも到れば、年期滿了の時の土地の狀況も大體見透がつき、申告事項の調査に不都合なしと認めたからである。

(三) 年期滿了は、前述の如き意義を有するが故に、年期滿了の申告書には、單に年期が滿了したことだけを記載したのでは全く意味をなさない。賃貸價格を修正するに必要とする事項を記載しなければならない。地目變換減租年期滿了申告書に記載すべき事項は、施行規則第六條にこれを規定して居る。

イ 土地の所在、地番（地番をも異動したるときは新地番共）

ロ 原地の地目、地積、賃貸價格

ハ 變換地の地目、地積、賃貸價格

年期滿了申告書は成るべく正副二通を作成して、市町村を經由するを便とする。

年期滿了申告書には、原則として測量圖の添附を要さない。地積に異動あるときのみこれを添附する。

◎施行規則第六條　土地ノ異動ニ關スル申告書（年期滿了申告書ヲ含ム）ニハ異動ノ種類ヲ表示シ原地ノ所在、地番、地目、地積及賃貸價格（無租地及免租年期地ニ付テハ賃貸價格ヲ除ク）竝ニ異動シタル地番、地目、地積及賃貸價格ヲ記載スベシ

前項ノ申告書中新ニ土地臺帳ニ登錄スベキ土地ニ關スル申告書又ハ分筆ノ申告書ニハ地積ノ測量圖ヲ添附スベシ其ノ他ノ申告書ニシテ之ニ記載シタル異動地ノ地積ガ其ノ原地ノ地積ト同一ナラザルモノニ付亦同ジ

三　年期滿了申告書樣式

年期滿了申告書には別段の樣式がない。前項に述べた事項を網羅して居れば、如何なる樣式によるも妨げない。左にその雛形を示す。

（地目變換減租年期滿了申告書樣式）　（用紙半紙）

地目變換減租年期滿了申告書

昭和　年　月　日　何郡「市」何町「村」大字何、何番地

何　某印

何稅務署長殿　（又ハ外何名）

何郡「市」何町「村」大字何　△赤書スルコト

字	地番	地目	地積	賃貸價格	等級 一反步又ハ一坪當賃貸價格	比準地	摘要	土地所有者氏名又ハ名稱
何	一二〇	△畑	△ 反八〇〇	△ 一二〇〇 円	円			
		田	一〇〇〇	四二〇〇	八九級 四二〇〇	同字何番八九級ニ比準	測量圖別紙ノ通	何 某印
何	七五三	△畑	△ 二五〇〇	△ 三五〇〇				
		田	二五〇〇	一一二五〇	九〇級 四五〇〇	同字何番九〇級ニ比準		何 某印
何	一	△田	△ 一〇〇〇	△ 一五〇〇			何年何月何日畑ヨリ田ニ變換申告ノモノ	
		田	一二〇〇	四六八〇	八八級 三九〇〇	同字何番八八級ニ比準	測量圖別紙ノ通	何 某印

右申告候也

備考

一、總て明瞭に記載すること。特に數字の記載は最も正確を期すること。
二、成るべく正副二通を作成し、土地所在の市區町村を經由するを便宜とすること。
三、二筆以上連記するを妨げない。但し大字を異にするものは成るべく別紙とするを可とすること。
四、二人以上連署するを妨げない。この場合は各筆の下部に署名捺印すること。

五、申告者が法人なるときは法人名を肩書して代表者署名捺印すること。
六、代理人を以てする申告書には必ず委任狀を添附すること。
七、申告者が質權者、地上權者なるときは、その旨を肩書すること。
八、地番、地目、地積、賃貸價格は、原地の分を赤書し、異動地の分を墨書すること。
九、左記事項は摘要欄に記載すること。
イ、原地又は變換地につき地目變換したるものなるときは、その旨を申告したる年月日。
ロ、豫定地目を變更したるものなるときは、その旨。
ハ、年期の抛棄による滿了申告書なるときはその旨。

第五十條　變換地の地目修正

地目變換又ハ地類變換ヲ爲シタルトキハ（地目變換減租年期中ナルト否トヲ問ハズ）直ニ其ノ地目ヲ修正ス

本條は、地目變換又は地類變換をなしたる土地の地目の修正と、その時期を規定したのである。

一　地目の修正

地目は、土地の現況、利用の目的に從つて附される土地の名稱であるから、地目變換又は地類變換によつて、その現況並に利用狀況に變化を生ずれば、その地目も亦自然變更せざるを得ない。地目の變更を法律上確認する行政行爲を地目の修正といふのである。換言すれば變更したる地目を決定して、土地臺帳に登錄するまでの一切の手續を包括して、これを地目の修正といふのである。

而して地目修正は普通の變換地たると、地目變換減租年期地たるとを問はず、現實に地目又は地類の變換が成功すればこれをなすのである。從つて地目變換減租年期中その土地が、目的とする地目に、變換成功したる場合も、地目だけはこれを修正するのである。

二　地目修正の時

地目又は地類を變換したときは、直ちに地目を修正するのである。直ちに修正するとは、必ずしも、時間的に變換成功の時に修正する意味でなく、變換成功の時の現況によつて修正する意味である。それと同時に變換成功の時の現況によつて修正するならば、何時修正するも可なりといふ弱い意味でもないことは直ちにの字義に照し明白である。

三　地目修正の方法

地目は土地の現況及び利用狀況に應じてこれを定める。これに關し土地所有者の申告があつて、それが相當のものであれば勿論それにより、申告が不相當なる場合又は無申告の場合は、稅務署長の認むるところによつて、これを決定するのである。

第五十一條　變換地の賃貸價格修正

地目變換又ハ地類變換ヲ爲シタルトキハ地目變換減租年期地ヲ除クノ外直ニ其ノ賃貸

價格ヲ修正ス
地目變換減租年期地ニ付テハ其ノ年期ノ滿了スル年ニ於テ其ノ賃貸價格ヲ修正ス但シ年期滿了スルモ尙地目變換セザル土地ニ付テハ地目變換シタルトキ直ニ其ノ賃貸價格ヲ修正ス

本條は、地目變換地及び地類變換地の賃貸價格修正に關する規定である。

一　賃貸價格の修正

地目又は地類を變換すれば、土地の收益能力に變化を及ぼすが故に、地租の課稅標準たる賃貸價格も亦更正を要するに至るは當然である。卽ち土地の收益能力に順應するやう、賃貸價格を變更することを賃貸價格の修正といふのである。而して賃貸價格の修正は課稅標準の決定處分であることは勿論であつて、地目の修正と同樣、土地臺帳に登錄するまでの一切の行爲をその內容とする。

二　賃貸價格修正の時

地目變換地又は地類變換地の賃貸價格を修正する時期は、減租年期地なると否とによつて異る。

（一）　普通の地目變換地、地類變換地

普通の地目變換地及び地類變換地（地目變換減租年期中地類變換したるものを含む）の賃貸價格は、變換の成功したる際直ちに修正する。直ちにとは、必ずしも時間的に、變換成功の時と同時の意味でない。變換成功の際の現況によつて修正する意味と解してよい。勿論出來るだけ速かに修正すべきは、直ちにの字義から見て明瞭である。

(二) 地目變換減租年期地

地目變換減租年期地の賃貸價格は、地目變換が成功しても、直ちに修正しない。年期の滿了する年にこれを修正する。年期滿了以前に於て賃貸價格を修正するは、修正地租の徵收期を、賃貸價格修正の翌年に統一した結果である。然らば年期滿了の年の何日修正するや、第四十九條によれば、減租年期地の所有者は、年期滿了の年の六月三十日までに、年期滿了申告書を稅務署長に提出すべきことを規定して居る。この點より推測して、年期滿了の申告期限後、成るべく速かに修正を要する意と解する。

而して賃貸價格は處分の時の現況によつてこれを修正する。年期滿了の時の狀況を豫測して修正すべきが如きも豫測によつて課稅標準を決定するは妥當でない。修正處分は、年期滿了の年の過半に於てこれをなすのであるから、その時の現況によつて修正するも、實際上不都合を生ずることないと信ずる。

減租年期滿了の際尙地目變換の成功しない部分に對して、賃貸價格を修正する途のないことは勿論である。これ等の土地については、爾後變換成功の部分の生ずる都度、その賃貸價格を修正する。敢て本條第二項但書の規定を俟つまでもないのであるが、これ等の土地と雖も、一旦は減租年期地であつたのであるから、疑義の生ずることのなからしむるため、當然のことを但書に附加したのである。

三 賃貸價格修正の方法

賃貸價格は、近傍に於ける類地の賃貸價格に比準してこれを修正する(第九條第三項)。而して賃貸價格は、土地所有者の申告が相當であればそれにより、申告が不相當の場合又は無申告の場合は、稅務署長はその認むるところによつてこれを決定するのである(第一三條)。尙詳細は當該條項の說明を參酌されたい。

第五十二條　變換地の地積改測

地目變換又ハ地類變換ニ因リ賃貸價格ヲ修正スル場合ニ於テ必要アリト認ムルトキハ其ノ地積ヲ改測ス

地目變換又は地類變換をなし、地租の課稅標準たる賃貸價格の修正を必要とするに至りたる場合は、先づ順序として計算の基礎となる地積を確定しなければならない。併しながら地積の確定には必ずしも改測する必要がない。本條の精神は原則として改測しない主義である。卽ち原地の地積と變りないと認むるときは改測するに及ばないといふ趣旨である。唯例外として地積に異動ありと認むるときに限り改測すればそれでよい。

而して改測の必要ありや否やは、當事者の主觀によりこれを決めるより外にないだらう。卽ち土地所有者はその主觀によつて改測の要否を決めて申告をなし、稅務署長も亦自己の主觀によつて改測の要否を決する。敢て土地所有者の申告に拘泥するに及ばない。

第五十三條　變換地の地租徵收

地目變換又ハ地類變換ニ因リ地目又ハ賃貸價格ヲ修正シタル土地ニ付テハ其ノ修正ヲ爲シタル年ノ翌年分ヨリ修正地目又ハ修正賃貸價格ニ依リ地租ヲ徵收ス

本條は、地目變換又は地類變換をなしたる土地の地租の徵收方法を規定したのである。卽ち變換によつて地目又は賃貸價格を修正したるときは、その翌年分から、修正地目又は修正賃貸價格によつて、地租を徵收することを規定したのである。

一　修正地目による地租の徵收

地目又は地類の變換が成功すれば、直ちに、地目を修正することは既に述べたところである。地目を修正したる土地の地租は、その修正をなしたる年の翌年分から、修正地目によつて徵收するのである。地目變換減租年期中に、目的地目に變換成功したる場合は勿論、年期中原地又は變換地につき地目を變換したる場合及び年期中地類を變換したるものについても同樣である。新地租法に於ては、稅率各地目同一なるを以て、修正地目によつて地租を徵收すると否とに拘らず、實際地租の負擔には、何等影響がない。從つて修正地目によつて地租を徵收する效果は、僅かに納期に異動を生ずることあるに過ぎない。

二　修正賃貸價格による地租の徵收

地目變換又は地類變換の成功したるとき（地目變換減租年期地については年期滿了の年）賃貸價格を修正することは第五十一條のところで說明した通りである。賃貸價格を修正したる土地の地租は、その修正をなしたる年の翌年分地租から修正賃貸價格によつて徴收する。從來普通の變換地は、原則として地價修正をなしたる年より修正地價によつて地租を徴收したのであるが、例外の場合もあつて、官民共に不便を感ずること少くなかつたのを、前記の如く改正したのである。減租年期地については賃貸價格の修正が一年繰上がつたゞけで徴租の分界は全く從來と變らない。

第五節　荒地免租

第五十四條より第六十四條までは、地租の消極的範圍の一として、所謂荒地の免租に關しその意義、免租年期及びその申請、賦課免除等につき規定したのである。荒地に對し地租を免除する精神は、舊法と毫も變るところがないが、(一)舊法の地價復舊主義を賃貸價格設定主義に更め(二)舊法の低價地制度を廢止した等可なり重要な點に於て改正が加へられてゐる。これ等は、荒地の意義と共に、各本條の説明に讓ることゝする。

第五十四條　荒地の意義

本法ニ於テ荒地ト稱スルハ災害ニ因リ地形ヲ變ジ又ハ作土ヲ損傷シタル土地ヲ謂フ

本條は荒地の意義を規定した。一般に荒廢した土地を漠然と荒地といふ風に考へられて居るが、地租法に於ける荒地の觀念は、しかく漠然たるものではない。

一　荒地の意義

荒地とは災害に因つて地形を變化し又は作土を損傷した土地のことをいふのである。卽ち地租法に於て荒地といふときは、第一に地形の變化或は作土の損傷あること、第二にその地形の變化或は作土の損傷は災害に基因して生じたものなることを要する。この二つの要件を具備するものでなければ荒地とは稱さない。併しながら被害の程度輕微にして格別復舊工事を要せざるものゝ如きは、固より荒地を以て論ずべきでなからう。左にこれを分說する。

（一）荒地たる第一の要件は、地形の變化或は作土の損傷である。

イ　地形の變化とは、土地の景況が、原形を認め得られざる狀態になつたことをいふ。土地はその用方、性質に從つて、獨特の形狀を有する。例へば宅地には宅地としての形狀、田には田としての形狀がある如く、總ての土地は夫々獨特の形狀を有するものである。その如何なる土地が如何なる形狀を有すべきであるかは、一定の標準を以てこれを示すことは出來ない。大體社會通念によつて判斷するより外に途がない。而して宅地たる形狀、田畑たる形狀を喪失すること、精密にいふならば、宅地或は田畑としての形狀が認め得られない狀態となることを地形の變化といふのである。從つて、宅地の上に建てられた家屋が燒失し、或は流失した場合でも、宅地としての形狀に變りがなければ、それは荒地とはいはない。又假令災害に因つて作物が腐敗し或は枯死した場合でも、田畑としての形狀に變りがなければ、これ亦荒地といふことが出來ない。而して苟しくも地形の變化があるならば、その態樣の如何、種類の如何はこれを問はない。總て荒地といふに妨げない。

舊法に於ては第一類地又は第二類地卽ち有租地の地形を變じたるものゝみを荒地と稱したのであるが、新地租法では、一般的に地形を變じ、又は作土を損傷したる土地と規定して、第一類地、第二類地と限定することを避けた。併しこれは別段荒地の範圍を擴張する精神では固よりなく、舊法に於て第一類地、第二類地に限つたことも、格別意義のあつてのことでないから、新法は總括してかく規定したのである。その結果として新地租法の下に於ては無租地（第四條）についても觀念上、荒地があり得ることになつたのであるが、實際問題としては、無租地が荒地となつても、別段免租の手續をなすを要さないから、强いてその是非を論ずる價値がない。

ロ　作土の損傷とは、土壤が外力によつて破壞されて、作物の栽培に適せざるに至つたことをいふのである。地形の變化が、土壤の破壞をも伴ふ場合に於ては、作土の損傷は、當然地形の變化といふ事由に吸收されるから問題がない。併し海嘯に因つて潮水の侵入した場合の如く、何等地形に變化を生ずることなくして、土壤が破壞されて、作物の栽培に適せざるに至ることがある。舊法に於ては、これを荒地に準じて居つたのであるが、新地租法ではこれをも荒地となした。蓋し實質的に地形の變化に伴ふ土壤の破壞と區別する理由がないからである。

通常地盤と土壤とはこれを區別して觀察することを要する。從つて地盤の破壞あるも土壤の破壞がない限りは嚴格には荒地といふ譯に行かぬ。然しながら災害に因つて地盤が破壞され、その結果耕作に適せざるに至つた土地の如き（旱害に因つて地盤に龜裂を生じ水持の惡くなつた水田の如き）は、假令土壤そのものに破壞がない場合でも、その情況によつては土壤の破壞あるものと解することが、實際の事情に適合する場合もあるであらう。要は箇々の事實について適當に判定することを必要とする。而して作土の損傷に因る荒地は、その性質上田畑、鹽田等に限らるべきは、常識上疑のないところであらう。

（二）　地形の變化、作土の損傷は災害に基因するものなることを要する。

荒地たる第二の要件は災害である。如何に地形の變化、作土の損傷あるも、災害に基因するものでなければ、荒地と稱することは出來ない。災害とは舊法の天災と同意義である。人爲によらざる一切の不可抗力と解してよからう。災害に因るものなることを要するが故に、人爲的になされたる地形の變更、作土の損傷は勿論、土地を自然のまゝに放置して荒廢せしめたものゝ如きは荒地ではない。又彼の鑛毒に因つて作土に損傷を來した場合の如きも、一般には荒地とは稱さない。何となれば鑛毒は鑛業の副産物にして、畢竟鑛業主の責任であつて、これを災害といふことを得ないからである。併しながら災害は必ずしも直接的でなくともよい。例へば出水に際し築堤の決潰を防禦するため、附近の土地を堀取りたる場合、その跡が荒廢して無收益の狀態となりたる場合の如き、災害の影響が間接的の場合でも荒地と認めるを妥當とする。

二　荒地の種類

荒地は被害の狀況によつて、種々にこれを分類することが出來る。新地租法に於ては、別に荒地の種類を定めてないが、舊法では主なる名稱を例示的に規定して居る。山崩、川欠、押堀、石砂入、川成、海成、湖水成、潮水侵入等がそれである(地租條例第三條、第二〇條參照)。山崩といふのは、風雨震災等のために土地に山の崩れ落ちたもの、川欠といふのは河川の岸地が川に缺け込んだもの、押堀といふのは出水の際水流のため土地の堀れて凹處を生じたもの、石砂入とは石砂の流れ込みたるもの、川成、海成、湖水成といふのは、風潮のため土地が河川、海、湖の狀況となつたものである。又潮水侵入は、海嘯等によつて耕地に海水の侵入ありたるものである。荒地の種類は固より以上に盡くるものではない。その狀況によつて池、川原の狀況となつたもの、崖崩、作土流失、泥入その他被害の實況により適當の名稱を附さるべきである。

荒地の種類如何は、荒地の本質には少しも關係がない。新地租法に於て、これを法文に規定しなかつたのも、一にかゝる理由に基くものであらう。併しながら荒地の種類を定むることは、全然實益がない譯ではない。次條に説明する免租年期を商量する場合に於ては、荒地の種類如何は可なり重大な關係を有つものである。特に多數の荒地が出來た場合の如きは、この種類を比較商量することによつて、公平な年期の査定が出來ることが多い。卽ち荒地の種類は荒地の本質を定むるには關係ないにしても、事務的には極めて重大な關係があるものである。

以上の外、荒地は普通の荒地と、再荒地とに類別することが出來る。再荒地については第五十八條の説明に讓る。

第五十五條　荒地免租年期

荒地ニ付テハ納税義務者ノ申請ニ依リ荒地ト爲リタル年及其ノ翌年ヨリ十五年内ノ荒地免租年期ヲ許可ス

前項ノ年期滿了スルモ尙荒地ノ形狀ヲ存スルモノニ付テハ更ニ十五年内ノ年期延長ヲ許可スルコトヲ得

海、湖又ハ河川ノ狀況ト爲リタル荒地ニ付テハ前項ノ延長年期ハ二十年內トス其ノ年期滿了スルモ尙海、湖又ハ河川ノ狀況ニ在ルモノハ本法ノ適用ニ付テハ海、湖又ハ河

川ト爲リタルモノト看做ス

荒地の意義は、前條に說明した通りである。地租法は、荒地となつた土地に對し、一定の條件が具はるに於ては、一定期間その地租を免除し得る途を開いて居る。卽ち本條は、荒地に對する地租法の恩典としての荒地免租年期に關し、その種類、許可の條件を規定したのである。先づ順序としてその意義より解說することにする。

一 荒地免租年期の意義

荒地免租年期とは、一定期間荒地となつた土地の地租を免除する特典である。年期といふ語は、期間の意味に用ゐられる場合と特典の意味に用ゐられる場合とがある。年期の滿了といふ場合は前者の例であつて、年期の種類といふ場合は後者の例である。本條第一項に於て、年期と稱するのも特典の意に外ならない。

荒地に對し、免租年期を許可するのは、抑も如何なる理由に基くものであるか、これには凡そ二つの理由が考へられる。その一は租稅の原則から見たもので、荒地は單純なる無收益地にあらずして、災害に因つて收益能力を失つた土地であるから、その能力の囘復するまで、地租を免除することは、地租の本質に鑑みて、寧ろ當然とするところであらう。その理由の二は、產業政策の見地に立脚するものであつて、荒地をして速かにその收益能力を囘復せしむることは、國家產業上重大な關係があるから、能力囘復に障碍となることは出來得るだけ排除して、これが復舊を促進するの必要がある。且つ荒地の收益能力の囘復には、相當の期間と、多大の勞力、出費を要するを常とするから、復舊事業の助長奬勵のためにも、又この不時の犧牲を救濟する意味に於ても、地租を免除すべき理由がある。

而して荒地免租年期は、稅務署長の許可處分によつて發生する。單に荒地となつた事實あるのみでは生ずることはない。又法文には納税義務者の申請により許可すとあつて、恰も處分の客體は納税義務者の如くにも見られるが、荒地については冒頭しある點から見て、處分の客體は荒地そのものであることは明白である。從つて納税義務者に變更あるも、免租年期の效力には何等影響することがない。

二　免租年期許可の要件

荒地免租年期許可の要件は、荒地となつた事實と、納税義務者の申請あることである。荒地の事實なき土地に對し、免租年期を許可し得ざるは敢て說明を要すまい。納税義務者の申請を要件となしたるは、免除處分は處分によつて利益を享くる者の申請を必要とする一般行政處分の通則に據るの外、税務官廳に被害事實を知るの機會を與へると共に、地租の免除を希望せざる者に對して、進んで地租を免除するの理由がないからである。而して減租年期又は荒地以外の免租年期の申請者は、原則として土地の所有者であるが、荒地免租年期の申請者は廣く納税義務者としたのは如何なる理由によるか、蓋し他の年期には必然的に、土地の處分を伴ふが故に、原則として土地所有者の申請を必要としたのであるが、荒地免租年期は主として地租の免除を受くることを內容とするものなるが故に、所有者に限定する必要ないからである。申請の期限、方法等については次條の說明を參照せられたい。

免租年期の許可された土地を便宜免租年期地と稱する。免租年期地は無租地と異ることは、既に第十四條に於て說明したところであるが、無租地は土地本來の性質上地租を課するを不適當とするものであるに對し、免租年期地は、地租を課するを不適當とするものでなく、救濟のため課税を宥恕するものである點に於て兩者の根本的相違がある。

三　荒地免租年期の種類

荒地免租年期は、これを普通免租年期と延長免租年期とに區別することが出來る。

（一）普通免租年期

普通免租年期とは、土地が荒地となつてから第一次的に許可される年期である。本條第一項に規定するものがそれである。

普通免租年期は、荒地となつた年及びその翌年より十五年以内に於て許可される。つまり最長年期十六年である。舊法が被害の年より起算して十五年と規定したのに對し、一年の延長を見た。舊法では被害の時が年の中途にある場合でも、尚これを一年として計算するのは聊か妥當を缺くといふ理由の下に、新法は如何なる場合に於ても完全に十五年の年期が許可し得るやう右の如く更めたのである。

普通免租年期の起算點は、荒地となつた年卽ち被害の年である。申請の時期如何を問はない。而して地租は申請のあつた後に開始する納期分より免除されること第五十七條に定むる通りであるから、申請の時期が遲くれるときは、免租年期の期間と實際地租の免除を受くる期間とは一致しないことがあり得ることに注意を要する。今一例を以てすれば、被害の年より十年を經過して、免租年期許可の申請をなし、十五年の許可を受けても、實質上免租の恩典に浴するのは五年だけである。

（二）延長免租年期

延長免租年期といふのは、普通免租年期の許可を受けた荒地か、その年期滿了するも、原地に回復せず、尚荒地の狀況を呈して居る場合に、第二次的に許可される年期である。本條第二項及び第三項に規定するのがそれである。舊法ではこれを免租繼年期と稱した。

延長免租年期はその名の示す通り、普通の免租年期の延長である。從つて普通免租年期の許可を受けた荒地でなければ、免租年期の延長を申請することが出來ない。

延長免租年期の許可を受けるには、普通免租年期が滿了するも、尚荒地の形狀を有して居るものでなければならぬ。荒地の形狀を有するならば、必ずしも被害當時と同一狀態にあることを必要としない。これに反し外見上既に荒地の形狀を認め得ざるまでに回復して居るならば、假令地味の回復が十分でないとしても延長免租年期の許可を受くる譯に行かない。舊法ではかゝる場合、低價年期の制度を認めて居つたのであるが、新地租法ではそれを廢した。その理由は、第六十二條の說明に讓る。

延長免租年期は、荒地の種類によつて、その年期を異にする。普通の荒地については十五年內であるが、海、湖、又は河川の狀況となつた荒地については二十年內である。延長免租年期の特質として、十五年或は二十年に達する迄は、幾回延長年期を許可するも妨げない。

然らば最大限に許可された延長免租年期が滿了するも、尚荒地の狀況にあるときはどうするか、普通の荒地なれば年期滿了の時の現況によつて、賃貸價格を設定するによいが、海、湖又は河川の狀況にある荒地については、事實上賃貸價格を設定する途がないであらう。そこで地租法は海、湖又は河川の狀況にある荒地が、最大限の延長免租年期の許可を受け、その年期滿了するも、尚同一狀況にあるときは、地租法の關する限りに於ては、海、湖又は河川となつたものと看做すことを規定した。

海、湖又は河川は所謂公物に屬し、私權の目的たることを得ない。而して海、湖、河川の何であるかについては、河川の管理に關して河川法が存するのみで、海、湖については特別の法律なく、交通、關税、衛生、土木等國家事務の見地に基き、その目的の範圍内に於て、各主管廳が各別に管理して居る狀況であつて、これ等に對し法律學上明確なる定義を下すことは頗る困難である。唯海洋學者又は地理學者が海、湖とし、又社會一般が認めて以て海、湖と見るものを海、湖とするが如く消極的にその意義を定むるより途がないであらう。河川については、河川法が存すると雖、而も尚河川とは何であるかを明定してゐない。故にこれ亦一般社會通念上河川と見られるものを、河川と認むるより外ない。河川法の適用ある河川の河川たるは疑なしと雖も、同法の適用なき河川も在るが故に、同法の適用の有無は河川の意義を定むる標準とならない。海、湖、河川の意義は、以上の如く頗る漠然たるものである。

地租法の適用上海、湖又は河川と看做されたる荒地は、最早や有租地でないことは明白である。併しながら無租地なりや否やは疑がある。余は海、湖、河川と土地とはその間多少觀念の異るものありと信ずるも、地租法第九十一條によつて廢止された地所名稱區別には、海、湖、河川は明かに官有地第三種に屬せしめて居るが故に、暫く無租地となつたものとの見解に從つて置く。

而して海、湖又は河川と看做すのは、地租法の適用に關する限りに於て然るのであつて、他の法律關係に於て海、湖又は河川であるかどうかはこれを問はない。舊法は「川、海、湖ニ歸スルモノトス」(地租條例第二四條)と、その歸屬關係を明定してあつたのであるが、地租法は所有權の消滅の如き私法關係を規定するは、地租法の領域を超えるものとして、かくは規定されたのであるが、その精神に於ては舊法と何等變るところないものと解する。

四　荒地免租年期の査定

荒地に對し、何年の免租年期を許可するかは、全く稅務署長の自由裁量の處分に屬する。稅務署長は被害狀況を精細に調査して、被害の程度、復舊の難易を斟酌して適當の年期を定めなければならない。例へば、海、湖、河川の狀況となつた荒地の如き、囘復の至難のものに對しては、相當長期（大體十年以上の長年期）に亙る年期を許可する必要があるであらうし、又池の狀況となつたものとか、或は山崩、押堀等の荒地に對しては、六年以上十年以下の中年期を許可してよいであらうし、又石砂入、作土流失、潮水侵入等比較的被害の輕微なる荒地に對しては、五年以下の短年期の許可で濟むこと﹅信ずる。これを要するに、被害の深淺に應じ適當の年期を定めなければならない。それと同時に多數の荒地を生じた場合には、調査の統一を期し、各筆間の年期に不權衡のないやうに、これを定めなければならないことは言を俟たない。

而して免租年期許可處分、若くは不許可處分に對し不服ある納稅義務者は、訴願法第一條竝に明治二十三年法律第百六號により、訴願又は行政訴訟を提起し得るものと解する。

第五十六條　荒地免租年期申請

前條ノ規定ニ依リ荒地免租年期ノ許可ヲ受ケントスル者ハ稅務署長ニ申請スベシ

荒地免租年期延長ノ許可ヲ受ケントスル者ハ年期ノ滿了スル年ノ六月三十日迄ニ稅務

署長ニ申請スベシ

一　荒地免租年期申請の効力

納税義務者荒地免租年期の許可を受けんとするときは、當該土地を管轄する税務署長に申請しなければならぬ。管轄權のない税務署長に申請しても、申請の效力が生じない。

適法の申請は、税務署長を羈束する。税務署長が一旦適法の申請を受領するときは、税務署長は、申請の內容を調査して處分をなすの義務がある。何等の處分をなさずして、その儘これを放任して置くことを許さない。卽ち申請が相當であれば、免租年期を許可することを要する。尤も申請の一部が不相當であれば申請の內容を變更して許可することは勿論妨げない。又申請が理由ないときは、これを却下することを要する。地租法には却下に關し、別段規定はないが、行政處分として當然のことである。

二　申請期限

（一）普通の荒地免租年期については、法定の申請期限がない。災害に因て地形を變じ、又は作土の損傷した事實の存する限り、何時でも申請が出來る。併し前條にも述べた通り、免租年期は被害の年及びその翌年から起算されるも、實際免除を受けるのは、申請後に開始する納期分の地租からであるから、申請は成るべく速かになすを效果的とする。

（二）延長年期の申請には、法定の期限がある。延長年期の許可を受けんとする者は、年期の滿了する年の六月三十日迄に申請しなければならない。便宜市區町村を經由して申請する場合に於ても、尙同日までに所轄税務署長に到達することを要する。この申請期限を經過したる申請は申請として效力がない。然し期限經過の事由が、天災その他の不可抗力に基因し、且つその事實を證明したるときは、特に宥恕して受理することが認められるであらう。延長年期を有する土地につき、更に年期の延長を請はんとするときも同樣である。申請期限を未だ年期の滿了せざる期間内に定めたるは、大體年期滿了の年の半ばにも達すれば、延長年期の申請を必要するや否や判明すべく、申請に何等不都合なしと認めたるに由る。

三　申請事項

荒地免租年期の申請は、書面を以てこれをなさねばならぬ。荒地免租年期申請書には、土地の所在、地番、地目、地積、賃貸價格の外、荒地となりたる事由、被害の狀況及び許可を受けんとする年期を記載しなければならない。荒地免租年期延長の申請書には、土地の所在、地番、地目、地積の外荒地復舊の狀況（年期延長を必要とする事由等を）及び許可を受けんとする年期を記載しなければならぬ。

◎施行規則第七條　減租年期又ハ免租年期ノ申請書ニハ年期ノ種類ヲ表示シ土地ノ所在、地番、地目、地積及賃貸價格（無租地及免租年期地ニ付テハ賃貸價格ヲ除ク）ヲ記載シ尙左記事項ヲ附記スベシ（第一號乃至第三號省略）

四　荒地免租年期ニ付テハ荒地ト爲リタル事由、被害ノ狀況及許可ヲ受ケントスル年期

五　前各號ノ年期ノ延長ニ付テハ土地ノ狀況及許可ヲ受ケントスル年期

四　申請書の樣式

申請書の樣式に付ては、別段の規定がない。從つて如何なる樣式によるも妨げない。尙申請書は成るべく正副二通

を作成し（副本は市區町村役場の控用）荒地の所在市區町村を經由して、所轄稅務署長に提出するを便宜とする。

左に參考の爲申請書の雛形を示す。

（荒地免租年期申請書樣式）　　（用紙半紙）

荒地免租年期「荒地免租年期延長」「再荒地免租年期」申請書

何郡「市」何町「村」大字何、何番地

何　某　印

（又ハ外何名）

昭和　年　月　日

何稅務署長殿

何郡「市」何町「村」大字何

字	地番	地目	地積	賃貸價格	申請年期	摘要	納稅義務者氏名又ハ名稱
何	一二〇	田	反 二〇〇	円 九〇〇	自何年 至何年 何年	何年何月何々ノ爲荒地 狀況砂入何尺（押堀何尺）	何　某印
何	一五〇	畑	三〇〇	六六〇	自何年 至何年 何年	何年何月何々ノ爲荒地 狀況河川（何々）	何　某印
何	二六〇	田	七一八	—	自何年 至何年 何年	何年何月何々ノ爲再荒地 狀況石砂入、元年期何々	何　某印
何	三〇〇	畑	五〇〇	—	自何年 至何年 何年	元年期何々 狀況海（何々）	何　某印

何	五〇〇	田	一〇〇〇	一	自何年 至何年 何年	元年期何々 狀況川欠	何　某印

右申請候也

備考

一、總て明瞭に記載すること。特に數字の記載は最も正確を期すること。

二、成るべく正副二通を作成し、土地所在の市區町村を經由するを便宜とすること。

三、二筆以上連記するを妨げない。但し大字を異にするものは成るべく別紙とするを可とすること。

四、二人以上連署するを妨げない。この場合は各筆の下部に署名捺印すること。

五、申請者が法人なるときは法人名を肩書して、代表者署名捺印すること。

六、代理人を以てする申請書には必ず委任狀を添附すること。

七、申請者が質權者、地上權者なるときは、その旨を肩書すること。

八、左記事項は摘要欄に記載すること。

イ、荒地となりたる事由及び時

ロ、被害の狀況

ハ、年期延長の申請なるときは土地の狀況、元年期

ニ、再荒地免租年期（再荒地については第五十八條の説明參照）の申請なるときは元年期

第五十七條　荒地の地租免除の分界

荒地免租年期地ニ付テハ免租年期許可ノ申請アリタル後ニ開始スル納期ヨリ地租ヲ徴收セズ

荒地の免租年期は被害の年を起算點として許可されることは、既に第五十五條で說明した通りである。然らば地租は何時から免除されるか、換言すれば、地租免除の分界點は、荒地となつた時、申請の時、許可處分の時の何れの時であるか、本條はその分界點を規定したのである。

荒地に對する地租の免除は、許可處分の時、或は被害の時の如何に拘はらず、納稅義務者が、免租年期許可の申請をなした時を以て分界點とする。卽ち免租年期許可の申請のあつた後に開始する納期分の地租から免除するのである。

地租免除の分界點を許可處分の時とすることの不可なることは、處分の遲速によつて不公平なる結果を生ずることにより明白であつて、多く說明を要すまい。

免租年期は、被害の年から起算しながら、免租の分界點を申請の時とするのは一見不合理の樣にも考へられる。又收益稅といふ立場からするならば、荒地となつた時から免除するのが理論上正しいといふ議論も生じ得る譯であるが苟くも免租年期の許可について、申請を以てその要件となし、申請せざれば年期を附與せずといふ主義を採つた以上、申請の時を以て免租の分界とすることは蓋し當然のことゝ謂はねばならぬ。それと同時に、既に申請あれば、免租することの出來る途を開いて居るのであるから、申請が遲れたゝめに滿足なる免租を得ないとするも、それは制度の罪でなく、寧ろ制度を利用せざる者の責任と謂はねばならぬ。のみならず被害の時を分界とするときは、申請の遲延したる場合には、既納地租の還付を要することになり、徒らに官民間の手數を煩雜ならしむる虞あるを以て、被害の時を分界とすることは當を得ない。

以上叙べたる如く、申請の遲速によつて免租年期と、實際地租の免除される期間とは、必ずしも一致しない。申請を遲延すれば遲延するほど、地租の免除を受くる期間は短縮されるのであるから、萬一荒地の生じた場合には、成るべく速かに申請するを以て得策とする。

而して免租年期許可の申請ありたる後とは、所轄税務署長が、申請書を受理した後といふ意味である。故に便宜申請書を市區町村を經由して提出する場合に於ても、市區町村長の受附の日を以て申請の日とする譯には行かない。この點は納税義務者も、申請書經由の衝に當る市區町村當局も共に注意を要するところである。併しながら不可抗力に因つて市區町村の申請書の廻送が遲れたことが、事實明瞭する場合の如きは、市區町村に提出したる日を以て便宜申請の日と看做して取扱ふべきであらう。又申請書を郵便に附して提出したる場合の如きは、郵便官署の受附の日附を以て申請の日と看做して取扱ふを妥當と信ずる。

第五十八條　再荒地

荒地免租年期中ノ土地ガ再ビ荒地ト爲リ免租年期ノ許可ヲ受ケタルトキハ前ノ年期ハ

消滅ス

本條は、再荒地の意義とその效果とに關し規定したのである。

一　再荒地の意義

再荒地といふのは、荒地免租年期を有する土地が、再び荒地となつたことをいふ。卽ち新たな災害に因つて、再び地形の變化又は作土の損傷を來したる土地を再荒地といひ、再荒地につき免租年期を許可されたるときこれを、通常再荒地免租年期と稱して居る。

再荒地といふ字義を通俗的に解釋すれば、荒地が再び荒地となつた土地といふ範圍を出でない。併しながら地租法に所謂再荒地の觀念は、これと趣を異にし、多少制限された意義に用ゐられて居る。左にこれを分析說明する。

（一）再荒地は、現に第五十五條の荒地免租年期或は荒地免租延長年期を有して居る土地が、再び荒地となつたものである。故に事實荒地の狀況に在る土地であつても、免租年期を有せざるものが、再び荒地となつても、地租法上所謂再荒地とは稱さない。これは後に再荒免租年期の效果の處で述ぶるが如く、地租法が再荒地に對し特別な效果を有せしめた結果である。免租年期を有さない荒地が、再び荒地となつた場合に新たに第五十五條の免租年期を申請し得ることは勿論であるが、この場合と雖も所謂再荒地ではない。

（二）再荒地は、荒地免租年期中の土地が、新たなる災害に因つて、再び地形を變じ或は作土を損傷したものでなければならない。新たなる災害といふのは、現に有する免租年期の許可の要件をなした災害と、無關係な別箇の災害といふ意味である。新たなる災害を要件とする點に於て、再荒地免租年期は年期延長と性質を異にする。

（三）新たなる災害があつても、それによつて地形の變化、或は作土の損傷を來さないものは、再荒地と稱することを得ないことは勿論である。併しながら再び地形を變じ、或は作土を損傷したといふことは、必ずしも嚴格に解するに及ばない。新たな災害に因つて土地の情況に變化があれば、再荒地と稱するに妨げない。例へば川欠の狀況にあつた荒地が、河川の狀況となつたといふ樣に、荒地の態樣そのものに變化を來したものゝ如きは勿論、從來一尺程度の押堀の狀況にあつたものが二尺に深まつたといふ樣に、荒地の狀態そのものには變化がないにしても、被害の程度が深化した場合の如き何れも再荒地である。これに反し河川の狀況にある免租年期地が、再び大出水に遭遇したが、少しも狀況に變化がないならば、再荒地と稱することが出來ないであらう。

二　再荒地免租年期の效果

再荒地につき免租年期を許可した時は、通常これを再荒地免租年期と稱して居るが、法律上かゝる免租年期がある譯ではなく、等しく第五十五條の免租年期である。免租年期の許可を受くる要件は第五十五條、第五十六條の說明を參照されたい。玆には簡單に再荒地免租年期許可の效果を說明する。

（一）再荒地については、今までの免租年期とは關係なしに、その狀況によつて、再荒地となつた年及びその翌年より起算して十五年內に於て、免租年期が許可される。その年期が滿了するも尙荒地の狀況にあるときは、更に十五年內若くは二十年內の延長年期の許可を受けることが出來る。實質上免租年期は更新されるのである。

（二）再荒地に對し免租年期が許可さるれば、前に受けた免租年期の效力は當然に消滅する。年期消滅の效果は既往に遡らない。將來に向つてのみ效力を有することは勿論であらう。つまり殘存年期だけが消滅するのである。これを要するに再荒地は次條の年期停止に對し、年期中斷の效果を有するのである。

第五十九條　年期の停止

開拓減租年期、埋立免租年期、開墾減租年期又ハ地目變換減租年期中ノ土地ニ付荒地免租年期ヲ許可シタルトキハ其ノ許可ヲ爲シタル年ヨリ荒地免租年期滿了ニ至ル迄ハ開拓減租年期、埋立免租年期、開墾減租年期又ハ地目變換減租年期ハ其ノ進行ヲ止ム

前項ノ規定ハ他ノ法律ニ依リ一定ノ期間地租ノ全部又ハ一部ヲ免除シタル土地ニ付荒地免租年期ヲ許可シタル場合ニ之ヲ準用ス

前條は荒地免租年期地が、再び荒地となつた場合に、荒地免租年期の中斷することを規定したのであるが、本條は、減租年期又は荒地以外の免租年期を有する土地が、荒地となつた場合に、年期の停止することを規定したのである。舊法（明治三十四年法律第三十一號）と大體同一精神の規定である。

一　年期停止の意義

年期の停止といふのは、今迄進行して來た年期が、或る障碍の爲めに、一時その進行が止ることである。進行停止であるから年期の效力には影響するところがない。その障碍を停止事由といふ。停止事由はいふ迄もなく荒地免租年期の許可である。

地租法は開拓、埋立、開墾或は工事の困難な地目變換等の事業を奬勵保護する趣旨を以て、土地所有者の申請があれば、一定期間免租年期又は減租年期を許可することを規定して居ることは、既に說明した通りである（第一九條、第二〇條、第三六條、第四六條）。

これ等の年期地が、その年期半ばにして荒地となれば、それだけ事業成功の時期が延びるか、或は地味の成熟が著しく妨げられることは自然の數である。それのみならず荒地復舊のために餘分の勞力と費用とを要するに至るのである。荒地の復舊に對しては、免租年期を許可してこれを救濟する途ありとするも、この場合これ等減租又は免租年期と荒地免租年期とを併行して進行せしむるときは、荒地復舊の促進助長には勿論なるとしても、ためにこれ等減租又は免租年期は空しく經過することになり、年期を附與したる法律の精神に適合しない結果となる虞がある。そこで地租法は、これ等の減租又は免租年期地に對し、荒地免租年期を許可したるときは、荒地免租年期中は、荒地免租年期のみを進行せしめて、これ等の減租又は免租の年期は、一時その進行を停止せしむることにしたのである。

二　年期停止事由

減租又は免租年期の停止事由は、荒地免租年期の許可である。荒地免租年期の許可は、年期停止の絕體要件である。故に單に荒地となつたといふ事實があるだけでは、年期は停止されることがない。蓋し荒地免租年期の許可がなければ、停止期間を測定すること不可能なると、荒地免租年期の許可を申請せざる者は、年期の停止による利益を拋棄するものとも觀られるからである。

三　年期停止の效力

減租又は免租年期地につき、荒地免租年期が許可されれば、荒地免租年期の滿了するまでは、減租又は免租年期は進行の姿勢をとつた儘、停止して進行しない。荒地免租年期が滿了すると共に、前の年期が引續き再び進行を初めるのである。年期の消滅卽ち中斷と大にその趣を異にする。されば年期の停止は觀念上は停止であるが、實質的には年期が、停止期間だけ延長されたと同一結果となる。例へばこゝに開墾減租年期があつて、開墾に著手した翌年から十年目に當る昭和五年に、荒地となつて、その年及び翌年から十年の免租年期が許可されたものがあるとする。この開墾減租年期は、昭和五年から荒地免租年期の滿了する昭和十五年までは進行を停止し、翌十六年から再び進行を始めて、昭和二十六年に年期滿了することになるのである。

而して荒地免租年期と停止する年期と重なる年は（前の例に於ては昭和五年）年期停止の制度の趣旨に照し荒地の年期に計算して、進行停止の年期には計算せざるを妥當とする。

四　停止する年期の種類

荒地免租年期の許可によつて、年期の進行が停止するものに、地租法に規定するものと、他の法律に規定するものとがある。

（一）　地租法に規定する年期

地租法に規定するものは、開拓減租年期、埋立免租年期、開墾減租年期及び地目變換減租年期の四種類で、全く舊法の範圍と同じである。これ等については別に說明を要するものがない。

（二）　他の法律に規定する年期

地租法は停止する年期の範圍を擴張して、他の法律に於て、一定期間地租の全部又は一部を免除（一部の免除は即ち輕減である）することを定めたものは、地租法に規定する年期に準じて取扱ふことを規定した。本條第二項の規定がそれである。即ち地租の免除又は輕減期間中にある土地につき、荒地免租年期が許可されれば、その期間を年期と見て荒地免租年期中進行を停止せしむることにしたのである。蓋し一定期間他の法律により地租の全部又は一部を免除する土地と、地租法に規定する年期地とを本質的に差別する理由がないからである。他の法律を以て一定期間地租を免除又は輕減することを定めた土地の重なるものを掲ぐれば左の如きものである。

イ　造林免租地（森林法第十二條によるもの）。

ロ　山林荒蕪地拂下地（山林荒蕪地拂下規則第二條によるもの）。

ハ　北海道土地拂下地（北海道土地拂下規則第十條によるもの）。

ニ　北海道開墾地（明治二十二年法律第十八號によるもの）。

ホ　屯田兵給與地（屯田兵土地給與規則第三條、第八條によるもの）。

ヘ　北海道國有未開地（明治三十年法律第二十六號北海道國有未開地處分法第十八條、明治四十一年法律第五十七號北海道國有未開地處分法第十九條、第四條、第八條、第十一條によるもの）。

ト　舊土人保護のため下附したる土地（北海道舊土人保護法第二條によるもの）。

チ　地種變更免租年期地（大正七年法律第四十三號によるもの）。

リ　御料地拂下地（昭和二年法律第三十八號第一條によるもの）。

ヌ　耕地整理地目變換減租年期地（耕地整理法第十四條によるもの）。
ル　耕地整理開墾減租年期地（同法第十四條によるもの）。
ヲ　耕地整理開拓免租年期地（同法第十四條の四によるもの）。
ワ　耕地整理埋立免租年期地（同法第十四條の四によるもの）。

（註）（ロ）乃至（リ）の土地は北海道に特有のものである。これを普通に北海道特別免租年期地と總稱して居る。
（三）　耕地整理減租年期地（耕地整理法第一三條の二）及び耕地整理配當地（耕地整理法第一六條）も、本條第二項の所謂地租の全部又は一部を免除する土地に、當然包括するものと解釋されるのであるが、改正耕地整理法は特別の規定を設けて、本條の規定をこれ等の土地に準用することゝした（耕地整理法第一三條の五、第一六條の七）。單純なる注意的規定と解してよい。

第六十條　荒地免租年期中の異動

荒地免租年期中ニ於テ地目變換、地類變換又ハ開墾ニ該當スル土地ノ異動アルモ地目變換、地類變換又ハ開墾ナキモノト看做ス此ノ場合ニ於テハ免租年期ノ滿了スル年ニ於テ其ノ地目ヲ修正ス

本條は、荒地免租年期中に於ける、土地の異動の效果と、その處理方法とを規定したのである。

一　土地異動の效果

荒地は災害のため土地の生産力に障碍を來したものである。その障碍を除去する作業は卽ち復舊作業である。復舊作業は地力の囘復を目的とし、必ずしも原地に復することを目的とするものではない。殊に荒地の種類情況によつては、原地に復することの困難なる場合もあるべく、又他の地目に轉換する方が却て有利とする場合もあるから、免租年期中地目の異動の行はれることは想像に難くない。これ寧ろ地力囘復の過程必然の現象である。この場合地目の異動ある毎に、地目變換、地類變換、或は開墾として取扱ふが如きは、官民共にその煩に堪へるところでないのみならず、免租年期中にかくの如き取扱をなすも全く實益がないから、荒地免租年期中に地目に異動を生ずることあるも、地目變換、地類變換或は開墾とは見ないのである。舊法にもこれに類する規定があつた。卽ち地租條例施行規則第七條に「年期中土地ノ形狀ヲ變換スルコトアルモ地目變換、地類變換又ハ開墾ト看做サス」といふ規定があつた。併しその思想に至つては、新舊の間に霄壤の差のあることに注意を要する。卽ち舊法は後述の如く、荒地については地價復舊主義を採つた結果、原則として原地目に復することを前提として、右の規定があるのであるが、新地租法は賃貸價格設定主義を採り、原地目に復すると否とは全く考慮して居ないところに、兩者の根本思想の差異が認められるのである。

二　土地異動の處理方法

以上述ぶるが如く新地租法は、免租年期中に地目に異動を生ずるも、これを地目變換、地類變換又は開墾として取扱はないことにした。この場合には荒地免租年期の滿了する年に於て、その時の現況によつて地目を修正するのである。舊法ではこれを變換起返と稱したが、新地租法は、その立法思想舊法と異るが故に、變換起返の觀念を以て目すべきでないと信ずる。

以上に對し一つの例外がある。即ち埋立免租年期地が荒地免租年期の許可を受け、年期停止中（即ち荒地免租年期中）、地目に變換ありたるときは、本條により荒地免租年期の滿了する年に於て、地目を修正すべきが如くであるが、これが修正を要さない。何んとなればこの場合埋立免租年期地については、第二十二條第三項の適用により埋立免租年期の滿了する年に於て、地目を修正するを可とするからである。

第六十一條　荒地免租年期滿了申告

荒地免租年期地ニ付テハ納稅義務者ハ年期ノ滿了スル年ノ六月三十日迄ニ年期滿了申告書ヲ稅務署長ニ提出スベシ

荒地免租年期が滿了すれば、納稅義務者は、年期滿了申告書を所轄稅務署長に提出しなければならない。

一　免租年期滿了の意義

免租年期は、一定期間地租の免除を受くる特典である。その特典が一定期間の經過によつて消滅することを免租年期の滿了といふのである。單純なる期間の經過を意味するものでないこと、納稅義務者の年期の利益の拋棄によつても年期は滿了すること等は、全く他の減租年期又は免租年期と同樣である。

免租年期が滿了すれば、土地の現況によつて賃貸價格を設定しなければならない。地租法はその前提として納稅義務者に對し、年期滿了申告書の提出を命じてゐる。

舊法は地價復舊主義を採つたため、年期滿了に至り、他の地目に變じたとか、或は原地價に復し難い場合の外、申告を要せなかつたのであるが、新法は賃貸價格設定主義を採用した結果、他の地目に變じたると否と、原地力に復したると否とを問はず、凡て申告書を要する樣に改められた。

二　免租年期滿了申告

納稅義務者は、荒地免租年期の滿了する年の六月三十日迄に、荒地免租年期滿了申告書を所轄稅務署長に提出しなければならない。假令市區町村長を經由する場合と雖も、同日までに、所轄稅務署長に到達することを要する。未だ年期の完全に滿了するに至らざる以前に於て、申告を要することゝなしたるは、聊か理に合はざる感あるも、新地租法は年期滿了の年に於て賃貸價格を設定し、その翌年より設定賃貸價格により地租を徵收する主義を採用したると、年期の滿了する年の六月にも至れば、大體土地の情況も安定して、申告上不都合を生ずることないと認められるからである。

三　申告事項

免租年期滿了申告書には、年期の滿了したることの外、土地の所在、地番、原地の地目及び地積、年期滿了後の地目、地積、賃貸價格を記載することを要する。

第五十五條第二項の年期滿了の時に於て、土地の現況が、尙ほ海、湖、河川の狀況にあるものについては、その狀況を附記することを要すること勿論である。

免租年期滿了申告書には、地積に異動ある場合の外、測量圖を添附するに及ばない。

◎施行規則第六條　土地ノ異動ニ關スル申告書（年期滿了申告書ヲ含ム）ニハ異動ノ種類ヲ表示シ原地ノ所在、地番、地目、地積及賃貸價格（無租地及免租年期地ニ付テハ賃貸價格ヲ除ク）並ニ異動シタル地番、地目、地積及賃貸價格ヲ記載スベシ

前項ノ申告書中新ニ土地臺帳ニ登錄スベキ土地ニ關スル申告書又ハ分筆ノ申告書ニハ地積ノ測量圖ヲ添附スベシ其ノ他ノ申告書ニシテ之ニ記載シタル異動地ノ地積ガ其ノ原地ノ地積ト同一ナラザルモノニ付亦同ジ

四　申告書の様式

免租年期滿了申告書の様式については、別段の規定がない。如何なる様式によるも妨げない。而して申告書は便宜正副二通を作成し、土地所在の市區町村を經由するを可とする。左に申告書の雛形を示す。

（荒地免租年期滿了申告書様式）　（用紙半紙）

荒地免租年期滿了申告書

昭和　年　月　日　　何郡「市」何町「村」大字何、何番地

何　某印

（又ハ外何名）

何税務署長殿

何郡「市」何町「村」大字何　（△赤書スルコト）

字	地番	地目	地積	賃貸價格	等級 一反又ハ一坪當賃貸價格	比準地	摘要	納税義務者氏名又ハ名稱
何	一二〇△	田	反 △七一八	円 —	円		元何年ヨリ何年迄荒地免租年期ノモノ	
		畑	七一〇	一一七三	七八級 一六〇〇	同字五番何級ニ比準	測量圖別紙ノ通	何　某印
何	二九五△	田	△九〇〇	—			元何年ヨリ何年迄再荒地免租年期ノモノ	
		田	九〇〇	一八〇〇	八〇級 一八〇〇	同字一〇番八〇級ニ比準		何　某印
何	三〇〇△	畑	△五〇〇	—			元何年ヨリ何年迄荒地免租年期元何年ヨリ何年迄	
		海					荒地免租年期延長現況海	何　某印

右申告候也

備考

一、總て明瞭に記載すること。特に數字の記載は最も正確を期すること。

二、成るべく正副二通を作成し、土地所在の市區町村を經由するを便宜とする。

三、二筆以上連記するを妨げない。但し大字を異にするものは成るべく別紙とするを可とすること。

四、二人以上連署するを妨げない。この場合は各筆の下部に署名捺印すること。

五、申告者が法人なるときは法人名を肩書して代表者署名捺印すること。
六、代理人を以てする申告書には必ず委任狀を添附すること。
七、申告者が質權者、地上權者なるときは、その旨を肩書すること。
八、地番、地目、地積、賃貸價格は、原地の分を赤書し、異動地の分を墨書すること。
九、左記事項は摘要欄に記載すること。
イ、元年期
ロ、第五十五條第三項の年期滿了後尚海、湖、河川の狀況にあるものはその現況。
ハ、年期の拋棄による年期滿了申告書なるときはその旨

第六十二條　荒地の賃貸價格

荒地免租年期地ニ付テハ其ノ年期ノ滿了スル年ニ於テ其ノ賃貸價格ヲ設定ス

荒地に對し免租年期の許可があれば、課税標準たる賃貸價格は自然消滅に歸する。從つてその年期滿了し、再び地租の賦課を受くべき狀態となれば、賃貸價格を設定しなければならない。卽ち本條は、その賃貸價格設定の時期を定めたのである。

一　賃貸價格の設定

荒地免租年期が滿了すれば、賃貸價格を設定しなければならぬ。賃貸價格の設定が課税標準の決定處分であること

は勿論である。

舊法に於ては免租年期が滿了すれば、原則として原地價に復する主義を採つた。唯例外として年期明に至り、原地の地目と異る地目に變じたる場合、或は年期明に至りどうしても原地價に復さないときには、更に十五年以内の低價年期を許可して、その年期間は地價を七割以下に低減して地租を徴收し、その年期明に至りても、尚原地價に復さない場合、又は他の地目に變じたといふやうな場合に限り、初めて地價を修正する制度であつたが、新地租法はこの原地價復舊主義を捨て賃貸價格設定主義に改めた。

新法が、原地價（賃貸價格）復舊主義を捨てゝ、賃貸價格設定主義を採用するに至つた理由は一にして足らない。

（一）　原賃貸價格復舊主義は、一見合理的の如くであるが、實は然らずして却つて大なる不合理を包藏して居る。第一に嚴密なる意味に於て、原賃貸價格に復するといふことは、先づあり得ないものとしなければならない。原地の地力より退化する場合は、低價年期の如き制度により救濟し得るとするも、原地力より著しく改善される場合に於て尙且つ原の賃貸價格に復せしむるが如きは、理論上正當でないのみならず、課税の公平を得る所以でない。

（二）　特に舊法の低價年期の制度に至りては、その手續徒らに煩瑣にして、官民の不便とするところで全く實益がない。年期滿了の際原の地力に復さないものは、地力相當の賃貸價格を定むれば足ることであつて、强いて原賃貸價格に復せしむる要もない。

（三）　十年毎に賃貸價格を改訂する新制度の下に於て、免租年期が改訂期の前後に跨つて居る場合に、原賃貸價格に復せしむるといふことは全く無意義である。

以上の如く、原賃貸價格復舊主義は理論上からも、實際上からも到底これを維持すべき理由なきを以て、新地租法は、免租年期が滿了したるときは、他の地目に變じたると否と、又原地力に復したると否とに拘はらず、土地の現況に應じて、賃貸價格を設定する主義を採つたのである。

二　賃貸價格設定の時

荒地免租年期地の賃貸價格は、年期の滿了する年に於て設定する。假令年期の中途に於て收益能力を回復するも直ちに設定することなく、年期滿了の年まではその設定を猶豫する。而して年期滿了の年と雖も、年期滿了の申告期限(六月三十日)經過後これを設定すべく、申告期限前に於て設定するは妥當でない。

三　賃貸價格設定の方法

荒地に對する賃貸價格は、賃貸價格設定當時の現況によつて、近傍類地の賃貸價格に比準し、尙その土地の品位、情況を勘案して適當に定めるのである(第九條第三項)。賃貸價格の設定は、處分の時の現況によつてなすべく、年期の滿了する時の狀況を豫測してなすべきでない。要するに賃貸價格設定當時の地目、地力相當の賃貸價格を見積ればよい。尤も荒地前の土地の情況に復した土地については、事務的には荒地前の賃貸價格を目標として設定することになるであらうが、必ずしもそれに拘束されることはない。併し年期許可後その滿了前に於て、一般賃貸價格の改訂があつたときは條文通り新に賃貸價格を設定すべきである。

而して賃貸價格は稅務署長これを設定するのであるが、稅務署長がこれを決定するに當りては、納稅義務者の提出した年期滿了申告書の賃貸價格が、甚しい不相當のものでなければ、固よりその申告により決定すべきである。若し申告が甚しい不相當のものであれば、稅務署長はその認むるところによつてこれを決定するのである（第十三條）。

賃貸價格は荒地免租年期の滿了する時の現況によつて設定するのであるが、第五十九條により年期の進行を停止された土地については特例を認めざるを得ない。卽ち荒地免租年期滿了の時の開拓減租年期地の現況が、第一類地の地目であるときは素地（開拓前の土地）相當の賃貸價格を設定すべく、開墾減租年期地又は地目變換減租年期地の現況が、第一類地の地目であるときは、原地（開墾又は變換前の土地）相當の賃貸價格を設定すべきである。又埋立免租年期地については、その現況の如何に拘らず賃貸價格の設定を要せざるものと解する。

蓋しこれ等の年期地についても、例外なしに、現況により賃貸價格を設定するものとするときは、減租年期又は免租年期の特典を剝奪することゝなり、年期の進行を停止せしめてまで、その特典を保護せんとしたる立法の精神に悖るからである。

年期滿了するも海、湖、河川の狀況にあるため、地租法上海、湖、河川と看做されるものについては、賃貸價格設定の途なきは敢て贅言を要さないであらう。この場合は有租地が無租地に轉換した場合に準じて處理すべきである。

第六十三條　荒地の地積

荒地免租年期ノ滿了ニ因リ賃貸價格ヲ設定スル場合ニ於テ必要アリト認ムルトキハ其ノ地積ヲ改測ス

荒地免租年期が滿了して、賃貸價格を設定する場合は、その計算の基礎となる地積を定めなければならぬことは、他の土地の異動と異るところがない。本條はその地積の改測に關し規定したのである。

荒地の賃貸價格設定に當つては地積は原則として改測しない。原地の地積卽ち土地臺帳に登錄されて居る地積を以て、賃貸價格計算の基礎とすること變換の場合と同樣である。唯必要ありと認むる場合にのみこれを改測する。而して玆に必要ありと認むるときとは、納稅義務者が年期滿了申告に際し必要ありと認むれば納稅義務者これを改測し、又稅務署長が賃貸價格設定に際し、必要ありと認むれば、稅務署長これを改測する意と解すべきである。

納稅義務者又は稅務署長が、必要ありと認むれば地積を改測するのであるが、さて然らば如何なる場合にこれを必要とするかといふに、土地の地積が土地臺帳に登錄してある地積と相違あることが外觀上認められるときは勿論改測しなければならない。又第二類地の荒地が、第一類地の地目に變じたるときは、實質上開墾と同じであるから、開墾の場合に準じ、原則として地積を改測すべきであらう（第四十二條）。

而して荒地の地積の改測は、賃貸價格の設定をなす場合に於てのみこれをなすのであるから、年期滿了のときの土地の狀況が、賃貸價格の設定を必要としない海、湖、河川の狀況にあるものについては、本條の規定が適用されないことは說明するまでもない（第五十五條）。

第六十四條　荒地の地租徵收

荒地免租年期ノ滿了ニ因リ賃貸價格ヲ設定シタル土地ニ付テハ其ノ設定ヲ爲シタル年

ノ翌年分ヨリ地租ヲ徵收ス

本條は、荒地免租年期の滿了したる土地に對する地租の徵收の分界を規定したのである。荒地免租年期が滿了するときは、賃貸價格を設定すること、無租地が有租地となりたる場合に酷似して居るから、地租徵收の分界もそれと全く同樣に、賃貸價格を設定したる翌年分の地租から、徵收することにした（第二十六條）。賃貸價格は年期の滿了する年に於てこれを設定するのであるが、萬一或る事情のためその年に設定することが出來なかつた場合はどうするか疑問が起る。これに關し法律に何等規定してないのは、かゝる場合を全く豫想してないからであるが、假りにかゝる場合が生じても尙賃貸價格を設定したる翌年分より地租を徵收する法意と解すべきである。この點は舊法と同一精神である。

第三章　災害地免租

本章は、災害に因つて收穫皆無に歸したる田畑の地租免除に關する手續を規定したのである。

土地臺帳制度を根幹として賦課する地租の特質は年の豐凶、收益の多寡によつて、課税標準を更正せざることにある。舊法は、その第二條に地租は年の豐凶によりて增減せざる旨を規定して居るが、新地租法はこれに關して何等規定するところがない。併し賃貸價格の一般改訂期に到るまでは、年の豐凶、收益の多少によつて、地租を增減せざる精神である點に於ては、新法も、舊法も變るところがない。

蓋し土地の收益が年により增減あるのは、寧ろ自然の數であつて、收益の消長に應じ、課税標準を更正して、地租を增減するが如きは、理想論としては兎も角、實行上の問題としては一顧の價値がない。卽ち年々の收益の多寡を度外視するところに地租の本質がある。併し土地の收益が或る事由によつて皆無となりたる場合に於ては、その皆無の事由が、土地を利用せざるに在るときは、固より課税するを至當とするも、然らざる場合に於て、尙且つ地租を賦課すべきものとなすは、稍々苛酷に失する。收益皆無の事由が、天災の如き不可抗力に基因する場合に於て、特に然りである。のみならず災害に因つて收益能力を失つた土地に對し、荒地免租年期を附與する權衡からするも正當でない。そこで地租法は、年の豐凶によつて地租を增減しないといふ原則に對し一つの例外を設け、田畑の收穫皆無が災害に基因する場合に限り、特にその年分の地租を免除する途を開いて、負擔の過重を緩和して居る。

災害地に對する地租の宥恕を認めたのは可なり古い。卽ち明治二十九年以降災害の都度、特別の法律を設けて、免租して來たのであるが、その都度法律を制定するは煩に堪へないのみでなく、種々の不便があつたので、明治三十四年には水害地方田畑地租免除に關する法律を公布した。併しこの法律は獨り水害に因る收穫皆無地にのみ適用され、等しく災害である風害、雹害、旱害、天候不順に因る收穫皆無地に對し、適用することの出來ない不公平があつたので、明治三十六年災害地地租延納に關する法律を公布して、水害に因らざる災害地につき地租延納の途を開いたのであるが、而かも一は免除し、一は延納するといふ不公平を免かれなかつた。そこで大正三年にこれを統一するために本章の前身たる災害地地租免除法を公布して一般法たらしめたのであるが、今回の地租改正を機會に、これを地租法に挿入規定したのであつて、その規定するところは、大體同法の精神そのまゝを承繼して居る。

第六十五條　災害地免租の要件

北海道又ハ府縣ノ全部又ハ一部ニ亙ル災害又ハ天候不順ニ因リ收穫皆無ニ歸シタル田畑ニ付テハ納稅義務者ノ申請ニ依リ其ノ年分地租ハ之ヲ免除ス

本條は災害地に對する免租の要件を規定したのである。以下災害の意義、免租の要件及び免租處分の三項に分ち說明する。

一　災害地の意義

茲に災害地といふのは、災害に因つて收穫の皆無となつた田畑を指稱する。災害の意義は荒地免租の章に於て述べた如く、天災と同義であつて、人力に基かない一切の不可抗力である。卽ち水害、風害、雹害、蟲害、旱害等何れもこれ災害である。

天候不順は大氣の變態的現象であつて、一般的には災害とはいはれないが、それが一般作物の登熟に惡影響を齎らす結果から觀察すれば、一種の災害たるを失はないのであるが、地租法は特に『災害又は天候不順』と規定して疑義の生ずる餘地をなからしめた。以下單に災害といふときは勿論兩者を總括した意である。又不可抗力でも豫知することの出來ない不可抗力にあらざればこれを災害といはない。從つて鑛毒の如き豫め被害の知り得るものは災害でない。

廣い意味に於て災害地といふときは、荒地も亦これに包含するが、荒地は災害に因つて土地そのものに異狀を來したものなるに反し、本條にいふ災害地は土地そのものには何等異狀なく、唯作物に被害のあつた土地を指稱するところに兩者の區別がある。故に災害に因つて地形を變じ、或は作土を損傷し、その結果收穫皆無となつたといふ樣な土地は、荒地であつて、茲にいふ災害地ではない。

二　免租の要件

災害地に對し地租の免除を受くるには、第一田畑の收穫皆無に歸したること。第二收穫皆無は災害に基因するものなること。第三その災害たるや北海道、府縣の全部又は一部に亙る災害であること。第四納稅義務者の申請あること、この四要件を具備しなければならぬ。その何れかの一を缺くときは災害地として地租の免除を受くる譯には行かない。左にこれを分拆說明する。

（一）　災害地免租の第一の要件は、田畑が收穫皆無に歸した事實がなければならない。田畑のみに限つたのは、古來農業は國の大本と稱せられ、我國に於ける主要產業であり、田畑はその農業の基礎をなすが故に、特にこれを保護する必要あると、災害に因つて最も影響を受くるものは主として田畑であるからである。

玆に田畑といふのは、土地臺帳に登錄されたる地目が田畑なることを要すると同時に、被害當時の現狀も亦田畑でなければならない。併しながら現況が田畑である限り、必ずしも土地臺帳の地目と一致するを要さない。例へば現況が田で、土地臺帳の地目が畑である場合、或は現況が畑で、土地臺帳の地目が田である場合の如きは、勿論免租するに妨げない。

然らば收穫皆無の意義如何、一粒の米麥をも收得し得ない狀態を指すのであるか、それとも多少の收穫はあつても收穫皆無と觀るに妨げないか、若し多少の收穫あるも妨げないとすればその程度如何が問題になる。

數理學的にこれを見るときは、何ものも得られない場合でなければ收穫皆無とはいはれないであらう。苟くも一粒の米、一握の麥でも收穫すれば、收穫皆無でないことは明白である。併しながらかゝる解釋は、今日の經濟生活の常識に合致しない。若し收穫皆無の意義をしかく嚴格に解せねばならぬとするときは、如何に激甚なる災害の場合と雖も、恐らく免租の恩典を享くる土地なきに至るであらう。何となれば、如何に激甚なる災害の場合と雖も、一粒の米、一握の麥をも收穫し得られないといふが如きことは極めて稀有であるからである。

かくの如き解釋は決して立法の精神でないこと明白である。然らば、どの程度の減收があれば收穫皆無と看做すに妨げないか。法律はこれに關し、何等標準を示して居ないから、被害の狀況その他の事情を參酌して決すべき事實認定の問題であるが、大體に於て、主作物の收穫量が平年收穫量に對し、凡そ七割以上を減耗したならば、收穫皆無と看做して妨けないであらう。而してこれ大體の基準を示したに過ぎないから、必ずしも嚴格に七割の減耗を限界とせざるべからずといふのではない。被害の情況に應じ運用宜ろしきを得ねばならぬ。又畑の如き主作物の認定の困難なる場合は、大體地方的に見て、一年を通じたる收穫價格の十分の七以上の收穫を占むるものを以て、便宜主作物とする。而して收穫價格は收穫時期の價格によるべきこと勿論なりと雖も、價格の一時的變動のため、永年地方的に主作物として認定せられて來たるものが、主作物たらざるに至るが如き取扱は穩當でない。

（二）　免租の第二要件としては、收穫皆無は災害に基因するものでなければならない。災害の意義は前に述べた通りである。

（三）　免租の第三要件としては、收穫皆無の基因たる災害は、北海道又は府縣の全部又は一部に亙つて發生したものでなければならない。

北海道又は府縣の全部又は一部に亙るとは、相當廣汎なる地域の意義である。つまり災害が地方的、一般的の性質を有するものでなければ、免租しない。地方的、一般的の性質を有する災害であるならば、收穫皆無に歸した土地は假令一局部に止まるも免租するに妨けない。廣汎なる地域に亙る災害に因る收穫皆無にあらざれば免租しないのは、極めて狹き地域に於ける收穫皆無の如きは、果して災害に基くものであるかどうか、その認定が困難であるからである。而して被害地域が、果して玆にいふ相當廣汎なる地域の範圍に當るかどうかは、災害の種類、被害狀況等に照して、客觀的に認定するより外に途がない。

(四) 免租の最後の要件は、納税義務者の申請である。納税義務者の適法な申請がなければ、免租を受け得ないことは敢て贅言を要すまい。而して申請の要件については第六十七條に於て更に詳述する。

三　免租處分

災害地免租の申請があつた場合、その申請が前項述ぶるところの四要件を具備するときは、税務署長は免租處分をしなければならない。若し申請が免租の要件の全部又は一部を缺くときは、却下すべきこと勿論である。而して税務署長が免租の處分をなすに當りては、被害地につき周密な調査を遂げ、税務監督局長に稟議の上決行する等愼重に取扱ふべきである。又若し被害區域が數税務監督局管內に跨るが如き場合には、更に大藏大臣に對し稟議することも必要であらう。尙免租處分の公平を期さねばならぬことは言を俟ない。而して免除される地租は、收穫皆無となつた年一年分の地租である。從つて被害の年と收穫の年と異る場合は、收穫皆無となつた年の地租が免除されるのである。税務署長の免租處分は、地租の賦課を免除する處分であるから、地租の賦課をなす處分と等しく訴願法及び明治二十三年法律第百六號に租税賦課に關する事件に該當する。從つて納税義務者その免除處分に不服あるときは、訴願又は行政訴訟を提出することが出來るものと解する。

第六十六條　災害地免租要件の特例

地目變換若ハ開墾成功ノ申告アリタル土地又ハ耕地整理工事完了シ賃貸價格配賦ノ申出アリタル土地ニシテ未ダ土地臺帳ヲ更正セザルモノニ付テハ其ノ成功地目ガ田畑ナ

ルトキハ命令ノ定ムル所ニ依リ前條ノ規定ヲ準用ス

本條は、災害地免租の要件に對する一種の特例を定めたものである。

災害に因り地租の免除を受けることの出來る土地は、土地臺帳に登錄されて居る地目が田又は畑であつて、現況も亦田又は畑でなければならぬことは、既に前條に於て說明したところである。從つて假令土地の異動によつて、現況は既に田、畑となつて居つても、未だ土地臺帳の地目が、原地の儘で田、畑に更正されない間は、地租の免除を受けることが出來ない理である。併し、土地の異動に關する申告、申請はあつても、稅務官廳の事務の都合によつて、土地臺帳の地目が、更正の運びに至らないことも有り得るのであるが、かゝる場合に於て、單に土地臺帳の地目が、更正されてないといふ理由を以て、地租の免除を受くることが出來ないとあつては聊か不穩當である。そこで法律はかかる不都合なからしむるため、これ等の異動地に對しては、特別の取扱をなし、以て免租申請者の利益を擁護することゝしたのである。

一 特別の取扱を受くる土地

災害地免租の要件につき、特別の取扱を受けることの出來る土地は、(一)地目變換又は開墾成功の申告があつた土地及び耕地整理工事完了して賃貸價格配賦の申請のあつた土地にして、(二)その成功地が田畑なるものに限る。

これ等の土地が災害に因つて收穫皆無に歸したならば、現在土地臺帳の地目が、田、畑以外の地目であつても、地租の免除を受けることが出來る。

而して申告、申請は、災害發生前にこれをなしたものでなければならぬことは、特別取扱をなす精神から見て當然であらう。災害發生後の申告、申請は勿論、災害發生と同時になした申告、申請については特別の取扱を受くることが出來ない。災害發生前の申告、申請であるならば必ずしも法定期限內の申告、申請たることを要さない。又耕地整理工事完了し、災害發生前換地處分の認可あつても賃貸價格配賦の申請なき限りは本條を適用することが出來ない。

二　地租免除の方法

特別の取扱をなす災害地に對する地租免除の方法は、地租法施行規則第十一條に規定して居る。

（一）　地目變換地、開墾成功地

地目變換地又は開墾成功地にあつては、原地（變換又は開墾前の土地）に對する地租を免除する。即ち宅地から變換したものなれば宅地の地租を、山林原野から開墾成功したものなれば山林、原野の地租を免除するのである。

（二）　耕地整理地

耕地整理地にあつては、收穫皆無に歸したる換地に相當する從前の土地の地租を免除する。而して從前の土地一筆又は數筆に對し、數筆の換地が交付された場合に、換地の全部に被害あれば、從前の土地全部に對する地租を免租する。若し數筆の換地の一部に被害（一筆の換地の一部の被害を含まない）があつたならば、全部に對する被害部分の割合（多くの場合配賦さるべき賃貸價格の割合によるを適當とするだらう）を以て、從前の土地に對する地租の一部を免除すべきである。施行規則第十一條に換地に相當する從前の土地の地租を免除するとあるは、要するにこの意に外ならない。

◎施行規則第十一條　地租法第六十六條ノ規定ニ依ル地租ノ免除ハ左ノ各號ノ定ムル所ニ依ル

一　地目變換地又ハ開墾地ニ在リテハ原地（變換又ハ開墾前ノ土地）ノ地租ヲ免除ス

二　耕地整理地ニ在リテハ收穫皆無ニ歸シタル土地ニ相當スル從前ノ土地ノ地租ヲ免除ス

以上の説明を補足するため、一、二の計算例を左に示す。

耕地整理地に對する災害地免租例

例示番號	從前の土地 地番	從前の土地 地目	從前の土地 地積	從前の土地 賃貸價格	換地 豫定地番	換地 地目	換地 地積	換地 配賦賃貸價格	説明（換地の地積上部●印は被害地を示す）
一	一	原野	一〇〇歩	三三錢	1	田	●一〇〇〇歩	三六、〇〇錢	從前の原野に對する地租を免除する。
二	二	池沼	八〇〇	二、〇〇	2	田	●一〇〇〇	四〇、〇〇	從前の池沼、原野に對する地租を免除する。
	三	原野	三〇〇	一〇					
三	四	山林	二二〇〇	一、一〇	3	畑	●一〇〇〇	七、五〇	換地の全部に被害ありたる例 從前の山林の地租全額を免除する
					4	畑	●一〇〇〇	八、〇〇	
四	五	宅地	六〇〇坪	一〇〇、〇〇	5	田	●一〇〇〇	四二、〇〇	換地の一部に被害ありたる例 被害地の賃貸價格の割合（八割四分）を從前の宅地の賃貸價格一〇〇圓に乘じたる金額八四圓に對する地租を免除する。
					6	畑	一〇〇〇	八、〇〇	

五	六	畑	一二〇〇	一〇、八〇	7	田	●一〇〇〇	三九、〇〇	換地の全部に被害ありたる例 從前の畑、原野に對する地租を免除する。
	七	原野	一〇〇〇	三〇	8	田	●一〇〇〇	三六、〇〇	
六	八	畑	一〇〇〇	一〇、〇〇	9	田	●一〇〇〇	三六、〇〇	換地の一部に被害ありたる例 被害地の賃貸價格四六圓の總額八二圓に對する割合（五割六分）を從前の土地各筆の賃貸價格に乘じたる金額畑五、六〇錢、宅地五三、二〇錢、原野三三錢に對する地租を免除する。
	九	宅地	三〇〇坪	九五、〇〇	10	田	一〇〇〇	三六、〇〇	
	一〇	原野	一二〇〇	六〇	11	畑	●一〇〇〇	一〇、〇〇	

備考

第五例及び第六例は、換地處分の例としては不適當とするも、地租免除の取扱の概念を明かにするため敢てこれを揭げたことを諒とされたい。

（三）　耕地整理未成功地

耕地整理工事中の土地又は工事完了したるも未だ賃貸價格配賦の申出なき土地については、本條の規定を適用することが出來ない。これ等の土地の免租の取扱については法令に別段の規定なきも、現に土地臺帳の地目が田又は畑にして、現況亦田又は畑なるものに限り免租すべきである。唯被害當時の土地が數地目の現況に在るものは、その內田畑の現況に在る地積が土地臺帳の地積の十分の七以上に當る如き場合は、特にこれを區別することなく一筆の土地の地租全部を免除すべきである。

第六十七條　災害地免租申請

前二條ノ規定ニ依リ地租ノ免除ヲ受ケントスル者ハ被害現狀ノ存スル間ニ於テ其ノ事實ヲ明ニシテ稅務署長ニ申請スベシ

本條は、災害地免租の申請手續を規定したのである。

一　災害地免租申請

災害地につき、地租の免除を受けんとする者は、被害現狀の存する間に、被害の事實を證明して、所轄稅務署長に申請しなければならぬ。

（一）災害地免租の申請は、被害現狀の存する間にこれをなさねばならぬ。稅務署長許否の處分をなすには、被害現狀を知つて置く必要あるからである。被害現狀の存する間とは、必ずしも未だ災害の去らざる間といふ意味ではない。災害は去つても、被害の程度を認定し得る客觀的事實の存する間と解してよい。併し被害の程度は、日時の經過によつて、漸次認定が困難となる虞あるを以て成るべく速かに申請するを可とする。

（二）又災害地免租の申請は、被害の事實を證明してこれをなさねばならぬ。蓋し申請の性質上當然とするところであらう。被害事實の證明方法は、稅務署長の承認を受けるまで、收穫皆無の事實を證するに足る作毛を存置してこれをなすのである。現今一般的に認められて居る方法は、大體畦畔等を以て區劃されたる田の區域「俗に一枚の田と稱する」毎に周圍三株宛の環狀形及び中央部に、地積の約三十分の一に相當する部分の作毛を存置する方法と、同一田の區域毎に三株宛十字形の作毛を存置する方法とである。何れでも便宜とする方法を採用して妨げない。

◉施行規則第十條　災害地免租ノ申請ヲ爲ス者ハ税務署長ノ承認ヲ受クル迄收穫皆無ノ事實ヲ證スルニ足ルベキ作毛ヲ存置スベシ

（三）災害地免租申請書はこれを所轄税務署長に提出しなければならぬ。寧ろ當然のことで別に說明を要さないであらう。尙申請書はなるべく二通を作成したる上土地所在の市區町村を經由するを便宜とする。

二　申請書に記載すべき事項

災害地免租の申請書には、收穫皆無に歸したる事由、被害の狀況、土地の所在、地番、地目、地積及び賃貸價格を記載しなければならぬ。

被害激甚地であつて、一市町村の田畑全部が、收穫皆無に歸したといふやうな場合に於て、申請書の作成に相當期間を要するときは、便宜所轄税務署長の承認を得て、地番及び納税義務者一人毎の地積、賃貸價格の合計を記載して總代人より出願するも妨げないであらう。

◉施行規則第九條　災害地免租ノ申請書ニハ收穫皆無ニ歸シタル事由、被害ノ狀況、土地ノ所在、地番、地目、地積及賃貸價格ヲ記載スベシ

三　申請書の樣式

申請書の樣式については、別段の規定がないから、便宜の樣式によつて妨げない。左にその雛形を示す。

（災害地免租申請書様式）　　　　　　（用紙半紙）

災害地免租申請書

昭和　年　月　日

何郡「市」何町「村」大字何、何番地

何　某印

（又ハ外何名）

何税務署長殿

何郡「市」何町「村」大字何

字	地番	地目	地積	賃貸価格	被害ノ状況 作物ノ種類	被害ノ状況 被害程度	摘要	納税義務者氏名又ハ名称
何	一	田	反八〇〇	円二四〇〇	稲作	皆無	何年何月何日ヨリ何日ニ至ル豪雨ニ因リ何川汎濫	何　某印
何	二	田	七二〇	二五三〇	同	二分作	冠水何日間ニ渉リ腐蝕（何々）	何　某印
何	五	畑	五〇〇	一〇〇〇	桑	枯死	何年何月山林ヨリ開墾成功申告ニ係ルモノ	何　某印

右申請候也

備考

一、總て明瞭に記載すること。特に数字の記載は最も正確を期すること。
二、成るべく正副二通を作成し、土地所在の市區町村を經由するを便宜とすること。
三、二筆以上連記するを妨げない。この場合は成るべく地番順に記載すること。但し大字を異にするものは成るべく別紙とするを可とすること。
四、二人以上連署するを妨げない。この場合は各筆の下部に署名捺印すること。
五、申請者が法人なるときは法人名を肩書して代表者署名捺印すること。
六、代理人を以てする申請書には必ず委任狀を添附すること。
七、申請者が質權者、地上權者なるときは、その旨を肩書すること。
八、左記事項は摘要欄に記載すること。
　イ、收穫皆無に歸したる事由
　ロ、第六十六條に該當するときは、地目變換、開墾成功申告の時、耕地整理賃貸價格配賦申請の時

第六十八條　災害地地租の徴收猶豫

前條ノ申請アリタルトキハ被害ノ調査中其ノ年分地租ノ徴收ヲ猶豫スルコトヲ得

本條は災害地免租申請のありたる場合、被害調査中その年分地租の徴收を猶豫することを得ることを規定したのである。

一　徴收猶豫の意義

徴收猶豫とは、納期限の到來した稅金につき、一時その徴收を見合すことである。納稅者の側から見れば、義務の履行延期である。或る期間徴稅權を執行することを免ずるのであるから、行政法學上一種の免除と見られる。

地租の納稅義務は、納期限の到來によつて確定する。從つて災害地免租申請のあつた土地と雖も、免除處分前に納期限が到來したならば、その地租はこれを徴收しなければならない。納期限の經過後免除の處分があれば、過納の稅金はこれを還付すれば足りるのである。併しながら被害が激甚であつて、當然免除を受くべき狀況にあることが、豫想される場合に於ても、尙且つ徴收、還付に無用の手數を費すが如きは、決して策の得たるものでないは勿論、官民相互の不便も尠なくないから、右の如き場合には、一時その徴收を見合せ置き、軈て免否の調査終了したる曉、不許可に決した土地の地租だけを追徴することにすれば、官民間に於ける無用の手數を大に省くことの出來る利益あるばかりでなく、納稅者が非常の災厄に罹つた際、多少でも納稅の苦痛を緩和することは極めて妥當の處置である。特に災害の性質上關係者多數に上るを常とするだけ、徴收の猶豫は全體的に見て、極めて有效な救濟策たるを失はないであらう。これ地租法に徴收猶豫の規定ある所以である。

徴收猶豫に關しては、國稅徴收法第七條にも規定がある。卽ち同條によるときは、納稅人が非常の災害に罹つた場合には、その納稅人の義務に屬する總ての稅金の徴收を猶豫することを得るのである。廣く解すれば、災害に因る收穫皆無も、「納稅人が非常の災害に罹つた場合」に該當せしめ得るもの丶如くであるが、前者は主として、納稅人が、非常な災害（例へば大震火災の如き）に罹つて支拂能力を失つた場合の救濟を目的とするもので、必ずしも免租を前提とするものでない。これに反し、後者は納税人の支拂能力の消長如何は問ふことなしに、災害と課税物件との因果關係に重きを置き、その免税を前提として――少くもそれを豫想して徴收を猶豫するのであつて、主として徴税上の便宜のための規定である。その結果納税者の救濟ともなるのであるが、救濟が主たる目的ではない。玆に兩者の立法の理由を異にする點がある。卽ち嚴密には災害地に對する地租は、國税徴收法によつては、猶豫することを妥當としないがため、地租法に特別の規定を置いたのである。

◉國税徴收法第七條　納税人非常ノ災害ニ罹リ政府ニ於テ其ノ被害調査ノ爲時日ヲ要スルトキハ其ノ間税金ノ徴收ヲ爲サザルコトアルヘシ

二　徴收猶豫の要件

災害地地租の徴收が猶豫せられるには、免租の申請があること、竝に政府に於て被害調査中なることを要する。而して災害地につき地租の徴收を猶豫するは、前項でも述べた如く、一に徴税上の便宜に出でたのであるから、その猶豫すると否とは、納税者の希望如何に拘らず、税務署長の自由裁量により決せらるべきである。納税義務者はこれに對し異議を申立つるを得ない。而して徴收を猶豫せらるゝ地租は、被害年分の地租に限ることは、敢て縷述を要しないであらう。

第六十九條　地租免除と納税資格

第六十五條又ハ第六十六條ノ規定ニ依リ免除シタル地租ハ法律上總テノ納税資格中ヨ

リ之ヲ控除セズ

本條は災害地免租と、法律上の納税資格との關係を規定したのである。法令は公務員その他の資格を定むるに、一定額の納税をなして居るといふことを要件とすることがある。これを法律上の納税資格といふのである。

地租を以て納税資格とする場合に於て、災害地免租の許可ありたるときは、免除を受けた地租額は、その資格要件たる地租額に算入ずべからざるは勿論である。その結果法律に定むる資格要件を缺除するに至れば、それ等公務員たる資格又はその他の資格を失ふは勿論、現にそれ等の職にある者は、當然その職を失ふに至るのが原則である。

然しながら災害地に對する免租は、被害年分地租に限り免除するもので、永久性がない。いはゞ一時的の免除であり、且つその由つて來る原因は、納税者の責に歸するべからざる不可抗力にあるのであるから、免除の結果、直ちにそれ等の資格を喪失せしむるは、聊か苛酷に失するのみならず、これがため法律關係を複雜ならしめ、その運用に支障を來す虞なきを保し難い。又かゝる場合にこれに資格を附與し置くも、格別法律の精神に背戻するものとも認め得られざるを以て、災害免租地については、特例を設け法律上の總ての納税資格中よりこれを控除しないことにしたのである。『納税資格中ヨリ控除セズ』といふのは、現に納税して居るものと同一の待遇をなすといふ意味である。

現行制度の上で、地租を納税資格とする主なるものは、貴族院多額納税者議員互選資格（貴族院令第一條、第六條貴族院多額納税者議員互選規則第一條、明治二二年勅令第四一號）、陪審員資格（陪審法第一二條、昭和二年勅令第一四六號）、相續税審査委員（相續税法施行規則第七條）等である。

◉貴族院令第一條　貴族院ハ左ノ議員ヲ以テ組織ス（第一號乃至第五號省略）
六　北海道各府縣ニ於テ土地或ハ工業商業ニ付多額ノ直接國税ヲ納ムル者ノ中ヨリ一人又ハ二人ヲ互選シテ勅任セラレタル者
◉同令第六條　滿三十歳以上ノ男子ニシテ北海道各府縣ニ於テ土地或ハ工業商業ニ付多額ノ直接國税ヲ納ムル者百人ノ中ヨリ一人又ハ二百人ノ中ヨリ二人ヲ互選シ其ノ選ニ當リ勅任セラレタル者ハ七箇年ノ任期ヲ以テ議員タルヘシ其ノ選擧ニ關スル規則ハ別ニ勅令ヲ以テ之ヲ定ム（第二項省略）
◉貴族院多額納税者議員互選規則第一條　貴族院令第六條ノ規定ニ依ル互選資格ヲ有スル者ハ互選人名簿調製ノ期日迄引續キ一年以上北海道又ハ各府縣ニ於テ本籍ヲ定メ住居シ多額ノ直接國税ヲ納メ仍引續キ住居シ及納税スル者タルヘシ
家督相續ニ依リ財産ヲ取得シタル者ニ付テハ其ノ財産ニ付被相續人ノ爲シタル納税ヲ以テ其ノ者ノ爲シタル納税ト看做ス」
互選人ヲ定ムルニ當リ納税額同シキトキハ年齡多キ者ヲ取リ年齡モ亦同シキトキハ地方長官抽籤シテ之ヲ定ム

◉明治二十二年勅令第四十一號　貴族院令ニ於テ直接國税ト稱スルモノ左ノ如シ
地租（以下省略）
◉陪審法第十二號　陪審員ハ左ノ各號ニ該當スル者タルコトヲ要ス
一　帝國臣民タル男子ニシテ三十歳以上タルコト
二　引續キ二年以上同一市町村内ニ居住スルコト
三　引續キ二年以上直接國税三圓以上ヲ納ムルコト
四　讀ミ書キヲ爲シ得ルコト
前項第二號及第三號ノ要件ハ其ノ年九月一日ノ現在ニ依ル

⦿昭和二年勅令第百四十六號　陪審法第十二條ノ規定ニ依ル內地又ハ樺太ニ於ケル直接國稅ノ種類左ノ如シ

一　地租（以下省略）

⦿相續稅法施行規則第七條　審査委員會ハ大藏大臣ノ命シタル收稅官吏二名及直接國稅百圓以上ヲ納ムル者ヲ以テ之ヲ組織ス

審査委員ノ任期ハ三年トス

第四章　自作農地免租

地租法は、自作農の維持創設並に小農者の負擔の緩和を圖る目的を以て、一定要件の下にある自作農地に對し、その地租を免除することを定めて居る。即ち本章の規定がそれであつて、第七十條には免租の要件を規定し、第七十一條には免租申請の手續を規定したのである。殆んど舊法と變るところがない。唯課税標準の變更に伴ひ、免租の範圍が舊法に於ては地價二百圓未滿であつたものが、賃貸價格二百圓未滿に改められた。その結果個別的には、免租の範圍が却つて縮少されたものも絕無といはれぬであらうが、全國的にはその範圍相當に擴大され、免租の恩典に浴する者も增加するに至るものと信ずる。

第七十條　自作農地免租の要件

田畑地租ノ納期開始ノ時ニ於テ納稅義務者（法人ヲ除ク）ノ住所地市町村及隣接市町村內ニ於ケル田畑賃貸價格ノ合計金額ガ其ノ同居家族ノ分ト合算シ二百圓未滿ナルトキハ納稅義務者ノ申請ニ依リ其ノ田畑ノ當該納期分地租ハ命令ノ定ムル所ニ依リ之ヲ免除ス但シ小作ニ付シタル田畑ニ付テハ此ノ限ニ在ラズ

民法施行前ヨリ引續キ存スル永小作權ニ付其ノ設定ノ當時舊來ノ慣行ニ依リテ小作料

支拂ノ外當該田畑ノ地租ノ全額ヲ永小作權者ニ於テ負擔スルコトヲ約シタル田畑ニ關シテハ命令ノ定ムル所ニ依リ永小作權者ヲ所有者ト看做シテ前項ノ規定ヲ適用ス

本條は、自作農地に對する地租免除の要件を規定したのである。順序として、自作農地の意義及び地租を免除する理由を略述したる上、免租要件に論及する。

一　自作農地の意義

自作農地の意義については、法文に積極的に規定するところがない。强いてこれを法文に求むるならば、「小作に付せざる田畑」即ち自作農地なりと消極的に定義するより外にないのであるが、これでは殆んど定義とならない。何となれば小作に付せざる田畑必ずしも自作農地とは限らないからである。

普通の觀念に從へば、自作の目的たる土地が、即ち自作農地である。自作といふのは小作に對する觀念である。他人の所有地の上に農業を經營する場合これを小作と稱し、自己の所有地の上に農業を經營する場合これを自作と稱するのである。農業者本位にこれを見れば、前者は卽ち小作農であり、後者は自作農である。而してこれを土地（卽ち農業地）本位に觀察すれば、自作農によつて經營せられて居る土地が自作農地であり、小作農によつて經營せられて居る土地が小作農地である。この外純粹の小作農と自作農との中間に位して、雙方の要素を兼ね有するものに自作兼小作農がある。その經營の目的たる土地の內自己の所有に屬するものが、即ち自作農地であり、他人より借入れたものが小作農地である。

普通の觀念に於ける自作農地の意義は、以上によつて明かであるが、これを直ちに地租法に移して以て、地租法に於ける自作農地の意義となし得るや否やは、蓋し議論の存するところであらう。併し余は「第四章自作農地免租」なる標題を掲げた法の精神に鑑み、これを普通の觀念と同一意義に解すべきものと信ずる。尙この點については免租の要件の說明をも參照せられたい。

二　自作農地免租の理由

自作農地に對し地租を免除する目的は、自作農の增殖維持竝に小農者の負擔緩和を圖り、以て農村振興に資せんとするにある。一種の農業社會政策的施設である。

（一）　農業政策的理由

自作農は、經濟的にも又社會的にも農村の中堅となるもので、又農業經營の立場よりするも最も集約的な經營を見られ、農事の改良、發達を期する上よりするも、小作農に優つて居ることは疑を容れない。然るに我國最近の情勢は自作農が年々減少するに對し、小作農及び自作兼小作農は年々增加の傾向にあることは、統計の示すところである。これはとりもなほさず、農村の中堅分子たる自作農が、その地位を維持することが出來ず、小作農に轉落しつゝあることを物語るものであつて、その由つて來るところは暫く措くとするも、これが現下農村疲弊の重要な一原因をなしてゐることは否定すべからざる事實である。實に今日自作農の維持、增殖を圖ることは、急迫せる農村救濟の根本政策であるばかりでなく、小作爭議その他あらゆる農村問題解決の鍵鑰をなすものであつて、現今に於ける喫緊の要務であるといはねばならぬ。

自作農の増殖、維持の方策は、固より一にして足らずと雖、租税政策の方面より自作農の負擔の輕減を圖つて、間接にこれを助長することは、適切有效の施設たるを失はない。これ農業政策の見地より見た免税理由である。而して賃貸價格二百圓未滿の自作農地のみを免租し、自作農地の全部に及ばないのは、特に保護助長を要するは零細自作農であつて、大地主が僅に自作するものゝ如きは、特にこれを保護する必要ないと認めたからである。

（二） 社會政策的理由

社會政策の立場から觀る自作農地免租の根據は、賃貸價格二百圓を以て地租の免税點なりとする見方である。既に商工業者の負擔を代表する營業收益税に免税點を設くる以上、等しく補完税の地位にあつて、農業者の負擔を代表する地租に、免税點を設くるは蓋し至當のことゝ考へられる。唯免税點を定むるに當り、全國に散在する所有地を綜合して負擔力を量ることをせず、僅に住所地市町村及隣接市町村に局限してこれを定め、且つ免税の自作農地以外の土地に及ばないのは聊か免税點を設くる趣旨に反するが如きも、一面に於ては自作小農保護の精神を失はない範圍に於て、免税點を定めんとしたのと、全國的に綜合することは實行上の困難があるためである。

然らば自作農地免租を以て地租の免税點とするならば、營業收益税の免税點四百圓との均衡如何、兩者は等しく收益を税源とするのであるが、收益の性質に至りては著しく異るものがある。卽ち營業純益は所謂資本勤勞共働の收益なるに反し、賃貸價格は純然たる所有財産收益なるが故に、兩者の負擔力に著しい强弱あるは看易すき道理であつて地租の免税點は營業收益税の免税點に比し、幾分低きを相當とされる。

以上の如く自作農地の地租を免除する理由は、これを二つの方面から觀察することが出來る。併しながら以上二つの理由は、箇々別々のものではない。二つの理由を合して始めて免租の理由を形成するのであつて、説明の便宜上これを分離したに過ぎないのである。これを要するに、自作農地の地租を免除するは、これにより自作小農の增殖維持を圖り、以て勸農、社會兩政策の實を擧げんとするに外ならないのである。

三　自作農地免租の要件

自作農地免租の要件は、本條第一項の規定するところである。法文の構成稍々錯雜であるが、これを分析すれば、(一)納稅義務者は個人なること、(二)住所地市町村及び隣接市町村內にある田畑なること、(三)自作田畑なること、(四)貸貸價格の合計金額が二百圓未滿なること、(五)納稅義務者の申請あることの五點に歸着する。その一を缺けば免除を受くることが出來ない。更に項を分ちて詳述する。

(一)　納稅義務者は個人なることを要する。

自作農地の納稅義務者は個人でなければならない。納稅義務者が法人なるものについては免租しない。從つて農業會社は勿論、農會又は財團法人たる農學校の試作田畑、神社、寺院等の自作農地と雖も免租しない。共有地に於て共有者中に法人がある場合も亦免租することが出來ない。法人を除外したる理由は、自作小農の現情から見て、法人に免稅するの必要なしと認めたると、若し法人に免租するときは、數多の小會社を設定することにより、地主階級の合法的脫稅を誘致する虞あるからである。法人には自作農あり得ないから、免租する要なしと說く者あるも正當でない。何となれば法人に自作農あり得ないならば、法律に態々「(法人ヲ除ク)」と規定する必要がないからである。法律の規定は法人にも自作農あり得ることを前提として居ること明かであつて、實際問題として法人にも自作の一種たる管理農はあり得るであらうから、余はこの說をとらない。

（二） 住所地市町村及び隣接市町村內にある田畑なることを要する。

納稅義務者の住所地市町村及び隣接市町村內にある自作田畑でなければ免稅しない。住所地及び隣接市町村に局限したのは、自作の可能なることを標準としてその範圍を定めむとする趣旨である。

イ 住所地市町村とは人の住所の在る市町村の意である。住所は人の生活の本據である（民法第二一條）。生活の本據といふのは、生活關係の中心たる場所に外ならない。法律上各人の常住の場所と認め得られる所が住所である。故に學生に於ける寄宿舍、患者に於ける病院、兵士に於ける兵營等は住所ではない。

住所を有せず、又住所の知れない場合は、勿論居所を以て住所と見てよい（民法第二三條）。併しながら他に住所を有しながら單に居所を有するものは、他市町村人と認むべきである。然らざるときは、脫稅の目的を以て、徒らに土地所在市町村に居所を定むる者を簇出する虞れがあるからである。

住所は原則として土地臺帳に揭ぐるものによる。併し土地臺帳に揭ぐる住所と、事實上の住所と異る場合は、事實上の住所によるべきこと勿論である。而して人の住所の何れに在るかは、その者の生活關係全般から觀察して決すべき事實問題である。

◉民法第二十一條　各人ノ生活ノ本據ヲ以テ其住所トス

◉民法第二十二條　住所ノ知レサル場合ニ於テハ居所ヲ以テ住所ト看做ス

ロ 甲市町村と乙市町村と、その疆域相接する場合、通常甲乙兩市町村は、互に隣接市町村といふのである。併し本條に所謂隣接市町村といふのはこれと多少意義を異にする。即ち納税義務者の住所地市町村と、疆域の相接する市町村を隣接市町村といふのである。即ち納税義務者の住所地を中心として、隣接市町村かどうかを決する。從つて隣接市町村の隣接市町村は、必ずしも本條の隣接市町村でない。

而して市町村の疆域の相接する場合とは、境界が直接に接續する場合は勿論、河川、湖沼等を狹んで相對する場合も亦隣接市町村と稱するに妨げない。

河川、湖沼の介在する場合、通常耕作のため朝夕往復し得る程度の近距離なるときは、固より問題ないが、然らざる場合は多少疑問である。これを隣接市町村と稱するときは、事實耕作不可能の地なるに拘はらず、尙且つその地の賃貸價格を加算して、二百圓未滿なりや否を決するは不合理なるのみならず、加算しなければ當然免租の恩典に浴し得るものに對し苛酷となるなどから見て、自作農地免租の根本精神の解釋上、かゝる場合はこれを隣接市町村と稱せざるを妥當とする。

市制第六條の區（東京市、大阪市及び京都市の區）、市制第八十二條第三項の適用ある區（名古屋市、横濱市及び神戸市の區）は、これを一市町村と看做して以上の原則を適用する（第八七條）。

◉市制第六條第一項　勅令ヲ以テ指定スル市ノ區ハ之ヲ法人トス其ノ財産及營造物ニ關スル事務其ノ他法令ニ依リ區ニ屬スル事務ヲ處理ス

◉明治四十四年勅令第二百三十九號　市制第六條ノ規定ニ依リ市ヲ指定スルコト左ノ如シ

東京市

京都市
大阪市
◉市制第八十二條　第六條ノ市ヲ除キ其ノ他ノ市ハ處務便宜ノ爲區ヲ劃シ區長及其ノ代理人一人ヲ置クコトヲ得
前項ノ區長及其ノ代理者ハ名譽職トス市會ニ於テ市公民中選擧權ヲ有スル者ヨリ之ヲ選擧ス
内務大臣ハ前項ノ規定ニ拘ラス區長ヲ有給吏員トナスヘキ市ヲ指定スルコトヲ得（以下省略）
◉明治四十四年内務省令第十四號　市制第八十二條第三項ノ規定ニ依リ市ヲ指定スルコト左ノ如シ
名古屋市
横濱市
神戸市

ハ　納税義務者の住所地を中心として隣接市町村なりや否やを決すべきであるから、共有地にありては共有者の全員が同一市町村内に住所を有する場合でなければ免租することを得ない。各共有者の住所地市町村が異るときは、共有者の何人の住所地を中心として隣接市町村を定むべきか、基準を得ること不可能であるからである。

㈢　自作田畑なることを要する。

自作田畑でなければ免租しない。法文には「但シ小作ニ付シタル田畑ハ此ノ限ニ在ラズ」とのみ規定して、積極的に自作田畑の地租を免除することを規定してない。その結果小作にも付せず自作もせず放擲して置く田畑に對しても免租すべきが如くであるが、第四章自作農地免租の標題の下に本條を規定しある點からすれば、自作農地にあらざれば免租せざる法律の精神であること定に明瞭である。但書の規定はこの精神を一層强く表はさんがための注意的規定と見るべきである。

イ　自作の意義は前に説明したから、茲に再びしない。自作なることを要するも、必ずしも納税義務者自ら耕作に從事することを要さない。專ら家族をして農耕に當らしむる場合は勿論專ら他人を使役して農耕の仕事に當らしむる場合も自作たるを失はない。別に管理人を置いて土地の經營をこれに一任する所謂管理農が自作なりや否やについては議論あるも、余は自作と解する。今一歩を讓るとするも、小作でないことだけは明瞭であらう。

又よく世間にある事例であるが、布哇、南米等海外に出稼する者がその留守の期間、僅かに所有する田畑を家族をして耕作せしむる場合の如きは、固より自作と見て妨げない。又彼の各自の所有田畑を便宜交換して耕作するものゝ如きも自作と見らるべきであらう。共有地を共有者の一人が耕作して居る場合は、他の共有者から見れば自作と見られないけれども、耕作者から見れば自作であること疑ないであらう。

ロ　茲に田畑とは、土地臺帳に登錄の地目が田畑なると同時に、現況も亦田畑なる土地をいふのである。從つて土地臺帳の地目が田畑でも、現況が宅地、山林等田畑以外の地目である場合は免租しない。又假令現況が田畑でも土地臺帳に宅地とか原野等田畑以外の地目が登錄されて居る場合は免租しない。併し田畑でさへあれば、現況と土地臺帳と必ずしも一致することを要さない。例へば土地臺帳の地目が田で、現況が畑の如く齟齬して居つても免租するに妨げない。又自作田畑なるを要するが故に、假令地目は田畑でも、自作もせず、又小作にも付することなく放擲して置くものゝ如き或は荒地の狀態にある土地の如きは、固より自作田畑として免租すべき限りでないことは前に一言したところである。併し實際の取扱は自作もせず小作にも付せざる田畑は、但書に該當せざるの理由を以て免租して居るが理論的ではない。舊法の解釋としては勿論それでよかつたのであるが、前にも述べたるが如く法文上明かに自作農地に對し免租する意を表現する文字を使用したる新法の解釋としては正當でないと信ずる。「第四章自作農地免租」の句を法文にあらずと見る說には遺憾ながら贊するを得ない。

ハ　土地臺帳及び現況の地目が共に田畑でなければ免租しないのであるが、耕地整理施行地に對しては、この原則をその儘適用することは妥當でないから、特別に取扱ふ必要がある。

(1)　即ち換地處分認可の告示のあつた耕地整理施行地については、從前の土地の地目が田畑であつて、換地の地目も亦田畑なる場合に限り、從前の地租を免除すべきである。この場合自作地なりや、小作地なりやは勿論換地について判定しなければならぬ。左にその免除取扱例を示す。

例示符號	從前の土地				換地			
	地番	地目	地積（歩）	賃貸價格（銭）	地番	地目	地積（歩）	自作、小作の區分
い	一	田	一八〇〇	六四、八〇	一	田	一二〇〇	自作
					二	田	八〇〇	小作
ろ	二	畑	八〇〇	一二、八〇	三	田	一〇〇〇	自作

は	三	原野	一一〇〇	二、二〇	四	畑	一二〇〇	同
に	四	田	三〇〇	一二、六〇	五	畑	五〇〇	同
	五	原野	二〇〇	五二				
ほ	六	田	九〇〇	二七、〇〇	六	田	一〇〇〇	同
へ	七	田	八〇〇	二四、〇〇	七	田	一〇〇〇	小作
と	八	畑	一〇〇〇	一六、〇〇	八	宅地	三〇〇坪	―
ち	九	田	五〇〇	二一、〇〇	九	田	一〇〇〇	自作
	一〇	畑	三〇〇	五、四〇				

〔説　明〕

い例　從前の土地の一部を小作に付したるものと看做して免租しない。

ろ例　從前の畑を免租する。

は例　從前の土地が原野であるから免租しない。

に例　從前の田のみを免租し、原野は免租しない。

ほ例　従前の田を免租する。

へ例　現在小作に付しあるを以て免租ない。

と例　現況宅地であるから免租しない。

ち例　従前の田及び畑を免租する。

(2)　換地の處分を了し、その認可告示前にある耕地整理施行地區內の田畑についても、大體前例に準じて取扱ふべきである。

(3)　未だ換地處分をなすに至らない耕地整理施行地區內の田畑については、使用區域の指定あるものは指定地の現況によつて、従前の土地の地租を免除すべきである。而して指定地の現況が、自作地と小作地とを含むときは、自作地の地積を超過しない範圍內で、従前の土地につき免租すべき部分を見積る。何れの場合でも従前の土地が、田畑でない場合には免租すべからざるは勿論である。尙使用區域の指定を受けた地積が、従前の田畑の地積よりも減少して居る場合（左記取扱例D例參照）は、その減少地積に對し補償金の交付があると否とを問はず、減少なきものとして取扱ふ。つまり自作地と見るのである。左に免除例を掲げる。

例示符號	従前の土地				使用を指定されたる土地			
	地番	地目	地積	賃貸價格	地番	地目	地積	自作、小作の區分

A	一	田	五一五歩	二二、〇〇錢
	二	田	五〇九	一六、二〇
	三	畑	六〇三	一〇、九八
B	四	田	五二〇	二三、七九
	五	畑	五〇九	九、五四
	六	田	六〇三	一八、〇〇
C	七	田	五〇〇	一九、五〇
	八	原野	五〇〇	一、〇〇
D	九	畑	七〇〇	一二、六〇
	一〇	畑	七〇〇	一二、六〇
	一一	畑	八〇〇	一六、〇〇

假一	田	一二〇〇歩	自作
同二	田	一二〇〇	小作
同三	田	一〇〇〇	自作
同四	田	一二〇〇	小作
同五	畑	一〇〇〇	自作
同六	田	一〇〇〇	自作
同七	田	一〇〇〇	自作

〔説明〕

A例　假一番の地積一一〇〇歩を超過しない範圍内で、從前の土地の内から免租すべき土地を適宜定める。即ち從前の土地の一番及び二番を免租する（三番は一番と組合はしても免租地積一一〇〇歩を超過するに至るから免租の範圍外とする）。

B例　從前の土地の何れと組合はしても、免租地積一〇〇〇歩を超過するが故に、三筆の内、納税者の最も利益となる四番の田を免租する。

C例　從前の土地八番は原野であるから免租に關係なく、七番の田のみを免租する。

D例　從前の土地の地積二二〇〇歩にして、免租地積二〇〇〇歩を超過するも、從前の土地全部を免租する。

（四）　賃貸價格の合計金額が二百圓未滿なることを要する。

納稅義務者の住所地市町村及び隣接市町村内の、田畑賃貸價格の合計金額が二百圓未滿でなければ免租されない。二百圓未滿なりや否やは左の標準によつて決定する。

イ　同居家族の分はこれを合算する。家族の意義は、民法第七百三十二條に定むるところである。同居家族といふ中には、戶主と家族とが同居する場合は勿論、家族と家族とが同居する場合をも包含する。同居とは常に居住を同くする客觀的事實である。併し必ずしも四、六時中居住を同くすることを要さない。從つて家族が、營業又は病氣療養等のため、一時居住を異にすることあるも同居者と見て妨げない。

而して同居家族の分を合算して免稅點を定むるは、我國特有の家族制度上同居家族は一箇の經濟單位と認めらるると、同居家族の名義を以て田畑を分有するものと、然らざるものとの負擔の公平を得しめんがためである。

⦿民法第七百三十二條　戸主ノ親族ニシテ其家ニ在ル者及ヒ其配偶者ハ之ヲ家族トス
戸主ノ變更アリタル場合ニ於テ舊戸主及ヒ其家族ハ新戸主ノ家族トス

ロ　自作地たると否とを問はず、所有田畑全部の賃貸價格によつて決める。從つて所有田畑全部の賃貸價格が二百圓以上なるものは、假令自作地のみにては二百圓未滿でも免租しない。又後に述ぶる舊慣による永小作地の賃貸價格は、永小作者の賃貸價格には加算するが、所有者の賃貸價格よりは控除しない。卽ち左の如き事例の場合は甲、乙何れに對しても免租しない。

區分	所有地	永小作權の目的たる土地	耕作地
甲（所有者）	二三〇円	（一）七〇円	一五〇円
乙（永小作者）	一五〇	（十）七〇	二二〇

ハ　共有地については、共有者の全員が全く同一な場合はこれを一人と看做す。共有者中一人にても異れば全く別人として二百圓未滿であるかどうかを決する。若し共有者の全員が、同居家族なる場合は、共有地以外の田畑と合算すべきは寧ろ當然であらう。

ニ　田畑地租の各納期開始の時の現在で定める。卽ち納期開始の時に於て、土地臺帳に田畑として登錄してある賃貸價格の合計金額を以て二百圓未滿なるや否やを定める。假令土地の異動があつても、地目、賃貸價格の設定又は修正處分がない間は、尙土地臺帳の地目、賃貸價格によるのである。一歩進んで設定又は修正の處分をなしたるときに於ても、二百圓未滿なりや否やは土地臺帳に登錄の賃貸價格によるべきものと信ずる。併し理論は正にさうであるがこの解釋に從ふときは、徵收技術上多大の困難を伴ふを以て、この場合は便宜の取扱として、地租名寄帳の賃貸價格によることも、實際法の運用の問題として是認せらるべきであらう。又第七十三條第一項但書により地租を徵收しない田畑の賃貸價格をも勿論算入する。又災害收穫皆無免租地の賃貸價格についても同樣である。舊法は荒地につき、地價復舊主義を採つた結果、免租年期地の地價を算入するや否やの疑を生ずる虞あつたが、新地租法に於ては賃貸價格設定主義を採つたから問題がない。賃貸價格の外納稅義務者の住所地、同居關係等も亦納期開始の時の現在によつて定まる。

（五）納稅義務者の申請あることを要する。

自作農地免租は、納稅義務者の申請によつてなす免除處分である。營業收益稅等に於ける免稅點と大に趣を異にするところである。蓋し地租の免稅點は、前にも述べた通り單に小額納稅者の負擔を宥恕することのみを主眼とするものでなく、他面自作農の增殖、維持をも目的とし、それを免租の條件とし、而かも自作、小作の關係は納稅義務者の意思により定まるのみならず、變動常なき九千四百萬筆の巨數に達する土地につき、稅務署長が一々これを調査して免否を決するが如きは、言ふべくして到底行はれざることである。これ納稅義務者の申請を必要とする所以である。申請の要件等については次條の說明に讓る。

四　舊慣による永小作地（準所有地）

本條第二項は、舊慣によつて永小作權者が、地租全額を負擔する契約をなした田、畑（永小作地）の地租を、所有地に準じて免除することを得ることを規定した。永小作權の性質、效力等については、民法に讓り玆には說明を省略する。地租の納税義務者は、第十二條に於て說明したる通り所有者、質權者又は百年より長い存續期間の定めある地上權者に限られ、永小作權者は、假令地租全額を負擔する契約ある場合と雖も、納税義務者となることはない。從つて永小作權の目的たる田畑については、自作農地免租の特典を認むべき理由がない。

併しながら民法施行前に於ては、永小作權に相當する權利については、別に存續期間に關する制限がなかつた。地方によつては普通永代に存續し得るものと考へられ、殆ど所有權と變はるところなく、永小作人も亦所有權と同一に觀念し、これを父祖に承け子孫に傳へるといふ風習があつた。從つて永小作地に對する租税公課は、永小作人に於て負擔するものが一般の慣習であつた。この慣習は民法施行三十年の今日尙行はれて居る地方が尠くない。地租法はこの特殊な風習、沿革に鑑み、自作田畑に對し地租を免除すると同一の理由を以て、永小作地につき地租を免除し、實際上負擔を荷つて居る永小作人を保護することにした。

（一）　準所有地たる要件

永小作地が、自作農地免除の規定の適用上永小作權者の所有地と看做されるには、左の要件を具備するものに限る。

イ　永小作權は民法施行前の設定に係り、それより引續き存するものでなければならない。永小作地が田畑なることを要するは勿論である。

ロ　永小作權者に於て、小作料を支拂ふの外地租の全額を負擔する契約あるものでなければならない。地租の一部を負擔する永小作地は含まない。地租の全額を負擔するものであれば、地租以外の租税公課を負擔すると否とは問はない。

ハ　地租の全額を負擔する契約は、永小作權設定當時舊來の慣行によつて契約したものでなければならない。永小作權の設定後に於て契約したものは含まない。而して永小作權者が地租を負擔することはその地方舊來よりの慣習として行はれて居るものに限る。その地方に於て地租負擔の慣習がないならば、假令箇々の契約に於て地租を負擔することとあるも、所有地と看做されない。

ニ　永小作權者は個人でなければならぬ。これ自作農地免租の精神に照し當然とするところである。併し永小作權の目的たる田畑の所有者は必ずしも個人たるを要さない。

ホ　每年三月中に永小作權に關する事項を、田畑所在の市町村長に申告したものでなければならぬ。申告事項は後述する。

(二)　永小作地の申告

以上の要件を具備するの外永小作權者は、左記事項を田畑所在の市町村長に申告しなければならない。

イ　永小作權の目的たる田畑の所在、地番、地目、地積及び賃貸價格

ロ　田畑所有者の住所氏名

ハ　永小作權設定の年月日

右の申告をなした永小作權者は、自作農地免租に關する限りに於て、當該田畑の所有者と看做されるのである。而

して永小作地の申告は毎年三月中にこれをなさねばならぬ。申告期間經過後、新に免租の要件を具備するに至りたるときは、次の納期開始前に申告すればよい。申告書の雛形を左に掲げる。

（永小作地ニ關スル申告書樣式）　（用紙半紙）

永小作地ニ關スル申告書

昭和　年　月　日

何郡「市」何町「村」大字何、何番地

何　某　印

（又ハ外何名）

何市「町村」長殿

何郡「市」何町「村」大字何

字	地番	地目	地積	賃貸價格	永小作權設定年月日	所有者住所氏名	永小作權者氏名
何	七	田	一反〇〇〇	四二円〇〇	明治二十八年一月一日	何市何町　何　某	何　某印
何	五	畑	一〇〇〇	一八〇〇	同	同　同人	何　某印
何	三	田	五〇〇	二一〇〇	同	同　同人	何　某印

何	二	田	一〇〇〇	三九〇〇	明治二十九年二月十一日	何市何町何 某	同居家族何 某印
何	一	畑	一〇〇〇	一八〇〇	同	同同	同何 某印

右申告候也

備考

一、總て明瞭に記載すること。特に数字の記載は最も正確を期すること。

二、二筆以上連記するを妨げない。但し大字を異にするものは成るべく別紙とするを可とすること。

三、同居家族は成るべく連署するを可とする。この場合は各筆の下部に署名捺印すること。

四、代理人を以てする申告書には必ず委任状を添附すること。

◉施行規則第十二條　地租法第七十條第二項ニ規定スル永小作權者ニシテ同條第一項ノ規定ノ適用ヲ受ケントスル者ハ毎年三月中ニ左ノ事項ヲ田畑所在ノ市町村長ニ申告スベシ

一　永小作權ノ目的タル田畑ノ所在、地番、地目、地積及賃貸價格

二　田畑所有者ノ住所及氏名

三　永小作權設定ノ年月日

前項ノ申告期間經過後新ニ地租法第七十條第一項ノ規定ニ該當スルニ至リタル場合ニ於テハ次ノ納期開始前ニ於テ前項ノ申告ヲ為スコトヲ得

◉施行規則第十四條　第十二條ノ申告ヲ為シタル永小作權者ハ地租法第七十條第一項ノ規定ノ適用ニ關シテ之ヲ當該田畑ノ

所有者ト看做ス

（三）　市町村長の調査

市町村長に於て調査上必要ありと認むるときは、永小作地の申告者に對し、永小作權の設定を證すべき證書、その他必要なる書類の呈示又は提出を求むることが出來る。

◉施行規則第十三條　市町村長ニ於テ必要アリト認ムルトキハ前條ノ申告ヲ爲シタル者ニ對シ永小作權ノ設定ヲ證スベキ證書其ノ他必要ナル書類ノ呈示又ハ提出ヲ求ムルコトヲ得

五　免租手續

自作農地免租の處分は、税務署長の權限に屬すること勿論であるが、直接執行の任に當るのは市町村である。地租法施行規則第十六條乃至第十八條は、自作農地免租に關する事務を市町村に委任することを間接に定めた條文と解される。

市町村は、已に地租徵收の事務を擔當して居るのであるから、地租の徵收と不可離の關係にある自作農地免租についても、市町村をしてその事務を執らしむるを便宜とするからである。これを要するに、自作農地免租處分の法律上の形式は、市町村の調査によつて税務署長これを決定するといふことになるのである。以下順序を逐ふて、免租の手續を略述する。

（一）　田畑賃貸價格の通知

自作農地に對する地租の免否は、納税義務者の住所地市町村及び隣接市町村內の田畑賃貸價格が二百圓未滿なりや否やによつてこれを決すること既述の通りである。故に免租の處分をなすには、先づ以て田畑賃貸價格を綜合しなければならない。田畑賃貸價格は、納稅義務者の住所地の市町村に於てこれを綜合する。從つてその隣接市町村は、賃貸價格の綜合材料を住所市町村に通報する責任がある。地租法施行規則第十六條はその通報手續を規定したのである。卽ち市町村は、その市町村內に於て田畑につき地租を納むべき者又は所有者と看做されたる永小作權者の住所が、隣接市町村にあるときは、その氏名及び田畑賃貸價格の合計金額を取調べ、每年三月中に住所地市町村に通知しなければならない。通知に當つては左記事項に注意しなければならない。

イ 田畑賃貸價格の合計金額が二百圓以上のものでも通知しなければならない。住所地市町村の賃貸價格が二百圓未滿なる場合に於てこの通知がなければ、住所地市町村に於てその儘免租する虞あるからである。

ロ 同一人にして所有地と永小作地とある場合は、兩者の賃貸價格を合算して（永小作地の分を內書すること）通知することを要する。

ハ 納稅義務者と永小作權者とが全く別人なる場合に於てはその永小作地の賃貸價格は各別に調査する。つまり同一田畑の賃貸價格を納稅義務者には所有地として永小作權者には永小作地として重複して調査するのである。

ニ 納稅義務者又は永小作權者の法人なるものは通知するに及ばない。

ホ 地目、賃貸價格、納稅義務者等は通知の時に於て土地臺帳副本（實際は地租名寄帳）に登錄しあるものによる。

右の通知をなしたる後、田畑地租の各納期開始の時までに、納稅義務者又は永小作權者の住所氏名、地目、賃貸價格等通知事項に異動を生じたるときは、直ちにその異動の事由を通知しなければならない。但し免租要件に影響なき異動（分合筆の如き）はこれを通知するに及ばない。通知書には一定の様式がない。左に便宜とする雛形を示す。

（田畑賃貸價格通知票樣式）

（用紙半紙）

第　　號

昭和　年　月　日　　　　何市町村役場

何市町村役場御中

田畑賃貸價格通知票

住所	氏名	田畑賃貸價格 所有地	田畑賃貸價格 永小作地	田畑賃貸價格 計	事由
		円	円	円	
大字何	甲　某	100.00		100.00	
同	乙　某	150.00	50.00	200.00	永小作地ノ所有者甲　某
同	丙　某		100.00	100.00	同　丁　某
同	丁　某	180.00		180.00	

備考

一、異動通知も本様式に準じて作成して妨げない。

二、異動通知には異動額（増は墨書、減は赤書）のみを掲記し異動事由を事由欄に記載する。

三、本様式に準じて縦書するも妨げない。

◉施行規則第十六條　市町村ハ其ノ市町村内ニ於ケル田畑ニ付地租ヲ納ムベキ者（地租法第七十條第二項ノ規定ニ依リ所有者ト看做サレタル永小作權者ヲ含ム）ノ住所ガ隣接市町村内ニ在ルトキハ各人別田畑ノ賃貸價格合計金額ヲ毎年三月中ニ其ノ住所地市町村ニ通知スベシ

前項ノ通知後田畑地租ノ各納期開始迄ニ通知事項ニ異動ヲ生ジタルトキハ直ニ之ヲ住所地市町村ニ通知スベシ

（二）賃貸價格の綜合調査

住所地の市町村に於ては、法定の期限内に免租申請書を提出したる者につき、隣接市町村から通知を受けたる賃貸價格と自村の賃貸價格とを綜合して、同居家族の分を合算して二百圓未滿なりや否やを調査する。賃貸價格の綜合は、大體左記様式の調査票を作成して調査するを便宜とする。

（自作農免租地調査票様式）　△赤書スルコト　（用紙半紙）

納税義務者ノ住所及氏名	市町村大字　番地 戸主「世帯主」　何某
同居家族ノ名	甲　乙　丙
記事	

摘要	市町村名	田畑賃貸價格 戸主	甲	乙	丙	計	事由
	自村	五〇円 〇〇	—円	—円	—円	五〇円 〇〇	一部申請 内三〇、〇〇錢 自作
	A村	一〇 〇〇	二〇 〇〇	五〇 〇〇	—	八〇 〇〇	
	B村	四〇 〇〇	—	—	—	四〇 〇〇	内二〇、〇〇錢永小作地
	C村	—	—	—	二〇 〇〇	二〇 〇〇	永小作地
	計	一〇〇 〇〇	二〇 〇〇	五〇 〇〇	二〇 〇〇	一九〇 〇〇	
增	自村	五〇 〇〇	—	—	—	五〇 〇〇	何月何日買得
△減	△A村	—	—	△三〇 〇〇	—	△三〇 〇〇	△何月何日賣却ノ旨通知ヲ受ク
△減	△G村	—	—		△二〇 〇〇	△二〇 〇〇	△何月何日永小作權讓渡ノ旨通知ヲ受ク
何月何日現在額		一五〇 〇〇	二〇 〇〇	二〇 〇〇	—	一九〇 〇〇	

備考

一、自作農地免租申請をなしたる者の田畑賃貸價格を登載して合計金額が二百圓未滿なるや否やを調査するものとす。
二、自市「町村」分は地租名寄帳より、隣接市町村分は地租法施行規則第十六條の通知より登載するものとす。
三、一人又は一世帶毎に一調査票を使用するものとず。
四、田畑の一部につき免租申請ありたる場合も全部の賃貸價格を登載し申請賃貸價格を事由欄に記載するものとす。
五、所有地と永小作地とある場合はその合計額を本欄に登載し永小作地の賃貸價格を事由欄に記載するものとす。
六、納期開始十五日前の現在額を整理し、爾後の異動はその時々加除整理（增は墨書、減は赤書）するものとす。
七、本票は連年繼續して使用するものとす。

（三） 免租資料の通知

隣接市町村から賃貸價格の通知を受けたる田畑につき適法の免租申請あり、且つ賃貸價格綜合の結果同居家族の分と合算して、二百圓未滿なること明かとなつた場合は、その旨を田畑所在の市町村に通知しなければならない。その通知書には左記事項を記載することを要する。

イ 法定期限內に免租申請のあること。
ロ 賃貸價格の合計金額が同居家族の分と合算し二百圓未滿なること。
ハ 申請者別土地の所在、地番及び地目（但し當該市町村內に於ける申請者の田畑全部につき申請ありたる場合にはその旨）を記載して各筆の記載を省略するも妨げない。

右の通知をなした後、田畑地租の各納期開始の時までに、納稅義務者、永小作權者の異動又は地目の異動等によつて、免租要件に變更を生じたるときは、その旨を直ちに當該市町村に通知しなければならない。通知書は適宜の樣式によつてよい。左に便宜と信ずる雛形を示す。

（田畑賃貸價格合計金額二百圓未滿ナル者ノ通知票）

第　　號

昭和　　年　　月　　日　　　　何市町村役場

何市町村役場御中

田畑賃貸價格合計金額二百圓未滿ノ者ノ通知票

大字	字	地番	地目	申請ノ年月日	納税義務者氏名	事由
				年 月 日		
何	何	1	田	6 3 10	何　某	
何	何	2	田	〃	何　某	
何	何		田畑	6 3 20	何　某	所有地全部ニ付申請アリ
何	何	3	田	6 3 15	何　某	永小作地

（用紙半紙）

備考

一、法定期限内に免租申請したるもののみを掲記すること。
二、當該市町村内田畑の全部につき申請したるもの又は永小作地についてはその旨を事由欄に記載すること。
三、異動通知は本樣式に準じて作成すること。
四、異動通知には異動額（増は墨書減は赤書）及び納税義務者の氏名のみを掲記してその異動事由を事由欄に記載すること。
五、本樣式に準じ縦書するも妨げない。

◉施行規則第十七條　市町村ハ隣接市町村内ノ田畑ニ付地租法第七十一條ノ申請ヲ受ケタル場合ニ於テ申請者ノ住所地市町村及隣接市町村内ニ於ケル田畑賃貸價格ノ合計金額ガ其ノ同居家族ノ分ト合算シ二百圓未滿ナルトキハ其ノ旨ヲ田畑所在ノ市町村ニ通知スベシ

前項ノ通知後田畑地租ノ各納期開始ノ時迄ニ通知事項ニ異動ヲ生ジタルトキハ之ヲ田畑所在ノ市町村ニ通知スベシ

六　免租の處分

（一）　市町村は、その市町村内の田畑につき、免租申請を受けたるとき、又は隣接市町村から免租資料の通報を受けたるときは、自作地であるか小作地であるかを調査する。調査の結果自作地なりと決すれば、地租名寄帳を整理して各納期に於て徴收すべき地租額と、免租すべき地租額とを調査して税務署長に報告するのである。（第七四條、第七五條）。

◉施行規則第十八條　市町村ハ其ノ市町村内ノ田畑ニ付地租法第七十一條ノ申請又ハ前條ノ通知ヲ受ケタルトキハ同法第十

條ノ規定ニ依リ地租ヲ免除スル田畑ヲ調査シ同法第七十五條ノ報告ヲ爲スベシ

（二）　税務署長は市町村からの報告の當否を調査して、それによつて當該市町村に於て徴收すべき地租額を決定する。この手續を調定と稱する。調定されたる地租額は所謂納額通知書によつて市町村に達せられ、市町村はこれによつて各納税義務者に對し納税告知書を發するのである（國税徴收法施行規則第一條）。税務署長の調定より納税告知書の發布に至るまでの行爲（嚴密には納税告知）には當然に自作農地免租の處分をも包含するものと解せらる。一種獨特な處分の形式である。納税義務者自作農地の免租に關し不服あるときは、市町村より納税告知を受けたる日の翌日から起算して六十日內に訴願することが出來る。訴願は所轄税務署長を經由して、當該税務署長を管轄する税務監督局長に提起することを要する。

第七十一條　自作農地免租申請

前條ノ規定ニ依リ地租ノ免除ヲ受ケントスル者ハ毎年三月中ニ住所地市町村ヲ經由シ税務署長ニ申請スベシ

前項ノ申請期間經過後新ニ前條ノ規定ニ該當スルニ至リタル田畑ニ付テハ次ノ納期開始前ニ於テ前項ノ申請ヲ爲スコトヲ得

自作農地免租は、納税義務者の申請によつてこれをなすこと、前條説明の通りである。本條には、その申請の手續を規定したのである。

一 免租申請

自作農地につき地租の免除を請はんとする者は、毎年三月中に、免租申請書を住所地市町村を經由して、所轄税務署長に提出しなければならない。免租申請をなし得る者は、法人にあらざる納税義務者又は所有者と看做されたる永小作權者でなければならぬことは言を俟たない。

（一） 免租申請書は、毎年三月中に提出しなければ效力がない。免租要件は、各納期開始の時の現在によつて定めるのであるが、免租申請書は、毎年三月中に一回これを提出するを以て足る。

三月後卽ち申請期間經過後新に、免租の要件を具備するに至つた田畑については、次の納期開始前に申請すればよい。而して申請の效力は相續人にも當然及ぶも、賣買、讓渡による承繼者には及ばないものと解する。年期の申請と異るところである。

三月後買入れた田畑又は土地の異動によつて田畑となつた場合、若くは賃貸價格二百圓以上のものが賣却、荒地免租年期許可、その他の事由によつて二百圓未滿となつた場合は、所謂新に免租要件を具備するに至つたものに該當するも、三月中に於て、已に免租要件を具備する田畑につき、免租申請をなさざりしものは、次の納期開始前に於て新に免租要件を具備するに至つたものといふことが出來ない。これに關し第一期納期の開始前にありては、字義上新に免租要件を具備するものに該當せざること勿論なるも、少くとも第二期以降にありては、免租要件を各納期開始の時の現在によつて定むる法律の精神に鑑みて、新に免租要件を具備するものとして取扱ふを妥當とすべしと論ずる者あるも、かくては毎年三月中に申請すべしと規定した法文は遂に空文に歸するを以て贊し難い。若しこの場合に於て新に取得した田畑あるときは、その田畑については、新に免租要件を具備するに至つたものとして、取得田畑についてのみ免租の申請が出來る。

又賃貸價格の合計金額が一圓未滿なるため、免租の申請をなさなかつた土地が、地租法第七十三條第一項但書に該當せざるに至りたるときは、新に免租要件を具備したものとして申請するによいのであらう。

又「次の納期開始前」といふ文字の意義からすれば、少くも第一期納期經過後に來る納期開始前と解せられざるにあらざるも、然く解するときは、四月以降第一期の納期開始前新に免租要件を具備した田畑は、免除されない結果となり不合理であるが故に、「次の納期開始前」といふ語は、要するに納期開始の直前といふ輕い意味に解すべきである。

(二)　申請書は毎年これを提出しなければならない。蓋し自作農免租は、單純なる免稅點でなく、自作農なりや否やは年により變化あるを以て、これが調査は、納稅義務者の申請に基くを最も妥當とすべく又地租の免除を希望せざる者も、絕無といふを得ないからである。

(三)　申請者は必ず住所地市町村を經由しなければならない。他の申告、申請の市町村を經由するは全く事務の便宜に基くのであるが、自作農地免租申請の市町村を經由するは法律上の方式である。從つて嚴格には市町村を經由せざるものは、申請として效力がない。而して特に住所地市町村を經由することゝなしたるは、同居家族なりや否や、賃貸價格の合計金額は二百圓未滿なりや否や等は、住所地市町村に於て、調査するを便宜とするからである。

二　申請書に記載すべき事項

免租申請書には、土地の所在、地番及び地目を記載するを以て足り、地積、賃貸價格の記載を要さない。若し住所地及び隣接市町村内の自己の田畑の全部につき申請する場合に於ては、土地の所在（市町村名だけにて可）及び、その全部につき免除されたい旨のみを記載して、地番、地目をも記載することを要さない。專ら申請者の利便を圖らんとする精神である。

◉施行規則第十五條　地租法第七十一條ノ規定ニ依ル地租免除ノ申請書ニハ土地ノ所在、地番及地目ヲ記載スベシ但シ申請者ガ其ノ住所地及隣接市町村内ニ於ケル自己ノ田畑ノ全部ニ付申請ヲ爲ス場合ニ於テハ其ノ旨ヲ記載シ各筆ノ記載ヲ省略スルコトヲ得

三　免租申請書樣式

免租申請書の樣式については、別段の規定がない。便宜の樣式によるも妨げない。左にその雛形を示す。

（自作農地免租申請書樣式）

（用紙半紙）

自作農地免租申請書

何郡「市」何町「村」大字何、何番地

昭和　年　月　日

何　某印

（又ハ外何名）

何税務署長殿

郡市	町村	大字	字	地番	地目	摘要	納税義務者氏名
何郡	何町	何	何	一	田		戸主　何　某印
同	同	同	同	二	畑		同　同　人印
何市	何町	何	何	三	田		家族　何　某印
何郡	何村	何	何	四	畑		同　何　某印
何郡	何村	何	何	五	田	永小作地所有者　何　某	同　何　某印
何市	｜	｜	｜	｜	｜	所有田畑ノ全部	同　同　人印

右申請候也

備考

一、總て明瞭に記載すること。特に數字の記載は最も正確を期すること。

二、必ず住所地の市區町村を經由すること。

三、二筆以上連記するを妨げない。但し田畑の全部につき申請する場合は郡市町村名だけを記載すること。

四、同居家族の分は連署するを妨げない。この場合は各筆の下部に署名捺印すること。

五、代理人を以てする申請書には必ず委任狀を添附すること。

六、申請者が質權者、地上權者なるときは、その旨を肩書すること。

七、左記事項は摘要欄に記載すること。

イ、永小作地なるときはその旨及び所有者の氏名

ロ、一市町村内自己の田畑の全部につ申請する場合にはその旨

第五章　地租徴收

本章は、地租徴收の手續及びその監督に關し規定したのである。

一般に納税義務の履行を强制する一切の行政行爲を總稱して賦課徴收といふのである。賦課徴收はその手續より見て、これを三種の段階に區別して考へることが出來る。卽ち、(一)納税義務者の範圍を具體的に確定する行政行爲、卽ち課税標準の決定(賦課の前提たる行爲)。(二)納税義務者に對し、確定せる納税額を告知して、その納付を命ずる行爲卽ち納税告知書の發布(狹義の賦課)。納税義務は告知によつて初めて執行し得べき義務となる。告知以前の納税義務は、唯潜勢的の效力を有するに過ぎない。納税告知書はこの性質を變じて、實動的のものとする效力を有する。(三)納税義務者の現實に納付する税金を收納する行爲及び納税義務を履行せざるものに對し、滯納處分を執行して、滯納税金を强制收納する行爲(狹義の徴收)とである。通常(一)と(二)とを併せて賦課と稱し、(二)と(三)とを併せて徴收と稱する。以上の關係を圖解にしたものが左表である。

賦課徴收
- 賦課
  - (一)課税標準の決定(賦課の前提)
  - (二)賦課(狹義)
- (三)徴收(狹義)

(二)と(三)：徴收(廣義)

賦課の前提たる課税標準の決定の手續は、各箇の税法に規定せられ、廣義の徴收手續は、主として國税徴收法の規定するところである。地租についても亦同樣である。

即ち地租の課税標準たる賃貸價格の設定、修正を要する場合は、第二章の規定するところであつて、既に説明した通りである。而して納税告知書の發布の手續は、國税徴收法の定むるところによるが故に、本章に規定する徴收手續は、賃貸價格の決定後、納税告知書發布に至るまでの間に於ける、いはゞ中間手續であるといふことが出來る。

第七十二條　土地異動通知

税務署長ハ土地ノ異動其ノ他地租徴收ニ關シ必要ト認ムル事項ヲ市町村ニ通知スベシ

税務署長は、土地の異動、納税義務者の異動、地租の賦課免除、その他地租徴收に關する事項を處理したるときはこれを土地所在の市町村に通知しなければならない。

市町村は税務署長と對立して、國家の委任を受け、地租徴收事務、並に地籍事務を分擔處理する責任を有するものであるから、地租の徴收に關する事項並に地籍に關する事項は、主管廳たる税務署長からこれを市町村長に通知することは事務の連絡上必要缺くべからざることである。

一　徴收事項の通知

地租の賦課免除の權限は、固より税務署長にある。併しながら納税者の數無慮千萬人を超ゆる地租を、税務署長に於て、一々これを徴收することゝすれば、徒らに徴税費の嵩增を來たすのみならず、納税者側の不便も尠くないので、國稅徵收法第五條は、市町村をしてその市町村內の地租を徵收して、これを國庫に送附する責任を負はしめたのである。

市町村は地租の徵收機關であるが、稅務署長の補助機關ではない。各獨立の機關である。法律の委任により、部內の地租を徵收する權限を有するのである。而して地租徵收の前提となる賦課免除の處分は、稅務署長の權限に屬するのであるから、市町村は恰も稅務署長のなした賦課免除の處分を執行する執行機關の地位にあるものである。從つて稅務署長が地租の賦課免除の處分をなし、その他地租徵收に關する事項を處理したるときは、これを執行機關である市町村に通知を要するは敢て明文を俟つまでもないことである。

◉市制第二條　市ハ法人トス官ノ監督ヲ承ケ法令ノ範圍內ニ於テ其ノ公共事務竝從來法令又ハ慣例ニ依リ及將來法律勅令ニ依リ市ニ屬スル事務ヲ處理ス

◉町村制第二條　町村ハ法人トス官ノ監督ヲ承ケ法令ノ範圍內ニ於テ公共事務竝從來法令又ハ慣例ニ依リ及將來法律勅令ニ依リ町村ニ屬スル事務ヲ處理ス

◉國稅徵收法第五條第一項　市町村ハ其ノ市町村內ノ地租及勅令ヲ以テ命シタル國稅ヲ徵收シ其ノ稅金ヲ國庫ニ送付スル責任アルモノトス

二　地籍事項の通知

市町村は又土地臺帳を設け、地籍を整理するの義務を負擔する。地租法施行規則第十九條には「市町村ハ土地臺帳ノ副本ヲ設備スベシ」とあり、恰も市町村は單に土地臺帳を設備して置くを以て足るが如きも、副本である限り、正本たる税務署の土地臺帳の整理に從つて、市町村の土地臺帳も亦整理を要すること勿論である。土地臺帳の樣式等は第四條及び次條の說明を參照せられたい。

◉施行規則第十九條第一項　市町村ハ其ノ市町村内ノ土地ニ付土地臺帳ノ副本及地租名寄帳ヲ設備スベシ

地租法は一面地籍法をも兼ねて居ること及び税務署長は地租の管理官廳たると同時に、地籍の管理官廳であることは前に一言した通りである。

既に税務署に土地臺帳を備へ、地籍に關する事項を登錄する制度存する以上、更に市町村をして地籍事務を處理せしむるは一見無用の制度の如くでもある。併しながら土地は、國土の一部を構成すると倶に、私有財產制度と密接なる關係を有ち、政治、經濟、產業その他各般の制度皆これに基礎を置かないものはない。實に土地は國家生活の源泉とも謂ふべきものであるから、地籍制度は、徵税の目的以外に獨立して極めて重要な意義を有するものである。唯我國の土地制度と地租制度とは、兩々相俟つて發達を遂げて來た歷史を有するため、恰も徵税のための地籍の如く、觀察されて來たのであるが、本來獨立の制度として存在すべき性質のものである。地籍はかくの如き性質を有するものであるから、これが整理事務は國家の事務に屬すること勿論なりと雖も、これを明確ならしむることは、市町村自治の上にも密接な關係あるばかりでなく、不時の災厄に備へる意味からも、國と市町村とに於て、各土地臺帳を備へ、地籍に關する事務を分擔處理することは、その重要なる性質に鑑み極めて意義のあることである。唯地籍の主管廳は税務署長であるから、市町村は受動的地位に於てその事務を分擔するに過ぎない。卽ち税務署長に於て地番、地目、地積等の異動を處理したときは、これを市町村に通知することを要することは別に說明するまでもない。

三　通知事項

以上の如く市町村に通知すべき事項は、徵收事項と地籍事項とに區別して考へることが出來る。併しこれは觀念上しかく區別することが出來るまでのことであつて、實際上地籍事項と徵收事項とは、不可離の關係にあり、これを區別することは困難である。卽ち何處までが地籍事項で、何處からが徵税事項であるか、明確にこれを區別することは不可能である。換言すれば税務署長の地租法によつて處理する事項は、徵收事項であると同時に、地籍事項であり、又地籍事項であると同時に徵税事項たる關係あるを以て、市町村に對する通知も、徵税事項の通知は同時に地籍事項の通知たることが多いのである。從つて一々兩者を區別して通知することを要しない。而して市町村に通知を要する事項を列記すれば、概ね左の通りである。

（一）地番の新設、變更

（二）地目の設定、修正

（三）地積の異動

（四）賃貸價格の設定、修正

（五）各種年期の許可

（六）納税義務者の異動（これは不動産登記法第十一條に依る登記濟通知書を移送してこれをなす）

（七）その他地租の賦課、免除の處分をなしたるとき、但し自作農地免除は市町村の調査によつてなすのであるから通知の必要がない。

第七十三條　地租の徴收

地租ハ各納稅義務者ニ付同一市町村内ニ於ケル同一地目ノ賃貸價格ノ合計金額ニ依リ算出シ之ヲ徴收ス但シ賃貸價格ノ合計金額ガ一圓ニ滿タザルトキハ地租ヲ徴收セズ

田、畑、宅地以外ノ土地ハ之ヲ同一地目ノ土地ト看做シテ前項ノ規定ヲ適用ス

本條は地租の賦課徴收の手續に關する規定である。賦課徴收の意義については、前に說明したところである。而して本條は每納期に於て納稅告知書を發布するに至るまでの中間的手續として地租の算出方法を規定したのである。

一　地租の算出方法

地租を徴收するには、先づ以て稅金を算出しなければならない。地租の課稅標準たる賃貸價格は、一筆一筆の土地について定つて居るが、地租を徴收するには、一筆每に稅金を算出しない。各納稅義務者每に同一市町村内に於て有する土地の同一地目の賃貸價格の合計額に、第十條の稅率を乘じて算出するのである。

(一)　同一市町村每の合計金額により賦課するは、地租の納稅義務者は各納期每に確定するものなるが故に、若し各納期每に全國に有する賃貸價格を綜合するが如きは、徒らに多額の徴稅費を要し實行不可能に屬するからである。而して地租の稅率は比例率なるを以て、市町村每にこれを賦課するも、それにより格別負擔の不公平を招ぐことなく、却て取扱ひ簡易なるの利益がある。而して同一納稅義務者に屬する所有地と、質權又は地上權の目的たる土地との賃

貸價格は、これを合算すべきこと勿論である。

(二)　田、畑、宅地以外の土地はこれを同一地目と看做して、その合計金額に税率を適用する。これ等の土地は納期を同ふし、且つ地租額の零細なるもの多く、各別に賦課するは官民の煩瑣に堪へないからである。納期を同ふする畑租だけを分離したのは、主として歳入科目を田租、畑租、宅地租及び雜地租に區分整理する財政管理上の理由に基くものである。

(三)　賃貸價格の合計金額は、各納期開始の日の現在によるべきは、第十二條の規定から見て當然であらう。而して新地租法は賃貸價格の合計金額が、一圓未滿なるときは地租はこれを徴收しないことゝした。これ徴收上の費用と手數を省く利益あると同時に、賃貸價格一圓未滿なるものに對し、地租を徴收するものとなすときは、端數計算の關係上或る者に對しては年額以上の負擔を强ゆる不合理の結果(假令ば賃貸價格の合計金額五十錢の田の年額地租は一錢なるに拘らず四期に徴收する結果四錢を徴收することになる)を生ずる場合あるを以て、寧ろ社會政策の意味をも含め、零細の地租の徴收を宥恕するに若かずとしたのである。而して賃貸價格一圓未滿なりや否やを決するに當り、災害地又は自作農地の免租をなしたるものあるときは、その賃貸價格はこれを合算するや否やは議論あるも余は合算すべきものと信ずる。合算するとか、控除するとか法律上問題とならないからである。

(四)　賃貸價格の合計金額に税率百分の三・八を乘じたものが、徴收せらるべき地租の年額である。地租の年額を納期の數を以て除して、各納期に於て徴收すべき納額が定まるのであるが、その計算には國庫出納金端數計算法が適用される。

イ　地租年額に一錢未滿の端數あるときは、その端數を切捨てる（端數計算法第一條、第三條）。

例一　賃貸價格三圓の田の年額地租は十一錢四厘なるも十一錢とする。

例二　賃貸價格一圓の田の年額地租は三錢八厘なるも三錢とする。

ロ　地租年額を各納期分に分割した結果に一錢未滿の端數あるときは、その端數を切捨てる。若し分割額が一錢未滿なるときはこれを一錢とする（同法第四條、第三條）。

例一の場合の納額は二錢七厘となるも二錢とする。例二の場合の納額は七厘となるも一錢とする。

◉國庫出納金端數計算法第一條　國庫ノ收入金又ハ仕拂金ニシテ一錢未滿ノ端數ハ之ヲ切捨ツ其ノ全額一錢未滿ナルトキハ之ヲ一錢トス

◉同法第三條　分割シテ收入シ又ハ仕拂フ金額ニ在リテハ其ノ總額ニ付第一條ノ規定ヲ準用ス

◉同法第四條　分割シテ收入シ又ハ仕拂ヲ爲ス場合ニ於テ分割金額一錢未滿ナルトキ又ハ之ニ一錢未滿ノ端數ヲ生シタルトキハ其ノ分割金額又ハ端數ハ最初ノ收入金又ハ仕拂金ニ之ヲ合算ス但シ地租ノ分納額ニ付テハ此ノ限ニ在ラス

以上述ぶるが如く地租は各納税義務者の同一市町村内に於ける同一地目の賃貸價格の合計金額に税率を乘じて算出するのであるが、これに對し一の例外がある。それは地租の逋脱者或は申告懈怠者から、地租の不足額を追徵する場合である。この場合には當該土地一筆毎にその地租を算出する。詳しくは第八十五條の說明に讓る。

二　徵收機關

國税の徵收事務は、元來國家の直接行政事務であるが、一定の國税の徵收事務は、これを市町村に委任して居る。

地租もその一種である。市町村は、その市町村内の地租を徴收して、その稅金を國庫に送付する責任がある（國稅徴收法第五條）。而してこの場合稅務署長は單に歲入徴收官として歲入を管理するに止まり、滯納となつた地租を、强制徴收する場合の外は、直接納稅義務者より地租を徴收することはない。

國家はその徴收費用として、徴收金額の百分の三に相當する金額及納稅告知書一通につき金二錢の割合で計算したる金額を當該市町村に交付する（同法第五條）。若し又市町村が天災事變のため既に徴收したる稅金を喪失したるときは大藏大臣はその申請により、事實を審査して、稅金送付の責任を免除することが出來るのである（同法第八條）。

◉國稅徴收法第五條　市町村ハ其ノ市町村内ノ地租及勅令ヲ以テ命シタル國稅ヲ徴收シ其ノ稅金ヲ國庫ニ送付スルノ責任アルモノトス

前項徴收ノ費用トシテ其ノ徴收金額ノ百分ノ三ニ相當スル金額及納稅告知書一通ニ付金二錢ノ割合ヲ以テ計算シタル金額ヲ其ノ市町村ニ交付ス

◉同法第八條　市町村ハ避クヘカラサル災害ニ因リ既收ノ稅金ヲ失ヒタルトキハ其ノ事實ヲ證明シ大藏大臣ニ稅金送付ノ責任ノ免除ヲ請フコトヲ得

前項ノ申告アリタルトキハ大藏大臣ハ其ノ事實ヲ審査シ其ノ免除ヲ爲スコトヲ得

地租の徴收事務を市町村に委任したる理由は種々ある。（一）納稅者の納稅上の便利を考慮したること、（二）地方財政上重要地位を占むる地租附加稅の徴收上の利便を考慮したること、（三）徴收費の節約となること等その主要な理由である。これを要するに國家と市町村とは生存の目的に於て、相共通する領域があるから、相互に共助せしむるといふ意味合からしても、市町村をしてかくの如き國家事務の一部を處理せしむるは、相當の理由あるものといはねばならぬ。これ官治と自治との連絡發達を圖り、國家生活の目的を完了する所以である。

三　徴收の方法

地租の徴收に關する細い手續は、主として國稅徴收法の定むるところである。從て本書論述の範圍を超えるのであるが、地租の徴收は市町村の國稅事務の中心をなして、極めて重要なる事務であるから、その手續の大要を左に簡潔に述べる。

（一）市町村は土地臺帳の副本を土臺として、地租を課する土地を地目別に、且つ納稅者每に分類して、地租名寄帳を作成しなければならない。而して各納期開始每に現在額を整理して、前に述べた算出方法によつて、各人別に地租額（年額）と各納期に於て徴收すべき納額とを算出する。土地臺帳の副本及び地租名寄帳の樣式は地租法施行細則の定むるところである。而して土地臺帳及び地租名寄帳の樣式は今回改正せられたるも、當分從前のものを繼續使用して妨げない。將來改調を要する場合には新樣式によるべきである。又その整理方法も從前の例に準じて差支ない。

◎施行規則第十九條　市町村ハ其ノ市町村内ノ土地ニ付土地臺帳ノ副本及地租名寄帳ヲ設備スベシ
　地租名寄帳ニ關シ必要ナル事項ハ大藏大臣之ヲ定ム
◎施行細則第一條　土地臺帳ハ第一號書式ニ依リ之ヲ調製スベシ
◎施行細則第三條　地租名寄帳ハ第三號樣式ニ依リ之ヲ調製スベシ
◎施行細則附則第三項　土地臺帳（副本ヲ含ム）及地租名寄帳ノ書式ニ付テハ當分ノ内從前ノ例ニ準ズルコトヲ得

第一號書式（土地臺帳）

字	地番					
	地目	地積	內步	外步	沿革
	賃貸價格		名稱	名稱	

等級	登記年月日	事由	所有質權者地上權者住所	所有質權者地上權者氏名又ハ名稱

備考

一、土地臺帳ハ地番順ニ之ヲ編纂シ紙數凡二百葉ヲ以テ一冊ト爲シ左記書式ノ表紙ヲ附スルモノトス

郡市　町村　大字

土地臺帳

何稅務署（副本ハ何市町村役場）

二、共有者ノ人員多數ニシテ一行ニ記載シ得ザル場合ハ左記書式ノ共有者氏名表ヲ添附スルモノトス

共有者氏名表

字	登記年月日	事由	共有持分	住所	氏名又ハ名稱

地番	登記年月日	事由	共有持分	住所	氏名又ハ名稱

第三號書式（地租名寄帳）

「田」ノ部	納税義務者住所及氏名又ハ名稱
	納税管理人ノ住所及氏名

異動及現在額	大字	字	地番	地目	地積	賃貸價格	地租	摘要

備考

一、地租名寄帳ハ、田、畑、宅地及雜地（田、畑、宅地以外ノ土地）ノ四科目ニ區分シ尚各科目ノ合計ヲ附シ左ノ書式ノ表紙ヲ附スルモノトス

地租名寄帳

何市町村役場

二、稅務署長ノ承認ヲ受ケタルトキハ本書式ト異リタル書式ニ依リ調製スルコトヲ得

（二）地租年額と納額との算出が了れば、その市町村計を稅務署長に報告する。これ卽ち次條で說明する地租納額報告である。

（三）稅務署長はその報告額を稅務署備付の有租地集計簿に照査して歲入額を決定する。これ所謂歲入の調定であ

る(會計規則第三〇條)。調定額は直ちに國稅徴收簿に登記すると同時に、改めてこれを市町村に書面を以て通知する。これ納額通知書であつて一種の徴收命令書である(國稅徴收法施行規則第二條第一項、同法施行細則第二條ノ二)。

◎會計規則第三十條　歳入徴收官租稅其ノ他ノ歳入ヲ徴收セムトスルトキハ法令ニ違フコトナキカ、所屬年度及歳入科目ヲ誤ルコトナキカヲ調査シ之ヲ決定スヘシ

◎國稅徴收法施行規則第二條第一項　市町村ニ於テ徴收スヘキ國稅ハ收稅官吏書面ヲ以テ其ノ金額ヲ市町村ニ通知スヘシ

◎同法施行細則第二條　市町村ノ徴收スヘキ國稅ハ稅務署長ニ於テ第二號書式ノ納額告知書ヲ調製シ之ヲ市町村ニ送付スヘシ其ノ異動ヲ生シタルトキハ更ニ其ノ旨ヲ通知スヘシ

◎同法施行細則第二條ノ二　稅務署長ハ納稅人又ハ市町村ノ爲便宜ト認ムル納付場所ヲ指定スヘシ

納稅人又ハ市町村ハ指定ノ納付場所以外ノ地ニ於テ納稅スルヲ便宜トスルトキハ稅務署長ニ申告シテ納付場所ノ變更ヲ求ムルコトヲ得

第二號書式

納額

第何號	何市町村分
何年度 租稅	何稅(項)
	何年何月何日限
大藏省主管	日本銀行何店「又ハ日本銀行本店支店又ハ代理店」扱

通知書

何年何期分

何　税（目）

一金何程

右通知候也

何年何月何日

何税務署長

官　氏　名　印

備考

一、同一納期ノ畑租及雜地租ハ之ヲ竝記スヘシ

二、一人別納額ノ通知ヲ要スル場合ニ於テハ一人別納額調書ヲ添附スヘシ但シ人員少キトキハ金額ノ左傍ニ記入スルモ妨ナシ

（四）市町村は税務署長から納額の通知を受けると同時に、各納税人に對し、その納金額、納期日及び納付場所を記載したる納税告知書を發するのである（國税徴收法施行規則第二條第二項、同法施行細則第三條ノ一）。

各納税人は納期日までに、税金に納税告知書を添へ、これを指定の場所に納付しなければならない。市町村はこれに對し領收證を交付する（國税徴收法施行規則第四條、同法施行細則第三條）。

⊙國税徴收法施行規則第二條　市町村ニ於テ徴收スヘキ國税ハ收税官吏書面ヲ以テ其ノ金額ヲ市町村ニ通知スヘシ

市町村ハ前項ノ通知ニ依リ納税人ニ對シ其ノ納金額、納期日及納付場所ヲ記載シタル納税告知書ヲ發スヘシ

⊙同法施行細則第三條ノ一　市町村前條ノ納額通知書ヲ受ケタルトキハ第三號書式ノ納税告知書ヲ調製シ之ヲ納税人ニ交付

スヘシ

⦿國稅徵收法施行規則第四條　市町村ニ於テ稅金ヲ徵收シタルトキハ領收證ヲ納稅人ニ交付スヘシ

⦿同法施行細則第三條ノ二　納稅人納稅告知書ヲ受ケタルトキハ稅金ニ納稅告知書ヲ添ヘ之ヲ指定ノ場所ニ納付スヘシ

第三號書式　用紙適宜

納稅告知書

第何號	何郡市何町村大字何何番地　何　某納
何年度	租稅　何稅（項）

一金何　程　　何年何期分　何稅（目）

右何年何月何日限何役場ヘ納付

昭和何年何月何日

何市町村長　何　某㊞

領收

第何號	何郡市何町村大字何何番地　何　某納
何年度	租稅　何稅（項）

證書

一金何程

昭和何年何月何日領收

(取扱者印)

(領收者氏名)印

備考

一、市町村ニ於テ税金ノ取扱上必要アルトキハ領收證書ノ外ニ別符ヲ附スルモ妨ナシ

二、同一納期ノ畑租及雜地租ハ之ヲ並記シ其ノ左傍ニ合計額ヲ掲記スルモノトス

三、收税官吏本書ヲ以テ税金ヲ領收スルトキハ大正十一年大藏省令第二十號ノ現金領收證書ヲ發行スルコトヲ要セス

四、收税官吏本書ヲ以テ税金ノ領收ヲ爲ストキ督促手數料、延滯金ノ收入ヲ要スルモノアルトキハ科目、金額ヲ並記シ第九號書式ノ納付書ヲ省略スルコトヲ得但シ所屬年度ヲ異ニスルトキハ此ノ限ニ在ラス

五、收税官吏ニ於テ領收ヲ爲ストキハ本書式納税告知書中餘白ニ領收濟年月日ヲ記入シ檢印ヲ爲シ領收濟通知書ヲ省略スルコトヲ得

六、國税ト同一納期タル北海道地方税、府縣税、市區町村税ヲ併記セントスルトキハ道廳長官又ハ府縣知事ノ認可ヲ得ルコトヲ要ス

(五) 指定したる納期内に税金の納付せざる者あるときは、市町村は直ちにその氏名、住居所、納金額、滯納の事由等を税務署長に報告しなければならない(國税徴收法施行規則第七條、同法施行細則第五條)。市町村がこの報告をなせば、滯納者の地租徴收の責任は消滅し、爾後督促状の發布、滯納處分の執行等は、凡て税務署長の職權に於てこ

れをなすのである。

◉國稅徵收法施行規則第七條　市町村ハ納期內ニ稅金ノ納付ヲ了ラサル者アルトキハ直ニ其ノ氏名、住所若ハ居所及納金額滯納ノ事由ヲ所轄稅務署ニ報告スヘシ

◉同法施行細則第五條　市町村滯納ノ報告ヲ爲ストキハ第五號書式ノ滯納報告書ヲ調製シ稅務署ニ送付スヘシ報告後ニ其ノ報告書ニ異動ヲ生シタルトキハ直ニ其ノ旨ヲ通知スヘシ

第五號書式

昭和何年何月何日

何郡市町村長　何　某　印

何稅務署長官氏名宛

何年度第何期何稅（目）滯納報告書

稅額	事由	住所	氏名
一円〇〇〇	何々	何町村大字何何番地	何　某
二〇〇〇	何々	何郡市何町村大字何何番地 何町村大字何何番地	何　某　納稅管理人 何　某
計　三〇〇〇			

備考

一、畑租、雜地租ニ於テハ税額欄ヲ畑、雜地、計ノ三欄ニ區劃シ記載スルモノトス

（六） 市町村に於て徴收したる税金は、これに送付書を添へ、漸次これを日本銀行（本店、支店又は代理店）に送付しなければならぬ。所謂送納これである。送納は法定納期經過後三日內に完了しなければならない（國税徴收法施行規則第五條、同法施行細則第四條）。尙送納に當つては成るべく税務署に照合の上過誤なきを期する用意が必要である。送納の完了によつて市町村の地租徴收上の責任は消滅するのである。

◉國税徴收法施行規則第五條 市町村ニ於テ徴收シタル税金ハ送付書ヲ添ヘ漸次之ヲ日本銀行ニ送付スヘシ但シ納期後三日ヲ過クルコトヲ得ス

◉同法施行細則第四條 市町村其ノ領收シタル税金ヲ日本銀行ニ送付スルトキハ第四號書式ノ送付書ヲ添附スヘシ

第四號書式 用紙適宜 縱四寸五分 横三寸三分 三枚接續

送付書

何年度 何市町村

大藏省主管 何税務署 租税 何税（項）

一金何程 何年何期分 何税（目）

右送付候也

昭和何年何月何日

納入濟書

何年度	大藏省主管
何市町村	何税務署
	租税
	何税（項）

一金何程

何年何期分

何税（目）

昭和何年何月何日納入濟

日本銀行何店㊞

領收證書

何年度
何市町村

一金何程

何年何期分

何税（目）

昭和何年何月何日領收

日本銀行何店㊞

備考

一、納入濟書及領收證書用紙ノ金額、年度、科目等ハ總テ市町村ニ於テ記入スルモノトス

二、同一納期ノ畑租及雜地租ハ之ヲ並記シ其ノ左傍ニ合計金額ヲ掲記スルモノトス

（七）市町村は、天災事變に因つて徵收した稅金を喪失したる場合は、送納の責任免除を願出づることが出來る。送納の責任免除を請はんとするときは、地方長官を經由して大藏大臣に申請書を提出しなければならない。

◉國稅徵收法施行規則第六條　市町村ニ於テ國稅徵收法第八條ニ依リ稅金送付ノ責任ノ免除ヲ請ハムトスルトキハ地方長官ヲ經由シテ大藏大臣ニ申請書ヲ提出スヘシ

地方長官前項ノ申請ヲ受ケタルトキハ其ノ事實ヲ調査シ意見ヲ具シテ大藏大臣ニ送付スヘシ

第七十四條　地租納額報告

市町村ハ地租ノ納期每ニ其ノ納期開始前十五日迄ニ賃貸價格及地租ノ總額並ニ其ノ各納期ニ於ケル納額ヲ稅務署長ニ報告スベシ但シ前報告後異動ナキトキハ此ノ限ニ在ラズ

前項ノ報告後納期開始迄ニ報告事項ニ異動ヲ生ジタルトキハ直ニ其ノ異動額ヲ稅務署長ニ報告スベシ

本條は地租の納額報告の時期、報告事項等を規定したのである。

市町村は稅務署長から納額通知（卽ち徵收命令）を受けた後でなければ、各納稅人に對し、納稅告知書を發することを得ない。而かも地租の各人每の納稅額は、市町村が、每納期地租名寄帳によつてこれを算出するのであるから、稅務署長は市町村からその算出額の報告を得るにあらざれば、歲入を調定して、市町村に對し納額を通知することが出來ない。これ市町村をして每納期、地租の算出額を報告せしむる所以である。

一　報告事項

報告を要する事項として、法律に規定して居るのは、賃貸價格の總額、地租の總額及び納額の三事項であるが、報告の性質上納稅人員をも記載すべきである。

（一）　賃貸價格の總額は、地目每の市町村合計額を記載する。賃貸價格の總額は、土地臺帳の合計額（卽ち有租地集計薄）から、自作農地免租に係るもの及び地租法第七十三條第一項但書によつて、地租を徵收せざる（賃貸價格の合計金額が一圓未滿のもの）賃貸價格の總額を控除したる數字に符合せしむることを要する。

（二）　地租の總額は、各人每の賃貸價格合計額に、百分の三・八（昭和六年分に限り百分の四）を乘じて算出した一年分の地租額を合計して記載する。從つて端數計算上、賃貸價格の總額に稅率を乘じて算出した稅額とは、一致しないのは當然であるが、その算出上の差額は達觀上適當のものでなければならない。

（三）　納額は各人につき算出した地租額を納期の數にて除して得たる金額、卽ちその納期に於て實際徵收すべき地租額の合計額を記載する。賃貸價格の總額から算出した納額と、適當の間差を保つことを要することは、地租の總額につき述べたところと同一である。

（四）納税人員については、別に説明を要さないであらう。死亡者名義の土地は、理論上相續人の分と合算して稅額を算出し、人員一人として計算すべきであるが、便宜納稅告知書の發布數を掲記して妨げないであらう。

（五）法律には別に規定してないが、第七十三條第一項但書の賃貸價格の合計金額が一圓未滿なるものゝ人員、賃貸價格總額も報告しなければならない（施行細則第四號書式）。而して以上の報告事項は何れも報告書作成の時の現在によつて調査すべきこと勿論である。

二　報告の時期

地租納額の報告は、每納期開始前十五日までにこれをなさねばならぬ。例へば宅地租第一期分の報告は、少くとも六月十六日までに報告しなければならない。納期開始前十五日までならば、何程早くともよいかといふ疑問も生ずるが納額報告の性質上自ら適當の報告期を選ぶべきであらう。而して前納期の報告額に異動がないときは、更めて報告するに及ばない。

三　異動報告

地租の納稅義務は各納期開始の時に、その範圍が確定するのであるから、納額報告後、納期開始までに、納稅義務者の變更又は土地の異動等によつて、報告事項に異動を生じたならば、その異動額を報告しなければならない。一旦納期開始してからの異動は、報告するに及ばないことは勿論である。

四　報告の樣式

報告の樣式は、地租法施行細則にて一定されて居る。卽ち左の通りである。

◉施行細則第四條　地租法第七十四條及第七十五條ノ規定ニ依ル報告書ハ第四號書式ニ依リ之ヲ調製スベシ

第四號書式（地租納額報告書）

年　月　日提出

年　租第　期分地租納額「異動」報告書

何市町村長

摘要	賃貸價格總額	地租總額	納額	人員
月　日現在額				

右ノ外自作農地免租ニ係ルモノ及賃貸價格ノ合計金額一圓未滿ノモノ左ノ如シ

摘要	賃貸價格總額	人員
自作農地免租ニ係ルモノ		
賃貸價格ノ合計金額一圓未滿ノモノ		

備考

一、田租、畑租、宅地租及雜地租ニ區分シテ調製スルモノトス

二、異動報告書ニハ異動額（增ハ墨書減ハ赤書）ノミヲ當該欄ニ記載スルモノトス

三、所轄稅務署長ノ承認ヲ受ケタルトキハ本書式ト異リタル書式ニ依リ調製スルコトヲ得

第七十五條　自作農地免租額報告

市町村ハ第七十條ノ規定ニ依リ地租ヲ免除スル田畑ノ賃貸價格ノ總額ヲ前條ノ例ニ準ジ税務署長ニ報告スベシ

市町村は、その市町村內の田畑について、自作農地免租申請を受理したるとき又は納税義務者（所有者と看做された永小作權者を含む）の住所地市町村から、賃貸價格の合計金額が二百圓未滿なる旨の通知を受けたるときは、免租要件を具備して居るか否かを調査し、その免租要件を具備して居るものゝ人員及び賃貸價格の總額を税務署長に報告しなければならない。

◉施行規則第十八條　市町村ハ其ノ市町村內ノ田畑ニ付地租法第七十一條ノ申請又ハ前條ノ通知ヲ受ケタルトキハ同法第七十條ノ規定ニ依リ地租ヲ免除スル田畑ヲ調査シ同法第七十五條ノ報告ヲ爲スベシ

地租の免除をなすべきや否やは税務署長これを決定するのであるが、免租要件を具備するや否やは、市町村の報告を資料として調査する。かくの如く市町村の報告は免租處分上極めて重要性を有するものであるから、市町村は賃貸價格二百圓未滿なるや否や、同居家族なるや否や、自作なりや小作なりや等を責任を以て調査の上報告書を作成すべきである。税務署長は、市町村の報告額を、地租法第七十四條の地租納額報告と照し合し、相當と認むるときは、直ちに市町村に對し納額通知を發する。市町村が税務署長の納額通知により各納税者に對し納税告知書を發すれば、茲に免租處分は結了するものと解する。而して報告すべき事項は、免除さるべき人員及び免除する賃貸價格の總額である。その他報告時期、異動報告様式等は總て地租納額報告書に準ずる。詳しいことは前條に於て說明したるを以て玆に再びしない。前條を參照せられたい。

第七十六條　國稅徴收事務監督

大藏大臣ハ稅務署長又ハ其ノ代理官ヲシテ隨時市町村ニ於ケル國稅徴收ニ關スル事務ヲ監督セシムベシ

本條は、市町村に於ける國稅徴收事務の監督に關する規定である。

一　監督の意義

市町村に對する一般監督權は、第一次に府縣知事に、第二次に內務大臣にある(市制第一五七條、町村制第一三七條)。但し財政に關する事項についての最高監督權は、內務大藏兩大臣にある(市制第一六六條、町村制第一四六條)。然れども大藏大臣の財政監督權の對象となるのは、市町村の固有事務に屬する財政であつて、委任事務たる國稅の徴收事務に及ばないことは、市町村制の規定に照して明瞭である。從つて國稅の徴收事務の如きも、原則として府縣知事、內務大臣の監督に屬すること勿論である。併しながら市町村に於ける國稅の徴收事務は、性質上稅務行政の一部を成すものであつて、その適否は直ちに國民の利害並に國家財政に至大の影響を及ぼすを以て、主管大臣たる大藏大臣の監督權にも服せしむることゝし、以て國稅事務の改善並に圓滿なる運捗を圖らむとするのが本條制定の眼目である。

二　監督の範圍

監督の範圍は、市町村が法律の規定によつて處理する國稅徵收の事務の全部である。苟くも、國稅徵收に關する限り、獨り地租のみならず所得稅、營業收益稅、資本利子稅等の徵收事務についても、總て本條の適用がある。地租法にこれを規定したのは、地租の徵收事務は市町村に於ける國稅事務の中心をなし、特に關係深く、地租法中に規定するを便宜としたに外ならない。而して舊法（明治三十七年法律第十二號第五條）には、單に「國稅諸帳簿ノ整否ヲ監督セシムヘシ」とあつて、その監督の範圍は帳簿監督の範圍を一歩も出なかつたため、その監督動もすれば形式に墮し、實效を收め得ざりしに鑑み、新法に於てはその範圍を擴張し、國稅諸帳簿の整否に關しては勿論、その他苟くも國稅徵收事務なる限り、その全般に亙り監督をなし得ることに改め、以て監督の實を擧げんことを期したのである。

三　監督の方法

國稅徵收事務の監督は、稅務署長又はその代理官が大藏大臣の命を承けて隨時これをなすのである。蓋し市町村の國稅事務と離るべからざる關係にある稅務官廳をして、これに當らしむるは、監督上の便宜あるばかりでなく、適實なる監督を執行することが出來るからである。而して監督の事績は、稅務署長より、稅務監督局長を通じて大藏大臣に具申しなければならない。

第六章　雜則

本章は雜則である。第一章乃至第五章の何れにも屬せざる事項を一括して規定したのである。特別免租年期地、異動處分の通知、納稅管理人、罰則、地租の追徵、土地檢査等に關する事項が、その主なるものである。罰則、追徵等可なり重大なる規定をも包含して居るを以て、雜則なりとして輕視することが出來ない。

第七十七條　特別免租年期地

他ノ法律ニ依リ一定ノ期間地租ヲ免除シタル土地ニ付テハ別段ノ規定アル場合ヲ除クノ外第五十七條及第六十條乃至第六十四條ノ規定ヲ準用ス

本條は、特別免租年期地と地租法との關係を規定したのである。

一　特別免租年期地の意義

玆に特別免租年期地と稱するのは、地租法以外の法律を以て、一定の期間、地租を免除することを規定した土地を總括していふのである。地租法の免租年期地と對立する觀念である。他の法律で一定の期間地租を免除することを規定した土地の中には、明かに免租年期地と稱するものもあれば、然らざるものもある。これ等の總ての土地を特別免租年期地なる觀念に包括せしむるは、固より正確を得たるものではないが、概括的の分類としては强ち容認し得ざる程のものでないと信じ、暫くこの用語を用ゐる。
條文には一定の期間地租を免除したる土地云々とあつて、地租の全部とも一部とも書いてないから、恰も兩者を包含する如く解せられるも、一定の期間地租の一部を免除する所謂地租輕減地はこれに含まないものと解する。第五十九條第二項に、一定の期間地租の全部又は一部を免除する土地云々と、兩者を明かに書き別けてあるに照し合はせて一點の疑がない。

二　特別免租年期地の種類

特別免租年期地の種類は甚だ多い。左にその種類を掲げ簡單に説明する。

（一）　造林免租年期地

森林法施行以前から荒廢して居る森林或は原野、山岳、荒蕪地に新に造林したるときは、納税義務者の申請によつて三十年以内の免租年期を許可する（森林法第一二條）。これを造林免租年期と稱し、造林の保護奬勵を目的とする。

◉森林法第十二條　本法施行以前ヨリ荒廢ニ屬シタル森林ニ付新ニ造林シタルトキハ其ノ納税義務者ノ申請ニ依リ其ノ造林シタル部分ニ限リ三十年以内地租ヲ免スルコトヲ得
前項ノ規定ハ原野、山岳又ハ荒蕪地ニ新ニ造林シタル場合ニ之ヲ準用ス
府縣市町村其ノ他ノ公共團體ハ前二項ニ依リ地租ヲ免セラレタル土地ニ對シ租税其ノ他ノ公課ヲ課スルコトヲ得ス
◉明治四十一年大藏省令第一號　明治四十年法律第四十三號森林法第十二條ニ依リ造林地地租免除ヲ得ムトスル者ハ所轄税務署長ニ申請スヘシ
◉明治四十一年大藏省訓令第一號　明治四十年法律第四十三號森林法第十二條ニ依リ造林地ノ地租免除ヲ申請シタル者アル

トキハ地方廳ト協議シテ相當免租年期ヲ定メ之カ許可ヲ與フヘシ
但シ許可アリタルトキハ免租年期及段別ヲ地方廳ニ通知スヘシ
◉明治四十一年農商務省訓令第四號　森林法第十二條ノ造林地免租ニ關シテハ左記各項ニ據リ取扱フヘシ
一　府縣知事ハ明治四十一年一月大藏省訓令第一號ニ依リ造林地免租ノ協議ヲ受ケタルトキハ左ノ標準ニ依リ尙造林ノ難易植栽樹種地味ノ良否交通ノ便否等ヲ斟酌シテ免租年期ヲ協定スヘシ
一　喬林ヲ仕立ツル目的ヲ以テ植樹シタルモノハ十五箇年以上三十箇年以内
二　中林ヲ仕立ツル目的ヲ以テ植樹シタルモノハ十箇年以上二十箇年以内
三　矮林ヲ仕立ツル目的ヲ以テ植樹シタルモノハ十箇年以内
四　前各號ノ外利用ヲ目的トセサル植樹ニアリテハ三十箇年以内
二　省略

(三)　北海道特別免租年期地

これには數多の種類があつて、それぞれ沿革を異にし、細部に於て特色の異るものあるを認め得られざるにあらざるも、これを要するに北海道の拓地殖民の奬勵を目的とする點に於て、何れもその軌を一にする。而して普通免租年期は申請を俟つて許可するのが原則であるが、北海道特別免租年期の大部分は、法律の規定によつて當然免租されるのであつて申請を要さない。

イ　山林荒蕪地拂下地　明治初年北海道に移住した士族を保護するため、一人につき十萬坪を限り荒蕪地を拂下げ、移住のときから二十年間地租を免除する。

◉山林荒蕪地拂下規則第一條　家祿奉還資本金受取候者家産營業ノ爲北海道ニ於テ地所拂下願出候節ハ六年十二月第四百二十六號公布別冊ノ方法ニ照準シ願書樣式等一切其手續ヲ經志願ノ地所ト本人所在ノ便宜ニ依リ當使本支廳及東京出張所ノ内ヘ可願出事

◉同規則第二條　拂下地所ノ歩數ハ一人十萬坪ヲ限上等千坪一圓五十錢中等一圓下等五十錢ヲ原價トシ其半額ヲ以拂下營業着手ヨリ二十年間除租可申付事

ロ　北海道土地拂下地　北海道に於ける官有地開發奬勵のため、一人につき十萬坪（規模の大なる事業で制限坪數以上の土地を必要とするものには特例がある）を限り拂下げ、十箇年間その地租を免除する。

◉北海道土地拂下規則第一條　北海道官有未開ノ土地ハ本規則ニ依リ北海道廳ニ於テ之ヲ拂下クヘシ

◉同規則第二條　土地拂下ノ面積ハ一人十萬坪ヲ限リトス但盛大ノ事業ニシテ此制限外ノ土地ヲ要シ其目的確實ナリト認ムルモノアルトキハ特ニ其拂下ヲ爲スコトアルヘシ

◉同規則第十條　素地代價ハ千坪ニ付金壹圓トシ成功ノ後之ヲ拂下ケ地劵ヲ下付スヘシ但其土地ハ拂下ノ翌年ヨリ十箇年ノ後ニアラサレハ地租及地方税ヲ課セス

ハ　北海道開墾地　開墾地であつて明治二年後に有租地となつた田畑、宅地は明治二十二年から三十一年まで、地租及び地方税を免除する。その現に開墾年期を有するものは、更に年期滿了の翌年から十年間免租する。

◉明治二十二年法律第十八號　北海道開墾地ニシテ明治二年以後有租地トナリタル田畑及郡村宅地ハ明治二十二年ヨリ同三十一年迄特ニ地租地方税ヲ免除ス其現ニ開墾年期中ノモノハ滿期ノ翌年ヨリ尙ホ十箇年間地租地方税ヲ課セス

ニ　屯田兵給與地　屯田兵として北海道に移住する者には、一戸一萬五千坪乃至二萬坪の土地を給與し、服役中及び服役滿期の年から十年乃至二十年の間その地租及び地方稅を免除する。

◉屯田兵土地給與規則第一條　屯田兵トシテ北海道ニ移住スル者ニハ一戶凡ソ一萬五千坪ノ土地ヲ給ス其ノ下士ニ任セラレタルトキハ凡ソ五千坪ノ土地ヲ增給ス

◉同規則第二條　移住ノ屯田兵二百五十戶以內ヲ以テ屯田兵村トシ一戶凡ソ一萬五千坪ノ割合ヲ以テ戶數ニ應シ其ノ村ノ公有財產トシテ土地ヲ給ス

公有財產ノ管理利用竝ニ開墾ノ事ハ屯田兵司令官ノ命令ヲ以テ之ヲ定ム

◉同規則第三條　屯田兵及屯田兵村ニ給與シタル土地ハ服役中及其滿期ノ年ヨリ十年間國稅及地方稅ヲ免除ス

◉同規則第八條　從前北海道ニ移住シタル屯田兵及屯田兵村ニ給與ノ土地ハ服役中及其ノ滿期ノ年ヨリ二十年間國稅及地方稅ヲ免除ス

明治十七年ヨリ同二十三年マテニ召募シタル者ニ係ルモノハ第三條ノ例ニ依ル

ホ　國有未開地　北海道國有未開地處分法によつて、拂下、交換或は付與を受けた土地は、舊法（明治三〇年法律第二六號）によるものは二十年間、新法（明治四一年法律第五七號）によるものは十年間その地租を免除する。

◉舊北海道國有未開地處分法第一條　北海道國有未開地ノ賣拂、付與、交換及貸付ノ處分ハ此ノ法律ニ依ル

◉同處分法第三條　開墾牧畜若ハ植樹等ニ供セムトスル土地ハ無償ニテ貸付シ全部成功ノ後無償ニテ付與スヘシ

前項ノ貸付地面積ノ制限ハ勅令ヲ以テ之ヲ定ム

第一項ノ貸付地ハ全部成功ニ至ラスト雖土地整理上支障ナシト認ムル場合ニ於テハ其ノ成功地ノ全部若ハ一部ヲ付與スルコトヲ得

◎同處分法第十八條　此ノ法律ニ依リ賣拂、付與又ハ交換シタル土地ハ其ノ民有トナリタル年ノ翌年ヨリ二十箇年ノ後ニ非サレハ地租及地方稅ヲ課セス

◎新北海道國有未開地處分法第一條　北海道國有未開地ノ處分ハ本法ニ依リ北海道廳長官之ヲ行フ

◎同處分法第二條　土地ノ賣拂ハ勅令ノ定ムル所ニ依リ一定ノ期間內ニ其ノ土地ニ關スル事業ヲ成功スヘキ者又ハ素地ノ儘使用セムトスル者ニ對シ之ヲ行フ

◎同處分法第三條　自ラ耕作ヲ爲サムトスル者ノ爲土地ノ區域ヲ限リ特定地ヲ設置ス特定地ハ勅令ノ定ムル所ニ依リ無償ニテ貸付シ成功ノ後之ヲ付與ス

◎同處分法第十九條　民有ト爲リタル土地ニ對スル地租ハ事業成功期間滿了ノ翌年ヨリ起算シ十年ノ後ニ非サレハ之ヲ賦課セス但シ素地ノ儘使用スル土地又ハ交換若ハ第四條ニ依リ付與シタル土地ニ對シテハ民有ト爲リタル翌年ヨリ起算ス

ヘ　舊土人保護地　舊土人の生業を保護するため、一戸につき一萬五千坪の土地を無償にて下附し、三十年間その地租を免除する。

◎北海道舊土人保護法第一條　北海道舊土人ニシテ農業ニ從事スル者又ハ從事セムト欲スル者ニハ一戸ニ付土地一萬五千坪以內ヲ限リ無償下付スルコトヲ得

◎同保護法第二條　前條ニ依リ下付シタル土地ノ所有權ハ左ノ制限ニ從フヘキモノトス

一　相續ニ因ルノ外讓渡スルコトヲ得ス

二　質權抵當權地上權又ハ永小作權ヲ設定スルコトヲ得ス

三　北海道廳長官ノ許可ヲ得ルニ非サレハ地役權ヲ設定スルコトヲ得ス

四　留置權先取特權ノ目的トナルコトナシ

前條ニ依リ下付シタル土地ハ下付ノ年ヨリ起算シテ三十箇年ノ後ニ非サレハ地租及地方稅ヲ課セス又登錄稅ヲ徵收セス
舊土人ニ於テ從前ヨリ所有シタル土地ハ北海道廳長官ノ許可ヲ得ルニ非サレハ相續ニ因ルノ外之ヲ讓渡シ又ハ第一項第二及第三ニ掲ケタル物權ヲ設定スルコトヲ得ス

ト　地種變更免租年期地　以上に述ぶる、**イ**乃至**ヘ**の免租地につき、開墾又は開墾に類似する地目變換をなしたるときは、地租を課するに至りたる年から更に二十年以內、納稅義務者の申請によつて、地種變更免租年期を許可し、年期間その地租を免除する。北海道の特別免租年期地中申請を要する唯一の年期地である。

◉大正七年法律第四十三號第一條　左ニ掲クル土地ニ付開墾ヲ爲シ又ハ開墾ニ等シキ勞費ヲ加ヘテ地目變換ヲ爲シタルトキハ地租ヲ課スルニ至リタル年ヨリ二十年以內ノ地種變更免租年期ヲ許可ス但シ事業成功ノ定アル土地ニ付テハ事業成功後開墾ヲ爲シ又ハ開墾ニ等シキ勞費ヲ加ヘテ地目變換ヲ爲シタル場合ニ限ル
一　明治八年開拓使布達第三號山林荒蕪地拂下規則第二條ノ規定ニ依リ地租ヲ課セサル土地
二　明治十九年閣令第十六號北海道土地拂下規則第十條但書ノ規定ニ依リ地租ヲ課セサル土地
三　明治二十二年法律第十八號ニ依リ地租ヲ課セサル土地
四　明治二十三年法律第七十九號屯田兵土地給與規則第三條及第八條ノ規定ニ依リ地租ヲ免除シタル土地
五　明治三十年法律第二十六號北海道國有未開地處分法第十八條ノ規定ニ依リ地租ヲ課セサル土地
六　明治三十二年法律第二十七號北海道舊土人保護法第二條ノ規定ニ依リ地租ヲ課セサル土地
七　明治四十一年法律第五十七號北海道國有未開地處分法第十九條ノ規定ニ依リ地租ヲ課セサル土地
地種變更免租年期明ニ至リ地味成熟ニ至ラサルモノニ付テハ更ニ年期ノ延長ヲ許可スルコトヲ得但シ通シテ三十五年ヲ超

ユルコトヲ得ス
⦿同法第二條　地種變更免租年期又ハ其ノ延長ノ許可ヲ受ケムトスル者ハ政府ニ申請スヘシ
⦿地種變更免租年期ニ關スル法律施行規則第一條　地種變更免租年期ノ許可ヲ受ケムトスル者ハ開墾成功シ又ハ地目變換ヲ爲シタル後六十日內ニ開墾又ハ地目變換ニ要シタル勞資ニ關スル明細書ヲ添ヘ地種變更免租年期ノ許可ヲ所轄稅務署長ニ申請スヘシ
⦿同法第二條　前條ニ依リ地種變更免租年期ノ許可ヲ申請セムトスル者ハ工事著手前三十日迄ニ工事著手ノ年月日、土地ノ所在、地番、現在地目、目的地目、段別及豫定ノ成功期日ヲ所轄稅務署長ニ屆出ツヘシ
⦿同法第三條　地種變更免租年期延長ノ許可ヲ受ケムトスル者ハ年期滿了後六十日內ニ所轄稅務署長ニ其ノ旨申請スヘシ

チ　御料地拂下地　開拓又は使用の目的を以て御料地を拂下げたる土地は十年間その地租を免除する。

⦿昭和二年法律第十八號第一條　北海道ニ於ケル御料地ニ屬スル未開地ヲ開拓シテ拂下ヲ受ケ又ハ之ヲ開拓シ若ハ素地ノ儘使用スルノ目的ヲ以テ拂下ヲ受ケ民有ト爲リタル土地ニ對スル地租ハ民有ト爲リタル年ノ翌年ヨリ起算シ十年ヲ經過シタル後ニ非ザレハ之ヲ賦課セズ

㈢　耕地整理開拓免租年期地、耕地整理埋立免租年期地、これ等については第二編耕地整理法の說明に讓る。

三　地租法との關係

以上述べたる特別免租年期地については、當該法令に別段の規定があるならば、勿論それによるが、若し別段の規定がないならば、地租法の荒地免租年期地に關する規定を準用する。

イ　地租免除の申請があれば、その後に開始する納期分地租から免除される(第五七條)。

ロ　年期中に地目の異動あるも、地目變換、地類變換、又は開墾として取扱はない（第六〇條）。

ハ　納税義務者は年期滿了の年の六月三十日までに年期滿了申告書を提出しなければならない（第六一條）。

ニ　年期滿了の年に於て賃貸價格を設定し、その翌年分地租から設定賃貸價格によつて徵收する（第六二條、第六四條）。

ホ　年期滿了により賃貸價格を設定する場合に必要があれば地積を改測する（第六三條）。

ヘ　荒地の規定が準用される結果、申告、申請についても、地租法施行規則中荒地に關する規定が準用される。

◎施行規則第二十條　地租法以外ノ法律ニ依リ一定ノ期間地租ノ全部又ハ一部ヲ免スル土地ニ付テハ別段ノ規定アル場合ヲ除クノ外第六條及第七條ノ規定ヲ準用ス

第七十八條　異動處分通知

税務署長土地ノ異動ニ因リ地番、地目、地積又ハ賃貸價格ヲ土地臺帳ニ登錄シタルトキ又ハ登錄ヲ變更シタルトキハ土地所有者及納税義務者ニ通知スベシ

本條は、土地の異動處分の通知に關する規定である。凡そ相手方のある行政處分は、相手方に告知することによつて、その效力を發生するのが原則である。而して土地の異動に關する處分は、常に相手方のある行政處分であるが故に、税務署長土地の異動處分をなしたるときは、土地所有者又は納税義務者にこれを通知しなければならない。これ寧ろ當然のことであつて、舊法にはこれに關する規定を缺いた。然るに新地租法に特にこれが規定を設けたのは、土

地の異動處分が、土地に對する權義に密接の關係を有し、且つその負擔に及ぼす影響至大であるから、特にその據るところを明瞭ならしめんとする趣旨に外ならない。

一 土地異動通知

稅務署長が、本條の規定によつて、通知することを要する場合は、(一)新に土地臺帳に地番、地目、地積、又は賃貸價格を登錄したるとき、(二)その登錄を變更したるとき、精密には、旣に土地臺帳に登錄してある地番、地目、地積及び賃貸價格の變更を登錄したるときである。これを要するに、稅務署長が第二章の土地異動に關する規定によつて地番の設定、地目の設定又は修正、地積の決定、或は賃貸價格の設定又は修正をなしたならば、これを所有者又は納稅義務者にその旨を通知しなければならない。土地の異動處分をなしたるときは通知すべしと規定しないで、土地臺帳に登錄したる場合に通知すべしと規定したのは、土地異動の處分には、當然に土地臺帳の登錄をも包含するからである。土地臺帳に登錄したるときとは現實に登錄したることを意味しない。登錄すべく決定したるときの意である。

二 年期の附與、地租免除處分の通知

法文には地番、地目、地積又は賃貸價格を登錄したる場合、或はその登錄を變更したる場合には通知すべしとあつて、これ等の登錄を要さない減租年期又は免租年期の許可處分の通知については規定がない。又災害地免租及び自作農地免租の處分は、土地の異動に關する處分でないから本條に含まない。これ等の處分の通知については、地租法に全く何等の規定がない。これ抑も如何なる理由によるものであるか、蓋し申請に對しその許否の通知を要するは敢て明文を俟つまでもなく、當然の事理であるのみならず、地租法施行規則第二十一條に「減租又は免租の申請に對する

許否の通知は云々」とあるを以て見ればこれ等の處分についても通知を要すること明白である。

三　通知の方法

土地の異動處分の通知は性質上文書を以てこれをなす。通知書には土地臺帳に登錄したる事項及び異動の事由を記載する。又減租年期、免租年期の許可又は地租の免除處分の通知には、處分の內容（卽ち許可か不許可か）を記載すべきである。

而してこれ等の通知は、處分の內容が土地所有者又は納稅義務者の申告、又は申請と全く一致する場合でもこれをなさねばならぬものと解する。唯自作農地免租の處分の如きは、田畑各納期每に、一々これを通知することは實際問題として不可能に屬する。これについては納稅義務者は、納稅告知の有無、又はそれに記載されて居る稅金額の多寡によつて免否の有無を知得することを得るを以て、納稅告知は、免租の許否の通知をも兼ぬるものと解し、別に通知を發するに及ばないであらう。

而して以上の通知は、土地所在の市町村を經由しなければならない。併しながらこれ等の處分はこれを市町村にも通知するのであるから、事務の合理化を圖るため、これが通知を便宜市町村に委任することも出來るであらう。

◉施行規則第二十一條　地租法第七十八條ノ規定ニ依ル通知及減租又ハ免租ノ申請ニ對スル許否ノ通知ハ土地所在ノ市町村ヲ經由スベシ

四　通知の效力

土地の異動處分（減租年期又は免租年期等の許可處分を含む）については、異動處分の通知が、土地所有者又は納税義務者に到達して、始めてその效力が發生する。卽ち地番、地目、地積、賃貸價格等がこれによつて確定する。又減租年期又は免租年期の許可處分であつたならば、一定の期間地租の全部又は一部免除の效力が發生するのである。

然らば、土地所有者又は納税義務者が、税務署長の處分に異議のある場合の救濟方法如何。左に項を分ちてこれを說明する。

五　訴願、訴訟

(一)　地籍の決定卽ち地番、地目、地積の決定については、法令に訴願、訴訟をなすことを許すことを規定してないから、假令その決定に不服あるも、訴願、訴訟によつて救濟を求めることを得ない。その決定に誤謬あること極めて明瞭なるときは、これが更正を申請することを得るも、これとて單に誤謬の事實を、税務署長に告知して、その反省を促す程度の效果よりしかない。勿論誤謬の事實の明確に認め得る場合ならば、税務署長は申請の有無に拘らずこれを訂正するを當然とするも、而かも尙訂正すると否とは、全く税務署長の裁量に屬し、税務署長はこれ等の申請によつて、法律上何等拘束を受くることはない。

地積の不當決定については、直接訴願、訴訟を提起し得ないこと前述の通りであるが、地積の決定が、同時に課税標準たる賃貸價格に影響する場合にありては、地租の賦課に異議ありとして、訴願、訴訟によつて、間接にこれが更正を求め得るであらう。併しながらこの訴願、訴訟に於ては、地積そのものゝ當否を爭ふことが出來ない。

(二)　課税標準たる賃貸價格の決定は、地租賦課の前提たる處分であつて、賦課そのものでない。從つて所謂「租税の賦課に關する事件」として訴願、訴訟をなすことを得ないといふのが從來の解釋であつた。行政裁判所また同一解釋を採つて來たのであるが、大正十二年從來の判例を變更し地價（即ち新法の賃貸價格）修正の處分は、所謂租稅の賦課に關する事件なりとの見解を採るに至つた。地租は、賃貸價格に對し一定の比率により每年賦課せらるゝものであるから、賃貸價格の修正は當然地租の賦課額の變更を招來するものなるが故に、租稅の賦課に關する事件なること明瞭であるからであらう。賃貸價格の設定處分についても同一に解すべきこと勿論である。地租法に於て、課稅標準の決定に對し、訴願、訴訟を許すことを特に規定せざりしも要するにこの精神を酌んだ結果である。併しながら所得稅法（第六六條）、營業收益稅法（第二二條）、資本利子稅法（第一四條）、相續稅法（第一六條）等には、特に訴願、訴訟をなし得ることを明定しあるのであるから、地租法に於ても同一立法主義を採るを可と信ずる。

◉行政裁判所判決　地價修正處分ハ明治二十三年法律第百六號ニ所謂租稅ノ賦課ニ關スル事件ナリトス（大正一二、一一、一日宣告）

（三）以上述べたる外、左に揭ぐる場合には、一般法によつて訴願、訴訟を提起することが出來る。

イ　減租年期又は免租年期の許可處分に異議あるとき。

ロ　災害地免租又は自作農地免租處分に異議あるとき。

ハ　賦課額に異議あるとき。

ニ　稅率の適用に異議あるとき。

ホ　賦課の手續に異議あるとき。

◉行政裁判所判決　荒地免租年期ヲ定ムル處分ハ地租賦課ノ免除ニ關スル處分ニ外ナラサレハ地租ノ賦課ヲ爲ス處分ト等シ

ク明治二十三年法律第百六號ニ租税ノ賦課ニ關スル事件ニ該當ス（大正一〇、一一、一日宣告）

◉訴願法第一條　訴願ハ法律勅令ニ別段ノ規定アルモノヲ除ク外左ニ掲クル事件ニ付之ヲ提起スルコトヲ得（抄）

一　租税及手數料ノ賦課ニ關スル事件

二　租税滯納處分ニ關スル事件

◉明治二十三年法律第百六號　法律勅令ニ別段ノ規程アルモノヲ除ク外左ニ掲クル事件ニ付行政廳ノ違法處分ニ由リ權利ヲ毀損セラレタリトスル者ハ行政裁判所ニ出訴スルコトヲ得（抄）

一　海關税ヲ除ク外租税及手數料ノ賦課ニ關スル事件

二　租税滯納處分ニ關スル事件

（四）訴願、訴訟の手續

イ　地租の賦課處分に異議ある者訴願せんとするときは、土地異動處分の通知を受けたる日又は納税告知書の送達を受けたる日より六十日以內に、所轄稅務署長を經由して、その直接上級廳たる稅務監督局長に訴願書を提出することを要する。稅務監督局長の裁決に尙ほ不服あるときは、更に大藏大臣に訴願するか、又は行政裁判所に出訴することが出來る。その何れを採るも土地所有者の任意であるが、大藏大臣に訴願したるときは、最早行政裁判所に出訴する譯に行かぬ。

ロ　訴願は必ず文書によらねばならぬ。訴願書には左記事項を記載して、これに署名捺印しなければならない（訴願法第六條、第七條）。

(1)　不服の要點

(2)　不服の理由

(3)　要求

(4)　訴願人の身分、職業、住所及年齡

尙訴願書には、證據書類を添附しなければならない。又大藏大臣に訴願する場合には、稅務監督局長の裁決書の謄本を添附しなければならない。多數の人員が共同して訴願する場合は、三名以下の總代人を定め且つ委任狀を添附することを要する。

而して訴願をなすに當りては、處分そのものに對する非難攻擊は固より妨げなきも、その範圍を超えて侮辱誹毁に涉ることを許さない。これに背戾する訴願は受理されない(訴願法第五條)。

ハ　訴願書は、必ず處分をなした行政廳を經由しなければならない。卽ち稅務監督局長に對する訴願は、處分をなしたる稅務署長を、大藏大臣に對する訴願は、裁決をなしたる稅務監督局長を經由しなければならない。

◉行政裁判所判決　稅務署長ノ爲シタル滯納處分ニ付其ノ直接上級行政廳ニ非サル稅務監督局長ニ對シ爲シタル訴願ヲ同局長カ却下シタルハ正當ナリ(大正一四、六、一六日宣告)

◉行政裁判所判決　訴願ニシテ處分ヲ爲シタル行政廳ヲ經由スヘキ手續ニ違背シテ提出セラレタルモノハ訴願法第九條第二項ノ規定ニ依リ訴願ノ方式ヲ缺クニ止マルモノトシテ之ヲ還付スヘキモノニ非ス(昭和二、七、五日宣告)

ニ　訴願は法定の期間を經過すれば、これを提起することが出來ない。卽ち地租については稅務監督局長に對する訴願は、稅務署長の處分の通知又は納稅告知書を受けた日の翌日から起算して六十日以內に、大藏大臣に對する訴願は、税務監督局長の裁決書の交付を受けたる日から起算して三十日以内にこれを提出しなければならぬ。期間の計算には初日を算入しないことは我國法制の一般法則である。但し訴願書を郵便を以て差出したる場合は、郵便遞送の日數は、以上の訴願期間に算入しない（訴願法第八條、第一〇條）。

訴願が法定期間を經過して提起されたる場合に於て、行政廳に於て宥恕すべき理由ありと認むるときは、期間經過後と雖もこれを受理することが出來る（訴願法第八條）。而して宥恕すべき理由ありや否やは、全く行政廳の自由裁量に屬するを以て、訴願人は權利としてこれを主張することが出來ない。又行政廳は宥恕すべき事由の有無につき、常にこれを審査する責任あるものでもないことに注意しなければならぬ。而して宥恕すべき事由の有無の認定は訴願官廳の權限に屬し、經由官廳にはその權限がないものと解する。

◉行政裁判所判決　法律カ期間ニ付キ規定スルモ其ノ起算日ヲ示ササルトキハ其ノ計算ハ我國法制ノ一般原則ニ依ル趣旨ナリト解スヘキモノトス（明治四四、二月宣告）

◉行政裁判所判決　日、週、月又ハ年ヲ以テ定メタル期間ノ計算ニ付テハ民法第百四十條、民事訴訟法第百六十五條（現行法第八十一條）ニ依リ初日ヲ算入セサルヲ以テ我邦法制ノ一般原則トス（明治四四、二月宣告）

◉行政裁判所判決　訴願法第八條第三項ニ規定スル宥恕スヘキ事由ノ有無ハ行政廳ノ自由裁量ニ屬スル事項ニシテ當裁判所ニ於テ審理スヘキ限リニ在ラス（昭和二、七、五日宣告）

◉行政裁判所判決　訴願法第八條第三項ノ規定ハ訴願人ヨリ當該行政廳ニ對シ別ニ何等事由ヲ具シテ宥恕ノ申出ヲ爲ササル場合ニ於テモ職權ヲ以テ宥恕スヘキ事由ノ有無ニ付審査ヲ爲スヘキコトヲ要求シタルモノニ非ス（昭和二、六、一四日宣告）

ホ　訴願書の樣式　訴願書の樣式については、法令に別に形式を定めてないから、如何なる形式でも、（ロ）に於て述べたる方式を具備すればそれでよい。左に參考までにその雛形を示すことにする。

（訴願書書式）

訴　願　書

何縣何郡「市」何町「村」大字何
字何、何番地族籍職業
訴願人　何　　　　某
年　　齡

何税務署長ハ何郡「市」何町「村」大字何、字何、何番地ノ地目變換處分ニ當リ地目何、地積何反歩、賃貸價格　圓　錢ト修正シ昭和　年　月　日之カ土地異動通知書ヲ何市町村役場ヲ通シテ交付セラレタルモ左記理由ニ依リ不服ニ付同税務署長ノ處分ヲ御取消ノ上右賃貸價格ヲ　圓　錢ト御修正相成度此段及訴願候也

不服ノ要點

何々（不服ノ要點ヲ事實ニ基キ具體的ニ記載スル）

不服ノ理由

一、何々（成ルベク箇條書トシ直截簡明ニ記載スル）

二、何々

立　證

何々（成ルベク原本ニ依ルヲ可トス）

昭和　年　月　日

右訴願人　何　某印

何税務監督局長殿

備考

一、本例は地目變換賃貸價格修正に異議ある場合の例なるも、その他の場合もこれに準じて作成する。
二、大藏大臣宛の訴願書も大體これに準じて作成してよい。
三、訴願書は經由廳の控用共に正副二通を提出するを可とする。
四、郵便を以て差出すときは、成るべく書留郵便に付するを可とす。

へ　訴願書の經由に當れる官廳が、處分官廳である場合は、訴願書を受取りたる日より十日以內に辯明書及び必要文書を添へて、訴願官廳に發送しなければならない。經由官廳が第一次訴願の裁決官廳である場合は、訴願書を受取りたる日より三日以內に、必要文書を添へて訴願官廳に發送しなければならない。この場合に於ては辯明書の添附を要さない。蓋し訴願書には裁決書が添附されて居るからである（訴願法第一一條）。

ト　適法なる訴願は訴願官廳をして、これを受理し、裁決せしむるの拘束力がある。訴願は原則として口頭審問をなさないで、文書を以て審理裁決する。而して訴願の裁決は必ず文書を以てこれをなし且つ理由を附さねばならぬ。訴願を却下するときも同樣である。訴願の裁決書は、處分又は裁決官廳を經由して、これを訴願人に交付するのである。上級官廳の裁決は、下級官廳を羈束する效力があり、下級官廳はその事件に關しては絕對にこれに服從しなければならぬ（訴願法第一二條乃至第一六條）。

チ　地租の賦課處分に不服ある場合に、行政訴訟を提起するには、行政裁判法第十七條第一項によつて、地方上級行政廳たる稅務監督局長に訴願し、その裁決を經たる後でなければ、これを提起することが出來ない。大藏大臣に訴願したる場合は、その裁決に不服あるも、行政訴訟を提起することを得ない（行政裁判法第一七條）。

リ　行政訴訟は文書を以て、直接行政裁判所に提出することを要する。訴願の如く裁決官廳を經由することを要さない。訴狀には一定の方式があつて、それに從つて作成することを要する。卽ち訴狀には左記事項を記載して、これに署名捺印をしなければならない。

(1)　原告の身分、職業、住所及び年齡

(2)　被告の行政廳又はその他の被告

(3)　要求の事件及その理由

(4)　立　證

(5)　年月日

而して訴狀には原告の經歷して來た訴願書、裁決書竝に證據書類を添附しなければならない。而して以上の必要文書は、被告に送達する爲め、正副二通を提出しなければならない（行政裁判法第二四條乃至第二六條）。

ヌ　行政訴訟の相手方たる被告は、訴願の裁決をなしたる稅務監督局長である。然れども處分者たる稅務署長を被告となすも違法ではない。裁決者、處分者の何れを被告となすも全く原告の自由である。又その處分と裁決とを併せてこれが取消變更を求めることが出來る。而して被告訴狀の送達を受けたるときは、指定の期間内に答辯書正副兩通を差出さねばならぬ（行政裁判法第二八條）。

◉行政裁判所判決　原告カ行政訴訟ヲ提起スルニ當リ税務監督局長ヲ被告トスルモ將タ税務署長ヲ被告トスルモ其ノ自由ナリトス（明治四四、一二、二七日宣告）

◉行政裁判所判決　行政訴訟ハ處分者、裁決者ノ何レヲ被告ト爲スモ違法ニアラス而モ何レノ場合ニ於テモ其ノ處分ト裁決トヲ併セテ之カ取消ヲ求ムルコトヲ得ルモノトス（大正八、一二、一二日宣告）

ル　行政訴訟は税務監督局長の裁決書の交付を受けたる日の翌日より起算して、六十日以内にこれを提起しなければならない。出訴期間を經過したる行政訴訟は却下される（行政裁判法第二三條、第二七條）。併し右の期間には原告の居住地と、裁判所所在地との距離の割合に應じ、海陸路八里毎に一日を伸長したる日數を加算される。例へば原告の住居地と裁判所所在地との距離が、八十里あるとすれば（假令鐵道の便ある場合でも）十日間だけ伸長され、七十日以内に訴訟を提起すればよい（行政裁判法第二二條、民事訴訟法第一六七條）

◉行政裁判所判決　訴願ノ裁決ハ裁決書ヲ交付シタルトキヨリ效力ヲ生スヘキモノナルヲ以テ之ニ對スル行政訴訟ノ出訴期間モ亦其ノ日ヲ基礎トシテ起算スヘキモノトス（大正四、三、六日宣告）

◉行政裁判所判決　税務監督局長ノ爲シタル營業税課税標準ノ決定ニ對スル行政訴訟ハ行政裁判法第二十二條第一項ノ所定ノ期間ニ民事訴訟法第百六十七條所定ノ伸長日數ヲ加算シタル期間内ニ提起スルコトヲ要ス（昭和二、一〇、一四日宣告）

◉行政裁判所判決　出訴期間ヲ經過シタル行政訴訟ハ却下スヘキモノトス（昭和二、一〇、一四日宣告）

訴狀の書式は明治二十四年七月十四日行政裁判所告示第一號を以て定められて居る。

（訴狀書式）

何々訴狀

住所、身分、職業若クハ何府縣何市郡何町村何職

原告氏名

年齡

住居ノ地行政裁判所ヨリ八里以上ニアルトキハ其里程

（訴訟代理人アルトキハ此處ヘ其住所、身分、職業ヲ肩書シ氏名ヲ記シ頭ニ訴訟代理人ト記スヘシ辯護人アルトキモ亦之ニ準ス）

被告官氏名

（被告官廳ニアラサルトキハ何府縣何市郡何町村何職氏名若クハ住所、身分、職業、氏名）

一定ノ申立

何……事實

何……理由

何……立證

何……

行政廳ヨリ處分書若クハ裁決書ヲ交付シタル年月日

何……

年　月　日

原告　氏　名印

(訴訟代理人ナルトキハ代理人署名捺印スヘシ)

行政裁判所長官宛

(訴狀ハ正副兩通ヲ出スヘシ若シ被告數名ニシテ其住居各八里以上ヲ離隔スルトキハ其數ニ應シテ差出スヘシ)

證據物寫

何……

右相違無之候也

年　月　日

原告(被告)氏　名印

(訴訟代理人ナルトキハ代理人署名捺印スヘシ)

行政裁判所長官宛

(證據物寫ハ正副兩通ヲ出スヘシ若シ被告數名ニシテ其住居各八里以上ヲ離隔スルトキハ其數ニ應シ差出スヘシ)

（答書書式）

何々答書

被告何官氏名

（被告官廳ニアラサルトキハ何府縣何市郡何町村何職氏名若クハ住所、身分、職業、氏名ヲ記シ又訴訟代理人又ハ辯護人アルトキハ訴狀署名ノ例ニ倣フ）

住所、身分、職業若クハ何府縣何市郡何町村

原告氏名

（訴訟代理人又ハ辯護人アルトキハ訴狀署名ノ例ニ倣フ）

一定ノ申立

何……事實

何……理由

何……立證

何……

年月日

被告氏名印

（訴訟代理人ナルトキハ代理人署名捺印スヘシ）

行政裁判所長官宛

（答書ハ正副兩通ヲ出スヘシ）

第七十九條　納税管理人

納税義務者其ノ土地所在ノ市町村内ニ現住セザルトキハ地租ニ關スル事項ヲ處理セシムル爲其ノ市町村内ニ現住スル者ニ就キ納税管理人ヲ定メ當該市町村長ニ申告スベシ

土地の所在市町村に現住しない納税義務者は、納税管理人を定めて、土地所在の市町村長に申告しなければならない。蓋し地租徴收の圓滑を期し、兼ねて官民相互の便宜を圖らんとする趣旨である。

一　納税管理人の申告

土地の所在市町村に現住しない納税義務者（通常不在地主と稱せられる）は、納税管理人を定めて、土地所在市町村長に申告する義務がある。

納税義務者の現住地が他市町村にあるときは、市町村に於ける地租徴收上種々の不便あるは言を俟たない。特に今日の狀況を見るに、この不在地主の數が累年増加し、所有地が數箇乃至數十箇市町村に亙つて散在するものも決して稀れでないのであつて、獨り徵稅事務上の不便に止まらず、納稅義務者の側から見るも、地租の納付その他地租に關する事項を完全に處理することは極めて困難の狀態である。これ地租に於て特に納稅管理人を必要とする所以である。而して納稅管理人は土地所在市町村每に一人を選定しなければならない。

二　納稅管理人の資格

納稅管理人は、土地の所在市町村に現住する者から選任しなければならない。納稅管理人制度を設けた精神上當然のことである。現住するとは現に居住して居ることである。その住所たると居所たるとは問ふところでない。又土地所在市町村內に現住する限り、行爲能力の有無はこれを問はない。

三　納稅管理人の任務

納稅管理人の任務は、地租に關する事項の處理である。而して地租に關する事項の意義は必ずしも明瞭でない。その主要なる任務は、納稅告知を受け、稅金を納付することにあるは論を俟たない。併しながら土地異動の申告、申請をも包含するや否やは議論の存するところであるが、余は土地の處分に屬するものでない限り、申告、申請も茲に所謂地租に關する事項と解したい。

納稅管理人は、所謂善良の管理者の注意を以て任務を果さねばならぬ。自己一身の都合によつて稅金の納付を懈怠するが如きは、背信たるを免かれない。

納稅管理人は納稅義務者自身ではないから、地租を滯納するも、納稅管理人に向つて滯納處分を執行することを得ないは勿論、督促狀をこれに送達するも效力が發生しないものと解する。地租の納稅管理人は國稅徵收法第四條の六の但書に該當し、且つ地租法には國稅徵收法第四條の七第二項の如き特別の規定がないからである。

◉國稅徵收法第四條ノ六　納稅義務者納稅地ニ住所又ハ居所ヲ有セサルトキハ納稅ニ關スル事項ヲ處理セシムル爲納稅管理人ヲ定メ政府ニ申告スヘシ其ノ納稅管理人ヲ變更シタルトキ亦同シ但シ他ノ法令ニ特別ノ規定アルモノハ各其ノ法令ニ依ル

◉同法第四條ノ七第二項　納稅管理人アルトキハ納稅ノ告知及督促ニ關スル書類ニ限リ其ノ住所又ハ居所ニ送達ス

四　納稅管理人の申告書

納稅管理人の申告は、納稅義務者からこれをなすのであるが、性質上納稅管理人も連署するを可とする。申告書の樣式は適宜でよい。左にその雛形を示す。

（納稅管理人申告書樣式）　（用紙半紙）

納稅管理人申告書

何府縣何郡「市」何町「村」大字何、何番地
納稅義務者　何　某
何市町村大字何、何番地
納稅管理人　何　某

右納稅管理人地租法第七十九條ニ依リ申告候也

昭和　年　月　日

右納稅義務者　何　某印
右納稅管理人　何　某印

何市町村長　何　某殿

第八十條　新所有者の申告義務

土地所有者ニ變更アリタル場合ニ於テハ舊所有者ガ爲スベカリシ申告ハ所有者ノ變更アリタル日ヨリ三十日內ニ新所有者ヨリ之ヲ爲スベシ

本條は土地の所有者に變更ありたる場合に於て、新所有者に地租法上の申告義務のあることを規定したのである。即ち土地の異動につき申告をなす義務ある者が、その義務を果さずしてその所有權を讓渡したる場合、或は相續人に於てその所有權を相續したる場合には、讓受人或は相續人は、舊所有者のなすべかりし申告につき、讓受の日又は相續の日より三十日內に申告しなければならない。

一　新所有者に申告義務を負はす理由

地租法は地籍の整備竝に負擔の公正を期するがために、土地に異動を生じたるときは、稅務署長に申告すべきことを所有者に命じて居る。而してその申告義務は、土地に異動を生じた當時の所有者に屬することは敢て說明を要しないであらう。從つて申告義務ある者が、その義務を果さざる內に、土地の所有權を他人に移轉したといふ場合に於ても、申告不履行の責任者は、理論上は舊所有者であつて、新所有者にはその責任かないものといはねばならない。

併しながら既に權利を喪失したる舊所有者を追及して、申告を強要することは迂遠の譏を免かれないであらう。且つ舊所有者が死亡して居る場合の如きは、舊所有者をして申告せしめむとするも全く不可能である。又一面からすれば、申告義務なるものは、土地所有者の變更によつて直ちに消滅すべきものではなく、異動の事實があり、且つ無申告の狀態が存續して居るならば、その狀態の存續する限りは、申告の義務も亦所有權に附き纏うて居るものと解すべきである。つまり無申告地の新所有者亦申告をなすべき責任ありと斷ずることが出來るのである。これ地租法が、舊所有者のなすべかりし申告については、新所有者にも申告の義務あることを規定した所以である。蓋し新所有者は、現に無申告地を所有して居るのであるから、これに申告の義務を負はすも苛酷ならざるのみでなく、この方が舊所有者の責任を追求するよりも實際的、效果的であるからである。

二　申告義務の範圍

新所有者が本條の規定によつて申告をなす義務があるのは、舊所有者が申告をなすべくしてなさなかつた土地の異動に關する申告である。舊所有者が申告なすべかり申告でなければ、新所有者に申告義務がない。故に土地の分、合筆の申告の如き、相對的申告義務については、本條の適用を生ずることないと解する。何となれば、土地の分、合筆は、所有者の申告によつて稅務署長これをなすものであつて、所有者がこれをなすものでないからである。而して茲に所謂舊所有者とは、必ずしも直前の所有者のみでなく、申告をなすべかりし舊所有者の全部を指稱すること勿論である。又なすべかりし申告の中には、土地の異動申告に關する規定によつてなすべかりし申告は勿論、舊所有者が本條の規定によつてなすべかりし申告をも包含するものと解すべきである。

而して新所有者は、所有者に變更のあつた日卽ち所有權取得の日から三十日內に本條の申告をなすことを要する。所有者に變更のありたる日から三十日內には、所有者の變更ありたる日を包含せしめないのが、我が國法制上の慣例である。卽ち所有者に變更のあつた日の翌日から起算して、三十日內に申告すればよい。若し新所有者がこの期間內に申告をなさない場合には、第八十二條によつて處罰せられることあるは勿論である。

三、申告義務の性質

新所有者が本條の規定によつて負ふ申告の義務は、新所有者固有の義務である。この義務は新所有者につき、原始的に發生するものであつて、舊所有者の義務を承繼するものではない。假令所有者の變更が相續に基因する場合でも然りである。申告の義務は公法上の義務であり、而して公法上の義務は、財產的性質を有する義務を除いては一般に相續、讓渡、移轉の目的とならないとする通說に照らしてもしかく解せざるを得ない。

新所有者の申告義務は、舊所有者の義務を承繼するものでないから、新舊所有者の何れよりも申告ないときは、新舊所有者は共に第八十二條の處罰を受くる責任がある。從つて新所有者が、法定の期間內に申告すれば、處罰の對象の消滅を來す結果、舊所有者の責任も亦消滅するものと解する。

第八十一條　申告、申請の代位

本法ニ依リ土地所有者ヨリ爲スベキ申告又ハ申請ハ質權ノ目的タル土地又ハ百年ヨリ

長キ存續期間ノ定アル地上權ノ目的タル土地ニ付テハ土地臺帳ニ登錄セラレタル質權者又ハ地上權者ヨリ之ヲ爲スコトヲ得

本條は土地所有者がなすべき申告、申請については、納稅義務者たる質權者又は地上權者からも、これをなし得ることを規定したのである。余は暫くこれを申告、申請の代位と稱することにした。聊か用語妥當を缺く嫌あるも、概念だけは現はし得るものと信ずる。以下代位の意義、要件及び效果に分つて說明する。

一　申告、申請代位の意義

申告、申請代位の概念は、大體前陳によつて說明し得たと信ずるから、玆には代位を法認した理由を述べる。

地租法は土地の異動に關する申告或は減租又は免租年期の申請は、原則として土地所有者よりこれをなすことを要する旨を規定して居る。僅かに例外として災害地免租の申請、自作農地免租の申請、荒地免租年期の申請及びその年期の滿了申告に限り、土地所有者よりこれをなすも、質權者或は地上權者よりこれをなすも自由として居るに過ぎない。

かくの如く原則として土地の所有者より申告、申請をなさしむる所以のものは多くの申告、申請は、土地の異動を內容とするが故に、土地につき總括的、全面的の處分權能を有する土地所有者よりこれをなさしむる必要あるからである。それに反し災害地免租、自作農地免租の申請は、單に義務の免除を內容とし、土地の異動を伴ふことなく、又荒地免租年期の申請は、地租法の分類上は土地の異動に屬するも、その異動たるや人爲的にあらざる自然的原因に基くもので、異動を伴ふといふよりも、異動の結果に對し義務の免除を要むるのがその主要內容であるから、土地所有者以外の納稅義務者たる質權者、地上權者よりも申請し得ることゝしたのである。

併しながら質權者、地上權者と雖も、土地所有者より、土地の異動につき處分の權限を附與されて居る場合も多かるべく、この場合に於ても尙ほ且つ土地所有者にあらざれば、申告、申請をなすことが出來ないとするときは、實際の事情に適合しないことゝなり、却て申告、申請の障碍となる虞あるを以て、一般申告、申請についても、若しその土地が質權或は百年より長い存續期間の定まる地上權の目的である場合には、質權者或は地上權者よりも申告、申請をなし得る途を開いたのである。

而して法文には「本法ニ依リ土地所有者ヨリ爲スベキ申告又ハ申請ハ云々」と規定し、地租法以外の特別法による申告、申請、地租法施行規則第十八條に規定する開墾、變換の豫定地目の變更申告又は開墾、變換の廢止申告については代位申告、申請を許さないかの樣であるが、全般的精神解釋として同一に取扱ふべきであらう。

二　申告、申請代位の要件

申告、申請代位の要件も殆んど以上の說明に盡きて居る。卽ち(一)代位される申告、申請は、法令上原則として土地所有者がなすべきものと定めてあること、(二)その土地が質權又は百年より長い存續期間の定ある地上權の目的たること、(三)代位者は質權者又は地上權者であること、(四)質權者又は地上權者と土地の所有者との間に申告、申請に關し委任契約が成立して居ないことを要する。委任關係があれば本條の規定なくも當然代位し得ること勿論である。以上の四要件を具備して居れば、本條の代位關係は當然に生ずるのである。

三　申告、申請代位の效果

（一）質權者又は地上權者が、土地所有者に代位してなした申告、申請の效力は直ちに土地所有者に及び、恰も土地所有者がこれをなしたると同一の效力を生ずる。即ち申告に對する土地所有者の責任は茲に解除されるのである。從つてこの場合は、土地所有者は、第八十二條によつて處罰を受くることがない。

（二）質權者又は地上權者の代位は、法律上の義務としてこれをなすのではなく、代位すると否とは、全く質權者又は地上權者の自由意思に基くものであるから、代位者に對して、申告を强制することは出來ない。若し申告を强制する必要あるときは、土地所有者に向つてこれをなさねばならぬこと勿論である。

第八十二條　無申告と處罰

本法ニ依リ申告ヲ爲スベキ義務ヲ有スル者其ノ申告ヲ爲サザルトキハ五十圓以下ノ過料ニ處ス

非訟事件手續法第二百六條乃至第二百八條ノ規定ハ前項ノ過料ニ付之ヲ準用ス

本條は、申告義務懈怠者に對する處罰の手續を規定したのである。

土地の所有者が申告規定に違背して、申告をなすことを怠つた場合に、その儘これを放任して置くことは行政の目的を達する所以でない。かゝる場合に於て、申告義務懈怠者に對し、相當の處罰を加へて、その義務履行を强制すると同時に、一般社會を豫戒して、法規の維持振肅を圖ることは極めて必要のことである。如何なる場合に申告義務の懈怠があるか否かは、各本條の定むるところによつてこれを決定する。卽ち各本條に定むる申告期間を相當經過し、これが申告方を慫慂するも、尙且つ申告書を稅務署長に提出せざる者の如きは、申告の懈怠ありと認めてよい。而して申告義務の懈怠者は、その情狀如何によつて、五十圓以下の過料に處せられる。

一　過料の意義

過料は法規違反の行爲（卽ち本條では申告をなさないといふ不作爲）に加へられる處罰である。この處罰の性質に關する學說は、凡そ左の三說に歸著するであらう。

第一說　過去の犯罪行爲に對し科するところの苦痛であるから、制裁罰であつて、刑罰の一種なりとする說。

第二說　法規違反者の過去の犯則行爲を處罰の對象とするものでなく、犯則者をして成るべく速かに、犯則狀態から脫却せしめ、法規遵守の狀態に入らしむることを目的とするものであるから强制罰（行政罰）なりとする說。

第三說　過料の性質は、その規定する法令の目的によつて異る。卽ちその法令によつて刑罰たることあり、又行政罰たることとある。從つて各法令の規定するところの精神を吟味して刑罰であるか否かを決すべきであるとなす折衷說。

右の三說があつて、學說一致して居ないのであるが、余は地租法の解釋としては、第三說を以て穩健妥當の說と信ずる。蓋し過料が行政罰なりや刑罰なりやは、立法者が、法律を制定するに當り、行政上の義務違反に著眼してこれを定めたか、或は人類の生活利益が毀損せられ又は危險に瀕することに著眼してこれを定めたかによつて岐れる。

而して今これを本條の過料について見るに、立法者の意思は、申告義務違反を以て、非社會性となし、これを排除することを目的とするといふよりも、申告規定の維持勵行そのものを目的とするといふ點にあつたことは、規定自體より見て頗る明瞭である。少くとも申告義務違背を以て、人類の生活利益を脅かす程の社會惡と觀て居ないことだけは疑いないであらう。卽ち本條に規定する過料は、單に申告義務の强制を目的とするが故に、一種の强制罰の性質を有するものであつて刑罰ではない。本條の過料の性質を强制罰と見る結果は、當然次の如きことがいはれる。

(一) 過料は、これによつて强制せんとしたる目的卽ち申告義務が、消滅(處罰を俟たず申告したる場合)するときは、最早これを科することが出來ない。これに反し制裁罰なれば、過去に一度犯則事實があれば、その後に於て申告あると否とに拘はらず、追及して處罰することが出來る。

(二) 過料は一度これを科した後と雖も、法規不遵守の狀態が永續中(卽ち申告あるまでは)は、何回にてもこれを科することが出來る。刑罰は同一犯則事實に對し重ねてこれを科することが出來ない。

(三) 過料を科するには申告懈怠の事實あるを以て足り、その動機の惡意に出でたると否と、又所有者の責任能力の有無等は深くこれを問ふことを要さない。

(四) 申告義務懈怠が同時に次條の逋脫罪をも構成するときは、過料は次條に說明する罰金又は科料と併せ科することが出來る。處罰の目的を異にする當然の結果である。

二 處罰の手續

本條第二項は過料の言渡手續である。總て非訟事件手續法の過料事件の手續に準ずることを規定した。

（一）　本條の過料事件の管轄裁判所は、過料に處せらるべき土地所有者の住所地を管轄する地方裁判所に專屬する（非訟事件手續法第二〇六條）。過料事件の裁判は、裁判所の職權によつて開始するのであるが、稅務署長過料事件に當る事實ありと認むるときは、これを管轄裁判所に申立つることを妨げない。

併しながら、無屆異動地があるからといふて、無警告に、過料裁判の申立をなすは穩當でない。少くとも一定期間を指定し、若しその期間內に申告せざるときは、過料に處せられるべき旨を豫告する用意を必要とする。催告數回に及ぶも尙申告の義務を履行せざるが如き情狀重きものに對してのみ申立つべきであらう。

（二）　過料の裁判は理由を附したる決定を以てこれをなす。而して裁判所は豫め當事者の陳述を聽き、且つ檢事の意見を求めた上でなければ裁判することが出來ない（同法第二〇七條一項、二項）。尙この事件の審問は公開されないのが原則である（同法第一三條）。

（三）　過料の裁判に對して不服あるときは、當事者及び檢事は卽時抗告をすることが出來る。この抗告は執行を停止する效力がある（同法第二〇七條三項）。而して手續の費用は、過料に處する言渡があれば、言渡を受けた者が負擔し、然らざるときは國庫の負擔に歸する。抗告事件につき抗告裁判所が、當事者の申立を採用した裁判をなしたるときは抗告手續の費用は勿論、前審の費用をも國庫に於て負擔するが、抗告が棄却されたるときは、前述の原則によつて負擔者を決定するのである（同法第二〇七條四項、五項）。

（四）　過料の裁判は檢事の命令を以てこれを執行する。この命令は執行力を有する債務名義と同一の效力を有する。而して執行の手續は總て民事訴訟法の强制執行に關する規定に從ふのである（同法第二〇八條）。

◉非訟事件手續法第十三條　審問ハ之ヲ公行セス但裁判所ハ相當ト認ムル者ニ傍聽ヲ許スコトヲ得

◉同法第二百六條　民法第八十四條、第千百七條及ヒ民法施行法第二十二條及ヒ商法第十八條第二項、第二百六十二條、第二百六十二條ノ二、第五百三十六條及ヒ商法施行法第十一條第二項、第二十七條、第三十九條第二項、第五十四條、第六十條第二項、第六十九條、第七十五條第三項、第八十七條ニ定メタル事件ハ過料ニ處セラルヘキ者ノ住所地ノ地方裁判所ノ管轄トス

◉同法第二百七條　過料ノ裁判ハ理由ヲ附シタル決定ヲ以テ之ヲ爲スヘシ

裁判所ハ裁判ヲ爲ス前當事者ノ陳述ヲ聽キ檢事ノ意見ヲ求ムヘシ

當事者及ヒ檢事ハ過料ノ裁判ニ對シテ卽時抗告ヲ爲スコトヲ得抗告ハ執行停止ノ效力ヲ有ス

手續ノ費用ハ過料ニ處スル言渡アリタル場合ニ於テハ其言渡ヲ受ケタル者ノ負擔トシ其他ノ場合ニ於テハ國庫ノ負擔トス」

抗告裁判所カ當事者ノ申立ニ相當スル裁判ヲ爲シタルトキハ抗告手續ノ費用及ヒ前審ニ於テ當事者ノ負擔ニ歸シタル費用ハ國庫ノ負擔トス

◉同法第二百八條　過料ノ裁判ハ檢事ノ命令ヲ以テ之ヲ執行ス此命令ハ執行力ヲ有スル債務名義ト同一ノ效力ヲ有ス

過料ノ裁判ノ執行ハ民事訴訟法第六編ノ規定ニ從ヒテ之ヲ爲ス但執行ヲ爲ス前裁判ノ送達ヲ爲スコトヲ要セス

第八十三條　地租の逋脫罪

詐僞其ノ他不正ノ行爲ニ依リ地租ヲ逋脫シタル者ハ其ノ逋脫シタル稅金ノ五倍ニ相當スル罰金又ハ科料ニ處シ直ニ其ノ地租ヲ徵收ス但シ自首シタル者又ハ稅務署長ニ申出

デタル者ハ其ノ罪ヲ問ハズ

前項ノ罪ヲ犯シタル者ニハ刑法第三十八條第三項但書、第三十九條第二項、第四十條、第四十一條、第四十八條第二項、第六十三條及第六十六條ノ例ヲ用ヒズ

本條は罰則を規定した。地租法に規定する犯罪は逋脱罪と土地檢査妨害罪とである。本條に規定するものは逋脱罪であつて、後者については第八十六條第二項の規定するところである。

一　逋脱罪の意義

逋脱罪とは、地租の納税義務ある者が、詐僞その他の不正の行爲を以て地租の納税義務を不當に脱れ、よつて國庫の利益を毀損する罪である。その逋脱する手段方法の如何を問はない。土地を變換したるにも拘はらず、故意に申告することを怠つて增差地租を不當に逋がれ、或は申告書に虛僞の記載をなし、或は不實の申立をなして、稅務署長の賃貸價格の決定を錯誤に陷れ、以て增差地租を不當に逋がれる如き何れも立派な逋脱罪である。

二　刑罰

地租の逋脱罪を犯した者には、その逋脱した稅金の五倍に相當する罰金又は科料を科する。租稅の社會的性質より觀て、聊かその刑輕きに失する感がないでもないが、元來罰則はこれを適用せざることを終局の目的とし且つ理想とすべき點からすれば、必ずしも刑の重きを要さないであらう。唯これにより一般社會を豫戒して、非社會性の發生を抑止し得るを以て足る。而して罰則を適用するのは逋脱の既遂犯だけであつて、未遂犯はこれを罪しない。

三　自首免刑

逋脱犯人その罪の發覺前に、檢事又は司法警察官にその犯罪事實を自首し出でたるとき或は税務署長に申出でたるときはその罪を問はない。蓋し前非を悔ひ逋脱税金を納付せんとする者あるときは、刑罰の目的は既に達せられたるのみならず、飽くまでこれを追及するは改過遷善を目的とする刑罰法規の精神に悖るからである。

四　刑法總則適用の排除

地租法の刑罰規定は、刑法に對し特別刑法の地位にある。從つて刑法第八條の規定によつて、刑法總則は當然地租法の犯罪にも適用あるべきであるが、本條に規定する逋脱犯については例外がある。蓋し本條に規定する刑罰は一面に於て、國家財政上の利益を維持することをも目的とする結果、刑法總則の或る規定は、その適用を排除するにあらざれば、その目的を達することが出來ないからである。これ財政罰の普通刑罰と異る特色である。刑法の總則中その適用を排除される規定は第三十八條第三項（法律の錯誤による減輕）、第三十九條第二項、第四十條、第四十一條（責任無能力による刑の減免）、第四十八條第二項（罰金刑の競合）、第六十三條（從犯による減輕）、第六十六條（情狀酌量）の七箇條である。これ等の規定は地租逋脱罪に適用しない。

◉刑法第八條　本法ノ總則ハ他ノ法令ニ於テ刑ヲ定メタルモノニ亦之ヲ適用ス但其法令ニ特別ノ規定アルトキハ此限ニ在ラス

◉同法第三十八條第三項　法律ヲ知ラサルヲ以テ罪ヲ犯ス意ナシト爲スコトヲ得ス但情狀ニ因リ其刑ヲ減輕スルコトヲ得

◉同法第三十九條第二項　心神耗弱者ノ行爲ハ其刑ヲ減輕ス

◉同法第四十條　瘖啞者ノ行爲ハ之ヲ罰セス又ハ其刑ヲ減輕ス

◉同法第四十一條　十四歳ニ滿タサル者ノ行爲ハ之ヲ罰セス
◉同法第四十八條第二項　二個以上ノ罰金ハ各罪ニ付キ定メタル罰金ノ合算額以下ニ於テ處斷ス
◉同法第六十三條　從犯ノ刑ハ正犯ノ刑ニ照シテ減輕ス
◉同法第六十六條　犯罪ノ情狀憫諒ス可キモノハ酌量シテ其刑ヲ減輕スルコトヲ得

五　逋脱税金の追徴

逋脱税金については、税務署長は、司法處分の確定すると否と、又自首ありたると否とに拘らず、直ちに賃貸價格を修正又は設定して、逋脱期間の税金を追徴しなければならない。而して新地租法には追徴すべき期間については、舊法第二十五條の如き規定がないから、當然會計法の時效の規定が適用される。從つてこの場合と雖も賃貸價格の修正又は設定の日より五年以前に溯つて追徴することが出來ない。

第八十四條　無申告異動地の地租追徴

本法ニ依リ申告ヲ爲スベキ義務ヲ有スル者其ノ申告ヲ爲サズ仍テ地租ニ不足額アルトキハ直ニ之ヲ徴收ス

本條は無申告異動地の地租追徴に關する規定である。地租條例の第二十三條乃至第二十八條の規定に相當する。土地の異動により賃貸價格を修正又は設定するときは、その修正又は設定をなしたる翌年分より修正又は設定賃貸價格によつて地租を徴收することは、新法の一貫する原則である。併しながら無申告異動地についても、この原則を適用するときは、申告義務の違背者の利益を不當に擁護することになり穩かでないのみならず、眞面目にして正當なる申告者に對し、甚しく不公平の結果となるを以て、新地租法は、無申告異動地については、土地異動の時に溯及して不足税金を徴收することを規定した。

一 地租追徴の要件

（一） 地租を追徴する第一の要件は、無申告異動地であることである。無申告異動地とは、法定の期間内に申告をなさざりし異動地といふことである。「申告ヲ爲サズ」とは、必ずしも現に申告なき意味でない。法定の申告期間内に申告なかりし場合も含むものと解する。法定の期間内に申告なかりしならば、申告義務者が、第八十二條によつて處罰されたると否とは敢て問はない。而して第八十二條の場合は、現に「申告ヲ爲サザル」ことを、處罰の要件となすが故に、處罰を受くる以前に申告をなすときは、處罰要件の消滅を來すも、その推理をその儘本條に適用して、無申告異動地につき、その後申告あるときは、地租の追徴要件も亦消滅するものと解すべきでない。一旦無申告異動地として發見されたならば、その後に於て申告あると否とに拘らず、不足地租額は、旣往に溯つて賦課されるのである。

（二） 追徴の第二の要件は地租に不足額あることである。これは當然のことで別に說明を要しないであらう。不足額あるときとは、賃貸價格を設定したものについては、その全額が不足額であつて、修正したものについては地租に增差額ある場合である。而して賃貸價格修正の結果、却つて地租に修正減差額を生じた場合には、これを還付することをしない。蓋し無申告異動地に對し地租增差額を追徴する趣旨に照らして自ら諒解されるであらう。

二 追徴期間

無申告地の地租の追徵は何時まで溯及するかは問題である。常識上土地異動の日まで卽ち有租地となつたとき、開墾地又は地目變換地については開墾又は變換の成功したるときまで溯及するもの丶樣にも思考される。併しながら新地租法に於ては、異動地の地租は、賃貸價格を修正又は設定したる年の翌年より修正又は設定賃貸價格によつて徵收するのであるから、異動のありたる年には法律上追徵すべき不足額を生ずることがない。從つて法律上不足額の生ずることない年まで溯及して追徵することは不合理である。

然らば何時まで溯及するか、余は賃貸價格の修正又は設定をなすべかりし年の次年分地租まで溯及するものと解する。換言すれば、法定の申告期限滿了の日の翌日に於て賃貸價格の修正又は設定をなしたるものとして、その翌年分から地租の不足額あるものとして計算するのである。例へば昭和六年四月一日に開墾成功して宅地となつた土地を、昭和八年八月に發見して賃貸價格を修正したとする。この土地につき、法定の申告期間滿了の翌日卽ち五月二日に賃貸價格の修正をなしたものとして、昭和六年分は原地の地租を徵收するのであるから(第四三條)、昭和六年分には地租の不足額を生じない。卽ち昭和七年分より不足額あるものとして計算すればよいのである。

而して新地租法に於ては、舊法の如く追徵すべき期間を特別に定めてないから、當然會計法の時效の規定が適用される。從つて、如何なる場合に於ても賃貸價格の修正又は設定をなしたる時より五年以前に溯つて追徵することを得ない。

時效期間は、無屆異動發覺の日如何に拘らず、賃貸價格の修正又は設定をなした日の前日を起算點として、曆に從ひ滿年の方法によつて溯り計算する。舊法が發覺の日を起算點となしたのと大に趣を異にするところである。

◉會計法第三十二條　金錢ノ給付ヲ目的トスル政府ノ權利ニシテ時效ニ關シ他ノ法律ニ規定ナキトキハ五年間之ヲ行ハサルニ因リ消滅ス政府ニ對スル權利ニシテ金錢ノ給付ヲ目的トスルモノニ付亦同シ

三　地租の追徴

無屆異動地の不足地租は、前項に於て述べた追徴期間內にある各納期分每に計算して、各納期に於ける納税義務者よりこれを徵收する。

追徵期間が、賃貸價格の修正又は設定をなした時から、五年內（卽ち時效期間內）なるときは、不足を生じた地租の全額を追徵すればよいのであるから問題はないが、五年以上を經過して、一部の不足地租が消滅時效に罹つて居るときは問題を生ずることがある。例へば昭和六年四月に宅地に成功した無屆開墾地を昭和十二年八月に發見して賃貸價格を修正したる場合は、前五年に相當する昭和七年分の地租は如何にするや、舊法に於ては、地租は不可分なりとして昭和七年分地租の全額を追徵したのであるが、新地租法に於ては、會計法の時效の規定が適用ある結果として、昭和七年八月前に係る不足地租は消滅時效に罹つて追徵することを得ないものと解せねばならぬ。從つてこの場合は昭和七年第一期分は追徵せず、昭和七年第二期分より昭和十二年第一期分までの不足額を追徵するのである。法定の申告期限滿了の翌日に於て賃貸價格の修正あつたものと見るのであるから、昭和十二年第二期分の地租は、第四十三條の規定に拘らず、修正賃貸價格によつて徵收する。而して追徵期間に於て、納税義務者に變更があつたならば、各納期に於て納税義務者たりし者よりこれを徵收すべきこと勿論である。

四　新地租法施行前の異動地

以上述べたところは、新法施行後の無申告異動地に關するのであるが、舊法時代の無申告異動地を新法施行後に發見し、賃貸價格を修正又は設定し、而かも追徵期間が、舊法と新法と兩時代に跨る場合は、問題は自ら複雜多岐である。

（一）昭和五年分以前の地租の追徵については、總て舊法が適用される（第九一條但書）。この場合は、賃貸價格を定むると同時に、地價をも定めねばならぬ。

（二）無申告地目變換地については、舊法には地租を追徵する規定がなかつたから、昭和五年分以前に溯つて追徵することはない。

（三）賃貸價格の修正又は設定をなした時から五年以上を經過して居る異動地については、假令發覺の時からは三年內にある場合と雖も、舊法の地租は徵收せざるを穩當とする。例へば昭和四年の無屆開墾地を、昭和八年に發覺し、昭和十二年に處分したるが如き場合に於て、舊法の適用ある昭和五年分は發覺の日より三年內なるも追徵しない。何となれば昭和六年分地租が、既に消滅時效に罹つて居るに拘らず、昭和五年分地租を追徵するが如きは、時效制度の本旨に反するからである。

第八十五條　追徵地租の算出方法

前二條ノ規定ニ依リ地租ヲ徵收スル場合ニ於テハ第七十三條ノ規定ニ拘ラズ當該土地

一筆毎ニ其ノ地租ヲ算出ス

本條は、無申告異動の地租を追徴する場合に於ける地租の算出方法を定めたのである。

地租の一般算出方法は、第七十三條の定むるところである。即ちそれによれば同一市町村内に於ける同一地目の土地の賃貸價格の合計金額に税率を乘じてこれを算出するのであるが、前二條の規定によつて地租を徴收する場合には、この原則によらず土地一筆毎に地租額を算出するのである。

(一) 賃貸價格を設定したるものにありては、一筆毎の設定賃貸價格に税率を乘じて追徴地租の年額を算出する。

(二) 賃貸價格を修正したるものにありては、一筆毎に修正賃貸價格より原地の賃貸價格を控除した差額に税率を乘じて追徴地租の年額を算出する。

(三) 國庫出納金端數計算法は、追徴すべき地租年額につきこれを適用する。

(四) 一筆の追徴地租年額十錢未滿なるときは、第八十二條及び第八十三條により處罰を受けたる場合を除き、これが徴收を見合し、事務の簡捷を期すべきであらう。處罰を受けたる場合を除外したのは、處罰の精神を徹底せしむるため必要と信ずるからである。

第八十六條　稅務署長の檢査質問權

稅務署長又ハ其ノ代理官ハ土地ノ檢査ヲ爲シ又ハ土地ノ所有者、質權者、地上權者其ノ他利害關係人ニ對シ必要ナル事項ヲ質問スルコトヲ得

前項ノ場合ニ於テ土地ノ檢査ヲ拒ミ又ハ之ヲ妨ゲタル者ハ百圓以下ノ罰金ニ處ス

稅務署長又はその代理官は、土地の檢査をなし、或は土地所有者、質權者、地上權者その他の利害關係者に對し、調査上必要なる事項を質問することが出來る。

一　土地檢査權

稅務署長又はその代理官は、土地の地目、地積及び賃貸價格の決定、減租年期又は免租年期許可その他災害地地租免除處分上必要ありと認むるときは、當該土地に立入り、檢査をなすことが出來る。これ寧ろ當然の規定である。檢査に際しては必要により土地所有者、質權者、地上權者その他利害關係人の立會を要めこれを執行し得べきことも性質上當然であつて、これ等の者は故なくその立會を拒否することが出來ないものと解する。

二　質問權

稅務署長又は代理官は、土地の所有者、質權者、地上權者その他の利害關係人に對し、必要と認むる事項を質問することが出來る。これ亦當然のことである。質問を受けた者は誠實に事實の儘を答辯しなければならないこと勿論であつて、本條の規定は稅務署長又は代理官の質問權を定むると同時に、利害關係人に答辯の義務あることを消極的に定めた規定と解すべきである。不實の答辯により地租を逋脫したるときはその情狀によつては地租の逋脫罪を構成するものと解する。その他の利害關係人とは、土地の檢査につき直接、間接に利害關係を有する一切の者を包含する。境界不明瞭なる土地の地積を測量する場合に於ける隣地の所有者の如きはその適例である。

三　檢査妨害罪

土地の所有者、質權者、地上權者その他の利害關係人土地の檢査を拒み、又はこれを妨害したるときは百圓以下の罰金に處せられる。

檢査妨害罪は一種の公務執行妨害罪であつて財政罰でない。從つて刑法總則の規定は例外なしに適用される。檢査妨害罪の成立するには妨害の手段方法の如何は敢てこれを問はない。併しながらその手段方法が暴行又は脅迫に出でたる場合は、本條の妨害罪の外に刑法第九十五條の犯罪を構成し、三年以下の懲役又は禁錮の刑に處せられる外、本條の罰金刑が併科されるものと解する。

◎刑法第四十八條　罰金ト他ノ刑トハ之ヲ併科ス但第四十六條第一項ノ場合ハ此限ニ在ラス
二個以上ノ罰金ハ各罪ニ付キ定メタル罰金ノ合算額以下ニ於テ處斷ス

◎同法第九十五條　公務員ノ職務ヲ執行スルニ當リ之ニ對シテ暴行又ハ脅迫ヲ加ヘタル者ハ三年以下ノ懲役又ハ禁錮ニ處ス
（第二項省略）

第八十七條　準市町村

市制第六條又ハ第八十二條第三項ノ市ニ於テハ本法中市ニ關スル規定ハ區ニ、市長ニ關スル規定ハ區長ニ之ヲ適用ス
町村制ヲ施行セザル地ニ於テハ本法中町村ニ關スル規定ハ町村ニ準ズベキモノニ、町村長ニ關スル規定ハ町村長ニ準ズベキモノニ之ヲ適用ス

市町村及び市町村長に關する規定は、地租法の隨所に散見するところであるが、これ等の規定は、市制第六條及び第八十二條第三項の市にあつては區及び區長に適用され、未だ町村制を施行せられざる地にありては、町村及び町村長に準ずべきものに適用されるのである。

一　準市

地租法上市及び市長に關する規定の適用ある區は、(一)勅令を以て指定する市の區(市制第六條)及び特に內務大臣の指定する市の區(市制第八二條三項)とである。前者は法人區であつて現在東京、京都及び大阪三市の區がそれであり、後者は處務便宜區であつて、現在名古屋市、横濱市及び神戶市內の區がそれである。これ等區に關する限りに於ては、地租法中市町村とあるところはこれを市區町村と、市町村長とあるところはこれを市區町村長と讀んで妨げない。地租法施行規則中にある市町村又は市町村長についても亦同樣である。

◉施行規則第二十二條第一項　市制第六條又ハ第八十二條第三項ノ市ニ於テハ本令中市ニ關スル規定ハ區ニ、市長ニ關スル規定ハ區長ニ之ヲ適用ス

◉市制第六條第一項　勅令ヲ以テ指定スル市ノ區ハ之ヲ法人トス其ノ財產及營造物ニ關スル事務其ノ他法令ニ依リ區ニ屬スル事務ヲ處理ス

◉明治四十四年勅令第二百三十九號　市制第六條ノ規定ニ依リ市ヲ指定スルコト左ノ如シ

東京市
京都市
大阪市

◉市制第八十二條　第六條ノ市ヲ除キ其ノ他ノ市ハ處務便宜ノ爲區ヲ劃シ區長及其ノ代理者一人ヲ置クコトヲ得
前項ノ區長及其ノ代理者ハ名譽職トス市會ニ於テ市公民中選擧權ヲ有スル者ヨリ之ヲ選擧ス
內務大臣ハ前項ノ規定ニ拘ラス區長ヲ有給吏員ト爲スヘキ市ヲ指定スルコトヲ得（第四項省略）
◉明治四十四年內務省令第十四號　市制第八十二條第三項ノ規定ニ依リ市ヲ指定スルコト左ノ如シ
名古屋市
横濱市
神戸市

二　準町村

現今町村制の施行されない地方は、北海道及び勅令を以て指定する島嶼である（町村制第一五七條）。而して勅令を以て指定されて居る島嶼は、小笠原島及伊豆七島だけであるが、これ等の地方には地租法も施行されないから問題がない（第一〇二條）。問題となるは北海道だけである。北海道には、現在町村制に代はるべき北海道一級町村制、北海道二級町村制が施行されて居り、これ等の町村竝町村長が卽ち地租法の適用については、町村竝に町村長に準ずるものとして取扱はれるのである。北海道中一級町村制又は二級町村制を施行せざる地域には、未だ自治制度として見るべきもののない。これ等の地方には、舊來の慣行による戸長役場があるを以て戸長を町村長に、戸長の職務の及ぶ地域を以て町村に準ずべきものと解する。

尙沖繩縣大東島は、何れの市町村にも屬しない特別の島嶼である。特別の事情に鑑み同島を町村に準じ、地方行政官を以て町村長に準ずべきものと解する。

◉施行規則第二十二條第二項　町村制ヲ施行セザル地ニ於テハ本令中町村ニ關スル規定ハ町村ニ準ズベキモノニ、町村長ニ關スル規定ハ町村長ニ準ズベキモノニ之ヲ適用ス

◉町村制第百五十七條　本法ハ北海道其ノ他勅令ヲ以テ指定スル島嶼ニ之ヲ施行セス
前項ノ地域ニ付テハ勅令ヲ以テ別ニ本法ニ代ハルヘキ制ヲ定ムルコトヲ得

◉大正十年勅令第百九十號　町村制第百五十七條ノ規定ニ依リ島嶼ヲ指定スルコト左ノ如シ
東京府管下　小笠原島及伊豆七島

第八十八條　物に關する地租法の效力

本法ハ國有地ニ之ヲ適用セズ

本條は物に關する地租法の效力として、國有地には地租法を適用せざることを明にしたのである。

一　國有地

租税は統治團體の構成員及びそれと同一地位にあるものに賦課するのが原則である。從つて課税權の主體たる國が自らの所有地に對し地租を課するが如きことの不合理且つ無意義なるは敢て言を俟ない。併しながら國自ら國税を負擔して居る例（鑛業税、織物消費税）もあり、且つ從來國有地に地租を課せざる唯一の根據法たりし地所名稱區別を今回廢止する結果は、反對に國有地にも課税すべきやの疑を生ずる虞あるを以て特に本條の規定を置いたのである。

國有地の地籍の整理に關しては、國有財產法あるを以て、地籍法としての地租法も、當然國有地には適用ないものと解する。

二　御料地

地租法の適用なき土地は、國有地の外に　御料地、　皇族御所有地等がある。以下少しくこれを說明する。惟神至聖にまします　天皇に、一般法律を適用し得ざるは憲法第三條の明示するところである。故に　天皇の御所有財產たる御料地に對し、地租法の適用なきは、敢て明文を俟つまでもなく當然のことである。御料地の地籍に關しては、皇室財產令にそれぞれ詳細に規定せられて居る。

◉憲法第三條　天皇ハ神聖ニシテ侵スヘカラス

三　準御料地、皇族賜邸、王公殿邸地

（一）　皇族は臣籍にあらせられない。故に一般臣民を規律する法令は、當然　皇族に適用ないのが原則である（皇室典範增補第八條）。地租法についても、當然には　皇族御所有地に適用なきものといはざるを得ない。然るに　皇族御所有地については、大正二年皇室令第八號を以て、準御料地及び　皇族賜邸を除き、地租に關する法規を適用する旨御治定に相成りたる結果、　皇族御所有地にして、地租法の效力の及ばないものは、準御料地と　皇族賜邸に限られることになつた。

（二）　玆に所謂準御料地と稱するは、皇室財產令第二十一條に掲げられたる　皇族（太皇太后、皇太后、皇后、皇太子、皇太子妃、皇太孫、皇太孫妃、未だ婚嫁遊ばされざる未成年の皇子、皇太子皇太孫の御子にして未だ婚嫁遊ば

されざる未成年の御方）御所有地の敬稱である。これ等の　皇族方は　天皇を中心として皇室宗家を形成せられる御身分を有し遊ばされ、その御所有財産には皇室財産令中御料地に關する規定が準用されるのである。

（三）王公族に對しても、皇族に對すると同樣、當然には地租法の適用がないものと解せられる。併しながら王公族御所有地についても、大正十五年皇室令第十八號を以て、王公の殿邸地を除き、租税に關する法規を適用する旨御治定遊ばされた結果、王公族御所有地の中地租法の效力の及ばないのは、王公の殿邸地に限られることになつた。

（四）皇族又は　王公族御所有地の一部に對し地租に關する規定を適用する旨御治定相成りたる所以のものは、主として地方公共團體の財政を御考慮遊ばされた結果、これに地方附加税を賦課するの機會を得しむる御思召によるものと拜察し奉る。而して御所有地の一部に地租法を適用するは、飽くまで例外としてこれを適用するのであつて、原則としては地租法の適用なきものなることに注意を要する。

◉皇室典範增補第八條　法律命令中皇族ニ適用スヘキモノトシタル規定ハ此ノ典範又ハ之ニ基ツキ發スル規則ニ別段ノ條規ナキトキニ限リ之ヲ適用ス

◉皇室財産令第二十一條　第二條第三條及第十八條乃至第二十條ノ規定ハ太皇太后皇太后皇后皇太子皇太子妃皇太孫皇太孫妃未タ婚嫁セサル未成年ノ皇子及皇太子皇太孫ノ子ニシテ未タ婚嫁セサル未成年者ノ財産ニ關シ之ヲ準用ス

（註）第二條、第三條及び第十八條乃至第二十條は御料に關する規定である。

◉大正二年皇室令第八號　地租、地租附加税及段別割ニ關スル法規ハ皇族賜邸ヲ除クノ外皇族所有ノ土地ニ之ヲ適用ス但シ皇室財産令第二十一條ニ揭ケタル皇族所有ノ土地ニ付テハ此ノ限ニ在ラス

◉大正十五年皇室令第十八號　左ニ掲クル租稅ニ關スル法規ハ王公族所有ノ土地ニ之チ適用ス但シ王又ハ公ノ殿邸地ニ付テハ此ノ限ニ在ラス

一　地租

二　地租附加稅

三　段別割

四　朝鮮ニ於ケル租稅ニシテ前各號ニ該當スルモノ

四　治外法權を有する者の所有地

國際法上治外法權を有する外國の君主又は大統領及びその家族、帝國駐劄の外國大公使及びその家族、外交官たる大公使館員に對しては、一般の法令が適用されないのが原則であるから、地租法も適用ないものと解する。併しこれ等の治外法權を有する者が、我國に於て土地を所有するが如きは、極めて稀なるべきを以て、實際問題となることはないであらう。唯屢々問題となるのは大公使館又は領事館敷地に對する地租の取扱方である。大公使館敷地につき外國政府が所有權を有するか、又は百年より長き地上權を有する場合卽ち外國政府が納稅義務者なる場合には、勿論地租法を適用するに及ばないが、假令大公使館敷地と雖も納稅義務者が個人なる場合は免租すべからざるものと解する。この場合第二條第一號により免除すべしとの論を聽くも余はこれに贊するを得ない。又治外法權を有さない領事館敷地については、これに關する條約又は特別の規定のない限りは、當然地租法の適用があるものと解する。又單に外國政府の所有地なりとの理由を以てしては地租は免除されることはないものと解する。

第八十九條　無租地に對する地方税の制限

府縣、市町村其ノ他ノ公共團體ハ第二條ノ規定ニ依リ地租ヲ課セザル土地ニ租税其ノ他ノ公課ヲ課スルコトヲ得ズ但シ所有者以外ノ者同條第一號又ハ第二號ノ土地ヲ使用收益スル場合ニ於テ其ノ土地ニ付使用者ニ租税其ノ他ノ公課ヲ課スルハ此ノ限ニ在ラズ

府縣、市町村その他公共團體は、第二條の無租地に對し、一切の租税、公課を課することが出來ない。蓋し地租を課さない趣旨を徹底せしめんとするに外ならない。

一般に道路法又は都市計畫法による受益者負擔金は公課と解せられる。少くとも第八條の公課の意義には受益者負擔金を包含すること疑を容るゝ餘地がない。併しながら本條の公課にこれを包含するや否やは大に議論の存するところである。一部の論者は曰く公課と稱するからには非報償的のものでなければならない。然るに受益者負擔金は、道路又は都市計畫事業により利益を享けたる者より課徴するものにして、報償的性質を有するが故に公課の範圍に屬さない。又事實問題としても苟くもこれ等の事業により利益を享けたるものなる限り無租地と雖も、受益者負擔金を免ずる道理がない」と、主張するものあるも、公用又は公共用の土地の地租を免ずる精神に稽へ大に疑なきを得ない。而して苟くも政府に於て第二條各號に該當する土地なりとして、無租地の處分をなしたる以上は、假令處分の內容

根據に疑ありとするも、これに對し地方税を課することを得ない。例へば此處に水源涵養林地がありとする。これが保安林に編入されて居る場合は勿論問題ないが、然らざる場合に於て若し政府に於て公用に供する土地なりとして、無租地の處分をなしたとすれば、公共團體は、その獨自の見解により政府の公用地の認定に誤謬ありとして、地方税を課するが如きは明かに違法たるを免かれないであらう。

本條の原則に對し一つの例外がある。即ち所有者以外の者が第二條第一號及び第二號の土地を使用收益する場合に使用者に對しその土地を目標として租税、その他の公課を課することが出來る。例へば公園の一部に店舗を有する營業者の如きに對して、その使用地を目標として地方税を課することが出來るが如きである。

附則　施行期日と經過規定

第九十條より第百二條までは、新地租法の施行期日及び經過的規定に關する規定である。即ち新法は何日からの事實に適用されるか、新法施行前の事實に對する新法の效力如何、新法施行の際に於ける土地の賃貸價格の決定方法等、主として過渡期に於ける新法と舊法との調和聯絡を圖るのが目的である。

第九十條　施行期日と特例

本法ハ昭和六年四月一日ヨリ之ヲ施行ス但シ昭和六年分地租ニ限リ第十條ノ規定中百

分ノ三・八トアルハ百分ノ四、第十一條ノ規定中宅地租第一期其ノ年七月一日ヨリ三十一日限トアルハ其ノ年十一月一日ヨリ三十日限、其ノ他第一期其ノ年九月一日ヨリ三十日限トアルハ翌年一月一日ヨリ三十一日限、其ノ他第二期其ノ年十一月一日ヨリ三十日限トアルハ翌年三月一日ヨリ三十一日限、第七十一條第一項ノ規定中三月中トアルハ十二月中トス

本條には、新法の施行期日及び昭和六年分地租に關する特例を規定した。

一　施行期日

新地租法は昭和六年四月一日からこれを施行される。その以前に生じた事實には、原則として新法を適用しない。

二　稅率の特例

地租の稅率は百分の三・八であるが、昭和六年分地租に限り百分の四として徵收する。これ「ロンドン」海軍條約成立の結果浮び上る留保財源年割額が、昭和六年は平年額に達しない關係によるものである。

三　納期の特例

地租法實施初年である昭和六年に於ては、土地臺帳、地租名寄帳等の整理に尠なからざる日子を要し、宅地租の第一期、雜地租の第一期所定の納期までに、一切の整理を完了することは困難なる事情あるを以て、昭和六年分地租に

限り納期を左の通り繰下げたのである。

摘要	平年の納期	昭和六年の納期
宅地租第一期	七月一日より三十一日限	十一月一日より三十日限
畑租及雑地租第一期	九月一日より三十日限	翌年一月一日より三十一日限
同　第二期	十一月一日より三十日限	翌年三月一日より三十一日限

右に準じ特別納期も左の通り繰下げられた。

北海道

宅地租第一期　八月一日より三十一日限は十一月一日より三十日限に

その他第一期　十一月一日より三十日限は翌年一月一日より三十一日限に

沖縄縣那覇市、首里市、島尻郡、中頭郡、國頭郡

宅地租及び田租　八月一日より三十一日限は翌年一月一日より三十一日限に

同　縣宮古郡（平良村字鹽川、仲筋、水納を除く地方）　八重山郡（八重山村字波照間、與那國を除く地方）

田租　七月一日より三十一日限は翌年一月一日より三十一日限に

四　申告、申請の特例

納期の繰下げに應じて自作農地免租の申請期も普通の年は三月中であるが、昭和六年分に限り十二月中に申請すればよい。永小作地の申告期については、地租法にも施行規則にも別段の規定がないが、自作農免租申請期が十二月中なる精神解釋上當然十二月中に申告すればよいものと解すべきであらう。

◉施行規則附則第一項　本令ハ昭和六年四月一日ヨリ之ヲ施行ス但シ昭和六年分地租ニ限リ第五條ノ規定中北海道宅地租第一期其ノ年八月一日ヨリ三十一日限トアルハ其ノ年十一月一日ヨリ三十日限、其ノ他第一期其ノ年十一月一日ヨリ三十日限トアルハ翌年一月一日ヨリ三十一日限、沖繩縣那覇市、首里市、島尻郡、中頭郡、國頭郡宅地租及田租其ノ年八月一日ヨリ三十一日限トアルハ翌年一月一日ヨリ三十一日限、沖繩縣宮古郡（平良村字鹽川、仲筋、水納ヲ除ク）八重山郡（八重山村字波照間、與那國ヲ除ク）田租其ノ年七月一日ヨリ三十一日限トアルハ翌年一月一日ヨリ三十一日限、第十六條第一項ノ規定中三月中トアルハ十二月中トス

第九十一條　廢止される法令

左ノ法律ハ之ヲ廢止ス但シ昭和五年分以前ノ地租ニ關シテハ仍舊法ニ依ル

地租條例

災害地地租免除法

宅地地價修正法

明治七年第百二十號布告地所名稱區別
明治三十四年法律第三十號
明治三十四年法律第三十一號
明治三十七年法律第十二號
明治三十七年法律第十六號
大正十五年法律第四十七號

左の法令は新法の施行と同時に廢止される。併し昭和五年分以前の地租の徴收還付に關する限りに於ては仍舊法の效力は消滅しない。

地租條例
災害地地租免除法
宅地地價修正法
地所名稱區別
明治三十四年法律第三十號（鍬下年期、新開免租年期、地價据置年期の延長に關する件）
明治三十四年法律第三十一號（開墾地開拓地新開地年期繼續に關する件）
明治三十七年法律第十二號（地租徴收に關する件）

明治三十七年法律第十六號（渡良瀬川沿岸地方特別地價修正の件）
大正十五年法律第四十七號（慣行に依り永小作權者が地租額負擔を約したる田畑の地租免除に關する法律）
地租條例施行規則
土地臺帳規則
明治三十八年勅令第百五十九號（地租條例第四條第一項第一號第二號に依る公共團體及期間指定の件）
明治四十四年勅令第九十二號（地租條例の規定に依る地租の特別納期に關する件）
◉施行規則附則第二項　地租條例施行規則、土地臺帳規則、明治三十八年勅令第百五十九號及明治四十四年勅令第九十二號ハ之ヲ廢止ス但シ昭和五年分以前ノ地租ニ關シテハ仍從前ノ例ニ依ル

第九十二條　新地租法施行の際の賃貸價格

土地賃貸價格調査法ニ依リ賃貸價格ノ調査ヲ爲シタル土地ニ付テハ同法ニ依リ調査シタル賃貸價格ヲ以テ本法施行ノ際ニ於ケル賃貸價格トス但シ其ノ賃貸價格ニ依リ算出シタル本法ノ地租額ガ從前ノ地價ニ依リ算出シタル舊法ノ地租額ノ三倍八割ヲ超ユル土地ニ在リテハ舊法ノ地租額ノ三倍八割ニ相當スル金額ヲ百分ノ三・八ヲ以テ除シタル金額ヲ以テ其ノ賃貸價格トス

地租の課税標準の賃貸價格であること及びその賃貸價格の如何なるものであるかは第八條の定むるところである。然らば新地租法施行の際に於ける土地の賃貸價格は、如何にしてこれを定むるか、本條より第九十四條までの三箇條は、その決定方法を規定したのである。

一 基本的原則

新地租法施行の際に於ける土地の賃貸價格は、各筆の土地につき、一々調査することをしない。原則として土地賃貸價格調査法によつて調査したる賃貸價格を以て、新地租法施行の際の賃貸價格とする。唯同法によつて賃貸價格を調査しない土地、賃貸價格は調査してあつても土地の異動により、同法によつて調査したる賃貸價格を直ちに課税標準とするを不適當とする土地についてのみ、例外的に新に賃貸價格を調査するのである。第九十三條及び第九十四條はその例外の場合を規定したのである。

而して本條によつて賃貸價格を定めるのは法律の規定によるものであつて行政處分ではない。從つて假令納税義務者本條の賃貸價格に異議ある場合と雖、訴願、訴訟を提起することを得ない。これに反し第九十三條及び第九十四條によつて賃貸價格を定むるのは一種の行政處分であるから、納税義務者その賃貸價格に異議あるときは一般法により訴願及び訴訟をなすことが出來るのである。

土地賃貸價格調査法の如何なるものであるか、また同法によつて土地の賃貸價格を調査するには、實際如何なる方法によつたかその調査の順序手續等については、序論にその概略を述べて置いたから茲には再びこれを説明しない。就いて參照されたい。

二　負擔激增の緩和

本條但書は、地租改正による地租負擔の激增を緩和するための規定である。卽ち今回の地租改正による地租額が、改正前の地租額に比較して、三倍八割を超えるものあるときは、三倍八割に止まるやうに、その土地の賃貸價格を定めやうとするのが規定の精神である。

元來今回の地租改正は、明治初年來長い年月の間に、自然に紊れて來た土地負擔の不權衡を匡正するのが、その眼目であることは論を俟たない。從つて地租改正の結果、各地各筆の土地について見るならば、その地租の負擔に增減を生ずべきは、固より當然とするところである。その負擔の增加するものゝ如きは、寧ろ從前の負擔が實際の擔稅力に比し特に低くかりしことを物語るものであり、又その負擔の輕減するものゝ如きは、從前の負擔が、實際の擔稅力に較べて苛重なりし事實を證するものといはねばならぬ。そこに負擔の不公正があり、かゝる不公正があればこそ地租改正の必要もあるのであつて、地租改正の結果地租の負擔が激增するからとて、これを緩和する理由は毫もないといふことが出來る。少くとも純理論としてはそれが正しい。併しながら實社會を對象とする租稅にありては、純理論のみを以て押し通すことは實際の社會の事情に適合しないことがある。特に制度の改革により國民の私經濟に急激なる變化を與へることは、政治の大局上より見て妥當でない。卽ち地租改正にしてもその結果、急激な負擔の增加を來す場合に、これが緩和の方法を講ずることは、實際問題としては必要でもあり、又穩當の方策たるを失はない。これ本條但書の存する所以である。

然らば負擔緩和の限界如何、これ一に程度の問題であつて、その程度高きに失するときは、負擔を緩和する趣旨に副はないことになるべく、されぱとて低きに失するときは地租改正の精神を沒却するに至るべきを以て、その間中庸を得たる標準を求めねばならぬが、その標準を理論的に定めることは至難である。

結局各種の事情を達觀して、適當にこれを定むるより外に途がないであらう。本條に於て三倍八割を以て負擔緩和の程度と定めたのも、格別理論的根據がある譯でなく、達觀上この邊を以て緩和すべき適當の程度と認めたに過ぎない。

併しながら特に三倍八割と定めたのには、事務的、技術的考案に基くもので、全然根據がない譯ではない。卽ち全國一億數千萬筆の土地につき、一筆毎に新舊地租額を算出して、緩和すべき土地なるや否やを決することは、非常なる手數と費用とを要するを以て、一々地租額を算出することなく、從前の地價に一定數を乘じて、直ちに制限賃貸價格を見出す方法によるを便宜とする。それには、倍數を改正稅率百分の三・八を以て整除することの出來る數に求めねばならぬ。而して三倍八割なればこの要求を滿すと共に、四倍に近く制限倍數としては適當の數と認めかくは定められたのである。

今從前の地價をA、舊稅率をMとして制限賃貸價格Xを求むる公式を示せば左の通りである。

$$A \times M \times 3.8 = X \times 0.038$$

$$X = \frac{A \times M \times 3.8}{0.038}$$

$$X = A \times M \times 100$$

この公式によつて、制限賃貸價格は、舊地租額を百倍したる數であることが判る。換言すれば舊稅率を百倍したる數を、從前の地價に乘じたものが、制限賃貸價格となるのである。而して舊稅率の百倍は宅地は二倍五割、田畑は四倍五割（北海道三倍二割）、その他の土地は五倍五割（北海道四倍）なるを以て、これ等の倍數を從前の地價に乘ずるときは夫々制限賃貸價格が得られ、地租の負擔は丁度三倍八割に制限されることになるのである。

第九十三條　異動地の賃貸價格

大正十五年四月一日後本法施行前ニ於テ地價ヲ設定シ又ハ修正シタル土地（免租年期又ハ低價年期ノ滿了ニ因リ原地價ニ復シタルモノヲ含ム）ニ付テハ第九條第三項ノ例ニ準ジ其ノ賃貸價格ヲ定ム

大正十五年四月一日後本法施行前ニ於テ分筆又ハ合筆ヲ爲シタル土地ニ付テハ第三十三條ノ例ニ準ジ前條ノ賃貸價格ヲ配分又ハ合算シテ其ノ賃貸價格ヲ定ム

本條は、大正十五年四月一日後、新地租法施行前に異動したる土地の賃貸價格の決定方法を規定したのである。

一　地價を設定したる土地

土地賃貸價格調査法の賃貸價格は、大正十五年四月一日現在に於て、地租を課すべき土地について調査した。從つて同日以後に於て地價を設定したる土地及び荒地の復舊した土地等については、同法によつて調査した賃貸價格がないから、新にこれを調査しなければならない。その方法は第九條第三項により近傍類地の賃貸價格に比準し、尚土地の品位及び情況を勘案してこれを定めるのである。

二　地價を修正したる土地

（一）　土地賃貸價格調査法によつて賃貸價格を調査した土地にして、大正十五年四月一日後、異動によつて地價を修正したるものについては、調査賃貸價格をその儘課税標準とすることは不適當であるから、これを現況（新法施行の時の）相當の賃貸價格に更める必要がある。その方法は地價を設定する方法と同一である。

（二）　大正十五年四月一日後地價を設定したる土地或は荒地の復舊したる土地につき、更に異動によつて地價を修正したる場合は、一旦原地の賃貸價格を設定し更に異動地につきこれを修正すべきが如くであるが、これをしないで、直ちに異動地について、賃貸價格を定むべきである。

（三）　低價地の賃貸價格は原地（荒地前の土地の現況）相當の賃貸價格を調査してある。故に本來なれば、大正十五年四月一日後地租法施行前に於て、既に原地價に復したる土地については、調査賃貸價格を直ちに課税標準としてよい筈であるが、調査賃貸價格は低價地の地力が動きつゝある時に荒地ならざりしせばといふ假定の下に調査したのであるから、必ずしもそれが適實のものとは限らない。そこで地租法は、調査賃貸價格を檢討する意味をも加へて更に新法施行の時の現況相當の賃貸價格を調査することゝしたのである。

三　分合筆をなしたる土地

（一）　土地賃貸價格調査法によつて、賃貸價格を調査したる土地につき、大正十五年四月一日後分筆又は合筆をなしたるものについては、直ちに調査賃貸價格を第三十三條の規定に準じて配分又は合併すればよい。

（二）　法文には前條の賃貸價格を云々と規定し、大正十五年四月一日後に地價を設定したる土地或は荒地の復舊したる土地につき分筆又は合筆をなしたる場合に關し規定するところがないが、この場合は一亘賃貸價格を定めた後、分筆又は合筆の手續をなすを順序とするもそれをしない。直ちに分筆地又は合筆地につき賃貸價格を定むればよい。

(三)　調査賃貸價格を有する甲地と、これを有さない乙地とが合筆したるものあるときは。先づ以て乙地につき賃貸價格を定めた上、甲地の賃貸價格に合算して合筆地の賃貸價格とする。

四　比準地

本條第一項により定めた賃貸價格によつて、算出した地租額が、舊法の地租額に對し、三倍八割を超ゆる場合については、前條の但書の如き緩和規定がないから、法律上は如何ともすることは出來ない。併しながら地租の負擔が三倍八割以上にも激増するが如き場合に於て、その儘課税標準とすることは、前條但書の規定の精神にも背馳して穩當とは認められない。かゝる場合に於ては、成るべく前條但書の規定によつて賃貸價格を制限した土地の中から、地價に對する賃貸價格の割合、その他の情況の類似する土地を比準地に選定して、各筆間の負擔に不權衡のないやう賃貸價格を定むることに留意すべきである。而して比準地は必ずしも地價修正の際類地として選定したる土地と同一なることを要さない。他に適當な類地があれば勿論その土地に比準して妨げない。

第九十四條　低價地の賃貸價格

舊法ニ依リ低價年期ノ許可ヲ受ケタル土地ニシテ本法施行ノ際未ダ原地價ニ復セザルモノニ付テハ第九條第三項ノ例ニ準ジ其ノ賃貸價格ヲ定ム

本條は、新地租法施行の際に於て、まだ年期の滿了しない低價地のあつた場合、その賃貸價格の決定方法を規定したのである。

新地租法に於ては低價年期の制度を廢止したることは既に說明した。從つて舊法によつて許可された低價年期は、新地租法の施行と同時に消滅する。然らば新地租法施行の際、その年期の消滅するつまり地價復舊の途上にある低價地の賃貸價格は、如何にしてこれを定むべきであるか。

土地賃貸價格調査法によつて調査した低價地の賃貸價格は、前條に於ても說明したる如く低價原地相當の賃貸價格であるが、この儘新地租法施行當時の賃貸價格とするのは適當でない。何となれば新地租法施行當時の低價地の情況は必ずしも賃貸價格調査の目標とした原地の情況と同一でないからである。從つて新地租法施行の際に於ける相當の賃貸價格に更正する必要がある。これ本條のある所以である。その方法は異動地の場合と同樣新地租法施行の際に於て、低價地の現況により、近傍類地の賃貸價格に比準し、尙ほ土地の品位、情況に應じて適當にこれを定めるのである。」

第九十五條　地租徵收の分界

前三條ノ規定ニ依リ賃貸價格ヲ定メタル土地ニ付テハ昭和六年分ヨリ本法ニ依リ地租ヲ徵收ス

新地租法施行の際、地租を課する土地の賃貸價格は、前三條の何れかの條項によつて定められる。前三條によつて賃貸價格を定めた土地の地租は、昭和六年分から、決定賃貸價格によつて徵收する。新地租法は昭和六年四月一日から施行するのであるが、新舊地租を見積區分して徴收することをしない。蓋し地租は性質上不可分とするからである。從つて地租徴收の點から見れば、新地租法の效力は一月一日に溯及するとも考へることが出來る。

第九十六條　舊法の異動地

本法施行前ニ於ケル土地ノ異動中本法施行ノ際未ダ舊法ニ依リ地價ノ設定又ハ修正其ノ他ノ處分ヲ爲サザルモノニシテ本法中之ニ相當スル規定アルモノニ關シテハ本法ヲ適用ス但シ第九十一條但書ノ規定ノ適用ヲ妨ゲズ

本條は、舊法の異動地に對する新地租法の效力を規定したのである。

凡そ法律は、その施行前に生じた事實に、適用ないのが原則である。新地租法と雖も然りといはねばならぬ。併しながらこの原則を嚴守するときは、徒らに法律關係を複雜ならしむる虞があるのみならず、異動地に對する舊法の規定も、新法の規定も、實質的には大なる相違なきが故に、新地租法は、その施行前（卽ち昭和六年三月三十一日以前）の異動地で、新地租法施行の時までに、未だ地價の設定、修正その他の處分の未了のものがあつたならば、而してその異動地が、新地租法に規定する異動地にも當嵌るならば、新地租法の異動地として、新法を適用することにしたのである。但し無屆開墾地又は無屆有租地等で、昭和五年分以前の地租をも追徴を要する場合には、新地租法を適用すると同時に、舊法の規定をも併せ適用する必要がある。但書の規定が卽ちそれである。

今例を設けて説明すれば、昭和二年に成功した無届開墾地を昭和七年に至つて發見したるときは、舊法時代の開墾地ではあるが、新地租法の開墾地として新法を適用する。即ち直ちに賃貸價格を修正して、昭和六年分以前の地租の不足額を追徵する(第八四條)。新法によれば不足地租額の追徵は、五年前に遡及するのであるが、本條但書の結果として、昭和五年分以前の地租には及ばない。即ち新法によつては昭和六年分地租の不足額だけを追徵し、昭和五年分以前の地租の追徵については、舊法が適用される(第九一條但書)。即ち地租條例第二十七條によつて、別に地價を定めて不足稅額を追徵する。舊法にては發覺の日より三年以前に遡ることを得ざるを以て、結局昭和四年、五年分を追徵することとなる。

第九十七條　舊法の屆出、申請の效力

舊法ニ依ル屆出又ハ申請ニシテ本法中之ニ相當スル規定アルモノハ之ヲ本法ニ依ル申告又ハ申請ト看做ス

本條は、新地租法施行前に提出した屆出又は申請に對する新地租法の效力を規定したのである。

舊法時代に土地所有者又は納稅義務者から、舊法の規定によつて提出した土地の異動に關する屆出又は年期の申請等であつて、新地租法施行の際、尙處分未了のものについては、その屆出又は申請の內容たる事項が、新地租法に於ても申告又は申請をなすべき事項に該當するならば、舊法時代に提出した屆出又は申請は、總て新地租法の申告又は申請たる效力を有せしめたのである。蓋し舊法の土地の異動も、新法の異動として取扱ふ前條の精神に照應する規定

である。

第九十八條　舊法の開墾地

舊法ニ依リ開墾ノ屆出アリタル土地ニシテ本法施行ノ際開墾著手後未ダ二十年ヲ經過セザルモノハ第三十六條第一項ノ規定ニ依リ開墾減租年期ヲ許可セラレタルモノト看做ス但シ地類變換ヲ爲シタル後五年內ニ開墾ヲ爲シタル土地ニ付テハ此ノ限ニ在ラズ

本條は、舊法による開墾地の效力に關する規定である。卽ち舊法によつて開墾の屆出をなした土地であつて、新法施行の際に開墾に著手してから未だ二十年を經過しない土地については、地類を變換してから五年內に開墾したものを除いては、第三十六條第一項によつて二十年の開墾減租年期が許可されたものと看做されるのである。法律上許可されたものとなるのであるから第三十七條の申請を要さないことは勿論である。蓋し舊法の開墾地については、減租年期の觀念はなかつたのであるが、實質的には、二十年間減租の恩典を享けて來たのであるから、新法施行後と雖もその減租の利益を得しむることを妥當とするであらう。

第九十九條　舊法の年期地

舊法ニ依リ免租年期、鍬下年期又ハ地價据置年期ノ許可ヲ受ケタル土地ニシテ本法施

行ノ際未ダ其ノ年期ノ滿了セザルモノハ左ノ區分ニ從ヒ本法ニ依リ免租年期又ハ減租年期ヲ許可セラレタルモノト看做ス

一　地租條例第十六條第三項ノ鍬下年期ハ第三十六條第二項ノ開墾減租年期トス

二　地租條例第十六條第四項ノ鍬下年期ハ第十九條第一項ノ開拓減租年期トス

三　地租條例第十六條第五項ノ新開免租年期ハ第二十條第一項ノ埋立免租年期トス

四　地租條例第十六條第六項ノ地價据置年期ハ第四十六條第一項ノ地目變換減租年期トス

五　明治三十四年法律第三十號ノ年期延長ハ前各號ノ例ニ準ジ第十九條第二項、第二十條第二項、第三十六條第三項又ハ第四十六條第二項ノ年期延長トス

六　地租條例第二十條ノ荒地免租年期ハ第五十五條第一項ノ荒地免租年期トス

七　地租條例第二十三條又ハ第二十四條ノ免租繼年期ハ荒地ノ種類ニ從ヒ第五十五條第二項又ハ第三項ノ年期延長トス

前項ノ年期ハ舊法ニ依リ許可セラレタル年期ノ殘年期間ノ經過スル年ノ翌年ニ於テ滿了ス

本條は舊法による各種年期地の效力に關し規定したのである。

舊法の年期には開墾鍬下年期、開拓鍬下年期、新開免租年期、地價据置年期、荒地免租年期。荒地免租繼年期、低價年期等がある。低價年期の制度を廢したることについては第六十二條に於て、又新法施行の當時に於て年期を有する低價地については第九十四條に於て夫々說明した通りである。その他の年期についても、減、免租の期間の適否に關し、尙議すべき餘地あるも、從來よりの沿革もあり、實際上特に不都合と認むべきものもなきを以て、新法に於ては、實質的の改正をしないで大體現行法とし、單に年期の名稱をそれにより直ちにその內容を窺知することの出來るやうに改めたに過ぎない。而して舊法の年期地であつて、新法施行の際未だ年期の滿了しないものについては、以上の趣旨により最初から新法による新しい名稱の年期が許可されたものと看做されるのである。

舊法の名稱	新法の名稱
開墾鍬下年期（第一六條三項）	開墾減租年期（第三六條二項）
開拓鍬下年期（第一六條四項）	開拓減租年期（第一九條一項）
新開免租年期（第一六條五項）	埋立免租年期（第二〇條一項）
地目變換地價据置年期（第一六條六項）	地目變換減租年期（第四六條一項）
荒地免租年期 免租繼年期 }（第二〇條、第二三條、第二四條）	荒地免租年期（第五五條一項）

以上の年期は、舊法によつて許可せられたる年期の殘年期間の經過する年の翌年に於て滿了する。これ新法に於て

は年期の計算方法を從前の年期より事實上一年長くなるやうに、改正した結果舊法時代に許可された年期についても、權衡上一年を延長することゝしたのである。

第百條　地積に關する經過規定

地積ハ第七條ノ規定ニ拘ラズ當分ノ內左ノ各號ノ規定ニ依リ之ヲ定ム

一　宅地及鑛泉地ノ地積ハ六尺平方ヲ坪、坪ノ十分ノ一ヲ合、合ノ十分ノ一ヲ勺トシテ之ヲ定メ勺未滿ノ端數ハ之ヲ切捨ツ

二　宅地及鑛泉地以外ノ土地ノ地積ハ六尺平方ヲ步、三十步ヲ畝、十畝ヲ段、十段ヲ町トシテ之ヲ定メ步未滿ノ端數ハ之ヲ切捨ツ但シ一筆ノ地積一步未滿ナルモノニ付テハ步ノ十分ノ一ヲ合、合ノ十分ノ一ヲ勺トシテ之ヲ定メ勺未滿ノ端數ハ之ヲ切捨ツ

本條は第七條に對する經過規定である。第七條は地積は「メートル」法によつて表示することを明定して居るのであるが、現今社會の狀態を見るに未だ「メートル」法による地積の計算に慣熟するに至つて居ない。加之今一億四千萬筆の巨數に上る土地につき、一々現在の地積を「メートル」法の地積に更正することは、財政その他の事情から實行困難であるから當分の內舊法の地積表示の方法を存續することゝしたのである。唯鑛泉地は從來の地積を一坪單位の呼稱に更正することを要する。

併しながら地積表示の改訂は、早晩實行しなければならぬ問題であるを以て、官民ともに「メートル」法による地積の計算に慣熟するやう努力を要するは勿論である。「メートル」法による地積の計算に慣熟するには、その前提として「メートル」法による地積の概念を明かならしむる必要がある。「メートル」法による地積の概念を知る便宜のため左に換算式及目測方法を掲げる。

一　換算式

平方尺÷10.89＝平方メートル

坪×400÷121＝平方メートル

畝×120÷121＝アール

町×120÷121＝ヘクタール

二　目測方法

「メートル」法による地積の概念を得る簡單な方法として、江草伯郎氏はその著「メートル」法手引に於て次の如く述べられて居る。「アール或は平方メートルの面積を覺える簡單なる方法は歩測すればよい。つまり大跨げにして縱横の歩數を出して、夫れを乘ずればよいのである。例へば大跨げにして縱が二十歩横が三十歩あるとすれば、夫れを乘じて六百平方メートル或は六アールの面積であると覺えれば大差はない」と、至極簡單にして地積の概念を捕捉するに便利である。

第百一條　舊法の土地臺帳

舊法ノ土地臺帳ハ之ヲ本法ノ土地臺帳ト看做ス

本條は、舊法の土地臺帳の效力を規定したのである。卽ち土地臺帳は、新法施行の際新に調製することをせず舊法時代の土地臺帳を以て、直ちに新法施行の際に於ける土地臺帳としての效力を有する趣旨を明にしたのである。「本法ノ土地臺帳ト看做ス」といふても、必ずしも舊法の土地臺帳に登錄してある內容その儘が、新法の土地臺帳の內容となる精神ではない。假へば從前の地價を以て直ちに賃貸價格とするのでは勿論ない。從前の地價は新法の施行と同時に消滅するものと解さねばならぬ。從つて新法施行後の土地臺帳謄本の如きは第九十二條により賃貸價格の確定してゐるものは、その賃貸價格を記載すべく、未だ賃貸價格の確定するに至らないものはこれが記載を要せざるものと解すべきである。

第百二條　小笠原島、伊豆七島

小笠原島及伊豆七島ノ地租ニ付テハ當分ノ內仍從前ノ例ニ依ル

東京府下小笠原島及び伊豆七島は、地租法の特別地域である。卽ち兩島に對しては、當分の內地租法を施行しないで從前の方法によつて地租を徴收するのである。蓋しこれ等の地方は土地に關する制度未だ地租法を施行するまでに發達しないのと、民度、島情等より見て暫らく舊來の慣例によるを適當とするからである。

法文には「地租ニ付テハ當分ノ內仍從前ノ例ニ依ル」とあるを以て、地租法中地籍に關する規定は兩島にも適用あるが如くであるが、地租に關聯して地籍を整理するのが、地租法本來の建前なるを以て、本條は地租法そのものを適用せざる趣旨と解すべきである。

一　小笠原島

小笠原島には從來より地租の制度がない。從前の例によるのであるから、同島の土地に對しては地租を課さない。唯地籍は明治三十六年島廳に於て、民有土地臺帳整理規程を定め、土地臺帳を設備して、土地及び所有者の異動を整理し、島廳を土地臺帳所管廳に準じて登記所との聯絡を圖る等、大體內地の制度に類似した制度がある。これが整理についても從前の例によるのであつて新法の適用がない。

二　伊豆七島

伊豆七島の地租は、古來より舊慣に從つて徴收して居る。殊に八丈島の地租は、今尙幕府時代からの貢納物の舊慣を承けて、現在では黄紬一反につき金壹圓七拾貳錢五厘の割合を以て換算し、現金を以て翌年五月までに納付せしめて居る。地籍についても概ね內地の制度に類する制度を有する。卽ち土地臺帳を備へ、所有權の得喪等につき登記所との聯絡をとつて居るも、土地異動に關する整理完全でなく、地積の如き正確を缺くもの多き狀況である。

◉明治四十四年法律第一號　東京府管內八丈島ノ地租ハ黄紬一反ニ付金一圓七十二錢五厘ノ割合ニ依リ換算シ現金ヲ以テ翌年五月限リ之ヲ納付スヘシ

第二編　耕地整理法

序論

本編に於ける耕地整理法の説明は、耕地整理施行認可より工事完了後、賃貸價格配賦迄に於ける關係條文につき、逐條的に説明を試みむとするものである。從つて換地處分等に關する條文については、全然説明を省略するのであるから、豫め御了承を願ひたい。

一　耕地整理法の意義

耕地整理法に於て耕地整理と稱するは、土地の農業上の利用を增進する目的を以て、左の各號の一に該當する事項を行ふことをいふのである（第一條）。

（一）土地の交換、分合、開墾、地目變換その他區劃形質の變更、湖海の埋立、干拓若くは道路、堤塘、畦畔、溝渠、溜池等の變更廢置又はこれに伴ふ灌漑排水に關する設備若くは工事。

（二）前號の事項施行のため若くは施行の結果、必要なる工作物の設置その他の設備又はその維持管理。

（三）開墾又は湖海の埋立若くは干拓による耕地整理に附隨して行ふ整理施行地の利用に關する必要なる工作物の

設置その他の施設。

（四）　前三號の事項に關し必要あるとき國、道府縣、市町村その他公共團體の認可を得て行ふ營造物の修繕。

要するに耕地整理とは、耕地の整理擴張を目的として、土地の農業上の利用增進を圖るがために工事を施行することをいふのである。

次に耕地につき一言するの必要があると思ふ。耕地とは農耕地卽ち田畑を指稱するのである。明治六年七月太政官布告第二百七十二號を以て公布せられたる地租改正條例第四章に「地租改正ノ上ハ田畑ノ稱ヲ廢シ總テ耕地ト相唱云々」と規定されてある點から考ふるも、田畑の總稱なることは疑いないのである。

二　耕地整理法改正要領

地租條例を廢止し新に地租法を制定せられたがために、耕地整理法中の地價配賦に關する規定を改正するの必要が生じたのである。

今回制定せられたる地租法に於て、地租の課稅標準を賃貸價格に改められたる結果、耕地整理法中の地價を賃貸價格に改めねばならぬ。而して地租法の課稅標準たるべき賃貸價格は、十年毎に改訂することに規定されてあるから、耕地整理法によつて配賦したる賃貸價格も亦一般的に改訂する場合には、等しく改訂せねばならぬのである。

耕地整理法の改正に當つては、從來の繁雜なる地價配賦主義に根本的改正を斷行し、耕地整理施行後に於ける各筆の賃貸價格の定め方は、最も簡便にして複雜なる手續を省略せむとする論も、大に主張せられたのであるが、結局は從來の地價配賦主義を持續することに立ち至つたのである。

今その改正の趣旨を忖度するに、出來得る限り從來の既得の權利を尊重し、將來に於ても舊來の規定による恩典はこれを維持することに考慮せられたる結果、賃貸價格の配賦による恩典は從來と殆んど變りはないのである。即ち耕地整理施行による土地の農業上の利益が增進しても、施行前と施行後とは地租の負擔に增減なからしむるといふ趣旨は、從來と少しも變るところがないのである。又耕地整理の施行により地區內の有租地の總地積の五分の一以上に當る土地につき地目變換又は開墾をなしたる場合の規定の如きは、從來の規定の精神とは少しも變更されないのである。只從來は五分の一以上の地目變換又は開墾をなしたる場合には、その變換又は開墾をなしたる土地に對しては、耕地整理地價据置年期と稱して、地目變換したる土地については、工事完了の年より六年、開墾したる土地については、工事著手の年より四十年の年期を附與したのであるが、改正耕地整理法に於ては地租法との關係上、年期の名稱を改められたのに過ぎないのである。即ち地目變換したる土地に對しては工事完了の年及びその翌年より六年の耕地整理地目變換減租年期、開墾したる土地に對しては、工事著手の年の翌年より起算し四十年の耕地整理開墾減租年期を附與することに改められたのである。併しながら此處に於て一言を要することは、年期延長に關することである。從來の規定には「開墾シタル土地ニシテ年期明ニ至リ工事完了又ハ地味成熟セサルトキハ更ニ工事完了迄又ハ十年以內ノ年期延長ヲ許可スルコトヲ得」とあつたのであるが、この規定は有名無實のもので、何等適用し得ざる所の贅文なりしがために改正法に於ては、年期延長に關する規定はこれを廢止してこの種の開墾地については、當初より四十年以上五十年以內の耕地整理開墾減租年期を附與することに改められたのである。

今一つは「開墾ニ等シキ勞費ヲ要スル地目變換ハ之ヲ開墾ト看做ス」といふことを規定せられてあつたのであるが

改正法に於ては、二十年內に成功し能はざる地目變換はこれを開墾と看做して四十年の地目變換減租年期を附與することに改められたのである。この改正規定は一見すれば甚だ不利益のやうな感じがするのであるが、改正の趣旨は從來の取扱の通り、法文に表はしたもので、何等の變りはないといふても差支はないのである。然らば何故斯くの如き改正をなしたのであるかといへば、それはいふまでもなく、地租法との關係上、左様に改正の必要が生じたがためである。

地租法第四十六條に「二十年內ニ成功シ能ハザル地目變換地ニ付テハ土地所有者ノ申請ニ依リ地目變換著手ノ年及其ノ翌年ヨリ四十年ノ地目變換減租年期ヲ許可シ云々」と規定してあるのである。その根源に溯つていへば地租條例に於ては十年以內に成功し能はざる開墾地に對しては、四十年の開墾鍬下年期を附與し、地目を變換するため開墾に等しき勞費を要するものは、四十年の地目變換地價据置年期を附與するといふ規定であつたものを、地租法に於ては十年以內を二十年內と改められたのである。

此の改正の趣旨は、十年以內に成功し能はざる開墾、十年以內に成功し能はざる地目變換（開墾に等しき勞費を要するもの）の認定は、開墾地及び地目變換地の實地の狀況により、將來に向つて年期を査案することになるのであるから從來の取扱方につき攻究して見るに、二十一年目に開墾成功の部分に對して、地價を修正する開墾地との權衡上、開墾原地より生ずる收益と開墾成功地より生ずる收益との差額を以て二十年內に於て、投資費用を完濟し能はざる程度に工事費を要すと認むる開墾地に對し、四十年の開墾鍬下年期を附與し、地目變換地についても右と同樣の取扱をなして居つたのであるからこの趣旨を明かに法文に表したに過ぎないのである。法文のみにつき改正の前後を比較するときは、十年以內を二十年內と改められたのであるから、從來よりは十年延長されたので甚だしく不利益であるかの如く思はれるのであるが、改正の趣旨は前にも陳述したる通り、決して不利益になるやうな改正を加へられたのではないのである。

開墾地でも地目變換地でも同じことであるが、法文の如く二十年內に成功し能はざる開墾地又は地目變換地と認めらるゝ程の難工事であつても、一時に澤山の人員と經費とを使用すれば、三年又は五年で成功し得るかも知れないのであるから、單に十年以內又は二十年內に成功し能はざる開墾又は地目變換と規定されたのでは、實際に當つてはその年期を附與するか否かの認定は容易でないのである。それであるから投資費用並にその費用の完濟の能否の點を考慮して年期を査案するにあらざれば、甚だしく不權衡不公平の負擔をなさしむることになるが故に、年期を査案するに當つては愼重審議の上これを決せねばならぬのである。然らば何が故に左樣な意味を明かに法文に規定せぬかといふ疑を發せらるゝかも知れないが、地租は古き沿革を有しその取扱方も自然に定まつて居るのであるから、左程詳しく規定せずとも從來の慣行によつて、取扱はれるといふに外ならぬのである。

要するに開墾地に對する年期の定め方は、二十年の開墾減租年期であれば、十年間に事業成功し、後の十年間に投資費用を完濟するといふ意味に於て、二十年といふ年期を定められたのである。又四十年といふ年期は二十年間に事業成功し、後の二十年間に投資費用を完濟するといふ意味に於て、年期を定められたものと思ふのである。尤もその間に多少の不公平を生ずるかも知れないが、十一年とか十二年位で成功するが如き開墾地又は地目變換地に對しては從來と雖も四十年の年期を附與するやうなことはないのであるから、今回二十年內に成功し能はざるものと改正されても、從前に比し少しも變りはないやうに取扱はれるのである。

次に從前の耕地整理新開免租年期につき一言するの必要あると思ふ。地租法の制定により從來の新開免租年期はその名稱を改めて埋立免租年期と稱せられたる結果として、耕地整理法中の新開免租年期を埋立免租年期と改むる必要が生じたのである。然るに從前の耕地整理新開免租年期には、國有の水面を埋立又は干拓して民有地となしたるもの及び國有の森林原野若くは荒蕪地を開拓して第一類地となしたるものも包含してあつたのであるが、地租法に於ては前者を埋立免租年期、後者を開拓減租年期と改稱せられたる結果、耕地整理法に於ても同種の年期地については、地租法と歩調を一にする必要があるので、國有の水面を埋立又は干拓したる土地に附與する年期を耕地整理埋立免租年期に、國有の森林原野若くは荒蕪地を第一類地に開拓したる土地に附與する年期を、耕地整理開拓免租年期と改められたのである。而して開拓地については、地租法に於ては減租年期と稱し、耕地整理法に於ては免租年期となし、兩者一致せず聊か奇異の感なきにあらざるも、耕地整理法に於ては從來埋立地及び開拓地を一括して、耕地整理新開免租年期となしたる關係上、改正法に於て年期の名稱を區分したる故を以て、直ちに開拓地を有租地（減租年期地）となすは穩當ならず、さりとて地租法の開拓地を免租年期に改むるときは、開墾地との權衡を失するに至るの理由を以て、遂に兩者の一致を見る能はざる結果となつたのである。

耕地整理減租年期の制定につき少しく說明を試みる。耕地整理減租年期とは、耕地整理を施行すれば、その土地の賃貸價格が昂上するといふのは通例である。然るに耕地整理地については、耕地整理事業を保護獎勵する意味に於て、工事を施行したる後と雖も、工事施行前の賃貸價格の合計額を每筆に配賦して、負擔の增加を來さしめないといふのが耕地整理法の眼目として居るところである。併しながら負擔の不增加主義を永久に持續するときは、却つて負擔の不權衡を來すことになるから負擔の不增加主義は、工事著手の年の翌年より起算して七十年を以て打ち切ることに定められたので、此の負擔不增加の期間を耕地整理減租年期と稱するのである。

耕地整理施行地域の制限につき一言する。從來は耕地整理施行地域の制限がなかつたがために動もすれば宅地の造成若くは宅地としての利用を增進する目的を以て、區劃の整理をなすと認めらるゝものでも名を耕地整理に藉りて、整理を施行したる結果として、地租の負擔に著しく不公平を來し、一面に於てはこの種の耕地整理は、耕地整理法制定の精神に反するものであるから、これを矯正するの必要があるといふので、市の區域内の土地及び主務大臣の指定する地域内の土地はこれを整理施行地區に編入することを得ざることに制限せられたのである。而して市の區域内の土地全部に對し、耕地整理の施行を禁止するときは、實際上農耕地として利用せらるゝ地域を有する市もあるのであるから、市の區域内の土地にして主務大臣の指定する地域内のものについては、耕地整理を施行し得る例外を認むることに規定せられたのである。以上の外改正を加へられたる點は多少あるのであるが、結局は地租法の制定に伴ひ、地價を賃貸價格に改められた程度のものであるから、本論に於て詳細說明することゝし、耕地整理法改正の要點については、この程度の說明に止める。

三　耕地整理法の沿革

抑も我國に於ける耕地整理に關する規定を制定せられたるは、明治三十年三月法律第三十九號卽ち土地區劃改良地價に關する法律を以て嚆矢とするのである。而してその法律の全文を掲ぐれば左の如くである。

⦿土地區劃改良地地價に關する法律（明治三十年三月法律第三十九號）

政府ノ許可ヲ受ケ土地改良ノ爲市町村内ノ土地所有者ノ全部又ハ一部共同シテ其ノ區劃形狀ヲ變更スルトキハ其ノ變更ニ係ル土地ノ地價ハ現地價ノ合計額ヲ每筆相當ニ配賦シ之ヲ定ム

同一土地所有者ニシテ地續數筆ノ土地ノ區劃形狀ヲ變更スルトキ亦同シ

改良地區内ニ於ケル土地所有者ノ三分ノ二以上ノ同意ヲ得其ノ同意者ノ所有スル土地ノ面積及地價カ改良地區内ニ於ケル土地ノ面積及地價ノ三分ノ二以上ニ當ルトキハ第一項ノ許可ヲ申請スルコトヲ得（明治四十一年四月法律第六十號ヲ以テ追加）

前項ノ場合ニ於テ特別ノ價値用途アル土地ヲ改良地區ニ編入セラレタル爲異議アル者ハ改良施行許可ノ日ヨリ十五日以内ニ訴願スルコトヲ得但シ訴願ノ裁決前ニ在リテハ事業ニ著手スルコトヲ得ス（同上法律ヲ以テ追加）

第一項又ハ第二項ニ依リ政府ノ許可ヲ受ケタル土地中地目若ハ地類變換後五年開墾著手後九年ヲ經過セサルモノ又ハ鍬下年期、新開免租年期、地價据置年期、荒地免租年期若ハ低價年期ヲ有スルモノアルトキハ左ノ各號ノ定ムル所ニ依ル（明治三十三年三月法律第六十二號ヲ以テ本項以下各號追加、明治四十一年法律第六十號ヲ以テ改正）

一　地目變換地ニシテ地價ノ修正ナキモノ、地類變換若ハ開墾ヲ爲シタル土地又ハ鍬下年期、新開免租年期若ハ地價据置年期ヲ有スル土地ハ事業著手ノ際其ノ地ノ現況ニ依リ地價ヲ修正シ又ハ地價ヲ設定ス

二　第一號ニ依リ地價ヲ修正シ又ハ地價ヲ設定シタル土地ニ付テハ變換後六年目、開墾著手後十年目若ハ年期明ニ至リ修正地價又ハ設定地價ニ依リ地租ヲ徵收ス但シ事業竣功ニ至リタルトキハ此ノ限ニ在ラス

三　事業竣功ニ至リタルトキハ第一號ニ記載シタル土地及地目變換地ニシテ地價ノ修正アリタルモノニ付テハ修正地價又ハ設定地價ヲ以テ、荒地免租年期又ハ低價年期ヲ有スル土地ニ付テハ原地價ヲ以テ第一項ニ規定スル現地價トス

四　第一項ニ依リ地價ヲ定メタル場合ニ於テ第三號ニ依リ修正地價、設定地價又ハ原地價ヲ以テ第一項ノ現地價トシタル

土地ニシテ事業竣功ノ時變換後五年開墾著手後九年ヲ經過セサルモノ又ハ年期ノ終了セサルモノアルトキハ事業關係者ハ其ノ協議ヲ以テ殘年間修正地租若ハ低減地租ト從前ノ地租若ハ原地租トノ差額ノ負擔若ハ利益又ハ免除スヘキ地租額ノ利益ヲ受クヘキ土地及金額ヲ定メ政府ニ申告シ其ノ金額ヲ加除シテ其ノ土地ノ地租ヲ納ムヘシ協議一致セサルトキハ政府ニ於テ之ヲ定ム

次いで明治三十二年三月に至り法律第八十二號を以て耕地整理法を制定發布せられ、翌三十三年一月十五日より施行せられたのである。法律施行の當初に於ては、耕地整理と稱するは、耕地の利用を增進する目的を以てその所有者共同して土地の交換若くは分合、區劃形狀の變更及び道路、畦畔若くは溝渠の變更廢置を行ふに過ぎざりしも、實施後の經驗に基づき漸次改正を加へられ、明治四十二年四月法律第三十號を以て、根本的に大改正を加へられたのである。今その改正を加へられたる主要の點を列記すれば左の如くである。

（一） 舊法に於ては農耕發展上主要なる開墾、地目變換を認めざりしも、新法はこれを目的事項中に加へ、尙整理の結果生じたる工作物の維持管理につき新に規定したること。

（二） 舊法に於ける耕地整理は、單純なる共同事業なりしを、新法は法人たる耕地整理組合をして、耕地整理事業の主體たることを得せしめたること。

（三） 舊法に於ける耕地整理の發起は、地區內土地の所有者數、面積、地價の各三分の二以上の同意あることを條件となしたるも、新法は土地所有者數に於ては二分の一以上の同意を以て足れりとし、面積、地價に於ては、各三分の二以上の同意を以て、組合の設立を許可し得ることゝなしたること。

（四）土地の強制編入は舊法に於ては共同施行にこれを認めたるも、新法に於ては共同施行は土地所有者全體の意思の合致を要し、事業の主體が耕地整理組合なるときに於てのみ強制編入を許すこと丶なしたること。

（五）耕地整理の監督權に關しては舊法は農商務大臣のみこれを有したるも、新法はこれを改めて第一次に郡長、第二次に地方長官、第三次に主務大臣とし、地區の區域が郡市若くは數郡に涉り、又は市內に止まる場合に於ては、第一次に地方長官、第二次に主務大臣となしたること。

（六）舊法に於ては耕地整理施行の認可權は主務大臣に屬したるも、新法は整理施行又は組合設立の認可權は、總てこれを地方長官に屬せしめたること。

（七）地租については新法も舊法も大差なきも、新法に於ては開墾又は地目變換が、地區內總面積の五分の一以上に當るときは、現地價によらずしてその從前の地域により、地價を修正し、開墾に在りては工事著手の年より二十年乃至三十年、地目變換に在りては工事完了の年より六年目に至り、修正地價により地租を徵收すること丶なし、又舊法に於ては整理後國有地の增加したる場合は、地區內の總地價を減ずることなかりしも、新法は相當減ずべき旨を規定したること。

以上は明治四十二年四月法律第三十號を以て改正せられたる耕地整理法の主要なる點である。その後地租條例の改正に伴ひ數次の改正を行はれたるも、地價配賦の方法に至りては大體に於て異なるところがなかつたのである。

然るに昭和五年第五十九回帝國議會に地租法案を提出せられ貴衆兩院の協贊を經て公布せらる丶に至つたのである。これに伴ひ耕地整理法中地價配賦に關する事項は總て改正するの必要を生じたるがために、これが改正案を地租法案と同時に提案し貴衆兩院の協贊を經て昭和六年三月法律第二十九號を以て、耕地整理法中改正法律が公布せられたのである。而して改正の要點については前に説明したるを以て、玆には重複を避ける意味に於てこれが説明を省略する。

總論

一　耕地整理施行（組合設立）申告

耕地整理は一人又は數人共同し若くは組合を設立してこれを施行することが出來るのであるが、概ね組合を設立して耕地整理を施行するのが通例である。而して耕地整理の施行又は組合の設立等に關しては、總て地方長官の認可を受くることを必要とするのである。

耕地整理施行の認可又は耕地整理組合設立の認可を受けたるときは、整理施行者は工事著手前整理施行地及びこれに隣接する土地の現形圖（施行規則第八條第七號の圖面）を添附して左記事項を税務署長に申告するのである。申告後地區又はその申告事項に變更を來したるときは右に準じて夫々申告することを要する（施行規則第一〇條）。

一　整理施行地の屬する市町村竝に土地の字、地番及び水面の位置、地積
二　耕地整理施行若くは耕地整理組合設立認可の年月日
三　工事施行後に於ける土地の筆數及び地積の地目別合計の豫定
四　工事の著手及び完了の豫定時期

二　申告書樣式

何郡市町村何耕地整理組合（第何地區）

昭和　年　月　日

組合長（又ハ整理施行者）何　某印

何税務署長殿

耕地整理施行（組合設立）申告

（一）整理施行地ノ屬スル郡市町村竝ニ土地ノ字地番及水面ノ位置、地積

郡市町村名	大字名	字名	地番
何郡（何町）何村	何々	何々	何番ヨリ何番迄　何番
			海面何程（地積ヲ表示ス）
			湖面何程（地積ヲ表示ス）

備考

一、一大字の內或る特種の事由ある土地數筆を除きたる外全部を整理地區に編入したるときは別に除斥地の地番を記載したるものを添附し本表には「別紙除斥地を除く外全部」と記載するも妨げなきこと。

二、湖海の埋立又は干拓をなすものに在りては水面の位置は字欄に記載しその地積を地番欄に表示すること

（二）整理施行「若ハ組合設立」認可ノ年月日

昭和　年　月　日

（三）工事施行後ニ於ケル土地ノ筆數及地積ノ地目別合計ノ豫定

地目			地積	筆數
法第十三條該當地	田		町	
	畑			
	宅地			
	何			
	計			
	國有地	道路		
		溝渠又ハ何々		
		計		
	合計			
法第十四	開拓地	田		
		何々		
		計		
	埋立地	田		
		何々		

條ノ四該當地								
	干拓地			國有地			合計	總計
計	田	何々	計	道路	溝渠又ハ何々	計		

（四）工事完了ノ豫定年月日

昭和　年　月　日

（五）整理施行地及之ニ隣接スル土地及水面ノ現形圖

（縮尺ハ六百分ノ一若ハ税務署備付地圖ト一致セシムルコト）

右耕地整理施行「組合設立」ノ認可ヲ得候ニ付此段及申告候也

備考

一、第十三條該當地域内の國有地は第十一條第二項に該當し第十四條の四該當地域内の國有地は第十一條第二項に該當せざること。

二、第十四條の四に該當する土地は式の如く區分掲記すること。

三　分筆の申告

耕地整理施行地區内に一筆の土地の一部を編入したるときは、前項の申告と共に分筆の手續をなさねばならぬ。而して分筆の申告は普通の場合なれば土地所有者よりこれをなすのであるが、耕地整理施行のため土地を分筆するの必要ある場合に於ては、組合はその所有者に代りこれに關する手續をなすことを得るのである。（第四二條の二、施行規則第一〇條の二）分筆の場合に於ける地番は左記各號によりこれを定める。

（一）一筆の土地を分筆して數筆となしたるときは、當初一筆たりしときの地番に、一、二、三、四等の符號を附して、各筆の地番となすのである。但し本番に符號ある土地を分筆するときは、その一筆には從來の符號を存し、他の各筆には本番最終の符號を追ひ順次符號を附して地番を定むるのである。

（二）分筆地の地積はその一方（三筆以上に分つときは一筆のみを殘しその他の各筆）を丈量しこれを土地臺帳記載の地積より控除し、その殘りを一方の地積となすのである。但し特殊の場合に於て分筆地の双方を丈量したる結果、土地臺帳記載の地積と些少の差を生じたるときは、分筆の增減として取扱ふも差支ない。

（三）分筆地の賃貸價格を定むるには、分筆地各筆の地位同一なるときは、元賃貸價格に各筆の地積を乘じ、總地積（分筆各筆の地積を合せたるもの、普通の場合は土地臺帳面の地積に同じ）を以て除し、その土地の賃貸價格となすのである。各筆の地位に優劣ある場合は、その地位に應じ適當に賃貸價格を配分するのである。

右何れの場合に於ても算出上一錢未滿の端數は各筆每にこれを切捨つるがために、元賃貸價格に對し些少の減差を生ずるを免れざるが、元賃貸價格に增減を來さしむるは適當ならざるを以て、適當に配分して增減なからしむるを原則とする。然れども一筆の總賃貸價格一錢未滿なるときは、切上げて一錢となすべきものなるが故に、この場合に於ては元賃貸價格より增加することゝなるも、大正五年一月法律第二十九號國庫出納金端數計算法の適用上止むを得ざるものである。

四　申告書樣式

何郡市町村何耕地整理組合(第何地區)
組合長(又ハ整理施行者)　何　某　印

昭和　年　月　日

何稅務署長殿

土地分筆申告(地形圖添附)

△赤書スルコト

何郡市町村	大字	字	地番	地目	地積	賃貸價格	摘要	所有者氏名又ハ名稱
何々	何	何	△一	△田	△八反〇〇	△三五円四〇		何　某
			一ノ一	田	五〇〇	二二一三		
			一ノ二	田	三〇〇	一三二七	整理地區ニ編入	

何々	何	何	△二	△畑	△	七〇九	△一一七		何某
			二ノ一	畑		三〇六	四八九	整理地區ニ編入	
			二ノ二	畑		四〇三	六二八		

右申告候也

第一例

土地分筆地形圖

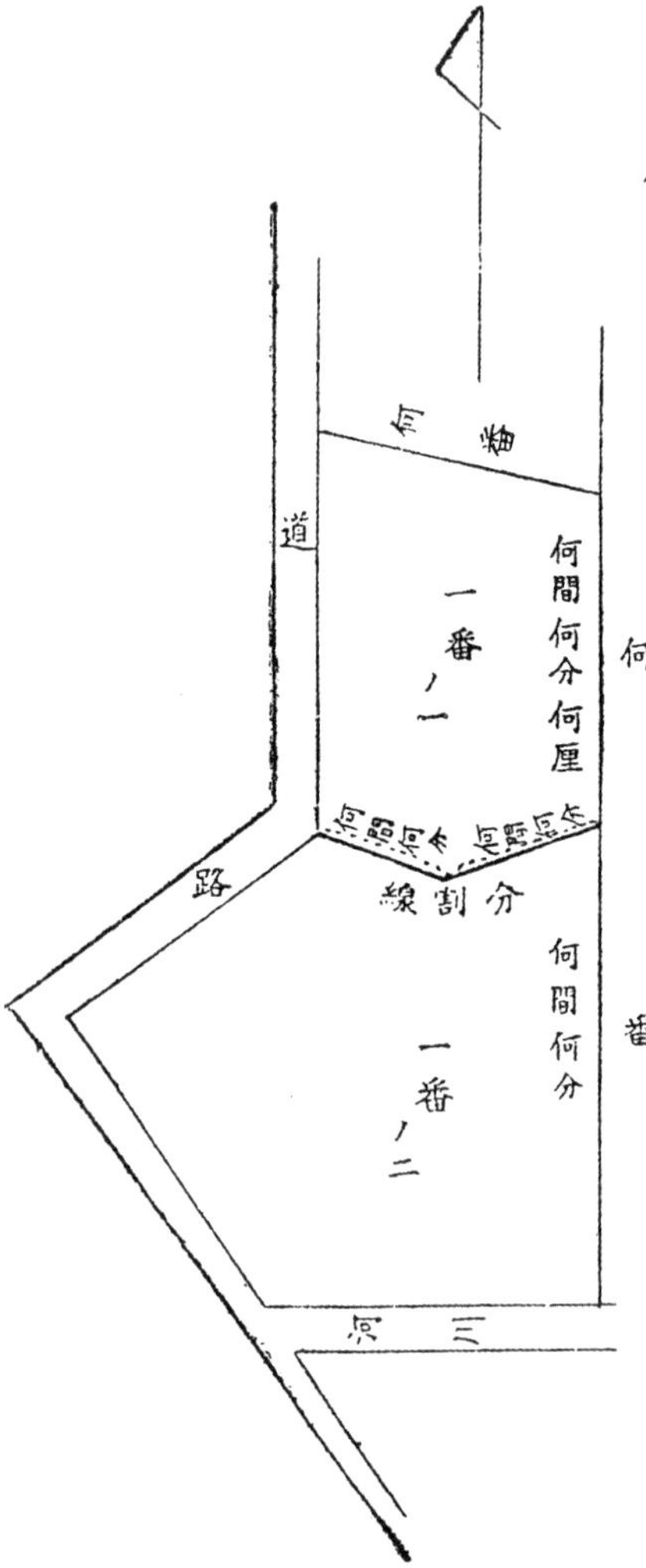

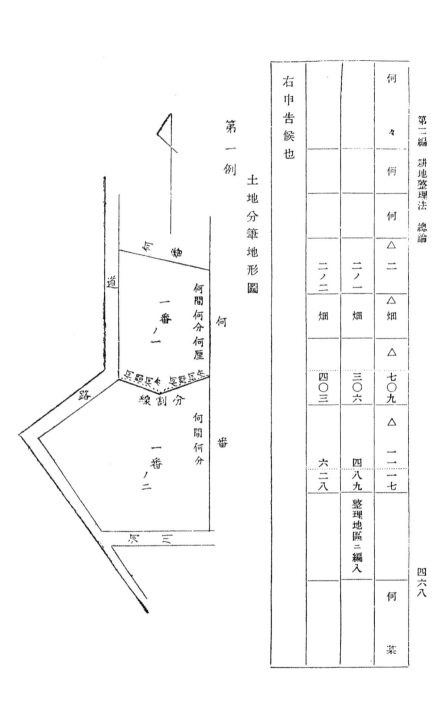

第二例

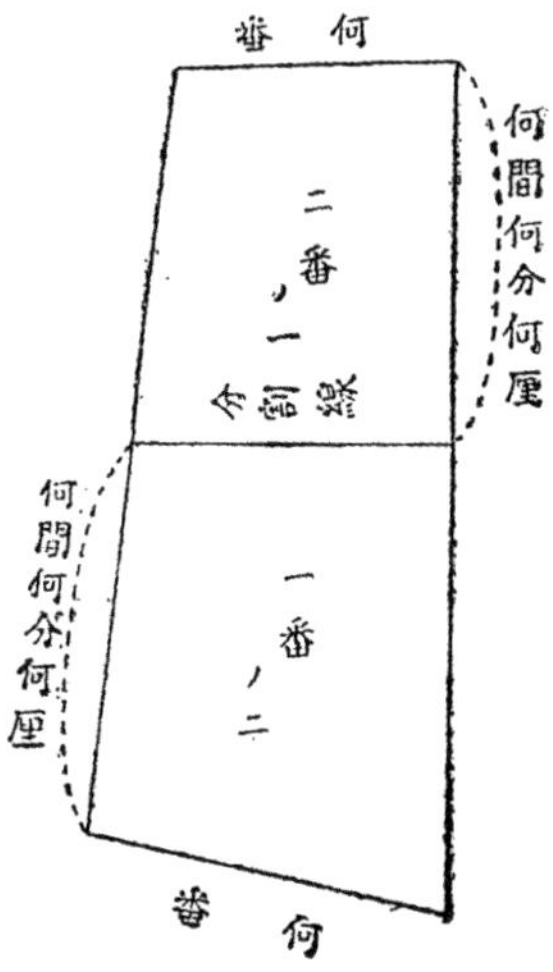

五　整理地區の變更申告

耕地整理地區變更の認可ありたるときは、地區變更により、新に編入又は除斥したる土地（又は水面）の字、地番、地區變更認可の年月日、地區變更の結果による工事施行後の土地の地積、筆數の地目別合計の豫定、工事着手及び工事完了豫定年月日は、當初の申告と異動あるときは、その年月日等を記載して税務署長に申告をなさねばならぬ（施行規則第一〇條）。

六　申告書樣式

何郡市町村何耕地整理組合（第何地區）

組合長（又ハ整理施行者）何　某印

昭和　年　月　日

何税務署長殿

耕地整理地區變更申告書

（一）地區變更ニ依リ新ニ編入又ハ除斥シタル土地（又ハ水面）ノ字地番

（イ）編入シタル土地（又ハ水面）

何郡市町村大字	字	地番

（ロ）除斥シタル土地（又ハ水面）

何郡市町村大字	字	地番

（八）右ニ對スル地目別地積賃貸價格筆數合計

何郡市町村大字	地目	編入セラレタル土地			除斥セラレタル土地		
		地積	賃貸價格	筆數	地積	賃貸價格	筆數

（二）地區變更認可年月日　昭和　年　月　日

（三）地區變更ノ結果ニ依ル工事施行後ノ土地ノ地積、筆數ノ地目別合計ノ豫定

（樣式ハ施行又ハ組合設立申告ノ（三）ノ例ニ依ル）

（四）工事著手豫定年月日　昭和　年　月　日

工事完了豫定年月日　昭和　年　月　日

（五）整理施行地及隣接スル土地及水面ノ現形圖

（縮尺ハ六百分ノ一若ハ税務署備付地圖ト一致セシムルコト）

右整理地區變更ノ認可ヲ得候ニ付此段及申告候也

七　工事著手申告

耕地整理の工事に著手したるときは、耕地整理法施行規則第十一條の規定により、整理施行者は遲滯なく、その旨を地方長官及び税務署長に申告することを要する。何故工事著手の申告を必要とするかといふに、その事項は種々あるも、最も主要なる點を擧ぐれば、その整理施行地區內に耕地整理法第十五條の規定に該當する開墾減租年期、地目變換減租年期、開拓減租年期、埋立免租年期、耕地整理減租年期、耕地整理埋立免租年期又は耕地整理開拓免租年期を有する土地ある場合に於ては、工事著手前の現況により、工事著手の際地租法第九條第三項の規定に準じて、賃貸價格の設定又は修正をなし、第十三條第二項の現賃貸價格となすの必要あるからである。

八　申告書樣式

何郡市町村何耕地整理組合（第何地區）
組合長（又ハ整理施行者）何　某　印
昭和　年　月　日
何税務署長殿
工事著手申告
右昭和　年　月　日工事著手致候ニ付此段及申告候也

九　工事完了申告

耕地整理の工事完了したるときは、耕地整理法施行規則第十一條の規定により整理施行者は遲滯なく、その旨を地方長官及び稅務署長に申告をなさねばならぬ。これが申告を必要とする主要なる點を說述すれば、その整理施行地區內に耕地整理法第十四條の二及び同第十五條第三項に該當する土地即ち無租地を整理施行地區に編入して有租地となしたるもの（第十一條第一項の交付地を除く）又は荒地免租年期を有するものある場合に於ては、工事完了のとき從前の地域により、地租法第九條第三項の規定に準じて賃貸價格を設定し第十三條第二項の現賃貸價格となすの必要あるからである。

一〇　申告書樣式

何郡市町村何耕地整理組合（第何地區）
組合長（又ハ整理施行者）何　　某　印

昭和　年　月　日

何稅務署長殿

工事完了申告

右昭和　年　月　日工事完了致候ニ付此段及申告候也

以上說明したる各種の申告は、耕地整理法第十三條第三項の規定により、規約を以て整理施行地區を數區に分ちたる場合に於ては、その各區を以つて整理施行地區と看做さるゝが故に、これに該當する整理施行地に在りては、各地區毎に夫々申告の手續をなすべきである（施行規則第一二條）。

一一　市町村內の大字若は字名の改稱又は區域の變更

各地に唱ふる字名は、その地固有の名稱にして、往古より傳來のもの甚だ多く、且つ土地に關する爭訟の審判又は歷史の考證若くは、地誌の編纂等にも最も要用なるものなれば、漫に改稱變更すべきものにあらざるも、耕地整理施行等のため改稱又は變更を必要とするときは左記各號により取扱ふのである。

（一）耕地整理施行のため市町村内の大字若くは字の名稱を改め又はその區域を變更するの必要あるときは、府縣知事は關係ある市町村會の意見を聞きこれを處分する（明治四四年三月内務省訓令第二號）。

（二）前項の處分をなしたるときは府縣知事は直ちにこれを關係市町村に通知し、その府縣の公布式によりこれを公告し同時にその公報を内務大臣に報告し、且つ土地臺帳主管廳たる所轄税務署及びその他關係官廳に該公報を送附する（明治四四年三月内務省訓令第二號）。

（三）所轄税務署に於て右の公報の送附を受けたるときは、直ちに土地臺帳並に字限圖その他關係諸帳簿の整理をなすのである。從つて當事者より改めて申告するの要がない。又一筆の一部分が大字若くは字の改稱又は區域の變更を來したる場合に於ても亦同樣である。

（四）前項後段の場合卽ち一筆の一部分が大字若くは字の改稱又は區域の變更を來したるがため土地の分筆を要するときは、税務署に於ては分筆の手續を省略し唯土地臺帳の沿革欄にその事由を附記するに止むるも差支ない。尤も整理地區外として一筆の一部分存するものなるときは、分筆の手續を要することは勿論である。

二　關係法令

市町村内の大字若くは字名の改稱又は區域の變更等に關する法令を左に揭ぐ。

◉各地字名存置法（明治一四年九月太政官達第八三號）

各地ニ唱フル字ノ儀ハ其ノ地固有ノ名稱ニシテ往古ヨリ傳來ノモノ甚タ多ク土地爭訟ノ審判歴史ノ考證地誌ノ編纂等ニハ最モ要用ナルモノニ候條漫ニ改稱變更不致樣可心得此旨相達候事

但シ實際已ムヲ得サル分ハ内務省へ可伺出事

◉市町村内土地字名變更の件（明治四四年三月内務省訓令第二號）

從來公稱スル市町村内ノ字名ハ明治十四年九月第八十三號太政官達ノ趣旨ニ依リ容易ニ改稱變更スヘキモノニアラサルモ已ムヲ得サル事實アリテ改稱變更ヲ必要トスルモノニ限リ左ノ規定ニ依リ取扱フヘシ

一　市町村内大字（市制町村制施行ノ際分合シタル舊區町村名、從前獨立町村内ノ支郷又ハ某組ト唱フル部落等ノ總稱）名及市内ノ町名ヲ改稱シ又ハ其ノ區域ノ變更ヲ要スルトキハ市町村會之ヲ議決シ府縣知事ノ許可ヲ受クヘシ但シ町村ニ屬スルモノハ島司郡長ヲ經由シ島司郡長ハ意見ヲ副申スヘシ

二　市町村内ノ小字名（市内ノ町名ヲ除ク）ヲ改稱シ又ハ其ノ區域ノ變更ヲ要スルトキハ關係アル地主ノ意見ヲ聞キ市町村會之ヲ議決シ府縣知事ノ許可ヲ受クヘシ町村ニ屬スルモノハ島司、郡長ヲ經由シ島司、郡長ハ意見ヲ副申スヘシ

三　前項ノ場合ニ於テ其ノ區域全部カ國有林野ニ屬スルトキハ府縣知事之ヲ處分シ若其ノ區域カ國有林野ノ外民有地ニ屬スルトキハ關係アル市町村會及民有地主ノ意見ヲ聞キ府縣知事之ヲ處分スヘシ但シ本項ノ處分ハ直ニ之ヲ關係市町村ニ通知スヘシ

四　第二項ノ場合ニ於テ其ノ區域カ御料地ニ屬スルトキハ前項ノ例ニ依ルヘシ

但シ豫メ帝室林野管理局長官ニ協議スヘシ

五　耕地整理施行ノ爲市町村内ノ大字若ハ字ノ名稱ヲ改メ又ハ其ノ區域ヲ變更スルノ必要アルトキハ關係アル市町村會ノ意

見ヲ聞キ府縣知事之ヲ處分スヘシ但シ本項ノ處分ハ直ニ之ヲ關係市町村ニ通知スヘシ

六　水面埋立地其ノ他新開地等新ニ字名稱ヲ付スルトキハ第二項ノ例ニ依ルヘシ

七　市町村ノ境界ニ關スル爭論ノ裁決及民事訴訟ノ判決ニ依リ字名ノ訂正又ハ其ノ區域ヲ變更スヘキトキハ市參事會町村長（第八項ノ島嶼ニ在リテハ町村長ニ準スヘキ職務ヲ行フ者）ヨリ府縣知事ニ申報セシムヘシ但シ町村ニ屬スルモノハ島司郡長ヲ經由スヘシ

八　東京府伊豆七島ノ内八丈島及大島ヲ除ク外竝小笠原島ニ於テハ仍ホ從前ノ手續ニ依ル其ノ小字ノ名稱及區域ニ關スルモノハ府知事ニ於テ處分スヘシ

九　第一項乃至第六項及第八項ノ許可又ハ處分ヲ爲シタルトキ竝第七項ノ申報ヲ受ケタルトキハ府縣知事ハ直ニ其ノ府縣ニ於ケル公布式ニ依リ之ヲ公告シ同時ニ其ノ公報ヲ内務大臣ニ報告シ且左ノ官廳ニ送付スヘシ

一　土地臺帳主管廳タル所轄税務署

二　當該要塞司令部、陸軍測量部、當該師團司令部（近衞師團ヲ除ク）當該聯隊區司令部

三　司法省、所轄地方裁判所、同區裁判所、同區裁判所出張所

四　遞信省通信局、同管船局、同電氣局、當該所轄遞信局

本論

第三條の二　耕地整理施行地域の制限

市ノ區域內ノ土地及主務大臣ノ指定スル地域內ノ土地ハ之ヲ整理施行地區ニ編入スルコトヲ得ス但シ市ノ區域內ノ土地ニシテ主務大臣ノ指定スル地域內ノモノニ付テハ此ノ限ニ在ラス

本條は賃貸價格の配賦には關係せず、又地租法の施行とは直接關係を有しないのである。然れども耕地整理施行地域の限界を明かならしめたる重要なる改正條文なるがために、特に說明を試みるのである。

一　市の區域內の土地整理施行地區に編入禁止

耕地整理は序論に於て說明したるが如く、土地の農業上の利用を增進するを目的とするのである。從つて事業の目的にして土地の農業上の利用を增進するに適合するものであるならば、その整理施行地區たるべき土地は、敢て農村の區域たると町又は市の區域たるとは、別段論ずるの必要はないのである。然れども市に屬する土地は主として商業、工業及び住宅の用に供せらるゝのである。假令現在に於ては田畑山林として存すると雖も、市の發展に伴ひ漸次その目的のために開發せらるゝ運命に卽して居るものといふことは出來やう。然るに舊法に於ては耕地整理施行地域といふものは別に制限して居らぬがために、耕地整理といふ名義のもとに宅地の造成或は宅地の利用を増進する目的を以つて區劃の整理を施行するものも尠くないのである。この種の事業を目的とするものでも、當初の設計書には耕地の整理を目的とするが如く裝ふて整理施行の認可を請ふものであるから、これが施行の認可をなさぬといふ譯にもいかぬので、その儘整理施行の認可を與ふることになるのである。然るに工事完成後の狀況を見るに、耕地の整理に非ずして概ね店舖、住宅及び工場等櫛比し偶々田又は畑の如き形狀をなし居るものなきにあらざるも、その多くは農業上に利用せず、單に空地として放置し、土地の價格の昂上を期待し居るの實情にあるのである。

元來耕地整理の目的は土地の農業上の利用を增進する目的を以て、工事を施行するものであるから、宅地の造成或は區劃の整理を目的とする事業に對しては、耕地整理法の本質に反するのであるから、工事施行の認可を與ふることは穩當でないのである。さりとて法律中にこれを禁止する明文なきがために、取扱上斯くの如き耕地整理施行の認可を與へざる樣にするといふことも困難であるのみならず、全國的にこれを統一するといふことも至難であるといふ意味に於て、耕地整理法の改正を期とし原則としては市の區域内の土地は、耕地整理施行地區に編入するを禁止することに規定せられたのである。

二　市の區域内の土地整理施行地區に編入し得る場合

市の區域內の土地を整理施行地區內に編入することを禁止したるは、單にその土地が市の區域に屬するが故にあらずして概ね耕地整理の目的を達成すること能はざるがためである。然るに舊來の市の區域に屬する土地と雖も、耕地整理の目的を達成し得るもの全然ない譯ではない。殊に近時市の多くは純然たる隣接農村を競ふて市の區域內に編入する傾向があるのである。これ固より都市發展の趨勢に鑑みて將來を期待するものと思ふ。これ等の土地は現に農耕地として利用し且つ近き將來に於ては、市街地或は住宅地として利用せらるゝ望みなき狀態に在るにも拘らず、單に市の區域內に屬するの故を以て、耕地整理法による土地の改良を禁止するときは、獨り土地所有者の不利益となるのみならず、國家經濟上の不利も亦尠くないといはなければならぬ。玆に於て市の區域內の土地と雖も、主務大臣（農林大臣）は耕地整理施行の必要ありと認むるときは、その地域を指定して整理施行地區に編入し得るやうに規定せられたのである。

三　市の區城外の土地整理施行地區に編入禁止

市の區域內の土地は原則としてこれを整理地區內に編入することを禁止したるは、主として市の區域內の土地は、市街地の區劃整理又は市街宅地の造成に適合するも、農業上の利用增進を目的とする耕地整理の施行には適せざるがためである。

果して然らば假令市の區域に屬せざる土地と雖も、旣に市街地を形成し、又は市街地の發展に伴ひ漸次市街地に變化しつゝある地域に對し、耕地整理の施行を認可するときは、市街宅地の造成或は宅地の利用增進を促進することゝなり、ために市の區域內の土地に對し、耕地整理施行地區內に編入することを禁止したる趣旨に反する結果を來すのである。玆に於てその目的を貫徹するがために市の區域外の土地と雖も、耕地整理施行の目的を達成するに適せざる地域に對しては、主務大臣（農林大臣）はその地域を指定して、耕地整理施行地區に編入することを禁止するやう規定せられたのである。

第十一條　國有地の無償交付及び無償編入

耕地整理ヲ施行スル爲國有ニ屬スル道路、堤塘、溝渠、溜池等ノ全部又ハ一部ヲ廢止シタルニ依リ不用ニ歸シタル土地ハ無償ニテ整理施行地ノ所有者ニ交付ス

耕地整理ノ施行ニ依リ開設シタル道路、堤塘、溝渠、溜池等ニシテ前項廢止シタルモノニ代ルヘキモノハ無償ニテ之ヲ國有地ニ編入ス

本條は耕地整理の施行により國有の道路、堤塘、溝渠、溜池等を廢止したるがために、不用に歸したる土地は無償にて整理施行地の所有者に交付し、これに代るべき新に開設した道路、堤塘、溝渠、溜池等は無償にてこれを國有地に編入することを規定したのである。

一　國有地の無償交付

耕地整理を施行するに當り、道府縣、市町村その他勅令を以て指定する公共團體の公用又は公共の用に供する國有地は、原則として整理施行地區に編入することは出來得ないのである。然れども耕地整理は土地の農業上の利用を増進するを目的として、工事を施行するのであるから、水路を開發して灌漑の利便を圖り、道路を擴張して耕作運輸の便に供し、惡水路を開設して濕田を乾田となし或は耕地の區劃を整理して整然たらしむる等の事業を行ふのであるから、從來その整理施行地區內に存したる道路、溝渠、溜池等を廢止してもこれに代るべきものは必らず開設されるの

であるから、公用又は公共の用に供する國有地の編入を禁止する必要はないのである。茲に於て主務官廳又は公共團體の認許を得て、整理施行地區に編入することが出來得るのである。而して國有の道路、堤塘、溝渠、溜池等にして、整理施行のため不用に歸したるものは、その地積の大小を問はず無償にて整理施行地の所有者に交付することに規定されたのである。

二 國有地の無償編入

國有地を整理施行地區に編入し、整理施行の結果不用に歸したる道路、溝渠、堤塘、溜池等は無償にて、整理施行地の所有者に交付するのであるから、新に開設したるもので、廢止したるものに代るべきものは、無償にて國有地に編入することを規定したのである。

要するに本條の規定は國有地と民有地との交換を無償にて行ふことを規定したに外ならぬのである。而して兩者共に地積については別段の規定を存しないのであるから、交付を受くべき土地の地積に比し、國有地に編入せらるべき土地の地積は如何に多くとも、無償にて國有地に編入せらるゝのである。又假令國有地に編入せらるゝ土地の地積は無償にて交付せらるゝ國有地の地積に比し尠き場合でも有償にて拂下を受くるといふが如き場合は絶對に生じないのである。

法文にこれに代るべきものと規定されてあるから從前整理地區内に全然國有地なかりし場合に於ては、假令整理施行の結果新に道路、溝渠等を開設したるときと雖その道路、溝渠等は無償にて國有地に編入せらるゝが如きことは生じないのである。

第十二條　耕地整理地に地租法を適用せざる場合

耕地整理ノ施行ニ依ル土地ノ異動ニ關シテハ地租法第十五條、第十七條第二項、第十九條、第二十條、第二十二條、第二十四條、第二十六條第一項、第二十九條乃至第三十三條、第三十五條、第三十六條、第三十八條、第四十條乃至第四十三條、第四十五條、第四十六條、第四十八條及第五十條乃至第五十三條ノ規定ヲ適用セス

本條は耕地整理の施行によつて土地に異動を生じたる場合には、地租法の規定を適用せざることを規定したのである。

耕地整理を施行するときは、土地に異動を生ずることは當然であるから、その異動に關し一々地租法の規定を適用して、異動地の處理をなすといふことは、頗る繁雜なるのみならず、實行上も亦至難である。而して耕地整理の工事が完了すれば、換地處分を行ふと同時に、賃貸價格の配賦をなすことになるのであるから、強て地租法を適用し異動地の處分をなす必要はないのである。故に耕地整理の施行による土地の異動については、地租法の規定を適用せざることに規定せられたのである。

一　無租地が有租地となりたる場合

耕地整理の施行により無租地が有租地となりたる場合には、耕地整理法第十四條の二の規定によつて、工事完了の

とき、從前の地域により、賃貸價格を設定することになつて居るのであるから、地租法を適用するの必要はないのである。

二　國有財産法第二十一條の開拓地及び埋立地

國有財産法第二十一條の規定により、賣拂又は讓與の豫約をなしたる土地にして、耕地整理の施行による開拓の事業成功に因り、賣拂又は讓與を受け有租地となりたるもの及び整理の施行による埋立又は干拓の事業成功に因り、賣拂又は讓與を受け有租地となりたるものについては、耕地整理法第十四條の四に地租法と殆んど同様の規定を設けられてあるから、地租法を適用するの必要はないのである。

三　耕地整理施行による分合筆

耕地整理の施行により地租法に規定する分筆又は合筆に該當する異動が生ずることは、當然のことであつて、これを一々地租法の規定により、分筆又は合筆の處分をなすことゝするも、耕地整理地については、工事完了後換地處分を行はれるのであるから、一々分合筆の處分をなす必要がないのである。

四　耕地整理の施行による開墾及び地目變換

耕地整理は土地の農業上の利用を增進するを目的として、工事を施行するのであるから、地目變換又は開墾をなす場合は尠くないのである。而して工事が完成すれば、その現況によつて毎筆の賃貸價格が定められるのであるから、地租法を適用して開墾減租年期の申請、或は開墾成功の申告をなさしむる必要はないのである。尙これが開墾又は地目變換に關しては、耕地整理法第十四條に規定されてあるのである。

第十三條　賃貸價格の配賦

耕地整理ヲ施行シタル土地ニ付テハ稅務署長ハ一筆每ニ地番ヲ附シ其ノ地目、地積及賃貸價格ヲ定ム

前項ノ賃貸價格ハ稅務署長ハ整理施行者ノ申請ニ依リ其ノ耕地整理ノ施行ニ依リ第十四條ノ四ノ有租地ト爲リタルモノヲ除クノ外整理施行地區內ノ土地ノ現賃貸價格ノ合計額ヲ每筆相當ニ配賦シテ之ヲ定ム但シ第十一條第二項ノ規定ニ依リ國有地ニ編入シタル土地ノ地積カ同條第一項ノ規定ニ依リ交付シタル土地ノ地積ヨリ多キ場合ニ於テハ其ノ地積ノ差數ヲ整理施行地區內ノ土地ノ現賃貸價格ノ平均額ニ乘シタル額ヲ現賃貸價格ノ合計額ヨリ控除シタル額ヲ以テ現賃貸價格ノ合計額トス

規約ヲ以テ整理施行地區ヲ數區ニ分チタル場合ニ於テハ其ノ各區ヲ以テ前項ノ整理施行地區ト看做ス

本條は耕地整理を施行したる土地の地番、地目、地積及び賃貸價格は稅務署長に於てこれを定むること及びその賃貸價格の定め方につき規定した耕地整理法中最も重要なる條文である。

耕地整理施行地の賃貸價格の定め方は、整理施行地區內の土地の現賃貸價格の合計額を、毎筆相當に配賦してこれを定むるのであるが、民意を尊重する趣旨より整理施行者の申請に基づいて税務署長が賃貸價格の配賦をなすのである。

整理施行地區內の土地の現賃貸價格の合計額を計算する場合には、第十四條の四の有租地となりたるもの、即ち耕地整理開拓免租年期及び耕地整理埋立免租年期に該當する土地の賃貸價格を除外し、又第十一條の規定によつて國有地に編入したる土地の地積と、交付を受けたる土地の地積とを比較して、國有地に編入したる地積が多い場合には、整理施行地區內の土地の現賃貸價格の平均額により、その多くなつた地積に對する賃貸價格を計算して、現賃貸價格の合計額より控除して、現賃貸價格の合計額を定むるのである。

本條第三項の規定は耕地整理を施行するに當り、組合の規約を以て整理施行地區を數區に分ちたる場合には、その各區每を整理施行地區と看做して、一地區每に現賃貸價格の合計額を計算して、賃貸價格の配賦を行ふことになるのである。

一　地番の定め方

耕地整理法に於ては整理施行地の地番の定め方につき別段の規定なきを以て、地租法の規定を準用してこれを定めねばならぬ。

元來土地の地番の多くは明治初年地租改正の際、附せられたるものでその地番の附し方は地方により異なつて居るのである。卽ち或る地方では一町村を通し番として、その町村內の土地に對し何千番に至るとも、一番より順次地番を附して居る地方もあり、又一大字毎に一番より順次地番を附して居る所もある。又一小字毎に一番より起番して地番を附して居る地方もあるのである。又地方によつては字といふものはなく、單に「イロハ」といふが如き符號を附してその符號毎に地番を附して居るものもあり、全國一樣でないのである。而して大字とか小字とかいふものがなくとも夫れに準ずべきものがある（市內の町名の如し）。地租法第五條に規定する地番區域なるものは、從來の慣行によつて自ら定まつて居るのであるから、その慣行を改めずに地番區域として、その區域卽ち町村、大字又は小字毎に起番して地番を定むるといふことになるのである。從つて耕地整理施行地の地番も亦地番區域毎に定めねばならぬ。而してその地番區域なるものは、整理施行地も、整理を施行せざる土地も共通であるから、兩者の連絡を保つことは肝要である。例へば町村を以て地番區域として居る地方にあつては、その町村の一部が耕地整理を施行したる場合には、同一町村內に重複したる地番を定むることは適當でないのみならず、取扱上も尠からず不便を感ずることになるから、この場合には整理地區內に於ける從前の地番中その首位のものより順次附番し、その結果整理施行地區外の地番と重複するものが生じたるときは、適宜の地番に一、二、三等の符號を附して整理地の地番を定むるのである。又大字を以て地番區域とする地方に於て、その大字の全部が耕地整理地なるときは、從前の地番に拘泥せず一番より起番して順次その地番を定め、何百番何千番に至るも敢て問ふ必要はないのである。

二　地目の定め方

耕地整理地の地目も整理を施行せざる土地の地目も、同一種類のものは同一の地目を附すべきことは當然である。この意味に於て耕地整理法には地目に關する規定がない。故に地租法の規定を準用して每筆の地目を設定せねばならぬ。

地目は土地の利用狀況を顧慮しその種類に從ひこれを定むるのであるから各種の地目につき少しく說明を試みる。

地目なる語には格別高尙なる意味がある譯ではない。取扱上便利のためにその地の性質竝に利用狀況に隨つて區分されたる名稱である。地租法第六條に左の如く規定されてある。

有租地ノ地目ハ土地ノ種類ニ從ヒ左ノ如ク區別シテ之ヲ定ム

第一類地　田、畑、宅地、鹽田、鑛泉地

第二類地　池沼、山林、牧場、原野、雜種地

無租地ノ地目ハ第二條第三號乃至第七號ノ土地ニ在リテハ各其ノ區別ニ依リ、其ノ他ノ土地ニ在リテハ其ノ現況ニ依リ適當ニ區別シテ之ヲ定ム

第一類地及び第二類地の各地目は、現地の名稱所謂小地目により、地目を區別して定めねばならぬのであるから、地目の認定に當つてはこれが區分は最も緊要なることである。第一類地及び第二類地の各地目中に包含する小地目を分擧すれば概ね左の如くである。

第一類地
- 田　未定田、沼田、流作田、
- 畑　未定畑、流作畑、山畑、燒畑、切換畑、
- 宅地　堂宇數地、水車數地、社寺境內、
- 鹽田　鹽濱、鹽溜、製鹽場、未定鹽濱、

- 鑛泉地　温泉、冷泉、
- 池沼　堀、養魚池、水車溝、蓮池、井戸敷、堀潰池
- 山林　崖地、竹木雜生地、櫨山、柴草山、萱山、石山、

第二類地
- 牧場
- 原野　蒲生地、草生地、芝生地、秣場、萱野、野地
- 雜種地　網干場、魚干場、荷揚場、舟揚場、稲干場、布晒場、濱地、土揚場、流木置場、土取場、造船場、海岸砂地、

(田)　田とは水田にして用水の利により耕作する土地である。主として稲作するも地方により蓮慈姑の類を作るのもある。又稲作の前後に豆、麥、菜蔬の類を栽培して、二作三作する土地もあるのである。

(未定田)　未定田とは川緣、湖水緣の田地にして、年柄により或は全部に植付け或は一部のみに植付くる等作付の不定なる土地をいふ。

(沼田)　沼田とは地質瘠薄なる深泥の田地にして、年々僅々たる收利を得る土地をいふ。

(流作田)　流作田とは從前流作場又は大繩場と唱へし田地にして、地方によりその名稱を異にするも、未定田と等しく作付の不定なる土地をいふ。

(畑)　畑とは陸田にして穀類、菜蔬、三草(紅花、藍、麻)四木(桼、桑、楮、茶)の類を栽植すべき土地ではあるが、單に植物のみについて畑とは認定し難いのである。要するに實地の狀況とその植物の如何とを參酌して地目

を定むることを肝要とする。

（未定畑、流作畑）　未定畑及び流作畑は未定田、流作田と同一にして、只田畑の別あるに過ぎない。

（切換畑）　切換畑とは山林の樹木を切拂ひ又は燒拂ふて、凡そ十年乃至二十年毎に三年若くは五年作付をなす土地をいふ。

（燒畑）　燒畑とは切換畑と稍々同じきもので、山林の樹木を燒拂ふて畑作をなす土地をいふ。

（山畑）　山畑とは山嶺、山腹の畑にして、その地質最も磽确の地である。

以上記述する所の未定田畑、流作田畑、沼田、切換畑、燒畑及び山畑は、その收益最も少なき土地であるから、普通田畑の等級內に編入するときは、その町村の收穫高の平均或は府縣の收穫高の平均額を計算する場合には眞實の平均額を求むることは困難なるのみならず、他の地方との權衡を得ること至難なるがために、改租の際は種々なる名稱を附して、普通田畑の範圍外に置かれたのである。最早今日に於てはこの名稱を必要としないのであるが、今更これを改むるも何等の益なきを以て、從來の通り据置くのである。

耕地整理施行地區內に收益僅少のため普通田畑の等級內に編入し得ざる場合は、等外としこれに一、二、三の等級を附することも敢て支障はないのである。

（宅地）　宅地とは從來屋敷地と稱したのである。改租の際は郡村宅地、市街宅地の別ありしも、明治四十三年三月法律第三號を以て、一般に宅地と改稱せられたのである。然れども斯くの如き單純なる定義の下に宅地なりや否やの認定をなすならば、實際に當つては種々なる問題を生じ、容易にこれを決定すること困難である。故に宅地とは建物の敷地は勿論、その建物の維持に必要なる土地又は風致若くは風水防に要する樹木の生育地、通路、その他宅地の效用に必要なる土地と解するを至當とする。

（堂宇敷地）　堂宇敷地とは、觀音堂、藥師堂、地藏堂等の如き佛像を安置する建造物ある一小境內地をいふ。

（社寺境內）　社寺境內とは府縣社鄕村社の境內にして、官有及び該社の所有にあらざるもの又は府縣社鄕村社にあらざる神社及び寺院の境內地をいふ。

（鹽田）　鹽田とは田地の如き形にして、潮水を引いてこれを撒布し乾燥せしめて鹽を採る土地をいふ。

（鹽溜）　鹽溜とは製鹽に供する潮水を溜め置く土地をいふ。

（製鹽所）　製鹽所とは潮水を煎て鹽となす土地卽ち鹽竈のある所をいふ。

（未定鹽濱）　未定鹽濱とはその構造未だ完からず、鹽田の名稱を附し難きものをいふ。

（鑛泉池）　鑛泉地とは溫泉、又は冷泉の湧出する地をいふ。而して湧出する土地といふもその範圍は、大體湯口及びその維持に必要なる區域と解するを至當とする。

（池沼）　池沼とは水溜りの地にして、自然と人造との別なく、又收利の有無を論ぜず、耕地の灌漑に供せざるものをいふ。

（養魚池）　養魚池とは魚類を養殖して收利を得る土地をいふ。

（水車溝）　水車溝とは水車に疎通する水路敷地をいふ。

（山林）　山林以下の各地目各種類は孰れもその實地名稱の如くにして、他に記すべきものなく別段說明を必要とするものはない。

三　地積の定め方

耕地整理は屢々説明したるが如く、土地の農業上の利用を増進する目的を以て土地の交換、分合、開墾、地目變換その他區劃形質の變更等をなすものなるが故に、工事完成後に於ける各筆の地積を定むるには、實測してこれを定めねばならぬ。然るに耕地整理法には地積の定め方については、別段に規定せられたる條文がない。從つて地租法の規定により地積を定むるのである。

地租法第七條によるときは地積は左の各號の規定によりこれを定められる。

一　宅地及鑛泉地ノ地積ハ平方メートルヲ單位トシテ之ヲ定メ一平方メートルノ百分ノ一未滿ノ端數ハ之ヲ切捨ツ

二　宅地及鑛泉地以外ノ土地ノ地積ハアールヲ單位トシテ之ヲ定メ一アールノ百分ノ一未滿ノ端數ハ之ヲ切捨ツ但シ一筆ノ地積一アールノ百分ノ一未滿ナルモノニ付テハ一アールノ一萬分ノ一未滿ノ端數ヲ切捨ツ

と規定されてあるが、この規定は今直に實行するのではなく、地租法附則第百條に地積は第七條の規定に拘らず、當分の內左の各號の規定によりこれを定む。

一　宅地及鑛泉地ノ地積ハ六尺平方ヲ坪、坪ノ十分ノ一ヲ合、合ノ十分ノ一ヲ勺トシテ之ヲ定メ勺未滿ノ端數ハ之ヲ切捨ツ

二　宅地及鑛泉地以外ノ土地ノ地積ハ六尺平方ヲ步、三十步ヲ畝、十畝ヲ段、十段ヲ町トシテ之ヲ定メ步未滿ノ

端數ハ之ヲ切捨ツ但シ一筆ノ地積一歩未滿ナルモノニ付テハ歩ノ十分ノ一ヲ合、合ノ十分ノ一ヲ勺トシテ之ヲ定メ勺未滿ノ端數ハ之ヲ切捨ツ

と規定されてあるから、當分の內は從前の通り取扱はれることになるのである。

耕地整理地については耕地整理法第三十條の規定によつて、工事完了後遲滯なく換地處分案を作製して、總會又は總會議の議に附し、然る後地方長官の認可を受くることになつて居るのである。而して整理施行者は第十三條第二項の規定により、賃貸價格の配賦を申請する場合には、施行規則第十六條の規定により、整理確定圖を添附せねばならぬのである。換地處分案を作製するには、各筆毎に實測をなさざれば地積は定まらぬ。地積が定まらなければ換地處分案を作製し能はざるはいふ迄もないことである。要するに耕地整理地の工事が完成すれば、その狀態により每筆實測をなし、整理確定圖なるものを調製して、賃貸價格配賦の申請書に添附し稅務署長に提出するのであるから、稅務署長はその申請書に基づき、調査の上各筆每の地積を確定することになるのである。

四　現賃貸價格の計算

耕地整理法第十三條第二項の整理施行地區內の土地の現賃貸價格の合計額は、整理施行當時の土地の現在賃貸價格を基礎とし、左記各號の金額を加除してこれを定むるのである。

（一）工事著手後整理施行の結果にあらざる事故、即ち無租地（國有地成）となりたるものあるときはこれを控除する。

（二）第十一條第二項により國有地に編入したる土地の地積が、同條第一項により交付せられたる土地の地積より

多き場合に於ては、整理施行地の現賃貸價格の平均額に、その地積の差額を乘じたる金額を控除する。

（三）第十四條第一項により、賃貸價格の修正をなしたる場合に於ては、修正賃貸價格の總額よりこれに對する原賃貸價格の總額を控除したる金額を、修正したる土地の總地積を以て、除して得たる平均額に有租地總地積の五分の一を超過する地積を乘じたる金額を加算する。但しこの場合に於て修正賃貸價格の總額が、これに對する原賃貸價格の總額より減少したるときは、その修正賃貸價格を以て、第十三條第二項の現賃貸價格とする。

（四）第十四條の二により無租地を整理施行地區に編入し、有租地となし、賃貸價格を設定したるときは、その設定賃貸價格を加算する。

（五）第十五條第一項により、整理施行地區内に開墾減租年期、地目變換減租年期、開拓減租年期、埋立免租年期、耕地整理減租年期、耕地整理開拓免租年期又は耕地整理埋立免租年期を有する土地ある場合に於て、賃貸價格の設定又は修正をなしたるときは、その修正したる賃貸價格の差額及び設定賃貸價格を加算する。

（六）第十五條第三項により、荒地免租年期（震災に因り一定の期間地租の免除を受くる土地を含む）ある場合に於て、賃貸價格の設定をなしたるときは、その設定賃貸價格を加算する。

以上の説明に對する第十三條第二項の現賃貸價格の計算方法を、更に例示して説明を補足する。

現賃貸價格の計算方例示

第一號　整理施行當時土地の地目別地積、賃貸價格、筆數

區分	地目	地積	畦畔	賃貸價格	筆數	摘要
民有地	田	一四町七二〇〇	外 一五〇〇歩	六、一三八円二〇	五一八	
	畑	六三五〇〇		九七五八〇	一四〇	
	宅地	一二〇〇〇		一、六二〇〇〇	二〇	
	荒田	三五〇〇	外 五〇〇		一〇	昭和十年々期滿了
	同	一二〇〇			三	昭和十五年々期滿了
	山林	二六〇〇		一五六〇	五	
	同	一三〇〇		六五〇	三	開墾減租年期 昭和十年々期滿了
	用惡水路	〇六〇〇			一	
	計	二三一九〇〇	內 二〇〇〇	八、七五六一〇	七〇〇	
法第十	道路	一二〇〇〇				

一條第一項該當地	溝渠	八〇〇〇			
	計	二〇〇〇〇			
合計		二五一九〇〇	二〇〇〇	八、七五六一〇	七〇〇

第二號　第十五條第一項による賃貸價格修正

摘要	地目	地積	畦畔	賃貸價格	筆數
第十五條第一項該當開墾地	△山林	△一三〇〇 町		△六五〇 円	△三
同上修正地	田	一〇〇〇		四三〇〇	二
同	畑	〇三〇〇		七三〇	一

（△は赤書すること）

第三號　第十四條第一項による賃貸價格修正

摘要	地目	地積	畦畔	賃貸價格	筆數	備考
第十四條第一項該當地目變換原地	△畑	△六三〇〇〇 町		△九五三〇〇 円	△一三九	

（△は赤書すること）

同上修正地	田	六 三〇〇〇		二、三三五 〇〇	一三九	
原賃貸價格に對する修正賃貸價格の增差額				一、三八二 〇〇		
右增差額一反步當平均額				二一 九三		
總地積の五分の一を超過する地積及びこれに乘じたる金額		一 六三一二		三五八 三三		總地積二三町三三〇〇步 此五分の一　四町六六一八步
右の結果修正地の現賃貸價格となるべきもの	田	六 三〇〇〇		一、三一一 三三	一三九	

備考

本項による修正賃貸價格が原賃貸價格より減少したる場合はその修正賃貸價格を以て配賦すべき現賃貸價格となすこと。

第四號　第十四條の二による賃貸價格設定

（△は赤書すること）

摘要	地目	地積	畦畔	賃貸價格	筆數	備考
原地	用惡水路	△ 町 〇六〇〇 步		―― 円	△ 一	
賃貸價格設定地	田	〇六〇〇		二八 五〇	一	

第五號 第十五條第三項による賃貸價格修正

（△は赤書すること）

摘用	地目	地積	畦畔	賃貸價格	筆數	備考
原地	荒田	△町三五〇〇	外五〇〇	―円	△一〇	昭和十五年々期滿了
修正地	田	三六〇〇	內五〇〇	一三五〇〇	一〇	
原地	荒田	△一二〇〇		―	△三	昭和十年々期滿了
修正地	畑	一二〇〇		二七〇〇	三	

第六號 第十三條第二項の現賃貸價格の合計額

區分	地目	地積	畦畔	賃貸價格	筆數
民有	田	二一町五四〇〇	外一五〇〇 內五〇〇	七、六五六円〇三	六七〇
	畑	二〇〇〇		五七一〇	五
	宅地	一二〇〇〇		一、六二〇〇〇	二〇

地目		地積	畦畔	地價	摘要
地	山林	二六〇〇		一五 六〇	五
	計	二三 二〇〇〇	内外 一五〇〇 五〇〇	九、三四八 七三	七〇〇
法第十一條第一項該當地	道路	一 二〇〇〇			
	溝渠	八〇〇〇			
	計	二 〇〇〇〇			
合計		二五 二〇〇〇	内外 一五〇〇 五〇〇	九、三四八 七三	七〇〇

第七號　整理施行後の地目別地積筆數

地目	地積	畦畔	筆數	摘要
田	二六町 六六〇〇歩	内 一町 二六〇〇	四二〇	
畑	二三〇〇		四	
宅地	一 三二〇〇		一五	

山林	計	法第十一條第二項該當地 道路	溝渠	計	合計
二九〇〇	二八五〇〇〇	一五三〇〇	八五〇〇	二三八〇〇	三〇八八〇〇
	内 一二六〇〇				一二六〇〇
二	四四一				四四一

第八號 耕地整理法第十一條第一項、第二項の土地地積對照

整理施行前の第十一條第一項該當國有地地積	整理施行後の第十一條第二項該當國有地地積	整理施行前に比し整理施行後の増減
町 二〇〇〇〇	町 二三八〇〇	町 三八〇〇

備考

整理後の地積が減じたる場合はその差額を赤書すること。

第九號　超過地積に對する賃貸價格の計算

工事完了當時の民有地積		28.5000町歩
第十一條第一項の土地地積	(一)	2.0000
第十一條第二項の土地地積	(十)	2.3800
現賃貸價格を除すべき地積	＝	28.8800

右の地積を以て現賃貸價格を除したる平均額に國有地超過地積を乘ずれば左の如し。

工事完了當時の民有地地積	整理施行後の現賃貸價格の總額	一反歩當平均額	第十一條第二項の超過地積三八〇〇歩に上記の平均額を乘じたる金額
二八町八八〇〇	九、三四八円七三	三二円三七	一二三円〇〇

備考

一、本表は整理後の國有地が整理前に比し減少したる場合は調製を要せざること。

二、一反歩當賃貸價格は厘位切捨て錢位に止むること。

第十號　第十三條第二項但書の平均額に乘じたる額を控除したる整理後の各筆に配賦すべき賃貸價格

摘要	賃貸價格
工事完了後從前の土地の總賃貸價格	九、三四八円七三

整理施行後増加したる國有地に對する賃貸價格	一二三〇〇
差引整理後の各筆に配賦すべき賃貸價格	九、二二五七三

備考

本表は第十一條第二項により國有地に編入せらるべき地積が、同條第一項により交付せらるべき地積より減少したるときは調製を要せざること。

五　各筆賃貸價格配賦の原則

以上說明する所により各筆に配賦すべき現賃貸價格が確定したるときは、毎筆に配賦せねばならぬ。而して賃貸價格配賦の方法は賃貸價格を標準とするもの、評定價格を標準とするもの等種々あるも、何れの方法を採用するも要は公平適實に各筆相當に配賦し得るに於ては、別段支障はないのである。

耕地整理法は土地の農業上の利用を增進する目的を以て、制定せられたるものなるが故に、整理施行者に對しては多大の便宜と利益とを與ふべく規定せられてある。而して耕地整理施行の結果生じたる土地の異動については、總て地租法の規定を適用せずして、毎筆の賃貸價格は、整理施行後の現況により新に賃貸價格の修正又は設定の取扱ひをなさず、整理施行地の現賃貸價格の合計額を、毎筆相當に配賦してこれを定むることに規定せられてある。これ蓋し整理施行後の負擔を增加せしめず、且つ當事者の利益と便宜とを圖るの精神に出てたるに外ならない。

耕地整理施行地の賃貸價格配賦に際しては、各地目各筆間の權衡を保持すべく適當に配賦せねばならぬ。これが權衡を保持せんと欲せば、地租法第八條に規定する賃貸價格の意義並に算定の方法につき說明するの要ありと認める。

六　賃貸價格の意義

賃貸價格とは貸主が公課、修繕費その他土地の維持に必要なる經費を負擔する條件を以て、これを貸付する場合に於て、貸主の收得すべき一年分の金額により定めたるものをいふ。換言すれば、通常の地代又は小作料のことを賃貸價格と稱したるに過ぎないのである。而して實際の地代又は小作料は特殊の事情により、高きに失するもの或は低きに過ぐるものありて、各地各筆の地代又は小作料が、その儘地租の課稅標準たる賃貸價格として採用し得ざるを以て、多數の實例を參酌し、その中庸を得たるものを基準として、各筆の賃貸價格を評定するのである。尤も地租法第八條の規定は、地租の課稅標準たるべき賃貸價格の意義を明定せられたるに過ぎずして、地租法施行當初の賃貸價格は、大正十五年の土地賃貸價格調査法により定められたるものを採用せられたのである。而して土地賃貸價格調査法の規定する賃貸價格の調査の方法については、第一編に於て既に記述を了したのであるが、賃貸價格配賦に關する重要なる事項なるを以て、左にその大要を說明する。

七　賃貸價格調査の方法

（一）　土地賃貸價格調査法　（大正十五年三月法律第四十五號）

第一條　政府ハ本法ニ依リ土地ノ賃貸價格ヲ調査ス

第二條　賃貸價格ノ調査ハ大正十五年四月一日現在ノ地租ヲ課スヘキ土地ニ付之ヲ行フ但シ地租條例其ノ他ノ法律ニ依ル各種ノ免租年期地ハ此ノ限ニ在ラス

第三條　土地ノ賃貸價格ハ各地目毎ニ土地ノ情況類似スル區域内ニ於ケル標準賃貸價格ニ依ル
標準賃貸價格トハ前項ノ區域内ニ於ケル標準トナルヘキ土地ニ付貸主カ公課修繕費其ノ他土地ノ維持ニ必要ナル經費ヲ負擔スル條件ヲ以テ之ヲ賃貸スル場合ニ於テ貸主ノ收得スヘキ金額ヲ謂フ

第四條　前條ノ區域及標準賃貸價格ハ別ニ定ムル所ニ依リ賃貸價格調査委員會ノ議ニ付シ政府ニ於テ之ヲ定ム

附　則

本法ハ大正十五年四月一日ヨリ之ヲ施行ス

（二）賃貸價格の評定

賃貸價格とは法律に規定しあるが如く、貸主が公課修繕費その他土地の維持に必要なる經費を負擔する條件を以てこれを賃貸する場合に於て、貸主の收得すべき金額をいふことは既に說明したる通りである。而して個々の賃貸實例中には特殊の事情により適當と認め難きものあり又賃貸實例尠なくしてこれを基礎とすること能はざる場合も尠なからず、これ等の場合に於ては收獲高又は時價等をも考慮し他の區域との權衡を稽へ適當にその賃貸價格を評定したのである。

（三）田畑賃貸價格の調査方法

田畑の賃貸價格は大體左の方法により調査したのである。

「イ」區域　田畑の情況類似すと認むる區域は、大體一小字又はこれに準ずべき區域を基礎とする。小字内に於ても著しく情況を異にするものあるときは相當にこれを區分す。又情況類似するがために、數小字に同一等級を適用したるものも尠なくないのである。

「ロ」小作料　大正十年より十四年に至る五ケ年間に於ける實收小作料の平均額による。蓋し調査年限短きに過ぐれば、平均を得難く又長きに過ぐれば、却つて現在の状況に副はざる結果となるを以て、五ヶ年を相當と認めらる。

「ハ」米價　小作料が米その他の物納なる場合は、五ヶ年間の平均物價を以てこれを換算したのである。

「ニ」災害による減免　既往五ケ年間中に旱害、水害、その他循環的又は連續的の災害ありしがために、小作料の減免ありたるものはこれを控除したのである。

「ホ」小作爭議の減免　小作爭議等による減免もこれを控除する。爭議の結果契約高が將來に渉り變更せられたる場合は、既往の事實に拘らず更改せられたる小作料を基礎として、賃貸價格を調査したのである。又爭議の解決せざるものは、その狀況に應じ解決地の例等を參酌して、適當なる評定を加へたのである。

「ヘ」奬勵米、延米等の調査　地方の慣習により小作人に奬勵米を支給するものは、これを小作料より控除する。延米口米その他の名義を以て、契約小作料の外一定の數量を地主に於て收得するものは、これを加算するの方針を採つたのである。

「ト」山間部等の斟酌　山間僻地等に於て小作地の實例少なく、而かも需給の關係上その小作料が、著しく高きに失し、これを以て多數の自作地を律すること穩當ならずと認めらるゝものについては、その實況に照し適當の斟酌を加へたのである。

（四）　村落宅地の賃貸價格の調査方法

「イ」村落宅地の區域　村落部の宅地は市街地とその趣を異にするを以て、大體一小字を區域として調査したるも、交通の利便その他を考慮してこれを別區域となしたるものもあるのである。

「ロ」賃貸料の計算　宅地の賃貸料は市街地たると村落地たるとを問はず、大正十五年四月一日現在の契約額を基礎として調査したのである。蓋し宅地に在りては田畑等の如く、賃貸料を減免すること稀なるを以て、既往の賃貸料を顧慮するの必要なきものと認めたるがためである。併しながらその賃貸料が物納なる場合に於て、金額に換算するがために用ひたる物價は大正十年より十四年に至る五ヶ年平均の價格により調査したのである。

（五）第二類地の賃貸價格の調査方法

「イ」山林の區域　山林はその樹種の區分により、杉檜山、松山、雜木林、竹林、芝草山、岩石山等の種類毎にその區域を分ち同一種類のものと雖も、地味及び利用狀況等の相違するものは、更にこれを別區域としたのである。然れども一小字内の小部分に於て樹種を異にするものあるも、その情況に大差なしと認めたるものは、これを一區域となしたのである。而して山林に於ける小字毎の情況は概して、田畑等の如く相違せざる場合多きを以て、數字を合併して一區域となしたるものも尠なくないのである。

「ロ」その他の區域　原野、池沼、雜種地等の區域も山林に準じ、その利用の狀況を調査して、相當に區域を定めたのである。

「ハ」賃貸價格の評定　山林、原野その他の第二類地に於ては、賃貸の實例尠なきを以て、大部分はその時價を調査しこれを標準として、賃貸價格を評定するの方法を採つたのである。

八　各筆の賃貸價格配賦の方法

（一）賃貸價格標準主義　第五項に於て既に說明を了したるところの賃貸價格配賦の原則に基づき、賃貸價格の配賦をなすときは、整理施行後の現況により地租法第九條第三項に準じて、各地目毎各筆の品位及び情況に應じ等級を設定し各等級毎に一段步當標準段金を定め、これを各等級毎の總地積に乘じて各等級毎の標準總賃貸價格を算出し、その標準賃貸價格の合計額と、各筆に配賦すべき現賃貸價格の合計額との比率を求め、その比率を前記の一段步當標準段金に乘じて、配賦賃貸價格の一段步當を計算し、その金額に各筆の地積を乘じて、その土地の配賦賃貸價格を定むるのである。而して等級は細分に涉るときは、錯雜となり却つて各等級間の權衡を誤る場合なしとも限らざるを以て。第七項に於て說明したる土地賃貸價格調査法の調査方針に基づき、田は五六階級を標準とし又畑はこれに準じ等級を定むるを相當とする。これ固より筆數の多寡、地味優劣の差異等により一定し難きは勿論である。故に普通田畑より著しく地位劣等にあるもの丶如きは、例外として適當の等級を定むべきである。而して每筆の賃貸價格は錢位に止め、錢位未滿の端數はこれを切捨つるを原則とするのであるが、各筆に配賦したる賃貸價格の合計額と、各筆に配賦すべき現賃貸價格の合計額とを一致せしむる上に於て、算出上の差額を成るべく接近せしむると共に、負擔の公平を期するの趣旨に於て、賃貸價格の算出は厘位四捨五入錢位に止めて計算したる各筆の合計額が、尙ほ現賃貸價格の合計額に一致せざるときは、適宜の土地に於て加減し、必らず一致せしむることにせねばならぬ。

（二）　評定價格標準主義　評定價格を標準として賃貸價格の配賦をなさんとするときは、整理施行後の現況により各地目各筆の品位及び情況に應じて等級を詮定し、各等級每に一段步當評定價格を定め、これを各等級每の總地積に乘じて各等級每の評定總價格を算出し、その評定價格の合計額と、各等に配賦すべき現賃貸價格の合計額との比率を求め、その比率を評定價格一段步當に乘じて、配賦賃貸價格の一段步當を計算し、その金額に各筆の地積を乘じて、その土地の配賦賃貸價格を定むるのである。而して評定價格を標準として賃貸價格の配賦をなす場合に於て、評定價格につき別に標準を定めず、現地につき一筆每に評價をなしたる結果として、各筆每に段金を異にするが如き場合に於ては、これに對し極端なる評定價格按分主義を用ふることは、配賦賃貸價格も各筆每に段金を異にすること丶なり賃貸價格の取扱上不便尠なからざるを以て、斯る場合は評定價格を相當の等級に區分し、該等級に基づき賃貸價格を配賦するの方法を採ることが肝要である。これを例示すれば左記の如くである。

評定價格を基礎として計算したる賃貸價格一段步當	相當の等級に更正したる賃貸價格一段步當
錢 五五、七〇 五五、六七 五五、五〇 五五、一〇	錢 五五、五〇
五四、九〇 五三、六五 五三、六一 五二、八三	五三、七〇
四九、三〇 四九、二一 四九、〇七 四八、九五	四九、二〇

以上の說明に對する各地目每等級別地積及び賃貸價格並に一段步當賃貸價格計算の基礎を左に例示する。

第一例 賃貸價格標準主義により配賦賃貸價格計算の場合

地目	等級	總地積	內畦畔	標準段金に依る賃貸價格 一段步當	標準段金に依る賃貸價格 賃貸價格	一段步當配賦賃貸價格
田	一	町 八九一〇〇	町 四七一〇	円 五五〇〇	円 四、六四〇一六	円 三九七

田	二	五二〇〇〇	三三〇	四七〇〇	二、三三七四六	二八一七
田	三	七八五〇〇	二六〇〇	四〇〇〇	二、九九六〇〇	三三九八
田	四	四七〇〇〇	二〇〇〇	三五〇〇	一、五七五〇〇	二〇九八
計		二六六六〇〇	一二六〇〇		二、五四八六三	
畑	一	一〇〇〇		二五〇〇	二五〇〇	一四九九
畑	二	一〇〇〇		二三〇〇	二三〇〇	一三七八
畑	三	〇三〇〇		二一〇〇	六三〇	一三五九
計		二三〇〇			五四三〇	
宅地	一	五〇〇〇		三〇〇〇〇	一、五〇〇〇〇	一七九八四
宅地	二	七〇〇〇		二八〇〇〇	一、九六〇〇〇	一六七八五
宅地	三	一二〇〇		二五〇〇〇	三〇〇〇〇	一四九八七

計		一三二〇〇			三、七六〇〇〇	
山林	一	二〇〇〇		一〇〇〇	二〇〇〇	五九九
山林	二	〇九〇〇		八〇〇	七二〇	四八〇
計		二九〇〇			二七二〇	
合計		二八五〇〇〇	一二六〇〇		一五、三九〇一三	
配賦すべき現賃貸價格合計額					九、二二五七三	
標準賃貸價格に對する比率					百分の　五九、九四六	

備考

一、各地目等級毎の地積（畦畔を控除すること）に標準段金による賃貸價格一段歩當を乘じ、各等級毎の標準賃貸價格を算出し、その合計額を以て配賦すべき現賃貸價格合計額を除し比率を求め、その比率を標準段金に乘じて一段歩當配賦賃貸價格とすること。

二、賃貸價格の算出は總て厘位四捨五入錢位に止むること。

三、比率は小數點四位四捨五入三位に止むること。

第二例　標定價格主義により配賦賃貸價格計算の場合

地目	等級	總地積	內畦畔	評定價格 一段歩當	評定價格 價格	一段歩當配賦賃貸價格
田	一	町 八.九一〇〇	町 .四七一〇	円 一五〇.〇〇	円 一二、六五五.〇〇	円 三九.〇四
田	二	五.二〇〇〇	.二二二〇	一三〇.〇〇	六、四六五.三三	三三.八四
田	三	七.八五〇〇	.三六〇〇	一一〇.〇〇	八、二三九.〇〇	二八.六三
田	四	四.七〇〇〇	.二〇〇〇	九〇.〇〇	四、〇五〇.〇〇	二三.四三
計		二六.六六〇〇	一.二六〇〇		三一、四〇九.三三	
畑	一	.一〇〇〇		六〇.〇〇	六〇.〇〇	一五.六二
畑	二	.一〇〇〇		五〇.〇〇	五〇.〇〇	一三.〇一
畑	三	.〇三〇〇		四〇.〇〇	一二.〇〇	一〇.四一
計		.二三〇〇			一二二.〇〇	

宅地	一	五〇〇〇		三〇〇〇〇	一、五〇〇〇〇	七六〇九
宅地	二	七〇〇〇		二八〇〇〇	一、九六〇〇〇	七二八八
宅地	三	一二〇〇		二六〇〇〇	三一二〇〇	六七六八
計		一三二〇〇			三、七七二〇〇	
山林	一	二〇〇〇		五〇〇〇	一〇〇〇〇	一三〇一
山林	二	〇九〇〇		四五〇〇	四〇五〇	一一七一
計		二九〇〇			一四〇五〇	
合計		二六五〇〇〇	一二六〇〇		三五、四四三八三	
配賦すべき現賃貸價格合計額					九、二三五七三	
評定價格に對する比率					百分の　二六、〇二九	

備考

一、各地目等級毎の地積（畦畔を控除すること）に評定價格一段歩當を乘じ、各等級毎の評定價格を算出し、その合計額を以て配賦すべき現賃貸價格合計額を除し比率を求め、その比率を評定價格一段歩當に乘じて一段歩當配賦賃貸價格とすること。

二、賃貸價格の算出は厘位四捨五入錢位に止むること。

三、比率は小數四位四捨五入三位に止むること。

第三例 整理後の土地各筆に對する賃貸價格配賦の場合

大字	字	地番	地目	等級	地積	内畦畔	賃貸價格	假賃貸價格	所有者 住所	所有者 氏名
大原	原	一	田	一	一反〇〇〇	一五	三一円三二	三四円二〇		何某
同	同	二	田	一	一〇一五	一五	三二九七	三六〇〇		
同	同	三	田	一	一〇〇〇	一〇	三一八七	三四八〇		
同	同	四	田	二	一一一五	二〇	三〇五一	三六八三		
同	同	五	田	三	一〇一二	一二	二三九八	三〇〇〇		
同	同	六	田	一	一〇〇〇	一〇	三一八七	三四八〇		
同	同	七	田	一	一〇〇〇	一〇	三一八七	三四八〇		

同	同	八	田	二	八〇〇	一〇	二一五九	二六〇六		
同	同	九	田	一	一二〇〇	二〇	三七三六	四〇八〇		
同	同	一〇	田	三	七〇〇	八	一六一四	二〇二〇		
同	同	一一	田	一	一〇一五	一〇	三三五一	三六六〇		
同	同	一二	田	四	一〇一五	一五	二〇九八	二八〇〇		
同	同	一三	田	二	一〇〇〇	一二	二七〇四	三二六四		
同	同	一四	田	二	一〇〇〇	一二	二七〇四	三二六四		
小原	林	一五	田	三	一〇二〇	二〇	二三九八	三三〇〇		
同	同	一六	田	二	一〇一五	一五	二八一七	三四〇〇		
同	同	一七	田	一	一〇一〇	一〇	三二九七	三六〇〇		
同	同	一八	田	二	六一五	七	一七六五	二一三〇		

同	同	一九	田	四	五〇〇	七	一〇〇〇	一三三四	
同	同	二〇	田	四	七一五	一〇	一五〇三	二〇〇六	
同	同	二一	田	四	一〇一五	一五	二〇九八	二八〇〇	
同	同	二二	田	一	一〇〇〇	一二	三一六五	三四五六	
同	同	二三	畑	一	一〇〇〇		一四九九	一八〇〇	
計			田						何筆
			畑						何筆
			何						何筆
			何						何筆

備考

一、本表の賃貸價格を配賦する例示の各筆の賃貸價格は、第一例の一段歩當配賦賃貸價格により計算したるものなること。

二、賃貸價格の計算は大正五年法律第二號により厘位切捨錢位に止むること。

三、畦畔等の如き一筆中所得を生ぜざる土地を包含するときはその部分に對しては、賃貸價格を見積り加算せざること。

四、各筆に配賦したる賃貸價格の合計額は耕地整理法第十三條第二項の現賃貸價格合計額に符合すべきものとす、若し符合せざる場合は適宜の土地に加減して符合せしむること。

五、土地所在の大字内に住所を有する者は住所の記載を要せざること。

九　賃貸價格配賦申請

耕地整理法第三十條第四項の告示（換地處分の認可の告示）ありたるときは、整理施行者は賃貸價格配賦案に、同條第三項の認可書の謄本、換地説明書及び整理確定圖を添附して、税務署長に申請書を提出して、賃貸價格の配賦を受くるのである（施行規則第一六條）。

賃貸價格配賦の申請をなす場合には、耕地整理法第十三條第二項の現賃貸價格合計額計算の基礎即ち第四項の例示第一號乃至第十號の例によりこれを調製し、且つ第八項の第一例又は第二例による各地目毎等級別地積及び賃貸價格並に一段歩當賃貸價格の計算の根基を明記して、賃貸價格配賦案に添附してこれを提出せねばならぬ。而して假賃貸價格に關しては、項を改めて説明するを以て、此所に於てはこれが説明を省略する。

一〇　申請書樣式

賃貸價格配賦申請書

組合長（又ハ整理施行者）何　某印

昭和　年　月　日

何税務署長殿

何郡市町村何耕地整理組合（施行地區）（第何地區）耕地整理施行地ノ賃貸價格配賦並ニ假賃貸價格別冊ノ通御決定相成度關係書類添附此段及申請候也

一　賃貸價格配賦の許可通知

税務署長は耕地整理法の規定に基づき、賃貸價格配賦の手續を了したるときは、耕地整理法施行規則第十七條の三の規定に從ひその賃貸價格配賦許可の通知を、整理施行者にこれをなさねばならぬのである。

二　賃貸價格配賦を省略する場合

耕地整理事業中に土地の區劃形質の變更若くは土地の交換等をなさず、單に溜池、水路、道路等の新設又は變更のみを目的とする耕地整理を施行する場合あり、又溜池、水路、道路等の新設、變更に伴ひ一部の土地に對し、地目變換又は開墾をなすも、區劃には何等の變更を來さざる場合等がある。而して斯くの如き場合に於ても尙ほ本法の規定に基づき、換地處分及び賃貸價格の配賦をなすも、各筆の區劃には何等變更なく、且つ土地の交換を行はざるを以て換地處分は殆んど形式に過ぎず、又賃貸價格の配賦も道水路、溜池等の新設變更等により、地位に優劣を來さざるときは、從前の土地の賃貸價格に異動を生ぜざるを以て、これ亦殆んど形式に流るゝのみにて、何等の效果なき場合がある。斯かる耕地整理地に對しては、官民相互の手數を省略する意味に於て、換地處分及び賃貸價格配賦を行はざることに取扱ふことになつて居る。尙ほ以上の趣旨を廣義に解し、耕地整理の事業の種類により、換地處分を省略するも賃貸價格の配賦を必要とするもの、或は異動の部分については便宜の處分を認め、換地處分をも行はざることに取扱はるゝもの等あるを以て、左に少しく說明する。

（一）區劃形狀の變更をなさず、單に地區の中央に大排水路を新設し、併て數條の耕作道路を新設したるのみにて工事を完了し、水路及び道路成のものに對しては、分筆の上組合に於て買收し、耕地整理法第十一條の國有地に編入し、無償交付を受けたる土地に對しては、入札等の方法により賣却の上金錢を以て精算し、組合には換地を交付せざるにより、換地說明書を作成せず。然れども道路及び水路の新設により、地位等級に異動を及ぼしたる場合は賃貸價格の配賦をなすこと。

（二）灌漑揚水機の設置、道路、堤塘、溝渠、橋梁、隧道等の變更廢置並に排水に關する設備の工事をなすを目的とする耕地整理にして、用水路、道路等の改廢せしものに對しては、耕地整理法第十一條により上地處分をなしその交付を受けたる土地は地租法の規定により有租地成の處分をなし、又一部の地目變換をなしたるものについては、地租法の規定に基づき、賃貸價格修正の手續をなすも支障なきが如くであるが、右は單に一部の地目變換をなしたるに止まり、その區劃に何等の變更を生ぜざるに於ては、換地處分を省略するも差支はないが、賃貸價格の修正若くは設定は、地租法によらず賃貸價格の配賦をなすこと。

（三）單に道路、溝渠の變更廢置を目的とする耕地整理にして、新設道路、溝渠の敷地となりたる部分は分筆の上組合へ買收して、耕地整理法第十一條第二項により上地し、國有に屬する道路、溝渠の不用に歸したる部分は、同條第一項により組合より交付を受くべき者を指定して下付申請をなし、地方廳に於て上地又は交付處分許可の上は、直ちに地租法に基づき除租又は賃貸價格設定處分をなす場合は、換地處分及び賃貸價格配賦を省略するも差支なきこと。

(四)　道水路、溜池等を廢置變更するを目的とし、耕地整理を施行し、地區内の異動せる一部の土地についてのみ換地處分を行はんとする向あるも、賃貸價格の配賦は全地區に對しこれを行ふこと。

(五)　荒地復舊工事を目的とする耕地整理地にして、從前の區劃形狀を變更することなく、單に原狀の儘に復舊せんとする事業であつても、工事完了の際原賃貸價格に復する見込なきもの、若くは他の地目に變換起返のものある場合は、換地處分の必要はないが、賃貸價格の配賦をなすこと。

以上の說明は從來問題となりたる一端を要約したに過ぎざるを以て、その事業の種類と工事施行の現狀に照し、換地處分及び賃貸價格配賦の要否を決せねばならぬ。

一三　規約を以て整理地區を分ちたる場合

規約を以て整理施行地區を數區に分ちたる場合は、その各區を以て整理施行地區と看做さるゝのであるから、一地區毎に現賃貸價格の合計額を計算して、賃貸價格の配賦を行ふことになるのである。從つて以上各項に亙り說明したる事項も亦一地區毎に調査を要することは勿論である。

第十三條の二　整理施行地の地租徴收

前條第二項ノ規定ニ依リ賃貸價格ノ配賦ヲ爲シタル土地ニ付テハ其ノ配賦ヲ爲シタル年ノ翌年分ヨリ配賦シタル賃貸價格ニ依リ地租ヲ徵收ス

前項ノ規定ニ依リ地租ヲ徵收スル年ノ前年分迄ハ整理施行地ノ地租ハ原地（工事著手前ノ土地）相當ノ賃貸價格ニ依リ之ヲ徵收ス

本條は耕地整理施行地の地租の徵收方について規定したのである。

一 賃貸價格を配賦したる場合

耕地整理を施行して賃貸價格の配賦をなしたる土地の地租は、その賃貸價格を配賦したる年の翌年分から、配賦したる賃貸價格によつてこれを徵收するのである。例へば昭和六年十月に於て賃貸價格を配賦したる場合は、昭和七年分の地租より配賦したる賃貸價格を課稅標準として、地租を徵收せらるゝことになるのである。

二 賃貸價格配賦前の地租

耕地整理施行地の賃貸價格配賦後に於ける地租の徵收については、第一項に於て說明したる通りであるが、工事著手後賃貸價格配賦の年迄の間に於ける整理施行地の地租は、原地（工事著手前の土地）相當の賃貸價格によりこれを徵收することになるのである。

耕地整理施行地は賃貸價格の配賦を了する迄は、土地臺帳の記載事項は全然更正せざるを以て、原地卽ち工事著手前の賃貸價格が登載せられてあるから、その賃貸價格により、賃貸價格配賦の年迄地租を徵收するのである。

第十三條の三　耕地整理減租年期と假賃貸價格

第十三條第二項ノ規定ニ依リ賃貸價格ノ配賦ヲ爲シタル土地ハ工事著手ノ年ノ翌年ヨリ起算シ七十年ノ耕地整理減租年期ヲ有ス

地租法第九條第一項ノ規定ニ依リ一般ニ賃貸價格ヲ改訂スル場合ニ於テハ耕地整理減租年期地ノ賃貸價格ハ其ノ改訂ニ依リ定メラルヘキ賃貸價格ニ相當スル額ニ第三項ノ規定ニ依リ定メタル假賃貸價格ノ合計額ヲ以テ第十三條第二項ノ現賃貸價格ノ合計額ヲ除シテ得タル比率ヲ乘シタル額ニ之ヲ改訂ス

第十三條第二項ノ規定ニ依リ賃貸價格ノ配賦ヲ爲シタル土地ニ付テハ稅務署長ハ整理施行者ノ申請ニ依リ地租法第九條第三項ノ規定ニ準シ假賃貸價格ヲ定ム

稅務署長ハ假賃貸價格ヲ定メタルトキハ整理施行者ニ之ヲ通知スヘシ

本條は耕地整理減租年期及び地租法第九條第一項の規定により、一般に賃貸價格を改訂する場合に於て、耕地整理減租年期を有する土地の賃貸價格及び假賃貸價格の定め方について規定したのである。

一　耕地整理減租年期

耕地整理減租年期とは、耕地整理を施行すれば、その土地の賃貸價格が昂上するは通例である。併しながら耕地整理法は、整理事業を保護奬勵する意味に於て、工事施行後と雖も、工事施行前の從前の賃貸價格の合計額を配賦して負擔の增加を來さしめざるを眼目として居るのである。而して負擔の不增加主義を永久に持續するときは、却つて負擔の不權衡を來すことになるが故に、負擔不增加主義はこれを有期的になすを適當と認められ、工事著手の年の翌年より起算して、七十年を以て打ち切ることに定められたのである。その負擔不增加の期間を耕地整理減租年期と稱するのである。

耕地整理減租年期は、整理施行者の申請を俟たず、耕地整理地につき賃貸價格の配賦をなしたる土地は、法律の規定により當然に發生する所謂法定年期である。この點は他の年期と大いに趣を異にする。

二　賃貸價格改訂と假賃貸價格

地租法第九條第一項の規定により地租の課税標準たる賃貸價格は、十年毎に一般にこれを改訂することになつて居るから、その改訂の際耕地整理減租年期を有する土地の賃貸價格を如何にこれを定むれば、負擔不增加の精神に合致するかといふに、耕地整理工事著手前の賃貸價格と、耕地整理工事完成後に於ける賃貸價格とを比較して、整理施行後に於て增加したる賃貸價格を、七十年間增加せしめざることにすれば、その目的を達成し得るのである。斯樣に致すには整理事業が完成し賃貸價格の配賦をなしたる場合に、耕地整理地の賃貸價格を工事完成後の現況により、地租法第九條第三項の規定に準じて類地比準の方法により、賃貸價格を調査するのである。この賃貸價格を稱して假賃貸價格といふのである。卽ち假賃貸價格は耕地整理の工事が完成し、土地の農業上の利用を增進したる結果に基づいて調査するものなるが故に、第十三條第二項の現賃貸價格即ち耕地整理工事著手前の賃貸價格に比し、相當昂上して居ることはいふ迄もないことである。その昂上したる賃貸價格は耕地整理を施行したる結果に基づくものなるを以て、一般的に賃貸價格を改訂する場合にも、その昂上したる賃貸價格を昂上せしめざるときは、耕地整理減租年期の特典を維持し得るのである。故に耕地整理工事完了後の現況により調査したる假賃貸價格の合計額を以て、第十三條第二項の現賃貸價格の合計額（毎筆に配賦したる賃貸價格の合計額）を除して比率を求め、地租法第九條第一項の規定により、一般に賃貸價格を改訂する場合に、耕地整理減租年期地につき調査したる賃貸價格に、右の比率を乘じて得たる額を耕地整理減租年期地の改訂賃貸價格とするのである。

以上說明する所を簡單に例示すれば左の如くになる。

例示

耕地整理法第十三條第二項の現賃貸價格の合計額　一二、五〇〇圓

同法第十三條の三第二項の假賃貸價格の合計額　一五、〇〇〇圓

假賃貸價格の合計額を以て現賃貸價格の合計額を除したる比率　〇・八三三

改訂賃貸價格の計算例

郡（市）	町村	大字	字	地番	地目	地積	一般改訂により調査したる賃貸價格	比率を乘じたる改訂賃貸價格
豐島	大正	昭和	明治	一	田	町 一〇〇〇	三三円〇〇	二七円四八

同	同	同	同	二	田		一〇〇〇	四二〇〇	三四・九八
同	同	同	同	三	畑		一〇〇〇	二〇〇〇	一六六六
同	同	同	同	四	宅地		一〇〇坪	五〇〇〇	四一六五
同	同	同	同	五	山林		一〇〇〇	四五〇	三七四

備考

一、一般改訂により調査したる賃貸價格に、比率（〇・八三三）を乘じて得たる金額に、大正五年法律第二號を適用し、厘位切捨錢位に止めて改訂賃貸價格とすること。

二、比率は各地目別に區分を要せず、整理地區内各地目共通の比率とし、その算出は千分の一未滿の端數を切捨つること（施行規則第十六條の二）。

三　假賃貸價格の決定

耕地整理法第十三條第二項の規定により、賃貸價格の配賦をなしたる土地については、税務署長は整理施行者の申請により假賃貸價格を定むるのである。

整理施行者は耕地整理法施行規則第十三條の規定により、賃貸價格配賦案を作成する場合に於ては、その配賦案中に耕地整理法第十三條の三第三項の規定による假賃貸價格の見積額を記載することになつて居る。而して假賃貸價格の見積額を記載したる賃貸價格配賦案は、耕地整理組合に在りては、耕地整理法第三十條第一項、第二項の規定による處分の議決をなす總會又は總會議に於て、共同施行による耕地整理に在りては、規約に定むる會議に於てその承認を經ることを必要とするのである。

耕地整理法施行規則第十六條第三項の規定により、假賃貸價格決定の申請は、賃貸價格配賦の申請と共にこれをなさねばならぬのであるが、賃貸價格配賦案中に假賃貸價格の見積額が記載してあるから、改めて調製するの必要なく、賃貸價格配賦申請書中にその意思を表示すればよいのである。

税務署長は假賃貸價格を決定したるときは、整理施行者にこれを通知することになつて居る。要するに假賃貸價格の適否は、七十年間に亙り整理施行者の利害に關するものなるを以て、今回の改正に當りこの點を特に重要視して、耕地整理法第八十六條の次に左の一條を追加して、假賃貸價格の決定に對し、不服ある整理施行者は訴願を提起せしめこれが救濟の途を開かれたのである。

第八十六條ノ二　第十三條ノ三第三項ノ假賃貸價格ノ決定ニ對シ不服アル整理施行者ハ同條第四項ノ通知ヲ受ケタル日ヨリ六十日以內ニ訴願スルコトヲ得

第十三條の四　耕地整理減租年期消滅

耕地整理減租年期地ニ付地目變換、地類變換又ハ開墾ヲ爲シタルトキハ其ノ耕地整理減租年期ハ消滅ス本條は耕地整理減租年期を有する土地が、土地所有者に於て地目を變換し、或は地類を變換したるとき、若くは開墾をなしたるときは、耕地整理減租年期は消滅することを規定したのである。要するに耕地整理減租年期は、既に說明をなしたるが如く、耕地整理工事完成し、賃貸價格を配賦したるときの土地の地目にこれを附與したるものなるを以て、賃貸價格配賦後に於て土地所有者が、自由に地目變換、地類變換又は開墾をなしたるときは、耕地整理減租年期は將來に向つてその效力を失ふといふことである。

一 地目變換及び地類變換の意義

耕地整理法に於ては地目變換及び地類變換の意義に關しては、別段の規定なきを以て、地租法の規定によらねばならぬ。地租法第四十四條に左の如く規定してある。

本法ニ於テ地目變換ト稱スルハ第一類地中又ハ第二類地中ノ各地目ヲ變更スルヲ謂ヒ地類變換ト稱スルハ第一類地ヲ第二類地ト爲スヲ謂フ

右の條文についてこれを見るときは、地目變換とは第一類地（田、畑、宅地、鹽田、鑛泉地）中に於て各地目を變更するもの、即ち田を畑に、或は畑を宅地に變更するが如きもの及び第二類地（池沼、山林、牧場、原野、雜種地）中に於て各地目を變更するもの、即ち山林を原野に、或は原野を牧場に變更するが如きものをいふのである。

地類變換とは第一類地を第二類地に變更するもの、即ち畑を山林に、或は宅地を雜種地に變更するが如きものをいふのである。

二 開墾の意義

開墾の意義についても耕地整理法中に何等の規定なきを以て、これ亦地租法の規定によりこれを解するの外はないのである。而して開墾の意義については、地租法第三十四條に左の如く規定してある。

本法ニ於テ開墾ト稱スルハ第二類地ヲ第一類地ト爲スヲ謂フ

右の條文によるときは、開墾とは第二類地を第一類地となすこと、即ち山林を畑に、或は雜種地を宅地に變更するが如きものをいふのである。

第十三條の五　耕地整理減租年期の進行停止

地租法第五十九條第一項ノ規定ハ耕地整理減租年期地ニ付荒地免租年期ヲ許可シタル場合ニ之ヲ準用ス

本條は耕地整理減租年期を有する土地が、災害に因り地形を變じ又は作土を損傷したる場合に於て、荒地免租年期を許可せられたるときは、地租法第五十九條第一項の規定により、荒地免租年期の許可をなしたる年より、荒地免租年期滿了に至る迄は、耕地整理減租年期の進行を止むるといふことを規定したのである。換言すれば耕地整理減租年期中に於て、荒地免租年期を許可したるときは、耕地整理減租年期が中斷して、その殘年期間は荒地免租年期滿了後に於て、更に年期を繼續せしむるといふに外ならないのである。地租法第五十九條の全文を左に掲ぐ。

開拓減租年期、埋立免租年期、開墾減租年期又ハ地目變換減租年期中ノ土地ニ付荒地免租年期ヲ許可シタルトキハ其ノ許可ヲ爲シタル年ヨリ荒地免租年期滿了ニ至ル迄ハ開拓減租年期、埋立免租年期、開墾減租年期又ハ地目變換減租年期ハ其ノ進行ヲ止ム

前項ノ規定ハ他ノ法律ニ依リ一定ノ期間地租ノ全部又ハ一部ヲ免除シタル土地ニ付荒地免租年期ヲ許可シタル場合ニ之ヲ準用ス

例示

昭和十一年より八十年迄耕地整理減租年期を有する土地に對し、昭和二十年より二十九年迄荒地免租年期を許可したる場合

昭和十一年 ― 昭和十九年　九ケ年耕地整理減租年期（殘年六十一ケ年）

昭和二十年 ― 昭和廿九年　十ケ年荒地免租年期（此の期間耕地整理減租年期進行停止）

昭和三十年
昭和九十年
六十一ヶ年耕地整理減租年期（殘年期は昭和三十年より進行）

第十三條の六　耕地整理減租年期滿了による賃貸價格修正

耕地整理減租年期地ニ付テハ其ノ年期ノ滿了スル年ニ於テ地租法第九條第三項ノ規定ニ準シ其ノ賃貸價格ヲ修正シ其ノ修正ヲ爲シタル年ノ翌年分ヨリ修正賃貸價格ニ依リ地租ヲ徵收ス

本條は耕地整理減租年期滿了の場合、賃貸價格の定め方及びその地租の徵收方について規定したのである。

耕地整理減租年期を有する土地については、その年期滿了する年に於て、地租法第九條第三項の規定を準用して、類地比準の方法によりその賃貸價格を修正し、その修正をなしたる年の翌年分より、修正賃貸價格により地租を徵收するといふのである。

耕地整理減租年期滿了の年に於て、賃貸價格を修正するは、耕地整理減租年期を有せざる普通の土地の賃貸價格と同様にするといふ意味に外ならぬのであるから、地租法第九條第一項により一般に改訂するために、調査したる賃貸價格に復歸せしむるといふことになるのである。換言すれば第十三條の三の規定により、假賃貸價格と現賃貸價格との比率を乘せざる所謂改訂により定めらるべき賃貸價格と同樣の賃貸價格に修正するといふに外ならぬのである。若し然らずして耕地整理減租年期を有せし土地のみにつき、改訂當時の賃貸價格を何等顧慮する所なく、單に現況のみにより賃貸價格を修正するときは、耕地整理減租年期を有せざる近傍の土地も、等しく地力昂上するも賃貸價格修正の途なかるべく、又反對に灌漑又はその他の關係に於て、地力減退したる場合には、耕地整理減租年期を有せし土地は現況により賃貸價格を修正し、地力相當の賃貸價格となし得るも、耕地整理減租年期を有せざる土地については、賃貸價格修正の途なきを以て、兩者の負擔は甚だしく不權衡を來すことになるのである。故に耕地整理減租年期滿了により賃貸價格を修正する場合に於ては、耕地整理施行地の直前の改訂賃貸價格に復歸せしむる意味に於て、修正賃貸價格を定むるは最も適當である。

第十四條　開墾と地目變換

耕地整理ノ施行ニ依リ開墾又ハ第一類地中ノ地目變換ヲ爲シタル土地ノ地積カ整理施行地區內ノ有租地ノ總地積ノ五分ノ一ヲ超ユル場合ニ於テハ稅務署長ハ整理施行者ノ申請ニ依リ工事完了ノトキ從前ノ地域ニ依リ地租法第九條第三項ノ規定ニ準シ其ノ賃

貸價格ヲ修正シ修正賃貸價格ノ合計額ト之ニ對スル從前ノ賃貸價格ノ合計額トノ差額ノ平均額ニ開墾又ハ變換シタル土地ノ總地積ト整理施行地區內ノ有租地ノ總地積ノ五分ノ一ニ相當スル地積トノ差數ヲ乘シタル額ヲ開墾又ハ變換シタル土地ノ從前ノ賃貸價格ノ合計額ニ加ヘタルモノヲ以テ其ノ土地ノ第十三條第二項ノ現賃貸價格トス

前項ノ規定ニ依リ賃貸價格ノ修正ヲ爲シタル土地ニ付テハ稅務署長ハ整理施行者ノ申請ニ依リ開墾シタルモノニ在リテハ工事著手ノ年ノ翌年ヨリ起算シ四十年（四十年ヲ經過スルモ尙地味成熟スルニ至ラスト認ムルモノニ付テハ四十年以上五十年以內）ノ耕地整理開墾減租年期ヲ、變換シタルモノニ在リテハ工事完了ノ年及其ノ翌年ヨリ六年ノ耕地整理地目變換減租年期ヲ許可ス

前二項ノ場合ニ於テ二十年以內ニ成功シ能ハサル地目變換ハ之ヲ開墾ト看做ス

本條は耕地整理の施行により、整理施行地區內の有租地の總地積の五分の一以上の土地につき、開墾又は地目變換をなしたる場合、その開墾地又は變換地に對する耕地整理の特典に關し規定したのである。

一　開墾地

耕地整理の施行により、開墾をなしたる土地の地積が整理施行地區內の有租地（地租法第十四條の有租地の意）の總地積の五分の一を超ゆる場合に於ては、稅務署長は整理施行者の申請に基づき、工事完了のとき從前の地域により

地租法第九條第三項の規定に準じて、類地比準の方法により賃貸價格を修正するのである。

本條を適用して開墾をなしたる土地につき、賃貸價格を修正したるときは、その修正賃貸價格の合計額とこれに對する從前の賃貸價格（開墾原地の賃貸價格）の合計額との差額、例へば開墾地の修正賃貸價格の合計額が千圓、從前の賃貸價格の合計額が百圓と假定するときは、その差額九百圓であるから、その差額の平均額を計算するには、開墾をなしたる地積を以て差額の九百圓を除すればよいのである。例へば右に例示したる開墾地の地積の合計は十町歩とすれば、其の一段歩當平均額は九圓となるのである。而して整理施行地區內の有租地の總地積四十町歩とすれば、この五分の一に相當する地積は八町歩であるから、開墾地の地積が十町歩とすれば、總地積の五分の一を超過する地積が二町歩であるから、差額の平均額九圓に超過地積二町歩を乘ずるときは、百八十圓となるからこの百八十圓を開墾地の從前の賃貸價格の合計額百圓に加へたるもの即ち二百八十圓を以て、開墾地に對する第十三條第二項の現賃貸價格とするのである。

二　地目變換地

地目變換地についても開墾地と同じ方法によつて賃貸價格を修正して、第十三條第二項の現賃貸價格を計算するのである。卽ち地目變換地につき賃貸價格を修正したるときは、その修正賃貸價格の合計額とこれに對する從前の賃貸價格（變換原地の賃貸價格）の合計額との差額、例へば地目變換地の修正賃貸價格の合計額が二千圓、從前の賃貸價格の合計額が千圓と假定するときは、その差額千圓であるから、その差額の平均額を計算するには、地目變換をなしたる地積を以て差額の千圓を除すればよいのである。例へば右に例示したる地目變換の地積の合計は十町歩とすればその一段歩當平均額は十圓となるのである。而して整理施行地區內の有租地の總地積四十町歩とすれば、この五分の一に相當する地積は八町歩であるから、地目變換地の地積が十町歩とすれば、總地積の五分の一を超過する地積が二町歩であるから、差額の平均額十圓に超過地積二町歩を乘ずるときは、二百圓となるからこの二百圓を地目變換地の從前の賃貸價格の合計額千圓に加へたるもの卽ち千二百圓を以て、地目變換地に對する第十三條第二項の現賃貸價格とするのである。

三　開墾地と地目變換地とは各別に本條適用

耕地整理施行地區內に地目變換地と開墾地とを存するときは、各別に本條を適用するものなるが故に、開墾したる地積と地目變換をなしたる地積とを合計すれば、その整理施行地區內の有租地の總地積の五分の一を超過するも、各別にその地積を計算するときは五分の一以下なる場合に於ては、何づれも本條の適用はないのである。從つて地目變換をなしたる地積が、有租地の總地積の五分の一を超え、開墾したる地積が五分の一以下である場合には、地目變換をなしたる土地についてのみ本條を適用し、開墾地に對しては本條を適用せず、從つて賃貸價格の修正を行はぬのである。

四　開墾地又は地目變換地の特典

本條の規定は耕地整理施行地に對する特典の一つである。卽ち普通の土地（耕地整理を施行せざる土地）に在りては、開墾又は地目變換をなしたるときは賃貸價格を修正して、その修正をなしたる年の翌年より、修正賃貸價格により地租を徵收するのであるから、右に例示したる開墾地の修正賃貸價格千圓、地目變換地の修正賃貸價格二千圓に對する地租を徴收せらるゝことゝなるも、耕地整理の施行によつて開墾又は地目變換をなしたる場合は、千圓が二百八十圓に、二千圓が千二百圓に減額して第十三條第二項の現賃貸價格となすものなるが故に、普通の土地に比し開墾地に在りては七百二十圓、地目變換地に在りては八百圓の輕減を受くる特典を有するのである。

五 開墾地又は變換地に對する減租年期

本條第一項の規定により賃貸價格を修正したる土地については、稅務署長は整理施行者の申請により、開墾したるものに在りては工事著手の年の翌年より起算して四十年、四十年を經過するも尙地味成熟ずるに至らずと認めらるゝものについては、當初より四十年以上五十年以內の耕地整理開墾減租年期を、地目變換をなしたるものに在りては、工事完了の年及びその翌年より六年の耕地整理地目變換減租年期を許可するのであるから、開墾又は地目變換をなしたるがために、賃貸價格を修正して從前の賃貸價格の合計額に加算したる所謂增加賃貸價格に對しては、開墾地に在りては四十年以上五十年以內、地目變換地に在りては六年の間は、その地租を徵收せざることになるのである。これ卽ち開墾地及び地目變換地に對する第二の特典である。

六 特別の地目變換

普通の地目變換地に對しては、六年の耕地整理地目變換減租年期を附與することは、既に說明したる通りであるが同一の地目變換ではあるが頗る難工事のもので二十年內に成功し能はざるものと認めらるゝ地目變換地に對しては、開墾と看做して四十年の減租年期を附與することになるのであるから、この種の地目變換地は開墾地の地積に加算して、現賃貸價格の計算をなすことになるのである。

七　賃貸價格の修正方法

耕地整理法第十四條第一項の規定により、賃貸價格を修正する場合には、地租法第九條第三項の規定に準じ、工事完了當時の現況により、類地に比準して賃貸價格を修正するのである。この場合に於ける地積は從前の地域によるのであるから、測量を必要としないのである。

八　賃貸價格修正及び減租年期の申請

耕地整理法第十四條第一項の規定による賃貸價格修正の申請は、工事完了の屆出と共に申請書を税務署長に提出してこれをなさねばならぬ。（施行規則第一二條の二）

耕地整理法第十四條第二項により、耕地整理開墾減租年期又は耕地整理地目變換減租年期の許可を受けんとする場合は、工事完了の屆出をなしたる後三十日内に申請書を税務署長に提出して、これが許可を受けねばならぬ（施行規則第一二條の三）。

九　申請書樣式

何郡市町村何耕地整理組合（地區）

組合長（又ハ整理施行者）何　某印

昭和　年　月　日

何税務署長殿

（一） 賃貸價格修正申請書（土地各筆ノ區域ヲ表示シタル圖面添附）

耕地整理法第十四條第一項該當地ニ對スル修正賃貸價格ノ見積額別紙調書ノ通耕地整理法施行規則第十二條ノ二ニ依リ此段及申請候也

耕地整理法第十四條第一項該當地修正賃貸價格見積額調書

何郡市町村	大字名	字名	從前ノ土地				工事施行後ノ土地				摘要
			地番	地目	地積	賃貸價格	地番	地目	地積	賃貸價格	
何	何	何	三ノ一	畑	町〇八〇〇	円一五〇〇	三ノ一	田	町〇八〇〇	円一三六〇	何字何番ニ比準八十九級四二、〇〇錢
同	同	同	三ノ二	畑	〇三〇〇	三〇〇	三ノ二	宅地	九〇坪	四五〇〇	何字何番ニ比準三十七級坪五〇錢
同	同	同	七	畑	〇七〇〇	一三六〇	七	田	〇七〇〇	一四〇〇	何字何番ニ比準八十級二〇、〇〇錢
同	同	同	九	畑	〇五〇〇	一〇〇〇	九	田	〇五〇〇	一三〇〇	何字何番ニ比準八十二級二四、〇〇錢
同	同	同	一〇	山林	〇五〇〇	一〇〇	一〇	畑	〇五〇〇	五〇〇	何字何番ニ比準七十二級一〇、〇〇錢
同	同	同	一五ノ一	原野	一〇〇〇	一六〇	一五ノ一	田	一〇〇〇	三〇〇〇	何字何番ニ比準八十五級三〇、〇〇錢
同	同	同	一五ノ二	山林	〇五〇〇	一〇〇	一五ノ二	畑	〇五〇〇	八〇〇	何字何番ニ比準七十八級一八、〇〇錢

何	何		二〇ノ一	雜種地	〇五〇〇	一二〇	二〇ノ一	田	〇五〇〇	一三〇〇	何字何番ニ比準 八十三級 二六、〇〇錢
		計	三筆	畑	二〇〇〇	三七六〇		田	二〇〇〇	四九六〇	
			一	畑	〇三〇〇	三〇〇		宅地	九〇	四五〇〇	
			二	山林	一〇〇〇	二〇〇		畑	一〇〇〇	一三〇〇	
			一	原野	一〇〇〇	一六〇		田	一〇〇〇	三〇〇〇	
			一	雜種地	五〇〇	一一〇		田	〇五〇〇	一三〇〇	
		計	八		四八〇〇	四五三〇			四八〇〇	一五〇六〇	

備考

一、本調書は地目變換と開墾とは各別紙に調製すること。

二、規約に別段の定ある場合を除くの外耕地整理組合に在りては評議員會に於て、共同施行による耕地整理に在りては、規約に定むる會議に於て承認を經ること（施行規則第一七條の二）。

何郡市町村何耕地整理組合（地區）
組合長（又ハ整理施行者）何　某　印

昭和　年　月　日

何税務署長殿

（二）　耕地整理開墾「地目變換」減租年期申請書

耕地整理法第十四條第一項ニ依リ賃貸價格ノ修正ヲ爲シタル開墾地「地目變換地」ニ對シ左記ノ通開墾「地目變換」減租年期許可相成度此段及申請候也

記

耕地整理開墾減租年期　自昭和　年　至昭和　年　四十年

耕地整理地目變換減租年期　自昭和　年　至昭和　年　六　年

一〇　修正賃貸價格又は年期許可の通知

税務署長は修正賃貸價格を決定したるとき又は耕地整理開墾減租年期若くは耕地整理地目變換減租年期を許可したるときは、整理施行者に對し通知をなすことに、耕地整理法施行規則第十七條の三に規定せられてある。

第十四條の二　無租地の有租地成

無租地ヲ整理施行地區ニ編入シ有租地ト爲シタルトキハ第十一條第一項ノ規定ニ依リ交付シタル土地ヲ除クノ外税務署長ハ整理施行者ノ申請ニ依リ工事完了ノトキ從前ノ地域ニ依リ地租法第九條第三項ノ規定ニ準シ其ノ賃貸價格ヲ設定シ設定賃貸價格ヲ以テ其ノ土地ノ第十三條第二項ノ現賃貸價格トス

本條は耕地整理施行地區内に編入したる無租地が、整理の施行により有租地となりたる場合の現賃貸價格の定め方について規定したのである。

耕地整理施行地區内に無租地例へば溜池、墓地等を編入して有租地となしたるときは、税務署長は整理施行者の申請により、工事完了のとき從前の地域により、地租法第九條第三項の規定に準じて、類地比準の方法により賃貸價格を設定し、その設定賃貸價格を以て、その土地の第十三條第二項の現賃貸價格とするといふのである。

一　無地租の意義

無租地の意義については耕地整理法中に別段の規定なきを以て、地租法の規定によりその意義を定むべきである。即ち地租法第十四條に左の如く規定してある。

本法ニ於テ無租地ト稱スルハ地租ヲ課セザル土地（免租年期地、災害免租地及自作農免租地ヲ含マズ）ヲ謂ヒ有

租地ト稱スルハ其ノ他ノ土地ヲ謂フ

右の規定によるときは無租地とは地租を課せざる土地をいふといふのであるから、民有地たると國有地たると將亦御料地たると否とを問はず、地租を課せざる土地（免租年期地、災害免租地及び自作農免租地を含まない）は總て無租地と稱するのである。

二　賃貸價格の設定方法

本條の無租地には前述の通り、民有地は勿論、國有地も御料地も包含するのであるから、拂下の許可を受けて整理地區に編入し、有租地となしたるときは、賃貸價格を設定することになるのであるが、第十一條第一項の規定により交付を受けたる國有地が耕地整理の施行により、有租地となるも賃貸價格の設定を要さないのである。何故かといへば耕地整理の施行により、新に開設したる道路、堤塘、溜池等にして、第十一條第一項により廢止したるものに代るべきものは、無償にて國有地に編入することゝなるが故に、廢止したる道路、溜池、堤塘等に對し、賃貸價格の設定をなさゞる代りに、新に國有地となるべき土地に對しても、無租地の處分をなさず、單に地積と地積との比較をなして、新に國有地に編入せらるゝ地積が多き場合に於ては、その地積の差數を整理施行地區內の土地の現賃貸價格の平均額に乘じたる額を、現賃貸價格の合計額より控除したる額を以て、現賃貸價格の合計額となすことに規定されてあるからである。賃貸價格の設定の方法は、地租法第九條第三項の規定に準じ、工事完了當時の現況により、類地に比準して賃貸價格を設定するのである。この場合に於ける地積は從前の地域によることになるのであるから、測量を必要としないのである。

三　賃貸價格設定の申請

耕地整理法第十四條の二の規定による賃貸價格設定の申請は、工事完了の屆出と共に申請書を税務署長に提出してこれをなさねばならぬ（施行規則第一二條の二）。

四　申請書樣式

昭和　年　月　日

何郡市町村何耕地整理組合（地區）

組合長（又ハ整理施行者）　何　　某　印

何税務署長殿

賃貸價格設定申請書（土地各筆ノ區域ヲ表示シタル圖面添附）

耕地整理法第十四條ノ二該當地ニ對スル設定賃貸價格ノ見積額別紙調書ノ通耕地整理法施行規則第十二條ノ二ニ依リ此段及申請候也

耕地整理法第十四條ノ二該當地設定賃貸價格見積調書

何郡市町村	大字	字	地番	從前ノ土地 地目	從前ノ土地 地積	工事施行後ノ土地 地目	工事施行後ノ土地 地積	工事施行後ノ土地 賃貸價格	摘要
何	何	何	三	溜池	一〇〇〇	田	一〇〇〇	二〇〇〇円	何字何番八十級ニ比準 二〇、〇〇錢
同	同	同	一〇	同	二〇〇〇	畑	二〇〇〇	三〇〇〇	何字何番七十七級ニ比準 一五、〇〇錢

同	同	同	一五	墓地		三〇〇〇	畑		三〇〇〇	二七〇〇	何字何番ニ比準 七十級 九、〇〇錢
同	同	同	二〇	同		一五〇〇	田		一五〇〇	三六〇〇	何字何番ニ比準 八十二級 二四、〇〇錢
		計	一	溜池		一〇〇〇	田		一〇〇〇	二〇〇〇	
			一	同		二〇〇〇	畑		二〇〇〇	三〇〇〇	
			一	墓地		三〇〇〇	田		三〇〇〇	二七〇〇	
			一	同		一五〇〇	畑		一五〇〇	三六〇〇	

備考

規約に別段の定めある場合を除くの外耕地整理組合に在りては評議員會に於て、共同施行による耕地整理に在りては規約に定むる會議に於て承認を經ること（施行規則第一七條の二）。

五　賃貸價格設定通知

税務署長は賃貸價格の設定をなしたるときは、耕地整理法施行規則第十七條の三の規定により、整理施行者に通知を要するのである。

第十四條の三　修正、設定賃貸價格の改訂

第十四條第一項又ハ前條ノ規定ニ依リ賃貸價格ノ修正又ハ設定ヲ爲シタル後賃貸價格配賦前ニ於テ地租法第九條第一項ノ規定ニ依リ一般ニ賃貸價格ヲ改訂スル場合ニ於テハ修正賃貸價格又ハ設定賃貸價格ハ工事完了ノトキノ現況ニ依リ之ヲ改訂ス

本條は第十四條第一項又は前條の規定により、賃貸價格の修正又は設定をなしたる土地が、賃貸價格の配賦前に於て、一般的に賃貸價格の改訂期に遭遇したる場合の取扱方について規定したのである。

第十四條第一項又は第十四條の二の規定により、賃貸價格の修正又は設定をなしたる土地が、賃貸價格配賦前に於て、地租法第九條第一項の規定により、一般に賃貸價格を改訂する場合には、總ての土地の賃貸價格が改訂せらるるがために、類地比準の方法によつて賃貸價格を修正又は設定したるものが、類地の賃貸價格が改訂すれば、改訂前の賃貸價格に異動を來すことになるので、これに比準して定めたるところの賃貸價格も亦異動を來すことは當然である。故に一般に賃貸價格を改訂する場合に於ては、修正賃貸價格又は設定賃貸價格は、更に工事完了當時の現況によりこれを改訂することになるのである。

第十四條の四　開拓地、埋立地

國有財産法第二十一條ノ規定ニ依リ賣拂又ハ讓與ノ豫約ヲ爲シタル土地ニシテ耕地整

理ノ施行ニ依ル開拓ノ事業成功ニ因リ賣拂又ハ讓與ヲ受ケ有租地ト爲リタルモノニ付テハ稅務署長ハ土地所有者ノ申請ニ依リ有租地ト爲リタル年及其ノ翌年ヨリ二十年ノ耕地整理開拓免租年期ヲ許可ス

國有財產法第二十一條ノ規定ニ依リ賣拂若ハ讓與ノ豫約ヲ爲シタル土地ニシテ耕地整理ノ施行ニ依ル埋立(干拓ヲ含ム)ノ事業成功ニ因リ賣拂若ハ讓與ヲ受ケ有租地ト爲リタルモノ又ハ耕地整理ヲ施行シ公有水面埋立法ニ依ル埋立ヲ爲シ同法第二十四條若ハ第五十條ノ規定ニ依リ埋立地ノ所有權ヲ取得シ有租地ト爲リタルモノニ付テハ稅務署長ハ土地所有者ノ申請ニ依リ有租地ト爲リタル年及其ノ翌年ヨリ六十年ノ耕地整理埋立免租年期ヲ許可ス

前二項ノ場合ニ於テ整理施行者ハ土地所有者ニ代リテ其ノ申請ヲ爲スコトヲ得

第一項又ハ第二項ノ年期滿了スルモ尙地味成熟セサル土地ニ付テハ稅務署長ハ土地所有者ノ申請ニ依リ更ニ十年以內ノ年期延長ヲ許可スルコトヲ得

本條は國有財產法第二十一條の規定により、賣拂又は讓與の豫約をなしたる土地にして、耕地整理の施行により開拓又は埋立若くは干拓の事業成功に因り、賣拂又は讓與を受けて有租地となりたる土地及び耕地整理を施行して公有水面埋立法による埋立をなし、所有權を取得したる土地に對する取扱方について規定したのである。

國有財産法第二十一條の規定により賣拂又は讓與の豫約をなしたる土地にして、耕地整理の施行により開拓又は埋立若くは干拓の事業成功に因り、賣拂又は讓與を受けて有租地となりたる土地については、賃貸價格の設定をなさず從つて賃貸價格の配賦をなさゞるものなるが故に、若し耕地整理施行區内に開拓地若くは埋立地がある場合には、賃貸價格を配賦する地域と開拓若くは埋立地の地域とを區分して、賃貸價格の配賦をなさねばならぬのである。開拓地については有租地となりたる年及びその翌年より二十年の開拓免租年期を、埋立地又は干拓地については有租地となりたる年及びその翌年より六十年の耕地整理埋立免租年期を許可するといふのである。

一　豫約を條件とすること

本條の適用については豫約を條件とするのであるから、若し豫約をなさず單に國有地の拂下を受けて、耕地整理施行地區に編入して開墾をなし又は埋立若くは干拓をなしたるのみにては本條の適用はないのである。從つてこの場合には無租地が有租地となりたるものなるが故に、耕地整理法第十四條の二の規定により、工事完了のとき從前の地域により賃貸價格を設定して、賃貸價格の配賦をなさねばならぬ。尤も公有水面埋立法による埋立地については、豫約を條件とせざるを以て、埋立工事を施行する場合に、工事施行の認可を受けて工事を施行し、その工事が完成すれば、同法第二十四條若くは第五十條の規定により、埋立地の所有權を取得するものなるを以て、稅務署長に對し耕地整理埋立免租年期の申請をなし、その許可を受くればよいのである。

二　年期延長

耕地整理開拓免租年期及び耕地整理埋立免租年期を有する土地が、その年期滿了するも尙地味成熟せざるときは、稅務署長は土地所有者の申請により、更に十年以內の年期延長を許可し得るのである。

三　年期許可の申請

耕地整理開拓免租年期及び耕地整理埋立免租年期の許可を受けんとする者は、耕地整理法施行規則第十二條の三の規定により、工事完了の屆出をなしたる後三十日以內に、耕地整理開拓免租年期又は耕地整理埋立免租年期の延長の許可を受けんとする者は、年期の滿了する年の六月三十日迄に、申請書を稅務署長に提出して許可を受けねばならぬ。

四　申請書樣式

何郡市町村何耕地整理組合（地區）

組合長（又ハ整理施行者）何　某　印

昭和　年　月　日

何稅務署長殿

耕地整理開拓「埋立」免租年期申請書

何郡市町村	大字	字	地番	原地名稱	現地目	地積	摘要	所有者住所氏名
何	何	何	一	公有水面	田	一町〇〇〇	公有水面埋立法第二十四條該當 昭和　年　月　日所有權取得	何町村何　某　印

何	何	何	二	國有原野	畑	二五〇〇〇	國有財産法第二十一條該當　同	何町村 何　某印
同	同	同	三	海面	田	八〇〇〇	同　同	何町村 何　某印

右ハ耕地整理法第十四條ノ四該當地ニ付耕地整理開拓「埋立」免租年期許可相成度此段及申告候也

備考

耕地整理開拓免租年期及び耕地整理埋立免租年期の申請は、整理施行者が土地所有者に代りて、これをなし得るが故に、その場合は土地所有者の捺印を要せざること。

昭和　年　月　日

何郡市町村何耕地整理組合（地區）

組合長（又ハ整理施行者）　何　某印

何税務署長殿

耕地整理開拓「埋立」免租年期延長申請書

何郡市町村	大字	字	地番	地目	地積	元年期	延長年期	所有者住所氏名
何	何	何	一	田	一〇〇〇〇	自何年 至何年	自昭和七年 至昭和十六年	何町村 何　某印
同	同	同	二	畑	二五〇〇〇	自何年 至何年	自昭和七年 至昭和十一年	何町村 何　某印

同	同	同	三	田		八〇〇〇	自何年至何年	自昭和七年至昭和十三年	何町村何 某印

右耕地整理開拓「埋立」免租年期延長許可相成度此段及申請候也

備考

耕地整理開拓（埋立）免租年期延長許可の申請は、土地所有者よりこれをなすべきものにして、整理施行者の代位申請は、これを認めざること。

五　年期滿了の場合

耕地整理開拓免租年期若くは耕地整理埋立免租年期を有する土地が、年期滿了したる場合の規定は、耕地整理法中に全然なきが故に、地租法第七十七條の規定を準用して、年期滿了する年に於て賃貸價格を設定し、その設定をなしたる翌年より、設定賃貸價格により地租を徴收することになるのである。從つて年期の滿了する年の六月三十日迄に年期滿了申告書を税務署長に提出せねばならぬ。

六　關係法令

◉國有財産法（抄錄）

第二十一條　雜種財産ニ付土地ノ開拓又ハ水面ノ埋立若ハ干拓ヲ爲サムトスル者アル場合ニ於テハ勅令ノ定ムル所ニ依リ事業者ニ對シ事業ノ成功ヲ條件トシテ其ノ財産ノ賣拂讓與又ハ貸付ノ豫約ヲ爲シ其ノ事業ヲ爲サシムルコトヲ得

前項ノ規定ニ依リ事業ヲ爲サシムル契約ヲ爲シタル場合ニ於テハ事業ノ成功ニ要スル豫定期間事業者ヲシテ其ノ成功シタル部

分ニ付無償ニテ使用又ハ收益ヲ爲サシムルコトヲ得

◉公有水面埋立法（抄錄）

第二十四條　第二十二條ノ竣功認可アリタルトキハ埋立ノ免許ヲ受ケタル者ハ其ノ竣功認可ノ日ニ於テ埋立地ノ所有權ヲ取得ス但シ公用又ハ公共ノ用ニ供スル爲必要ナル埋立地ニシテ埋立ノ免許條件ヲ以テ特別ノ定ヲ爲シタルモノハ此ノ限ニ在ラス

第五十條　本法ハ勅令ノ定ムル所ニ依リ公有水面ノ一部ヲ區劃シ永久的設備ヲ築造スル場合ニ之ヲ準用ス

第十五條　開墾減租年期、地目變換減租年期、開拓減租年期、埋立免租年期等の年期を有する土地の現賃貸價格の定め方

整理施行地區内ニ開墾減租年期、地目變換減租年期、開拓減租年期、埋立免租年期、耕地整理減租年期、耕地整理開拓免租年期又ハ耕地整理埋立免租年期ヲ有スル土地アル場合ニ於テハ稅務署長ハ整理施行者ノ申請ニ依リ工事著手ノトキ地租法第九條第三項ノ規定ニ準ジ其ノ賃貸價格ヲ修正又ハ設定シ修正賃貸價格又ハ設定賃貸價格ヲ以テ其ノ土地ノ第十三條第二項ノ現賃貸價格トス

前項ノ土地ニ第十四條第一項ノ規定ヲ適用スル場合ニ於テハ前項ノ修正賃貸價格又ハ

設定賃貸價格ヲ以テ其ノ土地ノ第十四條第一項ノ從前ノ賃貸價格トス
整理施行地區內ニ工事完了ノトキニ於テ荒地免租年期（震災ニ因リ一定ノ期間地租ノ免除ヲ受クル土地ヲ含ム）アル場合ニ於テハ稅務署長ハ整理施行者ノ申請ニ依リ工事完了ノトキ從前ノ地域ニ依リ地租法第九條第三項ノ規定ニ準シ其ノ賃貸價格ヲ設定シ設定賃貸價格ヲ以テ其ノ土地ノ第十三條第二項ノ現賃貸價格トス

本條は耕地整理施行地區內に地租法の規定により許可せられたる開墾減租年期、地目變換減租年期、開拓減租年期、埋立免租年期、荒地免租年期及び耕地整理法により許可せられたる耕地整理減租年期、耕地整理開拓免租年期又は耕地整理埋立免租年期を有する土地の、第十三條第二項の現賃貸價格の定め方につき規定したのである。

一　賃貸價格の修正又は設定

耕地整理施行地區內に開墾減租年期、地目變換減租年期、開拓減租年期、埋立免租年期、耕地整理減租年期、耕地整理開拓免租年期又は耕地整理埋立免租年期を有する土地ある場合に於ては、稅務署長は整理施行者の申請により、工事著手の際地租法第九條第三項の規定に準じて、類地比準の方法によりその賃貸價格を修正又は設定し、その修正賃貸價格又は設定賃貸價格を以て、その土地の第十三條第二項の現賃貸價格とするのである。

二　地目變換又は開墾をなしたる場合

右に列擧したる土地中耕地整理の施行により、地目變換又は開墾をなしたる場合卽ち工事著手の際畑又は山林として賃貸價格を修正し又は設定をなしたるものが、耕地整理工事完了の際、畑を田に、山林を畑に變換又は開墾をなしたるときは、畑については地目變換、山林については開墾をなしたることになるのである。この場合に於て第十四條第一項の規定卽ち地區内有租地の總地積の五分の一を超過する地目變換又は開墾をなしたるため、これが規定を適用する場合に於ては、右の修正賃貸價格又は設定賃貸價格を以て、その土地の第十四條第一項の從前の賃貸價格とし、地目變換又は開墾をなしたるため賃貸價格の修正によるその增差額を加算して、第十三條第二項の現賃貸價格となすのである。尤も增差額の計算は第十四條第一項の地目變換地又は開墾地と合算して計算するのであるから、本條の地目變換又は開墾をなしたる土地についてのみ計算するにあらざることは勿論である。

三　荒地免租年期を有する土地の賃貸價格

耕地整理工事完了のときに於てその地區内に、荒地免租年期を有する土地ある場合に於ては、税務署長は整理施行者の申請により、工事完了のとき從前の地域により、地租法第九條第三項の規定に準じて、類地比準の方法により賃貸價格を設定し、その設定したる賃貸價格を以て、その土地の第十三條第二項の現賃貸價格とするのである。

四　賃貸價格の修正又は設定の申請

耕地整理法第十五條第一項の規定による賃貸價格の修正又は設定の申請（開墾減租年期、地目變換減租年期等を有する土地）は、工事著手前に申請書を税務署長に提出してこれをなすことに、耕地整理法施行規則第十條の三に規定せられてある。

前項の申請書には耕地整理法第十五條第一項の土地の字、地番、地目（土地臺帳の地目が土地の現況と異なるときは、土地臺帳の地目及び現況による地目）地積及び修正賃貸價格又は設定賃貸價格の見積額を記載したる書面を添附することになつてゐる。

耕地整理法第十五條第三項の規定による賃貸價格の設定の申請（荒地免租年期を有する土地）は、工事完了の屆出と共に、申請書を稅務署長に提出してこれをなすことに、耕地整理法施行規則第十二條の二に規定せられてある。

前項の申請書には從前の土地の字、地番、地目及び地積、これに對する工事完了後の地目及び地積並に設定賃貸價格の見積額を記載したる書面を添附することになつてゐる。

五　申請書樣式

何郡市町村何耕地整理組合（地區）

組合長（又ハ整理施行者）何　　某　印

昭和　　年　　月　　日

何稅務署長殿

賃貸價格設定「修正」申請書

耕地整理法第十五條第一項該當地ニ對スル設定「修正」賃貸價格ノ見積額別紙調書ノ通耕地整理施行規則第十條ノ三ニ依リ此段及申請候也

耕地整理法第十五條第一項該當地設定「修正」賃貸價格見積調書

何郡市町村	大字	字	地番	原地			修正「設定」地			比準地一反歩當金額	摘要
				地目	地積	賃貸價格	地目	地積	賃貸價格		
何	何	何	一	畑	町 一〇〇〇	円 一〇〇〇	田	町 一〇〇〇	円 三〇〇	何字何番ニ比準 八十一級 三、〇〇錢	昭和七年年期滿了 開拓減租年期
同	同	同	二	同	一〇〇〇	二〇〇	田	一〇〇〇	二四〇〇	何字何番ニ比準 八十二級 二四、〇〇錢	同
同	同	同	三	山林	二〇〇〇	二〇〇	畑	二〇〇〇	三〇〇	何字何番ニ比準 七十三級 二、〇〇錢	昭和八年年期滿了 開墾減租年期
同	同	同	四	原野	一〇〇〇	五〇	田	一〇〇〇	二〇〇〇	何字何番ニ比準 八十級 二〇、〇〇錢	同
同	同	同	五	埋立地	一〇〇〇〇	—	田	一〇〇〇〇	三〇〇〇〇	何字何番ニ比準 八十一級 三、〇〇錢	昭和二十年年期滿了 埋立免租年期

備考

一、本調書は第十五條第一項の年期の種類毎に別紙に調製し、末尾に年期滿了の年毎に區分したる合計額を掲ぐること。

二、規約に別段の定ある場合を除くの外耕地整理組合に在りては、評議員會に於て、共同施行による耕地整理に在りては、規約に定むる會議に於て承認を經ること（施行規則第一七條の二）。

三、地積は從前の地積によるも妨げなきを以て、特殊の場合の外は測量を要せざること。

昭和　年　月　日

何郡市町村何耕地整理組合（地區）

組合長（又ハ整理施行者）何　某　印

何税務署長殿

賃貸價格設定申請書（土地各筆の區域を表示したる圖面添附）

耕地整理法第十五條第三項該當地ニ對スル設定賃貸價格ノ見積額別紙調書ノ通耕地整理法施行規則第十二條ノ二ニ依リ此段及申請候也

耕地整理法第十五條第三項該當地設定賃貸價格見積調書

何郡市町村	大字	字	地番	原地 地目	原地 地積（町）	設定地 地目	設定地 地積（町）	設定地 賃貸價格（円）	比準地一反歩當金額	摘要
何	何	何	一	田	一〇〇〇	田	一〇〇〇	二〇〇〇	何字何番ニ比準 八十級 二〇、〇〇錢	昭和八年年期滿了 荒地免租年期
同	同	同	二	田	一〇〇〇	田	一〇〇〇	二二〇〇	何字何番ニ比準 八十一級 二二、〇〇錢	昭和十年年期滿了 同
同	同	同	三	畑	五〇〇	田	五〇〇	一二〇〇	何字何番ニ比準 八十二級 二四、〇〇錢	昭和十三年年期滿了 同
同	同	同	四	田	八〇〇	田	八〇〇	二四〇〇	何字何番ニ比準 八十五級 三〇、〇〇錢	昭和十五年年期滿了 同
同	同	同	五	畑	一〇〇〇	田	一〇〇〇	一八〇〇	何字何番ニ比準 七十九級 一八、〇〇錢	昭和十七年年期滿了 同

備考

一、末尾に年期滿了の年毎地目別に區分したる合計額を掲ぐること。

二、規約に別段の定ある場合を除くの外耕地整理組合に在りては評議員會に於て、共同施行による耕地整理に在りては、規約に定むる會議に於て承認を經ること（施行規則第一七條の二）。

六　賃貸價格設定又は修正許可の通知

税務署長は賃貸價格の設定又は修正をなしたるときは、耕地整理法施行規則第十七條の三の規定により、その賃貸價格を整理施行者に通知することを要するのである。

第十五條の二　設定賃貸價格又は修正賃貸價格の改訂

前條第一項又ハ第三項ノ規定ニ依リ賃貸價格ノ修正又ハ設定ヲ爲シタル後賃貸價格配賦前ニ於テ地租法第九條第一項ノ規定ニ依リ一般ニ賃貸價格ヲ改訂スル場合ニ於テハ前條第一項ノ修正賃貸價格又ハ設定賃貸價格ハ工事著手ノトキノ現況ニ依リ、前條第三項ノ設定賃貸價格ハ工事完了ノトキノ現況ニ依リ之ヲ改訂ス

本條は第十五條第一項又は同條第三項により、賃貸價格の修正又は設定をなしたるものが、賃貸價格の配賦前に於て、地租法第九條第一項の規定により、一般に賃貸價格を改訂する場合に於て、修正賃貸價格又は設定賃貸價格の改訂方につき規定したのである。

一　第十五條第一項該當地

耕地整理法第十四條の三の規定につき既に說明したるが如く、賃貸價格の修正又は設定をなし、未だ賃貸價格を配賦せざる以前に於て、地租法第九條第一項の規定により、一般に賃貸價格の改訂をなす場合には、類地の賃貸價格は改訂により異動すれば、その類地に比準して定めたる賃貸價格も異動することは當然である。若し賃貸價格の修正又は設定をなしたる故を以て、これが改訂をなさゞるときは、甚だしく不權衡を來し適當ならざるを以て、修正賃貸價格又は設定賃貸價格の改訂を必要とするのである。故に法第十五條第一項の該當地については、工事著手のときの現況により、修正又は設定賃貸價格を改訂するのである。

既に工事が完成してあるにも拘らず、工事著手のときの現況により、賃貸價格を改訂するは意味をなさゞるが如き感なきにあらざるも、耕地整理地の賃貸價格は、その配賦をなす迄は從前の賃貸價格が、土地臺帳に登錄せられあるが故に、工事著手の際賃貸價格の修正又は設定をなす場合に比準したる土地の賃貸價格に比準して定むるの外なかるべく、若しその比準地が異動を生じたるときは、他に適當なる比準地を選定して、耕地整理を施行せざりし場合の賃貸價格を推定するより他に途はないであらう。

二　第十五條第三項該當地

耕地整理法第十五條第三項該當地に對し、工事完了の際その現況により、賃貸價格を設定したるものなるを以て、賃貸價格配賦前に於て地租法第九條第一項の規定により、一般に賃貸價格を改訂する場合には、前項に於て說明したると同樣の理由を以て、設定賃貸價格を工事完了當時の現況により、改訂するといふのである。賃貸價格改訂の方法は、當初賃貸價格を設定する場合に於て、比準地に選定したる土地の改訂賃貸價格に比準して、これを定むるの外他に適當なる方法はないであらう。

第十五條の三　賃貸價格配賦前に年期滿了する場合の地租徴收

第十五條第一項又ハ第三項ノ土地ニ付テハ其ノ年期カ賃貸價格配賦前ニ滿了スル場合ニ於テハ其ノ滿了スル年ノ翌年分ヨリ賃貸價格配賦ノ年ノ分迄修正賃貸價格又ハ設定賃貸價格ニ依リ地租ヲ徴收ス

本條は第十五條第一項該當の開墾減租年期、地目變換減租年期、開拓減租年期又は埋立免租年期若くは同條第三項該當の荒地免租年期を有する土地に對し、工事著手の際或は工事完了の際、賃貸價格の修正又は設定をなしたる土地の年期が、賃貸價格配賦前に滿了する場合に於ては、その滿了する年の翌年分より賃貸價格配賦の年の分迄、修正賃貸價格又は設定賃貸價格により地租を徴收することを規定したのである。

第十六條　各種年期地の配當金額

整理施行地區內ニ賃貸價格配賦ノトキニ於テ第十五條第一項若クハ第三項ニ揭クル年期、耕地整理開墾減租年期又ハ耕地整理地目變換減租年期ヲ有スル土地アル場合ニ於テハ稅務署長ハ整理施行者ノ申請ニ依リ左ノ各號ノ金額ヲ整理施行地區內ノ全部又ハ一部ノ土地ニ配當スル命令ヲ以テ定ムル期間內ニ其ノ申請ナキトキハ稅務署長ハ職權ヲ以テ其ノ配當ヲ行フ

一 第十五條第一項ニ揭クル減租年期地ノ同項ノ修正賃貸價格ヨリ之ニ對スル從前ノ賃貸價格ヲ控除シタル金額

二 第十五條第一項又ハ第三項ニ揭クル免租年期地ノ同條第一項又ハ第三項ノ設定賃貸價格ニ相當スル金額

三 耕地整理開墾減租年期又ハ耕地整理地目變換減租年期ヲ有スル土地ノ第十四條第一項ノ現賃貸價格ヨリ之ニ對スル從前ノ賃貸價格ヲ控除シタル金額

本條は整理施行地區內に賃貸價格配賦のときに於て、第十五條第一項若くは第三項に揭ぐる年期、耕地整理開墾減租年期又は耕地整理地目變換減租年期を有する土地ある場合に於て、配當金額の定め方につき規定したのである。

一 第十六條の趣意

地租法第十九條の開拓減租年期は、有租地となりたる年及びその翌年より二十年、第二十條の埋立免租年期は、有租地となりたる年及びその翌年より六十年、その他第三十六條の開墾減租年期、第四十六條の地目變換減租年期等を有する土地は、年期滿了する年に於て賃貸價格を修正又は設定し、その翌年より修正賃貸價格又は設定賃貸價格により、地租を徴收することは地租法に規定せられて居る。然るに耕地整理工事竣工し換地處分の認可ありたるときは、その認可の告示ありたる日より換地は從前の土地と看做さるゝを以て、換地處分の認可の告示と同時に從前の土地は消滅（例外の場合を除く）するのである。然るが故に從前の土地の有せし前記の各種の年期は勿論、地租の免除に關する事項も亦自然消滅に歸するのである。斯くては土地の農業上の利用を增進するがため、土地の改良及び耕地の擴張を目的とし、これが事業の保護奬勵をなさんとする精神に相反するを以て、第十六條は如上の精神に鑑み從前の土地の有せし利益若くは免除を受くべき殘年期間は、賃貸價格配賦後と雖も、同一の利益若くは免除を受けしむべく、所謂既得の權利を尊重し以てこれを消滅せしめざることを明確にすると共に、その方法を規定したのである。これ蓋し耕地整理法制定の趣旨に鑑み、既得の權利を尊重し以て、耕地整理事業の奬勵を圖らんとするの精神に外ならざるものと思惟せらる。

二　配當金額の意義

配當金額と稱するは開墾減租年期又は地目變換減租年期若くは各種の年期を有する土地が耕地整理施行地區に編入せられたるがために、工事著手の際或は工事完了の際、賃貸價格を修正又は設定して、第十三條第二項の現賃貸價格として、賃貸價格を配賦することになるから、未だ年期が滿了せざるにも拘らず、賃貸價格を修正又は設定して、その賃貸價格を配賦して地租を課税するときは、耕地整理を施行したるがために既得の權利を剝奪することになるから、その權利を持續せしむる方法として、配賦したる賃貸價格の中より、增加したる賃貸價格を控除するのであるが、その控除すべき賃貸價格を整理施行地區內の全部又は一部の土地に配當するのである。これを稱して配當金額といふのである。

三　配當金額の計算方法

配當金額の計算方法は、法第十五條一項に揭ぐる減租年期地については、同項の修正賃貸價格よりこれに對する、從前の賃貸價格を控除したる金額、第十五條第一項又は第三項に揭ぐる免租年期地については、同條第一項又は第三項の設定賃貸價格に相當する金額、耕地整理開墾減租年期又は耕地整理地目變換減租年期を有する土地については、第十四條第一項の現賃貸價格よりこれに對する從前の賃貸價格を控除したる金額、以上の如くして配當すべき金額を定むるのである。

法第十四條第一項の現賃貸價格とは、第十四條の所に於て例示して說明したるが如く、開墾地の修正賃貸價格の合計額千圓、從前の賃貸價格の合計額百圓、その差額九百圓、この平均額を五分の一を超過したる地積に乘じたる額百八十圓を、從前の賃貸價格百圓に加へたる二百八十圓は、卽ち第十四條第一項の現賃貸價格である。その現賃貸價格より從前の賃貸價格百圓を控除したる金額卽ち百八十圓は、耕地整理開墾減租年期地に對する配當金額である。

四　配當金額計算方の例示

（一）　法第十五條第一項の減租年期地

種目	原地		修正地		配當金額	摘要
	地目	賃貸價格	地目	賃貸價格		

種目	原地 地目	原地 賃貸價格	設定地 地目	設定地 賃貸價格	配當金額	摘要
開墾減租年期地	原野	一〇〇円	田	二〇〇〇円	一九〇〇円	昭和八年年期滿了
地目變換減租年期地	畑	一〇〇〇	田	二五〇〇	一五〇〇	昭和十年年期滿了
同	畑	一五〇〇	田	二〇〇〇	五〇〇	昭和十二年年期滿了
開拓減租年期地	畑	一〇〇	畑	一〇〇〇	九〇〇	昭和十五年年期滿了

備考

一、年期の異なる每に區分掲記すること。

二、當該土地多數ある場合は各種目每に區分計算すること。

三、配當金額は修正賃貸價格より原地の賃貸價格を控除したる差額。

（一一）法第十五條第一項又は第三項の免租年期地

種目	原地 地目	原地 賃貸價格	設定地 地目	設定地 賃貸價格	配當金額	摘要
荒地免租年期	田	―	田	二〇〇〇円	二〇〇〇円	昭和十年年期滿了
埋立免租年期	埋立地	―	畑	一〇〇〇	一〇〇〇	昭和三十年年期滿了

備考

一、年期の異なる毎に區分掲記すること。

二、當該土地多數ある場合は各種目毎に區分計算すること。

三、配當金額は設定賃貸價格の全額。

（三） 耕地整理開墾減租年期地又は耕地整理地目變換減租年期地

有租地總地積	四〇、〇〇〇〇步	此の五分の一の地積	八、〇〇〇〇
開墾地の地積	一〇、〇〇〇〇	五分の一超過地積	二、〇〇〇〇

開墾原地の賃貸價格合計額	一〇〇、〇〇錢	
開墾地の修正賃貸價格合計額	一、〇〇〇、〇〇	
差引增差額	九〇〇、〇〇	
此の差額平均一段步當	九、〇〇	（開墾地積十町步にて除したる金額）
超過地積を乘じたる金額	一八〇、〇〇	（超過地積二町步）
開墾地の第十三條第二項の現賃貸價格	二八〇、〇〇	（一八〇圓に原賃貸價格、一〇〇圓を加算）
此の配當金額	一八〇、〇〇	（現賃貸價格二八〇圓より從前の賃貸價格一〇〇圓加除）

（地目變換地も右と同樣の方法により計算するものなるを以て略す）

五 配當の申請

耕地整理法第十六條の規定による配當の申請は、賃貸價格の配賦ありたる後、六十日以内に申請書を稅務署長に提出してこれをなすべく、耕地整理法施行規則第十七條に規定せられてある。

前項の申請書には配當を受くべき土地の字及び地番竝にこれに配當すべき金額、年期の種別及びその殘年期間を記載したる配當案を添附することを要する。

配當の申請書を賃貸價格配賦後六十日以内に提出せざるときは、稅務署長は職權を以てその配當を行ふことになるのである。

六　申請書樣式

何郡市町村何耕地整理組合（地區）
組合長（又ハ整理施行者）何　某　印

昭和　年　月　日

何稅務署長殿

配當申請書

耕地整理法第十六條該當地ニ對スル配當金額ハ別紙配當案ノ通決定相成度此段及申請候也

配當案

何郡市町村	大字	字	地番	地目	配當金額	年期の種別	殘年期間
何	何	何	一	田	一九円〇〇	開墾減租年期	自　年 至　年

同	同	同	二	田	一五〇〇	地目變換減租年期	自　年 至　年
同	同	同	三	畑	五〇〇	開拓減租年期	自　年 至　年
同	同	同	四	畑	九〇〇	荒地免租年期	自　年 至　年
同	同	同	五	田	二〇〇〇	埋立免租年期	自　年 至　年
同	同	同	六	畑	一〇〇〇	耕地整理開墾減租年期	自　年 至　年

備考

一、同一種類の年期地は殘年期間別、地目每地番順に記載し、同一殘年期間のものにつき地目每に計を附すること。

二、同一種類の年期每に小計を附すること。

三、規約に別段の定ある場合を除くの外、耕地整理組合に在りては評議員會に於て、共同施行による耕地整理地に在りては規約に定むる會議に於て承認を經ること（施行規則第一七條の二）。

七　配當金額の決定通知

稅務署長は耕地整理法第十六條の規定により、配當金額を定めたるときは、これを整理施行者に通知を要するのである。

第十六條の二　配當金額の改訂

地租法第九條第一項ノ規定ニ依リ一般ニ賃貸價格ヲ改訂スル場合ニ於テハ配當金額ハ整理施行地區内ノ耕地整理減租年期地ニ付第十三條ノ三第二項ノ規定ニ依リ改訂セラルヘキ賃貸價格ノ合計額ヲ之ニ對スル改訂前ノ賃貸價格（配當金額ヲ控除セサルモノ）ノ合計額ヲ以テ除シテ得タル比率ヲ改訂前ノ配當金額ニ乘シタル額ニ之ヲ改訂ス

本條は地租法第九條第一項の規定により、一般に賃貸價格を改訂する場合に於て、配當金額の改訂方につき規定したのである。

配當金額の改訂方法は整理施行地區内の耕地整理減租年期地につき、第十三條の三第二項の規定により改訂せらるべき賃貸價格の合計額、卽ち假賃貸價格の合計額を以て、第十三條第二項の現賃貸價格の合計額を除して得たる比率を、一般に改訂するために調査したる各筆の賃貸價格に乘じて改訂したる賃貸價格の合計額を、これに對する改訂前の賃貸價格（配當金額を控除せざるもの）の合計額を以て、除して得たる比率を改訂前の配當金額に乘じたる額に、配當金額を改訂するといふのである。

例示

假賃貸價格の合計額　二、五〇〇圓

現賃貸價格の合計額　二、一〇〇圓
此の比率　〇・八四〇（耕地整理減租年地の賃貸價格改訂の比率）
耕地整理減租年期地につき一般に調査したる賃貸價格に右の比率を乘じ改訂したる賃貸價格の合計額　二、〇〇〇圓
右に對する改訂前の賃貸價格の合計額　二、一〇〇圓
此の比率　〇・九五二（從前の配當金額に乘ずべき比率）

何郡市町村	大字	字	地番	地目	改訂前の配當金額	改訂配當金額
何	何	何	一	田	一九円〇〇	一八円〇八
同	同	同	二	田	一五〇〇	一四二八
同	同	同	三	田	五〇〇	四七六
同	同	同	四	畑	九〇〇	八五六
同	同	同	五	田	二〇〇〇	一九〇四
同	同	同	六	畑	一〇〇〇	九五二

何	何	何	七	畑	一三〇〇	一二三七
同	同	同	八	畑	一五〇〇	一四二八

備考
一、改訂配當金額は改正前の配當金額に〇・九五二の比率を乘じて計算すること。
二、改訂配當金額の計算は錢位未滿の端數は切捨つること。

第十六條の三　配當金を有する土地の賃貸價格

第十六條ノ規定ニ依リ配當ヲ爲シタル土地ニ付テハ同條ノ年期ノ殘年期間中第十三條第二項ノ規定ニ依リ配賦ヲ爲シタル賃貸價格（第十三條ノ三第二項ノ規定ニ依リ改訂シタル場合ニ於テハ其ノ賃貸價格）ヨリ配當金額ヲ控除シタル額ヲ以テ其ノ賃貸價格トス

本條は第十六條の規定により配當をなしたる土地については、各種の年期の殘年期間中は、第十三條第二項の規定により配賦をなしたる賃貸價格、第十三條の三第二項の規定により改訂せられたる場合に於ては、その賃貸價格より配當金額を控除したる額を以て、その土地の賃貸價格とする旨を規定したのである。例へば第十三條第二項の規定により配賦したる賃貸價格三十圓、その配當金額二十圓と假定するときは、その土地の賃貸價格は十圓といふことになるのである。

第十六條の四　配當金を有する土地の賃貸價格修正の場合

第十六條ノ規定ニ依リ配當ヲ爲シタル土地ニ付同條ノ年期ノ殘年期間中土地ノ異動ニ因リ賃貸價格ヲ修正スル場合ニ於テハ修正賃貸價格ヨリ配當金額ヲ控除シタル額ヲ以テ其ノ賃貸價格トス

本條は第十六條の規定により配當をなしたる土地につき、各種の年期の殘年期間中に於て、土地の異動により賃貸價格を修正する場合、卽ち畑より田に或は田より畑に變換したるがために、賃貸價格を修正するときは、その修正賃貸價格よりその土地の配當金額を控除したる額を以て、その土地の賃貸價格とするといふことを規定したのである。例へば修正前の賃貸價格十圓（配當金額を二十圓控除したるもの）の土地に對する修正賃貸價格を五十圓と假定するときは、配當金額二十圓を控除したる殘額三十圓を以て、その土地の賃貸價格とするといふことである。從つて修正賃貸價格がその土地の配當金額と同額なる場合又は減少したるときは、その土地の賃貸價格は零となり、殘年期間中は地租の課税を受けざることになる。

第十六條の五　配當金額を定めたる土地の地租徵收

前二條ノ規定ニ依リ賃貸價格ヲ定メタル土地ニ付テハ賃貸價格ヲ定メタル年ノ翌年分ヨリ其ノ賃貸價格ニ依リ地租ヲ徴收ス

本條は第十六條の三及び同條の四の規定により配當金額を控除して賃貸價格を定めたる土地については、その賃貸價格を定めたる年の翌年分より、その賃貸價格により地租を徴收することを規定したのである。

第十六條の六　殘年期滿了の場合の賃貸價格

第十六條ノ規定ニ依リ配當ヲ爲シタル土地ニ付テハ同條ノ年期ノ殘年期間ノ滿了スル年ニ於テ地租法第九條第三項ノ規定ニ準シ其ノ賃貸價格ヲ修正シ其ノ修正ヲ爲シタル年ノ翌年分ヨリ修正賃貸價格ニ依リ地租ヲ徴收ス

本條は第十六條の規定により配當をなしたる土地については、各種の年期の殘年期間の滿了する年に於て、地租法第九條第三項の規定に準じて、類地比準の方法によりその賃貸價格を修正し、その修正をなしたる年の翌年分より修正賃貸價格により地租を徴收することを規定したのである。而して本條の修正賃貸價格は現在土地臺帳に登錄してある賃貸價格に、控除したる配當金額を加へたるものを以て、修正賃貸價格となすを最も適當とする。

第十六條の七　配當をなしたる土地につき荒地免租年期を許可したる場合

地租法第五十九條第一項ノ規定ハ第十六條ノ規定ニ依リ配當ヲ爲シタル土地ニ付荒地免租年期ヲ許可シタル場合ニ之ヲ準用ス但シ荒地免租年期ノ殘年期間ニ付第十六條ノ規定ニ依リ配當ヲ爲シタル土地ニ付テハ此ノ限ニ在ラス

本條は第十六條の規定により配當をなしたる土地につき、荒地免租年期を許可したるときは、地租法第五十九條第一項の規定を準用して、殘年期間の進行を止めて荒地免租年期滿了後に於て更に殘年期間を進行せしむるといふのであるが、荒地免租年期の殘年期間につき、第十六條の規定により配當をなしたる土地については、地租法第五十九條第一項の規定を適用せざることを規定したのである。

整理施行地區內に賃貸價格配賦のときに於て、第十五條第一項若くは第三項に揭ぐる年期、耕地整理開墾減租年期又は耕地整理地目變換減租年期を有する土地ある場合に於ては、配當金額を定めて、整理施行地區內の全部又は一部の土地に配當することに規定されてあるから、その配當を受けたる土地に對し、荒地免租年期を許可したるときは、配當を受くべき殘年期間の進行を停止し、荒地免租年期滿了の翌年より、その殘年期間の進行を開始することになるのである。例へば配當を受くべき殘年期間三年あるときに、荒地免租年期を昭和十年迄許可したるものと假定するときは、配當を受くべき殘年期間は、昭和十一年から、進行を開始し昭和十三年に於て殘年期間が滿了するのである。併しながら荒地免租年期を有するがために配當をなしたる土地に對し、荒地免租年期を許可したる場合には、配當を受くべき殘年期間の進行はこれを停止せず、荒地免租年期と共に進行するのである。これ蓋し地租法第五十八條に「荒地免租年期中ノ土地ガ再ビ荒地ト爲リ免租年期ノ許可ヲ受ケタルトキハ前ノ年期ハ消滅ス」と規定しあるを以て、耕地整理法に於ても、地租法の趣旨により、配當を受くべき殘年期間の進行を停止せざることに規定せられたるものと思惟する。

第十六條の八　規約を以て整理地區を分ちたる場合

第十三條第三項ノ規定ハ第十四條第一項、第十四條ノ二、第十五條第一項、第三項、第十六條及第十六條ノ二ノ場合ニ之ヲ準用ス

本條は組合規約を以て整理施行地區を數區に分ちたるときは、第十四條第一項、第十四條の二、第十五條第一項同條第三項、第十六條及び第十六條の二の場合には、各地區を以て獨立の整理施行地區と看做して、現賃貸價格及び配當金額の計算をなすことを規定したのである。

第十四條第一項の規定による開墾地又は地目變換地に對する賃貸價格の修正、第十四條の二の規定による無租地を有租地となしたる場合の賃貸價格の設定、第十五條第一項の規定による開墾減租年期、地目變換減租年期、開拓減租

年期、埋立免租年期、耕地整理減租年期、耕地整理開拓免租年期又は耕地整理埋立免租年期を有する土地に對する賃貸價格の修正又は設定、同條第三項の荒地免租年期地に對する賃貸價格の設定、第十六條の規定により定むる配當金額及び第十六條の二の規定により一般に賃貸價格を改訂する場合に於て、配當金額の改訂をなすときは、第十三條第三項の規定を準用して、規約に定むるところの各地區每に賃貸價格の修正又は賃貸價格の設定をなし配賦すべき現賃貸價格を算定し、或は配當金額の計算若くは配當金額の改訂を行ふのである。

第八十六條の二　假賃貸價格の決定に對する訴願

第十三條ノ三第三項ノ假賃貸價格ノ決定ニ對シ不服アル整理施行者ハ同條第四項ノ通知ヲ受ケタル日ヨリ六十日以內ニ訴願スルコトヲ得

本條は第十三條の三第三項の規定により定められたる假賃貸價格に對し、不服ある整理施行者は、同條第四項の通知を受けたる日より、六十日以內に訴願し得ることを規定したのである。

附　則

第一條　改正耕地整理法の施行期日

本法ハ昭和六年四月一日ヨリ之ヲ施行ス

本條は說明する迄もなく、改正耕地整理法の施行期日を、昭和六年四月一日と規定されたのである。

第三條　大正十五年四月一日以後地價配賦をなしたる耕地整理地の賃貸價格

大正十五年四月一日以後地價配賦ヲ爲シタル整理施行地區內ノ土地ノ賃貸價格ハ稅務署長ハ整理施行者ノ申請ニ依リ其ノ地區內從前ノ土地ニ付土地賃貸價格調査法ニ依リ調査シタル賃貸價格（以下調査賃貸價格ト稱ス）ノ合計額ヲ工事完了ノトキノ現況ニ依リ每筆相當ニ配賦シテ之ヲ定ム

命令ノ定ムル期間內ニ前項ノ申請ナキトキハ第三項ノ規定ニ依リ定メタル賃貸價格ヲ以テ前項ノ土地ノ賃貸價格トス

第一項ノ規定ニ依リ賃貸價格ノ配賦ヲ爲ス迄ハ其ノ土地ノ賃貸價格ハ調査賃貸價格ノ合計額ヲ從前ノ地價ニ依リ算出シタル地租條例ノ地租額ニ按分シテ之ヲ定ム

第一項及前項ノ場合ニ於テ調査賃貸價格ニ百分ノ三・八ヲ乘シタル金額カ從前ノ地價ニ依リ算出シタル地租條例ノ地租額ノ三倍八割ヲ超ユル土地アルトキハ地租條例ノ地租額ノ三倍八割ニ相當スル金額ヲ百分ノ三・八ヲ以テ除シタル金額ヲ以テ其ノ土地ノ

調査賃貸價格トス

第十三條第二項但書ノ改正規定ハ第一項及第三項ノ場合ニ之ヲ準用ス

本條は大正十五年四月一日以後本法施行迄(昭和六年三月三十一日)に、地價配賦を了したる耕地整理地の賃貸價格の定め方につき規定したのである。

地租法の課税標準たる賃貸價格は、土地賃貸價格調査法により、大正十五年四月一日現在によりこれが調査をなしたるものなるが故に、大正十五年四月一日以後に於て地價配賦をなしたる耕地整理地については、地價配賦前の土地卽ち從前の土地の賃貸價格は調査しあるも、地價配賦後の土地の賃貸價格は、全然これが調査をして居らぬのである。

一　賃貸價格の配賦

耕地整理施行地區內の從前の土地につき、土地賃貸價格調査法により、大正十五年四月一日現在により調査したる賃貸價格の合計額を、工事完了のときの現況により每筆相當に配賦してこれを定むるのである。而して配賦すべき現賃貸價格の計算方竝にその配賦の方法は、本法の第十三條第二項の規定を準用するのであるから、これが說明を省略する。

賃貸價格の配賦は整理施行者の申請によつて、稅務署長がその申請に基づいて、一應の調査をなしたる後その處理をするのである。

二　賃貸價格の按分

整理施行者に於て賃貸價格配賦の申請書を作成するには、非常なる手數と時日とを要するものなるが故に、急速に該申請書を作成して稅務署長に提出することは至難である。整理施行者の申請がなければ賃貸價格の配賦が出來ないとすれば、前にも說明したる通り大正十五年四月一日以後昭和六年三月三十一日迄に、地價配賦を了したる耕地整理地の賃貸價格は全然調査をしてゐないのであるから、賃貸價格を標準として地租の徵收をなすことは出來なくなるのである。さりとてこの種の耕地整理地の地租は從來の地價を標準として地租を徵收するが如きは、課稅の均衡の點より見るも甚だ妥當でないのである。

玆に於て本條の第二項に「命令ノ定ムル期間內ニ前項ノ申請ナキトキハ、第三項ノ規定ニ依リ定メタル賃貸價格ヲ以テ、前項ノ土地ノ賃貸價格トス」と規定せられたのである。耕地整理法施行規則附則第四條に本條の賃貸價格配賦の申請は、昭和九年三月三十一日迄にこれをなすべく規定されてあるから、賃貸價格配賦の申請ある迄は、大正十五年四月一日の現在により調査したる從前の土地の賃貸價格を基礎として、第十三條第二項但書の規定を準用し、賃貸價格の合計額を調査して、その合計額を從前の地價により算出したる地租條例の地租額に按分して各筆の賃貸價格を稅務署長に於てこれを定むるのである。

計算方の例示

配賦すべき賃貸價格總額　一、五〇〇、〇〇錢

地目	配賦地價總額	同上に對する地租額	合計地租額に對する配賦すべき賃貸價格總額の割合	地租額に對し同上の割合を乘じたる賃貸價格	比率
田	一、〇〇〇、〇〇錢	四五、〇〇錢	…………	八九〇、二八錢	〇、八九〇

畑	五〇〇、〇〇	二二、五〇	…………	四四五、一四	〇、八九〇
宅地	三〇〇、〇〇	七、五〇	…………	一四八、三八	〇、四九五
山林	一〇、〇〇	五五	…………	一〇、八七	一、〇六六
原野	五、〇〇	二七	…………	五、三三	一、〇六六
合計		七五、八二	一九、倍七八四厘	一、五〇〇、〇〇	

備考

一、地租額は配賦地價總額に田畑は百分の四・五、宅地は百分の二・五、その他は百分の五・五を乘じ錢位未滿の端數はこれを切捨つること。

二、合計地租額に對する配賦すべき賃貸價格總額の割合は、地租合計額七五、八二錢を以て、賃貸價格總額一、五〇〇圓を除し毛位四捨五入厘位に止むること。

三、地租額に對し一九倍七割八分四厘を乘じ賃貸價格を計算し、その合計額が配賦すべき賃貸價格總額に一致せざるときは適當に加減して一致せしむること。

四、比率は地價を以て賃貸價格を除し、毛位四捨五入厘位に止むること。

五、各筆の賃貸價格は各筆の配賦地價に、本表の當該地目の比率を乘じて算出し、錢位未滿四捨五入錢位に止むること、但し各筆の賃貸價格の合計額は配賦すべき賃貸價格總額に一致せしむべきこと。

三　激增緩和の規定適用

調査賃貸價格即ち整理地區内從前の土地につき、土地賃貸價格調査法により調査したる賃貸價格に、地租法第十條の税率百分の三・八を乘じたる金額が、その土地の整理施行前の地價により算出したる地租條例の地租額の三倍八割を超ゆる土地あるときは、地租條例の地租額の三倍八割に相當する金額を、地租法の税率百分の三・八を以て除して得たる金額を以て、その土地の調査賃貸價格とするのである。例へば調査賃貸價格二百圓と假定し、これに税率百分の三・八を乘じたる金額は七圓六十錢、この土地の從前の地價により算出したる地租條例の地租額一圓五十錢とすれば、この三倍八割は五圓七十錢であるから調査賃貸價格による地租額は七圓六十錢であるとすれば、一圓九十錢超過することになる。この場合に於て五圓七十錢を地租の税率百分の三・八を以て除すれば賃貸價格百五十圓となるから、その土地の調査賃貸價格は制限により五十圓を低減せらるゝことになるのである。要するにその整理施行地區内の土地中地租の課税標準を賃貸價格に改めたるがために、從來の負擔額即ち地租額に比し著しく激增するものについては、地租法第九十二條の制限規定と同樣の制限をなし、以て負擔の激增を緩和するの趣旨に外ならぬのである。而して調査賃貸價格に對し制限規定を適用したのであるから、調査賃貸價格の合計額を、地租條例の地租額に按分を了したる土地の負擔額は、從前の負擔額に比し三倍八割を超ゆるものは絕對に生ぜざることは說明を要する迄もないことである。

四　制限調査賃貸價格の算出

制限調査賃貸價格の算出は、法文上地租額の三倍八割に相當する金額を、百分の三・八を以て除して計算することになるのであるが、これを換言すれば從前の土地例へば田の地價百圓この地租額四圓五十錢、この三倍八割は十七圓十錢、これを百分の三・八を以て除すれば四百五十圓となる。又宅地の地價百圓この地租額二圓五十錢、この三倍八割は九圓五十錢、これを百分の三・八を以て除すれば二百五十圓となり、雜地（山林、原野等）であれば地價百圓この地租額五圓五十錢、この三倍八割は二十圓九十錢、これを百分の三・八を以て除すれば五百五十圓となるのであるから、三倍八割を超過すと認めらるゝ土地につき、從前の地價に田畑なるときは四・五、宅地は二・五、その他の土地は五・五を乘じたる額を以て、調査賃貸價格となすも妨げはないのである。

第四條　耕地整理減租年期の特典

前條第一項又ハ第三項ノ規定ニ依リ賃貸價格ノ配賦ヲ爲シ又ハ之ヲ定メタル土地ハ耕地整理減租年期ヲ有ス但シ地價配賦後地目變換、地類變換又ハ開墾ヲ爲シタル土地ニ付テハ此ノ限ニ在ラス

第十三條ノ三第二項、第三項及第八十六條ノ二ノ改正規定ハ前條第一項又ハ第三項ノ規定ニ依リ賃貸價格ノ配賦ヲ爲シ又ハ之ヲ定メタル土地ニ之ヲ準用ス

本條は附則第三條第一項又は第三項の規定により、賃貸價格の配賦をなし又はこれを定めたる土地は、耕地整理減租年期の申請を要せずして、當然附與せらるゝこと及び地價配賦後地目變換、地類變換又は開墾をなしたる土地については耕地整理減租年期は消滅するといふことを規定したのである。

一　假賃貸價格の調査

附則第三條第一項又は第三項の規定により、賃貸價格の配賦をなし又は賃貸價格を定めたる土地については、耕地整理減租年期を附與せらるゝのであるから、一般に賃貸價格を改訂する場合に、耕地整理減租年期の特典を維持するためには假賃貸價格を調査せねばならぬのである。而して假賃貸價格の定め方は第十三條の三第三項の規定を準用し又一般に賃貸價格を改訂する場合に於ける改訂賃貸價格の定め方は、第十三條の三第二項の規定を準用するのであるから、これが說明を省略する。

二　假賃貸價格決定の申請

本條の假賃貸價格の決定の申請は、附則第三條第一項の規定による賃貸價格配賦の申請と共にこれをなすのである（施行規則附則第四條第三項）。この場合には耕地整理法施行規則第十三條第二項の規定を準用せられ、賃貸價格配賦案に假賃貸價格の見積額を記載することになつて居るから、改めて假賃貸價格決定の申請をなさず、賃貸價格配賦の申請書中にその旨を表示すれば足るのである。

大正十五年四月一日以後昭和六年三月卅一日迄の間に於て、耕地整理地の地價配賦を了したるものについては、附則第三條第一項の規定により賃貸價格配賦の申請を、昭和九年三月卅一日迄に稅務署長にこれをなすことを原則として規定せられてある。而してその期間内に賃貸價格配賦の申請なき場合は、調査賃貸價格の合計額を從前の地價により算出したる地租條例の地租額に按分して、稅務署長に於てこれを定むることになつてゐるから、整理施行者に於て稅務署長の定めたる賃貸價格を適當と認むるときは、賃貸價格配賦の申請書を提出する必要はないのである。この場合に於ては假賃貸價格決定の申請のみをなすことになるのであるから、その申請書には整理施行地區内の土地の字、地番、地目、地積及び假賃貸價格の見積額を記載したる書面を添附せねばならぬのである（施行規則附則第五條第一項）。而して假賃貸價格の見積額については、規約に別段の定ある場合を除くの外耕地整理組合に在りては評議員會に於て、共同施行による耕地整理に在りては、規約に定むる會議に於てその承認を經ることを必要とするのである（施行規則附則第五條第二項）。

三　假賃貸價格決定の申請なき場合

昭和十年三月三十一日迄に耕地整理法附則第四條第二項の規定により、假賃貸價格決定の申請なきときは、税務署長は職權を以て假賃貸價格を決定するのである（施行規則附則第六條）。

四　假賃貸價格決定に對する訴願

假賃貸價格の決定に對し不服ある整理施行者は、第八十六條の二の規定に準じ、假賃貸價格の決定の通知を受けたる日より、六十日以内に訴願することが出來るのである。

第五條　配賦又は按分したる賃貸價格に對する地租の徵收

附則第三條第一項ノ規定ニ依リ賃貸價格ノ配賦ヲ爲シタル土地ニ付テハ其ノ配賦ヲ爲シタル年ノ翌年分ヨリ配賦シタル賃貸價格ニ依リ、同條第三項ノ規定ニ依リ賃貸價格ヲ定メタル土地ニ付テハ昭和六年分ヨリ同條第一項ノ規定ニ依リ賃貸價格ノ配賦ヲ爲

ス年ノ分迄其ノ定メタル賃貸價格ニ依リ地租ヲ徴收ス
附則第三條第一項ノ規定ニ依リ昭和六年ニ賃貸價格ノ配賦ヲ爲シタル土地ノ昭和六年分ノ地租ハ附則第三條第三項ノ規定ニ準シ算出シタル賃貸價格ニ依リ地租ヲ徴收ス

本條は附則第三條第一項及び同條第三項の規定により、賃貸價格の配賦をなし、又は賃貸價格を按分して定めたる土地につき、地租の徴收方に關し規定したのである。

一　賃貸價格を配賦したる土地

附則第三條第一項の規定により賃貸價格の配賦をなしたる土地については、その配賦をなしたる年の翌年分より、配賦したる賃貸價格により地租を徴收するのである。而して昭和六年に於て賃貸價格の配賦をなしたる土地については、その賃貸價格により昭和六年分の地租を徴收することは出來ないことになるから、この場合に於ける地租の徴收方法を定むるの必要がある。卽ち本條第二項の規定により、昭和六年に於て賃貸價格の配賦をなしたる耕地整理地については、附則第三條第三項の規定に準じて、調査賃貸價格の合計額を地租條例による地租額に按分して賃貸價格を定め、昭和六年分の地租は該賃貸價格によりこれを徴收するといふのである。

二　賃貸價格を按分して定めたる土地

附則第三條第三項の規定により賃貸價格を地租額に按分して定めたる土地については、昭和六年分より同條第一項の規定により、賃貸價格の配賦をなす年の分迄、その定めたる賃貸價格により地租を徴收するのである。

第六條　大正十五年三月三十一日迄に地價配賦をなしたる耕地整理地の賃貸價格

大正十五年三月三十一日迄ニ地價配賦ヲ爲シタル整理地區內ノ土地ノ賃貸價格ハ其ノ土地ノ屬スル郡又ハ市ニ於ケル土地（大正十五年三月三十一日迄ニ地價配賦ヲ爲シタル土地ヲ除ク）ノ地目別ノ大正十五年四月一日現在ノ地價ノ合計額ヲ以テ之ニ對スル地租法第九十二條ノ規定ニ依ル賃貸價格ノ合計額ヲ除シテ得タル比率ヲ地目別ニ每筆ノ地價ニ乘シタル額トス

前項ノ場合ニ於テ其ノ土地ノ屬スル郡又ハ市ニ於ケル當該地目ノ土地ノ大正十五年四月一日現在ノ總地積ノ二分ノ一以上カ其ノ前日迄ニ地價配賦ヲ爲シタルモノナルトキハ同項ノ郡又ハ市ハ之ヲ府縣トス

第一項ノ場合ニ於テ附則第十六條第一項但書ノ規定ニ依ル宅地ノ賃貸價格ハ其ノ土地ノ屬スル府縣ニ於ケル宅地（大正十五年三月三十一日迄ニ地價配賦ヲ爲シタル宅地ヲ除ク）ノ大正十五年四月一日現在ノ地價ノ合計額ヲ以テ之ニ對スル地租法第九十二條

ノ規定ニ依ル賃貸價格ノ合計額ヲ除シテ得タル比率ヲ其ノ毎筆ノ地價ニ乘シタル額トス

第一項又ハ第三項ノ規定ニ依ル賃貸價格カ地租法第九十二條ノ規定ニ依ル賃貸價格ヲ超ユル土地ニ付テハ同條ノ規定ニ依ル賃貸價格ヲ以テ其ノ賃貸價格トス

本條は大正十五年三月三十一日迄に、地價配賦を了したる耕地整理地の賃貸價格の定め方につき規定したのである。大正十五年三月三十一日迄に地價配賦を了したる耕地整理地の賃貸價格は、工事施行後土地の農業上の利用を增進したる現況により調査したるものなるを以て、その賃貸價格をその儘地租の課税標準として、地租の負擔をなさしむるときは、耕地整理の特典は全然消滅することになるのである。

斯ることになると地租法制定の結果耕地整理施行者に對し、不利益を蒙らしむることになり甚だ妥當でないことになるのである。然らば如何にすれば耕地整理の特典を維持し得るかといふに、耕地整理地に對する整理施行前の賃貸價格を調査し、その賃貸價格と大正十五年四月一日の現在により、調査したる賃貸價格とを比較して、大正十五年四月一日の現在により調査したる賃貸價格が昂上して居れば、その昂上したる部分の賃貸價格は、耕地整理施行の結果に基づくものであるから、その昂上したる部分の賃貸價格を、大正十五年四月一日の現在により調査したる賃貸價格より控除したるものを、整理施行地の賃貸價格となすときは、耕地整理の特典は自ら維持し得ることになるのである。併しながら耕地整理法は明治三十三年一月十五日より施行せられたのであるから、地價配賦後十年も二十年も經過したるものもあるので、整理施行前の從前の土地の賃貸價格を今日これが調査をなすことは、いふべくして實行不可能のことであることは、多言を要しないであらう。

一 賃貸價格の算定

玆に於て整理施行前の賃貸價格を調査する方法として、耕地整理地の屬する郡又は市に於ける整理未施行地（地價配賦を了せざる整理地を含む）の地目別の大正十五年四月一日現在の地價の合計額を以て、これに對する地租法第九十二條の規定による賃貸價格（大正十五年四月一日の現在により調査したる賃貸價格）の合計額を除して得たる比率を、地目別に每筆の地價に乘じて得たる額を、その土地の賃貸價格となすことに規定されたのである。

然るに比率を求むる所の整理未施行地の地積に何等の制限をなさざるときは、地方により耕地整理の事業が盛んに行はれる結果、郡又は市の大部分或は半數以上の地積に對し、耕地整理を施行したる所もあるのである。然るにも拘らず郡又は市の整理未施行地の地價對賃貸價格の比率により、整理地の賃貸價格を算定するときは、適當ならざる結果を生ずる虞れあるを以て、地積により制限し、郡又は市に於ける該當地目の土地の、大正十五年四月一日現在の總地積の五割以上の土地が、大正十五年三月三十一日迄に地價配賦をなしたる場合は、郡又は市の區域によらず、その土地の屬する府縣の區域により、比率を計算して賃貸價格を定むることに規定されたのである。

例示

地目	大正十五年四月一日現在地價合計額	地租法第九十二條の賃貸價格の合計額	同上の比率

田	一〇、〇〇〇、〇〇錢	八、五〇〇、〇〇錢	〇、八五〇
畑	八、〇〇〇、〇〇	七、六〇〇、〇〇	〇、九五〇
宅地	一五、〇〇〇、〇〇	七、五〇〇、〇〇	〇、五〇〇
山林	二、〇〇〇、〇〇	二、四〇〇、〇〇	一、二〇〇
原野	一、〇〇〇、〇〇	一、三〇〇、〇〇	一、三〇〇

備考

一、比率の計算は地價合計額を以て賃貸價格合計額を除し、千分の一未滿の端數はこれを切捨つること。

二、地目別每筆の地價に右の比率を乘じて得たる額をその土地の賃貸價格とし、一錢未滿の端數はこれを切捨つること。

二　市の區域內の宅地の賃貸價格算定

宅地についても別に制限はないのであるから、郡又は市の區域により比率を計算して、賃貸價格を定むることになるが、市の區域內の宅地及び主務大臣の指定する地域內の宅地については、耕地整理減租年期を附與せざることに耕地整理法附則第十六條に規定してあることは旣に說明を了したる通りである。故に耕地整理減租年期を附與せずとすれば右に該當する宅地についつては耕地整理の特典を與へざることになるのであるから、大正十五年四月一日の現在により調査したる賃貸價格を、その儘その宅地の賃貸價格となすことになるが故に、別に比率を計算するの必要なきことは勿論である。然れども市の區域內の宅地と雖も、純然たる農村宅地にして隣接町村の宅地と何等擇ぶ所なき場合に於ても、尙市の區域內にあるの故を以て、耕地整理減租年期を附與せず、隣接町村の宅地に耕地整理減租年期を附與するが如きは、權衡上宜しきを得ざるを以て、斯る場合に於ては主務大臣は區域を指定し、その區域內にある宅地については、耕地整理減租年期を附與することに、耕地整理法附則第十六條に規定してあるのである。耕地整理減租年期を附與せらるべき市の區域內の宅地の賃貸價格は、その土地の屬する府縣に於ける、耕地整理未施行地（大正十五年三月三十一日迄に地價配賦をなさゞる整理地を含む）の大正十五年四月一日現在の宅地の地價の合計額を以て、これに對する地租法第九十二條の規定による宅地の賃貸價格の合計額を除して得たる比率を、その每筆の地價に乘じて得たる額を以て、その土地の賃貸價格とするのである。

要するに市の區域內の土地及び主務大臣の指定する地域內の土地は、第三條の二の規定により、將來は耕地整理を施行することは出來ないのであるから、これとの權衡上大正十五年三月三十一日迄に地價配賦を了したる耕地整理地及び大正十五年三月三十一日迄に地價配賦をなさゞりし耕地整理地內の宅地に對しては、原則として耕地整理減租年期を附與せざることに、附則第十六條に規定されたのである。

三　比率によらざる賃貸價格

第一項又は第二項による比率を乘じて計算したる賃貸價格が、地租法第九十二條の規定による賃貸價格を超ゆる土地については、比率を乘じて計算したる賃貸價格によらず、地租法第九十二條の規定による賃貸價格を以てその土地の賃貸價格となすのである。この場合に於ても耕地整理減租年期を有することになるのである。斯く解するときは減租せらるべき何ものもなきが故に名實共に一致せざる憾なきにあらざるも、耕地整理減租年期は工事著手の年及びその翌年より七十年の永き年期なるを以て、地租法第九條第一項の改訂期に於ては、耕地整理法附則第六條の規定により定めたる賃貸價格の合計額を、これに對する地租法第九十二條の規定による賃貸價格に相當する額の合計額を以て除して得たる比率を、改訂により定めらるべき賃貸價格に相當する額に乘じたる額に改訂するのであるから、當初に於て減租額なき場合と雖も、改訂期に至り減租額を生ずることになるのである。故に比率によらざる賃貸價格を附したる土地と雖も、耕地整理減租年期を有するものと解するを至當とする。

第七條　耕地整理減租年期及び地租徴收

前條ノ規定ハ地價配賦後地目變換、地類變換又ハ開墾ヲ爲シタル土地ニ之ヲ適用セス」

前項ノ規定ニ依リ賃貸價格ヲ定メタル土地ニ付テハ昭和六年分ヨリ其ノ賃貸價格ニ依リ地租ヲ徴收ス

前項ノ規定ニ依リ賃貸價格ヲ定メタル土地ハ耕地整理減租年期ヲ有ス

本條は地價配賦後地目變換、地類變換又は開墾をなしたる土地には、附則第六條の規定を適用せざること及び同第六條の規定により、賃貸價格を定めたる土地の昭和六年分の地租の徴收方等につき規定したのである。

一　耕地整理減租年期を有せざる土地

耕地整理法第十三條の四に、耕地整理減租年期を有する土地につき、地目變換、地類變換又は開墾したるときは、耕地整理減租年期が消滅することに規定せられたる關係上、地價配賦後地目變換、地類變換又は開墾をなしたる土地については、附則第六條の規定を適用せずして、大正十五年四月一日現在により調査したる賃貸價格を以て、その土地の賃貸價格となすのであるから、耕地整理減租年期を有せざることになるのである。

二　耕地整理減租年期を有する土地

附則第六條の規定により賃貸價格を定めたる土地については、本條第三項の規定により工事著手の年及びその翌年より起算して七十年の耕地整理減租年期を有することになるのである。

三　地租の徵收

附則第六條の規定により賃貸價格を定めたる土地については、昭和六年分よりその賃貸價格により地租を徵收することになるのである。

第八條　賃貸價格の改訂

地租法第九條第一項ノ規定ニ依リ一般ニ賃貸價格ヲ改訂スル場合ニ於テハ前條第三項ノ年期ヲ有スル土地ノ賃貸價格ハ其ノ改訂ニ依リ定メラルヘキ賃貸價格ニ相當スル額

ニ附則第六條ノ規定ニ依リ定メタル賃貸價格ノ合計額ヲ之ニ對スル地租法第九十二條ノ規定ニ依ル賃貸價格ニ相當スル額ノ合計額ヲ以テ除シテ得タル比率ヲ乘シタル額ニ之ヲ改訂ス

本條は地租法第九條第一項の規定により一般に賃貸價格を改訂する場合に於て、耕地整理減租年期を有する土地の賃貸價格の改訂方につき規定したのである。

地租法第九條第一項の規定により一般に賃貸價格を改訂する場合に於て、耕地整理減租年期を有する土地の賃貸價格は、整理施行地區毎に普通の土地と同樣に實地の情況により賃貸價格を調査し、附則第六條の規定により定めたる賃貸價格の合計額をこれに對する地租法第九十二條の規定による賃貸價格に相當する額の合計額を以て除して得たる比率を、改訂により定めらるべき賃貸價格に乘じて得たる額を改訂賃貸價格となすのである。

附則第六條の比率は地目別に計算し、地目別に每筆の地價に乘じたのであるが、本條の比率は整理地區內各地目の合計額により計算するのであるから、田畑たると山林たると否とを問はず、その整理地區內の土地は同一の比率を乘じて、賃貸價格を算定することになるのである。

例　示

(1) 附則第六條の規定により定めたる賃貸價格の合計額　一五、八五〇、〇〇錢
(2) 地租法第九十二條の規定による賃貸價格に相當する額の合計額　一八、三三五、〇〇

右の比率　〇・八六四（(2)の合計額を以て(1)の合計額を除したる比率）

各筆の改訂賃貸價格を定むる場合

郡市町村	大字	字	地番	地目	改訂により定めらるべき調査賃貸價格	改訂賃貸價格	改訂による整理地の特典
何	何	何	一	田	円 三五八〇	円 三〇九三	円 四八七
同	同	同	二	畑	二〇一五	一七四〇	二七五
同	同	同	三	宅地	五五三〇	四七七七	七五三
同	同	同	四	山林	三〇〇	二五九	四一
同	同	同	五	原野	二〇〇	一七二	二八
同	同	同	六	湖沼	一〇〇	八六	一四
同	同	同	七	牧場	一〇〇	八六	一四
同	同	同	八	雑種地	二〇〇〇	一七二八	二七二

備考

一、改訂賃貸價格は一般に改訂するために調査したる賃貸價格に比率〇・八六四を乘じて計算すること。

二、賃貸價格の算出は錢位未滿の端數はこれを切捨つること。

三、改訂による整理地の特典欄に記載したる金額は、耕地整理減租年期地の一般改訂により定めらるべき調査賃貸價格より改訂賃貸價格を控除したる差額。

第九條　地價の修正又は設定をなしたる土地の賃貸價格の算定

第十四條及第十四條ノ二ノ改正規定ハ大正十五年四月一日以後地價配賦ヲ爲シタル整理施行地區內ノ土地ニシテ從前ノ第十四條ノ規定ニ依リ地價ノ修正又ハ設定ヲ爲シタルモノニ付附則第三條ノ調査賃貸價格ヲ算定スル場合ニ之ヲ準用ス但シ附則第三條第三項ニ規定スル場合ニ於テハ整理施行者ノ申請ヲ要セス

本條は大正十五年四月一日以後地價配賦をなしたる耕地整理施行地區の土地にして、從前の第十四條の規定により地價の設定又は修正をなしたる土地の、調査賃貸價格の算定方につき規定したのである。

一　賃貸價格の修正又は設定

大正十五年四月一日以後昭和六年三月三十一日迄に、地價配賦を了したる耕地整理地の賃貸價格は、附則第三條の規定により調査賃貸價格の合計額を、工事完了のときの現況により、毎筆相當に配賦するのであるから、從前の第十四條の規定により、整理施行地區內の有租地の總地積の五分の一以上に當る開墾又は地目變換をなし、地價の修正をなしたるもの、又は地租を課せざる土地を整理の施行により、地租を課する土地となしたるがために、地價の設定をなしたる土地あるときは、第十四條及び第十四條の二の規定を準用して、調査賃貸價格を算定することになるのである。而して調査賃貸價格を算定するには、開墾地、地目變換地又は無租地を有租地となしたるものについては、賃貸價格の修正又は設定をなさねばならぬ。賃貸價格の修正又は設定の方法については、第十四條及び第十四條の二の規定を準用するのであるから、既に說明を了したるを以てこれが說明を省略する。

二　賃貸價格の修正又は設定の申請

本條の規定による賃貸價格の修正又は設定に關する整理施行者の申請は、昭和八年三月三十一日迄に、申請書を稅務署長に提出してこれをなすのである（施行規則附則第七條第一項）。

併しながら附則第三條第三項の規定により、調査賃貸價格の合計額を、從前の地價により算出したる地租條例の地租額に按分して、賃貸價格を定むる場合に於ては、整理施行者の申請を要せざることは勿論である。

第十條　現賃貸價格の計算方竝に修正又は設定賃貸價格の改訂

第十四條及第十四條ノ二ノ改正規定ハ本法施行ノ際未タ地價配賦ヲ爲ササル整理施行

地區內ノ土地ニシテ從前ノ第十四條ノ規定ニ依リ地價ノ修正又ハ設定ヲ爲シタルモノニ付現賃貸價格ヲ算定スル場合ニ之ヲ準用ス

第十四條ノ三ノ改正規定ハ前項ノ土地ニ付賃貸價格配賦前ニ於テ地租法第九條第一項ノ規定ニ依リ一般ニ賃貸價格ヲ改訂スル場合ニ之ヲ準用ス

本條は昭和六年三月三十一日迄に、地價配賦をなさゞる整理施行地區內の土地にして、從前の第十四條の規定により、地價の修正又は設定をなしたるものゝ現賃貸價格の計算方法竝に、一般に賃貸價格を改訂する場合に於ける修正又は設定賃貸價格の改訂方につき規定したのである。

一　修正又は設定賃貸價格の計算方

大正十五年四月一日以後昭和六年三月三十一日迄に、耕地整理の工事完了したるがために、整理地區內の土地にして從前の第十四條の規定に該當するを以て、地價の修正又は設定を了したるも、地價配賦未濟に屬するものは、今回改正せられたる規定に基づき、賃貸價格の配賦をなすものなるが故に、既に地價の修正又は設定を了したるものと雖も、更に賃貸價格の修正又は設定をなし、配賦すべき現賃貸價格の合計額を計算せねばならぬのである。その賃貸價格の修正又は設定の方法は、第十四條及び第十四條の二の改正規定を準用して、賃貸價格の修正又は設定をなし、現賃貸價格を算定するのである。

二　賃貸價格配賦前に賃貸價格改訂の場合

前項に於て陳述したる方法により賃貸價格の修正又は設定をなしたる後、賃貸價格配賦前に於て地租法第九條第一項の規定により、一般に賃貸價格を改訂する場合に於ては、第十四條の三の規定を準用して、工事完了當時の現況により、修正賃貸價格又は設定賃貸價格を改訂するのである。

第十一條　改正法施行前に許可せられたる耕地整理地價据置年期及びその他の年期

本法施行前耕地整理地價据置年期若ハ其ノ年期延長又ハ耕地整理新開免租年期ノ許可ヲ受ケタル土地ニシテ本法施行ノ際未タ其ノ年期ノ滿了セサルモノハ左ノ區分ニ從ヒ本法ニ依リ減租年期又ハ免租年期ヲ許可セラレタルモノト看做ス

一　耕地整理地價据置年期又ハ其ノ年期延長ハ開墾シタル土地ニ付許可セラレタルモノニ在リテハ耕地整理開墾減租年期、地目變換ヲ爲シタル土地ニ付許可セラレタルモノニ在リテハ耕地整理地目變換減租年期トス

二　耕地整理新開免租年期ハ埋立地又ハ干拓地ニ付許可セラレタルモノニ在リテハ耕地整理埋立免租年期、其ノ他ノ土地ニ付許可セラレタルモノニ在リテハ耕地整理

開拓免租年期トス

前項ノ年期ハ本法施行前許可セラレタル年期ノ殘年期間ノ經過スル年ノ翌年ニ於テ滿了ス

本條は改正法施行前に於て耕地整理地價据置年期若くはその年期延長又は耕地整理新開免租年期の許可を受けたる土地にして、改正法施行の際未だその年期の滿了せざるものゝ年期に關し規定したのである。

一　耕地整理開墾減租年期及び耕地整理地目變換減租年期

從前の規定に於ては開墾したる土地も、地目變換をなしたる土地も、年期に長短の差こそあれ、その年期の名稱は耕地整理地價据置年期と稱したるも、改正法に於ては開墾したる土地については耕地整理開墾減租年期、地目變換したる土地については耕地整理地目變換減租年期と區別せられたる結果、改正法施行の際現に耕地整理地價据置年期を有する土地については、改正法により夫々年期を許可せられたるものと看做すといふのである。

二　耕地整理埋立免租年期及び耕地整理開拓免租年期

又從前の規定による耕地整理新開免租年期には、國有の森林原野を開拓したる土地及び國有の水面を埋立又は干拓したる土地をも包含したるものなりしも、改正法に於ては埋立又は干拓したる土地については耕地整理埋立免租年期、開拓したる土地については耕地整理開拓免租年期と改稱せられたるを以て、改正法施行の際卽ち昭和六年四月一日に於て、現に耕地整理新開免租年期を有する土地については、改正法により夫々年期を許可せられたるものと看做さるるのである。

三　**各種の年期の満了**

前二項に記述したる減租年期及び免租年期の起算は、開墾したる土地については工事著手の年の翌年より、地目變換したる土地については工事完了の年の翌年より、埋立又は開拓をなしたる土地については有租地となりたる年及びその翌年よりこれをなすことに改められたる關係上、改正法により許可せられたるものと看做されたる各種の年期の滿了する年を一年延長し、以て改正法施行後に於て許可せらるべき年期地との均衡を保たしむる必要あるを以て、本條第二項に殘年期間の經過する年の翌年に於て、その年期が滿了するといふことに規定されたのである。

第十二條　從前の第十五條該當地の調査賃貸價格

第十五條ノ改正規定ハ大正十五年四月一日以後地價配賦ヲ爲シタル整理施行地區內ノ土地ニシテ從前ノ第十五條ノ規定ニ依リ地價ノ修正又ハ設定ヲ爲シタルモノニ付附則第三條ノ調査賃貸價格ヲ算定スル場合ニ之ヲ準用ス但シ附則第三條第三項ニ規定スル場合ニ於テハ整理施行者ノ申請ヲ要セス

本條は大正十五年四月一日以後に於て地價配賦をなしたる整理施行地區內の土地にして、從前の第十五條の規定により地價の修正又は設定をなしたるものにつき、附則第三條の調査賃貸價格の算定方につき規定したのである。

大正十五年四月一日以後地價配賦をなしたる耕地整理地は、附則第三條の規定により賃貸價格の配賦をなさねばならねのであるから、その配賦すべき賃貸價格の合計額を算定するの必要あることはいふ迄もないことである。

一　調査賃貸價格の算定

配賦すべき賃貸價格の合計額を算定するには、賃貸價格の修正又は設定を必要とするものは、夫々修正又は設定をなさねばならぬ。即ち從前の第十五條の規定により、開墾鍬下年期地、地目變換地價据置年期地、開拓鍬下年期地、新開免租年期地及び荒地免租年期地等に對しては、地價の修正又は設定をなしたるも、未だ賃貸價格の修正又は設定をなさゞるを以て、整理施行者の申請により荒地免租年期地については、工事完了當時の現況により、その他の年期地については工事著手當時の現況により、賃貸價格の修正又は設定をなし、斯くして配賦すべき調査賃貸價格を算定することになるのである。

二　賃貸價格の修正又は設定の申請

前項に述べたる各種年期地に對する賃貸價格の修正又は設定の申請は、昭和八年三月三十一日迄に整理施行者より申請書を税務署長に提出してこれをなすのであるが、附則第三條第三項の規定により、調査賃貸價格の合計額を從前の地價により、算出したる地租條例の地租額に按分して賃貸價格を定むる場合に於ては、整理施行者の申請を要しないのである。

第十三條　從前の第十五條該當地の現賃貸價格

第十五條ノ改正規定ハ本法施行ノ際未タ地價配賦ヲ爲ササル整理施行地區内ノ土地ニ

シテ従前ノ第十五條ノ規定ニ依リ地價ノ修正又ハ設定ヲ爲シタルモノニ付現賃貸價格ヲ定ムル場合ニ之ヲ準用ス

第十五條ノ二ノ改正規定ハ前項ノ土地ニ付賃貸價格配賦前ニ於テ地租法第九條第一項ノ規定ニ依リ一般ニ賃貸價格ヲ改訂スル場合ニ之ヲ準用ス

第十五條ノ三ノ改正規定ハ第一項ノ土地ニ付其ノ年期カ賃貸價格配賦前ニ滿了スル場合ニ之ヲ準用ス

本條は昭和六年四月一日現在に於て未だ地價配賦をなさゞる整理施行地區内の土地にして、從前の第十五條の規定により地價の修正又は設定をなしたるものにつき、現賃貸價格の定め方及び賃貸價格配賦前に於て、地租法第九條第一項の規定により、一般に賃貸價格を改訂する場合と、從前の第十五條の規定による各種年期地の賃貸價格の修正又は設定したるものにして、賃貸價格配賦前にその年期が滿了したる場合の賃貸價格につき規定したのである。

一　現賃貸價格の定め方

昭和六年四月一日以前に於て耕地整理を施行したるものにして、未だ地價配賦をなさざるものは、改正法の規定を適用して賃貸價格を配賦することになるのであるから、從前の第十五條の規定により地價の修正又は設定をなしたるものでも、賃貸價格の修正又は設定をなす必要があるのである。而してその修正又は設定をなす方法としては、第十五條の規定を準用することになるのである。即ち地租法第九條第三項の規定に準じて、その賃貸價格を修正又は設定し、修正賃貸價格又は設定賃貸價格を以て、その土地の第十三條第二項の現賃貸價格となすのである。

二　修正又は設定賃貸價格の改訂

從前の第十五條の規定により地價の修正又は設定をなしたる土地につき、第十五條の規定を準用して、賃貸價格の修正又は設定をなしたる後、賃貸價格配賦前に於て地租法第九條第一項の規定により、一般に賃貸價格を改訂する場合に於ては、第十五條の二の規定を準用して、賃貸價格を改訂するのである。而してこれが修正賃貸價格又は設定賃貸價格は、荒地免租年期地については工事完了當時の現況により、その他の年期地については、工事着手當時の現況によりこれを改訂するのである。その改訂の方法については、第十五條及び第十五條の二の規定につき説明を了したるを以て、これが説明を省略する。

三　賃貸價格配賦前に年期滿了したる場合

從前の第十五條の規定により地價の修正又は設定をなしたる土地につき、第十五條の規定を準用して、賃貸價格の修正又は設定をなしたるものが、賃貸價格配賦前に於て年期が滿了する場合に於ては、その滿了する年の翌年分より賃貸價格配賦の年の分迄修正賃貸價格又は設定賃貸價格により、その地租を徴收することになるのである。

四　修正賃貸價格又は設定賃貸價格の申請

本條第一項の規定により賃貸價格の修正又は設定を要する場合に於ける申請は、昭和八年三月三十一日迄に整理施行者より賃貸價格の修正又は設定の申請書を稅務署長に提出してこれをなすのである。

第十四條　従前の第十六條の利益を有する土地

第十六條乃至第十六條ノ七ノ改正規定ハ附則第三條第一項又ハ第三項ノ規定ニ依リ賃貸價格ノ配賦ヲ爲シ又ハ之ヲ定ムルトキニ於テ整理施行地區内ニ從前ノ第十六條ノ規定ニ依ル利益ヲ有スル土地アル場合ニ之ヲ準用ス但シ附則第三條第三項ニ規定スル場合ニ於テハ整理施行者ノ申請ヲ要セス

本條は大正十五年四月一日以後地價配賦をなしたる耕地整理地については、附則第三條の規定により賃貸價格を配賦し又はこれを定むることになつてゐるから、その整理施行地區内に從前の第十六條の規定による利益を有する土地ある場合に於て、その利益額の定め方竝に地租の徵收方法について規定したのである。

大正十五年四月一日以後昭和六年三月三十一日迄に地價配賦をなしたる耕地整理施行地區内に從前の第十六條の利益を受くる土地ある場合には、その利益を受くる土地及び金額は夫々定まつてゐるのであるが、附則第三條の規定により、更に賃貸價格の配賦をなし又はこれを定むるのであるから、その利益額も自ら變更するの必要あることはいふまでもないことである。

一　配當金額の算定

從前の第十六條の利益を受くる土地は、從前の第十四條及び第十五條の規定による各種の年期を有するものであるから、附則第三條の規定により賃貸價格を配賦し又はこれを定むるときは、調査賃貸價格の合計額を算定せねばならぬことは既に說明をなしたる通りである。

その調査賃貸價格を定むるには、賃貸價格の修正又は設定をなして現賃貸價格を定むるのであるから、その修正又は設定をなしたる賃貸價格と、從前のその土地の賃貸價格とを比較して、その增差額を改正法では配當金と稱し、從前の規定に於てはこれを利益額と稱するのである。その配當金額の定め方は第十六條の規定を準用してこれを算定するといふのである。而してその配當金額は附則第三條の規定による賃貸價格の配賦ありたる後六十日以内に申請書を稅務署長に提出することになつてゐるのであるから、その期間内に配當金額の申請書を提出せざるときは、稅務署長は職權を以てその配當金額の配當を行ふことになるのである。尙附則第三條第三項の規定によつて、稅務署長に於て賃貸價格を定めたるときは、整理施行者の申請を要せずして配當金額を定めて、その配當を行ふのである。

二　配當金額の改訂

配當金額の算定方は以上の通りであるが、耕地整理地は第十三條の三の規定により、工事著手の年の翌年より起算して七十年の耕地整理減租年期を有することになるから、地租法第九條第一項の規定により、一般に賃貸價格を改訂する場合には、耕地整理地の賃貸價格は勿論、その配當金額をも改訂するの必要あるが故に、その改訂の方法については、第十六條の二の規定を準用するといふのである。

三　配當金額を有する土地の地租徵收

第十六條の規定を準用して配當をなしたる土地については、各種年期の殘年期間中は、附則第三條第一項の規定により配賦をなしたる賃貸價格より、配當金額を控除したる額を以てその土地の賃貸價格となすのである。

各種年期の殘年期間中配當金額を有する土地につき、土地の異動に因り賃貸價格を修正したる場合に於ては、修正賃貸價格よりその土地の有する配當金額を控除したる額を以て、その土地の賃貸價格となすのである。

右の方法により賃貸價格を定めたる土地については、賃貸價格を定めたる年の翌年分より、その賃貸價格により地租を徴收するのである。

配當を受くべき年期卽ち開墾減租年期、地目變換減租年期、若くは荒地免租年期等各種の年期滿了する場合には、地租法第九條第三項の規定に準じて、その賃貸價格を修正し、修正をなしたる年の翌年分より、修正賃貸價格により地租を徴收するのである。而してこの場合の賃貸價格の修正は、配當金額を有せざるときの賃貸價格に復歸せしむれば足るものなるが故に、その土地の現在賃貸價格に配當金額を加へたるものを以て、修正賃貸價格となすを適當と認めらる。

四　配當をなしたる土地につき荒地免租年期を許可したる場合

配當をなしたる土地につき荒地免租年期を許可したる場合に於ては、地租法第五十九條第一項の規定を準用して、第十六條の殘年期の進行を停止せしむるのである。然れども配當に轉化せしめたる從前の年期が荒地免租年期にしてその殘年期間につき、第十六條の規定により配當をなしたる土地については、殘年期間の進行を停止せしめず、許可したる荒地免租年期と殘年期間とは共に進行することになるのである。これが理由については第十六條の七に於て說明したるを以て省略する。

第十五條　附則第六條該當耕地整理地區內に於ける從前の第十六條の利益を有する土地

大正十五年三月三十一日迄ニ地價配賦ヲ爲シタル整理施行地區內ノ土地ニシテ從前ノ第十六條ノ規定ニ依ル利益ヲ有スルモノニ付テハ同條ノ殘年期間ノ經過スル年ノ翌年迄ハ附則第六條ノ規定ニ依ル其ノ土地ノ賃貸價格ヨリ第二項ノ規定ニ依リ算出スル額ヲ控除シタル額ヲ以テ其ノ賃貸價格トス

前項ノ規定ニ依リ控除スヘキ額ハ從前ノ第十六條ノ規定ニ依ル利益ニ相當スル地租條例ノ地租額ヲ地租條例第一條ニ規定スル其ノ土地ノ稅率ヲ以テ除シタル額ニ其ノ土地ノ從前ノ地價ヲ以テ附則第六條ノ規定ニ依ル賃貸價格ヲ除シテ得タル比率ヲ乘シタル額トス

第十六條ノ二及第十六條ノ四乃至第十六條ノ七ノ改正規定ハ第一項ノ場合ニ之ヲ準用ス

本條は大正十五年三月三十一日迄に地價配賦をなしたる整理施行地區內の土地にして、從前の第十六條の規定による利益を有するもの丶殘年期間の經過する迄の賃貸價格の定め方及び地租の徵收方法等について規定したのである。
大正十五年三月三十一日迄に地價配賦をなしたる耕地整理施行地區內の土地の賃貸價格は、その土地の屬する郡又は市に於ける耕地整理未施行地（大正十五年三月三十一日迄に地價配賦をなさざる土地を含む）の、地目別の大正十五年四月一日現在の地價の合計額を以てこれに對する地租法第九十二條の規定による賃貸價格の合計額を除して得たる比率を、地目別に每筆の地價に乘じたる額を以て、その土地の賃貸價格とすることになつてゐるから、從前の第十六條の規定による利益を有する土地の賃貸價格が變更すれば、その利益額も自然變更するの必要があることは當然である。從前の利益額は地價によつて算定したのであるから、その地價が賃貸價格に改正せらるゝと同時に、地租の稅率をも改正せられたのであるから當然變更せらるゝことになるのである。

一　利益額の更訂方法

利益額の更訂方法は、從前の第十六條の規定による利益額に相當する地租條例の地租額を、地租條例第一條に規定するその土地の稅率を以て除したる額に、その土地の從前の地價を以て、附則第六條の規定による賃貸價格を除して得たる比率を乘じたる額に更訂するのである。

例　示

地租條例の地租額に相當する利益額　四五錢（地目は田なる場合）
稅率百分の四・五を以て除して得たる額　一〇、〇〇（地價に相當する額）
この土地の從前の地價五十圓附則第六條の規定による賃貸價格四十圓とす。五十圓を以て四十圓を除して得たる

比率　〇・八〇〇（八割）

利益額に相當する地價　一〇、〇〇錢

比率〇・八〇〇を乘ずれば　八、〇〇（地價を賃貸價格に改訂したるもの即ち更訂利益額）

附則第六條の規定による賃貸價格四十圓より八圓を控除して三十二圓を以てその土地の賃貸價格とする。

二　配當金額（利益額）の改訂

右の方法により賃貸價格を定めたる後、地租法第九條第一項の規定により、一般に賃貸價格を改訂する場合に於ては、整理施行地區内の耕地整理減租年期地につき、第十三條の三第二項の規定により改訂せらるべき賃貸價格の合計額を、これに對する改訂前の賃貸價格の合計額を以て除して得たる比率を、改訂前の配當金額に乘じたる額にこれを改訂するのである。

例　示

(1) 改訂せらるべき賃貸價格の合計額　五、〇〇〇円

(2) 改訂前の賃貸價格の合計額　四、〇〇〇

(2)の合計額を以て(1)の合計額を除して得たる比率　一・二五〇

改訂前の配當金額　八、〇〇錢（利益額に相當する賃貸價格）に右の比率一・二五〇を乘ずれば一〇、〇〇錢と爲る（改訂配當金額）改訂せらるべき賃貸價格五〇、〇〇錢とすれば、配當金額一〇、〇〇錢を控除し四〇、〇〇錢を以てその土地の改訂賃貸價格とする。

三　配當をなしたる土地の異動

第十六條の規定を準用して配當をなしたる土地が、その配當を得くべき殘年期間中に土地の異動に因つて賃貸價格を修正したる場合に於ては、修正賃貸價格より配當金額を控除したる額を以て、その土地の賃貸價格とするのである。

四　配當金を有する土地の改訂賃貸價格に對する地租の徵收

前二項に說明したる方法により、配當金を有する土地の賃貸價格を定めたる土地については、賃貸價格を定めたる年の翌年分より、その賃貸價格により地租を徵收するのである。

五　配當金を有する土地の殘年期滿了の場合

配當金を有する土地はその年期の殘年期間の滿了する年に於て、地租法第九條第三項の規定に準じ、その賃貸價格を修正し、その修正をなしたる年の翌年分より修正賃貸價格により地租を徵收するのである。

六　配當金を有する土地につき荒地免租年期を許可したる場合

第十六條の規定に準じて配當をなしたる土地につき、荒地免租年期を許可したる場合に於ては、地租法第五十九條第一項の規定を準用して、荒地免租年期中は配當を受くべき殘年期間の進行を停止することになるのである。併しながら總ての殘年期間の進行を停止するのでなく、配當をなしたる土地が、荒地免租年期の殘年期間である場合には地租法第五十九條第一項の規定を準用せず、荒地免租年期と殘年期間とは共に進行することになるのである。

第十六條　耕地整理減租年期を有せざる宅地

附則第六條ノ規定ハ市ノ區域內ノ宅地及主務大臣ノ指定スル地域內ノ宅地ニハ之ヲ適用セス但シ市ノ區域內ノ宅地ニシテ主務大臣ノ指定スル地域內ノモノニ付テハ此ノ限ニ在ラス

大正十五年三月三十一日迄ニ地價配賦ヲ爲ササリシ整理施行地區內ノ宅地ニシテ市ノ區域內又ハ主務大臣ノ指定スル地域內ノモノ（市ノ區域內ノ宅地ニシテ主務大臣ノ指定スル地域內ノモノヲ除ク）ハ耕地整理減租年期ヲ有セス

本條は耕地整理施行地區內の宅地にして、市の區域內及び主務大臣の指定したる地域內のものについては、耕地整理減租年期を有せざることにつき規定したのである。

前にも說明したるが如く第三條の二の規定により、將來は市の區域內の土地及び主務大臣の指定したる地域內の土地は、耕地整理施行地區內に編入することは出來ないのであるから、これとの權衡上大正十五年三月三十一日迄に地價配賦をなしたる耕地整理地及び大正十五年三月三十一日迄に、地價配賦をなさざりし耕地整理地にして、市の區域內の宅地及び主務大臣の指定する地域內にある宅地に對しては、耕地整理減租年期を有せざることに規定したのである。而して主務大臣の指定する地域は、市に準ずべき町村の全部又は一部を指定することになるのであるが、その指定は農林大臣に於て告示することに耕地整理法施行規則附則第十三條に規定せられてある。

市の區域內の宅地の全部につき耕地整理減租年期を附與せざるときは、農村と同樣の部落を有する市制施行地も往々あるのであるから、これ等の地域內にある宅地に對しては減租年期を有せしむるを至當なりとして、市の區域內の宅地にして、主務大臣の指定する地域內のものについては、耕地整理減租年期を附與するといふのである。要するに耕地整理は屢々說明をなしたるが如く、土地の農業上の利用を增進する目的を以てこれを施行するものなるが故に、宅地の造成又は宅地の區劃整理の目的を以てこれを施行したるものについては、耕地整理減租年期の特典を與ふる必要を認めざる趣旨に於て、斯く規定したるものであらう、從て市の區域內の宅地及び市に準ずべき地域內の宅地については、耕地整理減租年期を有せしめざることに規定したるは寧ろ當然のことゝいはねばならぬ。

第十七條　舊耕地整理法により施行したる耕地整理地に改正法適用

第十二條乃至第十六條ノ七ノ改正規定及前條ノ規定ハ第九十四條ノ規定ニ拘ラス明治三十二年法律第八十二號耕地整理法ニ依リ耕地整理ニ關シ發起又ハ施行ノ認可ヲ得タル者ニシテ第九十六條ノ規定ニ依リ耕地整理組合ト爲ラス且未タ地價配賦ヲ爲サヽルモノニ之ヲ準用ス

附則第十二條乃至前條ノ規定ハ第九十四條ノ規定ニ拘ラス明治三十二年法律第八十二號耕地整理法ニ依リ耕地整理ニ關シ發起又ハ施行ノ認可ヲ得タル者ニシテ第九十六條ノ規定ニ依リ耕地整理組合ト爲ラス且既ニ地價配賦ヲ爲シタルモノニ之ヲ準用ス

本條は舊耕地整理法即ち明治三十二年法律第八十二號を以て公布せられたる耕地整理法により施行の認可を受けたるものが、明治四十二年法律第三十號を以て耕地整理法を改正せられたる場合に、附則第九十六條の規定によつて、發起人又は整理委員の申請により、耕地整理組合となすことが出來たのであるから、その組合となりたるものは、改正法即ち明治四十二年法律第三十號によつて、地價配賦の手續をなすことになるのであるが、その組合となさゞるものは舊法即ち明治三十二年法律第八十二號によつて、地價配賦の手續をなすことに附則第九十四條に規定せられてあるのである。然るに今回耕地整理法の改正に當りては、舊法とか或は從來の規定により、賃貸價格の配賦をなさしむることが、繁雜でもあり又規定も甚だしく複雜に定めねばならぬので、多少の幸不幸は免れざるも、取扱上の便宜の點より考慮して總て改正法の規定によることに規定されたのである。

舊法即ち明治三十二年法律第八十二號によつて、發起又は施行の認可を受けたるものにして、附則第九十六條の規定により耕地整理組合となさず、現に地價配賦をなさゞる耕地整理地については、第十二條乃至第十六條及附則第十六條の規定を準用して、賃貸價格の配賦は勿論地租法第九條第一項の規定により、一般に賃貸價格を改訂する場合に於ける賃貸價格の定め方、その他配當金額の算定等總て、改正法によらしむることに規定されたのである。

以上は未だ地價配賦をなさゞるものにつき說明したのであるが、地價配賦をなしたるものについては、大正十五年三月三十一日迄に地價配賦を了したるものは、當然の解釋として附則第六條の規定によるのであるが、大正十五年四月一日以後に於て地價配賦をなしたるものについては、改正法の附則第十二條乃至第十六條の規定を準用することに定められたのである。

第十八條　整理地區を數區に分ちたる場合

第十三條第三項ノ改正規定ハ附則第三條第一項、第三項、第六條第一項、第九條、第十條、第十二條、第十四條、第十五條及前條ノ場合ニ之ヲ準用ス

本條は第十三條第三項の規定卽ち規約を以て、整理施行地區を數區に分ちたる場合に於ては、その各區を以て整理施行地區と看做すといふ規定を、大正十五年三月三十一日迄に地價配賦をなしたる耕地整理地、大正十五年四月一日以後地價配賦をなしたる耕地整理地及び未だ地價配賦をなさゞる耕地整理地に、これを準用することを規定したのである。

附則第三條第一項及び第三項の規定により賃貸價格を配賦し又はこれを定むる場合、附則第六條の規定により賃貸價格と現在地價との比率を定めて賃貸價格を算定する場合、附則第九條により開墾地、地目變換地及び無租地の有租地となりたるときの調査賃貸價格を算定する場合、附則第十條により現賃貸價格を算定する場合、附則第十二條によ

り調査賃貸價格を算定する場合、附則第十四條により配當金額（從前の第十六條の利益額）を計算する場合、附則第十五條により從前の第十六條の規定による利益を有する土地の賃貸價格を定むる場合及び附則第十六條の規定は、各整理地區毎にこれを準用するといふのである。

第十九條　土地の區劃形狀變更の許可を受けたる土地

附則第十七條ノ規定ハ第九十二條第二項但書ニ規定スル者ニ之ヲ準用ス

本條は附則第九十二條第二項但書に規定する明治三十年法律第三十九號により、土地の區劃形狀變更の許可を得たる者には、改正法附則第十七條の規定を準用するといふのであるから、明治四十二年法律第三十號耕地整理法施行後に於て、地價配賦をなしたるものについては、附則第十二條乃至第十六條の規定、現に地價配賦をなさゞるものについては、第十二條乃至第十六條の七及附則第十六條の規定を準用することになるのである。換言すれば明治三十年法律第三十九號により、土地の區劃形狀變更の許可を受けたる土地が、大正十五年三月三十一日迄に地價配賦を了したるものは、附則第六條の規定を準用し、大正十五年四月一日以後地價配賦をなしたるもの及び昭和六年四月一日現在に於て地價配賦をなさゞるものについては、附則第十七條の規定を準用することになるのである。

附録　地租法新舊對照

【新　法】（昭和六年三月三十一日法律第二十八號）

第一章　總則

第一條　本法施行地ニ在ル土地ニハ本法ニ依リ地租ヲ課ス

第二條　左ニ掲グル土地ニハ地租ヲ課セズ但シ有料借地ナルトキハ此ノ限ニ在ラズ

一　國、府縣、市町村其ノ他勅令ヲ以テ指定スル公共團體ニ於テ公用又ハ公共ノ用ニ供スル土地

二　府縣、市町村其ノ他勅令ヲ以テ指定スル公共團體ニ於テ公用又ハ公共ノ用ニ供スルモノト決定シタル其ノ所有地但シ其ノ決定ヲ爲シタル日ヨリ一年内ニ公用又ハ公共ノ用ニ供セザルモノヲ除ク

三　府縣社地、郷村社地、招魂社地

四　墳墓地

五　公衆用道路、鐵道用地、軌道用地、運河用地

【舊　法】

第一條　地租ハ左ノ税率ニ依リ毎年之ヲ賦課ス（以下省略）

第二條　地租ハ年ノ豐凶ニ由リテ增減セス

第四條　左ニ掲クル土地ニ付テハ其地租ヲ免ス

一　國府縣市町村其他勅令ヲ以テ指定スル公共團體ニ於テ公用又ハ公共ノ用ニ供スル土地但有料借地ハ此限ニ在ラス

二　府縣市町村其他勅令ヲ以テ指定スル公共團體カ公用又ハ公共ノ用ニ供スヘキモノト定メタル其所有地但命令ノ定ムル期間内ニ公用又ハ公共ノ用ニ供セサルトキハ此限ニ在ラス

三　府縣社地、郷村社地、招魂社地但有料借地ハ此限ニ在ラス

四　墳墓地

五　用惡水路、溜池、堤塘、井溝

六　鐵道用地、軌道用地、運河用地

七　保安林

六　用悪水路、溜池、堤塘、井溝
七　保安林

第三條　土地ニハ一筆毎ニ地番ヲ附シ其ノ地目、地積及賃貸價格（無租地及免租年期地ニ付テハ賃貸價格ヲ除ク）ヲ定ム

第四條　稅務署ニ土地臺帳ヲ備ヘ左ノ事項ヲ登錄ス
一　土地ノ所在
二　地番
三　地目
四　地積
五　賃貸價格
六　所有者ノ住所及氏名又ハ名稱
七　質權又ハ百年ヨリ長キ存續期間ノ定アル地上權ノ目的タル土地ニ付テハ其ノ質權者又ハ地上權者ノ住所及氏名又ハ名稱
本法ニ定ムルモノノ外土地臺帳ニ關シ必要ナル事項ハ命令ヲ以テ之ヲ定ム

八　公衆ノ用ニ供スル道路（第二項省略）

（明治三十八年勅令第百五十九號）

第二條　地租條例第四條第一項第二號ニ依ル期間ハ公用又ハ公共ノ用ニ供スヘキモノト定メタルトキヨリ一箇年トス

（地租條例施行規則）

第一條　土地ニハ番號ヲ附シ毎筆其ノ地價ヲ定ム

（土地臺帳規則）

第一條　土地臺帳ハ地租ニ關スル事項ヲ登錄ス

第二條　市ノ土地臺帳ハ府縣廳ニ於テ町村ノ土地臺帳ハ島廳郡役所ニ於テ之レヲ設ケ其事務ヲ取扱フヘシ

第六條　本規則ニ關スル細則ハ大藏大臣之ヲ定ム

第七條　市制ノ施行ニ至ラサル土地ニ於テハ區ニ屬スル土地臺帳ハ區役所ニ於テ其取扱ヲ爲スヘシ

（土地臺帳規則施行細則）

第一條　土地臺帳ハ市町村ニ區別シ土地ノ字番號地目段別等級地價及所有者質取主又ハ百年ヨリ長キ存續期間ノ定アル土地ノ地上權者ノ住所氏名ヲ登錄スヘシ

第五條　地番ハ市町村、大字、字又ハ之ニ準ズベキ地域ヲ以テ地番區域トシ其ノ區域毎ニ起番シテ之ヲ定ム

第六條　有租地ノ地目ハ土地ノ種類ニ從ヒ左ノ如ク區別シテ之ヲ定ム

第一類地　田、畑、宅地、鹽田、鑛泉地

第二類地　池沼、山林、牧場、原野、雜種地

無租地ノ地目ハ第二條第三號乃至第七號ノ土地ニ在リテハ各其ノ區別ニ依リ、其ノ他ノ土地ニ在リテハ其ノ現況ニ依リ適當ニ區別シテ之ヲ定ム

第七條　地積ハ左ノ各號ノ規定ニ依リ之ヲ定ム

一　宅地及鑛泉地ノ地積ハ平方メートルヲ單位トシテ之ヲ定メ一平方メートルノ百分ノ一未滿ノ端數ハ之ヲ切捨ツ

二　宅地及鑛泉地以外ノ土地ノ地積ハアールヲ單位トシテ之ヲ定メ一アールノ百分ノ一未滿ノ端數ハ之ヲ切捨ツ但シ一筆ノ地積一アールノ百分ノ一未滿ナルモノニ付テハ一アールノ一萬分ノ一未滿ノ端數ヲ切捨ツ

第三條　有租地ヲ區別シテ二類ト爲ス

第一類　田、畑、宅地、鹽田、鑛泉地

第二類　池沼、山林、牧場、原野、雜種地

（第二項以下省略）

第五條　土地ノ丈量ハ曲尺ヲ用ヒ六尺ヲ間ト爲シ方一間ヲ以テ歩ト爲シ三十歩ヲ畝ト爲シ十畝ヲ段ト爲シ十段ヲ町ト爲ス但宅地ハ方一間ヲ以テ坪ト爲シ坪ノ十分一ヲ合ト爲シ合ノ十分一ヲ勺ト爲ス

第八條　地租ノ課稅標準ハ土地臺帳ニ登錄シタル賃貸價格トス

賃貸價格ハ貸主ガ公課、修繕費其ノ他土地ノ維持ニ必要ナル經費ヲ負擔スル條件ヲ以テ之ヲ賃貸スル場合ニ於テ貸主ノ收得スベキ一年分ノ金額ニ依リ之ヲ定ム

第九條　賃貸價格ハ十年每ニ一般ニ之ヲ改訂ス第一回ノ改訂ハ昭和十三年ニ於テ之ヲ行フ

前項ノ改訂ニ關スル事項ハ其ノ都度別ニ之ヲ定ム

土地ノ異動ニ因リ賃貸價格ヲ設定シ又ハ修正スル必要アルトキハ類地ノ賃貸價格ニ比準シ其ノ土地ノ品位及情況ニ應ジ之ヲ定ム

第一條　地租ハ左ノ稅率ニ依リ每年之ヲ賦課ス

宅地　地價百分ノ二箇半
田畑　地價百分ノ四箇五
其他ノ土地　地價百分ノ五箇半

北海道ニ於ケル宅地以外ノ土地ノ地租ハ當分左ノ稅率ニ依ル

田畑　地價百分ノ三箇二
其他ノ土地　地價百分ノ四箇

本條例ニ於テ地價ト稱スルハ土地臺帳ニ揭ケタル價額ヲ謂フ

第九條　地價ハ其地ノ品位等級ヲ設定シ其所得ヲ審査シ尙ホ其土地ノ情況ニ應シ之ヲ定ム

第八條　一般ニ地價ノ改正ヲ要スルトキハ前以テ其旨ヲ布告スヘシ

第九條　地價ハ其地ノ品位等級ヲ設定シ其所得ヲ審査シ尙ホ其土地ノ情況ニ應シ之ヲ定ム

（地租條例施行規則）

第十五條ノ二　地價ヲ定メ又ハ修正スヘキ場合ニ於テハ土地ノ所有者又ハ納稅義務者ハ土地ノ測量圖及實地ノ狀況ニ依リ近傍ノ類地ト其ノ地力ヲ比較シ其ノ地價ヲ見積リタル書面ヲ稅務署長ニ差出スヘシ

第十條 地租ノ稅率ハ百分ノ三・八トス

第十一條 地租ハ毎年左ノ納期ニ於テ之ヲ徴收ス

一 宅地租

第一期 其ノ年七月一日ヨリ三十一日限 年額ノ二分ノ一

第二期 翌年一月一日ヨリ三十一日限 年額ノ二分ノ一

二 田租

第一期 翌年一月一日ヨリ三十一日限 年額ノ四分ノ一

第二期 翌年二月一日ヨリ末日限 年額ノ四分ノ一

第三期 翌年三月一日ヨリ三十一日限 年額ノ四分ノ一

第四期 翌年五月一日ヨリ三十一日限 年額ノ四分ノ一

第一條 地租ハ左ノ稅率ニ依リ毎年之ヲ賦課ス

宅地 地價百分ノ二箇半

田畑 地價百分ノ四箇五

其他ノ土地 地價百分ノ五箇半

北海道ニ於ケル宅地以外ノ土地ノ地租ハ當分左ノ稅率ニ依ル

田畑 地價百分ノ三箇二

其他ノ土地 地價百分ノ四箇

（第三項省略）

第十二條 地租ハ左ノ期限ニ依リ之ヲ徴收ス

一 宅地

第一期 其年七月一日ヨリ同七月三十一日限 地租額二分ノ一

第二期 翌年一月一日ヨリ同一月三十一日限 地租額二分ノ一

二 田

第一期 其年十二月十六日ヨリ翌年一月十五日限 地租額四分ノ一

第二期 翌年二月一日ヨリ同二月末日限 地租額四分ノ一

三　其ノ他

第一期　其ノ年九月一日ヨリ三十日限　年額ノ二分ノ一

第二期　其ノ年十一月一日ヨリ三十日限　年額ノ二分ノ一

特別ノ事情アル地方ニシテ前項ノ納期ニ依リ難キモノニ付テハ勅令ヲ以テ特別ノ納期ヲ定ムルコトヲ得

第十二條　地租ハ納期開始ノ時ニ於テ土地臺帳ニ所有者トシテ登錄セラレタル者ヨリ之ヲ徵收ス但シ質權ノ目的タル土地又ハ百年ヨリ長キ存續期間ノ定アル地上權ノ目的タル土地ニ付テハ土地臺帳ニ質權者又ハ地上權者トシテ登錄セラレタル者ヨリ之ヲ徵收ス

第十三條　土地ノ異動アリタル場合ニ於テハ地番、地目、地積及賃貸價格ハ土地所有者ノ申告ニ依リ、申告ナキトキ若ハ申告ヲ不相

第三期　翌年三月一日ヨリ同三月三十一日限　地租額四分ノ一

第四期　翌年五月一日ヨリ同五月三十一日限　地租額四分ノ一

三　其他ノ土地

第一期　其年九月一日ヨリ同九月三十日限　地租額二分ノ一

第二期　其年十一月一日ヨリ同十一月三十日限　地租額二分ノ一

特殊ノ事情アル地方ニシテ前項ノ納期ニ依リ難キモノニ付テハ命令ヲ以テ特別ノ納期ヲ設クルコトヲ得

第十三條　地租ハ左ニ揭クル者ヨリ之ヲ徵收ス

一　質權ノ目的タル土地ニ付テハ質權者

二　百年ヨリ長キ存續期間ノ定アル地上權ノ目的タル土地ニ付テハ地上權者

三　其他ノ土地ニ付テハ所有者

前項ニ於テ質權者、地上權者、所有者ト稱スルハ土地臺帳ニ質權者、地上權者、所有者トシテ登錄セラレタル者ヲ謂フ

當ト認ムルトキ又ハ申告ヲ要セザルトキハ税務署長ノ調査ニ依リ税務署長之ヲ定ム

第二章　土地ノ異動

第一節　有租地及無租地ノ轉換

第十四條　本法ニ於テ無租地ト稱スルハ地租ヲ課セザル土地（免租年期地、災害免租地及自作農免租地ヲ含マズ）ヲ謂ヒ有租地ト稱スルハ其ノ他ノ土地ヲ謂フ

第十五條　無租地ガ有租地ト爲リタルトキ又ハ有租地ガ無租地ト爲リタルトキハ土地所有者ハ三十日內ニ之ヲ税務署長ニ申告スベシ

但シ有租地ガ無租地ト爲リタル場合ニ於テ之ニ關シ豫メ政府ノ許可ヲ受ケ若ハ申告ヲ爲シタルモノ又ハ官公署ニ於テ公示シタルモノニ付テハ此ノ限ニ在ラズ

第十一條　地租ヲ課スル土地ヲ地租ヲ課セサル土地ト爲シ又ハ地租ヲ課セサル土地ヲ地租ヲ課スル土地ト爲シタルトキハ政府ニ屆出ヘシ但之ニ關シ豫メ政府ノ許可ヲ受ケ又ハ屆出ヲ爲シタルモノニ付テハ此限ニ在ラス

（第二項省略）

（地租條例施行規則）

第十三條　左ノ場合ニ於テハ土地ノ所有者又ハ納税義務者ハ三十日內ニ税務署長ニ屆出ツヘシ

（第一號、第二號省略）

第十六條　新ニ土地臺帳ニ登錄スベキ土地ヲ生ジタルトキハ當該地番區域內ニ於ケル最終ノ地番ヲ追ヒ順次其ノ地番ヲ定ム但シ特別ノ事情アルトキハ適宜ノ地番ヲ定ムルコトヲ得

第十七條　新ニ土地臺帳ニ登錄スベキ土地ヲ生ジタルトキハ直ニ其ノ地目ヲ設定ス

土地臺帳ニ登錄セラレタル無租地ガ有租地ト爲リ又ハ有租地ガ無租地ト爲リタルトキハ直ニ其ノ地目ヲ修正ス

第十八條　新ニ土地臺帳ニ登錄スベキ土地ヲ生ジタルトキハ直ニ之

三　地租ヲ課スル土地ヲ用惡水路、溜池、隄塘、井溝、水道用地、鐵道用地、軌道用地、運河用地若ハ公衆ノ用ニ供スル道路ト爲シタルトキ又ハ之カ供用ヲ廢止シタルトキ

四　地租ヲ課スル土地ヲ公用若ハ公共ノ用ニ供シ又ハ之カ供用ヲ廢止シタルトキ

五　地租ヲ課スル土地ヲ地租條例第四條第一項第二號ノ規定ニ依リ公用若ハ公共ノ用ニ供スヘキモノト定メタルトキ又ハ一年內ニ公用若ハ公共ノ用ニ供セサルトキ

第六條　地價ヲ定メ又ハ地價ヲ修正スルトキハ地盤ヲ丈量ス

ヲ測量シテ其ノ地積ヲ定ム
土地臺帳ニ登錄セラレタル無租地ガ有租地ト爲リタルトキハ直ニ其ノ地積ヲ改測ス但シ其ノ地積ニ異動ナシト認ムルトキハ之ヲ省略スルコトヲ得

第十九條　國有財産法第二十一條ノ規定ニ依リ賣拂又ハ讓與ノ豫約ヲ爲シタル土地ニシテ開拓ノ事業成功ニ因リ賣拂又ハ讓與ヲ受ケ有租地ト爲リタルモノニ付テハ土地所有者ノ申請ニ依リ有租地ト爲リタル年及其ノ翌年ヨリ二十年ノ開拓減租年期ヲ許可シ年期中ハ其ノ原地(開拓前ノ土地)相當ノ賃貸價格ニ依リ地租ヲ徵收ス
前項ノ年期滿了スルモ尙地味成熟セザル土地ニ付テハ更ニ十年內ノ年期延長ヲ許可スルコトヲ得

第二十條　國有財産法第二十一條ノ規定ニ依リ賣拂又ハ讓與ノ豫約ヲ爲シタル土地ニシテ埋立(干拓ヲ含ム)ノ事業成功ニ因リ賣拂又ハ讓與ヲ受ケ有租地ト爲リタルモノ又ハ公有水面埋立法第二十

第十六條第四項　官有地ヲ開拓シテ民有ニ歸セシ土地ハ其素地相當ト認ムル所ノ地價ヲ定メ尙ホ二十年ノ鍬下年期ヲ許可ス但年期中ハ現定地價ニ依リ地租ヲ徵收ス
(明治三十四年法律第三十號)
地租條例ニ依リ鍬下年期、新開免租年期又ハ地價据置年期ノ許可ヲ得タル土地ニシテ年期明ニ至リ事業成功又ハ地味成熟ニ至ラサルモノニ對シテハ更ニ年期ノ延長ヲ許可スルコトヲ得但シ開墾鍬下年期及地價据置年期ノ土地ニ付テハ通シテ五十年開拓鍬下年期ノ土地ニ付テハ通シテ三十年新開免租年期ノ土地ニ付テハ通シテ七十年ヲ超ユルコトヲ得ス

第十六條第五項　官有ノ水面ヲ埋立テ又ハ干拓シ民有ニ歸セシ土地ハ六十年ノ新開免租年期ヲ許可ス
(明治三十四年法律第三十號)

四條若ハ第五十條ノ規定ニ依リ埋立地ノ所有權ヲ取得シ有租地ト爲リタル土地ニ付テハ土地所有者ノ申請ニ依リ有租地ト爲リタル年及其ノ翌年ヨリ六十年ノ埋立免租年期ヲ許可ス
前項ノ年期滿了スルモ尙地味成熟セザル土地ニ付テハ更ニ十年内ノ年期延長ヲ許可スルコトヲ得

第二十一條　前二條ノ規定ニ依リ開拓減租年期又ハ埋立免租年期ノ許可ヲ受ケントスル者ハ有租地ト爲リタル日ヨリ六十日内ニ、開拓減租年期又ハ埋立免租年期延長ノ許可ヲ受ケントスル者ハ年期ノ滿了スル年ノ六月三十日迄ニ税務署長ニ申請スベシ

第二十二條　開拓減租年期中ニ於テ地類變換ヲ爲シタルトキハ開拓減租年期ハ消滅ス
開拓減租年期中ニ於テ地目變換ヲ爲シタルトキハ其ノ地目ヲ修正

地租條例ニ依リ鍬下年期、新開免租年期又ハ地價据置年期ノ許可ヲ得タル土地ニシテ年期明ニ至リ事業成功又ハ地味成熟ニ至ラサルモノニ對シテハ更ニ年期ノ延長ヲ許可スルコトヲ得但シ開墾鍬下年期及地價据置年期ノ土地ニ付テハ通シテ五十年開拓鍬下年期ノ土地ニ付テハ通シテ三十年新開免租年期ノ土地ニ付テハ通シテ七十年ヲ超ユルコトヲ得ス

（地租條例施行規則）
第十一條第二項　官有地ヲ開拓シ又ハ官有ノ水面ヲ埋立テ若ハ干拓シ民有ニ歸セシ土地ニ付鍬下年期又ハ新開免租年期ノ許可ヲ受ケムトスル者ハ民有ニ歸セシ後六十日内ニ税務署長ニ申請スヘシ
第十二條　地租條例第二十一條、第二十三條若ハ第二十四條ノ規定又ハ明治三十四年法律第三十號ニ依リ低價年期、荒地免租繼年期又ハ年期延長ノ許可ヲ受ケムトスル者ハ年期滿了後六十日内ニ税務署長ニ申請スヘシ

（地租條例施行規則）
第四條　地租條例第十七條ノ規定ニ依リ開墾地目ニ組換ヘタル土地若ハ官有地ヲ開拓シテ民有ニ歸セシ土地ニシテ開墾著手後二十年

スルモ其ノ賃貸價格ハ之ヲ修正セズ
埋立免租年期中ニ於テ地目變換、地類變換又ハ開墾ニ該當スル土地ノ異動アルモ地目變換、地類變換又ハ開墾ナキモノト看做ス此ノ場合ニ於テハ免租年期ノ滿了スル年ニ於テ其ノ地目ヲ修正ス

第二十三條　開拓減租年期地又ハ埋立免租年期地ニ付テハ土地所有者ハ年期ノ滿了スル年ノ六月三十日迄ニ年期滿了申告書ヲ税務署長ニ提出スベシ

以内若ハ鍬下年期中地類ヲ變換シタルトキ又ハ地租條例第十七條ノ規定ニ依リ變換地目ニ組換ヘタル土地ニシテ地價据置年期中地類ヲ變換シ若ハ變換前ノ地目ト同一ノ地目ニ變換シタルトキハ直ニ其ノ地價ヲ修正ス

第五條　地租條例第十七條ノ規定ニ依リ開墾地目ニ組換ヘタル土地若ハ官有地ヲ開拓シテ民有ニ歸セシ土地ニシテ開墾着手後二十年以内若ハ鍬下年期中地目ヲ變換シタルトキ又ハ地租條例第十七條ノ規定ニ依リ變換地目ニ組換ヘタル土地ニシテ地價据置年期中變換前ノ地目ト異ル地目ニ變換シタルトキハ地價ハ之ヲ修正セス
前項ノ場合ニ於テ變換地目ノ税率カ舊地目ノ税率ト同一ナラサルトキハ舊地目ニ對スル地租額ヲ變換地目ノ税率ヲ以テ除シ之ヲ變換地目ニ對スル地價トシ修正地價ニ依リ地租ヲ徴收スルニ至ル迄其ノ地價ニ依リ地租ヲ徴收ス

（地租條例施行規則）

第十五條　左ノ場合ニ於テハ土地ノ所有者又ハ納税義務者ハ年期滿了後六十日内ニ税務署長ニ屆出ツヘシ
（第一號、第二號省略）
三　鍬下年期、地價据置年期、新開免租年期ヲ有スル土地ニシテ

第二十四條　無租地ガ有租地ト爲リタルトキハ直ニ其ノ賃貸價格ヲ設定ス
開拓減租年期地ニ付テハ有租地ト爲リタルトキ直ニ原地相當ノ賃貸價格ヲ設定シ開拓減租年期ノ滿了スル年ニ於テ其ノ賃貸價格ヲ修正ス
埋立免租年期地ニ付テハ其ノ年期ノ滿了スル年ニ於テ其ノ賃貸價格ヲ設定ス

第二十五條　開拓減租年期又ハ埋立免租年期ノ滿了ニ因リ賃貸價格ヲ設定シ又ハ修正スル場合ニ於テ必要アリト認ムルトキハ其ノ地積ヲ改測ス

年期明トナリタルトキ

第十一條第二項　地租ヲ課セサル土地ヲ地租ヲ課スル土地ト爲シタルトキハ其地ノ現況ニ依リ直ニ其土地ノ地價ヲ定ム但第十六條第四項ノ場合ハ此限ニ在ラス

第十六條第四項　官有地ヲ開拓シテ民有ニ歸セシ土地ハ其素地相當ト認ムル所ノ地價ヲ定メ尙ホ二十年ノ鍬下年期ヲ許可ス但年期中ハ現定地價ニ依リ地租ヲ徵收ス

第十九條　鍬下年期明、地價据置年期明、新開免租年期明ノトキ其地價ヲ定メ又ハ修正ス

（地租條例施行規則）

第六條　官有地ヲ開拓シ又ハ官有ノ水面ヲ埋立若ハ干拓シ民有ニ歸セシ土地ニ付鍬下年期又ハ新開免租年期ノ許可ヲ請ハサルトキハ直ニ其ノ地價ヲ定ム

第六條　地價ヲ定メ又ハ地價ヲ修正スルトキハ地盤ヲ丈量ス

第二十六條　無租地ガ有租地ト爲リタルトキハ賃貸價格ヲ設定（第二十四條第三項ノ設定ヲ含ム）シタル年ノ翌年分ヨリ地租ヲ徴收ス

開拓減租年期ノ滿了ニ因リ賃貸價格ヲ修正シタル土地ニ付テハ其ノ修正ヲ爲シタル年ノ翌年分ヨリ修正賃貸價格ニ依リ地租ヲ徴收ス

第二十七條　有租地ガ無租地ト爲リタルトキハ其ノ申告ヲ要スルモノニ付テハ申告アリタル後ニ開始スル納期ヨリ、其ノ申告ヲ要セザルモノニ付テハ稅務署長ガ其ノ事實ヲ認メタル後ニ開始スル納期ヨリ地租ヲ徴收セズ

第二節　分筆及合筆

第二十八條　本法ニ於テ分筆ト稱スルハ一筆ノ土地ヲ數筆ノ土地ト爲スヲ謂ヒ合筆ト稱スルハ數筆ノ土地ヲ一筆ノ土地ト爲スヲ謂フ

第十五條第二項　地租ヲ課セサル土地ニシテ地租ヲ課スル土地トナリタルトキハ地價設定後ニ開始スル納期ヨリ地租ヲ徴收ス但地價設定後ニ開始スル納期ニ於テ前年分地租ヲ徴收スヘキ場合ニ於テハ其納期分ノ地租ハ之ヲ徴收セス

第十四條　地價ヲ修正シタル土地ニ付テハ其年ヨリ修正地價ニ依リ地租ヲ徴收ス但其年ニ係ル地租ノ全部又ハ一部ノ納期開始後地價ヲ修正シタルトキハ翌年分地租ヨリ修正地價ニ依リ地租ヲ徴收ス

第十五條　地租ヲ課スル土地ニシテ地租ヲ課セサル土地トナリタルトキハ其屆出アリタル後又ハ其ノ事實ヲ認メタル後ニ開始スル納期ヨリ地租ヲ徴收セス

（第二項以下省略）

第二十九條　分筆又ハ合筆ヲ爲サントスルトキハ土地所有者ハ之ヲ稅務署長ニ申告スベシ

第三十條　一筆ノ土地ノ一部ガ左ノ各號ノ一ニ該當スルニ至リタルトキハ前條ノ申告ナキ場合ニ於テモ稅務署長ハ其ノ土地ヲ分筆ス

一　別地目ト爲ルトキ
二　無租地ガ有租地ト爲リ又ハ有租地ガ無租地ト爲ルトキ
三　所有者ヲ異ニスルトキ
四　質權又ハ百年ヨリ長キ存續期間ノ定アル地上權ノ目的ト爲ルトキ
五　地番區域ヲ異ニスルトキ

第三十一條　分筆シタル土地ニ付テハ分筆前ノ地番ニ符號ヲ附シテ各筆ノ地番ヲ定ム
合筆シタル土地ニ付テハ合筆前ノ地番中ノ首位ノモノヲ以テ其ノ

（地租條例施行規則）

第十四條　一筆ノ土地ヲ分割シ又ハ數筆ノ土地ヲ合併セムトスルトキハ土地ノ所有者ハ稅務署長ニ屆出ツヘシ

（地租條例施行規則）

第二條　一筆ノ土地ハ其ノ一部分左ノ各號ノ一ニ該當スル場合ニ於テ之ヲ分割ス

一　別地目ト爲ルトキ
二　地租ヲ課スル土地ニシテ地租ヲ課セサル土地ト爲ルトキ
三　地租ヲ課セサル土地ニシテ地租ヲ課スル土地ト爲ルトキ
四　所有者ヲ異ニスルトキ
五　質權ノ目的ト爲ルトキ
六　百年ヨリ長キ存續期間ノ定アル地上權ノ目的ト爲ルトキ
七　行政區劃ヲ異ニスルトキ

地番トス
特別ノ事情アルトキハ前二項ノ規定ニ拘ラズ適宜ノ地番ヲ定ムルコトヲ得

第三十二條　分筆ヲ爲シタルトキハ測量シテ各筆ノ地積ヲ定ム
合筆ヲ爲シタルトキハ合筆前ノ各筆ノ地積ヲ合算シタルモノヲ以テ其ノ地積トス

第三十三條　分筆ヲ爲シタルトキハ各筆ノ品位及情況ニ應ジ分筆前ノ賃貸價格ヲ配分シテ其ノ賃貸價格ヲ定ム
合筆ヲ爲シタルトキハ合筆前ノ各筆ノ賃貸價格ヲ合算シタルモノヲ以テ其ノ賃貸價格トス

第三節　開墾

第三十四條　本法ニ於テ開墾ト稱スルハ第二類地ヲ第一類地ト爲スヲ謂フ

第三條第四項　第二類地ニ勞費ヲ加ヘ第一類地ト爲スモノヲ開墾ト謂フ

第三十五條　開墾成功シタルトキハ土地所有者ハ三十日內ニ之ヲ稅務署長ニ申告スベシ

第三十六條　開墾ニ著手シタル土地ニ付テハ土地所有者ノ申請ニ依リ開墾著手ノ年及其ノ翌年ヨリ二十年ノ開墾減租年期ヲ許可シ年期中ハ原地（開墾前ノ土地）相當ノ賃貸價格ニ依リ地租ヲ徵收ス
但シ地類變換ヲ爲シタル後五年內ニ開墾ニ著手シタル土地ニ付テハ之ヲ許可セズ
二十年內ニ成功シ能ハザル開墾地ニ付テハ前項ノ年期ハ開墾著手ノ年及其ノ翌年ヨリ四十年トス
前項ノ年期滿了スルモ尙地味成熟セザル土地ニ付テハ更ニ十年內

第十六條　開墾ヲ爲サントスルトキハ政府ニ屆出ヘシ
（第二項以下省略）

（地租條例施行規則）

第十三條　左ノ場合ニ於テハ土地ノ所有者又ハ納稅義務者ハ三十日內ニ稅務署長ニ屆出ツヘシ
（第一號省略）
二　開墾ニ著手シタルトキ、開墾成功シタルトキ、開墾ヲ廢止シタルトキ又ハ開墾ノ目的ヲ變更シタルトキ
（第三號以下省略）

第十六條　開墾ヲ爲サントスルトキハ政府ニ屆出ヘシ
前項ノ開墾地ハ開墾著手ノ年ヨリ二十一年目ニ其成功ノ部分ニ對シ地價ヲ修正ス但地類變換ヲ爲シタル後五年以內ニ開墾シタルモノニ在リテハ其成功ノ部分ニ對シ直ニ其地價ヲ修正ス
十年以內ニ成功シ能ハサル開墾ヲ爲サントスルトキハ政府ニ願出鍬下年期ノ許可ヲ受クヘシ鍬下年期ハ四十年トス但年期中ハ原地價ニ依リ地租ヲ徵收ス
（第四項以下省略）

ノ年期延長ヲ許可スルコトヲ得
宅地又ハ鑛泉地ト爲ス開墾地ニ付テハ其ノ情況ニ依リ稅務署長ハ開墾減租年期ヲ短縮スルコトヲ得

第三十七條 前條ノ規定ニ依リ開墾減租年期ノ許可ヲ受ケントスル者ハ開墾著手ノ日ヨリ三十日內ニ、開墾減租年期延長ノ許可ヲ受ケントスル者ハ年期ノ滿了スル年ノ六月三十日迄ニ稅務署長ニ申請スベシ

（明治三十四年法律第三十號）
地租條例ニ依リ鍬下年期、新開免租年期又ハ地價据置年期ノ許可ヲ得タル土地ニシテ年期明ニ至リ事業成功又ハ地味成熟ニ至ラサルモノニ對シテハ更ニ年期ノ延長ヲ許可スルコトヲ得但シ開墾鍬下年期及地價据置年期ノ土地ニ付テハ通シテ五十年開拓鍬下年期ノ土地ニ付テハ通シテ三十年新開免租年期ノ土地ニ付テハ通シテ七十年ヲ超ユルコトヲ得ス

（地租條例施行規則）
第十一條 地租條例第十六條第三項、第六項又ハ第二十條ノ規定ニ依リ鍬下年期、地價据置年期又ハ荒地免租年期ノ許可ヲ受ケムトスル者ハ稅務署長ニ申請スヘシ
（第二項省略）
第十二條 地租條例第二十一條、第二十三條若ハ第二十四條ノ規定又ハ明治三十四年法律第三十號ニ依リ低價年期、荒地免租繼年期又ハ年期延長ノ許可ヲ受ケムトスル者ハ年期滿了後六十日內ニ稅務署長ニ申請スヘシ

第三十八條　開墾減租年期中ニ於テ開墾成功シタルトキ又ハ其ノ成功地ニ付地目變換ヲ爲シタルトキハ其ノ地目ヲ修正スルモ其ノ賃貸價格ハ之ヲ修正セズ

開墾減租年期中ニ於テ其ノ原地ニ付地目變換ヲ爲シタルトキ又ハ其ノ成功地ニ付地類變換ヲ爲シタルトキハ開墾減租年期ハ消滅ス

第十七條　前條ニ依リ開墾ノ屆出ヲ爲シタル土地又ハ開墾鍬下年期若クハ地價据置年期ノ許可ヲ受ケタル土地ニシテ開墾成功シ又ハ地目變換シタルトキハ其旨政府ニ屆出ヘシ此場合ニ於テハ其年ヨリ開墾又ハ變換シタル地目ニ依リ其地租ヲ徵收ス但其年ニ係ル地租ノ全部又ハ一部ノ納期開始後屆出アリタルトキハ翌年分地租ヨリ開墾又ハ變換シタル地目ニ依リ其地租ヲ徵收ス

前項ノ場合ニ於テ開墾又ハ變換地目ノ稅率カ舊地目ノ稅率ト同一ナラサルトキハ舊地目ニ對スル地租額ヲ開墾又ハ變換地目ノ稅率ヲ以テ除シ之ヲ開墾又ハ變換地目ニ對スル地價トシ修正地價ニ依リ地租ヲ徵收スルニ至ル迄其地價ニ依リ地租ヲ徵收ス

（地租條例施行規則）

第三條　開墾著手後二十年以內又ハ開墾鍬下年期中ニ於テ地目ヲ變換シタルトキハ開墾ハ之ヲ廢止シタルモノトス

第四條　地租條例第十七條ノ規定ニ依リ開墾地目ニ組換ヘタル土地若ハ官有地ヲ開拓シテ民有ニ歸セシ土地ニシテ開墾著手後二十年以內若ハ鍬下年期中地類ヲ變換シタルトキ又ハ地租條例第十七條ノ規定ニ依リ變換地目ニ組換ヘタル土地ニシテ地價据置年期中地類ヲ變換シ若ハ變換前ノ地目ト同一ノ地目ニ變換シタルトキハ直ニ其ノ地價ヲ修正ス

第三十九條　開墾減租年期地ニ付テハ土地所有者ハ年期ノ滿了スル年ノ六月三十日迄ニ年期滿了申告書ヲ税務署長ニ提出スベシ

第四十條　開墾成功シタルトキハ（開墾減租年期中ナルト否トヲ問

第五條　地租條例第十七條ノ規定ニ依リ開墾地目ニ組換ヘタル土地若ハ官有地ヲ開拓シテ民有ニ歸セシ土地ニシテ開墾著手後二十年以内若ハ鍬下年期中地目ヲ變換シタルトキ又ハ地租條例第十七條ノ規定ニ依リ變換地目ニ組換ヘタル土地ニシテ地價据置年期中變換前ノ地目ト異ル地目ニ變換シタルトキハ地價ハ之ヲ修正セス

前項ノ場合ニ於テ變換地目ノ税率カ舊地目ノ税率ト同一ナラサルトキハ舊地目ニ對スル地租額ヲ變換地目ノ税率ヲ以テ除シ之ヲ變換地目ニ對スル地價トシ修正地價ニ依リ地租ヲ徴收スルニ至ル迄其ノ地價ニ依リ地租ヲ徴收ス

（地租條例施行規則）

第十三條　左ノ場合ニ於テハ土地ノ所有者又ハ納税義務者ハ三十日内ニ税務署長ニ屆出ツヘシ

（第一號省略）

二　開墾ニ著手シタルトキ、開墾成功シタルトキ、開墾ヲ廢止シタルトキ又ハ開墾ノ目的ヲ變更シタルトキ

（第三號以下省略）

第十七條　前條ニ依リ開墾ノ屆出ヲ爲シタル土地又ハ開墾鍬下年期

ハズ）直ニ其ノ地目ヲ修正ス

第四十一條　開墾成功シタルトキハ開墾減租年期地ヲ除クノ外直ニ其ノ賃貸價格ヲ修正ス

開墾減租年期地ニ付テハ其ノ年期ノ滿了スル年ニ於テ其ノ賃貸價格ヲ修正ス但シ年期滿了スルモ尚開墾成功セザル土地ニ付テハ開墾成功シタルトキ直ニ其ノ賃貸價格ヲ修正ス

若クハ地價据置年期ノ許可ヲ受ケタル土地ニシテ開墾成功シ又ハ地目變換シタルトキハ其旨政府ニ届出ヘシ此場合ニ於テハ其年ヨリ開墾又ハ變換シタル地目ニ依リ其地租ヲ徴收ス但其年ニ係ル地租ノ全部又ハ一部ノ納期開始後届出アリタルトキハ翌年分地租ヨリ開墾又ハ變換シタル地目ニ依リ其地租ヲ徴收ス

前項ノ場合ニ於テ開墾又ハ變換地目ノ稅率カ舊地目ノ稅率ト同一ナラサルトキハ舊地目ニ對スル地租額ヲ開墾又ハ變換地目ノ稅率ヲ以テ除シ之ヲ開墾又ハ變換地目ニ對スル地價トシ修正地價ニ依リ地租ヲ徴收スルニ至ル迄其地價ニ依リ地租ヲ徴收ス

第七條　地價ハ左ノ場合ニ該當スルニ非サレハ之ヲ修正セス

（第一號省略）

二　開墾シタルトキ

（第三號以下省略）

第十六條　開墾ヲ爲サントスルトキハ政府ニ届出スヘシ

前項ノ開墾地ハ開墾著手ノ年ヨリ二十一年目ニ其成功ノ部分ニ對シ地價ヲ修正ス但地類變換ヲ爲シタル後五年以内ニ開墾シタルモノニ在リテハ其成功ノ部分ニ對シ直ニ其地價ヲ修正ス

十年以内ニ成功シ能ハサル開墾ヲ爲サントスルトキハ政府ニ願出

第四十二條　開墾ニ因リ賃貸價格ヲ修正スル場合ニ於テハ其ノ地積ヲ改測ス但シ其ノ地積ニ異動ナシト認ムルトキハ之ヲ省略スルコトヲ得

第四十三條　開墾ニ因リ地目又ハ賃貸價格ヲ修正シタル土地ニ付テハ其ノ修正ヲ爲シタル年ノ翌年分ヨリ修正地目又ハ修正賃貸價格ニ依リ地租ヲ徴收ス

鍬下年期ノ許可ヲ受クヘシ鍬下年期ハ四十年トス但年期中ハ原地價ニ依リ地租ヲ徴收ス

（以下省略）

第十九條　鍬下年期明、地價据置年期明、新開免租年期明ノトキ其地價ヲ定メ又ハ修正ス

（地租條例施行規則）

第八條　地租條例第十六條第二項ノ場合ニ於テ開墾著手ノ年ヨリ二十一年目ニ成功セサル部分ノ土地ニ付テハ其ノ後成功シタル部分アル毎ニ其ノ地價ヲ修正ス

第六條　地價ヲ定メ又ハ地價ヲ修正スルトキハ地盤ヲ丈量ス

第十四條　地價ヲ修正シタル土地ニ付テハ其年ヨリ修正地價ニ依リ地租ヲ徴收ス但其年ニ係ル地租ノ全部又ハ一部ノ納期開始後地價ヲ修正シタルトキハ翌年分地租ヨリ修正地價ニ依リ地租ヲ徴收ス

第四節　地目變換及地類變換

第四十四條　本法ニ於テ地目變換ト稱スルハ第一類地中又ハ第二類地中ノ各地目ヲ變更スルヲ謂ヒ地類變換ト稱スルハ第一類地ヲ第二類地ト爲スヲ謂フ

第十七條　前條ニ依リ開墾ノ屆出ヲ爲シタル土地又ハ開墾鍬下年期若クハ地價据置年期ノ許可ヲ受ケタル土地ニシテ開墾成功シ又ハ地目變換シタルトキハ其旨政府ニ屆出ヘシ此場合ニ於テハ其年ヨリ開墾又ハ變換シタル地目ニ依リ其地租ヲ徵收ス但其年ニ係ル地租ノ全部又ハ一部ノ納期開始後屆出アリタルトキハ翌年分地租ヨリ開墾又ハ變換シタル地目ニ依リ其地租ヲ徵收ス

前項ノ場合ニ於テ開墾又ハ變換地目ノ稅率カ舊地目ノ稅率ト同一ナラサルトキハ舊地目ニ對スル地租額ヲ開墾又ハ變換地目ノ稅率ヲ以テ除シ之ヲ開墾又ハ變換地目ニ對スル地價トシ修正地價ニ依リ地租ヲ徵收スルニ至ル迄其地價ニ依リ地租ヲ徵收ス

第三條第二項　第一類中又ハ第二類中ノ各地目變換スルモノヲ地目變換ト謂フ

第一類地ヲ第二類地ニ變換スルモノヲ地類變換ト謂フ

（第四項以下省略）

第四十五條　地目變換又ハ地類變換ヲ爲シタトキハ土地所有者ハ三十日內ニ之ヲ稅務署長ニ申告スヘシ

第四十六條　二十年內ニ成功シ能ハザル地目變換地ニ付テハ土地所有者ノ申請ニ依リ地目變換著手ノ年及其ノ翌年ヨリ四十年ノ地目變換減租年期ヲ許可シ年期中ハ原地（變換前ノ土地）相當ノ賃貸價格ニ依リ地租ヲ徵收ス

前項ノ年期滿了スルモ尙地味成熟セザル土地ニ付テハ更ニ十年內ノ年期延長ヲ許可スルコトヲ得

宅地又ハ鑛泉地ニ變換スル土地ニ付テハ其ノ情況ニ依リ稅務署長ハ地目變換減租年期ヲ短縮スルコトヲ得

第十條第一項　地目ヲ變換シ又ハ地類ヲ變換シタルトキハ政府ニ屆出ヘシ

（地租條例施行規則）

第十三條　左ノ場合ニ於テハ土地ノ所有者又ハ納稅義務者ハ三十日內ニ稅務署長ニ屆出ツヘシ

一　地目ヲ變換シ又ハ地類ヲ變換シタルトキ

（第二號以下省略）

第十六條第三項　十年以內ニ成功シ能ハサル開墾ヲ爲サントスルトキハ政府ニ願出鍬下年期ノ許可ヲ受クヘシ鍬下年期ハ四十年トス但年期中ハ原地價ニ依リ地租ヲ徵收ス

第十六條第六項　地目ヲ變換スル爲メ開墾ニ等シキ勞費ヲ要スルモノハ本條第三項ニ準シ四十年ノ地價据置年期ヲ許可スルコトアルヘシ

（明治三十四年法律第三十號）

地租條例ニ依リ鍬下年期、新開免租年期又ハ地價据置年期ノ許可ヲ得タル土地ニシテ年期明ニ至リ事業成功又ハ地味成熟ニ至ラサルモノニ對シテハ更ニ年期ノ延長ヲ許可スルコトヲ得但シ開墾鍬下年期

第四十七條　前條ノ規定ニ依リ地目變換減租年期ノ許可ヲ受ケントスル者ハ地目變換著手ノ日ヨリ三十日内ニ、地目變換減租年期延長ノ許可ヲ受ケントスル者ハ年期ノ滿了スル年ノ六月三十日迄ニ稅務署長ニ申請スベシ

第四十八條　地目變換減租年期中ニ於テ其ノ原地又ハ變換地ニ付地目變換ヲ爲シタルトキハ其ノ地目ヲ修正スルモ其ノ賃貸價格ハ之ヲ修正セズ

地目變換減租年期中ニ於テ地類變換ヲ爲シタルトキハ地目變換減租年期ハ消滅ス

及地價据置年期ノ土地ニ付テハ通シテ五十年開拓鍬下年期ノ土地ニ付テハ通シテ三十年新開免租年期ノ土地ニ付テハ通シテ七十年ヲ超ユルコトヲ得ス

（地租條例施行規則）

第十一條　地租條例第十六條第三項、第六項又ハ第二十條ノ規定ニ依リ鍬下年期、地價据置年期又ハ荒地免租年期ノ許可ヲ受ケムトスル者ハ稅務署長ニ申請スヘシ

（第二項省略）

第十二條　地租條例第二十一條、第二十三條若ハ第二十四條ノ規定又ハ明治三十四年法律第三十號ニ依リ低價年期、荒地免租繼年期又ハ年期延長ノ許可ヲ受ケムトスル者ハ年期滿了後六十日内ニ稅務署長ニ申請スヘシ

第十七條　前條ニ依リ開墾ノ屆出ヲ爲シタル土地又ハ開墾鍬下年期若クハ地價据置年期ノ許可ヲ受ケタル土地ニシテ開墾成功シ又ハ地目變換シタルトキハ其旨政府ニ屆出ヘシ此場合ニ於テハ其年ヨリ開墾又ハ變換シタル地目ニ依リ其地租ヲ徵收ス但其年ニ係ル地租ノ全部又ハ一部ノ納期開始後屆出アリタルトキハ翌年分地租ヨ

リ開墾又ハ變換シタル地目ニ依リ其地租ヲ徴收ス

前項ノ場合ニ於テ開墾又ハ變換地目ノ税率カ舊地目ノ税率ト同一ナラサルトキハ舊地目ニ對スル地租額ヲ開墾又ハ變換地目ノ税率ヲ以テ除シ之ヲ開墾又ハ變換地目ニ對スル地價トシ修正地價ニ依リ地租ヲ徴收スルニ至ル迄其地價ニ依リ地租ヲ徴收ス

（地租條例施行規則）

第四條　地租條例第十七條ノ規定ニ依リ開墾地目ニ組換ヘタル土地若ハ官有地ヲ開拓シテ民有ニ歸セシ土地ニシテ開墾著手後二十年以内若ハ鍬下年期中地類ヲ變換シタルトキ又ハ地租條例第十七條ノ規定ニ依リ變換地目ニ組換ヘタル土地ニシテ地價据置年期中地類ヲ變換シ若ハ變換前ノ地目ト同一ノ地目ニ變換シタルトキハ直ニ其ノ地價ヲ修正ス

第五條　地租條例第十七條ノ規定ニ依リ開墾地目ニ組換ヘタル土地若ハ官有地ヲ開拓シテ民有ニ歸セシ土地ニシテ開墾著手後二十年以内若ハ鍬下年期中地目ヲ變換シタルトキ又ハ地租條例第十七條ノ規定ニ依リ變換地目ニ組換ヘタル土地ニシテ地價据置年期中變換前ノ地目ト異ル地目ニ變換シタルトキハ地價ハ之ヲ修正セス

前項ノ場合ニ於テ變換地目ノ税率カ舊地目ノ税率ト同一ナラサルトキハ舊地目ニ對スル地租額ヲ變換地目ノ税率ヲ以テ除シ之ヲ變

第四十九條　地目變換減租年期地ニ付テハ土地所有者ハ年期ノ滿了スル年ノ六月三十日迄ニ年期滿了申告書ヲ稅務署長ニ提出スベシ

第五十條　地目變換又ハ地類變換ヲ爲シタルトキハ（地目變換減租年期中ナルト否トヲ問ハズ）直ニ其ノ地目ヲ修正ス

換地目ニ對スル地價トシ修正地價ニ依リ地租ヲ徵收スルニ至ル迄其ノ地價ニ依リ地租ヲ徵收ス

（地租條例施行規則）

第十五條　左ノ場合ニ於テハ土地ノ所有者又ハ納稅義務者ハ年期滿了後六十日內ニ稅務署長ニ屆出ツヘシ

（第一號、第二號省略）

三　鍬下年期、地價据置年期、新開免租年期ヲ有スル土地ニシテ年期明トナリタルトキ

第十條第二項　地目ヲ變換シ又ハ地類ヲ變換シタルトキハ直ニ其地價ヲ修正ス但第十六條第六項ノ場合ハ此限ニ在ラス

第十七條　前條ニ依リ開墾ノ屆出ヲ爲シタル土地又ハ開墾鍬下年期若クハ地價据置年期ノ許可ヲ受ケタル土地ニシテ開墾成功シ又ハ地目變換シタルトキハ其旨政府ニ屆出ヘシ此場合ニ於テハ其年ヨリ開墾又ハ變換シタル地目ニ依リ其地租ヲ徵收ス但其年ニ係ル地租ノ全部又ハ一部ノ納期開始後屆出アリタルトキハ翌年分地租ヨリ開墾又ハ變換シタル地目ニ依リ其地租ヲ徵收ス

第五十一條　地目變換又ハ地類變換ヲ爲シタルトキハ地目變換減租年期地ヲ除クノ外直ニ其ノ賃貸價格ヲ修正ス

地目變換減租年期地ニ付テハ其ノ年期ノ滿了スル年ニ於テ其ノ賃貸價格ヲ修正ス但シ年期滿了スルモ尙地目變換セザル土地ニ付テハ地目變換シタルトキ直ニ其ノ賃貸價格ヲ修正ス

第五十二條　地目變換又ハ地類變換ニ因リ賃貸價格ヲ修正スル場合ニ於テ必要アリト認ムルトキハ其ノ地積ヲ改測ス

第五十三條　地目變換又ハ地類變換ニ因リ地目又ハ賃貸價格ヲ修正シタル土地ニ付テハ其ノ修正ヲ爲シタル年ノ翌年分ヨリ修正地目又ハ修正賃貸價格ニ依リ地租ヲ徴收ス

前項ノ場合ニ於テ開墾又ハ變換地目ノ稅率カ舊地目ノ稅率ト同一ナラサルトキハ舊地目ニ對スル地租額ヲ開墾又ハ變換地目ノ稅率ヲ以テ除シ之ヲ開墾又ハ變換地目ニ對スル地價トシ修正地價ニ依リ地租ヲ徴收スルニ至ル迄其地價ニ依リ地租ヲ徴收ス

第十條第二項　地目ヲ變換シ又ハ地類ヲ變換シタルトキハ直ニ其地價ヲ修正ス但第十六條第六項ノ場合ハ此限ニ在ラス

第十九條　鍬下年期明、地價据置年期明、新開免租年期明ノトキ其地價ヲ定メ又ハ修正ス

第六條　地價ヲ定メ又ハ地價ヲ修正スルトキハ地盤ヲ丈量ス

第十四條　地價ヲ修正シタル土地ニ付テハ其年ヨリ修正地價ニ依リ地租ヲ徴收ス但其年ニ係ル地租ノ全部又ハ一部ノ納期開始後地價ヲ修正シタルトキハ翌年分地租ヨリ修正地價ニ依リ地租ヲ徴收ス

第十七條　前條ニ依リ開墾ノ屆出ヲ爲シタル土地又ハ開墾鍬下年期若クハ地價据置年期ノ許可ヲ受ケタル土地ニシテ開墾成功シ又ハ

第五節　荒地免租

第五十四條　本法ニ於テ荒地ト稱スルハ災害ニ因リ地形ヲ變シ又ハ作土ヲ損傷シタル土地ヲ謂フ

地目變換シタルトキハ其旨政府ニ屆出ヘシ此場合ニ於テハ其年ヨリ開墾又ハ變換シタル地目ニ依リ其地租ヲ徴收ス但其年ニ係ル地租ノ全部又ハ一部ノ納期開始後屆出アリタルトキハ翌年分地租ヨリ開墾又ハ變換シタル地目ニ依リ其地租ヲ徴收ス

前項ノ場合ニ於テ開墾又ハ變換地目ノ稅率カ舊地目ノ稅率ト同一ナラサルトキハ舊地目ニ對スル地租額ヲ開墾又ハ變換地目ノ稅率ヲ以テ除シ之ヲ開墾又ハ變換地目ニ對スル地價トシ修正地價ニ依リ地租ヲ徴收スルニ至ル迄其地價ニ依リ地租ヲ徴收ス

第三條第五項　第一類地又ハ第二類地ノ山崩、川欠、押堀、石砂入、川成、海成、湖水成等ノ如キ天災ニ罹リ地形ヲ變シタルモノヲ荒地ト謂フ

第二十條　荒地ハ其被害ノ年ヨリ十五年以内免租年期ヲ定メ年期明ニ至リ原地價ニ復ス

海嘯ノ爲潮水浸入シ作土ヲ損害シタルモノハ其狀況ニ依リ前項ニ準據スルコトアルヘシ

第五十五條　荒地ニ付テハ納税義務者ノ申請ニ依リ荒地ト爲リタル年及其ノ翌年ヨリ十五年内ノ荒地免租年期ヲ許可ス

前項ノ年期滿了スルモ尚荒地ノ形狀ヲ存スルモノニ付テハ更ニ十五年内ノ年期延長ヲ許可スルコトヲ得

海、湖又ハ河川ノ狀況ト爲リタル荒地ニ付テハ前項ノ延長年期ハ二十年内トス其ノ年期滿了スルモ尚海、湖又ハ河川ノ狀況ニ在ルモノハ本法ノ適用ニ付テハ海、湖又ハ河川ト爲リタルモノト看做ス

第二十條　荒地ハ其被害ノ年ヨリ十五年以内免租年期ヲ定メ年期明ニ至リ原地價ニ復ス

海嘯ノ爲潮水浸入シ作土ヲ損害シタルモノハ其狀況ニ依リ前項ニ準據スルコトアルヘシ

第二十一條　荒地免租年期明ニ至リ其地ノ現況原地價ニ復シ難キモノハ十五年以内七割以下ノ低價年期ヲ定メ年期明ニ至リ原地價ニ復ス

第二十二條　低價年期明ニ至リ尚ホ原地價ニ復シ難キモノ及ヒ荒地免租年期明ニ至リ原地目ニ復セス他ノ地目ニ變スルモノハ地價ヲ修正ス

第二十三條　免租年期明ニ至リ尚ホ荒地ノ形狀ヲ存スルモノハ更ニ十五年以内免租繼年期ヲ定ム其年期明ニ至リ原地價ニ復シ難キモノハ第二十一條、第二十二條ニ依リ處分ス

第二十四條　川成、海成、湖水成ニシテ免租年期明ニ至リ原形ニ復シ難キモノハ更ニ二十年以内免租繼年期ヲ許可ス其年期明ニ至リ尚ホ原地目ニ復セス他ノ地目ニ變セサルモノハ川、海、湖ニ歸スルモノトス

第五十六條　前條ノ規定ニ依リ荒地免租年期ノ許可ヲ受ケントスル者ハ税務署長ニ申請スベシ

荒地免租年期延長ノ許可ヲ受ケントスル者ハ年期ノ滿了スル年ノ六月三十日迄ニ税務署長ニ申請スベシ

第五十七條　荒地免租年期地ニ付テハ免租年期許可ノ申請アリタル後ニ開始スル納期ヨリ地租ヲ徴收セズ

（地租條例施行規則）

第十一條　地租條例第十六條第三項、第六項又ハ第二十條ノ規定ニ依リ鍬下年期、地價据置年期又ハ荒地免租年期ノ許可ヲ受ケムトスル者ハ税務署長ニ申請スベシ

（第二項省略）

第十二條　地租條例第二十一條、第二十三條若ハ第二十四條ノ規定又ハ明治三十四年法律第三十號ニ依リ低價年期、荒地免租繼年期又ハ年期延長ノ許可ヲ受ケムトスル者ハ年期滿了後六十日内ニ税務署長ニ申請スヘシ

第十五條　地租ヲ課スル土地ニシテ地租ヲ課セサル土地トナリタルトキハ其屆出アリタル後又ハ其事實ヲ認メタル後ニ開始スル納期ヨリ地租ヲ徴收セス

（第二項省略）

前二項ノ規定ハ荒地免租年期若クハ低價年期許可ノ場合又ハ荒地免租年期明若クハ新開免租年期明ノ場合ニ之ヲ準用ス

第五十八條　荒地免租年期中ノ土地ガ再ビ荒地ト爲リ免租年期ノ許可ヲ受ケタルトキハ前ノ年期ハ消滅ス

第五十九條　開拓減租年期、埋立免租年期、開墾減租年期又ハ地目變換減租年期中ノ土地ニ付荒地免租年期ヲ許可シタルトキハ其ノ許可ヲ爲シタル年ヨリ荒地免租年期滿了ニ至ル迄ハ開拓減租年期、埋立免租年期、開墾減租年期又ハ地目變換減租年期ハ其ノ進行ヲ止ム

前項ノ規定ハ他ノ法律ニ依リ一定ノ期間地租ノ全部又ハ一部ヲ免除シタル土地ニ付荒地免租年期ヲ許可シタル場合ニ之ヲ準用ス

第六十條　荒地免租年期中ニ於テ地目變換、地類變換又ハ開墾ニ該當スル土地ノ異動アルモ地目變換、地類變換又ハ開墾ナキモノト看做ス此ノ場合ニ於テハ免租年期ノ滿了スル年ニ於テ其ノ地目ヲ修正ス

第六十一條　荒地免租年期地ニ付テハ納稅義務者ハ年期ノ滿了スル年ノ六月三十日迄ニ年期滿了申告書ヲ稅務署長ニ提出スベシ

（地租條例施行規則）

第九條　荒地免租年期、免租繼年期又ハ低價年期中再ヒ荒地ト爲リ免租年期ノ許可ヲ受ケタルトキハ前ニ受ケタル年期ハ消滅ス

（明治三十四年法律第三十一號）

開墾着手後九年ヲ經過セサル土地又ハ鍬下年期、新開免租年期若ハ地價据置年期ヲ有スル土地ニ對シ荒地免租年期又ハ低價年期ヲ許可シタルトキハ其ノ期間ハ地租條例第十六條第二項ノ十年中ニ又ハ鍬下年期、新開免租年期若ハ地價据置年期中ニ算入セス

（地租條例施行規則）

第七條　荒地免租年期、免租繼年期又ハ低價年期中土地ノ形狀ヲ變更スルコトアルモ地目變換、地類變換又ハ開墾ト看做サス

（地租條例施行規則）

第十五條　左ノ場合ニ於テハ土地ノ所有者又ハ納稅義務者ハ年期滿

第六十二條　荒地免租年期地ニ付テハ其ノ年期ノ滿了スル年ニ於テ其ノ賃貸價格ヲ設定ス

了後六十日內ニ稅務署長ニ屆出ツヘシ

一　荒地免租年期ヲ有スル土地ニシテ其ノ年期明ニ至リ他ノ地目ニ變シタルトキ

二　低價年期又ハ免租繼年期ヲ有スル土地ニシテ其ノ年期明ニ至リ原地價ニ復シ難キトキ又ハ他ノ地目ニ變シタルトキ

（第三號省略）

第七條　地價ハ左ノ場合ニ該當スルニ非サレハ之ヲ修正セス

（第一號乃至第三號省略）

四　荒地免租年期明ニ至リ原地價ニ復シ難ク若クハ他ノ地目ニ變シタルトキ又ハ低價年期明ニ至リ原地價ニ復シ難キトキ

第二十條　荒地ハ其被害ノ年ヨリ十五年以內免租年期ヲ定メ年期明ニ至リ原地價ニ復ス

海嘯ノ爲潮水浸入シ作土ヲ損害シタルモノハ其狀況ニ依リ前項ニ準據スルコトアルヘシ

第二十一條　荒地免租年期明ニ至リ其地ノ現況原地價ニ復シ難キモノハ十五年以內七割以下ノ低價年期ヲ定メ年期明ニ至リ原地價ニ復ス

第二十二條　低價年期明ニ至リ尙ホ原地價ニ復シ難キモノ及ヒ荒地

第六十三條　荒地免租年期ノ滿了ニ因リ賃貸價格ヲ設定スル場合ニ於テ必要アリト認ムルトキハ其ノ地積ヲ改測ス

第六十四條　荒地免租年期ノ滿了ニ因リ賃貸價格ヲ設定シタル土地ニ付テハ其ノ設定ヲ爲シタル年ノ翌年分ヨリ地租ヲ徴收ス

免租年期明ニ至リ原地目ニ復セス他ノ地目ニ變スルモノハ地價ヲ修正ス

第二十三條　免租年期明ニ至リ尚ホ荒地ノ形狀ヲ存スルモノハ更ニ十五年以内免租繼年期ヲ定ム其年期明ニ至リ原地價ニ復シ難キモノハ第二十一條、第二十二條ニ依リ處分ス

第二十四條　川成、海成、湖水成ニシテ免租年期明ニ至リ原形ニ復シ難キモノハ更ニ二十年以内免租繼年期ヲ許可ス其年期明ニ至リ尚ホ原地目ニ復セス他ノ地目ニ變セサルモノハ川、海、湖ニ歸スルモノトス

第六條　地價ヲ定メ又ハ地價ヲ修正スルトキハ地盤ヲ丈量ス

第十五條第二項　地租ヲ課セサル土地ニシテ地租ヲ課スル土地トナリタルトキハ地價設定後ニ開始スル納期ヨリ地租ヲ徴收ス但地價設定後ニ開始スル納期ニ於テ前年分地租ヲ徴收スヘキ場合ニ於テハ其納期分ノ地租ハ之ヲ徴收セス

前二項ノ規定ハ荒地免租年期若クハ低價年期許可ノ場合又ハ荒地免租年期明若クハ新開免租年期明ノ場合ニ之ヲ準用ス

第三章　災害地免租

第六十五條　北海道又ハ府縣ノ全部又ハ一部ニ亘ル災害又ハ天候不順ニ因リ收穫皆無ニ歸シタル田畑ニ付テハ納稅義務者ノ申請ニ依リ其ノ年分地租ハ之ヲ免除ス

第六十六條　地目變換若ハ開墾成功ノ申告アリタル土地又ハ耕地整理工事完了シ賃貸價格配賦ノ申出アリタル土地ニシテ未ダ土地臺帳ヲ更正セザルモノニ付テハ其ノ成功地目ガ田畑ナルトキハ命令ノ定ムル所ニ依リ前條ノ規定ヲ準用ス

第六十七條　前二條ノ規定ニ依リ地租ノ免除ヲ受ケントスル者ハ被

（災害地地租免除法）

第一條　北海道又ハ府縣ノ全部又ハ一部ニ亘ル災害又ハ天候不順ニ因リ收穫皆無ニ歸シタル田畑ノ地租ハ納稅義務者ノ申請ニ依リ其ノ年分ニ限リ之ヲ免除ス

（第二項省略）

（災害地地租免除法）

第二條　地目變換若ハ開墾成功ノ屆出アリタル土地又ハ耕地整理工事完了シ地價ノ配當ノ申出アリタル土地ニシテ土地臺帳ニ登錄セラレサルモノニ付テハ其ノ成功地目カ田畑ナルトキハ現地租ニ付前條ノ規定ヲ準用ス但シ耕地整理ノ場合ニ於テ免除スヘキ地租ノ金額ハ配賦スヘキ地價ニ依リ算出シタルモノトス

（災害地地租免除法）

害現狀ノ存スル間ニ於テ其ノ事實ヲ明ニシテ稅務署長ニ申請スベシ

第六十八條　前條ノ申請アリタルトキハ被害ノ調査中其ノ年分地租ノ徵收ヲ猶豫スルコトヲ得

第六十九條　第六十五條又ハ第六十六條ノ規定ニ依リ免除シタル地租ハ法律上總テノ納稅資格中ヨリ之ヲ控除セズ

第四章　自作農地免租

第七十條　田畑地租ノ納期開始ノ時ニ於テ納稅義務者（法人ヲ除ク）ノ住所地市町村及隣接市町村內ニ於ケル田畑賃貸價格ノ合計金額ガ其ノ同居家族ノ分ト合算シ二百圓未滿ナルトキハ納稅義務者ノ申請ニ依リ其ノ田畑ノ當該納期分地租ハ命令ノ定ムル所ニ依リ之ヲ免除ス但シ小作ニ付シタル田畑ニ付テハ此ノ限ニ在ラズ

民法施行前ヨリ引續キ存スル永小作權ニ付其ノ設定ノ當時舊來ノ

第一條第二項　前項ノ申請ハ被害現狀ノ存スル間ニ於テ其ノ事實ヲ證明シテ之ヲ爲スコトヲ要ス

（災害地地租免除法）

第三條　被害ノ調査中ハ其ノ年分地租ノ徵收ヲ猶豫スルコトヲ得

（災害地地租免除法）

第四條　第一條又ハ第二條ノ規定ニ依リ免除シタル地租ハ法律上總テノ納稅資格中ヨリ之ヲ控除セス

第十三條ノ二　前條ノ規定ニ依リ地租ヲ納ムヘキ者（法人ヲ除ク）ノ住所地市町村及其隣接市町村內ニ於ケル田畑地價ノ合計金額其同居家族ノ分ト合算シ二百圓未滿ナルトキハ命令ノ定ムル所ニ依リ其田畑ノ地租ヲ徵收セス但小作ニ付シタル田畑ニ付テハ此限ニ在ラス

（大正十五年法律第四十七號）

慣行ニ依リテ小作料支拂ノ外當該田畑ノ地租ノ全額ヲ永小作權者ニ於テ負擔スルコトヲ約シタル田畑ニ關シテハ命令ノ定ムル所ニ依リ永小作權者ヲ所有者ト看做シテ前項ノ規定ヲ適用ス

第七十一條　前條ノ規定ニ依リ地租ノ免除ヲ受ケントスル者ハ毎年三月中ニ住所地市町村ヲ經由シ稅務署長ニ申請スベシ

前項ノ申請期間經過後新ニ前條ノ規定ニ該當スルニ至リタル田畑ニ付テハ次ノ納期開始前ニ於テ前項ノ申請ヲ爲スコトヲ得

民法施行前ヨリ引續キ存スル永小作權ニ付其ノ設定ノ當時舊來ノ慣行ニ依リテ小作料支拂ノ外當該田畑ノ地租ノ全額ヲ永小作權者ニ於テ負擔スルコトヲ約シタル田畑ニ關シ地租條例第十三條ノ二ノ規定ノ適用ニ付テハ命令ノ定ムル所ニ依リ永小作權者ヲ所有者ト看做ス

（第二項省略）

（地租條例施行規則）

第十七條　大正十五年法律第四十七號ニ規定スル永小作權者ニシテ地租條例第十三條ノ二ノ規定ノ適用ヲ受ケムトスルモノハ毎年六月中ニ左ノ事項ヲ田畑所在ノ市町村長ニ屆出ツヘシ

一　永小作權ノ目的タル田畑ノ番號、地目、段別及地價

二　田畑所有者ノ住所氏名

三　永小作權設定年月日

前項ノ屆出期間經過後新ニ地租條例第十三條ノ二ノ規定ニ該當スルニ至リタル場合ニ於テハ次ノ納期開始前ニ於テ前項ノ屆出ヲ爲スヘシ

市町村長ニ於テ必要アリト認ムルトキハ第一項又ハ前項ノ屆出ヲ爲シタル者ニ對シ永小作權ノ設定ヲ證明スヘキ證書其ノ他必要ナ

第五章　地租徴收

第七十二條　税務署長ハ土地ノ異動其ノ他地租徴收ニ關シ必要ト認ムル事項ヲ市町村ニ通知スヘシ

ル書類ノ呈示又ハ提出ヲ求ムルコトヲ得

第一項又ハ第二項ノ屆出ヲ爲シタル永小作權者ハ當該田畑ニ關シ地租條例第十三條ノ二ノ規定ノ適用ニ付テハ之ヲ所有者ト看做ス

第十八條　田畑ニ付地租ヲ納ムヘキ者（前條ノ規定ニ依リ所有者ト看做サレタル永小作權者ヲ含ム）ニシテ地租條例第十三條ノ二ノ規定ノ適用ヲ受ケムトスルモノハ毎年六月中（鹿兒島縣大島郡及沖繩縣ニ在リテハ三月中）ニ當該田畑各筆ノ番號及地目ヲ記載シ住所地ノ市町村長ヲ經由シ税務署長ニ申請スヘシ但シ其ノ住所地及隣接市町村内ニ於ケル其ノ者ノ田畑ノ全部ニ付申請ヲ爲ス場合ニ於テハ各筆ノ記載ヲ省略スルコトヲ得

前項ノ申請期間經過後新ニ地租條例第十三條ノ二ノ規定ニ該當スルニ至リタル田畑ニ付テハ次ノ納期開始前ニ於テ前項ノ申請ヲ爲スコトヲ得

第七十三條　地租ハ各納税義務者ニ付同一市町村内ニ於ケル同一地目ノ賃貸價格ノ合計金額ニ依リ算出シ之ヲ徴收ス但シ賃貸價格ノ合計金額ガ一圓ニ滿タザルトキハ地租ヲ徴收セズ

田、畑、宅地以外ノ土地ハ之ヲ同一地目ノ土地ト看做シテ前項ノ規定ヲ適用ス

第七十四條　市町村ハ地租ノ納期毎ニ其ノ納期開始前十五日迄ニ賃貸價格及地租ノ總額竝ニ其ノ各納期ニ於ケル納額ヲ税務署長ニ報告スベシ但シ前報告後異動ナキトキハ此ノ限ニ在ラズ

前項ノ報告後納期開始迄ニ報告事項ニ異動ヲ生ジタルトキハ直ニ其ノ異動額ヲ税務署長ニ報告スベシ

第七十五條　市町村ハ第七十條ノ規定ニ依リ地租ヲ免除スル田畑ノ賃貸價格ノ總額ヲ前條ノ例ニ準ジ税務署長ニ報告スベシ

（明治三十七年法律第十二號）

第二條　地租ハ各納税人ニ付同一市町村内ニ於ケル同一地目ノ地價合計額ニ依リ之ヲ算出スヘシ

前項ノ場合ニ於テ地目ヲ異ニスルモ地租ノ納期ヲ同フスル土地ハ之ヲ同一地目ノ土地ト看做スコトヲ得

（明治三十七年法律第十二號）

第三條　市町村ハ地租ノ納期毎ニ其ノ開始前十五日マテニ地價及地租ノ總額竝其ノ各納期ニ於ケル納額ヲ所轄收税官廳ニ報告スヘシ但シ前報告後異動ナキトキハ此ノ限ニ在ラス

納期開始前十五日ヨリ納期開始マテニ地租額ニ異動ヲ生シタルトキハ其ノ異動額ヲ所轄收税官廳ニ報告スヘシ

（明治三十七年法律第十二號）

第三條ノ二　市町村ハ前條ノ報告ト同時ニ地租條例第十三條ノ二ノ規定ニ依リ地租ヲ徴收セサル田畑ノ地價ヲ所轄收税官廳ニ報告スヘシ

第七十六條　大藏大臣ハ税務署長又ハ其ノ代理官ヲシテ隨時市町村ニ於ケル國税徴收ニ關スル事務ヲ監督セシムベシ

第六章　雜則

（大正十五年法律第四十七號）

民法施行前ヨリ引續キ存スル永小作權ニ付其ノ設定ノ當時舊來ノ慣行ニ依リテ小作料支拂ノ外當該田畑ノ地租ノ全額ヲ永小作權者ニ於テ負擔スルコトヲ約シタル田畑ニ關シ地租條例第十三條ノ二ノ規定ノ適用ニ付テハ命令ノ定ムル所ニ依リ永小作權者ヲ所有者ト看做ス」

明治三十七年法律第十二號第三條ノ二ノ規定ハ前項ノ場合ニ之ヲ準用ス

（地租條例施行規則）

第二十一條　市町村長ハ其ノ市町村內ノ田畑ニ付第十八條ノ申請又ハ前條ノ通知アリタルトキハ地租條例第十三條ノ二ノ規定ニ依リ地租ヲ徴收セサル田畑ヲ調査シ之ヲ税務署長ニ報告スヘシ

（明治三十七年法律第十二號）

第五條　大藏大臣ハ隨時税務署長又ハ其ノ代理官ヲシテ市町村其ノ他ノ公共團體又ハ戸長役場ニ於ケル國税諸帳簿ノ整否ヲ監督セシムヘシ

第七十七條　他ノ法律ニ依リ一定ノ期間地租ヲ免除シタル土地ニ付テハ別段ノ規定アル場合ヲ除クノ外第五十七條及第六十條乃至第六十四條ノ規定ヲ準用ス

第七十八條　税務署長土地ノ異動ニ因リ地番、地目、地積又ハ賃貸價格ヲ土地臺帳ニ登錄シタルトキ又ハ登錄ヲ變更シタルトキハ土地所有者及納税義務者ニ通知スベシ

第七十九條　納税義務者其ノ土地所在ノ市町村内ニ現住セザルトキハ地租ニ關スル事項ヲ處理セシムル爲其ノ市町村内ニ現住スル者ニ就キ納税管理人ヲ定メ當該市町村長ニ申告スベシ

第八十條　土地所有者ニ變更アリタル場合ニ於テハ舊所有者ガ爲スベカリシ申告ハ所有者ノ變更アリタル日ヨリ三十日内ニ新所有者

（地租條例施行規則）

第十六條　納税義務者其ノ土地所在ノ市區町村内ニ住所又ハ居所ヲ有セサルトキハ地租ニ關スル事務ヲ處理セシムル爲其ノ市區町村内ニ住所ヲ有スル者ヲ納税管理人ト定メ其ノ市區町村長又ハ戸長ニ屆出ツヘシ

前項ノ町村ト稱スルハ町村制ヲ施行セサル地ニ在リテハ戸長ノ職務ヲ行フ區域トス

ヨリ之ヲ爲スベシ

第八十一條　本法ニ依リ土地所有者ヨリ爲スベキ申告又ハ申請ハ質權ノ目的タル土地又ハ百年ヨリ長キ存續期間ノ定アル地上權ノ目的タル土地ニ付テハ土地臺帳ニ登錄セラレタル質權者又ハ地上權者ヨリ之ヲ爲スコトヲ得

第八十二條　本法ニ依リ申告ヲ爲スベキ義務ヲ有スル者其ノ申告ヲ爲サザルトキハ五十圓以下ノ過料ニ處ス

非訟事件手續法第二百六條乃至第二百八條ノ規定ハ前項ノ過料ニ付之ヲ準用ス

第二十六條　第十一條ニ違犯スル者ハ三圓以上三十圓以下ノ罰金又ハ科料ニ處シ且現地目ニ依リ地價ヲ定メ其地租ヲ追徵ス但發覺ノ日ヨリ三年以前ニ溯ルコトヲ得ス

第二十七條　第十條第一項第十六條第一項ニ違犯スル者ハ一圓以上一圓九十五錢以下ノ科料ニ處ス其開墾ノ屆出ヲ爲ササル者ハ現地目ニ依リ地價ヲ定メ其地租增額ヲ追徵ス但發覺ノ日ヨリ三年以前ニ溯ルコトヲ得ス

第二十八條　第二十五條以下ノ所犯借地人、小作人ノ所爲ニ係リ所有主其情ヲ知ラサルトキハ其借地人、小作人ヲ罰シ地租ハ所有主ヨリ追徵ス

第二十九條　第二十五條第二十六條第二十七條第二十八條ノ刑ニ當ル者自首スルトキハ其罰金科料ヲ免ス但其追徵スヘキ地租ハ仍ホ

第八十三條　詐僞其ノ他不正ノ行爲ニ依リ地租ヲ逋脱シタル者ハ其ノ逋脱シタル税金ノ五倍ニ相當スル罰金又ハ科料ニ處シ直ニ其ノ地租ヲ徴收ス但シ自首シタル者又ハ税務署長ニ申出デタル者ハ其ノ罪ヲ問ハズ

前項ノ罪ヲ犯シタル者ニハ刑法第三十八條第三項但書、第三十九條第二項、第四十條、第四十一號、第四十八條第二項、第六十三條及第六十六條ノ例ヲ用ヒズ

第八十四條　本法ニ依リ申告ヲ爲スベキ義務ヲ有スル者其ノ申告ヲ爲サズ仍テ地租ニ不足額アルトキハ直ニ之ヲ徴收ス

之ヲ納メシム

第二十五條　土地ヲ欺隱シ地租ヲ逋脱スル者ハ四圓以上四十圓以下ノ罰金又ハ科料ニ處シ現地目ニ依リ地價ヲ定メ欺隱年間ノ地租ヲ徴收ス但發覺ノ日ヨリ三年以前ニ溯ルコトヲ得ス

第二十八條　第二十五條以下ノ所犯借地人、小作人ノ所爲ニ係リ所有主其情ヲ知ラサルトキハ其借地人、小作人ヲ罰シ地租ハ所有主ヨリ追徴ス

第二十九條　第二十五條第二十六條第二十七條第二十八條ノ刑ニ當ル者自首スルトキハ其罰金科料ヲ免ス但其追徴スヘキ地租ハ仍ホ之ヲ納メシム

第二十六條　第十一條ニ違犯スル者ハ三圓以上三十圓以下ノ罰金又ハ科料ニ處シ且現地目ニ依リ地價ヲ定メ其地租テ追徴ス但發覺ノ日ヨリ三年以前ニ溯ルコトヲ得ス

第二十七條　第十條第一項第十六條第一項ニ違犯スル者ハ一圓以上一圓九十五錢以下ノ科料ニ處ス其開墾ノ屆出ヲ爲ササル者ハ現地目ニ依リ地價ヲ定メ其地租增額ヲ追徴ス但發覺ノ日ヨリ三年以前ニ溯ルコトヲ得ス

第八十五條　前二條ノ規定ニ依リ地租ヲ徵收スル場合ニ於テハ第七十三條ノ規定ニ拘ラズ當該土地一筆毎ニ其ノ地租ヲ算出ス

第八十六條　稅務署長又ハ其ノ代理官ハ土地ノ檢査ヲ爲シ又ハ土地ノ所有者、質權者、地上權者其ノ他利害關係人ニ對シ必要ナル事項ヲ質問スルコトヲ得

前項ノ場合ニ於テ土地ノ檢査ヲ拒ミ又ハ之ヲ妨ゲタル者ハ百圓以下ノ罰金ニ處ス

第八十七條　市制第六條又ハ第八十二條第三項ノ市ニ於テハ本法中市ニ關スル規定ハ區ニ、市長ニ關スル規定ハ區長ニ之ヲ適用ス

町村制ヲ施行セザル地ニ於テハ本法中町村ニ關スル規定ハ町村ニ準ズベキモノニ、町村長ニ關スル規定ハ町村長ニ準ズベキモノニ之ヲ適用ス

第二十八條　第二十五條以下ノ所犯借地人、小作人ノ所爲ニ係リ所有主其情ヲ知ラサルトキハ其借地人、小作人ヲ罰シ地租ハ所有主ヨリ追徵ス

第二十四條ノ二　收稅官吏ハ土地ノ檢査ヲ爲シ又ハ納稅義務者若クハ所有者ニ對シ必要ノ事項ヲ尋問スルコトヲ得

（地租條例施行規則）

第十六條　納稅義務者其ノ土地所在ノ市區町村內ニ住所又ハ居所ヲ有セサルトキハ地租ニ關スル事務ヲ處理セシムル爲其ノ市區町村內ニ住所ヲ有スル者ヲ納稅管理人ト定メ其ノ市區町村長又ハ戸長ニ屆出ツヘシ

前項ノ町村ト稱スルハ町村制ヲ施行セサル地ニ在リテハ戸長ノ職

第八十八條　本法ハ國有地ニ之ヲ適用セズ

務ヲ行フ區域トス

（明治三十七年法律第十二號）

第三條　市町村ハ地租ノ納期毎ニ其ノ開始前十五日マテニ地價及地租ノ總額並其ノ各納期ニ於ケル納額ヲ所轄收稅官廳ニ報告スヘシ但シ前報告後異動ナキトキハ此ノ限ニ在ラス

納期開始前十五日ヨリ納期開始マテニ地租額ニ異動ヲ生シタルトキハ其ノ異動額ヲ所轄收稅官廳ニ報告スヘシ

第三條ノ二　市町村ハ前條ノ報告ト同時ニ地租條例第十三條ノ二ノ規定ニ依リ地租ヲ徵收セサル田畑ノ地價ヲ所轄收稅官廳ニ報告スヘシ

第四條　市町村以外ノ公共團體又ハ戶長カ地租ヲ徵收スヘキ場合ニ於テハ前二條ノ規定ヲ準用ス

第五條　大藏大臣ハ隨時稅務署長又ハ其ノ代理官ヲシテ市町村其ノ他ノ公共團體又ハ戶長役場ニ於ケル國稅諸帳簿ノ整否ヲ監督セシムヘシ

（地所名稱區別）

官有地

第一種　地券ヲ發セス地租ヲ課セス地方稅ヲ賦セサルヲ法トス

一　皇宮地　皇居離宮等ヲ云
二　神　地　伊勢神宮山陵官國幣社府縣社及民有ニアラサル社地
ヲ云
第二種　地券ヲ發シ地租ヲ課セス地方税ヲ賦セサルヲ法トス尤モ府
縣所用ノ地ハ地券ヲ發セス唯帳簿ニ記入ス
但此地ニアル官舍ヲ貸渡ス時ハ借地料ヲ賦スヘシ
一　皇族賜邸
一　官用地　官、院、省、使、寮、司、府、藩、縣本支廳、裁
判所、警視廳、陸海軍本分營其他政府ノ許可ヲ得
タル所用ノ地ヲ云
第三種　地券ヲ發セス地租ヲ課セス地方税ヲ賦セサルヲ法トス
但人民ノ願ニヨリ有地所ヲ貸渡ストキハ其間借地料ヲ納メシムヘ
シ
一　山岳丘陵林藪原野河海湖沼池澤溝渠隄塘道路田畑屋敷等其他
民有地ニアラサルモノ
一　鐵道線路敷地
一　電信架線柱敷地
一　燈明臺敷地
一　各所ノ舊跡名區及公園等民有地ニアラサルモノ

第八十九條　府縣、市町村其ノ他ノ公共團體ハ第二條ノ規定ニ依リ地租ヲ課セザル土地ニ租税其ノ他ノ公課ヲ課スルコトヲ得ズ但シ所有者以外ノ者同條第一號又ハ第二號ノ土地ヲ使用收益スル場合ニ於テ其ノ土地ニ付使用者ニ租税其ノ他ノ公課ヲ課スルハ此ノ限ニ在ラズ

附則

第九十條　本法ハ昭和六年四月一日ヨリ之ヲ施行ス但シ昭和六年分地租ニ限リ第十條ノ規定中百分ノ三・八トアルハ百分ノ四、第十一條ノ規定中宅地租第一期其ノ年七月一日ヨリ三十一日限トアルハ其ノ年十一月一日ヨリ三十日限、其ノ他第一期其ノ年九月一日ヨリ三十日限トアルハ翌年一月一日ヨリ三十一日限、其ノ他第二

一　人民所有ノ權利ヲ失セシ土地
一　民有地ニアラサル堂宇敷地及墳墓地
一　行刑場

第四種　地券ヲ發セス地租ヲ課セス地方税ヲ賦セサルヲ法トス
一　寺院大中小學校說敎場病院貧院等民有地ニアラサルモノ

第四條第二項　府縣市町村其他ノ公共團體ハ前項ノ土地ニ租税其他ノ公課ヲ課スルコトヲ得ス但所有者以外ノ者前項第一號又ハ第二號ノ土地ヲ使用收益スル場合ニ於テ其土地ニ對シ使用者ニ租税其他ノ公課ヲ課スルハ此限ニ在ラス

期其ノ年十一月一日ヨリ三十日限トアルハ翌年三月一日ヨリ三十一日限、第七十一條第一項ノ規定中三月中トアルハ十二月中トス

第九十一條　左ノ法律ハ之ヲ廢止ス但シ昭和五年分以前ノ地租ニ關シテハ仍舊法ニ依ル

地租條例
災害地地租免除法
宅地地價修正法
明治七年第百二十號布告地所名稱區別
明治三十四年法律第三十號
明治三十四年法律第三十一號
明治三十七年法律第十二號
明治三十七年法律第十六號
大正十五年法律第四十七號

第九十二條　土地賃貸價格調査法ニ依リ賃貸價格ノ調査ヲ爲シタル土地ニ付テハ同法ニ依リ調査シタル賃貸價格ヲ以テ本法施行ノ際ニ於ケル賃貸價格トス但シ其ノ賃貸價格ニ依リ算出シタル本法ノ地租額ガ從前ノ地價ニ依リ算出シタル舊法ノ地租額ノ三倍八割ヲ

超ユル土地ニ在リテハ舊法ノ地租額ノ三倍八割ニ相當スル金額ヲ百分ノ三・八ヲ以テ除シタル金額ヲ以テ其ノ賃貸價格トス

第九十三條　大正十五年四月一日後本法施行前ニ於テ地價ヲ設定シ又ハ修正シタル土地（免租年期又ハ低價年期ノ滿了ニ因リ原地價ニ復シタルモノヲ含ム）ニ付テハ第九條第三項ノ例ニ準ジ其ノ賃貸價格ヲ定ム

大正十五年四月一日後本法施行前ニ於テ分筆又ハ合筆ヲ爲シタル土地ニ付テハ第三十三條ノ例ニ準ジ前條ノ賃貸價格ヲ配分又ハ合算シテ其ノ賃貸價格ヲ定ム

第九十四條　舊法ニ依リ低價年期ノ許可ヲ受ケタル土地ニシテ本法施行ノ際未ダ原地價ニ復セザルモノニ付テハ第九條第三項ノ例ニ準ジ其ノ賃貸價格ヲ定ム

第九十五條　前三條ノ規定ニ依リ賃貸價格ヲ定メタル土地ニ付テハ昭和六年分ヨリ本法ニ依リ地租ヲ徴收ス

第九十六條　本法施行前ニ於ケル土地ノ異動中本法施行ノ際未ダ舊法ニ依リ地價ノ設定又ハ修正其ノ他ノ處分ヲ爲サザルモノニシテ

本法中之ニ相當スル規定アルモノニ關シテハ本法ヲ適用ス但シ第九十一條但書ノ規定ノ適用ヲ妨ゲズ

第九十七條　舊法ニ依ル屆出又ハ申請ニシテ本法中之ニ相當スル規定アルモノハ之ヲ本法ニ依ル申告又ハ申請ト看做ス

第九十八條　舊法ニ依リ開墾ノ屆出アリタル土地ニシテ本法施行ノ際開墾著手後未ダ二十年ヲ經過セザルモノハ第三十六條第一項ノ規定ニ依リ開墾減租年期ヲ許可セラレタルモノト看做ス但シ地類變換ヲ爲シタル後五年内ニ開墾ヲ爲シタル土地ニ付テハ此ノ限ニ在ラズ

第九十九條　舊法ニ依リ免租年期、鍬下年期又ハ地價据置年期ノ許可ヲ受ケタル土地ニシテ本法施行ノ際未ダ其ノ年期ノ滿了セザルモノハ左ノ區分ニ從ヒ本法ニ依リ免租年期又ハ減租年期ヲ許可セラレタルモノト看做ス

一　地租條例第十六條第三項ノ鍬下年期ハ第三十六條第二項ノ開墾減租年期トス

二　地租條例第十六條第四項ノ鍬下年期ハ第十九條第一項ノ開拓

減租年期トス

三　地租條例第十六條第五項ノ新開免租年期ハ第二十條第一項ノ埋立免租年期トス

四　地租條例第十六條第六項ノ地價据置年期ハ第四十六條第一項ノ地目變換減租年期トス

五　明治三十四年法律第三十號ノ年期延長ハ前各號ノ例ニ準ジ第十九條第二項、第二十條第二項、第三十六條第三項又ハ第四十六條第二項ノ年期延長トス

六　地租條例第二十條ノ荒地免租年期ハ第五十五條第一項ノ荒地免租年期トス

七　地租條例第二十三條又ハ第二十四條ノ免租繼年期ハ荒地ノ種類ニ從ヒ第五十五條第二項又ハ第三項ノ年期延長トス

前項ノ年期ハ舊法ニ依リ許可セラレタル年期ノ殘年期間ノ經過スル年ノ翌年ニ於テ滿了ス

第百條　地積ハ第七條ノ規定ニ拘ラズ當分ノ內左ノ各號ノ規定ニ依リ之ヲ定ム

一　宅地及鑛泉地ノ地積ハ六尺平方ヲ坪、坪ノ十分ノ一ヲ合、合ノ十分ノ一ヲ勺トシテ之ヲ定メ勺未滿ノ端數ハ之ヲ切捨ツ

第五條　土地ノ丈量ハ曲尺ヲ用ヒ六尺ヲ間ト爲シ方一間ヲ以テ歩ト爲シ三十歩ヲ畝ト爲シ十畝ヲ段ト爲シ十段ヲ町ト爲ス但宅地ハ方一間ヲ以テ坪ト爲シ坪ノ十分一ヲ合ト爲シ合ノ十分一ヲ勺ト爲ス

二　宅地及鑛泉地以外ノ土地ノ地積ハ六尺平方ヲ歩、三十歩ヲ畝、十畝ヲ段、十段ヲ町トシテ之ヲ定メ歩未滿ノ端數ハ之ヲ切捨ツ
但シ一筆ノ地積一歩未滿ナルモノニ付テハ歩ノ十分ノ一ヲ合、合ノ十分ノ一ヲ勺トシテ之ヲ定メ勺未滿ノ端數ハ之ヲ切捨ツ

第百一條　舊法ノ土地臺帳ハ之ヲ本法ノ土地臺帳ト看做ス

第百二條　小笠原島及伊豆七島ノ地租ニ付テハ當分ノ内仍從前ノ例ニ依ル

（地租條例布告文但書）

但東京府管轄伊豆七島小笠原島函館縣沖繩縣札幌縣根室縣ハ當分從前ノ通タルヘシ

（參　照）

○沖繩縣ニハ明治三十二年法律第五十九號沖繩縣土地整理法ニ依リ明治三十五年勅令第二百七十五號ヲ以テ明治三十六年一月一日ヨリ宮古郡、八重山郡ニ地租條例ヲ施行シ、明治三十六年勅令第二百七十八號ヲ以テ明治三十七年一月一日ヨリ其ノ他ノ地方ニ地租條例ヲ施行ス

○函館縣、札幌縣、根室縣ハ明治十九年第一號布告ヲ以テ廢止新ニ北海道廳ヲ置キ明治三十九年法律第三十三號ヲ以テ明治三十九年五月一日ヨリ北海道ニ地租條例ヲ施行ス

◉地租法施行規則（昭和六年四月一日勅令第四七號）

第一章　總則

第一條　地租法第二條第一號及第二號ノ規定ニ依リ左ノ公共團體ヲ指定ス

一　府縣組合、市町村組合、町村組合、市町村内ノ區、北海道地方費

二　市町村學校組合、町村學校組合、學區

三　水利組合、水利組合聯合、北海道土功組合

第二條　土地ノ所有權、質權又ハ地上權ノ得喪變更ニ關スル事項ハ登記所ヨリ通知アルニ非ザレバ土地臺帳ニ之ヲ登錄セズ但シ左ノ場合ニ於テハ此ノ限ニ在ラズ

一　新ニ土地臺帳ニ登錄スベキ土地ヲ生ジタルトキ

二　未登記ノ土地ガ土地臺帳ニ登錄ヲ要セザル土地ト爲リタルトキ

三　未登記ノ土地ガ收用セラレタルトキ

第三條　土地臺帳ニ登錄セラレタル土地所有者、質權者又ハ地上權者其ノ住所ニ異動ヲ生ジタルトキ又ハ其ノ氏名若ハ名稱ヲ改メタルトキハ遲滯ナク之ヲ稅務署長ニ申告スベシ

第四條　土地臺帳謄本ノ交付ヲ受ケントスル者ハ土地一筆ニ付十錢ノ手數料ヲ納メ稅務署長ニ之ヲ請求スベシ

前項ノ手數料ハ收入印紙ヲ以テ之ヲ納ムベシ

謄本ハ送付ニ要スル郵便切手ヲ提供シテ之ガ郵送ヲ求ムルコトヲ得

國有地又ハ御料地ノ拂下又ハ讓與ニ係ル土地ニシテ未登記ノモノニ付テハ謄本ノ交付ヲ請求スルコトヲ得ズ

土地臺帳謄本ノ書式ハ大藏大臣之ヲ定ム

第五條　北海道、鹿兒島縣大島郡及沖繩縣ニ於ケル地租ハ左ノ納期ニ於テ之ヲ徵收ス

北海道

一　宅地租

第一期　其ノ年八月一日ヨリ三十一日限　年額ノ二分ノ一

第二期　翌年二月一日ヨリ末日限　年額ノ二分ノ一

二　其ノ他

第一期　其ノ年十一月一日ヨリ三十日限　年額ノ二分ノ一

第二期　翌年五月一日ヨリ三十一日限　年額ノ二分ノ一

鹿兒島縣大島郡十島村

翌年五月一日ヨリ八月三十一日限　年額全部

鹿兒島縣大島郡（十島村ヲ除ク）

翌年五月一日ヨリ三十一日限　年額全部

沖繩縣那覇市、首里市、島尻郡、中頭郡、國頭郡

一　宅地租及田租

其ノ年八月一日ヨリ三十一日限　年額全部

二　其ノ他

翌年五月一日ヨリ三十一日限　年額全部

沖繩縣宮古郡平良村字鹽川、仲筋、水納、八重山郡八重山村字波照間、與那國

翌年五月一日ヨリ七月三十一日限　年額全部

沖繩縣宮古郡（平良村字鹽川、仲筋、水納ヲ除ク）、八重山郡（八重山村字波照間、與那國ヲ除ク）

一　宅地租

翌年三月一日ヨリ三十一日限　年額全部

二　田租

其ノ年七月一日ヨリ三十一日限　年額全部

三　其ノ他

翌年五月一日ヨリ三十一日限　年額全部

第二章　土地ノ異動

第六條　土地ノ異動ニ關スル申告書（年期滿了申告書ヲ含ム）ニハ異動ノ種類ヲ表示シ原地ノ所在、地番、地目、地積及賃貸價格（無租地及免租年期地ニ付テハ賃貸價格ヲ除ク）竝ニ異動シタル地番地目、地積及賃貸價格ヲ記載スベシ

前項ノ申告書中新ニ土地臺帳ニ登錄スベキ土地ニ關スル申告書又ハ分筆ノ申告書ニハ地積ノ測量圖ヲ添附スベシ其ノ他ノ申告書ニシテ之ニ記載シタル異動地ノ地積ガ其ノ原地ノ地積ト同一ナラザルモノニ付亦同ジ

第七條　減租年期又ハ免租年期ノ申請書ニハ年期ノ種類ヲ表示シ土地ノ所在、地番、地目、地積及賃貸價格（無租地及免租年期地ニ付テハ賃貸價格ヲ除ク）ヲ記載シ尚左ノ事項ヲ附記スベシ

一　開拓減租年期又ハ埋立免租年期ニ付テハ有租地ト爲リタル事由

二　二十年ノ開墾減租年期ニ付テハ開墾ノ豫定地目及著手ノ日

三　四十年ノ開墾減租年期又ハ地目變換減租年期ニ付テハ開墾又ハ變換ノ豫定地目、著手ノ日及事業計畫

四　荒地免租年期ニ付テハ荒地ト爲リタル事由、被害ノ狀況及許可ヲ受ケントスル年期

五　前各號ノ年期ノ延長ニ付テハ土地ノ狀況及許可ヲ受ケントス

ル年期

第八條　開墾減租年期又ハ地目變換減租年期ノ許可ヲ受ケタル土地ニ付開墾若ハ變換ノ豫定地目ヲ變更シ又ハ開墾若ハ變換ヲ廢止シタルトキハ遲滯ナク稅務署長ニ之ヲ申告スベシ

第三章　災害地免租

第九條　災害地免租ノ申請書ニハ收穫皆無ニ歸シタル事由、被害ノ狀況、土地ノ所在、地番、地目、地積及賃貸價格ヲ記載スベシ

第十條　災害地免租ノ申請ヲ爲ス者ハ稅務署長ノ承認ヲ受クル迄收穫皆無ノ事實ヲ證スルニ足ルベキ作毛ヲ存置スベシ

第十一條　地租法第六十六條ノ規定ニ依ル地租ノ免除ハ左ノ各號ノ定ムル所ニ依ル

一　地目變換地又ハ開墾地ニ在リテハ原地（變換又ハ開墾前ノ土地）ノ地租ヲ免除ス

二　耕地整理地ニ在リテハ收穫皆無ニ歸シタル換地ニ相當スル從前ノ土地ノ地租ヲ免除ス

第四章　自作農地免租

第十二條　地租法第七十條第二項ニ規定スル永小作權者ニシテ同條第一項ノ規定ノ適用ヲ受ケントスル者ハ每年三月中ニ左ノ事項ヲ田畑所在ノ市町村長ニ申告スベシ

一　永小作權ノ目的タル田畑ノ所在、地番、地目、地積及賃貸價格

二　田畑所有者ノ住所及氏名

三　永小作權設定ノ年月日

前項ノ申告期間經過後新ニ地租法第七十條第一項ノ規定ニ該當スルニ至リタル場合ニ於テハ次ノ納期開始前ニ於テ前項ノ申告ヲ爲スコトヲ得

第十三條　市町村長ニ於テ必要アリト認ムルトキハ前條ノ申告ヲ爲シタル者ニ對シ永小作權ノ設定ヲ證スベキ證書其ノ他必要ナル書類ノ呈示又ハ提出ヲ求ムルコトヲ得

第十四條　第十二條ノ申告ヲ爲シタル永小作權者ハ地租法第七十條第一項ノ規定ノ適用ニ關シテハ之ヲ當該田畑ノ所有者ト看做ス

第十五條　地租法第七十一條ノ規定ニ依ル地租免除ノ申請書ニハ土地ノ所在、地番及地目ヲ記載スベシ但シ申請者ガ其ノ住所地及隣接市町村內ニ於ケル自己ノ田畑ノ全部ニ付申請ヲ爲ス場合ニ於テハ其ノ旨ヲ記載シ各筆ノ記載ヲ省略スルコトヲ得

第十六條　市町村ハ其ノ市町村內ニ於ケル田畑ニ付地租ヲ納ムベキ者（地租法第七十條第二項ノ規定ニ依リ所有者ト看做サレタル永小作權者ヲ含ム）ノ住所ガ隣接市町村內ニ在ルトキハ各人別田畑

ノ賃貸價格合計金額ヲ毎年三月中ニ其ノ住所地市町村ニ通知スベシ

前項ノ通知後田畑地租ノ各納期開始迄ニ通知事項ニ異動ヲ生ジタルトキハ直ニ之ヲ住所地市町村ニ通知スベシ

第十七條　市町村ハ隣接市町村内ノ田畑ニ付地租法第七十一條ノ申請ヲ受ケタル場合ニ於テ申請者ノ住所地市町村及隣接市町村内ニ於ケル田畑賃貸價格ノ合計金額ガ其ノ同居家族ノ分ト合算シ二百圓未滿ナルトキハ其ノ旨ヲ田畑所在ノ市町村ニ通知スベシ

前項ノ通知後田畑地租ノ各納期開始ノ時迄ニ通知事項ニ異動ヲ生ジタルトキハ之ヲ田畑所在ノ市町村ニ通知スベシ

第五章　地租徴收

第十八條　市町村ハ其ノ市町村内ノ田畑ニ付地租法第七十一條ノ申請又ハ前條ノ通知ヲ受ケタルトキハ同法第七十條ノ規定ニ依リ地租ヲ免除スル田畑ヲ調査シ同法第七十五條ノ報告ヲ爲スベシ

第十九條　市町村ハ其ノ市町村内ノ土地ニ付土地臺帳ノ副本及地租名寄帳ヲ設備スベシ

地租名寄帳ニ關シ必要ナル事項ハ大藏大臣之ヲ定ム

第六章　雜則

第二十條　地租法以外ノ法律ニ依リ一定ノ期間地租ノ全部又ハ一部ヲ免除スル土地ニ付テハ別段ノ規定アル場合ヲ除クノ外第六條及第七條ノ規定ヲ準用ス

第二十一條　地租法第七十八條ノ規定ニ依ル通知及減租又ハ免租ノ申請ニ對スル許否ノ通知ハ土地所在ノ市町村ヲ經由スベシ

第二十二條　市制第六條又ハ第八十二條第三項ノ市ニ於テハ本令中市ニ關スル規定ハ區ニ、市長ニ關スル規定ハ區長ニ之ヲ適用ス

町村制ヲ施行セザル地ニ於テハ本令中町村ニ關スル規定ハ町村ニ準ズベキモノニ、町村長ニ關スル規定ハ町村長ニ準ズベキモノニ之ヲ適用ス

附　則

本令ハ公布ノ日ヨリ之ヲ施行ス但シ昭和六年分地租ニ限リ第五條ノ規定中北海道宅地租第一期其ノ年八月一日ヨリ三十一日限トアルハ其ノ年十一月一日ヨリ三十日限、其ノ他第一期其ノ年十一月一日ヨリ三十日限トアルハ翌年一月一日ヨリ三十一日限、沖縄縣那覇市、首里市、島尻郡、中頭郡、國頭郡宅地租及田租其ノ年八月一日ヨリ三十一日限トアルハ翌年一月一日ヨリ三十一日限、沖縄縣宮古郡(平良村字鹽川、仲筋、水納ヲ除ク)八重山郡(八重山村字波照間、與那國ヲ除ク)田租其ノ年七月一日ヨリ三十一日限トアルハ翌年一月一日ヨリ三十一日限、第十六條第一項ノ規定中三月中トアルハ十二月中

トス

地租條例施行規則、土地臺帳規則、明治三十八年勅令第百五十九號及明治四十四年勅令第九十二號ハ之ヲ廢止ス但シ昭和五年分以前ノ地租ニ關シテハ仍従前ノ例ニ依ル

◉地租法施行細則（昭和六年四月一日大藏省令第六號）

第一條 土地臺帳ハ第一號書式ニ依リ之ヲ調製スベシ

第二條 土地臺帳ノ謄本ハ第二號書式ニ依リ之ヲ調製スベシ

第三條 地租名寄帳ハ第三號書式ニ依リ之ヲ調製スベシ

第四條 地租法第七十四條及第七十五條ノ規定ニ依ル報告書ハ第四號書式ニ依リ之ヲ調製スベシ

附則

本令ハ公布ノ日ヨリ之ヲ施行ス

土地臺帳規則施行細則、大正三年大藏省令第五號、明治二十二年大藏省訓令第四十九號ハ之ヲ廢止ス

土地臺帳（副本ヲ含ム）及地租名寄帳ノ書式ニ付テハ當分ノ内従前ノ例ニ準ズルコトヲ得

明治三十八年大藏省令第五十號中第二號ヲ削リ第三號ヲ第二號ニ改ム

第一號書式（土地臺帳）

字	地番			沿革
地目	地積	内歩	外歩	
	賃貸價格	名稱	名稱	

等級	事由	所有質權地上權者住所	所有質權地上權者氏名又ハ名稱
登記年月日			

備考

一、土地臺帳ハ地番順ニ之ヲ編纂シ紙數凡二百葉ヲ以テ一册ト爲シ左記書式ノ表紙ヲ附スルモノトス

郡市 町村大字

土地臺帳

何税務署

（副本ハ何市町村役場）

二、共有者ノ人員多數ニシテ一行ニ記載シ得ザル場合ハ左記書式ノ共有者氏名表ヲ添附スルモノトス

共有者氏名表

字	

登記年月日	事由	共有持分	住所	氏名又ハ名稱

地番	

登記年月日	事由	共有持分	住所	氏名又ハ名稱

第二號書式（土地臺帳謄本）

土地臺帳謄本

郡市	町村	大字	字	地番	地目	地積	賃貸價格	事由	所有者ノ住所及氏名又ハ名稱

年　月　日

何税務署（印）

備考

一、數筆ヲ連記スルモ妨ゲナシ

第三號書式（地租名寄帳）

「田」ノ部

納税義務者住所及氏名又ハ名稱

納税管理人ノ住所及氏名

異動及現在額	大字	字	地番	地目	地積	賃貸價格	地租	摘要

備考

一、地租名寄帳ハ田、畑、宅地及雑地（田、畑、宅地以外ノ土地）ノ四科目ニ區分シ尚各科目ノ合計ヲ附シ左ノ書式ノ表紙ヲ附スルモノトス

地租名寄帳 何市町村役場

二、稅務署長ノ承認ヲ受ケタルトキハ本書式ト異リタル書式ニ依リ調製スルコトヲ得

第四號書式（地租納額報告書）

年　月　日提出

年　租第　期分地租納額ノ異動ノ報告書

何市町村長

摘要	賃貸價格總額	地租總額	納額	人員
月日現在額				

右ノ外自作農地免租ニ係ルモノ及賃貸價格ノ合計金額一圓未滿ノモノ左ノ如シ

摘要	賃貸價格總額	人員
自作農地免租ニ係ルモノ		
賃貸價格ノ合計金額一圓未滿ノモノ		

備考

一、田租、畑租、宅地租及雜地租ニ區分シテ調製スルモノトス

二、異動報告書ニハ異動額(增ハ墨書、減ハ赤書)ノミヲ當該欄ニ記載スルモノトス

三、所轄稅務署長ノ承認ヲ受ケタルトキハ本書式ト異リタル書式ニ依リ調製スルコトヲ得

◉耕地整理法（明治四二年四月法律第三〇號）

第一章 總則

第一條 本法ニ於テ耕地整理ト稱スルハ土地ノ農業上ノ利用ヲ增進スル目的ヲ以テ本法ニ依リ左ノ各號ノ一ニ該當スル事項ヲ行フヲ謂フ

一 土地ノ交換、分合、開墾、地目變換其ノ他區劃形質ノ變更、湖海ノ埋立、干拓若ハ道路、堤塘、畦畔、溝渠、溜池等ノ變更廢置又ハ之ニ伴フ灌漑排水ニ關スル設備若ハ工事

二 前號ノ事項施行ノ爲若ハ施行ノ結果必要ナル工作物ノ設置其ノ他ノ設備又ハ其ノ維持管理

三 開墾又ハ湖海ノ埋立若ハ干拓ニ依ル耕地整理ニ附隨シテ行フ整理施行地ノ利用ニ關スル必要ナル工作物ノ設置其ノ他ノ施設

四 前三號ノ事項ニ關シ必要アルトキ國、道府縣、市町村其ノ他公共團體ノ認許ヲ得テ行フ營造物ノ修繕

第二條 本法ニ於テ關係人ト稱スルハ整理施行地ニ付所有權以外ノ登記シタル權利ヲ有スル者（抵當證券ノ發行アリタルトキハ其ノ所持人）ヲ謂フ

第二條ノ二 登記シタル地上權、永小作權、土地賃借權ヲ有スル者又ハ國有財産法第二十一條ノ規定ニ依ル豫約事業者ハ土地ノ所有者及賃貸人ノ同意ヲ得タルトキハ其ノ土地ニ付第三條ノ規定ニ依ル整理施行者又ハ耕地整理組合ノ組合員トナルコトヲ得

前項ノ場合ニ於テハ土地ノ所有者及賃貸人ハ其ノ土地ニ付テハ整理施行者又ハ組合員タルコトヲ得ス

第二條ノ三 公有水面埋立法ニ依リ埋立ノ免許ヲ受ケタルモノハ本法ノ適用ニ付テハ之ヲ土地ノ所有者ト看做ス

耕地整理組合ノ組合員ト爲リ又ハ爲ルヘキ地上權者、永小作權者、賃借權者又ハ豫約事業者ハ第三十四條、第四十七條乃至第五十條、第五十五條、第五十六條及第五十九條ノ適用ニ付テハ之ヲ土地ノ所有者ト看做ス

第三條 耕地整理ヲ施行セムトスルトキハ設計書ヲ作リ關係人ノ同意書竝第二條ノ二ノ場合ニ於ケル土地ノ所有者及賃貸人ノ同意書ヲ添ヘ數人共同シテ施行セムトスルモノニ在リテハ尚規約ヲ作リ地方長官ノ認可ヲ受クヘシ但シ關係人ノ同意ヲ得ルコト能ハサルトキハ其ノ事由ヲ記載シタル書面ヲ添附スヘシ

設計書、規約若ハ整理施行地區ヲ變更シ若ハ一人ニテ施行スル耕地整理ヲ變シテ數人共同ノ施行ト爲シ又ハ事業ヲ停止若ハ廢止セムトスルトキハ之ニ關スル必要ノ事項ヲ定メ地方長官ノ認可ヲ受

クヘシ但シ耕地整理施行ノ爲爲シタル借入金アルトキハ債權者ノ同意ヲ得ルニ非サレハ事業ヲ廢止シ、整理施行地區ヲ減少シ又ハ債務ノ分擔ニ關スル規約ヲ變更スルコトヲ得ス

前項整理施行地區ノ變更ニ依リ新ニ整理施行地區ニ編入セラルヘキ土地ニ付テハ第一項ノ同意書ニ關スル規定ヲ準用ス

地方長官第一項又第二項ノ認可ヲ與ヘタルトキハ其ノ旨ヲ告示スヘシ

設計書、規約若ハ整理施行地區ノ變更又ハ事業ノ停止若ハ廢止ハ前項ノ告示アル迄之ヲ以テ第三者ニ對抗スルコトヲ得ス

前五項ノ規定ハ耕地整理組合ニ之ヲ適用セス

第三條ノ二　市ノ區域内ノ土地及主務大臣ノ指定スル地域内ノ土地ハ之ヲ整理施行地區ニ編入スルコトヲ得ス但シ市ノ區域内ノ土地ニシテ主務大臣ノ指定スル地域内ノモノニ付テハ此ノ限ニ在ラス

第四條　本法又ハ本法ニ基キテ發スル命令ノ規定ニ依リ爲シタル處分、手續其ノ他ノ行爲ハ整理施行地ノ所有者、占有者又ハ關係人ノ承繼人ニ對シテモ其ノ效力ヲ有ス

第五條　整理施行地ノ所有者ニ屬スル耕地整理ニ關スル權利義務ハ土地ノ所有權ト共ニ其ノ承繼人ニ移轉ス

第二條ノ二第一項ノ規定ニ依リ整理施行者又ハ組合員ト爲リタル者ノ耕地整理ニ關スル權利義務ハ其ノ地上權、永小作權、賃借權又ハ國有財産法ニ依ル權利ト共ニ其ノ承繼人ニ移轉シ地上權、永小作權又ハ賃借權消滅シタルトキハ帝室及國ヲ除クノ外土地ノ所有者又ハ賃貸人ニ移轉ス

第六條　本法中別ニ規定アル場合ヲ除クノ外土地ノ所有者、占有者、關係人其ノ他整理施行地ニ付權利ヲ有スル者ハ耕地整理ノ施行ニ對シテ異議ヲ述フルコトヲ得ス

第七條　主務大臣又ハ地方長官耕地整理ニ關スル調査ヲ爲ス爲必要アルトキハ官吏又ハ吏員ヲシテ他人ノ土地ニ立入リ測量又ハ檢査ヲ爲シ障害ノ竹木土石等ヲ移轉若ハ除却セシムルコトヲ得但シ之ニ依リ生シタル損害ハ之ヲ補償スヘシ

前項ノ場合ニ於テハ豫メ其ノ土地ノ占有者ニ之ヲ通知スヘシ

前項ノ通知ヲ爲スコト能ハサル場合ニ於テハ公告ヲ以テ之ニ代フルコトヲ得

第八條　前條ノ規定ハ耕地整理施行者ハ耕地整理組合設立ノ認可ヲ申請セムトスル者又ハ整理施行者カ整理施行ノ爲必要ナル準備ヲ爲ス場合ニ之ヲ準用ス

前項ノ場合ニ於テハ市町村長ノ許可ヲ受クヘシ

第九條　耕地整理施行者ハ耕地整理組合設立ノ認可ヲ申請セムトス

ル者又ハ整理施行者ハ整理施行地ヲ管轄スル登記所、漁業ニ關スル登錄官廳、土地臺帳所管廳、市役所又ハ町村役場ニ就キ無償ニテ耕地整理ニ關シ必要ナル簿書ノ閲覽又ハ謄寫ヲ求ムルコトヲ得

但シ登記所、漁業ニ關スル登錄官廳又ハ土地臺帳所管廳ハ必要アリト認ムルトキハ耕地整理組合若ハ耕地整理組合聯合會ノ組合長組合副長若ハ聯合會會長聯合會副會長又ハ臨時代理者以外ノ者ニ付其ノ資格ニ關スル市町村長ノ證明書ヲ提出セシムルコトヲ得

第十條　耕地整理施行ノ爲土地又ハ建物ニ付登記ヲ爲ストキハ登錄稅ヲ免除ス

第十一條　耕地整理ヲ施行スル爲國有ニ屬スル道路、堤塘、溝渠、溜池等ノ全部又ハ一部ヲ廢止シタルニ依リ不用ニ歸シタル土地ハ無償ニテ之ヲ整理施行地ノ所有者ニ交付ス

耕地整理ノ施行ニ依リ開設シタル道路、堤塘、溝渠、溜池等ニシテ前項廢止シタルモノニ代ルヘキモノハ無償ニテ之ヲ國有地ニ編入ス

第十二條　耕地整理ノ施行ニ依ル土地ノ異動ニ關シテハ地租法第十五條、第十七條第二項、第十九條、第二十條、第二十二條、第二十四條、第二十六條第一項、第二十九條乃至第三十三條、第三十五條、第三十六條、第三十八條、第四十條乃至第四十三條、第四十五條、第四十六條、第四十八條及第五十條乃至第五十三條ノ規定ヲ適用セス

第十三條　耕地整理ヲ施行シタル土地ニ付テハ稅務署長ハ一筆每ニ地番ヲ附シ其ノ地目、地積及賃貸價格ヲ定ム

前項ノ賃貸價格ハ稅務署長ハ整理施行者ノ申請ニ依リ其ノ耕地整理ノ施行ニ依リ第十四條ノ四ノ有租地ト爲リタルモノヲ除クノ外整理施行地區內ノ土地ノ現賃貸價格ノ合計額ヲ每筆相當ニ配賦シテ之ヲ定ム但シ第十一條第二項ノ規定ニ依リ國有地ニ編入シタル土地ノ地積カ同條第一項ノ規定ニ依リ交付シタル土地ノ地積ヨリ多キ場合ニ於テハ其ノ地積ノ差數ヲ整理施行地區內ノ土地ノ現賃貸價格ノ平均額ニ乘シタル額ヲ現賃貸價格ノ合計額ヨリ控除シタル額ヲ以テ現賃貸價格ノ合計額トス

規約ヲ以テ整理施行地區ヲ數區ニ分チタル場合ニ於テハ其ノ各區ヲ以テ前項ノ整理施行地區ト看做ス

第十三條ノ二　前條第二項ノ規定ニ依リ賃貸價格ノ配賦ヲ爲シタル土地ニ付テハ其ノ配賦ヲ爲シタル年ノ翌年分ヨリ配賦シタル賃貸價格ニ依リ地租ヲ徵收ス

前項ノ規定ニ依リ地租ヲ徵收スル年ノ前年分迄ハ整理施行地ノ地租ハ原地（工事著手前ノ土地）相當ノ賃貸價格ニ依リ之ヲ徵收ス

第十三條ノ三　第十三條第二項ノ規定ニ依リ賃貸價格ノ配賦ヲ爲シタル土地ハ工事著手ノ年ノ翌年ヨリ起算シ七十年ノ耕地整理減租年期ヲ有ス

地租法第九條第一項ノ規定ニ依リ一般ニ賃貸價格ヲ改訂スル場合ニ於テハ耕地整理減租年期地ノ賃貸價格ハ其ノ改訂ニ依リ定メラルヘキ賃貸價格ニ相當スル額ニ第三項ノ規定ニ依リ定メタル假賃貸價格ノ合計額ヲ以テ第十三條第二項ノ現賃貸價格ノ合計額ヲ除シテ得タル比率ヲ乘シタル額ニ之ヲ改訂ス

第十三條第二項ノ規定ニ依リ賃貸價格ノ配賦ヲ爲シタル土地ニ付テハ税務署長ハ整理施行者ノ申請ニ依リ地租法第九條第三項ノ規定ニ準シ假賃貸價格ヲ定ム

税務署長ハ假賃貸價格ヲ定メタルトキハ整理施行者ニ之ヲ通知スヘシ

第十三條ノ四　耕地整理減租年期地ニ付地目變換、地類變換又ハ開墾ヲ爲シタルトキハ其ノ耕地整理減租年期ハ消滅ス

第十三條ノ五　地租法第五十九條第一項ノ規定ハ耕地整理減租年期地ニ付荒地免租年期ヲ許可シタル場合ニ之ヲ準用ス

第十三條ノ六　耕地整理減租年期地ニ付テハ其ノ年期ノ滿了スル年ニ於テ地租法第九條第三項ノ規定ニ準シ其ノ賃貸價格ヲ修正シ其ノ修正ヲ爲シタル年ノ翌年分ヨリ修正賃貸價格ニ依リ地租ヲ徴收ス

第十四條　耕地整理ノ施行ニ依リ開墾又ハ第一類地中ノ地目變換ヲ爲シタル土地ノ地積カ整理施行地區内ノ有租地ノ總地積ノ五分ノ一ヲ超ユル場合ニ於テハ税務署長ハ整理施行者ノ申請ニ依リ工事完了ノトキ從前ノ地域ニ依リ地租法第九條第三項ノ規定ニ準シ其ノ賃貸價格ヲ修正シ修正賃貸價格ノ合計額ト之ニ對スル從前ノ賃貸價格ノ合計額トノ差額ノ平均額ニ開墾又ハ變換シタル土地ノ總地積ト整理施行地區内ノ有租地ノ總地積ノ五分ノ一ニ相當スル地積トノ差數ヲ乘シタル額ヲ開墾又ハ變換シタル土地ノ從前ノ賃貸價格ノ合計額ニ加ヘタルモノヲ以テ其ノ土地ノ第十三條第二項ノ現賃貸價格トス

前項ノ規定ニ依リ賃貸價格ノ修正ヲ爲シタル土地ニ付テハ税務署長ハ整理施行者ノ申請ニ依リ開墾シタルモノニ在リテハ工事著手ノ年ノ翌年ヨリ起算シ四十年（四十年ヲ經過スルモ尚地味成熟スルニ至ラスト認ムルモノニ付テハ四十年以上五十年以内）ノ耕地整理開墾減租年期ヲ、變換シタルモノニ在リテハ工事完了ノ年及其ノ翌年ヨリ六年ノ耕地整理地目變換減租年期ヲ許可ス

前二項ノ場合ニ於テ廿年以内ニ成功シ能ハサル地目變換ハ之ヲ開

租ト看做ス

第十四條ノ二　無租地ヲ整理施行地區ニ編入シ有租地ト爲シタルトキハ第十一條第一項ノ規定ニ依リ交付シタル土地ヲ除クノ外稅務署長ハ整理施行者ノ申請ニ依リ工事完了ノトキ從前ノ地域ニ依リ地租法第九條第三項ノ規定ニ準シ其ノ賃貸價格ヲ設定シ設定賃貸價格ヲ以テ其ノ土地ノ第十三條第二項ノ現賃貸價格トス

第十四條ノ三　第十四條第一項又ハ前條ノ規定ニ依リ賃貸價格ノ修正又ハ設定ヲ爲シタル後賃貸價格配賦前ニ於テ地租法第九條第一項ノ規定ニ依リ一般ニ賃貸價格ヲ改訂スル場合ニ於テハ修正賃貸價格又ハ設定賃貸價格ハ工事完了ノトキノ現況ニ依リ之ヲ改訂ス

第十四條ノ四　國有財產法第二十一條ノ規定ニ依リ賣拂又ハ讓與ノ豫約ヲ爲シタル土地ニシテ耕地整理ノ施行ニ依ル開拓ノ事業成功ニ因リ賣拂又ハ讓與ヲ受ケ有租地ト爲リタルモノニ付テハ稅務署長ハ土地所有者ノ申請ニ依リ有租地ト爲リタル年及其ノ翌年ヨリ二十年ノ耕地整理開拓免租年期ヲ許可ス

國有財產法第二十一條ノ規定ニ依リ賣拂若ハ讓與ノ豫約ヲ爲シタル土地ニシテ耕地整理ノ施行ニ依ル埋立（干拓ヲ含ム）ノ事業成功ニ因リ賣拂若ハ讓與ヲ受ケ有租地ト爲リタルモノ又ハ耕地整理ヲ施行シ公有水面埋立法ニ依ル埋立ヲ爲シ同法第二十四條若ハ第五十條ノ規定ニ依リ埋立地ノ所有權ヲ取得シ有租地ト爲リタルモノニ付テハ稅務署長ハ土地所有者ノ申請ニ依リ有租地ト爲リタル年及其ノ翌年ヨリ六十年ノ耕地整理埋立免租年期ヲ許可ス

前二項ノ場合ニ於テ整理施行者ハ土地所有者ニ代リテ其ノ申請ヲ爲スコトヲ得

第一項又ハ第二項ノ年期滿了スルモ尙地味成熟セサル土地ニ付テハ稅務署長ハ土地所有者ノ申請ニ依リ更ニ十年以內ノ年期延長ヲ許可スルコトヲ得

第十五條　整理施行地區內ニ開墾減租年期、地目變換減租年期、開拓減租年期、埋立免租年期、耕地整理減租年期、耕地整理開拓免租年期又ハ耕地整理埋立免租年期ヲ有スル土地アル場合ニ於テハ稅務署長ハ整理施行者ノ申請ニ依リ工事著手ノトキ地租法第九條第三項ノ規定ニ準シ其ノ賃貸價格ヲ修正又ハ設定シ修正賃貸價格又ハ設定賃貸價格ヲ以テ其ノ土地ノ第十三條第二項ノ現賃貸價格トス

前項ノ土地ニ第十四條第一項ノ規定ヲ適用スル場合ニ於テハ前項ノ修正賃貸價格又ハ設定賃貸價格ヲ以テ其ノ土地ノ第十四條第一項ノ從前ノ賃貸價格トス

整理施行地區內ニ工事完了ノトキニ於テ荒地免租年期地（震災ニ

因リ一定ノ期間地租ノ免除ヲ受クル土地ヲ含ム）アル場合ニ於テハ税務署長ハ整理施行者ノ申請ニ依リ工事完了ノトキ從前ノ地域ニ依リ地租法第九條第三項ノ規定ニ準シ其ノ賃貸價格ヲ設定シ設定賃貸價格ヲ以テ其ノ土地ノ第十三條第二項ノ現賃貸價格トス

第十五條ノ二　前條第一項又ハ第三項ノ規定ニ依リ賃貸價格ノ修正又ハ設定ヲ爲シタル後賃貸價格配賦前ニ於テ地租法第九條第一項ノ規定ニ依リ一般ニ賃貸價格ヲ改訂スル場合ニ於テハ前條第一項ノ修正賃貸價格又ハ設定賃貸價格ハ工事著手ノトキノ現況ニ依リ前條第三項ノ設定賃貸價格ハ工事完了ノトキノ現況ニ依リ之ヲ改訂ス

第十五條ノ三　第十五條第一項又ハ第三項ノ土地ニ付テハ其ノ年期カ賃貸價格配賦前ニ滿了スル場合ニ於テハ其ノ滿了スル年ノ翌年分ヨリ賃貸價格配賦ノ年ノ分迄修正賃貸價格又ハ設定賃貸價格ニ依リ地租ヲ徴收ス

第十六條　整理施行地區内ニ賃貸價格配賦ノトキニ於テ第十五條第一項若ハ第三項ニ掲クル年期、耕地整理開墾減租年期又ハ耕地整理地目變換減租年期ヲ有スル土地アル場合ニ於テハ税務署長ハ整理施行者ノ申請ニ依リ左ノ各號ノ金額ヲ整理施行地區内ノ全部又ハ一部ノ土地ニ配當ス命令ヲ以テ定ムル期間内ニ其ノ申請ナキトキハ税務署長ハ職權ヲ以テ其ノ配當ヲ行フ

一　第十五條第一項ニ掲クル減租年期地ノ同項ノ修正賃貸價格ヨリ之ニ對スル從前ノ賃貸價格ヲ控除シタル金額

二　第十五條第一項又ハ第三項ニ掲クル免租年期地ノ同條第一項又ハ第三項ノ設定賃貸價格ニ相當スル金額

三　耕地整理開墾減租年期又ハ耕地整理地目變換減租年期ヲ有スル土地ノ第十四條第一項ノ現賃貸價格ヨリ之ニ對スル從前ノ賃貸價格ヲ控除シタル金額

第十六條ノ二　地租法第九條第一項ノ規定ニ依リ一般ニ賃貸價格ヲ改訂スル場合ニ於テハ配當金額ハ整理施行地區内ノ耕地整理減租年期地ニ付第十三條ノ三第二項ノ規定ニ依リ改訂セラルヘキ賃貸價格ノ合計額ヲ之ニ對スル改訂前ノ賃貸價格（配當金額ヲ控除セサルモノ）ノ合計額ヲ以テ除シテ得タル比率ヲ改訂前ノ配當金額ニ乘シタル額ニ之ヲ改訂ス

第十六條ノ三　第十六條ノ規定ニ依リ配當ヲ爲シタル土地ニ付テハ同條ノ年期ノ殘年期間中第十三條第二項ノ規定ニ依リ配賦ヲ爲シタル賃貸價格（第十三條ノ三第二項ノ規定ニ依リ改訂シタル場合ニ於テハ其ノ賃貸價格）ヨリ配當金額ヲ控除シタル額ヲ以テ其ノ賃貸價格トス

第十六條ノ四　第十六條ノ規定ニ依リ配當ヲ爲シタル土地ニ付同條ノ年期ノ殘年期間中土地ノ異動ニ因リ賃貸價格ヲ修正スル場合ニ於テハ修正賃貸價格ヨリ配當金額ヲ控除シタル額ヲ以テ其ノ賃貸價格トス

第十六條ノ五　前二條ノ規定ニ依リ賃貸價格ヲ定メタル土地ニ付テハ賃貸價格ヲ定メタル年ノ翌年分ヨリ其ノ賃貸價格ニ依リ地租ヲ徵收ス

第十六條ノ六　第十六條ノ規定ニ依リ配當ヲ爲シタル土地ニ付テハ同條ノ年期ノ殘年期間ノ滿了スル年ニ於テ地租法第九條第三項ノ規定ニ準シ其ノ賃貸價格ヲ修正シ其ノ修正ヲ爲シタル年ノ翌年分ヨリ修正賃貸價格ニ依リ地租ヲ徵收ス

第十六條ノ七　地租法第五十九條第一項ノ規定ハ第十六條ノ規定ニ依リ配當ヲ爲シタル土地ニ付荒地免租年期ヲ許可シタル場合ニ之ヲ準用ス但シ荒地免租年期ノ殘年期間ニ付第十六條ノ規定ニ依リ配當ヲ爲シタル土地ニ付テハ此ノ限ニ在ラス

第十六條ノ八　第十三條第三項ノ規定ハ第十四條第一項、第十四條ノ二、第十五條第一項、第三項、第十六條及第十六條ノ二ノ場合ニ之ヲ準用ス

第十七條　換地ハ別ニ規定アル場合ヲ除クノ外第三十條第四項ノ告示ノ日ヨリ之ヲ從前ノ土地ト看做ス

前項ノ規定ハ行政上又ハ裁判上ノ處分ニシテ從前ノ土地ニ專屬スルモノニ影響ヲ及ホサス

第十八條　賃借地ニ付耕地整理施行ノ爲賃借ヲ爲シタル目的ヲ達スルコト能ハサルトキハ賃借人ハ契約ノ解除ヲ爲スコトヲ得

前項ノ場合ニ於テ賃借人ハ整理施行者ニ對シ解除ニ依リ生シタル損害ノ補償ヲ請求スルコトヲ得但シ整理施行者ハ規約ノ定ムル所ニ依リ賃貸人ニ對シ求償スルコトヲ得

第十九條　耕地整理施行ノ爲賃借地ノ利用ヲ妨ケラルルトキハ賃借人ハ賃借ノ相當ノ減額又ハ前拂シタル借賃ノ相當ノ拂戻ヲ請求スルコトヲ得

第二十條　耕地整理施行ノ爲著シク賃貸地ノ利用ヲ增シタルトキハ賃貸人ハ借賃ノ相當ノ增額ヲ請求スルコトヲ得

前項ノ請求アリタル場合ニ於テ賃借人ハ契約ノ解除ヲ爲シ其ノ義務ヲ免ルルコトヲ得

第二十一條　耕地整理施行ノ爲地上權、永小作權又ハ地役權ヲ設定シタル目的ヲ達スルコト能ハサルトキハ地上權者、永小作權者又ハ地役權者ハ其ノ權利ヲ拋棄スルコトヲ得

第十八條第二項ノ規定ハ前項ノ場合ニ之ヲ準用ス

第二十二條　整理施行地ノ上ニ存スル地役權ハ耕地整理施行ノ後仍從前ノ土地ノ上ニ存ス耕地整理施行ノ爲地役權者カ其ノ權利ヲ行使スル利益ヲ受クルコトヲ要セサルニ至リタルトキハ其ノ地役權ハ消滅ス

耕地整理施行ノ爲從前ト同一ノ利益ヲ受クルコト能ハサルニ至リタル地役權者ハ其ノ利益ヲ保存スル範圍内ニ於テ地役權ノ設定ヲ請求スルコトヲ得

第二十三條　第十九條及第二十條ノ規定ハ地上權、永小作權又ハ地役權ニ之ヲ準用ス

第二十四條　前六條ノ規定ニ依ル賃貸借ノ解除、地上權若ハ永小作權ノ拋棄、地役權ノ拋棄若ハ設定又ハ借賃、地代、小作料若ハ地役ノ對價ノ減額、拂戻若ハ增額ノ請求ハ第三十條第四項ノ告示ノ日ヨリ三十日ヲ經過シタルトキハ之ヲ爲スコトヲ得ス

第二十四條ノ二　第十八條乃至第二十一條及前二條ノ規定ハ地上權者、永小作權者又ハ賃借權者ニシテ整理施行者又ハ組合員ト爲リタル者ニ之ヲ適用セス第二條ノ二第一項ノ規定ニ依リ同意ヲ爲シタル者ニ付亦同シ

第二十五條　整理施行地又ハ之ニ存スル建物ニシテ先取特權、質權又ハ抵當權ノ目的タル場合ニ於テ第二十七條、第二十八條、第三十條第一項、第二項又ハ第四十四條第三項ノ規定ニ依リ拂渡スヘキ金額アルトキハ整理施行者ハ其ノ金額ヲ供託スヘシ但シ關係人ノ同意ヲ得タルトキハ此ノ限ニ在ラス

同一所有者ニ屬スル數筆ノ土地ヲ目的トスル抵當權ニ付抵當證券ノ發行アリタル場合ニ於テハ前項ノ規定ニ依リ供託スヘキ第三十條第一項又ハ第二項ノ規定ニ依ル拂渡金額ノ計算ニ付テハ其ノ數筆ノ土地ヲ一筆ノ土地ト看做ス但シ其ノ土地ニ付當該抵當權以外ノ前項ニ揭クル權利アル場合ニ於テ其ノ權利者ノ同意ヲ得サルトキハ此ノ限ニ在ラス

第一項ノ規定ハ整理施行地又ハ之ニ存スル建物カ訴訟ノ目的タル爲訴訟當事者ヨリ請求アリタル場合ニ之ヲ準用ス

先取特權者、質權者、抵當權者又ハ訴訟當事者ハ第一項又ハ第三項ノ規定ニ依リ供託シタル金錢ニ對シテモ其ノ權利ヲ行フコトヲ得

第二十五條ノ二　整理施行地ニ付存スル漁業權カ登錄シタル先取特權又ハ抵當權ノ目的タル場合ニ於テ第二十七條ノ二ノ規定ニ依リ補償金ヲ拂渡スヘキトキハ整理施行者ハ其ノ金額ヲ供託スヘシ但シ先取特權者又ハ抵當權者ノ同意ヲ得タルトキハ此ノ限ニ在ラス

前項ノ規定ハ整理施行地ニ付存スル漁業權又ハ入漁權カ訴訟ノ目的タル爲訴訟當事者ヨリ請求アリタル場合ニ之ヲ準用ス

登錄シタル先取特權者ハ抵當權ヲ有スル者又ハ訴訟當事者ハ前二項ノ規定ニ依リ供託シタル金錢ニ對シテモ其ノ權利ヲ行フコトヲ得

第二十六條　第三條ノ規定ニ依ル整理施行者カ其ノ事業ノ爲借入レタル金額及其ノ利息其ノ他耕地整理ノ施行ニ依リ生シタル債務ニ付テハ共同施行者連帶シテ其ノ責ニ任ス但シ規約ニ別段ノ規定アルトキハ此ノ限ニ在ラス

帝室及國ハ前項ノ責ニ任セス

第二十七條　整理施行者ハ耕地整理施行ノ爲必要アルトキハ整理施行地區内ノ工作物又ハ木石等ヲ移轉シ、除却シ又ハ破毀スルコトヲ得但シ之ニ依リ生シタル損害ハ之ヲ補償スヘシ

第二十七條ノ二　整理施行地ニ付漁業權存スル場合ニ於テハ漁業權者ニ對シ、漁業權及入漁權存スル場合ニ於テハ漁業權者及入漁權者ニ對シ整理施行者ハ整理施行ニ依リ生スヘキ損害ヲ補償スルコトヲ要ス

前項ノ規定ニ依ル補償ヲ受クル權利ハ漁業權者及入漁權者共同シテ之ヲ有スルモノトス

整理施行者ハ前二項ノ規定ニ依リ損害ノ補償ヲ爲シタル後ニ非サレハ工事ニ着手スルコトヲ得ス但シ其ノ損害ノ補償ヲ受クル權利者ノ同意ヲ得タルトキ、第二十五條ノ二ノ規定ニ依リ供託ヲ爲シタルトキ又ハ第八十七條第三項ノ規定ニ依リ決定ヲ得タル金額ヲ供託シタルトキハ此ノ限ニ在ラス

第二十八條　第三條ノ規定ニ依ル整理施行者又ハ耕地整理組合員ハ耕地整理施行ノ爲受ケタル損害ニ對シ第七條、第八條又ハ第二十七條ノ場合ヲ除クノ外補償ノ請求ヲ爲スコトヲ得ス但シ規約ニ別段ノ規定アル場合ハ此ノ限ニ在ラス

第二十九條　整理施行地ニ付權利ヲ有スル者耕地整理施行ノ認可若ハ整理施行地區變更ノ認可又ハ耕地整理組合ノ設立若ハ組合地區變更ノ認可ノ告示アリタル後ニ於テ監督官廳ノ許可ヲ得スシテ土地ノ形質ヲ變更シ又ハ工作物ノ新築、改築、增築若ハ大修繕ヲ爲シ又ハ物件ヲ附加增置シタルトキハ之ニ關スル損害ノ補償ヲ請求スルコトヲ得ス

前項告示ノ後ニ於テ土地ニ付權利ヲ取得シタル者ハ從前ノ權利者ノ爲シ得ヘキ範圍内ニ於テノミ損害ノ補償ヲ請求スルコトヲ得

第三十條　換地ハ從前ノ土地ノ地目、地積、等位等ヲ標準トシテ之

ヲ交付スヘシ但シ地目、地積、等位等ヲ以テ相殺ヲ爲スコト能ハサル部分ニ關シテハ金錢ヲ以テ之ヲ清算スヘシ

特別ノ事情ノ爲前項ノ規定ニ依ルコト能ハサルモノノ處分ニ關シテハ規約ノ定ムル所ニ依ル

前二項ノ規定ニ依ル處分ハ地方長官ノ認可ヲ受クヘシ

地方長官前項ノ認可ヲ與ヘタルトキハ之ヲ告示シ直ニ其ノ旨ヲ管轄登記所ニ通知スヘシ

第三十一條　前條ノ規定ニ依ル處分ハ整理施行地ノ全部ニ付工事完了シタル後ニ非サレハ之ヲ爲スコトヲ得ス但シ規約ニ別段ノ規定アル場合ハ此ノ限ニ在ラス

第三十二條　整理施行地二以上ノ市町村、大字又ハ字ニ渉ル場合ニ於テ一筆ノ土地ノ區域ハ二以上ノ市町村、大字又ハ字ニ渉リテ之ヲ定ムルコトヲ得ス

第三十三條　從前ノ土地ノ全部又ハ一部ニ付既登記ノ所有權以外ノ權利又ハ處分ノ制限アルトキハ之ニ對スル換地ノ交付ハ其ノ權利又ハ處分ノ制限ノ目的タル土地又ハ其ノ部分ヲ指定シテ之ヲ爲スヘシ

第三十四條　本法中土地所有者ノ數ヲ計算スル場合ニ於テハ共有者ハ之ヲ一人ト看做ス但シ共有者ノミ共同シテ耕地整理ヲ施行スル場合ニ於テハ此ノ限ニ在ラス

前項但書ノ場合ニ於テ第五十條、第五十五條第二項、第五十六條第二項、第六十五條第二項又ハ第六十八條第二項中土地ノ地積又ハ賃貸價格ハ共有者ノ持分ニ依リ之ヲ定ム

第三十五條　住所又ハ居所ノ不分明其ノ他ノ事由ニ依リ耕地整理ニ關スル書類ノ送付ヲ爲スコト能ハサル場合ニ於テ命令ノ定ムル所ニ依リ整理施行者又ハ監督官廳カ公告ヲ爲ストキハ其ノ公告ノ日ヲ以テ書類ヲ發送シタルモノト看做シ二十日ヲ經過スルトキハ其ノ末日ニ於テ書類ノ送付ヲ了リタルモノト看做ス

第三十六條　第三十條第三項ノ認可ヲ受ケタルトキハ整理施行者ハ遲滯ナク既登記ノ土地及建物ニ付登記ヲ申請スヘシ

第三十七條　整理施行地區內ノ土地及其ノ上ニ存スル建物ノ登記ニ付テハ勅令ヲ以テ特例ヲ設クルコトヲ得

第三十八條　共同施行又ハ耕地整理組合ニ依ル耕地整理ノ事業ニシテ市町村又ハ水利組合ニ依リ施行スルコトヲ得ルニ至リタルトキハ特別ノ事情アル場合ヲ除クノ外命令ノ定ムル所ニ依リ其ノ事業ヲ市町村若ハ水利組合ニ引繼キ又ハ耕地整理組合ヲ普通水利組合ニ變更スヘシ

前項ノ規定ニ依ル引繼又ハ變更アリタルトキハ地方長官ハ其ノ旨

ヲ告示スヘシ

第三條第五項ノ規定ハ前二項ノ場合ニ之ヲ準用ス

第三十九條　削除

第四十條　市制第六條ノ市ニ於テハ第三十八條及第五十三條第一項第五號ノ市ニ關スル規定ハ區ニモ之ヲ適用ス

市制第六條又ハ第八十二條第三項ノ市ニ於テハ本法中市長ニ關スル規定ハ區長ニモ、市役所ニ關スル規定ハ區役所ニモ之ヲ適用ス

町村制ヲ施行セサル地ニ於テハ本法中町村ニ關スル規定ハ町村ニ準スヘキモノニ、町村長ニ關スル規定ハ町村長ニ準スヘキモノニ、町村役場ニ關スル規定ハ町村役場ニ準スヘキモノニ之ヲ適用ス

第四十條ノ二　整理施行地區カ數府縣ニ渉ル場合ニ於テハ本法中地方長官ノ職權ニ屬スル事項ハ關係地方長官中主務大臣ノ指定スルモノ之ヲ行フ

第二章　耕地整理組合

第一款　總則

第四十一條　耕地整理ヲ施行スル爲必要アルトキハ耕地整理組合ヲ設立スルコトヲ得

耕地整理組合ハ法人トス

第四十二條　耕地整理組合ハ整理施行地ヲ以テ其ノ地區トス

第四十二條ノ二　耕地整理施行ノ爲土地ヲ分筆スルノ必要アル場合ニ於テハ組合ハ其ノ所有者ニ代リ之ニ關スル手續ヲ爲スコトヲ得

第四十三條　左ニ揭クル土地ハ之ヲ耕地整理組合ノ地區ニ編入スルコトヲ得ス但シ第一號乃至第三號ノ土地ニ付テハ主務官廳又ハ公共團體ノ認許、第四號乃至第八號ノ土地ニ付テハ土地所有者、關係人及建物ニ付登記シタル權利ヲ有スル者（抵當證券ノ發行アリタルトキハ其ノ所持人）ノ同意ヲ得タルトキハ此ノ限ニ在ラス

一　御料地、國有地

二　官ノ用ニ供スル土地

三　道府縣、市町村其ノ他勅令ヲ以テ指定スル公共團體ノ公用又ハ公共ノ用ニ供スル土地

四　名勝地

五　古墳墓地、墳墓地

六　社寺境內地

七　鐵道用地、軌道用地

八　建物アル宅地

前項ノ場合ニ於テ抵當證券ノ所持人ノ同意ヲ得ルコト能ハサルトキハ地方長官ノ認可ヲ以テ之ニ代フルコトヲ得

登記シタル地上權又ハ永小作權ノ目的タル御料地又ハ國有地ニ付主務官廳ノ認許ヲ得タルトキハ其ノ地上權者又ハ永小作權者ヲ組合員ト爲シ其ノ土地ヲ組合ノ地區ニ編入スルコトヲ得但シ地上權又ハ永小作權ノ殘存期間カ耕地整理組合設立ノ認可申請ノ日ヨリ二十年未滿ナルモノニ付テハ此ノ限ニ在ラス

第二條ノ二第二項及第五條第二項ノ規定ハ前項ノ規定ニ依リ地上權者又ハ永小作權者カ組合員ト爲リタル場合ニ之ヲ準用ス

第四十四條　特別ノ價値又ハ用途アル土地ハ土地所有者及關係人ノ同意ヲ得ルニ非サレハ之ヲ耕地整理組合ノ地區ニ編入スルコトヲ得ス但シ之ヲ編入スルニ非サレハ耕地整理ヲ適當ニ施行スルコト能ハサルトキハ此ノ限ニ在ラス

前條第二項ノ規定ハ前項本文ノ場合ニ於テ抵當證券ノ所持人ノ同意ニ付之ヲ準用ス

土地收用法第四十七條乃至第四十九條、第五十一條乃至第五十四條、第五十六條、第五十八條、第六十條及第六十一條ノ規定ハ第一項但書ノ場合ニ之ヲ準用ス但シ組合ノ設立又ハ地區變更ノ認可ノ告示ヲ以テ土地收用法第十九條ノ規定ニ依ル公告又ハ通知ト看做ス

第一項但書ノ場合ニ於テ補償金ノ拂渡又ハ供託ヲ爲ササルトキハ土地所有者又ハ關係人ハ其ノ土地ニ付工事ノ施行ヲ拒ムコトヲ得但シ第八十七條第一項ノ規定ニ依リ決定ヲ得タル金額ヲ供託シタルトキハ此ノ限ニ在ラス

第四十五條　耕地整理組合設立ノ認可アリタルトキハ其ノ地區內ニ土地ヲ有スル者ハ總テ之ヲ組合員トス但シ第十一條第一項ノ土地ニ關シテハ此ノ限ニ在ラス

第四十六條　耕地整理組合ノ名稱中ニハ耕地整理組合ナル文字ヲ用フヘシ

耕地整理組合ニ非サルモノハ耕地整理組合タルコトヲ示スヘキ文字ヲ用フルコトヲ得ス

第四十七條　土地ノ共有者ハ耕地整理ニ關スル一切ノ行爲ヲ爲サシムル爲其ノ一人ヲ以テ代表者ト爲シ之ヲ組合ニ通知スヘシ

前項ノ代表者ノ權限ニ加ヘタル制限ハ之ヲ以テ第三者ニ對抗スルコトヲ得ス

第四十八條　前條ノ委任ノ終了ハ組合ニ通知アル迄之ヲ以テ善意ノ第三者ニ對抗スルコトヲ得ス

第四十九條　第四十七條第一項ノ手續ヲ爲ササル土地共有者ニ對スル書類ノ送付ハ其ノ一人ニ對シ之ヲ發送シタル時ニ於テ完了シタ

ルモノト看做ス

第二款　組合ノ設立及解散

第五十條　耕地整理組合ヲ設立セムトスルトキハ組合ノ地區タルヘキ區域内ノ土地所有者總數ノ二分ノ一以上ニシテ其ノ區域内ノ土地ノ總地積及總賃貸價格ノ各三分ノ二以上ニ當ル土地所有者ノ同意ヲ得テ設計書及規約ヲ作リ地方長官ノ認可ヲ受クヘシ

前項ノ土地所有者中共有者アル場合ニ於テハ各共有地ニ付共有者總數ノ二分ノ一以上ニシテ其ノ持分ノ三分ノ二以上ニ當ル者ノ同意ヲ得タルトキハ其ノ共有地ニ付同意アリタルモノト看做ス

第五十一條　耕地整理組合ハ前條地方長官ノ認可ニ依リ成立ス

前項ノ場合ニ於テハ地方長官ハ組合設立ノ旨ヲ告示スヘシ

組合ハ前項ノ告示アル迄其ノ成立ヲ以テ他人ニ對抗スルコトヲ得ス

第五十二條　組合設立ニ關スル費用ハ組合設立ノ後組合ノ負擔トス

第五十三條　組合ハ左ノ事由ニ依リ解散ス但シ第二號ノ場合ニ於テ還了セサル組合債アルトキハ此ノ限ニ在ラス

一　規約ニ定メタル事由ノ發生

二　目的タル事項ノ完成又ハ完成ノ不能

三　總會ノ議決

四　合併

五　事業ヲ市町村又ハ水利組合ニ引繼キタルトキ

六　普通水利組合ニ變更シタルトキ

七　組合員一人ト爲リタルトキ

八　監督官廳ノ處分

前項ノ場合ニ於テ地方長官ハ第三號又ハ第四號ニ該當スルトキヲ除クノ外其ノ旨ヲ告示スヘシ

第五十四條　組合ニ於テ設計書若ハ規約ノ變更、組合ノ解散、合併、地區ノ變更又ハ事業ノ停止ヲ爲サムトスルトキハ之ニ關スル必要ノ事項ヲ定メ總會ノ議決ヲ經テ地方長官ノ認可ヲ受クヘシ但シ組合債ヲ負擔スルトキハ債權者ノ同意ヲ得ルニ非サレハ組合ノ解散合併、地區ノ減少又ハ債務分擔ニ關スル規約ノ變更ヲ爲スコトヲ得ス

地方長官前項ノ認可ヲ與ヘタルトキハ其ノ旨ヲ告示スヘシ

第五十五條　組合ノ地區ヲ變更スル場合ニ於テ新ニ組合ノ地區ニ編入セラルヘキ土地アルトキハ組合長ハ設計書案及規約案ヲ作リ編入區域ノ土地所有者ノ總會議ニ付シ其ノ議決ヲ前條ノ總會ノ議決ニ添附スヘシ

前項ノ總會議ノ議決ヲ爲スニハ第五十條ノ條件ヲ具備スルコトヲ

要ス但シ命令ノ定ムル所ニ依リ土地所有者ノ代理人ヲ許スコトヲ得

第六十六條ノ規定ハ第一項ノ總會議ニ之ヲ準用ス

第五十六條　前條ノ總會議ハ編入區域ノ土地所有者ノ同意ヲ以テ之ニ代フルコトヲ得

第五十條ノ規定ハ前項ノ同意ニ之ヲ準用ス

第五十七條　設計書若ハ規約ノ變更、組合ノ解散、合併、地區ノ變更又ハ事業ノ停止ハ第五十三條第二項又ハ第五十四條第二項ノ告示アル迄之ヲ以テ他人ニ對抗スルコトヲ得ス

第五十八條　組合ヲ合併シタルトキハ合併ニ依リ解散シタル組合ニ屬スル權利義務ハ合併後存續シ又ハ合併ニ依リ設立シタル組合ニ移轉ス

第五十九條　組合員一人ト爲リタル爲組合解散ノ場合ニ於テハ其ノ事業ハ一切ノ權利義務ト共ニ土地所有者ニ移轉ス

前項ノ土地所有者ハ之ヲ第三條ノ規定ニ依ル整理施行者ト看做ス

第六十條　組合解散シタルトキハ第五十三條第一項第四號、第六號又ハ第七號ノ場合ヲ除クノ外清算ヲ爲スヘシ

組合ハ解散ノ後ト雖清算ノ目的ノ範圍內ニ於テハ仍存續スルモノト看做ス

第三款　組合ノ會議

第六十一條　別ニ規定アルモノノ外左ニ掲クル事項ハ總會ノ表決ヲ經ヘシ

一　第三十條第一項、第二項ノ規定ニ依ル處分ヲ爲ス事
二　組合債ヲ起シ、起債ノ方法、利息ノ定率若ハ償還ノ方法ヲ定メ又ハ之ヲ變更スル事
三　經費ノ收支豫算ヲ定ムル事
四　豫算ヲ以テ定ムルモノヲ除クノ外新ニ義務ノ負擔ヲ爲シ又ハ權利ノ拋棄ヲ爲ス事
五　組合長、組合副長若ハ評議員ヲ選任シ又ハ解任スル事
六　組合費、夫役現品ノ分賦收入ニ關スル事
七　事業報告書及收支決算書ヲ承認スル事
八　工作物又ハ設備ノ維持管理方法ヲ定ムル事
九　訴願、訴訟及和解ニ關スル事
十　耕地整理組合聯合會ヲ設ケ、聯合會ニ加入シ又ハ聯合會ヲ脫退スル事
十一　規約ニ定メタル事項
十二　其ノ他組合長ニ於テ重要ナリト認メタル事項

第六十二條　總會ハ規約ノ定ムル所ニ依リ其ノ權限ニ屬スル事項ヲ

評議員會ニ委任シ又ハ組合長ヲシテ專決セシムルコトヲ得
評議員會ニ關スル事項ハ命令ヲ以テ之ヲ定ム

第六十三條　總會ノ表決ヲ經ヘキ事件ニシテ臨時急施ヲ要シ總會ヲ招集スル暇ナシト認ムルトキハ組合長ハ專決處分シ次ノ總會ニ於テ其ノ承認ヲ求ムヘシ但シ設計書、規約若ハ組合地區ノ變更又ハ組合ノ解散若ハ合併ニ付テハ此ノ限ニ在ラス
組合長前項ノ處分ヲ爲サムトスルトキハ其ノ處分前評議員會ノ同意ヲ得ルコトヲ要ス但シ評議員ヲ置カサル場合ニ於テハ此ノ限ニ在ラス

第六十四條　總會ハ總組合員ヲ以テ之ヲ組織ス

第六十五條　總會ハ組合長之ヲ招集ス
組合員總數ノ五分ノ一以上ニ當ル者又ハ組合地區内ノ土地ノ總地積若ハ總賃貸價格ノ五分ノ一以上ニ當ル者ヨリ會議ノ目的及其ノ事由ヲ記載シタル書面ヲ提出シテ總會ノ招集ヲ請求スルトキハ組合長ハ十四日以内ニ之ヲ招集スヘシ

第六十六條　總會ヲ招集スルニハ會日ヨリ五日前ニ會議ノ日時、場所及目的ヲ記載シテ各組合員ニ通知ヲ發スヘシ但シ急施ヲ要スル場合ニ於テハ期間ヲ二日迄短縮スルコトヲ得

第六十七條　組合員ハ各一箇ノ表決權ヲ有ス但シ規約ヲ以テ表決權總數ノ五分ノ一ヲ超過セサル範圍内ニ於テ一人ニ付二箇以上ノ表決權ヲ有セシムルコトヲ得
前項ノ規定ハ第六十八條第二項ノ場合ニ之ヲ適用セス

第六十八條　總會ノ議事ハ別ニ規定アルモノヲ除クノ外組合員ノ半數以上出席シ出席者ノ表決權ノ過半數ヲ以テ之ヲ決ス
第五十四條又ハ第六十一條第一號、第二號若ハ第五號ノ事項ノ表決ヲ爲スニハ第五十條ノ條件ヲ具備スルコトヲ要ス但シ命令又ハ規約ニ別段ノ規定アル場合ハ此ノ限ニ在ラス

第六十九條　組合員ハ總會ニ於テ書面又ハ代理人ヲ以テ表決ヲ爲スコトヲ得
前項ノ規定ニ依リ表決權ヲ行フ者ハ出席者ト看做ス

第七十條　第三十一條但書ノ規定ニ依リ第三十條ノ處分ヲ爲サムトスル場合ニ於テハ其ノ處分ヲ爲サムトスル土地ニ關スル組合員ノ總會議ヲ以テ總會ト看做ス

第七十一條　組合ハ命令ノ定ムル所ニ依リ組合員ノ選擧シタル議員ヲ以テ組織スル組合會ヲ以テ總會ニ代フルコトヲ得

第七十二條　總會ニ關スル規定ハ命令ニ別段ノ規定アル場合ヲ除クノ外前二條ノ規定ニ依ル組合員ノ總會議又ハ組合會ニ之ヲ準用ス
但シ組合會ニ於テハ組合ノ解散又ハ合併ノ議決ヲ爲スコトヲ得ス

第四款　組合ノ管理

第七十三條　組合ニ組合長一人及組合副長一人又ハ數人ヲ置ク

組合長又ハ組合副長ハ組合員中ヨリ之ヲ選擧ス但シ特別ノ事情アルトキハ組合員ニ非サル者ヨリ之ヲ選擧スルコトヲ得

組合長又ハ組合副長ノ選任又ハ解任ハ地方長官ノ認可ヲ受クヘシ

組合長、組合副長共ニ闕員ト爲リタルトキハ地方長官ハ臨時代理者ヲ指定スルコトヲ得

地方長官前二項ノ規定ニ依リ認可ヲ與ヘ又ハ指定ヲ爲シタルトキハ其ノ旨ヲ告示スヘシ

組合長、組合副長又ハ臨時代理者ノ就任若ハ解任ハ前項ノ告示アル迄之ヲ以テ他人ニ對抗スルコトヲ得ス

第七十四條　組合長ハ組合ヲ代表シ組合一切ノ事務ヲ管理ス

組合副長ハ組合長ヲ補佐シ組合長事故アルトキ其ノ職務ヲ代理ス

組合副長數人アルトキハ其ノ代理ノ順序ハ規約ノ定ムル所ニ依ル

第七十五條　組合長ノ權限ニ加ヘタル制限ハ之ヲ以テ善意ノ第三者ニ對抗スルコトヲ得ス

第七十六條　組合ニ評議員ヲ置ク但シ特別ノ事情アル爲地方長官ノ認可ヲ得タルトキハ此ノ限ニ在ラス

評議員ハ組合員中ヨリ之ヲ選擧ス

評議員ハ組合長ノ諮詢ニ應シ並業務及財産ノ狀況ヲ監査ス

組合長ハ規約ノ定ムル所ニ依リ評議員ヲシテ組合ノ事務ノ一部ヲ分掌セシムルコトヲ得

第七十七條　組合長ハ設計書、規約、組合員名簿、會議ノ議事録其ノ他組合ニ關スル書類及帳簿ヲ事務所ニ備ヘ置クヘシ

組合員又ハ利害關係人ヨリ前項ノ書類又ハ帳簿ノ閲覽ヲ求メタルトキハ正當ノ事由アル場合ヲ除クノ外之ヲ拒ムコトヲ得ス

第五款　組合ノ財務

第七十八條　組合ノ費用ハ規約ノ定ムル所ニ依リ組合員之ヲ負擔ス

夫役現品ノ分賦及之ニ代ルヘキ金額ニ關スル規定ハ規約中ニ之ヲ定ムヘシ

第七十九條　組合員ニシテ組合費、第三十條第一項、第二項ノ規定ニ依リ支拂フヘキ金錢又ハ延滯利息若ハ過怠金ヲ滯納スルトキハ市町村ハ組合長ノ請求ニ依リ市町村稅ノ例ニ依リ之ヲ處分ス

前項ノ場合ニ於テ組合ハ其ノ徵收金額中百分ノ四ヲ市町村ニ交付スヘシ

市町村カ第一項ノ請求ヲ受ケタル日ヨリ三十日以内ニ其ノ處分ニ著手セス又ハ九十日以内ニ之ヲ結了セサルトキハ組合長ハ地方長官ノ認可ヲ得テ之ヲ處分スルコトヲ得此ノ場合ニ於テハ町村制第

百十一條第一項及第四項ノ規定ヲ準用ス

第一項及第三項ノ徴收金ハ組合地區内ノ土地ニシテ市町村、水利組合其ノ他之ニ準スヘキモノノ徴收金ニ次テ先取特權ヲ有ス

前四項ノ規定ハ組合員カ夫役現品ニ代ルヘキ金錢ヲ滯納スル場合ニ之ヲ準用ス

第八十條　組合ニ於テ負債ヲ起シ、起債ノ方法、利息ノ定率若ハ償還ノ方法ヲ定メ又ハ之ヲ變更セムトスルトキハ地方長官ノ認可ヲ受クヘシ

前項ノ負債ハ起債ノ時ヨリ十五年以内ニ之ヲ選了スヘシ但シ特別ノ事由アル場合ニ限リ五十年以内ト爲スコトヲ得

第八十一條　組合ニシテ其ノ債務ヲ完濟スルコト能ハサルトキハ帝室及國ヲ除クノ外組合員ハ之ニ付連帶無限ノ責任ヲ負擔ス但シ規約ニ別段ノ規定アル場合ハ此ノ限ニ在ラス

第二章ノ二　耕地整理組合聯合會

第八十一條ノ二　耕地整理組合ハ登記手續ニ關スル事項ヲ除クノ外其ノ事業ノ一部ヲ他ノ耕地整理組合ト共同シテ行ハムトスル場合ニ於テ之ヲ代リ行ハシムル爲協議ニ依リ設計書及規約ヲ作リ地方長官ノ認可ヲ得テ耕地整理組合聯合會ヲ設クルコトヲ得

聯合會ハ法人トス

聯合會其ノ所屬組合ノ増減ヲ爲サムトスルトキハ各組合ノ協議ニ依リ地方長官ノ認可ヲ受クヘシ

聯合會ニ會長一人及副會長一人又ハ數人ヲ置ク

第四十二條ノ二、第四十六條、第五十一條乃至第五十四條、第五十七條乃至第五十九條第一項、第六十條、第七十三條乃至第七十五條及第七十七條乃至第八十一條ノ規定ハ聯合會ニ之ヲ準用ス但シ第五十九條第一項中土地所有者トアルハ組合、第七十三條中組合員トアルハ聯合會所屬組合ノ組合員トス

第三章　監督

第八十二條　耕地整理ハ第一次ニ地方長官、第二次ニ主務大臣之ヲ監督ス

第八十三條　主務大臣又ハ地方長官ニ於テ會議ノ表決又ハ整理施行者ノ行爲カ設計書、規約又ハ法令ニ違反シ其ノ他公益ヲ害スルノ虞アリト認ムルトキハ會議ノ表決ヲ取消シ、組合長、組合副長若ハ聯合會會長聯合會副會長ヲ解任シ、評議員若ハ組合會議員ノ改選、事業ノ停止若ハ組合組合聯合會ノ解散ヲ命シ又ハ整理施行ノ認可ヲ取消スコトヲ得

第八十四條　監督官廳ハ整理施行者ヲシテ耕地整理事業ニ關スル報告ヲ爲サシメ、書類、帳簿、出納又ハ工事ヲ檢査シ、設計書又ハ規約ノ變更ヲ命シ其ノ他監督上必要ナル命令ヲ發シ又ハ處分ヲ爲スコトヲ得

第八十五條　監督官廳ハ本法又ハ本法ニ基キテ發スル命令ノ規定ニ依ル認可申請ニ對シ申請ノ趣旨ニ反セスト認ムル範圍內ニ於テ更正シテ認可ヲ與フルコトヲ得

第八十六條　第三條ノ規定ニ依ル耕地整理ノ施行若ハ整理施行地區ノ變更ニ異議アル關係人、第四十三條若ハ第四十四條ノ規定ニ違反シテ耕地整理組合ノ地區ニ編入シタル土地ノ所有者若ハ關係人又ハ第三條第二項但書若ハ第五十四條第一項但書ノ規定ニ依リ異議アル債權者ハ各耕地整理施行ノ認可若ハ整理施行地區變更ノ認可ノ告示、耕地整理組合ノ設立若ハ組合地區變更ノ認可ノ告示又ハ第三條第四項若ハ第五十四條第二項ノ規定ニ依リ當該事項ノ告示アリタル日ヨリ六十日以內ニ主務大臣ニ訴願スルコトヲ得

前項ノ訴願アリタル場合ニ於テハ地方長官ハ其ノ裁決アル迄目的タル土地ニ付耕地整理ノ施行ヲ停止スルコトヲ得

第八十六條ノ二　第十三條ノ三第三項ノ假賃貸價格ノ決定ニ對シ不服アル整理施行者ハ同條第四項ノ通知ヲ受ケタル日ヨリ六十日以內ニ訴願スルコトヲ得

第八十七條　第四十四條第二項ノ規定ニ依ル補償金ニ付協議調ハサルカ又ハ協議ヲ爲スコト能ハサルトキハ地方長官ノ決定ヲ求ムヘシ

前項ノ決定ニ不服アル者ハ其ノ決定書ノ送付ヲ受ケタル日ヨリ九十日以內ニ通常裁判所ニ出訴スルコトヲ得

第二十七條ノ二第一項ノ規定ニ依ル補償金ニ付亦前二項ニ同シ

第八十八條　總會議、總會若ハ組合會ノ招集手續若ハ表決カ違法ナル場合ニ於テ之ニ對シ不服アル者又ハ地上權者、永小作權者、賃借權者若ハ豫約事業者カ整理施行者若ハ組合員ト爲リタル場合ニ於テ第三十條第一項、第二項ノ處分ニ對シ不服アル土地ノ所有者ハ其ノ表決ノ日ヨリ十四日以內ニ地方長官ニ異議ヲ申立ツルコトヲ得

前項異議ノ申立アリタル場合ニ於テ監督官廳ハ其ノ職權ニ依リ又ハ利害關係人ノ請求ニ依リ必要ト認ムルトキハ表決又ハ處分ノ執行ヲ停止スルコトヲ得

第八十九條　監督官廳ノ處分ニシテ本法中他ノ條項ニ於テ地方長官ノ告示ヲ必要トスル事項ニ相當スルモノニ付テハ地方長官ハ之ヲ告示スヘシ

整理施行者ハ前項ノ告示アル迄其ノ受ケタル處分ヲ以テ他人ニ對抗スルコトヲ得ス

前二項ノ規定ハ監督官廳ノ命令シタル停止處分ノ解除ニ之ヲ準用ス

第四章　罰則

第九十條　耕地整理施行ニ關シ設ケタル標識ヲ移轉、汚損、毀壞又ハ除却シタル者ハ五十圓以下ノ罰金ニ處ス

第九十一條　第三條ノ規定ニ依ル整理施行者又ハ組合長組合副長若ハ聯合會會長、聯合會副會長本法又ハ本法ニ基キテ發スル命令ニ違反シタルトキハ五十圓以下ノ過料ニ處ス

非訟事件手續法第二百六條乃至第二百八條ノ規定ハ前項ノ過料ニ之ヲ準用ス

第九十一條ノ二　組合長、組合副長、聯合會會長、聯合會副會長、臨時代理者、評議員又ハ組合會議員其ノ職務ニ關シ賄賂ヲ收受シ又ハ之ヲ要求若ハ約束シタルトキハ二年以下ノ懲役ニ處ス因テ不正ノ行爲ヲ爲シ又ハ相當ノ行爲ヲ爲サヽルトキハ五年以下ノ懲役ニ處ス

前項ノ場合ニ於テ收受シタル賄賂ハ之ヲ沒收ス若シ其ノ全部又ハ一部ヲ沒收スルコト能ハサルトキハ其ノ價格ヲ追徵ス

第九十一條ノ三　前條第一項ニ掲クル者ニ對シ賄賂ヲ交付、提供又ハ約束シタル者ハ二年以下ノ懲役又ハ三百圓以下ノ罰金ニ處ス

前項ノ罪ヲ犯シタル者自首シタルトキハ其ノ刑ヲ減輕又ハ免除スルコトヲ得

附則

第九十二條　本法施行ノ期日ハ勅令ヲ以テ之ヲ定ム

明治三十年法律第三十九號ハ之ヲ廢止ス但シ現ニ土地ノ區劃形狀變更ノ許可ヲ得タル者ニ關シテハ仍從前ノ例ニ依ル

第九十三條　北海道ノ耕地整理ニ付テハ勅令ヲ以テ特例ヲ設クルコトヲ得

第九十四條　本法施行前耕地整理ニ關シ發起又ハ施行ノ認可ヲ得タルモノニ付テハ以下數條ニ規定スルモノヲ除クノ外舊法ノ規定ヲ適用ス

第九十五條　本法第一條、第二條、第四條、第八條、第十條、第十七條、第二十五條、第二十七條、第二十八條、第三十條、第三十一條、第三十三條、第三十五條乃至第四十條、第七十九條、第八十二條、第八十四條及第八十五條ノ規定ハ本法施行前耕地整理ニ關シ發起又ハ施行ノ認可ヲ得タル者ニ之ヲ適用ス

第九十六條　本法施行前耕地整理發起ノ認可ヲ得タル者ハ發起人又

ハ整理委員ノ申請ニ依リ命令ノ定ムル所ニ從ヒ之ヲ本法ニ依ル耕地整理組合ト爲スコトヲ得
前項ノ規定ニ依リ耕地整理組合ト爲シタルトキハ耕地整理ニ關スル從前ノ設計書又ハ規約ハ本法又ハ本法ニ基キテ發スル命令ニ反セサル範圍内ニ於テ本法ノ規定ニ依ル設計書又ハ規約ト看做ス
第一項ノ規定ニ依ル耕地整理組合ハ耕地整理ニ關スル參加土地所有者共同ノ權利義務ヲ承繼ス

第九十七條　本法施行前耕地整理發起ノ認可ヲ申請シ未タ之ヲ得ルニ至ラサル者ハ命令ノ定ムル所ニ從ヒ之ヲ本法第五十條ノ規定ニ依ル耕地整理組合設立ノ申請ト爲スコトヲ得

第九十八條　舊法又ハ明治三十年法律第三十九號ニ依リ爲シタル處分ニ對スル訴願ニ關シテハ各舊法又ハ明治三十年法律第三十九號ノ規定ニ依ル

附　則

本法ハ明治四十四年一月一日ヨリ之ヲ施行ス

附　則（大正八年五月法律第四五號）

本法施行ノ期日ハ勅令ヲ以テ之ヲ定ム（大正八年五月勅令第二四五號ヲ以テ同年六月一日ヨリ施行）
本法施行前第十四條及第十四條ノ二ノ規定ニ依ル許可アリタル土地ニ關シテハ仍從前ノ例ニ依ル

附　則（昭和六年三月法律第二九號）

第一條　本法ハ昭和六年四月一日ヨリ之ヲ施行ス

第二條　昭和九年三月三十一日迄第三十四條第二項、第五十條第一項及第六十五條第二項ノ改正規定ニ依リ難キ事項ニ關シテハ命令ヲ以テ別段ノ定ヲ爲スコトヲ得

第三條　大正十五年四月一日以後地價配賦ヲ爲シタル整理施行地區内ノ土地ノ賃貸價格ハ税務署長ハ整理施行者ノ申請ニ依リ其ノ地區内從前ノ土地ニ付土地賃貸價格調査法ニ依リ調査シタル賃貸價格（以下調査賃貸價格ト稱ス）ノ合計額ヲ工事完了ノトキノ現況ニ依リ毎筆相當ニ配賦シテ之ヲ定ム
命令ノ定ムル期間内ニ前項ノ申請ナキトキハ第三項ノ規定ニ依リ定メタル賃貸價格ヲ以テ前項ノ土地ノ賃貸價格トス
第一項ノ規定ニ依リ賃貸價格ノ配賦ヲ爲ス迄ハ其ノ土地ノ賃貸價格ハ調査賃貸價格ノ合計額ヲ從前ノ地價ニ依リ算出シタル地租條例ノ地租額ニ按分シテ之ヲ定ム
第一項及前項ノ場合ニ於テ調査賃貸價格ニ百分ノ三・八ヲ乘シタル金額カ從前ノ地價ニ依リ算出シタル地租條例ノ地租額ノ三倍八割ヲ超ユル土地アルトキハ地租條例ノ地租額ノ三倍八割ニ相當ス

ル金額ヲ百分ノ三・八ヲ以テ除シタル金額ヲ以テ其ノ土地ノ調査賃貸價格トス

第十三條第二項但書ノ改正規定ハ第一項及第三項ノ場合ニ之ヲ準用ス

第四條　前條第一項又ハ第三項ノ規定ニ依リ賃貸價格ノ配賦ヲ爲シ又ハ之ヲ定メタル土地ハ耕地整理減租年期ヲ有ス但シ地價配賦後地目變換、地類變換又ハ開墾ヲ爲シタル土地ニ付テハ此ノ限ニ在ラス

第十三條ノ三第二項、第三項及第八十六條ノ二ノ改正規定ハ前條第一項又ハ第三項ノ規定ニ依リ賃貸價格ノ配賦ヲ爲シ又ハ之ヲ定メタル土地ニ之ヲ準用ス

第五條　附則第三條第一項ノ規定ニ依リ賃貸價格ノ配賦ヲ爲シタル土地ニ付テハ其ノ配賦ヲ爲シタル年ノ翌年分ヨリ配賦シタル賃貸價格ニ依リ、同條第三項ノ規定ニ依リ賃貸價格ヲ定メタル土地ニ付テハ昭和六年分ヨリ同條第一項ノ規定ニ依リ賃貸價格ノ配賦ヲ爲ス年ノ分迄其ノ定メタル賃貸價格ニ依リ地租ヲ徴收ス

附則第三條第一項ノ規定ニ依リ昭和六年ニ賃貸價格ノ配賦ヲ爲シタル土地ノ昭和六年分ノ地租ハ附則第三條第三項ノ規定ニ準シ算出シタル賃貸價格ニ依リ之ヲ徴收ス

第六條　大正十五年三月三十一日迄ニ地價配賦ヲ爲シタル整理施行地區内ノ土地ノ賃貸價格ハ其ノ土地ノ屬スル郡又ハ市ニ於ケル土地（大正十五年三月三十一日迄ニ地價配賦ヲ爲シタル土地ヲ除ク）ノ地目別ノ大正十五年四月一日現在ノ地價ノ合計額ヲ以テ之ニ對スル地租法第九十二條ノ規定ニ依ル賃貸價格ノ合計額ヲ除シテ得タル比率ヲ地目別ニ毎筆ノ地價ニ乘シタル額トス

前項ノ場合ニ於テ其ノ土地ノ屬スル郡又ハ市ニ於ケル當該地目ノ土地ノ大正十五年四月一日現在ノ總地積ノ二分ノ一以上カ其ノ前日迄ニ地價配賦ヲ爲シタルモノナルトキハ同項ノ郡又ハ市ハ之ヲ府縣トス

第一項ノ場合ニ於テ附則第十六修第一項但書ノ規定ニ依ル宅地ノ賃貸價格ハ其ノ土地ノ屬スル府縣ニ於ケル宅地（大正十五年三月三十一日迄ニ地價配賦ヲ爲シタル宅地ヲ除ク）ノ大正十五年四月一日現在ノ地價ノ合計額ヲ以テ之ニ對スル地租法第九十二條ノ規定ニ依ル賃貸價格ノ合計額ヲ除シテ得タル比率ヲ其ノ毎筆ノ地價ニ乘シタル額トス

第一項又ハ第三項ノ規定ニ依ル賃貸價格カ地租法第九十二條ノ規定ニ依ル賃貸價格ヲ超ユル土地ニ付テハ同法ノ規定ニ依ル賃貸價格ヲ以テ其ノ賃貸價格トス

第七條　前條ノ規定ハ地價配賦後地目變換、地類變換又ハ開墾ヲ爲シタル土地ニ之ヲ適用セス

前條ノ規定ニ依リ賃貸價格ヲ定メタル土地ニ付テハ昭和六年分ヨリ其ノ賃貸價格ニ依リ地租ヲ徵收ス

前條ノ規定ニ依リ賃貸價格ヲ定メタル土地ハ耕地整理減租年期ヲ有ス

第八條　地租法第九條第一項ノ規定ニ依リ一般ニ賃貸價格ヲ改訂スル場合ニ於テハ前條第三項ノ年期ヲ有スル土地ノ賃貸價格ハ其ノ改訂ニ依リ定メラルヘキ賃貸價格ニ相當スル額ニ附則第六條ノ規定ニ依リ定メタル賃貸價格ノ合計額ヲ之ニ對スル地租法第九十二條ノ規定ニ依ル賃貸價格ニ相當スル額ノ合計額ヲ以テ除シテ得タル比率ヲ乘シタル額ニ之ヲ改訂ス

第九條　第十四條及第十四條ノ二ノ改正規定ハ大正十五年四月一日以後地價配賦ヲ爲シタル整理施行地區內ノ土地ニシテ從前ノ第十四條ノ規定ニ依リ地價ノ修正又ハ設定ヲ爲シタルモノニ付附則第三條ノ調査賃貸價格ヲ算定スル場合ニ之ヲ準用ス但シ附則第三條第三項ニ規定スル場合ニ於テハ整理施行者ノ申請ヲ要セス

第十條　第十四條及第十四條ノ二ノ改正規定ハ本法施行ノ際未タ地價配賦ヲ爲ササル整理施行地區內ノ土地ニシテ從前ノ第十四條ノ規定ニ依リ地價ノ修正又ハ設定ヲ爲シタルモノニ付現賃貸價格ヲ算定スル場合ニ之ヲ準用ス

第十四條ノ三ノ改正規定ハ前項ノ土地ニ付賃貸價格配賦前ニ於テ地租法第九條第一項ノ規定ニ依リ一般ニ賃貸價格ヲ改訂スル場合ニ之ヲ準用ス

第十一條　本法施行前耕地整理地價据置年期若ハ其ノ年期延長又ハ耕地整理新開免租年期ノ許可ヲ受ケタル土地ニシテ本法施行ノ際未タ其ノ年期ノ滿了セサルモノハ左ノ區分ニ從ヒ本法ニ依リ減租年期又ハ免租年期ヲ許可セラレタルモノト看做ス

一　耕地整理地價据置年期又ハ其ノ年期延長ハ開墾シタル土地ニ付許可セラレタルモノニ在リテハ耕地整理開墾減租年期、地目變換ヲ爲シタル土地ニ付許可セラレタルモノニ在リテハ耕地整理地目變換減租年期トス

二　耕地整理新開免租年期ハ埋立地又ハ干拓地ニ付許可セラレタルモノニ在リテハ耕地整理埋立免租年期、其ノ他ノ土地ニ付許可セラレタルモノニ在リテハ耕地整理開拓免租年期トス

前項ノ年期ハ本法施行前許可セラレタル年期ノ殘年期間ノ經過スル年ノ翌年ニ於テ滿了ス

第十二條　第十五條ノ改正規定ハ大正十五年四月一日以後地價配賦

ヲ爲シタル整理施行地區内ノ土地ニシテ從前ノ第十五條ノ規定ニ依リ地價ノ修正又ハ設定ヲ爲シタルモノニ付附則第三條ノ調査賃貸價格ヲ算定スル場合ニ之ヲ準用ス但シ附則第三條第三項ニ規定スル場合ニ於テハ整理施行者ノ申請ヲ要セス

第十三條　第十五條ノ改正規定ハ本法施行ノ際未タ地價配賦ヲ爲ササル整理施行地區内ノ土地ニシテ從前ノ第十五條ノ規定ニ依リ地價ノ修正又ハ設定ヲ爲シタルモノニ付現賃貸價格ヲ定ムル場合ニ之ヲ準用ス

第十五條ノ二ノ改正規定ハ前項ノ土地ニ付賃貸價格配賦前ニ於テ地租法第九條第一項ノ規定ニ依リ一般ニ賃貸價格ヲ改訂スル場合ニ之ヲ準用ス

第十五條ノ三ノ改正規定ハ第一項ノ土地ニ付其ノ年期カ賃貸價格配賦前ニ滿了スル場合ニ之ヲ準用ス

第十四條　第十六條乃至第十六條ノ七ノ改正規定ハ附則第三條第一項又ハ第三項ノ規定ニ依リ賃貸價格ノ配賦ヲ爲シ又ハ之ヲ定ムルトキニ於テ整理施行地區内ニ從前ノ第十六條ノ規定ニ依ル利益ヲ有スル土地アル場合ニ之ヲ準用ス但シ附則第三條第三項ニ規定スル場合ニ於テハ整理施行者ノ申請ヲ要セス

第十五條　大正十五年三月三十一日迄ニ地價配賦ヲ爲シタル整理施行地區内ノ土地ニシテ從前ノ第十六條ノ規定ニ依ル利益ヲ有スルモノニ付テハ同條ノ殘年期間ノ經過スル年ノ翌年迄ハ附則第六條ノ規定ニ依ル其ノ土地ノ賃貸價格ヨリ第二項ノ規定ニ依リ算出スル額ヲ控除シタル額ヲ以テ其ノ賃貸價格トス

前項ノ規定ニ依リ控除スヘキ額ハ從前ノ第十六條ノ規定ニ依ル利益ニ相當スル地租條例ノ地租額ヲ地租條例第一條ニ規定スル其ノ土地ノ税率ヲ以テ除シタル額ニ其ノ土地ノ從前ノ地價ヲ以テ附則第六條ノ規定ニ依ル賃貸價格ヲ除シテ得タル比率ヲ乘シタル額トス

第十六條ノ二及第十六條ノ四乃至第十六條ノ七ノ改正規定ハ第一項ノ場合ニ之ヲ準用ス

第十六條　附則第六條ノ規定ハ市ノ區域内ノ宅地及主務大臣ノ指定スル地域内ノ宅地ニハ之ヲ適用セス但シ市ノ區域内ノ宅地及主務大臣ノ指定スル地域内ノモノニ付テハ此ノ限ニ在ラス

大正十五年三月三十一日迄ニ地價配賦ヲ爲ササリシ整理施行地區内ノ宅地ニシテ市ノ區域内又ハ主務大臣ノ指定スル地域内ノモノ（市ノ區域内ノ宅地ニシテ主務大臣ノ指定スル地域内ノモノヲ除ク）ハ耕地整理減租年期ヲ有セス

第十七條　第十二條乃至第十六條ノ七ノ改正規定及前條ノ規定ハ第

九十四條ノ規定ニ拘ラス明治三十二年法律第八十二號耕地整理法ニ依リ耕地整理ニ關シ發起又ハ施行ノ認可ヲ得タル者ニシテ第九十六條ノ規定ニ依リ耕地整理組合ト爲ラス且未タ地價配賦ヲ爲ササルモノニ之ヲ準用ス

附則第十二條乃至前條ノ規定ハ第九十四條ノ規定ニ拘ラス明治三十二年法律第八十二號耕地整理法ニ依リ耕地整理ニ關シ發起又ハ施行ノ認可ヲ得タル者ニシテ第九十六條ノ規定ニ依リ耕地整理組合ト爲ラス且既ニ地價配賦ヲ爲シタルモノニ之ヲ準用ス

第十八條　第十三條第三項ノ改正規定ハ附則第三條第一項、第三項、第六條第一項、第九條、第十條、第十二條、第十四條、第十五條及前條ノ場合ニ之ヲ準用ス

第十九條　附則第十七條ノ規定ハ第九十二條第二項但書ニ規定スル者ニ之ヲ準用ス

◉耕地整理法施行規則（明治四二年一〇月農商務省令第三九號）

第一章　總則

第一條　整理施行者又ハ耕地整理組合ノ組合員タル資格ヲ有スル者ニ非サレハ耕地整理施行又ハ耕地整理組合設立ノ認可申請者ト爲ルコトヲ得ス但シ耕地整理組合設立ノ認可申請者ニ付テハ地方ノ狀況ニ依リ特別ノ事情アルトキハ此ノ限ニ在ラス

第二條　耕地整理施行者又ハ耕地整理組合設立ノ認可申請者又ハ整理施行者ハ整理施行地區所在ノ市町村ニ事務所ヲ設クヘシ但シ特別ノ事情アルトキハ之ヲ其ノ隣接市町村ニ設クルコトヲ得

事務所ニハ耕地整理ニ關スル一切ノ書類及帳簿ヲ備ヘ置クヘシ

共同施行者若ハ組合員タルヘキ者又ハ利害關係人ヨリ前項ノ書類又ハ帳簿ノ閲覽ヲ求メタルトキハ正當ノ事由アル場合ヲ除クノ外之ヲ拒ムコトヲ得ス

第三條　耕地整理施行又ハ耕地整理組合設立ノ認可申請者ハ其ノ氏名若ハ名稱、住所、整理施行地區及事務所ヲ整理施行地區ノ屬スル各市町村長ニ届出ツヘシ

第三條ノ二　主務大臣耕地整理法第三條ノ二ノ規定ニ依ル指定ヲ爲シタルトキハ之ヲ告示ス

第四條　耕地整理法第七條又ハ第八條ノ規定ニ依ル通知又ハ公告ニハ立入ノ目的、場所及期日ヲ示スヘシ

前項ノ公告ハ立入ルヘキ土地ノ屬スル各市役所又ハ町村役場ノ掲示場ニ少ナクモ三日間之ヲ掲示スヘシ

第五條　耕地整理法第三十四條第二項、第五十條第一項、第五十五條第二項、第五十六條第二項、第六十五條第二項又ハ第六十八條

第二項ノ規定ニ依リ土地ノ賃貸價格ヲ計算スル場合ニ於テ耕地整理法第十一條ノ國有地以外ノ無租地、同法第十五條第一項若ハ第三項ノ土地又ハ一筆ノ土地ノ一部アルトキハ耕地整理施行者ハ耕地整理組合設立ノ認可申請者又ハ整理施行者ハ其ノ現況ニ依リ整理施行地區內ノ土地ノ賃貸價格ヲ參酌シテ相當ノ準賃貸價格ヲ附スヘシ埋立ノ免許ヲ受ケタル水面ニ付亦同シ

地租法第九條第一項ノ規定ニ依リ一般ニ賃貸價格ノ改訂アリタルトキハ耕地整理施行者ハ耕地整理組合設立ノ認可申請者又ハ整理施行者ハ遲滯ナク前項ノ準賃貸價格ヲ改訂スヘシ耕地整理法第十五條第一項ノ規定ニ依リ賃貸價格ノ修正又ハ設定アリタル土地ニ付テハ其ノ修正賃貸價格又ハ設定賃貸價格（耕地整理法第十五條ノ二ノ規定ニ依リ改訂シタル場合ニ於テハ其ノ改訂シタルモノ）ヲ以テ第一項ノ準賃貸價格ト看做ス

第六條　耕地整理事業カ道府縣、市町村其ノ他ノ公共團體ノ事業ニ關スルトキハ耕地整理施行又ハ耕地整理組合設立ノ認可申請書ニ其ノ團體ノ承認ヲ證スル書面、其ノ承認ヲ得サルトキハ其ノ事由ヲ記載シタル書面ヲ添附スヘシ

前項ノ規定ハ設計書、規約又ハ整理施行地區變更ノ場合ニ之ヲ準用ス

第七條　國有地又ハ道府縣ノ公用若ハ公共ノ用ニ供スル土地ヲ整理施行地區ニ編入スル爲耕地整理法又ハ本則ノ規定ニ依リ認許ヲ申請スル場合ニ於テハ耕地整理施行、耕地整理組合設立又ハ整理施行地區變更ノ認可申請ト共ニ之ヲ爲スコトヲ得

耕地整理法第四十三條第二項又ハ第四十四條第二項ノ規定ニ依ル認可申請ハ耕地整理組合設立又ハ耕地整理組合地區變更ノ認可申請ト共ニ之ヲ爲スコトヲ得

第八條　設計書ニハ左ノ事項ヲ記載スヘシ但シ規約ヲ以テ整理施行地區ヲ數區ニ分チタル場合ニ於テハ第五號、第六號、第九號及第十號ノ事項ハ各區每ニ之ヲ記載スヘシ

一　整理施行地ノ現況及工事施行ノ目的
二　工事其ノ他ノ事業ノ計畫說明
三　（大正元年一一月農商務省令第二二號削除）
四　主要工事ノ仕様
五　工事施行後ニ於ケル土地ノ筆數及地積ノ地目別合計ノ豫定
六　工事施行ニ依リテ得ヘキ利益
七　整理施行地及之ニ隣接スル土地、水面ノ現形圖
八　整理豫定圖
九　工事ノ著手及完了ノ豫定時期
十　維持管理ニ要スルモノヲ除ク外工事費其ノ他一切ノ費用及其

役現品ノ豫算

第九條　規約ニハ耕地整理法又ハ本則ニ規定アルモノノ外左ノ事項ヲ記載スヘシ

一　事業ノ範圍

二　（大正元年一一月農商務省令第二二號削除）

三　耕地整理組合又ハ聯合會ニ在リテハ名稱

四　事務所ノ所在地

五　耕地整理組合ニ在リテハ組合長、組合副長及評議員聯合會ニ在リテハ會長及副會長ノ定數、選任、解任及任期ニ關スル規定、共同施行ニ依ル耕地整理ニシテ役員ヲ置クモノニ在リテハ其ノ名稱、定數、職務權限、選任、解任及任期ニ關スル規定

六　會議ニ關スル規定

七　庶務及會計ニ關スル規定

八　補償金評定ノ標準ヲ定メタルトキハ其ノ規定

九　費用及夫役現品ノ分賦收入方法竝延滯利息又ハ過怠金ニ關スル規定

十　耕地整理法第三十條第四項ノ告示前ニ於ケル土地使用ニ關スル規定

十一　耕地整理法第三十條第一項、第二項ノ規定ニ依ル處分方法

十二　土地及水面ノ價額及等位ノ評定ニ關スル規定

十三　數人共同シテ施行スル耕地整理ニ在リテハ設計書、規約若ハ整理施行地區ノ變更又ハ事業ノ停止若ハ廢止ニ關スル規定

十四　豫約事業者又ハ埋立ノ免許ヲ受ケタル者ノ權利消滅ノ場合ニ於ケル補償金徵收ノ方法ヲ定メタルトキハ其ノ規定

十五　維持管理ヲ行フモノニ在リテハ其ノ規定

第十條　耕地整理施行又ハ耕地整理組合設立ノ認可アリタルトキハ整理施行者ハ工事ニ着手スル前第八條第七號ノ圖面ヲ添附シテ左ノ事項ヲ所轄税務署長ニ申告スヘシ其ノ變更ヲ生シタルトキ亦同シ

一　整理施行地ノ屬スル郡、市町村竝土地ノ字、地番及水面ノ位置、地積

二　耕地整理施行若ハ耕地整理組合設立又ハ整理施行地區變更ノ認可ノ年月日

三　工事施行後ニ於ケル土地ノ筆數及地積ノ地目別合計ノ豫定

四　工事ノ着手及完了ノ豫定時期

第十條ノ二　整理施行地區内ニ一筆ノ一部ヲ編入シタル土地アルトキハ前條ノ申告ト共ニ分筆ノ手續ヲ爲スヘシ

第十條ノ三　耕地整理法第十五條第一項ノ規定ニ依ル賃貸價格ノ修

正又ハ設定ノ申請ハ工事著手前申請書ヲ所轄税務署長ニ提出シテ之ヲ爲スヘシ

前項ノ申請書ニハ耕地整理法第十五條第一項ノ土地ノ字、地番、地目（土地臺帳ノ地目カ土地ノ現況ト異ナルトキハ土地臺帳ノ地目及現況ニ依ル地目）、地積及修正賃貸價格又ハ設定賃貸價格ノ見積額ヲ記載シタル書面ヲ添附スヘシ

第十條ノ四　整理施行者ハ工事著手前整理施行地區内ノ土地及水面ノ等位ヲ評定スヘシ

第十一條　工事ニ著手シ又ハ工事完了シタルトキハ整理施行者ハ遲滯ナク其ノ旨ヲ地方長官及所轄税務署長ニ屆出ツヘシ

第十二條　規約ヲ以テ整理施行地區ヲ數區ニ分チタル場合ニ於テハ各區毎ニ第十條乃至第十條ノ三及前條ノ手續ヲ爲スヘシ

第十二條ノ二　耕地整理法第十四條第一項、第十四條ノ二及第十五條第三項ノ規定ニ依ル賃貸價格ノ修正又ハ設定ノ申請ハ工事完了ノ屆出ト共ニ申請書ヲ所轄税務署長ニ提出シテ之ヲ爲スヘシ

前項ノ申請書ニハ從前ノ土地ノ字、地番、地目及地積、之ニ對スル工事完了後ノ地目及地積竝ニ修正賃貸價格又ハ設定賃貸價格ノ見積額ヲ記載シタル書面ヲ添附スヘシ

前項ノ書面ニハ從前ノ土地及工事完了後ノ土地ノ各筆ノ區域ヲ表示シタル圖面ヲ添附スヘシ

第十二條ノ三　耕地整理開墾減租年期、耕地整理地目變換減租年期、耕地整理開拓免租年期又ハ耕地整理埋立免租年期ノ許可ノ申請ハ工事完了ノ屆出ヲ爲シタル後三十日以内ニ、耕地整理開拓免租年期又ハ耕地整理埋立免租年期延長ノ許可ノ申請ハ年期ノ滿了スル年ノ六月三十日迄ニ申請書ヲ所轄税務署長ニ提出シテ之ヲ爲スヘシ

前項ノ耕地整理開拓免租年期若ハ耕地整理埋立免租年期ノ許可又ハ其ノ年期延長ノ許可ノ申請書ニハ其ノ土地ノ字、地番、地目及地積竝ニ土地所有者ノ氏名又ハ名稱及住所ヲ記載シタル書面ヲ添附スヘシ

第十三條　整理施行者ハ工事完了ノ屆出ヲ爲シタル後遲滯ナク換地説明書、整理確定圖及賃貸價格配賦案ヲ作成スヘシ

賃貸價格配賦案ニハ左ノ事項ヲ記載スヘシ

一　整理施行地區内ノ土地ノ現賃貸價格ノ合計額及其ノ算出ノ基礎

二　豫定地番、地目、地積及配賦賃貸價格

三　耕地整理法第十三條ノ三第三項ノ規定ニ依ル假賃貸價格ノ見積額

四　耕地整理法第三十條第一項、第二項ノ規定ニ依ル處分ニ依リ所有者タルヘキ者ノ氏名又ハ名稱及住所

前項第二號乃至第四號ノ事項ハ工事完了後ノ土地ノ各筆ニ付之ヲ記載スヘシ

賃貸價格配賦案ハ耕地整理組合ニ在リテハ耕地整理法第三十條第一項、第二項ノ規定ニ依ル處分ノ議決ヲ爲ス總會又ハ總會議ニ於テ、共同施行ニ依ル耕地整理ニ在リテハ規約ニ定ムル會議ニ於テ其ノ承認ヲ經ヘシ

第十四條　地上權者、永小作權者、賃借權者又ハ豫約事業者カ整理施行者又ハ組合員タル場合ニ於テ一人施行者又ハ共同施行者耕地整理法第三十條第三項ノ規定ニ依ル認可ヲ申請セムトスルトキハ七日前ニ、耕地整理組合同條第一項、第二項ノ規定ニ依ル處分ノ議決ヲ爲ス總會又ハ總會議ヲ招集セムトスルトキハ同時ニ其ノ旨ヲ土地所有者ニ通知スヘシ

第十五條　耕地整理法第三十條第三項ノ規定ニ依ル認可申請書ニハ換地説明書、整理確定圖及耕地整理組合ニ在リテハ總會又ハ總會議ノ議事錄ノ謄本ヲ添附スヘシ

第十六條　耕地整理法第十三條第二項ノ規定ニ依ル賃貸價格配賦ノ申請ハ同法第三十條第三項ノ認可アリタル後遅滯ナク申請書ヲ所轄税務署長ニ提出シテ之ヲ爲スヘシ

前項ノ申請書ニハ賃貸價格配賦案、耕地整理法第三十條第三項ノ認可書ノ謄本、換地説明書及整理確定圖ヲ添附スヘシ

耕地整理法第十三條ノ三第三項ノ規定ニ依ル假賃貸價格決定ノ申請ハ第一項ノ申請ト共ニ之ヲ爲スヘシ

第十六條ノ二　耕地整理法第十三條ノ三第二項又ハ第十六條ノ二ノ規定ニ依リ算出シタル比率ニ千分ノ一未滿ノ端數アル場合ニ於テハ其ノ端數ハ之ヲ切捨ツ

第十七條　耕地整理法第十六條ノ規定ニ依ル配當ノ申請ハ賃貸價格ノ配賦アリタル後六十日以内ニ申請書ヲ所轄税務署長ニ提出シテ之ヲ爲スヘシ

前項ノ申請書ニハ配當ヲ受クヘキ土地ノ字及地番竝ニ之ニ配當スヘキ金額、年期ノ種別及其ノ殘年期間ヲ記載シタル配當案ヲ添附スヘシ

第十七條ノ二　左ノ事項ハ規約ニ別段ノ定アル場合ヲ除クノ外耕地整理組合ニ在リテハ評議員會ニ於テ、共同施行ニ依ル耕地整理ニ在リテハ規約ニ定ムル會議ニ於テ其ノ承認ヲ經ヘシ

一　第十條ノ三第二項及第十二條ノ二第二項ノ修正賃貸價格又ハ設定賃貸價格ノ見積額

二　前條第二項ノ配當案

第十七條ノ三　所轄稅務署長耕地整理法ノ規定ニ依リ賃貸價格ノ配賦、修正若ハ設定、配當又ハ年期若ハ年期延長ノ許可ヲ爲シタルトキハ申請者又ハ整理施行者ニ之ヲ通知スヘシ

第十七條ノ四　耕地整理法第三十條第四項ノ規定ニ依ル認可ノ通知ハ通知書ニ左ニ掲クル書類ヲ添附シテ之ヲ爲スヘシ認可ノ變更又ハ更正アリタル場合亦同シ但シ其ノ添附書類ハ變更又ハ更正アリタル部分ニ關スルモノヲ以テ足ル

一　耕地整理法第三十條第三項ノ規定ニ依ル認可書ノ謄本

二　整理施行者ノ氏名若ハ名稱、住所ヲ記載シタル書面

三　換地說明書

四　整理確定圖

第十七條ノ五　前條第三號及第四號ノ書類ハ耕地整理地區カ二以上ノ登記所ノ管轄ニ涉ル場合ニ於テハ各登記所ノ管轄ニ屬スル地域每ニ分割シタルモノヲ以テ之ニ代フルコトヲ得但シ甲登記所ノ管轄ニ屬スル從前ノ土地ニ對シ乙登記所ノ管轄內ニ於テ換地ヲ交付シタルモノアルトキハ其ノ牽聯スル從前ノ土地及換地ハ換地說明書ノ分割シタルモノニ之ヲ表示スヘシ

第十八條　整理施行地又ハ之ニ存スル建物ニ付登記ヲ爲シタルトキハ登記權利者ハ遲滯ナク整理施行者ニ其ノ旨ヲ通知スヘシ

第十九條　耕地整理法第三十條第一項、第二項ノ規定ニ依ル處分ヲ爲シタル後同條第四項ノ告示前ニ於テ從前ノ土地ノ全部又ハ一部ニ付所有權以外ノ權利又ハ處分ノ制限ニ關スル登記ヲ爲シタルモノアルトキハ整理施行者ハ遲滯ナク同法第三十三條ノ指定ヲ爲シ地方長官ノ認可ヲ受クヘシ

從前ノ土地ノ全部又ハ一部ニ付既登記ノ所有權以外ノ權利又ハ處分ノ制限アル場合ニ於テ耕地整理法第三十三條ノ指定ヲ爲ササリシモノアルトキ亦前項ニ同シ

耕地整理法第三十條第四項ノ告示前ニ於テ換地ノ一部ニ該當スル從前ノ土地ニ付所有權移轉ノ登記ヲ爲シタルモノアルトキハ整理施行者ハ遲滯ナク同法第三十條第一項、第二項ノ規定ニ依ル處分ヲ爲シ地方長官ノ認可ヲ受クヘシ

第十九條ノ二　前條ノ規定ハ耕地整理登記令第八條ノ五但書ノ規定ニ依リ耕地整理法第三十條第四項ノ告示後登記ヲ爲シタル場合ニ之ヲ準用ス

第二十條　共同施行又ハ耕地整理組合若ハ聯合會ニ依ル耕地整理ノ事業年度ハ一箇年トス

前項ノ事業年度ハ九月一日ヨリ翌年八月三十一日迄トス但シ特別

ノ事情アルトキハ規約ヲ以テ別段ノ規定ヲ爲スコトヲ得

第二十一條　共同施行者又ハ耕地整理組合若ハ聯合會ハ毎事業年度前經費ノ收支豫算ヲ定ムヘシ但シ初年度ニ於テハ耕地整理施行又ハ耕地整理組合若ハ聯合會設立ノ認可後遲滯ナク之ヲ爲スヘシ

第二十二條　共同施行者又ハ耕地整理組合若ハ聯合會ハ毎事業年度經過後遲滯ナク當該年度ノ事業報告書及收支決算書ヲ地方長官ニ差出スヘシ

第二十三條　耕地整理法第三十五條ノ規定ニ依ル公告ハ整理施行地區ノ屬スル各市役所又ハ町村役場ノ掲示場ニ三日間送付スヘキ書類ノ要領ヲ掲示スヘシ

第二十四條　耕地整理法第三十八條第一項ノ規定ニ依リ耕地整理ノ事業ヲ市町村又ハ水利組合ニ引繼ク場合ニ於テ其ノ引繼完了シタルトキハ共同施行者又ハ耕地整理組合長ハ遲滯ナク其ノ旨ヲ地方長官ニ屆出ツヘシ

第二十五條　耕地整理事業完了シ若ハ廢止セラレタルトキ又ハ耕地整理組合ノ清算結了シタルトキハ整理施行者又ハ組合長ハ耕地整理ニ關スル一切ノ書類及帳簿ヲ整理施行地區ノ屬スル市町村長ニ引渡スヘシ其ノ整理施行地區二以上ノ市町村ニ渉ルトキハ整理施行者又ハ組合長ノ申請ニ依リ地方長官ニ於テ其ノ書類及帳簿ヲ引渡スヘキ市町村長ヲ指定スヘシ

耕地整理法第五十三條第一項第五號ノ場合ニ於テハ前項ノ規定ヲ適用セス

耕地整理組合聯合會ノ清算結了シタルトキハ會長ハ聯合會ニ關スル一切ノ書類及帳簿ヲ其ノ所屬組合ノ一ニ引渡スヘシ

第二十六條　市町村長前條第一項ノ規定ニ依リ書類及帳簿ノ引渡ヲ受ケタルトキハ其ノ引渡ヲ受ケタル日ヨリ左ニ掲クルモノニ付テハ十年間、其ノ他ノモノニ付テハ五年間之ヲ保存スヘシ

一　耕地整理法又ハ之ニ基キテ發スル命令ノ規定ニ依ル認可、認許又ハ同意ヲ證スル書面

二　設計書

三　規約

四　土地原簿

五　權利者名簿又ハ組合員名簿

六　議事錄

七　換地説明書

八　整理確定圖

九　事業報告書

十　收支決算書

前項ノ規定ハ明治四十二年勅令第二百三十一號第三條ノ規定ニ依リ市町村長又ハ水利組合管理者カ耕地整理ニ關スル書類及帳簿ノ引繼ヲ受ケタル場合ニ之ヲ準用ス

第二十六條ノ二　耕地整理法第八十七條ノ規定ニ依ル申請書ニハ申請ノ目的及事由ヲ記載シ協議調ハサルトキハ其ノ顚末書ヲ、協議ヲ爲スコト能ハサルトキハ其ノ事由書ヲ添附スヘシ

地方長官前項ノ申請書ヲ受理シタルトキハ之ヲ協議ノ相手方ニ交付シ且交付ヲ受ケタル日ヨリ十四日以内ニ答辯書ヲ差出スヘキ旨ヲ附記スヘシ

協議ノ相手方前項ノ期間内ニ答辯書ヲ差出ササルトキハ地方長官ハ申請書ノミニ依リテ決定スルコトヲ得申請書ノ交付ヲ爲スコト能ハサルトキ亦同シ

第二十七條　市制第六條ノ市ニ於テハ第六條、第二十四條及第三十八條ノ市ニ關スル規定ハ區ニモ之ヲ適用ス

市制第六條又ハ第八十二條第三項ノ市ニ於テハ本則中市長ニ關スル規定ハ區長ニモ、市役所ニ關スル規定ハ區役所ニモ之ヲ適用ス

町村制ヲ施行セサル地ニ於テハ本則中町村ニ關スル規定ハ町村ニ準スヘキモノニ、町村長ニ關スル規定ハ町村長ニ準スヘキモノニ、町村役場ニ關スル規定ハ町村役場ニ準スヘキモノニ之ヲ適用ス

第二十七條ノ二　整理施行地區カ數府縣ニ渉ル場合ニ於テハ本則中地方長官ノ職權ニ屬スル事項ハ關係地方長官中主務大臣ノ指定スルモノ之ヲ行フ

第二章　一人施行及共同施行

第二十八條　耕地整理法第三條第一項ノ規定ニ依ル認可申請書ニハ左ニ掲クル事項ヲ記載スヘシ

一　一人ニテ耕地整理ヲ施行セムトスル者ニ在リテハ事業ノ範圍
二　第三十二條第一號乃至第三號ノ事項
三　整理施行者ノ員數
四　整理施行者タル土地所有者、地上權者、永小作權者、賃借權者、豫約事業者又ハ埋立ノ免許ヲ受ケタル者ノ所有權其ノ他ノ權利ノ目的タル土地又ハ水面ノ權利別、地目別ノ地積及賃貸價格若ハ準賃貸價格
五　耕地整理法第四十三條ノ土地アルトキハ其ノ表示
六　整理施行地區ヨリ特ニ除斥シタル土地アルトキハ其ノ事由

前項ノ申請書ニハ左ニ掲クル書面ヲ添附スヘシ

一　耕地整理法第四十三條第一號ノ土地ニシテ地上權者、永小作權者、賃借權者又ハ豫約事業者カ其ノ土地ニ付整理施行者タル場合ニ非サル土地、第二號及第三號ノ土地アルトキハ其ノ編入

ニ付主務官廳又ハ公共團體ノ認許アリタルコトヲ證スル書面
二　耕地整理法第四十三條第一項第四號乃至第八號ノ土地アルトキハ其ノ土地ニ存スル建物ニ付登記シタル權利ヲ有スル者ノ同意ヲ證スル書面、其ノ同意ヲ得ルコト能ハサルトキハ其ノ事由ヲ記載シタル書面
三　埋立ノ免許ヲ受ケタル水面アルトキハ其ノ免許ヲ證スル書面

第二十九條　耕地整理法第十一條第一項ノ土地ニ付テハ國ハ之ヲ整理施行者ト看做サス

第三十條　共同施行者ハ耕地整理ノ施行ニ關シ書類又ハ通知ノ授受ノ爲代表者一人ヲ定メ耕地整理施行ノ認可申請ト同時ニ其ノ氏名、住所ヲ地方長官ニ屆出テ且之ヲ公告スヘシ代表者又ハ其ノ氏名、住所ニ變更アリタル場合亦同シ

第三十一條　耕地整理法第三條ノ規定ニ依ル整理施行者ハ耕地整理施行ノ認可アリタル後遲滯ナク土地原簿及權利者名簿ヲ調製スヘシ

第三十二條　土地原簿ニハ左ノ事項ヲ記載スヘシ
一　整理施行地ノ總地積及總賃貸價格
二　整理施行地ノ筆數、地積及賃貸價格ノ地目別合計
三　土地各筆ノ字、地番及地目竝水面ノ位置
四　耕地整理法第四十三條第一項第一號乃至第三號ノ土地、豫約事業ヲ爲ス土地、工作物アル土地又ハ所有權以外ノ登記シタル權利ノ目的タル土地アルトキハ其ノ表示

第三十三條　權利者名簿ニハ左ノ事項ヲ記載スヘシ
一　整理施行者タル土地所有者、地上權者、永小作權者、賃借權者又ハ豫約事業者ノ氏名若ハ名稱、住所竝其ノ所有權其ノ他ノ權利ノ目的タル土地ノ字、地番、地目、地積、賃貸價格、等位及權利ノ表示
二　整理施行者タル埋立ノ免許ヲ受ケタル者ノ氏名若ハ名稱、住所竝其ノ權利ノ目的タル水面ノ位置及地積
三　土地又ハ水面ノ價額若ハ等位ヲ評定シ、地積ヲ實測シ又ハ準賃貸價格ヲ附シタルトキハ其ノ價額、等位、地積又ハ準賃貸價格
四　關係人又ハ整理施行地ニ存スル建物ニ付先取特權、質權又ハ抵當權ヲ有スル者ノ氏名若ハ名稱、住所及抵當證券ノ所持人ニ付テハ抵當證券ヲ作成シタル登記所名、抵當證券ノ番號及登記ノ要領
五　整理施行者タル地上權者、永小作權者又ハ賃借權者ノ權利ノ目的タル土地ノ所有者ノ氏名若ハ名稱、住所及土地ノ表示
六　工作物所有者ノ氏名若ハ名稱、住所及工作物ノ表示
七　耕地整理法第二十五條第二項又ハ第二十五條ノ二第二項ノ訴

訟當事者アルトキハ其ノ氏名若ハ名稱、住所及訴訟ノ要領

第三十四條　土地原簿又ハ權利者名簿ニ記載シタル事項ニ變更ヲ生シタルトキハ遲滯ナク之ヲ更正スヘシ

第三十五條　耕地整理法第三條ノ規定ニ依ル設計書、規約若ハ整理施行地區ノ變更又ハ事業ノ停止若ハ廢止ノ認可申請書ニハ其ノ事由ヲ記載シ之ニ關シ定メタル必要ノ事項ヲ記載シタル書面ヲ添附スヘシ

事業ヲ廢止シ、債務ノ分擔ニ關スル規約ヲ變更シ又ハ整理施行地區ヲ減少セムトスル場合ニ於テ借入金アルトキハ債權者ノ同意ヲ證スル書面ヲ添附スヘシ

整理施行地區ヲ變更セムトスル場合ニ於テハ地區ニ編入シ又ハ地區ヨリ除斥セラルヘキ土地又ハ水面ノ整理施行者タルヘキ者又ハ整理施行者タル者ノ同意ヲ證スル書面、其ノ變更カ豫約事業者又ハ埋立ノ免許ヲ受ケタル者ノ權利ノ消滅ニ依ルモノナルトキハ權利ノ消滅ヲ證スル書面ヲ添附スヘシ但シ第二十八條ノ規定ハ地區ニ編入シ又ハ地區ヨリ除斥セラルヘキ土地又ハ水面ニ付之ヲ準用ス

第三十六條　一人ニテ施行スル耕地整理ヲ變シテ數人共同ノ施行ト爲サムトスルトキハ認可申請書ニ其ノ事由ヲ記載シ協議一致ヲ證スル書面、規約、數人共同ノ施行ト爲ス爲定メタル必要ノ事項ヲ記載シタル書面及第二十八條第一項第三號、第四號ノ事項ヲ記載シタル書面ヲ添附スヘシ

第三十七條　數人共同シテ施行スル耕地整理ニシテ整理施行者カ一人ニ爲リタルトキハ其ノ旨ヲ地方長官ニ屆出ツヘシ

第三十八條　第二十二條ノ規定ハ耕地整理法第三條ノ規定ニ依ル耕地整理事業完了シ若ハ廢止セラレ又ハ之ヲ市町村若ハ水利組合ニ引繼キタル場合ニ之ヲ準用ス

第三章　耕地整理組合

第三十九條　耕地整理組合設立ノ認可申請者ハ土地原簿及組合員名簿ヲ調製スヘシ

第四十條　土地原簿ニハ第三十二條ニ揭クル事項ノ外耕地整理法第四十四條第一項ノ土地アルトキハ其ノ表示ヲ爲スヘシ

第四十一條　第三十三條ノ規定ハ組合員名簿ニ之ヲ準用ス

第四十二條　第三十四條ノ規定ハ耕地整理組合ノ土地原簿又ハ組合員名簿ニ之ヲ準用ス

第四十三條　耕地整理法第五十條ノ條件ヲ算定スル場合ニ於テハ耕地整理法第十一條第一項ノ土地ハ之ヲ算入セス

第四十四條　耕地整理組合設立ノ認可申請書ニハ左ニ揭クル事項ヲ

記載スヘシ
一 第二十八條第一項第二號、第五號、第六號ノ事項及第三號、第四號ニ準スル事項
二 耕地整理法第四十四條第一項ノ土地アルトキハ其ノ表示

前項ノ申請書ニハ左ニ掲クル書面ヲ添附スヘシ
一 組合員タルヘキ者ニシテ組合設立ニ同意シタル者ノ總數及其ノ土地水面ノ總地積及總賃貸價格竝其ノ同意ヲ證スル書面
二 耕地整理法第四十三條第一項第一號乃至第三號ノ土地アルトキハ其ノ編入ニ付主務官廳又ハ公共團體ノ認許又ハ同意アリタルコトヲ證スル書面
三 耕地整理法第四十五條第一項第四號乃至第五號ノ土地アルトキハ其ノ編入ニ付土地所有者、關係人及其ノ土地ニ存スル建物ニ付登記シタル權利ヲ有スル者ノ同意ヲ證スル書面
四 特別ノ價値又ハ用途ヲ有スル土地アルトキハ其ノ編入ニ付土地所有者及關係人ノ同意ヲ證スル書面、其ノ同意ヲ得サルトキハ其ノ價値又ハ用途、土地所有者及關係人ノ氏名若ハ名稱竝同意セサル事由及之ヲ編入スルニ非サレハ耕地整理ヲ適當ニ施行スルコト能ハサル事由ヲ記載シタル書面
五 組合員タルヘキ地上權者、永小作權者、賃借權者又ハ豫約事業者アルトキハ土地所有者及賃貸人ノ同意ヲ證スル書面
六 埋立ノ免許ヲ受ケタル水面アルトキハ其ノ免許ヲ證スル書面

第四十五條 組合設立ノ認可アリタルトキハ申請者ハ遲滯ナク總會ヲ招集スヘシ

前項ノ總會ニ於テハ組合長、組合副長、評議員ヲ置ク組合ニ在リテハ評議員ノ選擧竝組合設立ニ關スル費用其ノ他必要ナル事項ニ付表決ヲ爲スヘシ

第四十六條 組合長又ハ組合副長ノ選任又ハ解任ノ認可申請書ニハ總會、組合會又ハ評議員會ノ議事錄ノ謄本ヲ添附スヘシ

前項選任ノ認可申請書ニハ履歷書ヲ添附シ特別ノ事情ニ依リ組合員ニ非サル者ヲ選任シタル場合ニ於テハ尙其ノ事情ヲ記載シタル書面ヲ添附スヘシ

第四十七條 組合長ノ就任アリタルトキハ組合設立ノ認可申請者ハ遲滯ナク組合ニ關スル一切ノ事務及書類、帳簿ヲ之ニ引繼クヘシ

第四十八條 耕地整理法第四十七條ノ規定ニ依ル代表者アルトキハ組合長ハ其ノ氏名、住所若ハ居所ヲ組合員名簿ニ記載スヘシ

第四十九條 組合會ハ百人以上ノ組合員ヲ有スル組合ニ非サレハ之ヲ設クルコトヲ得ス

組合會ヲ設ケムトスルトキハ規約中ニ議員ノ定數竝任期及選擧ニ

關スル規定ヲ設クヘシ

第五十條　組合會議員ハ組合員中ヨリ之ヲ選擧スヘシ

第五十一條　組合會ニ於テハ第四十五條第二項ノ表決ヲ爲シ又ハ耕地整理法第三十條第一項、第二項ノ規定ニ依ル處分ノ議決ヲ爲スコトヲ得ス

第五十二條　組合會議員ノ表決權ハ平等ナルモノトス

第五十三條　組合會ニ於テ耕地整理法第五十四條第一項又ハ第六十一條第二號若ハ第五號ノ事項ノ表決ヲ爲スニハ組合會議員總數ノ過半數ノ同意アルコトヲ要ス但シ特別ノ事情アルトキハ規約ヲ以テ別段ノ規定ヲ爲スコトヲ得

第五十四條　組合會議員ハ組合會ニ於テ書面又ハ代理人ヲ以テ表決ヲ爲スコトヲ得ス

第五十五條　總會又ハ組合會ハ少ナクモ毎事業年度一回之ヲ開クヘシ

第五十六條　耕地整理法第五十五條第一項ノ總會議ニ於テハ編入區域ノ土地所有者ハ其ノ編入區域ノ土地所有者ニ非サル者ヲ以テ代理人ト爲スコトヲ得ス

第五十七條　代理人ハ代理權ヲ證スル書面ヲ組合設立ノ認可申請者又ハ組合長ニ差出スヘシ

第五十八條　評議員ハ三人以上トス

評議員ハ組合長又ハ組合副長ト相兼ヌルコトヲ得ス

第五十九條　評議員會ハ組合長之ヲ招集ス

評議員總數ノ五分ノ一以上ニ當ル者ヨリ會議ノ目的及其ノ事由ヲ記載シタル書面ヲ提出シテ評議員會ノ招集ヲ請求シタルトキハ組合長ハ七日以内ニ之ヲ招集スヘシ

組合長カ前項招集ノ手續ヲ爲ササルトキハ其ノ請求ヲ爲シタル評議員ハ第一次監督官廳ノ許可ヲ得テ其ノ招集ヲ爲スコトヲ得

評議員會ノ議事ハ評議員ノ半數以上出席シ其ノ過半數ノ同意ヲ以テ之ヲ決ス

第六十條　組合設立ノ認可申請者、組合長、組合副長、評議員及組合會議員ハ規約ニ別段ノ規定アルニ非サレハ給料、報酬又ハ賞與ヲ受クルコトヲ得ス

第六十條ノ二　組合ハ耕地整理法第七十三條第四項ノ規定ニ依リ指定セラレタル臨時代理者ニ給料及旅費等ヲ支給スヘシ但シ臨時代理者官吏ナルトキハ給料ヲ支給スルコトヲ要セス

第六十一條　總會、總會議、組合會及評議員會ノ議長ハ組合長之ニ當ル但シ第四十五條ノ總會ニ在リテハ認可申請者ノ一人、耕地整理法第五十五條ノ總會議ニ在リテハ編入區域ノ土地所有者ノ一人

之ニ當ル
評議員會ノ議事カ業務又ハ財產ノ狀況ノ監査ニ關スルトキハ評議員ノ一人其ノ議長ト爲ル第五十九條第三項ニ依ル評議員會ニ付亦同シ

第六十二條　總會、總會議、組合會又ハ評議員會ノ議長ハ會議ノ議事錄ヲ作リテ左ノ事項ヲ記載シ之ニ議長及出席シタル組合員、編入區域ノ土地所有者、組合會議員又ハ評議員二人以上記名捺印スヘシ

一　開會ノ日時及場所
二　組合員、編入區域ノ土地所有者、組合會議員又ハ評議員ノ現在總數及出席シタル者ノ氏名若ハ名稱
三　議事ノ要領
四　表決シタル事項
五　贊否ノ數

耕地整理法第五十條ノ條件ヲ具備スルコトヲ要スル表決ヲ爲ス總會又ハ總會議ノ議事錄ニハ前項ニ記載シタル事項ノ外左ノ事項ヲ記載スルコトヲ要ス

一　組合ノ地區若ハ編入地域內ノ土地ノ所有者總數、總地積及總賃貸價格
二　贊成者ノ氏名若ハ名稱及其ノ所有スル土地ノ總地積及總賃貸價格

總會又ハ總會議ノ表決ニ付規約ノ規定ニ依リ特別ノ條件ヲ具備スルコトヲ必要トスル場合ニ於テ前二項ニ依ル記載ニシテ其ノ條件ヲ具備シタルコトヲ明カニスルコト能ハサルトキハ之ヲ示スヘキ事項ヲ記載スルコトヲ要ス

第六十三條　組合長ハ耕地整理法第五十五條ノ規定ニ依ル總會議ヲ開カムトスルトキハ招集ノ通知ヲ發スル日ヨリ少ナクモ十日前三日間編入區域ノ屬スル各市役所又ハ町村役場ノ掲示場ニ編入セムトスル區域及總會議ノ日時、場所及目的ヲ掲示スヘシ

第六十四條　耕地整理法第七十九條第三項ノ規定ニ依ル認可ノ申請書ニハ左ニ掲クル事項ヲ記載シタル書面ヲ添附スヘシ

一　耕地整理法第七十九條第三項ノ規定ニ依ル處分ヲ爲サントスル組合員ノ氏名又ハ名稱及住所
二　前號ノ組合員ノ滯納金額及納期其ノ他滯納金額ノ算出ノ基礎タルヘキ事項
三　市町村カ耕地整理法第七十九條第一項ノ請求ヲ受ケタル日ヨリ三十日以內ニ其ノ處分ニ著手セス又ハ九十日以內ニ之ヲ結了

セサリシ事實ヲ示スニ足ルヘキ事項

第六十四條ノ二　地方長官耕地整理法第七十九條第三項ノ規定ニ依リ認可ヲ爲シタルトキハ遲滯ナク同條第一項ノ市町村ニ之ヲ通知スヘシ

第六十四條ノ三　組合長耕地整理法第七十九條第三項ノ規定ニ依ル處分ヲ結了シタルトキハ遲滯ナク其ノ經過ヲ記載シタル報告書ヲ地方長官ニ提出スヘシ

第六十五條　耕地整理法第五十四條第一項ノ規定ニ依ル認可申請書ニハ設計書若ハ規約ノ變更、組合ノ解散、合併、地區ノ變更又ハ事業ノ停止ノ事由及之ニ關シ定メタル必要ノ事項ヲ記載シ總會、總會議、組合會又ハ評議員會ノ議事錄ノ謄本ヲ添附スヘシ

組合ノ解散、合併、地區ノ減少又ハ債務ノ分擔ニ關スル規約ヲ變更セムトスル場合ニ於テ組合債アルトキハ債權者ノ同意ヲ證スル書面、組合ヲ解散セムトスル場合ニ於テハ尚事業報告書及收支決算書ヲ添附スヘシ

第四十四條ノ規定ハ第二項第一號ヲ除クノ外地區變更ノ認可申請ノ場合ニ於テ地區ニ編入シ又ハ地區ヨリ除斥セラルヘキ土地ニ付之ヲ準用ス但シ其ノ變更カ豫約事業者又ハ埋立ノ免許ヲ受ケタル者ノ權利ノ消滅ニ依ルモノナルトキハ權利ノ消滅ヲ證スル書面ヲ添附スヘシ

編入區域ノ土地所有者ノ同意ヲ以テ總會議ニ代ヘタル場合ニ於テハ同意シタル土地所有者ノ氏名若ハ名稱及其ノ所有スル土地ノ地積、賃貸價格ヲ記載シタル書面竝其ノ同意ヲ證スル書面ヲ添附スヘシ

第六十五條ノ二　土地所有者ニ非スシテ組合員タルヘキ者ハ第五十六條、第六十一條、第六十二條及前條ノ適用ニ付テハ之ヲ編入區域ノ土地ノ所有者ト看做ス

第六十六條　組合カ耕地整理法第五十三條第一項第一號、第二號、第七號ノ事由ニ依リ解散シタルトキハ組合長又ハ最終ニ組合員タリシ者ヨリ事業報告書及收支決算書ヲ添附シテ其ノ旨ヲ遲滯ナク地方長官ニ届出ツヘシ

第六十七條　組合カ耕地整理法第五十三條第一項第四號乃至第六號ノ事由ニ依リ解散シタルトキハ遲滯ナク組合長ヨリ事業報告書及收支決算書ヲ地方長官ニ差出スヘシ

第六十八條　組合カ合併シタルトキハ耕地整理ニ關スル一切ノ書類及帳簿ハ合併後存續シ又ハ合併ニ依リ設立シタル組合ニ於テ之ヲ保存スヘシ

第六十九條　清算結了シタルトキハ組合長ハ遲滯ナク清算ニ關スル

報告書ヲ作リ之ヲ總組合員ニ報告シ且之ヲ添附シテ淸算結了ノ旨ヲ地方長官ニ屆出ツヘシ

第四章　耕地整理組合聯合會

第六十九條ノ二　耕地整理組合聯合會ヲ設ケムトスルトキハ各組合連署ヲ以テ認可ヲ申請スヘシ

前項ノ認可申請書ニハ各組合ノ聯合會設立ニ關スル議事錄ノ謄本ヲ添附スヘシ

第六十九條ノ三　第四十六條、第四十七條、第六十條、第六十條ノ二、第六十四條乃至第六十四條ノ三、第六十五條第一項、第二項及第六十六條乃至第六十九條ノ規定ハ耕地整理組合聯合會ニ之ヲ準用ス

附　則

第七十條　本則ハ耕地整理法施行ノ日ヨリ之ヲ施行ス

明治三十三年農商務省令第十四條ハ之ヲ廢止ス

第七十一條　耕地整理法施行前耕地整理ニ關シ發起又ハ施行ノ認可ヲ得タルモノニ付テハ本則第四條、第十條、第十一條、第十二條ノ二、第十七條ノ二、第十七條ノ三、第十九條乃至第二十三條、第二十七條、第三十八條及第六十四條乃至第六十四條ノ三ノ規定ヲ準用スルノ外舊則ノ規定ヲ適用ス但シ舊則第三十一條中農商務大臣トアルハ地方長官トス

第七十二條　耕地整理法施行前耕地整理ノ發起ノ認可ヲ得タル者ヲ耕地整理組合ト爲サムトスルトキハ發起人又ハ整理委員ハ總會ヲ招集シテ本則第八條第五號、第十號及第九條第一號乃至第五號、第九號、第十一號ノ事項其ノ他必要ナル事項ニ付設計書及規約ノ變更ヲ議決シ並組合長、組合副長、評議員ヲ置クモノニ在リテハ評議員ヲ選擧シ總會ノ議事錄ヲ添附シテ大正二年十月十五日迄ニ耕地整理組合ト爲スノ認可ヲ地方長官ニ申請スヘシ

前項ノ總會ニハ耕地整理法及本則ノ規定ヲ適用ス

耕地整理法第七十三條第三項ノ認可申請ハ第一項ノ申請ト同時ニ之ヲ爲スヘシ此ノ場合ニ於テハ本則第四十六條第二項ノ規定ヲ準用ス

第七十三條　前條ノ場合ニ於テ百人以上ノ參加土地所有者アルトキハ發起人又ハ整理委員ハ總代選擧規程ヲ作リテ地方長官ノ認可ヲ得タル後其ノ選擧規程ニ依リ選擧シタル總代ヲ以テ組織スル總代會ヲ招集シ總會ニ代フルコトヲ得

前項ノ總代會ニハ耕地整理法第六十六條、第六十八條第一項並本則第五十二條、第五十三條及第六十二條第一項ノ規定ヲ準用ス

第七十四條　前二條ノ總會又ハ總代會ニ在リテハ第七十二條ニ記載シタル事項ノ外必要ナル事項ヲ表決スルコトヲ得

第七十五條　耕地整理法施行前耕地整理發起ノ認可ヲ申請シ未タ之ヲ得ルニ至ラサル者ニシテ耕地整理組合設立ノ申請ト爲サムトスルトキハ發起人ハ參加土地所有者ノ總會議ヲ招集シ本則第八條第五號、第十號及第九條第一號乃至第五號、第九號、第十一號ノ事項其ノ他必要ナル事項ニ付設計書及規約ノ變更ヲ議決シ總會議ノ議事錄ヲ添附シ明治四十三年四月十五日迄ニ耕地整理組合設立ノ申請ト爲ス旨ヲ地方長官ニ屆出ツヘシ

前項ノ場合ニ於テハ第七十二條第二項及第七十三條ノ規定ヲ準用ス

第七十六條　第七十二條第一項ノ認可申請又ハ前條ノ屆出ヲ爲ス場合ニ於テ耕地整理法第四十三條又ハ第四十四條第一項ノ規定ニ依ル手續ヲ爲スコトヲ要スルモノニ付テハ本則第七條及第四十四條ノ規定ヲ準用ス

附　則（大正四年農商務省令第八號）

本令ハ大正三年法律第三十二號施行ノ日ヨリ之ヲ施行ス（大正四年六月一日ヨリ施行）

本令施行前耕地整理法第三十條第三項又ハ舊耕地整理法第四十八條ノ認可アリタルモノニシテ未タ耕地整理法第三十六條ノ登記ノ申請ヲ爲ササルモノニ付テハ地方長官ハ第十七條ノ二及第十七條ノ三ニ準シテ管轄登記所ニ其ノ旨ヲ通知スヘシ

附　則（大正八年農商務省令第二十一號）

本令ハ大正八年法律第四十五號施行ノ日ヨリ之ヲ施行ス（大正八年六月一日ヨリ施行）

附　則（昭和六年農林省令第七號）

第一條　本令ハ昭和六年四月一日ヨリ之ヲ施行ス

第二條　耕地整理法第三十四條第二項、第五十條第一項、第五十五條第二項、第五十六條第二項、第六十五條第二項又ハ第六十八條第二項ノ規定ニ依ル土地ノ賃貸價格ノ計算ニ付テハ昭和九年三月三十一日迄從前ノ地價又ハ從前ノ第五條若ハ附則第三條ノ規定ニ依リ附シタル假地價ニ依ルコトヲ得

第三條　前條ノ場合ニ於テ耕地整理施行者ハ耕地整理組合設立ノ認可申請者又ハ整理施行者ハ左ノ規定ニ依ルヘシ

一　第五條ノ改正規定ニ依リ準賃貸價格ヲ附スヘキ場合ニ於テハ從前ノ第五條ノ規定ニ依リ假地價ヲ附スルコト

二　土地ノ異動ニ因リ本則施行後賃貸價格ノ修正又ハ設定アリタル土地ニ付テハ修正又ハ設定ノ都度前號ノ規定ニ準シ假地價ヲ

附スルコト

三　第二十八條第一項第四號、第三十二條第一號、第二號、第三十三條第一號、第三號、第四十條、第四十一條、第四十四條第一項第一號、同條第二項第一號、第六十二條第二項又ハ第六十五條第四項ノ規定ニ依リ土地ノ賃貸價格又ハ準賃貸價格ヲ記載スヘキ場合ニ於テハ從前ノ地價又ハ從前ノ第五條若ハ前二號ノ規定ニ依リ附シタル假地價ヲ記載スルコト

第四條　昭和六年法律第二十九號附則第三條第一項ノ規定ニ依ル賃貸價格配賦ノ申請ハ昭和九年三月三十一日迄ニ申請書及賃貸價格配賦案ヲ所轄税務署長ニ提出シテ之ヲ爲スヘシ

第十三條第二項、第三項及第十七條ノ二ノ改正規定ハ前項ノ賃貸價格配賦案ニ之ヲ準用ス

昭和六年法律第二十九號附則第四號第二項ノ規定ニ依ル假賃貸價格決定ノ申請ハ第一項ノ申請ト共ニ之ヲ爲スヘシ

第五條　昭和六年法律第二十九號附則第四條第二項ノ規定ニ依ル假賃貸價格決定ノ申請書ニハ前條第三項ノ規定ニ依リ申請ヲ爲ス場合ヲ除クノ外整理施行地區内ノ土地ノ字、地番、地目、地積及假賃貸價格ノ見積額ヲ記載シタル書面ヲ添附スヘシ

第十七條ノ二ノ改正規定ハ前項ノ假賃貸價格ノ見積額ニ之ヲ準用ス

第六條　昭和十年三月三十一日迄ニ昭和六第法律第二十九號附則第四條第二項ノ規定ニ依リ假賃貸價格決定ノ申請ナキトキハ所轄税務署長ハ職權ヲ以テ假賃貸價格ヲ定ムヘシ

第七條　昭和六年法律第二十九號附則第九條又ハ第十條第一項ノ規定ニ依ル賃貸價格ノ修正又ハ設定ノ申請ハ昭和八年三月三十一日迄ニ申請書ヲ所轄税務署長ニ提出シテ之ヲ爲スヘシ

第十二條ノ二第二項及第十七條ノ二ノ改正規定ハ前項ノ場合ニ之ヲ準用ス

第八條　從前ノ第十五條ノ二ノ規定ニ依ル申請ニシテ未タ處分ヲ終ラサルモノハ左ノ區分ニ從ヒ之ヲ第十二條ノ三ノ改正規定ニ依ル申請ト看做ス

一　耕地整理地價据置年期ノ申請ハ開墾シタル土地ニ付爲シタルモノニ在リテハ耕地整理開墾減租年期ノ申請、地目變換ヲ爲シタル土地ニ付爲シタルモノニ在リテハ耕地整理地目變換減租年期ノ申請トス

二　耕地整理新開免租年期ノ申請ハ埋立地又ハ干拓地ニ付爲シタルモノニ在リテハ耕地整理埋立免租年期ノ申請、其ノ他ノ土地ニ付爲シタルモノニ在リテハ耕地整理開拓免租年期ノ申請トス

第九條　昭和六年法律第二十九號附則第十二條又ハ第十三條第一項ノ規定ニ依ル賃貸價格ノ修正又ハ設定ノ申請ハ昭和八年三月三十一日迄ニ申請書ヲ所轄稅務署長ニ提出シテ之ヲ爲スヘシ

耕地整理法第十五條第一項ノ土地ニ付前項ノ申請ヲ爲ス場合ニ於テハ第十條ノ三第二項及第十七條ノ二ノ改正規定ヲ、耕地整理法第十五條第三項ノ土地ニ付前項ノ申請ヲ爲ス場合ニ於テハ第十二條ノ二第二項及第十七條ノ二ノ改正規定ヲ準用ス

第十條　昭和六年法律第二十九號附則第十四條ノ規定ニ依ル配當ノ申請ハ同法附則第三條ノ規定ニ依ル賃貸價格ノ配賦アリタル後六十日以內ニ申請書ヲ所轄稅務署長ニ提出シテ之ヲ爲スヘシ

第十七條第二項及第十七條ノ二ノ改正規定ハ前項ノ場合ニ之ヲ準用ス

第十一條　從前ノ第十三條第二項ノ規定ニ依リ地價配賦案ノ承認ヲ得未タ地價配賦ヲ爲ササル整理施行地區內ノ土地ニ付テハ整理施行者ハ第十三條第二項及第三項ノ改正規定ニ準シ賃貸價格配賦案ヲ作成スヘシ

第十七條ノ二ノ改正規定ハ前項ノ場合ニ之ヲ準用ス

第十二條　第十六條ノ二ノ改正規定ハ昭和六年法律第二十九號附則第四條第二項、第六條第一項若ハ第三項、第八條、第十四條又ハ第十五條第二項若ハ第三項ノ規定ニ依リ比率ヲ算出スル場合ニ之ヲ準用ス

第十三條　主務大臣昭和六年法律第二十九號附則第十六條ノ規定ニ依ル指定ヲ爲シタルトキハ之ヲ告示ス

第十四條　第五條及第十條乃至第十七條ノ二ノ改正規定竝ニ附則第九條、第十一條及前條ノ規定ハ第七十一條ノ規定ニ拘ラス明治三十二年法律第八十二號耕地整理法ニ依リ耕地整理ニ關シ發起又ハ施行ノ認可ヲ得タル者ニシテ耕地整理法第九十六條ノ規定ニ依リ耕地整理組合ト爲ラス且未タ地價配賦ヲ爲ササルモノニ之ヲ準用ス

前項ノ規定ニ該當スル整理施行地區ニシテ從前ノ規定ニ依リ工事完了ノ屆出ヲ爲シタルモノニ耕地整理法第十四條第一項、第十四條ノ二又ハ第十五條第三項ノ規定ニ依リ賃貸價格ノ修正又ハ設定ノ申請ヲ爲スヘキ土地アル場合ニ於テハ整理施行者ハ昭和八年三月三十一日迄ニ第十二條ノ二ノ改正規定ニ依ル申請書ヲ所轄稅務署長ニ提出スヘシ此ノ場合ニ於テハ第十二條ノ三ノ改正規定ニ依ル年期許可ノ申請ハ其ノ賃貸價格ノ修正又ハ設定ノ申請ヲ爲シタル後三十日以內ニ之ヲ爲スヘシ

第十五條　第五條ノ改正規定竝ニ附則第四條乃至第六條、第九條、

第十條、第十二條及第十三條ノ規定ハ第七十一條ノ規定ニ拘ラス明治三十二年法律第八十二號耕地整理法ニ依リ耕地整理ニ關シ發起又ハ施行ノ認可ヲ得タル者ニシテ耕地整理法第九十六條ノ規定ニ依リ耕地整理組合ト爲ラス且既ニ地價配賦ヲ爲シタルモノニ之ヲ準用ス

第十六條 附則第三條ノ規定ハ昭和九年三月三十一日迄前二條ノ規定ニ該當スル耕地整理ニ關シ之ヲ準用ス

第十七條 第十七條ノ三ノ改正規定ハ昭和六年法律第二十九號附則第三條第一項、第九條、第十條第一項、第十二條、第十三條第一項、第十四條及第十七條第二項ノ規定ニ依ル處分ニ之ヲ準用ス

第十八條 前四條ノ規定ハ耕地整理法第九十二條第二項但書ニ規定スル者ニ之ヲ準用ス

附則

本令ハ昭和六年法律第六十八號施行ノ日ヨリ之ヲ施行ス

明治初年以來租税收入と地租との比較

年度	租税總額	內國税	地租
第一期（自慶應三年十二月至明治元年十二月）	圓 三、一五七、三〇九	圓 二、四三六、四四三	圓 二、〇〇九、〇一三
第二期（自明治二年一月至同二年九月）	四、三九九、三一六	三、八九六、四九八	三、三五五、九六三
第三期（自明治二年十月至同三年九月）	九、三三三、九六五	八、六七五、五一一	八、二一八、九六九
第四期（自明治三年十月至同四年九月）	一三、八五二、〇三五	一一、七八〇、四〇三	一一、三四〇、九八三
第五期（自明治四年十月至同五年十二月）	二二、八四五、一〇二	二〇、五一三、五四三	二〇、〇五一、九一七
第六期（自明治六年一月至同年十二月）	六五、〇一四、六九三	六三、三二八、七一八	六〇、六〇四、二四三
第七期（自明治七年一月至同年十二月）	六五、三〇三、二六九	六三、八〇五、〇一一	五九、四一二、四二八
第八期（自明治八年一月至同年六月）	七六、五二八、九六〇	七五、四九〇、八五六	六七、七一七、九四六
明治八年度（自其年七月至翌年六月）	五九、一九四、〇三一	五七、四七五、二九八	五〇、三四五、三三七
同九年度（同）	五一、七三〇、六三三	四九、七四一、九六五	四三、〇二三、四二五
同十年度（同）	四七、九二三、一八三	四五、五六四、五二九	三九、四五〇、五五一
同十一年度（同）	五一、四八五、九〇七	四九、一三四、二七三	四〇、四五四、七一四
同十二年度（同）	五五、五七九、六八五	五三、八八八、四八〇	四二、一一二、六四八
同十三年度（同）	五五、二六二、四二二	五二、六六八、二四四	四二、三四六、一八一

明治十四年度（自其年七月至翌年六月）	六一、六七五、七三七	五九、一〇六、二六二	四三、二七四、〇三二
同　十五年度（同）	六七、七三八、五三五	六五、一二五、二四四	四三、三四二、一八七
同　十六年度（同）	六七、六五九、七六二	六四、九七八、四四一	四三、五三七、六四八
同　十七年度（同）	六七、二〇三、八二七	六四、四五三、六六三	四三、四二五、九九六
同　十八年度（自明治十八年七月至同十九年三月）	五三、五八一、二六三	五〇、四九六、〇一三	四三、〇三三、六七九
同　十九年度（自明治十九年四月至同二十年三月）	六四、三七一、四三六	六一、三八一、七五〇	四三、二八二、四七七
同　二十年度（自其年四月至翌年三月）	六六、二五五、三四五	六三、一一九、六九三	四二、一五三、一七二
同二十一年度（同）	六四、七二七、二六六	六〇、一一一、七七二	三四、六五〇、五二八
同二十二年度（同）	七一、二九四、二六〇	六六、五六六、二三七	四二、一六一、三三七
同二十三年度（同）	六六、一一四、六八〇	六一、七三三、一一四	四〇、〇八四、四六七
同二十四年度（同）	六四、四三三、三五三	五九、八八三、六六七	三七、四五七、四九九
同二十五年度（同）	六七、一六七、七九六	六二、一七六、二七三	三七、九二五、二四三
同二十六年度（同）	七〇、〇〇四、七六三	六四、八七九、三九一	三八、八〇八、六七九
同二十七年度（同）	七一、二八六、五七九	六五、五三一、一二四	三九、二九一、四九四
同二十八年度（同）	七四、六九七、六三三	六七、九一一、九八三	三八、六九二、八六八
同二十九年度（同）	七六、三八七、五六一	六九、六五九、二三九	三七、六四〇、二八二
同三　十　年度（同）	九四、九一二、八五〇	八六、八九二、三三八	三七、九六四、七二七
同三十一年度（同）	九七、六二九、五〇〇	八八、五三六、九〇八	三八、四四〇、九七五

同三十二年度（同）	一二六、〇三四、五四二	一〇九、八五七、三三〇	四四、八六一、〇八二
同三十三年度（同）	一三三、九二六、〇九五	一一六、五七九、九二九	四六、七一七、七九六
同三十四年度（同）	一三九、五七四、八〇八	一三五、五八二、八九七	四六、六六六、四九三
同三十五年度（同）	一五一、〇八四、九四八	一三五、一九五、九九一	四六、五〇五、三九一
同三十六年度（同）	一四六、一六三、三六二	一二八、三五四、五三〇	四六、八七三、〇八六
同三十七年度（同）	一九四、三六二、五六二	一七〇、七三七、七六七	六〇、九三九、七八一
同三十八年度（同）	二五一、二七五、一六九	二二三、九七九、三五三	八〇、四七三、〇二二
同三十九年度（同）	二八三、四六八、八五八	二四一、〇三四、七四五	八四、六三七、四九七
同四十年度（同）	三一五、九八三、四一四	二六五、三四五、六五二	八四、九七三、九二九
同四十一年度（同）	三三二、六三六、〇五〇	二八一、九八五、二三五	八五、四一八、三九一
同四十二年度（同）	三三三、四〇七、〇七五	二八六、四一四、四五六	八五、六九三、九五四
同四十三年度（同）	三一七、二八五、六〇五	二七六、七五六、〇二一	七六、二九一、七九六
同四十四年度（同）	三二九、〇七一、三三〇	二七九、八九八、八九〇	七四、九三六、〇八五
明治四十五年度 大正元（同）	三六〇、九六九、九一八	二九一、七七七、四九二	七五、三六五、三九三
大正二年度（同）	三六九、四七九、六八〇	二九四、九七四、三一八	七四、六三五、五一三
同三年度（同）	三四二、七〇八、四一五	二九八、八一四、三五五	七四、九二五、八四四
同四年度（同）	三一二、七四四、八四一	二八〇、〇〇六、四〇二	七三、六〇二、三三一
同五年度（同）	三四八、六七二、八三九	三一三、一五〇、六一六	七三、二七四、一五六

大正六年度（自其年四月 至翌年三月）	四三〇、六〇四、〇九二	三八四、八〇八、九三九	七三、四七八、五二六
同七年度（同）	五一九、二九二、八五九	四四九、七四六、六七五	七三、五二七、四九九
同八年度（同）	六七二、三八五、八八八	五九〇、四一〇、六七九	七三、七五四、一四一
同九年度（同）	六九六、二五七、三三八	六二六、〇三三、三一六	七三、九四四、六七七
同十年度（同）	七八五、八五一、七三九	六八三、八六八、五六九	七四、一三〇、五一六
同十一年度（同）	八九六、四〇三、八三九	七八七、二〇九、四八九	七四、三三五、七四九
同十二年度（同）	七八七、二〇三、〇五四	六九六、六一七、六七〇	七三、一三四、四〇二
同十三年度（同）	八八七、二三七、六九二	七六六、二六九、九二七	七一、九六九、九二三
同十四年度（同）	八九四、八〇八、八五七	七八二、二一七、〇二四	七四、六一四、二〇七
大正十五年度 昭和元（同）	八八六、九九九、一九一	七三四、八四八、五三三	六八、七二八、一七六
昭和二年度（同）	八九八、六七三、一一七	七五六、五四三、一一一	六七、五七六、五〇四
同三年度（同）	九一五、九〇九、五八一	七六三、三六五、九八二	六七、八二一、四八二
同四年度（同）	八九三、五〇五、二四一	七五五、〇五四、一九五	六七、四八四、八八四

備考

一般會計經常歲入中租稅收入決算額を掲ぐ。

昭和六年十一月二十二日印刷
昭和六年十一月二十五日發行

定價金參圓

著作者　唯野喜八
　　　　伊東久太郎
　　　　河沼高輝
　　　　金田東江
東京市神田區今川小路二丁目十一番地

發行者　清水彌兵衛
東京市本郷區千駄木町四十三番地

印刷者　大居倉之助
東京市小石川區白山御殿町四番地

發行所
東京市神田區今川小路二丁目十一番地
振替東京一八九八七　電話九段一五〇五
自治館

東京市本郷區千駄木町四十三番地
振替東京七四九三七電話小石川六三九五
日本法律研究會

地方自治法研究復刊大系〔第264巻〕

地粗法 耕地整理法 釈義〔昭和6年初版〕

日本立法資料全集 別巻 1074

2019(平成31)年2月25日　復刻版第1刷発行　7674-9:012-010-005

共　著　唯　野　喜　八
　　　　伊　東　久　太　郎
　　　　河　沼　高　輝

発行者　今　井　　貴
　　　　稲　葉　文　子

発行所　株式会社 信山社

〒113-0033 東京都文京区本郷6-2-9-102東大正門前
Ⓣ03(3818)1019　Ⓕ03(3818)0344
来栖支店〒309-1625 茨城県笠間市来栖2345-1
Ⓣ0296-71-0215　Ⓕ0296-72-5410
笠間才木支店〒309-1611 笠間市笠間515-3
Ⓣ0296-71-9081　Ⓕ0296-71-9082

印刷所　ワイズ書籍
製本所　カナメブックス
用　紙　七洋紙業

printed in Japan　分類 323.934 g 1074

ISBN978-4-7972-7674-9 C3332 ¥78000E

日本立法資料全集 別巻

地方自治法研究復刊大系

東京市政論 大正12年初版〔大正12年12月発行〕／東京市政調査会 編輯
帝国地方自治団体発達史 第3版〔大正13年3月発行〕／佐藤亀齢 編輯
自治制の活用と人 第3版〔大正13年4月発行〕／水野錬太郎 述
改正 市制町村制逐條示解〔改訂54版〕第一分冊〔大正13年5月発行〕／五十嵐鑛三郎 他 著
改正 市制町村制逐條示解〔改訂54版〕第二分冊〔大正13年5月発行〕／五十嵐鑛三郎 他 著
台湾 朝鮮 関東州 全国市町村便覧 各学校所在地 第一分冊〔大正13年5月発行〕／長谷川好太郎 編纂
台湾 朝鮮 関東州 全国市町村便覧 各学校所在地 第二分冊〔大正13年5月発行〕／長谷川好太郎 編纂
市町村特別税之栞〔大正13年6月発行〕／三邊長治 序文 水谷平吉 著
市制町村制実務要覧〔大正13年7月発行〕／梶康郎 著
正文 市制町村制 並 附属法規〔大正13年10月発行〕／法曹閣 編輯
地方事務叢書 第三編 市町村公債 第3版〔大正13年10発行〕／水谷平吉 著
市町村大字読方名彙 大正14年度版〔大正14年1月発行〕／小川琢治 著
通俗財政経済体系 第五編 地方予算と地方税の見方〔大正14年1月発行〕／森田久 編輯
市制町村制実例総覧 完 大正14年第5版〔大正14年1月発行〕／近藤行太郎 主纂
町村会議員選挙要覧〔大正14年3月発行〕／津田東璋 著
実例判例文例 市制町村制総覧〔第10版〕第一分冊〔大正14年5月発行〕／法令研究会 編纂
実例判例文例 市制町村制総覧〔第10版〕第二分冊〔大正14年5月発行〕／法令研究会 編纂
町村制要義〔大正14年7月発行〕／若槻禮次郎 題字 尾崎行雄 序文 河野正義 述
地方自治之研究〔大正14年9月発行〕／及川安二 編輯
市町村 第1年合本 第1号-第6号〔大正14年12月発行〕／帝國自治研究会 編輯
市制町村制 及 府県制〔大正15年1月発行〕／法律研究会 著
農村自治〔大正15年2月発行〕／小橋一太 著
改正 市制町村制示解 全 附録〔大正15年5月発行〕／法曹研究会 著
市町村民自治読本〔大正15年6月発行〕／武藤榮治郎 著
改正 地方制度輯覽 改訂増補第33版〔大正15年7月発行〕／良書普及会 編著
市制町村制 及 関係法令〔大正15年8月発行〕市町村雑誌社 編輯
改正 市町村制義解〔大正15年9月発行〕／内務省地方局 安井行政課長 校閲 内務省地方局 川村芳次 著
改正 地方制度解説 第6版〔大正15年9月発行〕／挟間茂 著
地方制度之栞 第83版〔大正15年9月発行〕／湯澤睦雄 著
改訂増補 市制町村制逐條示解〔改訂57版〕第一分冊〔大正15年10月発行〕／五十嵐鑛三郎 他 著
実例判例 市制町村制釈義 大正15年再版〔大正15年9月発行〕／梶康郎 著
改訂増補 市制町村制逐條示解〔改訂57版〕第二分冊〔大正15年10月発行〕／五十嵐鑛三郎 他 著
註釈の市制と町村制 附 普通選挙法 大正15年初版〔大正5年11月発行〕／法律研究会 著
実例町村制 及 関係法規〔大正15年12月発行〕自治研究会 編纂
改正 地方制度通義〔昭和2年6月発行〕／荒川五郎 著
逐条示解 地方税法 初版〔昭和2年9月発行〕／自治館編輯局 編著
註釈の市制と町村制 附 普通選挙法〔昭和3年1月発行〕／法律研究会 著
地方自治と東京市政 初版〔昭和3年8月発行〕／菊池慎三 著
註釈の市制と町村制 施行令他関連法収録〔昭和4年4月発行〕／法律研究会 著
市町村会議員 選挙戦術 第4版〔昭和4年4月発行〕／相良一休 著
現行 市制町村制 並 議員選挙法規 再版〔昭和5年1月発行〕／法曹閣 編輯
地方制度改正大意 第3版〔昭和4年6月発行〕／狭間茂 著
改正 市町村会議提要 昭和4年初版〔昭和4年7月発行〕／山田民蔵 三浦教之 共著
市町村税戸数割正義 昭和4年再版〔昭和4年8月発行〕／田中廣太郎 著
改正 市制町村制 並ニ 府県制 初版〔昭和4年10月発行〕／法律研究会 編
実例判例 市制町村制釈義 第4版〔昭和4年5月発行〕／梶康郎 著
新旧対照 市制町村制 並 附属法規〔昭和4年7月発行〕／良書普及会 著
改訂増補 都市計画と法制 昭和4年改訂3版〔昭和4年10月発行〕／岡崎早太郎 著
市町村税務 昭和5年再版〔昭和5年1月発行〕／松岡由三郎 序 堀内正作 著
市町村予算の見方 初版〔昭和5年3月発行〕／西野喜興作 著
市町村会議員 及 公民提要 初版〔昭和5年1月発行〕／自治行政事務研究会 編輯
改正 市制町村制解説〔昭和5年11月発行〕／挟間茂 校 土谷覺太郎 著
加除自在 参照條文附 市制町村制 附 関係法規〔昭和6年5月発行〕／矢島和三郎 編纂
改正版 市制町村制 並ニ 府県制 及ビ重要関係法令〔昭和8年1月発行〕／法制堂出版 著
改正版 註釈の市制と町村制 最近の改正を含む〔昭和8年1月発行〕／法制堂出版 著
市制町村制 及 関係法令 第3版〔昭和9年5月発行〕／野田千太郎 編輯
実例判例 市制町村制釈義 昭和10年改正版〔昭和10年9月発行〕／梶康郎 著
改訂増補 市制町村制実例総覧 第一分冊〔昭和10年10月発行〕／良書普及会 編纂
改訂増補 市制町村制実例総覧 第二分冊〔昭和10年10月発行〕／良書普及会 編

以下続刊

日本立法資料全集 別巻

地方自治法研究復刊大系

仏蘭西邑法 和蘭邑法 皇国郡区町村編制法 合巻〔明治11年8月発行〕／箕作麟祥 閲 大井憲太郎 譯／神田孝平 譯
郡区町村編制法 府県会規則 地方税規則 三法綱論〔明治11年9月発行〕／小笠原美治 編輯
郡吏議員必携三新法便覧〔明治12年2月発行〕／太田啓太郎 編輯
郡区町村編制 府県会規則 地方税規則 新法例纂〔明治12年3月発行〕／柳澤武運三 編輯
全国郡区役所位置 郡政必携 全〔明治12年9月発行〕／木村陸一郎 編輯
府県会規則大全 附 裁定録〔明治16年6月発行〕／朝倉達三 閲 若林友之 編輯
区町村会議要覧 全〔明治20年4月発行〕／阪田辨之助 編纂
英国地方制度 及 税法〔明治20年7月発行〕／良保両氏 合著 水野遵 翻訳
鼇頭傍訓 市制町村制註釈 及 理由書〔明治21年1月発行〕／山内正利 註釈
英国地方政治論〔明治21年2月発行〕／久米金彌 翻譯
市制町村制 附 理由書〔明治21年4月発行〕／博聞本社 編
傍訓 市町村制及説明〔明治21年5月発行〕／高木周次 編纂
鼇頭註釈 市町村制俗解 附 理由書 第2版〔明治21年5月発行〕／清水亮三 註解
市制町村制註釈 完 附 市制町村制理由 明治21年初版〔明治21年5月発行〕／山田正賢 著述
市町村制詳解 全 附 市町村制理由〔明治21年5月発行〕／日鼻豊作 著
市制町村制釈義〔明治21年5月発行〕／壁谷可六 上野太一郎 合著
市制町村制詳解 全 附 理由書〔明治21年5月発行〕／杉谷庸 訓點
町村制詳解 附 市制及町村制理由〔明治21年5月発行〕／磯部四郎 校閲 相澤富蔵 編述
傍訓 市制町村制 附 理由〔明治21年5月発行〕／鶴聲社 編
市制町村制 並 理由書〔明治21年7月発行〕／萬字堂 編
市制町村制正解 附 理由〔明治21年6月発行〕／芳川顯正 序文 片貝正晉 註解
市制町村制釈義 附 理由書〔明治21年6月発行〕／清岡公張 題字 樋山廣業 著述
市制町村制釈義 附 理由 第5版〔明治21年6月発行〕／建野郷三 題字 櫻井一久 著
市町村制註解 完〔明治21年6月発行〕／若林市太郎 編輯
市町村制釈義 全 附 市町村制理由〔明治21年7月発行〕／水越成章 著述
市制町村制義解 附 理由〔明治21年7月発行〕／三谷軌秀 馬袋鶴之助 著
傍訓 市制町村制註解 附 理由書〔明治21年8月発行〕／鯰江貞雄 註解
市制町村制註釈 附 市制町村制理由 3版増訂〔明治21年8月発行〕／坪谷善四郎 著
傍訓 市制町村制 附 理由書〔明治21年8月発行〕／同盟館 編
市町村制正解 明治21年第3版〔明治21年8月発行〕／片貝正晉 註釈
市制町村制註釈 完 附 市制町村制理由 第2版〔明治21年9月発行〕／山田正賢 著述
傍訓註釈 日本市制町村制 及 理由書 第4版〔明治21年9月発行〕／柳澤武運三 註解
鼇頭参照 市町村制註解 完 附 理由書及参考諸令〔明治21年9月発行〕／別所富貴 著述
市町村制問答詳解 附 理由書〔明治21年9月発行〕／福井淳 著
市制町村制註釈 附 市制町村制理由 4版増訂〔明治21年9月発行〕／坪谷善四郎 著
市制町村制 並 理由書 附 直接間接税類別 及 実施手続〔明治21年10月発行〕／高崎修助 著述
市町村制釈義 附 理由書 訂正再版〔明治21年10月発行〕／松木堅葉 訂正 福井淳 釈義
増訂 市制町村制註解 全 附 市制町村制理由挿入 第3版〔明治21年10月発行〕／吉井太 註解
鼇頭註釈 市町村制俗解 附 理由書 増補第5版〔明治21年10月発行〕／清水亮三 註解
市町村制施行取扱心得 上巻・下巻 合冊〔明治21年10月・22年2月発行〕／市岡正一 編纂
市制町村制傍訓 完 附 市制町村制理由 第4版〔明治21年10月発行〕／内山正如 著
鼇頭対照 市町村制解釈 附理由書及参考諸布達〔明治21年10月発行〕／伊藤寿 註釈
市制町村制俗解 明治21年第3版〔明治21年10月発行〕／春陽堂 編
市町村制正解 明治21年第4版〔明治21年10月発行〕／片貝正晉 註釈
市制町村制詳解 附 理由 第3版〔明治21年11月発行〕／今村長善 著
町村制実用 完〔明治21年11月発行〕／新田貞橘 鶴田嘉内 合著
町村制精解 完 附 理由書 及 問答録〔明治21年11月発行〕／中目孝太郎 磯谷群爾 註釈
市町村制問答詳解 附 理由 全〔明治22年1月発行〕／福井淳 著述
訂正増補 市町村制問答詳解 附 理由 及 追輯〔明治22年1月発行〕／福井淳 著
市町村制質問録〔明治22年1月発行〕／片貝正晉 編述
傍訓 市町村制 及 説明 第7版〔明治21年11月発行〕／高木周次 編纂
町村制要覧 全〔明治22年1月発行〕／浅井元 校閲 古谷省三郎 編纂
鼇頭 市制町村制 附 理由書〔明治22年1月発行〕／生稲道蔵 略解
鼇頭註釈 町村制 附 理由 全〔明治22年2月発行〕／八乙女盛次 校閲 片野続 編釈
市町村制実解〔明治22年2月発行〕／山田顕義 題字 石黒磐 著
町村制実用 全〔明治22年3月発行〕／小島鋼次郎 岸野武司 河毛三郎 合述
実用詳解 町村制 全〔明治22年3月発行〕／夏目洗蔵 編集
理由挿入 市町村制俗解 第3版増補訂正〔明治22年4月発行〕／上村秀昇 著
町村制市制全書 完〔明治22年4月発行〕／中嶋廣蔵 著
英国市制実見録 全〔明治22年5月発行〕／高橋達 著
実地応用 町村制質疑録〔明治22年5月発行〕／野田籐吉郎 校閲 國吉拓郎 著
実用 町村制市制事務提要〔明治22年5月発行〕／島村文耕 輯解
市町村条例指鍼 完〔明治22年5月発行〕／坪谷善四郎 著
参照比較 市町村制註釈 完 附 問答理由〔明治22年6月発行〕／山中兵吉 著述
市町村議員必携〔明治22年6月発行〕／川瀬周次 田中迪三 合著
参照比較 市町村制註釈 完 附 問答理由 第2版〔明治22年6月発行〕／山中兵吉 著述
自治新制 市町村会法要談 全〔明治22年11月発行〕／高嶋正載 著述 田中重策 著述

信山社